LE SIÈCLE
DES COMMUNISMES

Sous la direction de Michel Dreyfus,
Bruno Groppo, Claudio Sergio Ingerflom,
Roland Lew, Claude Pennetier, Bernard Pudal,
Serge Wolikow

LE SIÈCLE
DES COMMUNISMES

Les Editions Ouvrières
12 avenue Sœur Rosalie
75013 Paris

Les auteurs

Alain Blum	Directeur de recherches à l'INED et Directeur d'études associé à l'EHESS.
Pierre Brocheux	Maître de conférences d'histoire contemporaine à l'Université, Denis-Diderot, Paris VII.
Michel Dreyfus	Directeur de recherches au CNRS (Centre d'histoire du XXe siècle-Université de Paris I).
Sabine Dullin	Maître de conférences à l'Université de Paris I.
Donald Filtzer	Senior Lecturer in European Studies, University of East London, Dagenham, Essex.
René Gallissot	Professeur d'Histoire à l'Université de Paris VIII (Institut Maghreb-Europe).
Wendy Goldman	Associate Professor, Carnegie Mellon University, Pittsburgh, Pensylvania.
Bruno Groppo	Chargé de recherches au CNRS (Centre d'histoire sociale du XXe siècle – Université de Paris I).
Peter Holquist	Assistant Professor, Cornell University, Ithaca, USA.
Claudio Sergio Ingerflom	Directeur de recherches au CNRS, Maison française d'Oxford.
Roland Lew	Professeur de sciences politiques à l'Université Libre de Bruxelles (ULB).
Michaël Lowy	Directeur de recherches au CNRS.
Frédérique Matonti	Professeur de sciences politiques à l'Université de Nantes et à l'École normale supérieure de Paris.
Claude Pennetier	Directeur du *Maitron*, chercheur au CNRS. (Centre d'histoire du XXe siècle-Université de Paris I).
Bernard Pudal	Professeur de sciences politiques à l'Université de Montpellier I, chercheur au CSU/CNRS.

Gábor T. Rittersporn	Chargé de recherches, CNRS, Centre Marc Bloch, Berlin.
Lewis Sigelbaum	Professor, Michigan State University.
Rémi Skoutelsky	Chercheur associé, Centre d'histoire sociale du XXe siècle, Université de Paris I.
Brigitte Studer	Professeur à l'Université de Berne (Suisse).
Antony Todorov	Professeur de sciences politiques à la nouvelle Université Bulgare (NUB), Sofia.
Jean Vigreux	Maître de conférences d'histoire contemporaine à l'Université de Dijon.
Lynne Viola	Professor of History, University of Toronto (Canada).
Serge Wolikow	Professeur à l'Université de Dijon.

Les contributions d'auteurs anglophones figurant dans le chapitre VI, de ce présent ouvrage, ont été traduites par Michel Cordillot, professeur de civilisation américaine, à l'Université Paris VIII, Saint-Denis.

Introduction

S'il est un présupposé que cet ouvrage souhaiterait résolument révoquer en doute, bien que comme tout préjugé il contienne sa part de réalité, c'est celui de l'unicité de ce qu'il est convenu d'appeler « le » communisme au XXe siècle. Du passé *d'une* illusion[1] aux crimes *du* communisme[2], l'erreur première réside dans l'emploi non critiqué de l'article singulier, et dans la volonté de réduire, par conséquent, le communisme à *une* propriété fondamentale (le crime d'État, l'utopie, une religion séculière, etc.). On peut en effet douter, à bon droit, de cette revendication d'unicité : en réalité, le communisme se décline, tout au long de son histoire et dans tous ses aspects, au pluriel. Il est diversité unifiée par un projet.

Le communisme au pluriel

De l'URSS aux « pays de l'Est », de la Chine à Cuba ou au Vietnam, les différences sont frappantes. D'une part, des partis communistes accèdent au pouvoir à la suite de phénomènes historiques majeurs mais profondément différents : la Première Guerre mondiale pour le Parti bolchevik ; un mouvement de libération nationale et d'entrée dans la « modernité » pour le PC Chinois. D'autres partis communistes bénéficient du partage des zones d'influence entre grandes puissances après la Seconde Guerre mondiale : c'est le cas des démocraties populaires, mais avec de nettes différences suivant les pays, la Yougoslavie n'est pas la Roumanie. D'autres partis communistes conquièrent le pouvoir après avoir vaincu une dictature (Cuba) ou dans le cadre d'une lutte de libération nationale. Les partis communistes au pouvoir ne tiennent pas leur légitimité d'une même histoire ni ne sont confrontés aux mêmes défis.

D'autre part, ils héritent de réalités économiques, sociales, culturelles, qui participent à configurer différemment l'histoire des sociétés communistes. Dans les deux principaux pays (Russie, Chine) qui ont connu un pouvoir politique communiste, il importe de se dégager d'un point de vue européocentriste et de prendre toute la mesure de la question de l'entrée dans la « modernité » de ces sociétés. Russie et Chine sont des pays principalement agricoles, sans tradition démocratique, confrontés à leur industrialisation et donc aux problèmes que pose la question paysanne[3]. La classe ouvrière, censée être « l'acteur collectif » du projet communiste, y est réduite à la portion congrue (Chine), ou minoritaire et récente, de surcroît divisée quant à son soutien au Parti communiste (URSS)[4]. Ce constat ne vise pas à justifier des formes, vite qualifiées d'« archaïques », de pouvoir politique (« culte de la personnalité », dictature), ni à dédouaner une classe prétendument élue, « la » classe ouvrière, dont on voudrait sauvegarder *a priori* une représentation enchantée. Il ouvre la voie par contre à une réflexion nécessaire sur l'indifférence politique et le « quant à soi » ouvrier, ou sur le rejet, par les ouvriers, en particulier dans le monde occidental, des partis communistes. Il met en exergue, en retour, le problème des élites militantes communistes (intelligentsias, militants ouvriers, militaires formés à la guérilla, etc.). Qu'en est-il de leur rapport aux « classes » populaires, et en particulier à la classe ouvrière, dont ils se réclament ? Qu'en est-il des rapports des classes populaires à « ses » représentants ?

Réduits à des groupuscules dans de nombreux pays (le PC des États-Unis comptera peut-être 80 000 adhérents à son apogée ; le même constat vaut pour l'Europe du Nord – à l'exception de la Finlande), ou partis puissants dans d'autres (en France, et en Italie après la Seconde Guerre mondiale), les partis communistes qui n'ont jamais détenu le pouvoir politique n'ont ni les mêmes bases sociales, ni le même type d'encadrement partisan, ni les mêmes destinées (sectes sans consistance ici, maintien précaire là, mutations ailleurs). Ils n'ont pas été confrontés, non plus, aux mêmes contextes structurants : le Parti communiste espagnol (PCE) sera marqué par la guerre civile puis par la clandestinité sous le franquisme ; le Parti communiste italien (PCI) affrontera la répression mussolinienne, son encadrement se formera alors dans l'immigration avant de devenir un grand parti de masse après-guerre évoluant explicitement, dès 1956, selon des logiques d'écart au modèle soviétique ; le Parti communiste français (PCF) sera modelé par son engagement dans le Front populaire, la lutte antifasciste, son expérience de la résistance et sa participation aux gouvernements de la Libération ; le Parti communiste allemand (KPD), puissant sous la République de Weimar, s'effondrera ; le Parti communiste indonésien fera preuve d'une grande influence avant de subir une sanglante répression en 1965 qui aboutira à son éradication ; les partis communistes des pays à forte dominance social-démocrate (Angleterre, Europe du Nord) joueront quant à eux des rôles diversifiés et secondaires. Tant les conditions d'émergence que leurs conditions d'existence spécifient chaque parti communiste, modifiant leur rôle dans les systèmes politiques nationaux auxquels ils appartiennent et dans les systèmes d'action (syndicalisme, implantation municipale, réseaux associatifs, mouvements de masses) au sein desquels ils s'insèrent.

Diversité des contextes historiques mais aussi des hommes et des femmes communistes : non seulement à cause des multiples trajectoires qui conduisent hommes et femmes à devenir membres d'un parti communiste suivant les périodes et les pays, mais aussi parce que sous l'identité nominale d'un parti, au pouvoir ou non, les *raisons* de l'engagement dans les partis communistes et les *façons* d'être communiste varient considérablement, comme l'attestent d'ailleurs les défections, les exclusions, la répression dont sont victimes des communistes eux-mêmes. L'adhésion au parti communiste peut changer de sens du tout au tout suivant qu'elle signifie contestation de l'ordre social, ou, au contraire, simple conformisme aux règles du jeu dominantes, cas fréquent dans les pays communistes où il conditionne l'accès à de multiples positions professionnelles (et en particulier à la « nomenklatura »). Il ne peut être non plus réduit à un sens univoque : les engagements des années 1920 ne sont pas semblables, dans de nombreux cas, aux engagements des périodes unitaires (antifascisme, Résistance, alliances avec les partis socialistes, Eurocommunisme) ni à ceux qui étaient combinés à des luttes de libération nationale. Autre cas de figure, l'engagement des intellectuels dans les partis communistes : il varie suivant les *types* d'intellectuels concernés, les *motifs* pour lesquels ils s'engagent, les *rétributions* qu'ils retirent de l'engagement. Les militants issus des classes populaires, les militants communistes juifs, les militantes, n'entrent pas en communisme avec les mêmes traditions de lutte, selon les mêmes matrices d'adhésion, ni aux mêmes périodes. Un même homme, enfin, peut évoluer durant sa vie militante au gré des ressources culturelles accumulées et de ses expériences sociales et politiques. On ne comprendrait pas la logique des purges successives si l'on ne voyait qu'elles tendent aussi à éliminer des communistes qui, acquérant de l'autonomie, risquent de mettre en cause le fonctionnement stalinien du modèle partisan bolchevique. Les partis communistes eux-mêmes ne doivent donc pas être réifiés, leur identité nominale ne doit pas faire obstacle à l'étude des multiples usages qu'en font les adhérents.

Que faire, d'autre part, de tous ceux qui revendiquent une identité communiste différente de celle du mouvement communiste international tour à tour incarné par la IIIᵉ Internationale (le Komintern) puis par le Kominform ? En particulier, on s'en doute, les différents courants trotskistes ? Mais aussi tous ceux qui quittèrent les partis communistes ou qui en furent exclus – de loin le parti le plus important – tout en restant fidèles à une conception de l'histoire fondée sur la croyance en la lutte des classes comme moteur de l'histoire, sur la conviction que le monde social est régi par des logiques de domination auxquelles il faut substituer d'autres logiques sociales sous peine de se rendre complice d'iniquités léguées par l'histoire, sur leur revendication à se dire et à être reconnus communistes. Leur éthique communiste, si elle ne prenait plus la forme d'un engagement au sein d'un parti communiste, n'en participa pas moins à la transformation des rapports sociaux, par de multiples voies.

Le marxisme aussi est pluriel. Marx n'est ni Lénine ni Staline. Bien des théoriciens marxistes ont été « désétiquetés » comme marxistes par les bolcheviks alors qu'ils se revendiquaient du marxisme (Kautsky, Bernstein, Hilferding, etc.). Que penser, d'autre part, de ces théoriciens critiques que furent Rosa Luxemburg, Gramsci, Boukharine, Lukacs ? Ne doit-on pas au moins commencer par dissocier dans l'œuvre de Marx et Engels, ce qui relève de leurs contributions à la fondation des sciences sociales au XIXᵉ siècle et l'ensemble des usages politiques, à commencer par ceux de Marx et Engels eux-mêmes, dont « le marxisme » sera le lieu ? Le marxisme, ou plus exactement les interprétations que chacun faisait des textes de Marx et Engels, a nourri de multiples pensées et recherches : les historiens marxistes anglais des années 1945-1956, membres du Parti communiste, n'écrivent pas la même histoire[5] que leurs collègues soviétiques à la même époque ; les philosophes marxistes de l'école de Francfort ne s'approprient pas les textes de Marx comme Louis Althusser. Que faire enfin de tous ceux qui ont dissocié l'intérêt scientifique qu'ils portaient à l'œuvre de Marx et Engels de tout engagement pour un communisme, quel qu'il fût ? Sous l'étiquette « marxisme », comment ne pas voir tout le feuilleté des vulgarisations, instrumentalisées politiquement, variables suivant les époques et les partis, la vulgarisation stalinienne, ce scientisme ouvriériste, populiste, n'en étant que la plus importante ? « Le » marxisme est un mythe, pour l'essentiel[6].

La tentation très idéologique de réduire cette diversité et cette complexité à une prétendue « nature » « du » phénomène communiste qui tiendrait soit à une « illusion » constitutive (le communisme comme religion séculière ou mythe de l'homme moderne qui s'imagine pouvoir régénérer le monde social), soit à une expérience singulière, un quasi accident historique, dont la durabilité relative (1917-1989/91) repose sur la coercition, la répression, le crime, soit, et c'est le plus fréquent, à un mélange de ces deux constituants, est aujourd'hui largement répandue. Elle repose sur le désir assez vain – d'un point de vue scientifique – de se doter d'une philosophie de l'histoire du XXe siècle où s'exprime son rapport propre à l'idée que l'on se fait « du » communisme plus que le désir d'en comprendre les multiples et contradictoires dimensions. Les sciences sociales ne peuvent rivaliser avec de tels concurrents : elles distillent le doute plus que la certitude. Et les synthèses qu'elles proposent, à un moment donné, ne peuvent être que provisoires et fragmentaires. Reste que ces essais, philosophiques le plus souvent, sur l'*essence* du communisme, en particulier ceux de certains « totalitariens », s'autorisent d'une réalité : l'existence, au XXe siècle, d'*un* mouvement communiste international *associant*, non sans conflits, de multiples acteurs individuels et collectifs au sein d'un parti mondial, convaincus, dans l'illusion souvent, de partager un même projet. Il représente l'une des expériences historiques majeures du XXe siècle.

Le communisme au singulier

Cette diversité, qu'il importait de souligner d'entrée de jeu, n'implique nullement qu'on refuse de s'interroger sur la commune identité, au XXe siècle, de ces expériences historiques, de ces multiples formes d'existence du communisme. Mais cette « identité » ne peut s'appréhender qu'à la condition de penser, simultanément, l'hétérogénéité des phénomènes qui la peuplent.

L'URSS, et le mouvement communiste international sous l'égide du Parti bolchevik, jouent ici un rôle capital : ils représentent le phénomène historique évidemment le plus décisif, de ce point de vue, au XXe siècle[7]. Ils sont fréquemment parvenus à s'arroger le « monopole » « du » communisme (du moins de sa représentation dominante) et ont cherché, souvent avec succès, à imposer leur loi. L'URSS en effet a le triple privilège de l'antériorité, de la « réussite historique » (« la preuve par le fait » écrit Marcel Cachin dans ses *Carnets*) et de ce qui l'accompagne, le prestige, qui facilite toutes les idéalisations, mais aussi le pouvoir d'État, qui procure les moyens institutionnels, matériels et financiers accroissant les dépendances. De ce fait, il y eut un « Vatican moscovite » (Éric Hobsbawm) qui, avec le mouvement communiste international et au prix d'une politique d'homogénéisation de son corps de militants professionnels et de sa doctrine, constitua une sorte d'Église universelle. Sans préjuger du caractère de religion séculière de ce communisme, l'analogie s'impose par la dimension universelle qu'on voulut donner à *une* idéologie communiste, par l'importance du corps des clercs (les « révolutionnaires professionnels », les « permanents », les « apparatchiks », les « kominterniens »), par le travail de canonisation des textes « révélés » (le marxisme-léninisme), par les procès en hérésie. Ce mouvement communiste international, dont le PCUS assurait le *leadership*, s'est pensé comme un acteur politique mondial destiné à promouvoir un nouveau type de régime politique et de société. Il a procuré à tous ceux qui y ont participé, et qui partageaient cette « utopie », le renfort inestimable de la « réalité ». L'idéalisation de l'URSS, aussi éloignée qu'elle ait été des réalités soviétiques, alimentait l'imaginaire de ce monde nouveau à bâtir[8]. Le mouvement communiste international en fut l'expression institutionnalisée. De ce point de vue, de même que l'Église catholique se caractérise par sa dimension universelle et l'unité de son organisation, figurée par Rome, le communisme au XXe siècle a présenté des traits similaires.

Mais l'analogie ne vaut que si l'on prend la mesure de ce qui différencie ces deux grandes institutions de salut (Max Weber). Alors que l'Église catholique parvient à gérer, avec plus ou moins de réussite suivant les époques, la diversité des expériences religieuses, la multiplicité des groupes qui la composent, l'hétérogénéité des prises de position en son sein (de l'intégrisme religieux à la théologie de la libération), le système communiste international n'a perduré qu'en se refermant progressivement, éliminant peu à peu toutes les contestations ouvertes puis implicites, tacites ou potentielles. Au cœur du système, en URSS d'abord, puis là où les partis communistes détenaient le pouvoir politique, sous couvert d'une « culture de guerre civile »[9], puis, après la Seconde Guerre mondiale, d'une culture de guerre froide, le caractère policier et répressif s'est déployé, usant de toutes les formes de violence physique (camps d'internement, emprisonnements arbitraires, assassinats, tortures, aveux extorqués, etc.), à une échelle sans précédent. À des rythmes variables suivant les pays, en tout cas après 1956 en Europe de l'Est, les formes de cette violence physique changèrent d'intensité et de mode tout en demeurant constitutives du système, comme l'atteste suffisamment le recours réitéré à la répression militaire. Néanmoins, entre le projet « totalitaire » et la réalité, il convient de ne pas sous-estimer les dysfonctionnements, les oppositions « souterraines », les conflits de pouvoir, les transformations sociales et culturelles et les déperditions de croyance qui ont toujours caractérisé les partis communistes et les sociétés communistes. Ne survivant que formellement, longtemps durant, pour se dissiper en quelques années (de 1989 à 1991) – sauf en Chine, en Corée du Nord, au Laos, à Cuba et au Vietnam –, le système communiste s'est effondré. Ce « Vatican moscovite » n'était donc pas aussi enraciné qu'on a pu l'imaginer, le craindre ou le souhaiter. Peut-être même n'était-il plus communiste, en un certain sens, perdant alors d'un coup son « habillage » ? Il n'explique donc vraisemblablement pas tout de cette singularité du fait communiste au XXe siècle, même s'il en fut la *forme dominante*, à la fois institutionnalisée, représentée et imaginaire.

Communismes, démocraties, fascismes

Sans doute alors faudrait-il aller bien au-delà et se doter d'une perspective historique de plus longue durée. Les communismes au XXe siècle ne constituent que l'un des aspects d'un vaste processus historique, celui qui voit, au cœur d'une histoire mondiale en train de s'universaliser sous l'effet de la construction de l'État moderne, du capitalisme et de la démocratie représentative, l'irruption des « dominés » sur la scène politique, comme acteurs déterminants et, sinon prétendants à l'exercice du pouvoir politique, du moins appelés à y participer. Bien avant que ces luttes ne prennent, pour partie, la forme du mouvement communiste international, la rhétorique réactionnaire, partout dans le monde occidental, souhaitait conjurer la puissance de ceux qu'elle n'appréhendait que comme des foules dangereuses et incontrôlables. Le suffrage universel lui-même, aujourd'hui si vanté, représentait souvent une menace pour ceux dont le sort était lié à la reproduction de l'ordre social[10]. L'anticommunisme ne fut pas seulement le rejet d'un régime politique où la violence joua un rôle clef[11]. Il fut bien souvent associé à une méfiance et à une hostilité à l'égard du peuple et à une conception élitiste de la démocratie dont l'un des terreaux fut ce que Peter Gay a nommé la culture de la haine[12]. Le fascisme, dans ses différentes actualisations au XXe siècle (Italie, Allemagne, etc.), en prolongea les logiques idéologiques, jusqu'à l'extrême avec le nazisme.

Ainsi, au-delà du Mouvement communiste international, l'unité de cette histoire des communismes ne peut sans doute se penser que relationnellement avec les deux autres grands types de régimes politiques du XXe siècle : le fascisme et la démocratie. On a coutume de mettre l'accent sur ce qui associe stalinisme et nazisme en parlant de totalitarisme[13] : parti unique, idéologie unique, volonté d'annihiler la société civile, exercice du pouvoir par la terreur. On a moins coutume de souligner ce qui différencie le communisme des régimes fascistes *et* démocratiques : l'utopie d'un pouvoir politique *effectivement* exercé par les classes populaires, par les groupes les plus nombreux de la société, par les groupes les moins dotés de ressources matérielles et culturelles. Utopie certes, on verra pourquoi, mais utopie désirée, partiellement réalisée en même temps que dévoyée. Utopie, en tout cas, qui risque d'être au XXIe siècle, sous d'autres formes, l'un des horizons de l'histoire politique.

La politisation des classes populaires, ce point nodal de la démocratie[14], est donc peut-être l'un des principaux enjeux de l'histoire du communisme : elle résulte d'une longue histoire, très conflictuelle, et le communisme n'en fut qu'une modalité, fondée sur la croyance en une théorie « scientifique » de l'histoire, sur la création d'un nouveau type de parti politique, sur la conviction que la Révolution, comme lutte généralement violente et comme rupture radicale, s'imposerait. Cette croyance en la légitimité d'un mode révolutionnaire de changement politique implique qu'on s'interroge sur son statut, ce qui revient aussi à s'interroger sur la violence en politique au XIXe et au XXe siècle. La séduction que le communisme a pu exercer sur nombre de démocrates, socialistes ou non, sur maints intellectuels, plus autonomes qu'on ne l'a dit, sur tant d'ouvriers qui ne furent pas pour autant communistes, s'enracine aussi dans la quête d'une représentation politique démocratique que la démocratie représentative réalise, mais ne réalise qu'imparfaitement[15]. L'analyse comparée du nazisme et du stalinisme est donc parfaitement légitime, mais c'est réduire la figure du comparatisme que d'en demeurer à cette seule comparaison en laissant opaque et indiscuté le terme manquant, la démocratie. Se donner pour horizon de pensée la diversité des communistes et des communismes, la pluralité des motifs allégués et des espoirs fondateurs, tout en étudiant la chape de plomb qui progressivement vint enfermer les possibles, c'est tout à la fois tenter de se prémunir d'une conception par trop idéologique et laisser ouvert le champ des investigations, afin que les diverses facettes du réel qu'appréhendent les sciences sociales aient droit de cité.

Bernard Pudal, Michel Dreyfus, Bruno Groppo,
Claudio Sergio Ingerflom, Roland Lew,
Claude Pennetier, Serge Wolikow.

Notes

1. François Furet, *Le passé d'une illusion, Essai sur l'idée communiste au XXᵉ siècle*, Robert Laffont, Calmann-Lévy, 1995.

2. Stéphane Courtois, « Les crimes du communisme » dans *Le livre noir du communisme*, Robert Laffont/, Coll. Bouquins, 1998.

3. Pour une vue synthétique de cette question et de ses rapports avec le « stalinisme » entendu comme la période durant laquelle Staline accéda et exerça le pouvoir, cf. Sheila Fitzpatrick, *The Russian Revolution*, Oxford University Press, 2e édition, 1994.

4. Cf. Jean-Paul Depretto, *Les ouvriers en URSS, 1928-1941* et ses mises en garde dans l'introduction et surtout la conclusion, Publications de la Sorbonne, 1997.

5. Harvey J. Kaye, *The British Marxist Historians*, Mac Milan, 2e édition, 1995.

6. Sur ces distinctions mais aussi sur leurs connexions, cf. Krzysztof Pomian, « Le marxisme réel dans les pays d'Europe centrale », p. 301-319, *Marx en perspective*, texte réunis par Bernard Chavance, Éditions de l'École des hautes études en sciences sociales, 1984.

7. Moshe Lewin, « Pourquoi l'Union soviétique fascina le monde », *Manière de voir*, 40, Les combats de l'histoire, juillet-août 1998.

8. Sophie Coeuré, *La grande lueur à l'Est. Les Français et l'Union soviétique, 1917-1939*, Seuil, 1999.

9. Nicolas Werth, « Un État contre son peuple » dans *Le livre noir du communisme, op. cit.*

10. Alain Garrigou, *Le vote et la vertu : comment les français sont devenus électeurs*, PFNSP, 1992.

11. Dés le début des années vingt, Marcel Mauss, par exemple, axe sa critique et son refus du modèle bolchevique sur cette question de la violence.

12. Peter Gay, *La culture de la haine. Hypocrisies et fantasmes de la bourgeoise de Victoria à Freud*, Plon, 1997, 559 p.

13. Henry Rousso (Dir.), *Stalinisme et nazisme*, Bruxelles, Complexe/IHTP, 1999 ; « La question du totalitarisme », *Communisme*, n° 47-48, 1996 ; François Furet, Ernst Nolte, *Fascisme et communisme*, Paris, Commentaire/Plon, 1998 ; Ian Kershaw, Moshe Lewin (Dir.), *Stalinism and Nazism. Dictatorships in Comparison*, Cambridge University Press, 1997 et Marc Ferro (Dir.), *Nazisme et communisme, Deux régimes dans le siècle*, Hachette Littératures, 1999. Voir aussi l'ouvrage d'Ernst Nolte publié en Allemagne en 1987 et en France en 2000 : *La guerre civile européenne 1917-1945. National-socialisme et bolchevisme*, Éditions de Syrtes. Il a résumé lui-même son projet en affirmant : « Ce qu'il y a dans le national-socialisme de plus essentiel, c'est son rapport au marxisme, au communisme particulièrement, dans la forme qu'il a prise grâce à la victoire des bolcheviks ».

14. Pierre Rosanvallon, *Le peuple introuvable*, Gallimard, 1999.

15. Daniel Gaxie, *Le cens caché*, Le Seuil, 1978.

Première partie

LES INTERPRÉTATIONS DES COMMUNISMES

dirigée par Bruno Groppo et Bernard Pudal

Introduction

Une réalité multiple et controversée

par Bruno Groppo et Bernard Pudal

Les spécialistes du communisme, qu'ils soient philosophes, historiens, politologues, sociologues ou anthropologues, démographes, économistes, se différencient à la fois par leur discipline de rattachement, et, au sein de celle-ci, par « l'école » à laquelle ils appartiennent, ainsi que par la diversité des rapports qu'ils entretiennent avec leur objet : « le » communisme. D'emblée, la révolution d'Octobre a suscité de farouches oppositions idéologiques, et les analyses effectuées pour rendre compte de cet événement fondateur prenaient place dans ces controverses. Depuis, les études sur le communisme n'ont cessé d'être prises dans des conflits idéologiques, lors même qu'elles tendaient à être de plus en plus « scientifiques ». Ceux qui ont étudié le communisme entretenaient fréquemment avec leur objet d'étude un rapport passionnel, les uns cherchant à légitimer le communisme, les autres à rendre raison de et à combattre ce qu'ils considéraient comme une monstruosité ou une illusion dangereuse et meurtrière. Souvent destinées au début à être politiquement instrumentalisées, puis plus ou moins contraintes par les enjeux politiques, conscients ou inconscients, ces recherches n'ont que partiellement, et relativement récemment, su se dégager de ces logiques d'instrumentalisation, quoique bien imparfaitement et non sans régression. Autrement dit, l'histoire des analyses du communisme fait aussi partie de l'histoire du communisme. Rien d'étonnant, bien sûr : le communisme n'est pas le seul phénomène historique dont l'étude ne s'imbrique pas, d'une manière ou d'une autre, aux passions et aux intérêts, conscients ou non, de ceux qui l'étudient. Il semble que les sciences sociales ne peuvent échapper à cette ambivalence qui les constitue. *A fortiori* quand elles se donnent pour objet un phénomène contemporain sur lequel il n'existe pas de tradition d'analyse. On ne peut qu'encourager par conséquent les postures auto-réflexives, celles qui tentent de prendre en compte simultanément le sujet objectivant (l'analyste) et l'objet à objectiver (les communismes), et inviter le lecteur à nous suivre dans cette voie. Concrètement, il s'agit d'exposer l'histoire des principaux modes d'analyse des communismes, d'interroger et de s'interroger sur les schémas interprétatifs mis en œuvre et de justifier ensuite les partis pris.

Les contributions réunies dans cette première partie du livre étudient quelques aspects de l'historiographie du communisme. Cette dénomination générique postule implicitement une certaine unité du phénomène communiste, mais en réalité elle recouvre au moins trois historiographies différentes : tout d'abord celle du Komintern, qui s'intéresse essentiellement à la dimension internationale du mouvement communiste ; celle, ensuite, consacrée aux différents partis communistes, qui privilégie, par contre, la dimension nationale ; enfin, l'historiographie des pays socialistes, en premier lieu de l'URSS et du communisme soviétique. Malgré les points communs, elles n'ont pas tout à fait le même objet de recherche, ou plutôt elles explorent trois dimensions différentes du même phénomène. Ce qu'on appelle le communisme, en effet, a été à la fois un mouvement politique (international, mais structuré sur la base de partis nationaux), un système étatique (le régime soviétique et les autres régimes construits à son image)[1], une idéologie (une certaine version du marxisme), mais aussi une réalité sociale, culturelle et une espèce de religion (ou en tout cas une doctrine de salut) : un objet complexe, donc, qui présente de multiples facettes. Pour l'appréhender dans toute sa complexité, il faudrait prendre en compte simultanément ses différentes dimensions (nationale et internationale, politique et sociale, émancipatrice et répressive). Là réside justement l'une des principales difficultés pour l'historiographie, qui tend inévitablement à privilégier l'une des dimensions aux dépens des autres[2]. De ces trois historiographies, deux – celle du Komintern et celle du communisme soviétique – s'occupent d'objets qui appartiennent désormais au passé. La troisième, celle qui s'occupe des partis communistes, est à cheval sur le passé et le présent.

L'historiographie du communisme s'est développée autour de deux pôles. Le premier est le discours historique produit par les partis communistes eux-mêmes, presque toujours à des fins de légitimation politique, et qu'on peut appeler l'histoire officielle. L'autre, le pôle universitaire, est celui d'une historiographie qui se veut fondée sur des critères scientifiques. Le premier a quasiment disparu après l'effondrement des régimes communistes et la disparition des structures (instituts de marxisme-léninisme ou d'histoire du parti) sur lesquelles il prenait appui ; le second, qui avait acquis une importance croissante pendant les dernières décennies, occupe maintenant presque entièrement le terrain, et les travaux récents sur l'histoire du communisme sont presque toujours l'œuvre d'historiens professionnels. Entre les deux se situe une production historiographique variée, difficile à cataloguer, mais dans laquelle on peut distinguer deux courants principaux : l'un est celui explicitement anticommuniste, qui réunit souvent mais pas toujours des ex-communistes et qui a retrouvé un second souffle après 1989 ; l'autre est celui des communistes dissidents, hostiles au stalinisme. Trotski représente sans doute l'exemple le plus significatif de ce second courant mais on pourrait également y ajouter Roy Medvedev

– du moins à l'époque où il écrivait son étude *Le stalinisme* –, Milos Hajek, Fernando Claudin, etc. Certaines études à visée explicitement anticommuniste se distinguent pour leur qualité. Plusieurs ouvrages écrits par des ex-communistes (Boris Souvarine, Arthur Rosenberg, Angelo Tasca, Franz Borkenau) présentent un grand intérêt. Certains s'inscrivent dans le courant anticommuniste, d'autres plutôt dans ce qu'on pourrait appeler l'anti-stalinisme.

L'historiographie du communisme a été en large mesure, et reste encore, une historiographie politique, et cela à deux titres : d'abord, parce qu'elle a été constamment marquée par de nombreux enjeux politiques et par les passions, les partis pris, les jugements de valeurs des auteurs[3] ; ensuite, dans la mesure où elle a concentré pendant très longtemps son attention presque exclusivement sur les aspects politiques (les programmes, les lignes politiques, les stratégies, etc.), en négligeant les autres dimensions du phénomène communiste. Histoire politique, histoire des idées. Une partie de l'historiographie continue de se situer dans cette perspective, comme le montrent par exemple les ouvrages de François Furet et de Martin Malia, tandis qu'une autre partie s'est orientée résolument vers l'histoire sociale.

Si les études sur le communisme ont longtemps privilégié le politique, ce n'est pas seulement à cause de l'importance évidente de cet aspect, mais aussi pour une raison toute simple : on ne pouvait pas accéder aux archives. Cette circonstance obligeait les chercheurs à s'appuyer essentiellement sur les documents déjà publiés et sur les témoignages, et à élaborer leurs hypothèses et leurs interprétations sur des bases parfois fragiles. Malgré ce handicap majeur, beaucoup de travaux effectués dans ces conditions ont résisté à l'épreuve quand il est devenu enfin possible d'accéder aux documents d'archives. L'ouverture des archives, qui a été l'une des conséquences de l'effondrement du système communiste[4], a inauguré une nouvelle étape dans les études sur le communisme, puisqu'il est désormais possible de travailler directement sur les sources, comme l'exige le métier d'historien. Même s'il est encore tôt pour dresser un bilan, il semble toutefois que l'accessibilité des sources n'ait pas conduit, du moins jusqu'à présent, à remettre fondamentalement en cause les interprétations proposées par l'historiographie antérieure la plus sérieuse, mais qu'elle ait servi plutôt à les corriger sur des points non centraux et à les compléter : preuve, s'il en fallait une, qu'un travail scientifique sérieux pouvait être effectué même dans des conditions peu favorables. On a pris conscience, d'autre part, que les documents d'archives enfin disponibles ne livraient pas automatiquement *la* vérité historique et qu'ils devaient être interprétés, contextualisés et évalués critiquement : autrement dit, qu'ils ne parlaient pas d'eux-mêmes, mais en fonction des questions posées par les historiens[5].

L'« histoire officielle », produite par les partis communistes eux-mêmes, avait essentiellement une fonction de légitimation politique et d'intégration. Son modèle a été l'historiographie stalinienne, dont le paradigme était le *Bref cours d'histoire du PCUS (b)* de 1938. Le fait qu'elle ait surtout pris la forme de manuels d'histoire du parti témoigne de l'importance absolument centrale du parti dans l'univers communiste (ce qui n'était le cas ni dans le fascisme italien ni dans le nazisme, autres régimes manipulateurs de l'histoire). Le communisme au pouvoir s'est efforcé de contrôler la totalité du champ historique et d'exercer le monopole du discours historique : ce dernier se prétendait une science, fondée sur la connaissance des « lois de l'histoire » mises en lumière par le marxisme, mais il n'était qu'une « science » de légitimation s'apparentant, à bien des égards, à une écriture sainte[6]. S'il était possible, dans les régimes communistes, d'imposer une vérité historique officielle (perpétuellement changeante, mais toujours unique), cela n'était pas possible, en revanche, dans les démocraties libérales, où la version proposée par les partis communistes quant à leur propre histoire se trouvait en concurrence avec d'autres versions. Ainsi, tôt ou tard, l'histoire officielle dut être abandonnée. La professionnalisation de ce champ de recherche s'imposa progressivement, et les historiens communistes furent amenés de plus en plus à se confronter, sur le terrain proprement scientifique, avec des historiens d'autres tendances historiographiques et politiques.

L'histoire officielle communiste était une histoire partisane, où tout était subordonné aux exigences de légitimation du parti. Mais l'esprit militant a animé aussi une grande partie de l'historiographie non communiste ou communiste dissidente. Il n'y a jamais eu une historiographie vraiment neutre du communisme, comme d'ailleurs il n'y a jamais eu une historiographie neutre du nazisme ou du fascisme. Cela ne préjuge pas de la qualité scientifique du travail historique ni de la validité de ses explications. Tout dépend de la capacité de l'historien à ne pas se laisser emporter ou aveugler par ses jugements de valeurs et ses a priori politiques. Pour sa part, le lecteur doit être conscient de ces contraintes et savoir faire la part des choses.

L'histoire sociale a fait son entrée peu à peu même dans le domaine des études sur le communisme. Elle a contribué à déplacer le regard, auparavant rivé presque exclusivement sur l'idéologie et le politique, vers d'autres aspects : les réactions de la société, les facteurs d'enracinement, l'adhésion ou le rejet, les facteurs de consensus, la mobilité sociale, etc. On le constate aussi bien dans les études sur les communismes nationaux, par exemple sur le communisme en France, que dans celles sur l'URSS et le communisme soviétique. L'évolution des études sur l'URSS a d'ailleurs influencé, comme le souligne Brigitte Studer, les travaux sur l'histoire d'autres partis communistes ou du Komintern. D'une certaine manière, les études sur l'URSS ont contribué à définir de manière plus précise, en les poussant parfois à l'extrême, certaines alternatives méthodologiques. Ainsi par exemple, dans l'introduction de son livre *La tragédie soviétique*, Martin Malia a réaffirmé avec force, contre l'école « révisionniste » et contre l'histoire sociale en général, « la primauté de l'idéologique et du politique sur le social et l'économique[7] ». Le modèle totalitaire a été pendant longtemps, et reste, pour toute une partie de l'historiographie, le principal paradigme utilisé dans l'étude du communisme[8]. Encore faudrait-il, sans doute, parler de plusieurs modèles ou théories du totalitarisme, compte tenu des différences très importantes qu'il y a entre les uns et les autres. Il importe de constater ici que l'approche « totalitaire », qui a fait un retour en force après 1989, reste controversée et divise profondément les historiens (tant du communisme que du nazisme).

Dans la conjoncture actuelle des études sur le communisme l'approche libérale ou conservatrice est au sommet de son influence. Elle propose, notamment sous la plume de François Furet et de Martin Malia, une interprétation du communisme comme produit d'une utopie, celle du socialisme dans sa version marxiste, ou d'une illusion[9]. À cette interprétation, basée sur l'histoire des idées et sur une approche de type psychologique (la croyance dans le socialisme), on a reproché le fait d'oublier les autres dimensions du phénomène, qui sont également constitutives, et que seules d'autres approches, notamment celles de l'histoire sociale, sont en mesure d'expliquer[10]. Pour l'instant, toutefois, aucune autre tentative de synthèse globale n'est apparue. On peut se demander, d'ailleurs, si une synthèse, qui tenterait d'embrasser simultanément toutes les dimensions du phénomène communiste au lieu de s'en tenir exclusivement à l'histoire des idées, est vraiment possible. La recherche se développe, pour le moment, dans des domaines séparés : histoire de l'URSS et des autres régimes communistes, histoire du Komintern, histoire des partis communistes, avec quelques tentatives d'approche transversale. Les écueils devant lesquels se trouve la recherche historique sur le communisme sont, d'une part, celui d'une « hypertrophie du politique[11] », de l'autre celui d'une histoire sociale qui ignorerait la politique (*history with the politics left out*, selon l'expression de Geoff Eley[12]). Il est souhaitable que l'histoire politique soit équilibrée par les apports d'autres disciplines, comme l'histoire sociale, la sociologie et l'anthropologie. Par ailleurs, l'histoire du communisme est indissociable, dans la plupart des pays, de celle du monde ouvrier. Par exemple, en France le déclin du monde ouvrier explique en partie celui – commencé bien avant 1989 – du communisme. Les incertitudes et les interrogations qui se posent pour l'histoire du communisme concernent également l'histoire ouvrière[13].

Constat d'évidence, les études comparatives sont éminemment souhaitables. Elles peuvent faire progresser sérieusement la recherche. On remarque que dans la période récente s'est affirmée une tendance à comparer communisme et nazisme, ou stalinisme et nazisme[14]. Cette tendance n'est pas nouvelle, et s'inscrit au moins partiellement dans la filiation de la théorie du totalitarisme, que ce soit pour la revendiquer ou pour la rejeter. L'intérêt principal de cette démarche est probablement de faire profiter les études sur le communisme des avancées méthodologiques réalisées dans le domaine des études sur le nazisme[15].

On peut aisément prévoir que différentes interprétations du phénomène communiste continueront à s'affronter et que les controverses historiographiques et politiques ne s'arrêteront pas, entre autres raisons parce que la problématique de la recherche sur le communisme met en jeu d'autres débats scientifiques (et politiques), notamment autour du totalitarisme, du fascisme et du nazisme, autour desquels les historiens continuent de s'affronter. Il importe de noter qu'une nouvelle étape des études sur le communisme, après la chute du Mur et l'ouverture des archives, se développe à un moment où, tant dans l'histoire que dans les sciences sociales en général, les incertitudes semblent l'emporter largement sur les certitudes antérieures, et où, comme l'observe Jacques Revel, « les grands paradigmes unificateurs qui avaient servi d'architecture englobante aux sciences sociales se sont affaissés »[16].

Même si des régimes et des partis communistes continuent d'exister, l'impression prédominante est que le communisme, en tant que phénomène historique, appartient globalement au passé et que sa trajectoire, commencée en 1917, s'est achevée en même temps que le « siècle bref » dont il a été l'un des protagonistes. Ce passé reste toutefois attaché au présent par de multiples liens, si bien que la recherche dans ce domaine relève à la fois d'une sorte d'archéologie[17] et de l'histoire du temps présent. La qualité des résultats dépendra de la capacité des historiens à poser aux documents d'archives des questions originales, à éviter la tentation de réduire l'histoire du communisme à celle d'un complot peuplé d'agents et d'espions, à ne pas s'enfermer dans une dimension trop étroitement politique ou trop exclusivement axée sur le fonctionnement interne de l'organisation communiste. On peut conclure, avec Claude Lefort, que « nous n'avons pas fini de nous interroger sur le communisme[18] ».

Notes

1. En tant que mouvement politique, une spécificité du communisme est d'avoir entretenu, tout au long de son existence, un lien très étroit avec un État, l'URSS, ce qui fait que son histoire est indissociable de celle de cet État. Aucun autre mouvement politique du XXe siècle n'a lié son sort de manière si étroite à celui d'un État.

2. Un exemple extrême est *Le livre noir du communisme* qui, dans l'introduction et la conclusion rédigées par Stéphane Courtois, réduit l'histoire du communisme à une dimension unique, celle d'une aventure criminelle. Cf. Stéphane Courtois et *al., Le livre noir du communisme. Crimes, terreur, répression*, Paris, Robert Laffont, 1997.

3. Cela n'a pas cessé depuis la disparition du système communiste. Toute une partie des travaux parus depuis 1989 se situe dans l'optique d'une « historiographie des vainqueurs » et fait de la recherche historique l'instrument d'un combat idéologique.

4. Même si auparavant certains partis communistes, par exemple le PCI, avaient commencé déjà à ouvrir leurs archives aux chercheurs.

5. Cf. l'article d'Étienne François, à propos des archives de l'ex-RDA (Étienne François, « Les "trésors" de la Stasi ou le mirage des archives », in *Passés recomposés. Champs et chantiers de l'histoire*, sous la dir. de Jean Boutier et Dominique Julia, Paris, Editions Autrement, 1995, pp. 145-151). Étienne François écrit : « On commence à se rendre compte que tout n'est pas si simple, que les nouvelles archives ne sont pas la bouche de la vérité, que comme toutes les autres archives, elles doivent être soumises à une critique des sources exigeante, que leur maniement ne peut se faire qu'à condition de respecter des règles éthiques et méthodologiques élémentaires, et que même bien utilisées, et interrogées à partir de questions pertinentes, elles ne dispensent pas l'historien de son travail habituel de reconstitution et d'interprétation – et ne donnent pas réponse à tout » (*Ibid.*, p. 147). Voir aussi, du même auteur, « Révolution archivistique et réécriture de l'histoire : l'Allemagne de l'Est », in *Stalinisme et nazisme. Histoire et mémoire comparées*, sous la dir. d'Henry Rousso, Bruxelles, Complexe, 1999).

6. Sur l'historiographie stalinienne cf. l'analyse de Georges Haupt, « Pourquoi l'histoire du mouvement ouvrier ? », *in L'historien et le mouvement social*, Paris, Maspero, 1980, p. 17-44, en particulier p. 30-33.

7. Il écrit notamment : « La clef pour comprendre le phénomène soviétique est à trouver dans l'idéologie. [...] Au programme de ce livre il y a donc d'abord la volonté de réaffirmer la primauté de l'idéologique et du politique sur le social et l'économique pour comprendre le phénomène soviétique. Il s'agit de réhabiliter une histoire "d'en haut" aux dépens d'une "histoire d'en bas" comme force motrice du développement du communisme soviétique. Il s'agit de redonner vie à l'explication par le "modèle totalitaire", mais dans une perspective historique et dynamique, non statique » (Martin Malia, *La tragédie soviétique. Histoire du socialisme en Russie, 1917-1991*, Paris, Seuil, 1995, p. 29). On ne saurait être plus clair, et le titre du livre résume la thèse centrale : le communisme soviétique est le socialisme, et c'est la tentative de réaliser le socialisme qui a débouché sur la tragédie soviétique.

8. Cf. le numero spécial de la revue *Communisme* (n° 47-48, juillet-décembre 1996) sur « La question du totalitarisme ».

9. François Furet, *Le passé d'une illusion. Essai sur l'idée communiste au XXe siècle*, Paris, Robert Laffont/Calmann-Lévy, 1995 ; Martin Malia, *op. cit.* Furet précise qu'il entend faire « non pas l'histoire du communisme, et moins encore de l'URSS, proprement dits, mais celle de l'illusion du communisme aussi longtemps que l'URSS lui a donné consistance et vie » (*op. cit.*, p. 14).

10. L'une des critiques les plus argumentées et intéressantes est celle de Claude Lefort, *La complication. Retour sur le communisme*, Paris, Fayard, 1999. Voir aussi les remarques de Marc Ferro à propos du livre de François Furet dans « Introduction. Nazisme et communisme : les limites d'une comparaison », in *Nazisme et communisme. Deux régimes dans le siècle*, présenté par Marc Ferro, Paris, Hachette, 1999, p. 36, note 4. (« Dans le livre de F. Furet, qui en se disant celui d'une idée n'en présente pas moins des conclusions globales sur les sociétés, les citoyens et leurs réactions sont absents, la société est hors-champ, la société n'existe pas. Seuls les dirigeants et théoriciens ont droit à la parole, cette parole seule a droit à l'interprétation »).

11. L'expression est de Brigitte Studer. Cf. Brigitte Studer, « Die Rückkehr der Geschichte. Das Bild der Komintern nach Öffnung der Archive », in *Quellen und Historiographie der Arbeiterbewegung nach dem Zusammenbruch des « Realsozialismus »*, sous la dir. de Bruno Groppo et al., Vienne, Calenberg Press/ITH, 1998, p. 30.

12. *Russian Review*, n° 45, 1986, pp. 385-394.

13. En conclusion d'un article où il fait le point sur le développement de l'histoire ouvrière en France, Antoine Prost s'interroge : « Peut-être est-il impossible désormais de penser de façon pleinement cohérente l'histoire des ouvriers et du mouvement ouvrier, alors qu'en cette fin de siècle, la notion même de classe ouvrière devient problématique et que les conflits structurants du siècle écoulé s'éloignent de nous sans être remplacés par des clivages aussi fermes. Et peut-être faut-il [...] poser la question iconoclaste elle-même : cela aura-t-il encore un sens, dans vingt ans, de parler d'"histoire ouvrière" ? » (Antoine Prost, « L'histoire ouvrière en France aujourd'hui », *Historiens et géographes*, n° 350, 1996, p. 208). Cf. aussi Bruno Groppo, « L'évolution récente de l'historiographie du mouvement ouvrier en France », in *Stand und Perspektiven der ArbeiterInnengeschichtsschreibung im 30. Jahr der ITH*, sous la dir. de Christine Schindler, Vienne, ITH, 1995, pp. 65-87.

14. Cf. *Stalinisme et nazisme. Histoire et mémoire comparées*, sous la dir. d'Henry Rousso, Bruxelles, Complexe, 1999 ; *Nazisme et communisme. Deux régimes dans le siècle*, présenté par Marc Ferro, Paris, Hachette, 1999 ; *Nazismo, fascismo, comunismo. Totalitarismi a confronto*, sous la dir. de Marcello Flores, Milan, Bruno Mondadori, 1998 ; *Stalinism and Nazism. Dictatorships in Comparison*, sous la dir. de Ian Kershaw et Moshe Lewin, Cambridge, Cambridge University Press, 1997.

15. Sur la problématique des études sur le nazisme et les controverses historiographiques à ce sujet voir Ian Kershaw, *Qu'est-ce que le nazisme ? Problèmes et perspectives d'interprétation*, Paris, Gallimard, 1997.

16. Jacques Revel, « Histoire et sciences sociales : une confrontation instable », in *Passés recomposés, cit.*, p. 80. Cf. aussi le numéro des *Annales* sur « Histoire et sciences sociales » (*Annales ESC*, vol. 44, n° 6, novembre-décembre 1989 ; Roger Chartier, « Le temps des doutes », *Le Monde* (Supplément « Pour comprendre l'histoire »), 18 mars 1993.

17. Sur cet aspect on trouvera d'intéressantes réflexions dans Alain Brossat, *Le stalinisme entre histoire et mémoire*, La Tour d'Aigues, Editions de l'Aube, 1991.

18. Claude Lefort, *La Complication, op. cit.*, p. 21.

Chapitre I

Totalitarisme et stalinisme

par Brigitte Studer

L'écriture de l'histoire demeure une entreprise qui se fait en premier lieu dans un espace national avec ses traditions et ses références spécifiques. Dans cet aperçu de l'historiographie du communisme, je me concentre pourtant moins sur les différences entre espaces nationaux que sur l'évolution chronologique des approches et des schèmes d'interprétation[1]. Il me semble, en effet, que ce qui a longtemps caractérisé l'histoire du communisme est le transnationalisme des méthodes et des paradigmes. Du moins jusque dans les années soixante, les analyses ont été définies plus en fonction des préférences idéologiques et politiques que par des spécificités nationales. Pour schématiser, on peut dire qu'il y eut jusqu'alors, d'un côté, la production historique se situant d'emblée à l'intérieur du mode de pensée communiste orthodoxe, fruit d'un effort de légitimation politique et, de l'autre, une production souvent plus académique, antithétique, sinon toujours critique au sens étymologique du mot, à l'idéologie communiste. Entre ces deux extrêmes, on trouve les travaux des diverses oppositions de gauche, en général minoritaires, ainsi que leurs projets intellectuels et politiques. Situés sur un terrain beaucoup moins institutionnel, ils se rattachent de près ou de loin au bolchevisme, mais prennent leurs distances avec son évolution ultérieure vers le stalinisme. Du point de vue historiographique, ces trois approches ne se distinguent que peu sur les problèmes, les méthodes et les objets. Dans tous les cas, l'accent est mis sur le politique dans sa définition traditionnelle, à savoir les objectifs programmatiques et leur évolution, les questions institutionnelles, tels que les organisations et leur mode de fonctionnement, ainsi que l'inventaire nominal du personnel politique. L'économique, le social et le culturel sont les grands absents. Le paradigme qui gouverne l'une ou l'autre de ces approches est celui du totalitarisme, qu'il serve de mesure à toute analyse ou, au contraire, de prémisse à une réfutation. Ce n'est que dans les années 1960-1970 qu'apparaît, progressivement et un peu partout, une histoire universitaire qui s'émancipe des concepts « politologiques » jusqu'alors dominants et qui s'ouvre à des questionnements plus proprement historiques. Une problématique sous-tend l'ensemble de ces études, quelles que soient leur thématique et leur orientation : la définition des caractéristiques et de la nature du stalinisme, entendu en général comme la période de l'histoire soviétique allant de 1928 à 1953[2]. Il faudra aborder ce problème dans ce texte, ce qui me fera dépasser le cadre de l'analyse des partis communistes et m'amènera à y intégrer l'analyse de l'Union soviétique telle que l'ont conçue ou appliquée différents auteurs, principalement américains et allemands. Il s'avère, en effet, comme le montrera l'analyse du cas allemand (auquel on peut ajouter comme sous-espace le cas suisse), que l'évolution des concepts et des interprétations développés par la « soviétologie » n'est pas restée sans influence sur les études des partis communistes. De fait, le tournant « révisionniste » – selon l'appellation américaine – qui se traduit par l'intégration, par certains historiens, de notions et d'approches de l'histoire sociale afin de renouveler leurs recherches sur l'histoire de l'URSS, a également nourri, dans une moindre mesure, ceux qui étudient l'histoire des partis communistes. Pour terminer, il s'agira d'aborder le récent tournant historiographique que constitue l'histoire culturelle. Celle-ci n'a pas, pour l'heure, réussi à dépasser l'incertitude paradigmatique qui caractérise actuellement toutes les démarches historiographiques. Couplée à une certaine reprise de l'interprétation totalitariste, cette évolution laisse ainsi ouverte la future direction que prendront les études du communisme et des partis communistes.

L'histoire du communisme entre science historique et légitimation politique

Aucun objet historique sans doute n'a été autant marqué par les enjeux de pouvoir que ne l'a été l'histoire du communisme et des organisations qui le représentent. Presque dès ses origines, le communisme a fait l'objet de moult attentions. Un premier groupe de recherches est le fruit de forces anticommunistes. Par exemple, dès les années 1920, sont apparues des officines – telles l'Entente internationale anticommuniste de l'avocat suisse Théodore Aubert – visant à dénoncer le « danger communiste » et son œuvre de subversion[3]. On prêta attention au communisme dans de nombreuses dimensions : organisation, programme, personnel politique ou encore implantation. Parallèlement, les premiers exclus des organisations communistes, à savoir les « renégats » et autres dissidents du bolchevisme, constituèrent une tradition de réflexion critique sur le phénomène communiste. Le représentant le plus connu et le plus influent de cette tradition reste Trotski. Un troisième courant qui, à la différence du précédent, ne se considère plus comme partie prenante du projet politique bolchevik, est composé de mencheviks condamnés à l'exil en Occident ainsi que d'anciens communistes passés du côté des ennemis irréductibles du communisme sous toutes ses formes.

L'implication personnelle directe de bien des producteurs du savoir sur le communisme a sans nul doute orienté leurs intérêts scientifiques et leurs stratégies professionnelles ou académiques vers un usage politique de leur production historique. Que ce soit à l'université ou ailleurs, la plupart étaient ancrés dans un contexte institutionnel propre à leur préférence politique. Les instituts de recherche où ils travaillaient, les revues dans lesquelles ils publiaient leurs études, les colloques ou les congrès de parti où ils présentaient leurs résultats, tous ces outils (ou presque) étaient à coloration politique. Un tel état de fait n'est pas resté sans effets sur l'objet du savoir. Si l'historicité de tout concept découle autant de facteurs internes à la discipline que de l'imbrication des paramètres d'interprétation avec un contexte politique et public plus large, cela est d'autant plus vrai pour la principale notion de l'histoire du communisme : le stalinisme. En effet, contrairement aux notions de « fascisme » et de « national-socialisme », produits par les acteurs eux-mêmes, il ne s'agit pas d'un terme descriptif, d'une auto-définition. Selon un historien allemand, en février 1986 encore, ce terme était qualifié en Union soviétique comme provenant du langage anticommuniste[4]. L'histoire occidentale elle-même s'est montrée réticente. Selon Sheila Fitzpatrick, ce n'est qu'en 1985 que le terme s'est finalement imposé aux États-Unis[5]. Les premiers à l'utiliser furent les opposants de gauche au régime soviétique. En Allemagne, le terme est attesté pour la première fois en automne-hiver 1929-1930 dans la revue *Osteuropa* sous la plume d'Otto Hoetsch qui tira ainsi un bilan de son voyage en Union soviétique en octobre 1929. Il entendait par ce terme un système politique qui faisait appel au bolchevisme et à la révolution mondiale à des fins de légitimation, mais qui avait en fait pour objectif de consolider son assise à l'intérieur du pays par le biais de la terreur, de l'agitation et de l'éducation des jeunes selon les besoins du système[6].

Mais même les opposants de gauche – parmi lesquels il faut citer en premier lieu les trotskistes vu leur abondante production sur l'histoire de l'Union soviétique et des organisations communistes – n'employèrent guère le mot. Dans les écrits de Trotski, le terme de « staliniens » est employé pour désigner les adeptes de Staline, en revanche celui de « stalinisme », qui désigne un système, semble faire défaut[7]. Par ailleurs, ni Boris Souvarine ni Isaac Deutscher ne l'introduisent dans leurs biographies respectives de Staline. L'un comme l'autre qualifie son travail d'« aperçu historique du bolchevisme », le premier en sous-titre, le second dans sa préface originale de 1948[8]. Deutscher n'adopte le terme que dans son introduction à l'édition anglaise de 1961[9]. Cette réticence s'explique d'abord par la personnalisation du système induite par un tel schème d'interprétation. En effet, les critiques de gauche du régime préfèrent procéder à une analyse de type sociologique du communisme en étudiant par exemple l'émergence d'une classe sociale ou d'une nouvelle classe dominante qui accompagna son développement. Cette réticence découle sans doute aussi du fait que le mot est largement associé à une entreprise aussi analytique que morale de comparaison entre le système stalinien et le système nazi. En effet, une telle figure de pensée devient courante dans la seconde moitié des années trente auprès de la droite, comme auprès de nombreux socialistes. Certains, comme Rudolf Hilferding, prennent alors autant position contre le régime de Hitler que contre celui de Staline et préfigurent l'analyse totalitariste[10].

En fait, les observateurs critiques de la première heure suivent surtout une autre piste d'interprétation. Dès 1927, Christian Rakovski met en évidence le phénomène de « bureaucratisation » qu'il entend comme un processus social intérieur à un parti et à un régime et largement orchestré par ceux qui en sont les bénéficiaires. Le terme ne s'impose pas encore pour définir un système à proprement parler. Dans son *Histoire du bolchevisme* publiée en 1932 (et rééditée en 1966 en allemand et en 1967 en français avec une préface de Georges Haupt), Arthur Rosenberg poursuit dans la même voie[11]. Ce représentant typique du *Bildungsbürgertum* juif allemand, né dans une famille aisée, libérale et cultivée, brillant étudiant puis professeur d'histoire de l'antiquité à l'Université de Berlin, fut aussi, à partir de 1920, l'un des dirigeants du Parti communiste allemand. Député au Reichstag, il démissionna en 1927 du Parti, mais resta marxiste. Dès lors, Rosenberg se consacra à l'étude de l'histoire contemporaine. Après 1933, il émigra d'abord en Angleterre puis aux États-Unis, où il enseigna dans diverses universités. Il mourut à New York en 1943. Dans l'étude mentionnée, il s'intéresse à la genèse du stalinisme (sans pour autant employer le terme) et aux conditions sociales de son apparition. Il trouve ses hypothèses explicatives dans la logique de l'évolution intérieure de la société russe et dans la faiblesse du mouvement ouvrier européen. S'il partage avec Trotski le terme de « bureaucratisation », il se distancie en revanche de l'idée de « révolution trahie » qui relève pour lui de la polémique. Ce sont, au contraire, les conditions intérieures de la société russe qui conduisirent à l'avènement de Staline et du stalinisme, ou de ce qu'il appelle, lui, un « capitalisme d'État » voire un « socialisme d'État ». À l'origine du phénomène, il place la structure sociale de la Russie soviétique, une paysannerie forte et une classe ouvrière faible qui pousseraient le Parti bolchevik à instaurer la dictature conditionnant un type de domination spécifique, la bureaucratie omniprésente. Par la logique de son analyse, Rosenberg n'est pas loin des tenants d'une histoire sociale du stalinisme ou de l'école historique américaine sur l'Union soviétique dite « révisionniste » sur laquelle nous reviendrons. À la différence près que, selon cette dernière, le véritable tournant intervient en 1929-1930 au moment de la collectivisation forcée. L'analyse de la « déformation bureaucratique » du régime bolchevik est systématisée par le trotskiste italien Bruno Rizzi dans un ouvrage qui parut à Paris en 1939 et intitulé *La bureaucratisation du monde*[12]. Allant au-delà des thèses de Trotski, qui ne concevait pas la bureaucratie comme une classe sociale, Rizzi estime que les fonctionnaires du régime soviétique avaient repris les prérogatives des classes dominantes du capitalisme, même s'ils devaient utiliser l'État comme instrument pour collecter la plus-value.

Il existe toutefois plusieurs différences – outre celle de la périodisation déjà mentionnée – entre ces premières analyses et les approches dites « révisionnistes » de l'histoire sociale américaine. D'abord, les notions de « bureaucratie » ou de « bureaucratisation » tendent à attribuer à ces *apparatchikis* un pouvoir qu'ils n'avaient manifestement pas. Non qu'ils n'en aient eu aucun, mais celui-ci était sérieusement limité tant par la puissance de Staline, que par tout un système de dédoublements et de concurrences entre appareils[13]. Ensuite, en dépit de leurs analyses critiques et historiques, la plupart des tenants du concept de « déformation bureaucratique » proposent une réflexion politique non dénuée de téléologie. En effet, leurs analyses visent à retracer l'histoire d'un projet politique à partir de ce qui est pensé comme son point d'aboutissement : la rupture d'une promesse (même si certains l'imputent plus à des processus sociaux qu'à des causes idéologiques ou personnelles). Cette constatation est également applicable, avec des nuances, à de nombreux travaux universitaires qui commencent à paraître à partir des années cinquante. Ce qu'on pourrait appeler le « paradigme de la révolution trahie » ou encore du « bonapartisme » se trouve chez les historiens trotskistes – je pense par exemple à l'histoire du Parti bolchevik de Pierre Broué ou à la moins académique histoire de l'Internationale communiste de Pierre Frank[14]. Mais cette vision traverse aussi d'une certaine manière l'ouvrage du social-démocrate autrichien émigré et membre de l'Institut international d'histoire sociale d'Amsterdam, Julius Braunthal. Toutefois, dans ses trois volumes de référence sur les internationales socialistes et communistes, la césure historique est située du temps de Lénine. Pour les auteurs de ces analyses, il y a alors rupture avec le marxisme originel[15]. Autre périodisation encore, mais prémisse semblable toujours, celle de l'approche eurocommuniste qui obtient une certaine résonance dans les années soixante-dix : pour Fernando Claudin, le point de non-retour est atteint en 1935-1936 avec le tournant vers le Front populaire et l'adieu à la Révolution[16].

La focalisation sur les aspects idéologiques du communisme et de ses organisations, et en particulier sur sa ligne politique, est demeurée, jusque dans les années soixante-dix et parfois au-delà, caractéristique de l'histoire des partis communistes ou de l'Internationale, et en a aussi souvent constitué une limite. Cela dans un triple sens. En effet, outre une tendance à l'interprétation guidée par des visées morales, des jugements de valeurs et des projections politiques dans l'objet historique, nombreux sont les ouvrages qui se restreignent à une grille de lecture calquée sur la problématique de la « dégénérescence de l'IC » ou sur le respect ou non d'une ligne politique. Le Parti communiste suisse (PCS) a-t-il vraiment tenté de mettre en pratique le front unique entre 1918 et 1935, demandait par exemple un auteur en 1986[17]? Et un autre, qui analysait quelques années plus tôt une série de grèves du début des années trente, parvenait à la conclusion que si le PCS n'avait connu que très peu de succès, c'était parce qu'il n'avait pas compris et encore moins appliqué la ligne ultra-gauche dite du « social-fascisme »[18]. Mais le principal handicap me semble être au niveau méthodologique. Le paradigme « de la révolution trahie » opère en mettant unilatéralement l'accent sur les aspects idéologiques et sur l'application de la ligne politique. Autrement dit, il induit une hypertrophie du politique. Or, le communisme n'est pas qu'un phénomène politique, il a des dimensions sociales, culturelles et intellectuelles. Si une telle approche partisane, justificative ou dénonciatrice, a longtemps occupé une place très importante dans l'histoire du communisme, c'est que ses auteurs se situaient en général autant, sinon plus, dans le champ politique que dans le champ universitaire. Ce qui était beaucoup moins le cas pour un second paradigme, qui a, *grosso modo* entre 1950 et 1970, bénéficié d'une situation hégémonique dans le monde académique, notamment américain, mais pas uniquement.

Le paradigme totalitariste dans le champ académique

Cette prédominance du paradigme totalitariste était d'abord due au fait qu'il a longtemps constitué la seule approche « institutionnalisée » dans les universités et les laboratoires de recherche pour étudier le communisme ou l'Union soviétique. L'origine des *Soviets studies* aux États-Unis à la fin des années quarante et au début de la guerre froide est tout à fait instructive à ce sujet. C'est dans un but politique et pour se renseigner sur l'ennemi qu'ont été créés les trois principaux centres aux États-Unis, les *Russian Studies* à la Hoover Institution, le *Russian Institute* à Columbia et le *Russian Research Center* à Harvard. Avec la guerre froide, le communisme devenait objet de réflexion stratégique, moins pour être analysé en lui-même que pour être comparé au système capitaliste. L'anticommunisme paraît à ce moment d'une telle évidence que Franz Borkenau, ancien membre du Parti communiste allemand qui s'est rapproché de la social-démocratie, se revendique anticommuniste dans l'introduction à son livre sur le communisme européen, achevé en 1951 à Washington[19]. Non seulement il prend ouvertement position contre le « système totalitaire » soviétique, mais encore, dans sa conclusion, il s'adresse aux praticiens de la politique en leur indiquant les mesures légales à prendre pour se prémunir du danger communiste.

La théorie du totalitarisme ou, plus précisément, les théories du totalitarisme ont été développées à partir des réflexions et des analyses – notamment des émigrés allemands Hannah Arendt, Ernst Fraenkel et Franz Neumann – sur la nature et la structure du nazisme, mais le terme est apparemment plus ancien. Selon Ian Kershaw qui retrace l'histoire du concept de totalitarisme, ce dernier remonte au début des années 1920[20]. En Italie, il fut d'abord utilisé comme slogan antifasciste, puis, rapidement, Gentile puis Mussolini lui-même se le seraient approprié[21]. Dans les années trente et quarante, il aurait à nouveau servi aux analyses de gauche du fascisme. Mais la formulation complète de la théorie s'est faite dans les années cinquante. Si elle s'inscrit plus directement dans les sciences politiques et sociales, elle a servi de grille d'analyse et de modèle explicatif à l'ensemble des sciences sociales et humaines. Sa fonction est la description du système de pouvoir soviétique dans une perspective comparative. Comme signe distinctif des régimes totalitaires, on a désigné la faculté du pouvoir d'intervenir à tout moment et sous toute forme dans la vie de tout un chacun : dans un régime totalitariste, l'exercice du pouvoir est par définition arbitraire et ubiquitaire. Les caractéristiques du système ont été définies par Carl Joachim Friedrich à travers les paramètres suivants : une idéologie officielle, un parti de masse unique, des mesures de terreur policière, le monopole des médias, le monopole des armes et une économie planifiée[22]. Pour compléter, il convient de citer parmi les autres travaux déterminants, *The Permanent Purge. Politics in Soviet Totalitarianism* de Zbigniew K. Brzezinski (1956), *Stalin and the Theory of Totalitarianism* d'Adam Ulam (1955) ou encore *The Politics of Totalitarianism : The Communist Party of the Soviet Union from 1934 to the Present* de John A. Amstrong (1961)[23].

Le paradigme du totalitarisme a également guidé Merle Fainsod dans son *Smolensk under Soviet Rule* de 1958, travail basé sur le fameux fond d'archives de Smolensk que les Américains reprirent aux Allemands à la fin de la guerre[24]. Or, dans cette étude historique, la vision statique et unilatérale d'une société totalement sous contrôle est nuancée par les processus observés et les faits décrits. En effet, l'homogénéité et l'efficacité de l'appareil d'État et du Parti ne se révèlent pas sans failles. C'est dans ce sens, et en réaction à la cécité des chercheurs face à la dimension généalogique et aux composantes dynamiques d'une société particulière, qu'une critique s'est peu à peu exprimée dans la communauté scientifique. Toutefois, jusque dans les années 1970, la théorie du totalitarisme a gardé une grande influence, même si ses prétentions à fournir une clef d'interprétation globale d'un système ont dû être réduites.

Le tournant « révisionniste »

Le tournant que l'historiographie américaine appelle « révisionnisme » débute pourtant dès cette décennie. L'emprise de l'idéologie de guerre froide perd alors rapidement en vigueur et l'Union soviétique s'entrouvre aux chercheurs étrangers. Dans le champ historique, cette évolution trouve son expression dans le nouvel intérêt marqué pour l'histoire sociale et économique ainsi que pour ses problématiques. Fondamentalement, quatre éléments de la configuration « société soviétique totalitariste » sont peu à peu remis en question.

Une première objection concerne la ligne de continuité, dessinée en général de manière implicite, entre léninisme et stalinisme dans les analyses partant du paradigme totalitariste[25]. C'est Robert Tucker qui a joué ici un rôle moteur avec son concept de « révolution par le haut ». L'historien américain a plaidé pour une césure dans l'histoire soviétique au début des années trente, césure qui souligne les caractéristiques du régime stalinien, telles que la planification économique centrale sur la base de l'étatisation de l'industrie et de l'agriculture, la « disciplination » de la société par la terreur, la formation d'une nouvelle élite et la constitution d'un appareil d'État omnipotent, dirigé de manière dictatoriale, qui inclut Parti et syndicats[26]. Que le léninisme ait posé les bases structurelles du nouvel ordre social et politique n'est pas remis en question. Mais ce que contestent Tucker et d'autres à sa suite est que l'enchaînement temporel entre léninisme et stalinisme induise aussi une suite logique entre les deux régimes. Selon eux, la possibilité ou l'éventualité d'une évolution ne saurait être transformée en nécessité[27]. Cette problématique ne fait toujours pas l'unanimité. Ainsi Richard Pipes, détenteur de la chaire d'histoire russe à Harvard et membre du Conseil national de sécurité sous Ronald Reagan, ou encore Martin Malia ont récemment insisté sur la continuité entre léninisme et stalinisme, ce qu'a contesté par exemple Robert V. Daniels[28].

Une deuxième critique s'appuie sur certains travaux empiriques de l'histoire sociale. Elle se pose la question des forces sociales à l'oeuvre, notamment dans la collectivisation forcée de l'agriculture. Une première interprétation antitotalitariste a affirmé que la collectivisation forcée était due au fait que la direction du Parti n'aurait pas eu d'autre choix économique et politique face à l'énorme supériorité numérique des paysans. Cette approche doit être qualifiée de trop déterministe. Il n'en reste pas moins que les lectures récentes du phénomène identifient toujours les divergences d'intérêt entre paysannerie et classe ouvrière comme le nœud du problème. Moshe Lewin, un pionnier de l'histoire sociale de l'Union soviétique aux États-Unis même s'il n'appartient pas à proprement parler à « l'école révisionniste », explique en effet les motifs du choix de la collectivisation par les représentations que se faisaient les dirigeants soviétiques de la réalité. Ils n'auraient ainsi pas vu d'autre alternative que de trancher par la force. Staline et son entourage n'auraient pas été forcés d'agir de cette manière mais ils s'y seraient sentis obligés[29].

Une troisième remise en cause a porté sur le mode de fonctionnement et sur l'efficacité de l'appareil d'État comme du Parti. À la place de l'homogénéité et de l'absolue efficacité supposées par la théorie du totalitarisme, de nouvelles études historiques ont permis de voir un système non dénué de contradictions et d'improvisations, d'intérêts concurrents, de conceptions divergentes et de groupes rivaux. À certains moments, comme l'a démontré Gábor Rittersporn dans son étude publiée en 1988, le système ne fonctionne pas comme la machine bien huilée décrite par les totalitaristes mais connaît moult à-coups et soubresauts[30].

Enfin, un nouveau regard a été porté sur l'interprétation de la terreur. Pour les « révisionnistes », il ne s'agissait nullement d'un mécanisme dirigé uniquement depuis le centre et contrôlé par celui-ci à chaque phase et dans chaque détail. Les campagnes de répression ouvraient, au contraire, un espace pour les petits paysans, les ouvrières et autres petites gens pour agir contre ceux qui les gênaient dans leur vie quotidienne ou dans leur ascension sociale. Le maelström de la terreur pouvait happer n'importe qui, mais il permettait aussi l'élimination d'ennemis, de concurrents, d'indésirables. À l'action orchestrée par le pouvoir s'ajoute, si l'on se réfère aux travaux de Sheila Fitzpatrick, de John Arch Getty ou encore de Roberta Manning, pour ne citer qu'eux, une activité et des initiatives de la base et un conflit centre-périphérie[31].

Ce renouvellement des approches et des interprétations, et avant tout la nouvelle attention accordée à l'histoire sociale et non plus seulement à l'histoire politique dans les études soviétiques, ont aussi permis d'aborder autrement l'histoire des partis communistes[32]. Même si, dans ce domaine, il faut tenir compte de la spécificité nationale de chacune des historiographies[33]: les rythmes d'évolution méthodologiques et de changements de paradigme diffèrent en effet selon des débats politiques propres à chaque pays et selon les « cultures historiques » nationales.

Éléments d'une approche comparée d'historiographie nationale : les cas de l'Allemagne et de la Suisse face au cas français

Les cas français et allemand me semblent à cet égard se situer à l'extrême opposé l'un de l'autre – ce qui, d'autre part, n'exclut pas certains rapprochements ou similitudes. Alors qu'en France l'histoire du communisme des 30-40 dernières années s'est faite dans un contexte d'une toujours forte implantation du communisme sur le terrain et dans les institutions politiques, en Allemagne la situation se présentait de façon plus contrastée : totalement absent de la scène politique en République fédérale durant l'après-guerre, le communisme était au pouvoir en République démocratique allemande. L'historiographie allemande du communisme était soit relativement marginale quand elle s'intéressait au passé vraiment passé, à savoir l'avant-guerre, soit l'enjeu d'une instrumentalisation politique plus ou moins directe, quand elle travaillait sur le communisme à l'Est. En revanche, l'existence d'un parti communiste fort (en France comme d'ailleurs en Italie) procurait non seulement une certaine légitimité intellectuelle à ce domaine de recherche, mais fournissait encore des institutions qui se consacraient à son histoire. Si l'on ajoute la place dominante de l'historicisme dans l'espace intellectuel allemand, on comprend la quasi absence d'une histoire sociale du communisme de l'entre-deux-guerres en République fédérale et au-delà de la réunification. Quant à l'historiographie de l'ancienne RDA, elle était restée dans l'ornière d'une histoire politique étroite par la voie du marxisme-léninisme. De plus, l'histoire a constitué, comme on le sait, *la* discipline scientifique, par laquelle le pouvoir tentait de fonder sa continuité. Sa mise en service par l'État en a fait plus un instrument de légitimation historique du politique, qu'une problématique scientifique. Un des meilleurs spécialistes de la question, Hermann Weber, parle à ce propos non seulement de soumission idéologique, mais aussi de fabrication de légendes, de falsifications et d'omissions intentionnelles de la part de l'historiographie est-allemande[34]. Certes, ce jugement ne s'applique pas à la totalité des travaux historiques, comme l'a rappelé récemment Georg G. Iggers dans une contribution sur l'instrumentalisation de l'histoire par la politique[35]. Notons malgré tout au passage que l'historiographie de la RDA avait au moins un point commun avec l'école totalitariste qu'elle récusait bien sûr complètement. En effet, comme cette dernière, elle partait d'une continuité de système entre le pouvoir de Lénine et Staline.

Si l'histoire du communisme de l'ancienne République fédérale, quant à elle, a connu sans nul doute une historicisation plus précoce dans le sens d'un travail d'objectivation scientifique de l'objet historique, le sujet objectivant, à savoir l'historien, est en revanche resté beaucoup moins étudié. Une entreprise telle que les « Ego-histoires » semble impensable (pour l'instant) en Allemagne. Elle serait presque immanquablement considérée comme une expression assez déplacée de narcissisme de la part de la profession. L'idée selon laquelle l'historien doit disparaître derrière son œuvre n'a que récemment donné lieu à une remise en question[36]. Cela malgré le fait que depuis le renouvellement de l'histoire dès les années 1970 avec « l'école de Bielefeld », dont font notamment partie Hans-Ulrich Wehler ou Jürgen Kocka, déclarer son « Standpunkt », c'est-à-dire la position méthodologique et théorique à partir de laquelle l'on parle, faisait partie des devoirs de la discipline[37].

Aujourd'hui, après la chute du Mur, les historiens allemands manifestent un très grand intérêt pour le passé de l'ex-RDA et la *Sozialistische Einheitspartei Deutschland* (SED). En 1996, plus de huit cents projets de recherche étaient en cours[38]. Et d'ores et déjà une masse impressionnante de monographies a été publiée[39]. La problématique centrale de ces travaux porte sur la soviétisation de l'État, de ses institutions et de la société de l'Allemagne de l'Est[40]. Ce n'est que récemment qu'ont suivi des études thématiques portant sur des questions sociales, culturelles et intellectuelles[41]. On trouve également de premières éditions de sources, genre qui occupe traditionnellement une place de choix dans l'historiographie allemande[42].

À l'inverse de ce foisonnement, relativement peu de nouvelles recherches sur le Parti communiste allemand, le KPD avant 1933, ont vu le jour. Dans la revue d'histoire *Beiträge zur Geschichte der Arbeiterbewegung,* ressuscitée en 1992 et qui avait appartenu au SED, on ne comptait jusqu'en 1996 aucun article sur le KPD dans la République de Weimar, alors qu'auparavant ce domaine constituait un axe central de la revue.

Or, plus que d'autres domaines, l'histoire du communisme en Allemagne fédérale est restée sous l'emprise du paradigme historiciste du politique. Les questions d'organisation, l'activité politique et les interventions parlementaires, les accords électoraux, les programmes, les appels et les objectifs politiques forment l'essentiel de cette approche. C'est donc avant tout une histoire institutionnelle du communisme qui s'est écrite. En lien avec les facteurs internes au champ historique en Allemagne dans lequel l'histoire sociale n'a pris pied que tardivement, mais aussi avec le contexte politique où le Parti communiste était quasi inexistant, des problématiques comme la culture communiste ou celle du genre dans le Parti sont restées de peu d'intérêt. En revanche, la question de la genèse du « drame allemand » de 1933 et la part jouée par les communistes ont retenu l'attention[43]. Partant, un des premiers travaux académiques qui a longtemps servi de référence, l'histoire du parti communiste dans la République de Weimar d'Ossip K. Flechtheim[44], compte deux points de focalisation : l'idéologie du Parti et sa sociologie. De même l'*opus magnum* de Hermann Weber, une histoire de la stalinisation du Parti communiste allemand, est également axé sur deux problématiques proches de la science politique[45]. D'une part, il s'agit du fonctionnement du KPD, de son autonomie et son degré de démocratie interne et, à partir de là, de la place que pouvait occuper une pensée « communiste démocratique »[46], selon le terme de Weber, dans le communisme allemand. D'autre part, l'historien s'interroge sur le rôle du KPD dans la chute de la République de Weimar. La question de la stalinisation du Parti est analysée à travers une histoire des organisations et une approche prosopographique, quant à la question de sa fonction dans le système de Weimar, elle est appréhendée par le biais d'une étude des interventions et des accords politiques. Des problématiques et des approches semblables caractérisent, par ailleurs, aussi les premiers ouvrages sur le Parti communiste suisse. Les questions idéologiques y tiennent une place prépondérante, suivies par les destins personnels[47]. C'est en 1981 que paraît le premier travail universitaire sur le Parti communiste suisse qui élargit la grille d'interprétation et a le mérite d'éviter autant l'écueil de la diabolisation que celui de la glorification du projet politique communiste et de ses formes organisationnelles[48]. Dans ce travail, basé sur des notions de science politique, l'auteur dessine un portrait d'ensemble du PCS, de son programme, de ses activités politiques, de la composition de ses membres, de ses liens internationaux, de toutes les facettes de son appareil et de ses organisations annexes. Pour ses investigations, l'auteur a été le premier chercheur à avoir obtenu l'accès aux archives du PCS déposées aux Archives fédérales. Ce fond, qui avait été séquestré en 1932 par la police fédérale dans les locaux du secrétariat national du Parti, représentait avant l'ouverture des archives de Moscou la source documentaire la plus complète existante, mis à part les archives de Jules Humbert-Droz qui sont nettement plus axées sur les questions internationales que suisses.

On l'a dit, ces premiers travaux, autant en République fédérale qu'en Suisse, pratiquaient plutôt une histoire politique traditionnelle des partis communistes. Depuis quelques années, de nombreuses thèses ont paru qui prennent pour objet un problème particulier dans un cadre régional, tel que les relations entre syndicats et parti communiste ou la politique communale, mais surtout l'activité et l'influence communiste dans les relations industrielles ou dans telle entreprise spécifique[49]. Si, par les sources et le questionnement, ces travaux se limitaient en général au niveau du local, du régional ou du national, et négligeaient dans la plupart des cas le niveau de l'Internationale communiste, les travaux cités plus haut ne s'intéressaient, quant à eux, que très peu à la dimension sociétale du communisme. Les deux approches coexistaient, mais ne tenaient pratiquement pas compte l'une de l'autre et se croisaient encore moins. Or, récemment, un jeune historien, Klaus-Michael Mall-mann, a proposé une entreprise historique ambitieuse qui tenterait de réunir les dimensions téléologiques et sociétales du communisme en Allemagne[50]. Sa thèse de doctorat publiée en 1996 se veut ainsi une histoire sociale du communisme dans la République de Weimar. Comme il l'a expliqué dans un article de la revue *Geschichte und Gesellschaft* en 1995, étudier le fonctionnement interne du Parti est insuffisant si on n'adopte pas aussi une perspective extérieure en se posant les questions suivantes : quelle était l'implantation du communisme dans la société locale ? Quels étaient les réseaux de solidarité avec d'autres organisations politiques et des person-nes étrangères au Parti ? Le programme de recherche qu'a proposé Mallmann et qu'il a tenté de réaliser dans sa thèse est bien connu de l'historiographie française du communisme puisqu'il repose sur la notion de « micro-société ». Comme l'ont fait de nombreux historiens et historiennes en France[51], il s'agit d'analyser l'implantation du parti communiste dans la société weimarienne, d'étudier les formes de communi-cation avec d'autres forces ouvrières, de reconstituer la composition sociale des membres, bref, de faire l'analyse d'un milieu social qui ne s'arrête donc pas aux frontières du Parti.

Toutefois, l'objectif de Mallmann va au-delà du renouvellement méthodologique et de l'intégration de nouvelles perspectives. Son entreprise se comprend, en fait, comme un effort de remise en cause fondamentale des grilles d'analyses appliquées en général dans l'histoire du communisme allemand. Sa cible principale est le schème d'interprétation de « stalinisation » popularisé par Hermann Weber. Mallmann a été critiqué par ses pairs autant du point de vue de son analyse que de sa méthode empirique et de son interprétation. Sa distinction entre « milieux ouvriers » (à la base) et « avant-garde » (à la tête du Parti) est qualifiée de statique. Au niveau de la méthode, on lui reproche une certaine légèreté avec ses sources, une périodisation insuffisante de l'histoire du Parti communiste, un manque de prise en considération des différen-ces régionales, et enfin une presque totale négligence du contexte socio-économique de la République de Weimar. Au niveau de l'interprétation, on a objecté contre sa volonté d'effacer la division du mouvement ouvrier par un acte historiographique, ce qui amène Mallmann à insister sur le caractère non idéologique et apolitique de la « Lebenswelt » (cadre de vie ou environnement, milieu) des militants communis-tes[52]. Pour Hermann Weber, ce travail représente même une régression de taille par rapport aux acquis de la recherche en la matière[53].

Le travail de Mallmann et les controverses provoquées par ses thèses illustrent parfaitement les deux pôles entre lesquels oscille l'historiographie du communisme dans de nombreux pays : une perspective très institutionnelle, d'une part, centrée sur l'appareil, son personnel et le programme politique et, d'autre part, une perspective focalisée sur la vie quotidienne (*alltagsgeschichtlich*) qui en oublie les dimensions internationales du communisme, sa domination progressive par le Parti communiste soviétique, et qui en vient à faire « l'histoire du communisme sans le communisme » pour reprendre une expression de Geoff Eley. Mais comme le relève Andreas Wirsching, dans sa récente mise au point, Mallmann partage tout de même une prémisse avec Weber. Les deux sont d'avis qu'il a existé – autrefois, ailleurs – un « meilleur » communisme dans l'histoire du mouvement ouvrier allemand. Celui-ci se situe avant 1924 pour Weber et dans la micro-société des prolétaires de gauche pour Mallmann[54].

Pour l'heure, l'ouverture des archives de l'ex-bloc communiste n'a finalement produit que peu de travaux sur le communisme allemand de la période de l'entre-deux-guerres[55]. En revanche, l'histoire de la répression des communistes par les communistes en Union soviétique a connu une meilleure fortune. Un colloque à l'Université de Mannheim en 1992, organisé par Hermann Weber et Dietrich Staritz, a servi de catalyseur au débat sur la question de la répression et de point de départ pour plusieurs recherches[56]. Si, précédemment déjà, on comptait quelques publications à ce sujet[57], le mérite du colloque a non seulement été d'avoir permis un des premiers échanges internationaux sur ce problème, et enrichi des apports factuels en provenance des archives russes, mais encore d'avoir élargi la problématique de la terreur à celle de sa signification pour le système stalinien. Ce qui, du reste, n'a pas empêché les médias de se saisir du sujet de manière souvent sensationnaliste.

Quant à la recherche, après les compilations nominales de victimes et la reconstitution de trajectoires individuelles, elle s'est penchée sur les mécanismes de la terreur. À ce propos, il faut signaler les travaux de Reinhard Müller, ancien directeur des archives Thälmann à Hambourg. Ses travaux portent sur la psychogenèse de la terreur. En particulier il a publié en intégral le procès-verbal d'une séance d'« épuration » au sein du groupe des écrivains exilés allemands affiliés à l'Union des écrivains soviétiques[58]. Ces séances détaillent avec toute la précision voulue l'enchaînement des accusations. La dynamique de la « critique et de l'auto-critique » fait surgir de plus en plus de zones d'ombre dans le passé des personnes présentes, des liaisons douteuses, des attitudes peu claires, des déclarations contradictoires. Finalement personne ou presque n'est épargné du soupçon. Le rôle de l'accusateur et celui de la victime deviennent interchangeables. En ce sens le rituel de critique et d'auto-critique ne se limite pas à sa fonction d'instrument d'épuration. Il sert aussi de rite d'initiation aux représentations et pratiques des organisations staliniennes, comme l'a défendu Berthold Unfried[59].

Malgré le fait que les premiers travaux sur le phénomène de la Terreur ne sont pas toujours parvenus à éviter le sensationnalisme et un certain déterminisme, ces recherches ont tout de même ouvert de nouvelles pistes. Elles éclairent, pour ainsi dire, la face sombre du communisme qui fait autant partie de sa réalité que l'idéalisme et l'utopisme[60]. Il conviendrait donc de nuancer, me semble-t-il, la conclusion faite par Hermann Weber à propos des nouvelles archives[61]. Si on peut le suivre lorsqu'il dit qu'il ne faut pas en attendre des perspectives et des interprétations radicalement neuves, il n'empêche que le tableau, s'il n'a pas changé quant au fond, s'est rempli de détails nouveaux et a sans conteste gagné en couleur.

Depuis quelque temps, se dessinent de nouvelles pistes de recherche ou de nouvelles approches dans le champs des « Soviet » ou « Russian Studies » qui, avec le décalage habituel, ne devraient pas manquer de se manifester dans les études sur le communisme. Le paradigme de l'histoire sociale de ces dernières années est soumis à un double défi. D'une part, le tournant culturel que traverse l'ensemble des sciences sociales a commencé à s'imposer dans la recherche historique par des renouvellements conceptuels et méthodologiques, d'autre part, on peut constater un certain renouveau du paradigme totalitariste. Cette double évolution indique certes l'incertitude paradigmatique qui règne actuellement en histoire (et dans les sciences sociales en général), mais aussi, plus positivement, la démultiplication des approches.

L'incertitude paradigmatique ou la multiplicité des approches

En fait, l'ouverture des archives à Moscou coïncide avec un éclatement des approches et des méthodes. En témoigne un certain retour non seulement au « fétichisme du document » (Edward H. Carr), cher au XIXe siècle, mais aussi au positivisme. Ce retour au positivisme est à mon avis manifeste dans l'histoire du communisme de ces dernières années, tous pays confondus[62]. De plus en plus de critiques reprochent à l'histoire sociale son manque d'outils théoriques et son absence de conceptualisation[63]. Se profilent dès lors des analyses qui vont au-delà de l'histoire sociale et qui, en quelque sorte, « révisent le révisionnisme ». Inspirés par les concepts de Bourdieu, Foucault, Derrida ou autres, ces travaux étudient le fonctionnement du stalinisme par le biais du subjectif, la conscience autant que l'expérience, les représentations autant que les pratiques. Que l'étude relève plutôt de l'histoire de la vie quotidienne ou de l'histoire des mentalités, c'est le stalinisme « vécu » qui est au centre de l'intérêt. Dans le premier cas, on analyse surtout la vie ordinaire (sinon la vie normale) du citoyen soviétique sous la dictature stalinienne en se demandant par exemple : quelles sont les expériences faites par la femme et l'homme commun dans les appartements communautaires, dans les grandes entreprises industrielles soumises à la campagne de stakhanovisation ou dans les villes-modèles construites de toutes pièces dans la province russe par Staline[64]? Dans le second cas, on ne s'en tient pas aux représentations du système, à l'apparente adaptation des individus, à leurs rituels ou à leur acclamation du régime. La perspective centrale focalise plutôt la *Lebenswelt*, le stalinisme comme un mode de vie avec ces habitus propres, et la construction de l'identité. À la différence de la perspective de l'histoire sociale, qui invoque d'abord des intérêts matériels (le carriérisme, notamment) pour expliquer l'adhésion au système, cette approche fixée sur la conscience individuelle ne se satisfait pas de motifs uniquement rationnels ou calculateurs. Elle s'interroge plutôt sur les rapports entre structure socio-économique et action individuelle (ou *agency* selon le terme anglais). Des sources comme les journaux privés que Jochen Hellbeck a exploités sont à ce propos extrêmement parlantes[65]. À cheval entre ces deux catégories se situe l'étude de l'Américain Stephen Kotkin sur la ville de Magnitogorsk[66]. L'auteur conçoit le stalinisme comme une « civilisation ». Il s'intéresse aux processus de normalisation qui « soviétisent » les hommes et les femmes. Mais comme le relèvent Igal Halfin et Jochen Hellbeck dans une critique, Kotkin part de la conception d'un individu préexistant qui se défend contre les exigences du pouvoir et tente finalement de négocier au mieux un entendement[67]. Certes, la vie dans tout système politique repose sur un compromis entre les intérêts des individus et ceux de la collectivité et ses formes institutionnelles. Notamment grâce aux conceptualisations de Foucault on peut aussi s'interroger sur la constitution de l'identité, sur la subjectivation. C'est la problématique qui se trouve au centre de la recherche que je mène actuellement en commun avec Berthold Unfried sur le milieu des communistes occidentaux à Moscou dans les années 1930. Nous étudions le stalinisme comme un producteur de sens qui offre des modalités d'intégration et d'identité, mais qui délimite aussi les modes de pensée des individus ainsi que les conditions de possibilité de leurs actions[68]. Une approche similaire, problématisant le stalinisme comme un mode de vie avec ses cadres de références, ses représentations et ses pratiques, est actuellement suivie dans les travaux de Claude Pennetier et Bernard Pudal[69].

En somme, il s'agit aujourd'hui de réfléchir sur les conceptualisations possibles du stalinisme en tant qu'époque historique et en tant que système social, politique et culturel. La tendance est plutôt à la condamnation de l'histoire sociale et plus particulièrement du « révisionnisme » pour avoir pratiqué une histoire du « stalinisme sans Staline », pour avoir hypertrophié le social au détriment du politique et du coup avoir négligé les éléments répressifs de la société et de l'État soviétiques. Une telle condamnation en bloc balaie peut-être un peu rapidement les acquis de l'histoire sociale qui, en son temps, avait proposé une alternative au paradigme totalitariste alors en vigueur. Toujours est-il que même un des tenants du « révisionnisme » américain, John Arch Getty, introduit sa récente publication sur la généalogie de la terreur par une autocritique, avançant qu'il aurait sous-estimé les facteurs institution-nels, politiques et répressifs dans la dynamique de la terreur au profit des facteurs sociaux et individuels[70]. Il n'empêche qu'il ne suffit pas de constater que la popula-tion soviétique poursuivait fréquemment ses propres objectifs dans des procédures d'épuration qui n'avaient rien à voir avec les objectifs de la bureaucratie du Parti. Une interprétation du stalinisme se doit d'intégrer le poids de l'appareil répressif d'État, les quotas d'arrestation exécutés par le NKVD, la délation ubiquitaire[71] et l'insécurité permanente des individus, le système des camps et les condamnations à mort. Qu'était donc le stalinisme ? Comment l'historiographie peut-elle coupler normalité et quotidienneté avec la finalité du régime stalinien d'exercer un contrôle total ?

C'est sans doute pour ne pas avoir suffisamment tenu compte de cette complexité du stalinisme que le paradigme totalitariste a connu récemment un regain de popularité. Manifestation évidente de ce phénomène, *Le livre noir du communisme*. S'y ajoutent d'autres travaux récents comme ceux des historiens Martin Malia et Richard Pipes[72]. Or, la renaissance de ce paradigme dépasse de loin, et c'est plus problématique, le champ académique. L'usage politique qui en est fait dans de nombreux pays, démontre que les concepts historiques demeurent un enjeu de société. Le défi pour les historiens de produire des travaux sérieux, nuancés et informés qui contextualisent les problèmes et ne les cantonnent pas à quelques schèmes d'interprétation réducteurs n'en est que plus actuel.

Notes

1. Le champ de l'histoire du communisme se subdivise en de nombreux sous-champs qui possèdent parfois un assez haut degré d'autonomie. Selon les usages nationaux on y inclut (en tout cas dans le langage courant) plus ou moins largement autant l'histoire de l'Union soviétique que des organisations communistes internationales et nationales. J'utiliserai le terme sous cette forme générique (en introduisant si nécessaire les différenciations opportunes), alors même que dans la pratique académique il existe la plupart du temps distinction, voire indifférence ou ignorance mutuelle entre études soviétiques et études sur le communisme entendues comme portant sur l'histoire des partis communistes. C'est fort regrettable, les recherches sur les organisations communistes ayant, à mon avis, beaucoup à gagner de l'historiographie de l'Union soviétique.

2. Parmi les récentes mises au point de l'état de la recherche sur la période stalinienne en URSS, je me concentre sur l'historiographie allemande et américaine. On trouvera un recueil d'articles in Stefan Plaggenborg (dir.), *Stalinismus. Neue Forschungen und Konzepte*, Berlin, Berlin Verlag, 1998 ; Manfred Hildermeier (dir.), *Stalinismus vor dem Zweiten Weltkrieg. Neue Wege der Forschung*, München, R. Oldenbourg Verlag, 1998 et Sheila Fitzpatrick (dir.), *Stalinism. New Directions*, London, New York, Routledge, 2000. La question de la périodisation se pose de manière quelque peu différente pour les partis communistes, mais il manque une étude d'ensemble à ce propos. Pour une mise au point de l'état de la recherche sur le Komintern cf. Kevin McDermott, Jeremy Agnew, *The Komintern. A History of International Communism from Lenin to Stalin*, Houndmills, London, Macmillan Press, 1996, ainsi que Brigitte Studer, Berthold Unfried, « At the Beginning of a History. Visions of the Komintern after the Opening of the Archives », in *International Review of Social History*, 1997, n° 3, pp. 419-446.

3. Une étude définitive sur Théodore Aubert et l'Entente internationale anticommuniste fait encore défaut. On trouvera des éléments in Daniel Bourgeois, *Le Troisième Reich et la Suisse, 1935-1941*, Neuchâtel, La Bacconière, 1974, pp. 25 et 63 ; Annette Gattiker, *L'affaire Conradi*, Berne Frankfurt, Lang, 1975, et Brigitte Studer (réd.), *Sous l'oeil de Moscou. Le Parti communiste suisse et l'Internationale 1931-1943. Archives de Jules Humbert-Droz*, vol. V, publié sous la direction d'André Lasserre, Zurich, Chronos, 1996.

4. Hans-Henning Schröder, « Stalinismus "von unten" ? Zur Diskussion um die gesellschaftlichen Voraussetzungen politischer Herrschaft in der Phase der Vorkriegsfünfjahrpläne », in Dietrich Geyer (dir.), *Die Umwertung der sowjetischen Geschichte*, Göttingen, Vandenhoeck & Ruprecht, 1991, pp. 133-166 (n° spécial 14 de la revue *Geschichte und Gesellschaft*).

5. Cf. Sheila Fitzpatrick, « New Perspectives on Stalinism », in *The Russian Review* n° 45, 1986, pp. 357-374.

6. Cf. à ce propos Werner Müller, « Kommunisten verfolgen Kommunisten. Die frühen Schauprozesse in der Sowjetunion und die Reaktionen in der deutschen Öffentlichkeit », in Hermann Weber et Dietrich Staritz (dir.), *Kommunisten verfolgen Kommunisten. Stalinistischer Terror und « Säuberungen » in den kommunistischen Parteien Europas seit den dreissiger Jahren*, Berlin, Akademie-Verlag, 1993, pp. 389-398, ici pp. 389-390.

7. Dans un article à propos des diverses interprétations du stalinisme aux USA entre 1927 et 1947, l'historien américain Eduard Mark affirme dans une note que le terme de stalinisme était couramment en usage dans les années trente et qu'il était notamment fort employé par les trotskistes. (« October or Thermidor ? Interpretations of Stalinism and the Perception of Soviet Foreign Policy in the United States, 1927-1947 », in *The American Historical Review* n° 94, 1989, 4, pp. 937-962). En admettant que son affirmation soit juste, peut-être conviendrait-il d'introduire une distinction entre langage courant et textes scientifiques ? La question mérite, en tout cas, d'autres recherches.

8. Le livre fut écrit entre 1930 et 1935. Il connut une histoire éditoriale mouvementée. En français, après une première publication en 1935, il fut publié dans une édition revue par l'auteur en 1977 puis à nouveau en 1985. J'utilise cette dernière édition : Boris Souvarine, *Staline. Aperçu historique du bolchévisme*, Paris, Éditions Ivrea, 1992.

9. Cité d'après l'édition de 1990 chez Penguin Books, Londres.

10. Voir le bref texte de Hilferding datant de 1940 : « State Capitalism or Totalitarian State Economy », reproduit in C. Wright Mills (dir.), *The Marxists*, New York, Dell Publishing, 1962, pp. 334-339.

11. *Geschichte des Bolschewismus von Marx bis zur Gegenwart*, Berlin 1932. Rééditions : *Geschichte des Bolschewismus*. Mit einer Einleitung von Ossip K. Flechtheim, Frankfurt a. M. 1966 ; *Histoire du bolchevisme*, avec une préface de Georges Haupt, Paris, Éditions Bernard Grasset, 1967.

12. L'édition originale, *Il collettivismo burocratico*, parut en 1938. Une édition allemande parut également en 1939 à Zurich. Réédition partielle, *L'URSS : Collectivisme bureaucratique. La bureaucratisation du monde*, 1re partie, Paris, Éd. Champ libre, 1976.

13. Telles qu'elles sont utilisées par les critiques du régime de Staline, ces notions ne sont d'ailleurs pas compatibles avec la définition wéberienne. Il ne s'agit assurément pas d'un corps social qui s'autonomise de plus en plus face aux responsables politiques, qu'il s'agisse d'un dirigeant ou du parlement. (*Handbuch der Geschichte Russlands*, sous la direction de Gottfried Schramm, Stuttgart, Anton Hiersemann, 1983, vol. 3, pp. 897-898).

14. Pierre Broué, *Le Parti bolchevik. Histoire du PC de l'URSS*, Paris, Éditions de Minuit, 1972 ; Pierre Frank, *Histoire de l'Internationale communiste (1919-1943)*, 2 tomes, Montreuil, Éditions La Brèche, 1979.

15. Julius Braunthal, *Geschichte der Internationale*, 3 volumes, Berlin, Bonn-Bad Godesberg, J.H.W. Dietz Nachf., 1961, 1963, 1971.

16. Fernando Claudin, *La crise du mouvement communiste. Du Komintern au Kominform,* préface de Jorge Semprun, 2 tomes, Paris, François Maspero, 1972.

17. Peter Huber, *Kommunisten und Sozialdemokraten in der Schweiz 1918-1935. Der Streit um die Einheitsfront in der Zürcher und Basler Arbeiterschaft*, Zurich, Limmat Verlag, 1986.

18. Josef Wandeler, *Die KPS und die Wirtschaftskämpfe 1930-1933. Bauarbeiterstreik Basel, Schuharbeiterstreik Brüttisellen, Heizungsmonteurestreik Zürich, Sanitärmonteurestreik Zürich*, Zurich, Verlag Reihe W, 1978.

19. *Der europäische Kommunismus. Seine Geschichte von 1917 bis zur Gegenwart*, Berne, Francke Verlag, 1952, p. 12. Il convient de préciser que Borkenau, comme nombre d'intellectuels marxistes de l'entre-deux-guerres, suit une évolution intellectuelle qui le mène du socialisme révolutionnaire à la social-démocratie puis au libéralisme ou au néoconservatisme. Cf. à ce propos, William Jones, « The Path from Weimar Communism to the Cold War. Franz Borkenau and 'The Totalitarian Enemy' », in *Totalitarismus. Eine Ideengeschichte des 20 Jahrhunderts*, sous la direction de Alfons Söllner, Ralf Walkenhaus, Karin Wieland, Berlin, Akademie Verlag, 1997, pp. 35-52.

20. Ian Kershaw, « Das Wesen des Nationalsozialismus : Faschismus, Totalitarismus oder einzigartiges Phänomen ? » in *ibidem*, *Der NS-Staat. Geschichtsinterpretationen und Kontroversen im Überblick*, Reinbek bei Hamburg, Rowohlt, 1994, pp. 41-80. Pour une mise au point, cf. Walter Schlangen, *Die Totalitarismus-Theorie. Entwicklung und Probleme*, Stuttgart, Kohlhammer, 1976. Pour une vue d'ensemble Abbott Gleason, *Totalitarianism. The Inner History of the Cold War*, New York, Oxford University Press, 1995.

21. A propos des origines italiennes du concept, cf. Jens Petersen, « Die Geschichte des Totalitarismusbegriffs in Italien », in Hans Maier (dir.), *Totalitarismus und Politische Religionen. Konzepte des Diktaturvergleichs*, Paderborn, Schöningh, 1996, pp. 15-36, et Michael Schäfer, « Luigi Sturzo als Totalitarismustheoretiker », pp. 59-70.

22. Carl Joachim Friedrich, Zbigniew Brzezinski, « Die allgemeinen Merkmale der totalitären Diktatur », in Bruno Seidel, Siegfried Jenkner (Hg.), *Wege der Totalitarismus-Forschung*, Darmstadt, Wissenschaftliche Buchgesellschaft, 1968, pp. 600-617.

23. Zbigniew Brzezinski, *The Permanent Purge. Politics in Soviet Totalitarianism*, Cambridge/Mass., Harvard University Press, 1956 ; Adam Ulam, « Stalin and the Theory of Totalitarianism », in Ernest J. Simmons (ed.), *Continuity and Change in Russian and Soviet Thought*, Cambridge/Mass., Harvard University Press, 1955, pp. 157-171 ; John A. Amstrong, *The Politics of Totalitarianism. The Communist Party of the Soviet Union from 1934 to the Present*, New York 1961. Précisons que le regard de ces travaux se porte surtout sur l'après-guerre.

24. Cambridge/Mass., Harvard University Press, 1958.

25. Pour ce développement, je suis en grande partie l'article de Manfred Hildermeier, « Interpretationen des Stalinismus », in *Historische Zeitschrift* 264, 1997, n° 3, pp. 655- 674.

26. « Stalinism as Revolution from Above », in Robert Tucker (dir.), *Stalinism. Essays in Historical Interpretation*, New York, Norton, 1977, pp. 77-108.

27. À ce propos cf. aussi Sheila Fitzpatrick, « New Perspectives on Stalinism », *op. cit.*, pp. 357-374, ainsi que les réactions de Stephen F. Cohen, Geoff Eley, Peter Kenez, Alfred G. Meyer et la réplique de Fitzpatrick. Cf. également Stephan Merl, « Kollektivierung und Bauernvernichtung », et Hans-Henning Schröder, « Stalinismus "von unten" ? Zur Diskussion um die gesellschaftlichen Voraussetzungen politis-

cher Herrschaft in der Phase der Vorkriegsfünfjahrespläne », in Dietrich Geyer (dir.), *Die Umwertung der sowjetischen Geschichte*, Göttingen, Vandenhoeck & Ruprecht, 1991, pp. 103-132 et 133-166.

28. Richard Pipes, *The Russian Revolution 1899-1919*, Londres, Harvill, 1990 ; Martin Malia, *The Soviet Tragedy. A History of Socialism in Russia, 1917-1991*, New York, Maxwell Macmillan International, 1991 ; Robert V. Daniels, *The End of the Communist Revolution*, New York, Routledge, 1993.

29. Moshe Lewin, « The Social Background of Stalinism », in Robert Tucker (dir.), *Stalinism. Essays in Historical Interpretation*, New York, Norton, 1977, pp. 111-136.

30. *Simplifications staliniennes et complications soviétiques. Tensions sociales et conflits politiques en URSS (1933-1953)*, Paris, Éditions des Archives contemporaines, 1988. Cf. également Graeme Gill, *The Origins of the Stalinist Political System*, Cambridge, Cambridge University Press, 1990.

31. De Sheila Fitzpatrick, cf. en particulier « How the Mice Buried the Cat : Scenes from the Great Purges of 1937 in the Russian Provinces », in *The Russian Review* n° 52, 1993, pp. 299-320. John Arch Getty, *Origins of the Great Purges. The Soviet Communist Party Reconsidered, 1933-1938*, Cambridge, London, New York, Cambridge University Press, 1985 et John Arch Getty, Roberta Manning (dir.), *Stalinist Terror. New Perspectives*, Cambridge, Cambridge University Press, 1993. Pour une mise en perspective : Jörg Baberowski, « Wandel und Terror : die Sowjetunion unter Stalin 1928-1941. Ein Literaturbericht », in *Jahrbücher für Geschichte Osteuropas* n° 43, 1995, pp. 97-129.

32. On a toutefois critiqué l'accent mis par les « révisionnistes » sur le social au dépens du politique. Cf. le débat dans *The Russian Review* n° 45, 1986, no 2, pp. 385-394 et 46, 1987, n 4, pp. 375-431. Pour une critique très virulente des travaux « révisionnistes » et notamment de la conception de départ qu'il existerait *une* société soviétique opposée à l'État, cf. Jane Burbank, « Controversies over Stalinism : Searching for a Soviet Society », in *Politics and Society* n° 19, 1991, no 3, pp. 325-340.

33. Pour un état de la recherche en histoire du communisme, on peut se reporter à Brigitte Studer, Berthold Unfried, « At the Beginning of a History : Visions of the Komintern After the Opening of the Archives », in *International Review of Social History* n° 42, 1997, n° 3, pp. 419-446.

34. Hermann Weber, « Historiographie der Arbeiterbewegung in Deutschland nach dem Zusammenbruch des « Realsozialismus ». Archivlage und einige Probleme », in Bruno Groppo et *al.* (dir.), *Quellen und Historiographie der Arbeiterbewegung nach dem Zusammenbruch des « Realsozialismus ». ITH-Tagungsberichte 32*, Wien, Calenberg Press, 1998, pp. 51-69. Cf. également *ibidem*, « Flecken und Fälschungen in der Geschichtsschreibung kommunistischer Historiker », in Helmut Konrad (dir.), *Arbeiterbewegung in einer veränderten Welt. 27. Internationale Tagung der Historikerinnen und Historiker der Arbeiterbewegung*, Wien, Europaverlag, 1992, pp. 160-172.

35. « Geschichtsschreibung und Politik im 20. Jahrhundert », in Gustavo Corni et Martin Sabrow (dir.), *Die Mauern der Geschichte. Historiographie in Europa zwischen Diktatur und Demokratie*, Leipzig, Akademische Verlagsanstalt, 1996, pp. 21-36, ici en particulier p. 27. Plus généralement sur l'historiographie de la défunte RDA, cf. Alexander Fischer, Günther Heydemann (dir.), *Geschichtswissenschaft in der DDR. Band I : Historische Entwicklung, Theoriediskussion und Geschichtsdidaktik*, Berlin, Duncker & Humblot, 1989 et récemment Martin Sabrow (dir.), *Geschichte als Herrschaftsdikurs. Der Umgang mit der Vergangenheit in der DDR*, Köln, Wien, Böhlau-Verlag, 1999.

36. Voir à ce propos les polémiques parfois assez violentes autour du rôle des « pères » (Werner Conze, Theodor Schieder, etc.) de l'histoire sociale allemande dans la formulation des projets nazis d'épuration à l'Est. Pour un récent aperçu de la question, Winfried Schulze, Otto Gerhard Oexle (dir.), *Deutsche Historiker im Nationalsozialismus*. Avec la collaboration de Gerd Helm et Thomas Ott, Frankfurt a. M., Fischer Taschenbuch Verlag, 1999.

37. Pour une histoire sociale de l'historiographie allemande après 1945, cf. Winfried Schulze, *Deutsche Geschichtswissenschaft nach 1945*, München, R. Oldenburg, 1989.

38. Cf. *Forschungsprojekte zur DDR-Geschichte. Ergebnisse einer Umfrage des Arbeitsbereichs DDR-Geschichte im Mannheimer Zentrum für Europäische Sozialforschung der Universität Mannheim*, herausgegeben vom Deutschen Bundestag, bearbeitet von Thomas Heimann unter Mitarbeit von R. Eicher und S. Wortmann, Bonn 1994. Et pour une actualisation : Ulrich Mählert, *Aktuelles aus der DDR-Forschung. Ein Newsletter*. Deutschland Archiv, 1995sq. Sur l'état de la recherche voir Alf Lüdtke, « La République démocratique allemande comme histoire. Réflexions historiographiques », in *Annales*, « Histoire, sciences sociales », 1998, n° 53, pp. 3-39.

39. Pour un état des lieux jusqu'au début 1993 : Hermann Weber, *Die DDR 1945-1990*, Munich 1993. Et plus récemment, la courte mise au point de Ulrich Mählert, *Kleine Geschichte der DDR*, Munich, Beck, 1998.

40. En juin 1997 encore un colloque organisé par le Ost-West-Kolleg de la Bundeszentrale für politische Bildung und du Zentrum für Zeithistorische Forschung in Potsdam s'est tenu à Brühl sous le titre de « Probleme der Sowjetisierung in der SBZ/DDR und in anderen europäischen Staaten des sowjetischen

Machtbereiches 1945 bis 1969 » (cf. le compte-rendu du colloque par Jörg Morré, in : *Zeitschrift für Geschichtswissenschaft* 45, 1997, no 11, pp. 1021-1023).

41. Pour un recueil d'histoire sociale cf. Hartmut Kaelble, Jürgen Kocka, Hartmut Zwahr (dir.), *Sozialgeschichte der DDR*, Stuttgart, Klett-Cotta, 1994. Sur l'histoire du quotidien, cf. par exemple Alf Lüdtke, Peter Becker (dir.), *Akten, Eingaben, Schaufenster. Die DDR und ihre Texte. Erkundungen zu Herrschaft und Alltag*, Berlin 1997.

42. Par exemple, *Dokumente zur Geschichte der Kommunisten in Deutschland. Reihe 1945/46*, sous la direction de Günter Benser et Hans-Joachim Krusch, 3 vols, Munich 1993-1995.

43. Notamment de Siegfried Bahne. Cf. en particulier *Die KPD und das Ende von Weimar. Das Scheitern einer Politik 1932 bis 1935*, Frankfurt a. M., Campus, 1976 et « "Sozialfaschismus" in Deutschland. Zur Geschichte eines politischen Begriffs », in : *International Review of Social History* n° 10, 1965, no 2, pp. 211-245.

44. *Die Kommunistische Partei Deutschlands in der Weimarer Republik*, Offenbach a. M., Bollwerk Verlag, 1948. *Le Parti communiste allemand sous la République de Weimar*, Paris, Maspero, 1972.

45. *Die Wandlung des deutschen Kommunismus. Die Stalinisierung der KPD in der Weimarer Republik*, 2 tomes, Frankfurt a. M., Europäische Verlagsanstalt, 1969.

46. *Die Wandlung, op. cit.*, pp. 13-14.

47. Cf. par exemple Heinz Egger, *Die Entstehung der Kommunistischen Partei und des Kommunistischen Jugendverbandes der Schweiz*, Zurich, Genossenschaft Literaturvertrieb, 1952. La biographie de quelques leaders communistes était connue assez tôt plusieurs d'entre eux ayant publié leurs mémoires. Cf. entre autres Walter Bringolf, *Mein Leben. Weg und Umweg eines Schweizer Sozialdemokraten*, Berne Munich Vienne, Scherz, 1965 ; Karl Hofmaier, *Memoiren eines Schweizer Kommunisten 1917-1947*, Zurich, Rotpunkt Verlag, 1978 ; Jules Humbert-Droz, *Mémoires*, 4 volumes, Neuchâtel, À la Baconnière, 1969-1973.

48. Peter Stettler, *Die Kommunistische Partei der Schweiz 1921-1931. Ein Beitrag zur schweizerischen Parteiforschung und zur Geschichte der schweizerischen Arbeiterbewegung im Rahmen der Kommunistischen internationale*, Berne, Éditions Francke, 1980. Précisons qu'à la même période paraissent encore d'autres travaux universitaires. Mais la plupart restreignent leur problématique, soit à la dimension locale soit à une question particulière de la politique du Parti.

49. Pour une introduction bibliographique problématisée (état 1982), cf. Hermann Weber, *Kommunismus in Deutschland 1918-1945*, Darmstadt, Wissenschaftliche Buchgesellschaft, 1983. On trouvera également de nombreux titres (quoique sans prétention à l'exhaustivité) in Michael Kollmer, *Idee und Wirklichkeit des Kommunimus. Ein Abriss seiner Geschichte von Babeuf bis Stalin. Mit einem umfangreichen bibiographischen Anhang*, Wien, Kammer für Arbeiter und Angestellte für Wien, 1994 (Schriftenreihe der Sozialwissenschaftlichen Bibliothek). Enfin, depuis 1992 la *International Newsletter of Historical Studies on Komintern, Communism and Stalinism* (Berlin, puis Cologne) publie régulièrement des mises à jour bibliographiques.

50. *Kommunisten in der Weimarer Republik. Sozialgeschichte einer revolutionären Bewegung*, Darmstadt, Wissenschaftliche Buchgesellschaft, 1996. Cf. également ibidem, « Milieu, Radikalismus und lokale Gesellschaft. Zur Sozialgeschichte des Kommunismus in der Weimarer Republik », in *Geschichte und Gesellschaft* n° 21, 1995, pp. 5-31.

51. Pour ne citer que quelques titres : Annie Kriegel, *Communismes au miroir français. Temps, culture et sociétés en France devant le communisme*, Paris, Gallimard, 1974, et ibidem, *Les communistes français dans leur premier demi-siècle 1920-1970*, Paris, Seuil, 1985. Cf. également Jean-Pierre Azema, Antoine Prost, Jean-Pierre Rioux (dir.), *Le Parti communiste français des années sombres, 1938-1941. Actes du colloque organisé en octobre 1983*, Paris, Seuil, 1986 et Jean-Pierre Rioux, Antoine Prost, Jean-Pierre Azema (dir.), *Les communistes français de Munich à Chateaubriand 1938-1941*, Paris, Presses de la FNSP, 1987, ainsi que Michel Hastings, *Halluin la Rouge 1919-1939. Aspects d'un communisme identitaire*, Lille 1991. Pour une sociologie du PCF, cf. Jean-Paul Molinari, *Les ouvriers communistes. Sociologie de l'adhésion ouvrière au PCF*, Thonon-les-Bains, L'Albaron-Société Présence du livre, 1991 ; Bernard Pudal, *Prendre parti. Pour une sociologie historique du PCF*, Paris, Presses de la FNSP, 1989. Pour une bibliographie des travaux parus entre 1979 et 1985, cf. « La sociologie du communisme français. Travaux parus en langue française depuis 1979 », in *Communisme*, 1985, n° 7, pp. 65-83. Pour une présentation critique de l'évolution historiographique en France après la chute du Mur, cf. Bruno Groppo, « La fin du socialisme réel et ses répercussions sur l'historiographie du mouvement ouvrier en France », *Quellen und Historiographie der Arbeiterbewegung nach dem Zusammenbruch des « Realsozialismus »*, *op. cit.*, pp. 35-50.

52. Pour une mise au point des critiques, cf. Andreas Wirsching, « Stalinisierung oder entideologisierte "Nischengesellschaft" ? Alte Einsichten und neue Thesen zum Charakter der KPD in der Weimarer Republik », in *Vierteljahreshefte für Zeitgeschichte* n° 45, 1997, n° 3, pp. 449-466.

53. Hermann Weber, « Historiographie der Arbeiterbewegung in Deutschland nach dem Zusammenbruch des « Realsozialismus ». Archivlage und einige Probleme », in : Bruno Groppo et al. (dir.), *Quellen und Historiographie der Arbeiterbewegung nach dem Zusammenbruch des « Realsozialismus », op. cit.,* 1998, pp. 51-69.

54. Andreas Wirsching, « Stalinisierung oder entideologisierte "Nischengesellschaft" ? Alte Einsichten und neue Thesen zum Charakter der KPD in der Weimarer Republik », in *Vierteljahreshefte für Zeitgeschichte 45,* 1997, n° 3.

55. Sans mentionner certains travaux qui n'ont pas eu recours aux archives de Moscou, telle une recherche menée par un élève de Ernst Nolte (à l'origine du « Historikerstreit ») sur les rapports entre communistes et nationaux-socialistes à la fin de la République de Weimar, qui veut faire des communistes les premiers responsables de la victoire de Hitler. (Christian Striefler, *Kampf um die Macht. Kommunisten und Nationalsozialisten am Ende der Weimarer Republik,* Berlin, Propyläen, 1993.)

56. Cf. les actes du colloque publiés par Hermann Weber et Dietrich Staritz, *Kommunisten verfolgen Kommunisten. Stalinistischer Terror und « Säuberungen » in den kommunistischen Parteien Europas seit den dreissiger Jahren,* Berlin, Akademie-Verlag, 1993.

57. Pour l'Allemagne Hermann Weber, « Die deutschen Opfer Stalins », in *Deutschland Archiv* 1989, pp. 407-418 ; *ibidem, 'Weisse Flecken' in der Geschichte. Die KPD-Opfer der Stalinschen Säuberungen und ihre Rehabilitierung,* Frankfurt a. M. ISP-Verlag, 1990 et *Schauprozesse unter Stalin 1932-1952. Zustandekommen, Hintergründe, Opfer,* Berlin, Dietz, 1990. Pour l'Autriche, cf. Hans Schafranek, *Zwischen NKWD und Gestapo. Die Auslieferung deutscher und österreichischer Antifaschisten aus der Sowjetunion an Nazideutschland 1937-1941,* Frankfurt a. M., ISP-Verlag, 1990 ; Barry McLoughlin et Walter Szevera, *Postum rehabilitiert. Daten zu 150 österreichischen Stalin-Opfern,* Wien, Globus-Verlag, 1991. D'autres travaux ont suivi. Pour la Suisse, Peter Huber, *Stalins Schatten in die Schweiz. Schweizer Kommunisten in Moskau : Verteidiger und Gefangene der Komintern,* Zurich, Chronos, 1994, et Brigitte Studer, *Un parti sous influence. Le Parti communiste suisse, une section du Komintern, 1931 à 1939,* Lausanne, L'Age d'Homme, 1994. Pour le Komintern et les partis communistes, Hermann Weber, Ulrich Mählert (dir.), *Terror. Stalinistische Parteisäuberungen 1936-1953,* Paderborn, Schöningh, 1998.

58. *Die Säuberung. Moskau 1936. Stenogramm einer geschlossenen Parteiversammlung,* Reinbek bei Hamburg, Rororo aktuell, 1991 ; *ibidem, Die Akte Wehner. Moskau 1937 bis 1941,* Berlin, Rowohlt, 1993 et « Der Fall des Antikomintern-Blocks – Ein vierter Moskauer Schauprozess ? », in *Jahrbuch für Historische Kommunismusforschung,* 1996, pp. 187-214.

59. « Rituale von Konfession und Selbstkritik : Bilder vom stalinistischen Kader », in *Jahrbuch für historische Kommunismusforschung,* 1994, pp. 148-164, et ibidem, « Die Konstituierung des stalinistischen Kaders in und Selbstkritik », in *Traverse* (Zurich) 1995 n° 3, pp. 71-88.

60. Le changement de perspective est sans doute résumé de manière très appropriée par le titre du recueil de communications publié sous la direction de l'historien autrichien Wolfgang Neugebauer, *Von der Utopie zum Terror. Stalinismus-Analysen,* Wien, Verlag für Gesellschaftskritik, 1994.

61. « Historiographie der Arbeiterbewegung in Deutschland », *op. cit.,* pp. 51-69.

62. Brigitte Studer, « Die Rückkehr der Geschichte : Das Bild der Komintern nach Öffnung der Archive », in : Bruno Groppo et al. (dir.), *Quellen und Historiographie, op. cit.,* pp. 19-34.

63. Stefan Plaggenborg, « Die wichtigsten Herangehensweisen an den Stalinismus in der westlichen Forschung », in *Ibid.,* (dir.), *Stalinismus. Neue Forschungen und Konzepte,* Berlin, Berlin Verlag, 1998, 13-33, en particulier 20-26, fait à ce propos une critique très virulente contre l'histoire sociale et le « révisionnisme ».

64. Pour un récent travail, cf. Sheila Fitzpatrick, *Everyday Stalinism. Ordinary Life in Extraordinary Times : Soviet Russia in the 1930s,* New York/Oxford, Oxford University Press, 1999.

65. Jochen Hellbeck, « Fashioning the Stalinist Soul : The Diaries of Stepan Podlubnyi (1931-1939) », in *Jahrbücher für Geschichte Osteuropas* n° 44, 1996, 344-373 ; ibidem, *Tagebuch aus Moskau 1931-1939,* München, Deutscher Taschenbuch Verlag, 1996. Une très utile collection de textes, mais sans mise en perspective théorique, est publiée inVéronique Garros, Natalia Korenevskaya, Thomas Lahusen (dir.), *Intimacy and Terror. Soviet Diaries of the 1930s,* New York, New Press, 1995.

66. *Magnetic Mountain. Stalinism as a Civilization,* Berkeley, University of California Press, 1995.

67. « Rethinking the Stalinist Subject : Stephen Kotkin's 'Magnetic Mountain' and the State of Soviet Historical Studies », in *Jahrbücher für Geschichte Osteuropas* n° 44, 1996, n° 3, pp. 456-463.

68. Pour un premier éclairage sur la problématique de cette recherche, cf. Brigitte Studer, Berthold Unfried, « "Das Private ist öffentlich". Mittel und Formen stalinistischer Identitätsbildung », in *Historische Anthropologie* n° 7, 1999, n° 1, pp. 83-108. En octobre 1999, un colloque sous notre direction à la Maison

des Sciences de l'Homme à Paris a réuni des chercheurs de plusieurs disciplines travaillant sur cette problématique. Des Actes sont en préparation.

69. Claude Pennetier, Bernard Pudal, « La certification scolaire communiste dans les années trente », in *Politix* n° 35, 1996, pp. 69-88 ; *ibid.*, « Écrire son autobiographie (les autobiographies communistes d'institution, 1931-1939) », in *Genèses* n° 23, 1996, pp. 53-75 ; *ibid.*, « La « vérification » (l'encadrement biographique communiste dans l'entre-deux-guerres) », in *Genèses* n° 23, 1996, pp. 145-163.

70. « Preface », in : J. Arch Getty, Oleg V. Naumov, *The Road to Terror. Stalin and the Self-Destruction of the Bolsheviks, 1932-1939*, New Haven, London, Yale University Press, 1999, xii.

71. Sur les facteurs favorisant la dénonciation et la délation dans le stalinisme comme dans d'autres systèmes politiques, cf. Sheila Fitzpatrick, Robert Gellately (dir.), *Accusatory Practices. Denunciation in Modern European History, 1789-1989*, Chicago London, The University of Chicago Press, 1997. Plus particulièrement sur le stalinisme, François-Xavier Nérard, « Entre plainte et délation : les "signaux" en URSS (1928-1939) », in *Revue d'études comparatives Est-Ouest*, n° 30, 1999, 1, pp. 5-30.

72. Stéphane Courtois et *al.*, *Le livre noir du communisme. Crimes, terreur, répression*, Paris, Laffont, 1997. Martin Malia, *The Soviet Tragedy, op. cit.* Richard Pipes, *The Russian Revolution 1899-1919, op. cit.*

Chapitre II

Les interprétations françaises
du système soviétique

par Sabine Dullin

Tant que le système soviétique a existé, il était courant d'user du terme de soviétologue pour qualifier le spécialiste de l'URSS. Né dans le contexte américain de guerre froide, ce terme désignait ceux qui étaient chargés de décrypter un système ennemi afin de permettre aux décideurs politiques de mieux le circonvenir. Dans son objectif d'expertise et de prospective, la soviétologie a eu peu de représentants en France, l'émergence d'un savoir sur l'URSS dérivant davantage soit d'un intérêt scientifique préalable pour la Russie, soit de questionnements qui tenaient à la société française elle-même. Il semble donc plus pertinent de parler d'interprétations françaises du système soviétique. J'aurais pu centrer mon propos sur les ouvrages polémiques afin de dessiner de manière claire le contour des débats. Mais ce choix aurait l'inconvénient de laisser les auteurs qui font l'unanimité dans l'ombre et ce serait, me semble-t-il, adopter un regard plutôt anglo-saxon. La polémique idéologique en France, si elle occupe le terrain médiatique, entre peu dans la sphère « scientifique ». Cela n'est pas le cas aux États-Unis où le processus polémique est au cœur de la dynamique universitaire avec le souci de se faire un nom par la révision des acquis de la génération précédente. Les tendances ou sensibilités communistes et anticommunistes bien présentes en France se lisent davantage dans les stratégies de recrutement, les affinités ou au contraire les ostracismes que dans le débat scientifique proprement dit. Il n'y a pas eu dans la recherche française d'écoles constituées comme l'école totalitaire et l'école révisionniste divisant le monde universitaire américain[1].

Par-delà les clivages idéologiques, ce qui frappe, c'est plutôt la convergence dans les problématiques et les thèmes choisis. Celle-ci était d'ailleurs au programme des *Cahiers du monde russe et soviétique*. Fernand Braudel écrivait dans le premier éditorial en 1959 : « La politique est une chose, la science une autre : l'une divise, l'autre unit. Seule cette unité nous intéresse et nous préoccupe ».

Tentant de retracer l'itinéraire collectif de recherche des « soviétologues » français, je voudrais montrer comment les pistes ouvertes par les personnalités fondatrices sont aujourd'hui poursuivies ou réorientées à la lumière de l'effondrement de l'URSS et de l'ouverture des archives[2].

Les contours de la « soviétologie » française

L'émergence d'un savoir sur l'Union soviétique en France n'a pas le caractère organisé qu'on peut lui trouver aux États-Unis[3]. La curiosité française à l'égard du système soviétique procède de motivations diverses. Elle s'inscrit d'abord dans la problématique du changement social et de la modernisation qui caractérise le débat des sciences sociales et politiques d'après-guerre. C'est dans cette perspective que la VIe section de l'École pratique des hautes études et l'Institut d'études politiques, deux nouvelles écoles en 1945, accordent une certaine place aux recherches et aux enseignements sur l'Union soviétique et que des administrations modernistes telles que l'Institut national d'études démographiques ou la Documentation française y consacrent une part de leurs travaux[4]. L'Union soviétique devient un objet d'analyse qui intéresse non pas en elle-même mais pour ce qu'elle peut nous dire de l'avenir de la société française, de la démocratie, de la paix et du communisme. La texture du débat sur l'URSS apparaît souvent théorique, avec une forte représentation de la science politique et des études macroéconomiques. L'Union soviétique fonctionne comme un modèle puis un contre-modèle, dans un contexte général marqué à la fois par une forte présence du PCF dans la vie politique et intellectuelle française et par l'activisme d'une petite minorité de « dissidents » dont les rangs s'étoffent surtout après 1956[5].

Le développement de la recherche sur l'URSS procède aussi d'une extension des études slaves vers le contemporain. Les historiens, certains influencés par les *Annales,* cherchent à ancrer la société soviétique dans la longue durée de l'histoire russe. Un petit groupe d'étudiants qui sont, depuis, devenus des spécialistes reconnus, se retrouvent engagés au début des années 1960 dans des thèses russo-soviétiques et envoyés en URSS à la recherche de sources[6].

L'intérêt pour l'URSS se propage bien souvent à partir des pôles militants de l'époque. Aux États-Unis, le contexte pertinent est celui de la guerre froide opposant une majorité d'antisoviétiques à une minorité de prosoviétiques ; un rôle fondamental est attribué aux études stratégiques et aux relations internationales. En revanche, le paysage intellectuel français ne renvoie pas aux mêmes catégories car c'est le communisme qui est l'enjeu véritable et donne lieu à des positionnements divers et évolutifs. L'impulsion de départ peut provenir soit d'un engagement au sein du Parti communiste, soit d'une fidélité à l'antifascisme résistant de la Seconde Guerre mondiale, soit, pour une minorité, d'un rejet précoce de l'URSS dans les sillages de Léon Trotski, de Boris Souvarine ou d'Hannah Arendt. Cependant il serait réducteur de ne voir qu'empathie ou antipathie idéologiques dans le choix de l'Union soviétique comme objet d'étude. L'intérêt pouvait aussi provenir de motivations liées à une origine familiale, à des problématiques personnelles ou à une fascination pour la littérature et la langue russe transmise avec ferveur par des professeurs comme Pierre Pascal ou Jacques Bonamour à l'Institut d'études slaves et aux Langues orientales[7].

Aux États-Unis, la révision dans la manière d'envisager l'URSS a pris très largement la forme d'une querelle entre deux générations, la théorie de la modernisation et de la convergence supplantant le concept totalitaire. En France, si on peut parler de « révision », elle a été une affaire affective, individuelle parfois extériorisée. Les reconversions déchirantes de même que les fidélités entêtées sont assez connues. Cependant, excepté chez les militants très engagés, la révision de ses propres jugements s'opérait à travers un cheminement personnel marqué par des doutes, des rencontres et une maturation de sa réflexion. On peut constater une influence explicite ou implicite de l'analyse trotskiste. Elle a, semble-t-il, permis à certains d'opérer la transition personnelle et idéologique nécessaire pour vivre son désenchantement à l'égard de la réalité soviétique sans pour certains abandonner tout espoir de transformation sociale[8]. La forme de cette révision provenait aussi beaucoup de son expérience vécue ainsi que de la nature et de la force des convictions initiales[9]. Bien des parcours intellectuels apparaissent finalement d'une grande cohérence, tout en témoignant d'une perpétuelle évolution, comme si les intuitions de départ servaient de point d'ancrage permettant de dériver de plus en plus loin de la source tout en y restant fidèle[10]. Il est vrai aussi que certains chercheurs ont éprouvé de la difficulté à se mouvoir dans le carcan politique et idéologique français qui poussait à des « catalogages » hâtifs en traduisant en normes politiques connues des itinéraires non-conventionnels. Tout ceci parasitait une véritable reconnaissance scientifique en France qui était alors attendue des États-Unis[11].

L'URSS comme expérimentation de modèles

Aujourd'hui, on peut se demander si le recours à des modèles est nécessaire pour comprendre l'URSS. Avec l'accès aux archives, le sens du concret, de la surprise, du détail et de l'inattendu reprend sa place. Cependant, cela n'a pas balayé les schémas interprétatifs qui s'étaient élaborés depuis la guerre et qui restent des cadres mentaux implicites ou explicites pour les recherches actuelles. Gabor Rittersporn, critique radical des concepts-alibis, juge que « la dissertation traditionnelle sur stalinisme, socialisme et capitalisme d'État ou totalitarisme obscurcit plus qu'elle n'explique des phénomènes qu'il s'agirait enfin de saisir dans le concret[12]». Moins définitif dans son appréciation, Basile Kerblay, retraçant la recherche vaine d'un super-déterminant pour comprendre le système soviétique, prône une approche systémique de l'URSS qui permette de considérer chaque élément dans une relation d'interdépendance. On peut se référer à Marx quand on dit que la *Perestroïka* a été déterminée par la stagnation de l'économie, on peut invoquer Max Weber pour expliquer son répondant socio-culturel mais il faut rompre avec le « statut mythologique de l'URSS », socialiste et/ou totalitaire et/ou typiquement slave[13].

Je reprendrai chacun de ces qualificatifs afin de voir comment ils se sont construits et parfois déconstruits et comment grâce à eux ou malgré eux, on en est arrivé à une compréhension plus fine de l'URSS.

Mythe du plan et disparition du plan

Au sortir de la guerre, le système économique soviétique qui semble avoir donné les preuves de sa solidité durant le conflit contre Hitler est un objet de curiosité et parfois de fascination. *La planification soviétique* de Charles Bettelheim est réédité en 1945. Dans la préface de 1945, il écrit : « La guerre a confirmé la transformation profonde que les plans quinquennaux ont permis de réaliser en URSS. La résistance victorieuse de l'Armée Rouge, la rapidité et la puissance de ses offensives ont montré au monde que l'Union soviétique dispose d'une grande industrie moderne. L'économie planifiée s'est ainsi révélée être non seulement un régime viable mais encore un régime capable d'assurer un essor sans précédent des forces productives. L'intérêt que présente la connaissance du fonctionnement de cette économie en est considérablement accru[14] ». Cela est loin d'être le point de vue des seuls communistes. Le Commissariat au Plan vient d'être créé et la France de la reconstruction est à la recherche de modèles alternatifs au libéralisme. Alfred Sauvy, économiste et démographe, croit qu'il est nécessaire de « comprendre un système qui s'est installé dans la durée[15] ».

Le *Bulletin*, animé à partir de 1949 par Boris Souvarine, développe au contraire un point de vue très critique[16]. Y écrivent bien des désenchantés du marxisme et du communisme comme l'ex-menchevik Boris Nikolaevsky et des anciens trotskistes américains tels Max Eastman et James Burnham. Aux bilans quantitatifs élogieux présentés par Pierre George et qui restent longtemps à la source de l'optimisme frappant des manuels scolaires de géographie concernant l'URSS, le *Bulletin* oppose des tableaux périodiques et noirs de l'économie soviétique insistant davantage sur le qualitatif avec la question des rendements et de l'inefficacité du système et sur le social à travers la notion de salaire réel, de pénurie ou de travail forcé. Les travaux des premiers économistes sur l'URSS pâtissent indéniablement d'un manque de sources autres que les statistiques officielles et se réfèrent souvent à des concepts ancrés dans une réalité idéologique datée. Ils lancent cependant des pistes qui s'avèrent fructueuses. Jacques Sapir considère que *La planification soviétique* a été un ouvrage « largement prophétique quant à sa description des mécanismes et des problèmes du système soviétique ». Partant d'une tentative d'identifier un système économique nouveau, Charles Bettelheim puis Bernard Chavance, usant largement du comparatisme, ont utilisé la notion de capitalisme d'État ou de Parti. Cette terminologie, pour ancrée qu'elle soit dans le contexte tiers-mondiste des années 1960-1970, possède, selon Jacques Sapir, une vertu méthodologique, celle d'échapper aux catégories normatives de ce que devrait être l'économie socialiste pour se pencher sur des réalités non-socialistes et pourtant très actives en URSS comme les fluctuations du marché du travail et la question des salaires ou l'existence de crises cycliques[17]. Certes, la tendance à l'abstraction et l'approche trop souvent macroéconomique ont entraîné jusqu'à la *Perestroïka* une surestimation de la puissance économique de l'URSS[18]. Cependant bien des dysfonctionnements et des spécificités de l'économie soviétique avaient déjà été décryptés, les travaux anglo-saxons ayant été pionniers dans ce domaine[19]. L'optique comparatiste a par ailleurs largement été favorisée, en particulier avec la création en 1970 de la *Revue de l'Est* devenue ensuite *Revue d'études comparatives Est-Ouest* et animée par Eugène Zaleski. Pour divers que soient les méthodes et les résultats, on aboutit dès le début des années 1980 à une vision de l'économie soviétique très éloignée de l'idéal-type d'une économie socialiste centralisée et planifiée. Les notions d'autonomie, de concurrence, de marché, d'inflation y ont une place, elle n'est pourtant pas la même qu'en économie capitaliste. L'économie apparaît fragmentée dans le temps puisque les plans quinquennaux sont subdivisés en autant de plans annuels ou trimestriels avec l'établissement d'une liste de priorités, ce qui entraîne la dilution des objectifs généraux dans le court terme et la disparition du caractère prévisionnel du plan. Elle est fragmentée dans l'espace et par type d'industrie avec l'émergence de logiques de branches ou de logiques régionales, le développement des pratiques de clientélisme et de troc entre les entreprises qui gèrent de manière autonome le recrutement de leur main-d'œuvre. Même le contrôle monétaire et la fixation des prix par l'État sont largement contrecarrés par la pratique des crédits entre entreprises et leurs demandes de financements supplémentaires[20]. Bien des aspects de la transition actuelle en Russie et dans les États de la Communauté des États indépendants (CEI) se comprennent mieux sous cet éclairage. Les solidarités verticales existant au niveau de l'entreprise et de la région se sont cimentées dans les pratiques antérieures du suremploi, du clientélisme et d'une aspiration à l'autarcie locale qui visait à compenser tous les aléas et les pénuries du système défunt. Basile Kerblay évoque l'image d'un « régime féodal » avec ses réseaux de solidarité politique ou économique qui forment la trame réelle du pouvoir en URSS[21].

Bureaucratie et totalitarisme

Le concept de totalitarisme à propos du système soviétique ne devient un concept dominant et à la mode qu'à partir des années 1970, opérant son entrée dans le débat intellectuel français au moment où il s'éclipse de l'université américaine[22]. Il est souvent utilisé de manière combative comme dans le cas d'Alain Besançon qui date son entrée ouverte dans la « dissidence » et dans le « militantisme anticommuniste » de sa préface au texte d'Andreï Almarik en 1970[23]. Hélène Carrère d'Encausse considère plus globalement que ce basculement brusque vient de l'effet Soljenytsine mais aussi d'un retour en force des notions morales de Bien et de Mal, de destin humain en lieu et place des notions historico-sociologiques de progrès et d'intérêt social[24]. Cependant la réflexion avait débuté dès les années 1950. Les premières publications sur l'ampleur de la répression et de la Terreur de même que les témoignages et analyses des dissidents ouvraient une lucarne sur une autre réalité que celle à laquelle beaucoup voulaient croire[25].

La réflexion sur le régime soviétique débuta principalement à travers les écrits de Raymond Aron et de Claude Lefort. Le premier, qui dominait de sa personnalité la revue *Preuves* créée en 1951 en pleine guerre froide, développe un point de vue libéral sur le système soviétique, très influencé par Hannah Arendt[26]. Son analyse est donc extérieure à la problématique marxiste. Claude Lefort élabore quant à lui une critique d'ordre interne. La revue *Socialisme ou Barbarie* qu'il avait fondée en 1948 avec Cornelius Castoriadis et à laquelle participait Edgar Morin se positionnait à l'extrême-gauche et voulait impulser un courant révolutionnaire anti-stalinien. Critiques assez précoces du système bureaucratique soviétique, ils n'en conservent pas moins une admiration pour Marx et l'espoir d'un changement révolutionnaire de la société auxquels ils sont restés fidèles[27].

Malgré des opinions divergentes, on constate une circulation des idées et des intuitions à partir des analyses développées par Hannah Arendt et Raymond Aron. Dénonçant la « religion séculière » que constitue le communisme, ce dernier insiste sur le caractère « pathologique » du despotisme soviétique qui prend sa source dans le parti révolutionnaire lui-même et la frénésie idéologique qui l'anime. Raymond Aron analyse cinq éléments principaux : le monopole du Parti, l'idéologie devenue vérité officielle, le monopole des moyens de force et de persuasion, l'activité économique et sociale phagocytée par l'État, l'idéologisation de tous les dysfonctionnements[28]. En cela, sa réflexion peut être prolongée dans des sens contraires.

Alain Besançon réutilise l'analyse aronienne du totalitarisme défini comme l'absorption par l'État des activités individuelles pour remonter à ce qu'il considère comme la source : « L'idéologie n'est pas un moyen du totalitarisme, mais au contraire le totalitarisme est la conséquence politique, l'incarnation dans la vie sociale de l'idéologie ». La clef du système est pour lui dans l'utopie, dans un discours qui s'apparente à un délire et transforme le réel, une logocratie. Cette lecture culturaliste du totalitarisme est celle d'historiens comme Martin Malia et Marc Raeff, Alain Besançon se définissant lui-même comme un « satellite » de cette école slaviste américaine[29]. Faisant de l'idéologie le mal suprême, elle entraîne un regard critique sur tout l'héritage rationaliste et révolutionnaire des Lumières.

La réflexion de Claude Lefort sur le système soviétique part de prémisses opposées. Elle se nourrit d'un marxisme critique qui pousse à l'observation des pratiques socio-politiques plutôt qu'au décryptage de l'idéologie. Influencé par son maître Merleau-Ponty, Lefort développe une approche phénoménologique insistant sur les pratiques plus que sur les intentions. C'est dans l'étude du fonctionnement du Parti fétichisé et placé au-dessus de tout et de la bureaucratie que réside, selon lui, la clé d'interprétation. Cependant d'une analyse de la dégénérescence bureaucratique de l'URSS, Lefort va finir lui aussi par adopter la définition d'une société totalitaire puis par approfondir sa réflexion sur ce qui est propre au système soviétique[30]. Reprenant la définition large du politique de Raymond Aron, il considère l'absolutisme bureaucratique avant tout comme un mode d'organisation et de structuration sociale et mentale qui s'oppose à celui des démocraties puisqu'il est fondé sur le refus et l'occultation de la division sociale. En réponse aux analyses de François Furet et de Martin Malia, il réfute également, dans *La complication*, l'idée d'une matrice commune entre démocratie et communisme, les considérant au contraire comme deux alternatives opposées de la modernité. Le mépris des libertés et du droit fait la différence, y compris au sein des marxistes puisque les sociaux-démocrates comme Kautsky ou Plékhanov furent les premiers à analyser le bolchevisme comme porteur d'une dérive totalitaire[31]. Reprenant la définition arendtienne du léninisme faite par Dominique Colas, celle d'un « pouvoir hors la loi, sinon celle des rapports de·force entre les classes », Claude Lefort considère que c'est l'absence de loi qui caractérise le régime instauré en 1917[32]. D'autre part, réfutant l'idée selon laquelle la désagrégation de l'URSS apporterait la preuve que le système soviétique n'avait pas de consistance ni historique ni sociologique, qu'il n'était qu'une idée ou une volonté, il emprunte à Marcel Mauss la notion de « fait social total » pour définir cette innovation historique qu'a été le communisme. La définition du totalitarisme donnée par Claude Lefort – « un régime dans lequel le foyer du pouvoir se fait inlocalisable » – rompt avec l'idée totalitaire d'une société atomisée soumise à une idéologie toute-puissante. La société totalitaire se définit avant tout comme une société dans laquelle sont effacés les signes de division entre dominants et dominés, les signes d'une distinction entre le pouvoir, la loi et le savoir[33].

Si Marc Ferro réfute le concept politique de totalitarisme qui néglige, selon lui, l'« ancrage social » du régime et « hypothèque » de ce fait sa compréhension, la perspective de Claude Lefort prend cependant un sens concret à la lecture de ses travaux[34]. Marc Ferro a montré qu'en 1917 la bolchevisation et l'absolutisme par le haut, souvent décrits par ceux qui ont fait l'histoire du parti communiste, se développent conjointement à un mouvement venu d'en bas. Loin d'être un accident de l'Histoire sans pour autant être l'incarnation d'une nécessité historique, l'apparent coup d'État qu'a été l'insurrection d'Octobre est indissociable de l'effervescence d'une population radicalisée en train de construire de nouvelles formes de pouvoir. La démocratie directe qui s'expérimente pendant l'année 1917 dans les multiples comités, démocratie locale, décentralisée, la seule que le peuple russe trouve légitime, sécrète pourtant des procédés de bureaucratisation et de récupération, encourage les comportements absolutistes et violents qui sourdent des classes populaires trop longtemps opprimées. Pour Marc Ferro, la nature du pouvoir en URSS s'explique certes par la tendance à l'hégémonisme du parti bolchevik mais également par l'émergence des couches sociales qui vont constituer le nouvel appareil d'État[35]. La frontière entre dominants et dominés s'avère donc d'emblée poreuse, le nouveau pouvoir générant des mécanismes de consensus et de participation à l'œuvre de modernisation de l'URSS mais aussi aux tâches du pouvoir et de la répression[36].

La pertinence de cette analyse pour les origines du système et sa compréhension globale ne doit cependant pas faire oublier l'existence de phases historiques très différentes. Les mécanismes d'adhésion sont bien présents dans les débuts révolutionnaires du régime et fonctionnent aussi sur d'autres bases durant la période brejnévienne[37]. En revanche, ils restent minoritaires au moment du grand Tournant stalinien de 1928-1930 où c'est la résistance active ou passive de la société qui prévaut[38]. Un type de document, les lettres de protestation écrites par des Soviétiques aux dirigeants, pourrait bien être une des illustrations les plus parlantes de l'ambiguïté de la relation entre dominants et dominés en URSS et du rapport à la loi. Lettres de protestation, elles entendent alerter le pouvoir sur un dysfonctionnement et à ce titre, elles relèvent d'une démarche citoyenne. Elles prennent par ailleurs dans les périodes de tensions maximales la forme de la délation, témoignant d'une dérive morale impulsée par le pouvoir mais aussi d'un certain degré d'appropriation par la population des méthodes de celui-ci[39].

Le questionnement totalitaire sur le système soviétique renvoie aussi au débat sur sa spécificité. La comparaison avec le nazisme, qui s'est récemment imposée en France, sert d'ailleurs le plus souvent à la souligner, que cette spécificité provienne du projet communiste lui-même, de la manière dont il a été appliqué ou de la nature de la société à laquelle il a été appliqué[40]. Pour comprendre l'évolution des sociétés de l'ex-URSS, ce débat est fondamental. Les études montrant les indices de convergence de la société soviétique et post-soviétique et des sociétés environnantes comme celles constatant la pérennité de comportements et de valeurs spécifiques sont à la base d'une évaluation plus ou moins optimiste ou pessimiste quant à l'avenir de la Russie actuelle.

Spécificités et convergences

On l'a dit et redit. La désintégration rapide et relativement pacifique de l'URSS a surpris et désarçonné, aussi bien ceux qui considéraient le système comme un tout inaltérable et dangereux que ceux qui entrevoyaient depuis les années 1960 des évolutions sociales et culturelles poussant le système vers une normalisation progressive. Les évolutions et les soubresauts du post-soviétisme en Russie et dans « l'étranger proche » redonnent en revanche une certaine légitimité à des analyses trop vite discréditées. Dix ans après l'effondrement, on mesure mieux la pertinence de certaines problématiques sur ce qui avait déjà changé, ce qui restait intangible ou pouvait rejouer en fonction des circonstances. Trois axes me semblent particulièrement intéressants dans cette optique. Le premier porte sur le paradoxe de la construction d'un État moderne en Russie. Le second révèle les ambiguïtés du fédéralisme soviétique, héritier d'un Empire russo-centré et créateur d'identités nationales. Le troisième s'interroge sur la Puissance dans sa relation avec l'identité russe.

Archaïsme et modernité

Pour un régime issu d'une révolution, le couple rupture/continuité est naturellement au cœur de la réflexion. Cela est d'autant plus vrai du pouvoir soviétique et de son rapport à la société. Les similitudes extérieures avec l'Ancien Régime sont aisément repérables. Il suffit d'évoquer la nature autocratique du régime, une bureaucratie proliférante dure envers ses administrés et servile à l'égard de ses chefs, un océan rural mal contrôlé, souffrant de pénuries et sujet aux révoltes inorganisées à qui l'État soviétique impose au début des années 1930 un nouveau servage. L'un des premiers, Pierre Pascal, dans un article sur la révolution russe et ses causes, avait souligné les héritages et les forces d'inertie auxquels était soumis le nouveau régime.

Cependant la tradition avait surtout sous sa plume valeur positive. Il estimait que la forme et le contenu donnés à l'expérience révolutionnaire de 1917 provenaient du génie du peuple russe ayant la religion de l'égalité et bientôt trahi par des élites bolcheviques très largement extérieures à cette culture populaire. Pour Nicolas Berdiaev, l'esprit russe imprégnait le peuple mais aussi les élites et le communisme russe devait se comprendre comme un syncrétisme qui avait « assimilé le côté messianique et quasi-religieux du marxisme » bien plus que « son côté scientifique et déterministe », lui donnant les traits d'une « doctrine orientale, slavophile et populiste[41] ». L'analyse trotskiste intégrait également l'héritage social et politique de la Russie tsariste dans son analyse de la déformation de l'État soviétique, mais n'y voyait alors qu'un handicap difficilement surmontable si ce n'est par l'internationalisation de la révolution[42]. La solution apportée à la dichotomie rupture/continuité parfois associée à une évaluation manichéenne de la Russie d'avant 1917 recélait des implications politiques évidentes en terme de responsabilité. La terreur stalinienne se concevait-elle en partie comme un rejeu de l'héritage politique conservateur et autocratique du tsarisme jugé négativement et les bolcheviks en devenaient alors les otages avant d'en être les victimes lors de la Grande Terreur ? Les bolcheviks instauraient-ils une rupture radicale avec une Russie tsariste en voie de modernisation et de démocratisation, l'arbitraire et l'inefficacité économique pouvaient alors devenir des éléments intrinsèques du projet communiste réalisé ? Cependant, la recherche des héritages de la période précédente ne peut être lue seulement selon cette grille politique. Elle relève aussi d'un souci de compréhension des phénomènes sur la longue durée et oppose bien souvent les kremlinologues aux historiens de la Russie.

Le monde rural a constitué et constitue encore, grâce aux nouvelles archives disponibles, un lieu privilégié pour observer la manière dont ont pu s'opérer le contact, l'agencement ou le heurt entre tradition et modernité, archaïsme et projet révolutionnaire. Dans les années 1960, Basile Kerblay et Moshe Lewin concluent à la place immense occupée par l'État dans la transformation des campagnes. Se percevant comme des réformateurs, les pouvoirs publics russe puis soviétique ont eu l'objectif commun de moderniser de manière volontariste un monde agricole jugé archaïque et dont on se méfiait. Il s'agissait aussi de transformer un univers culturel réfractaire à celui des villes. Cette extériorité de la réforme agraire, à l'exception du grand partage de 1917, entraîne le recours à des méthodes autoritaires qui prennent un tour particulièrement violent au moment de la collectivisation avec la déportation des koulaks, la mise en place de rapports néo-féodaux entre la nouvelle bureaucratie agraire et les paysans. Elle génère aussi un dysfonctionnement agricole dont le pouvoir soviétique est prisonnier : l'agriculture de subsistance la plus traditionnelle est la seule productive tandis que la fuite en avant vers des structures toujours plus modernes (kolkhozes, sovkhozes, agrovilles) ne débouche sur aucune modernisation réelle[43].

C'est bien sous la forme dominante d'une guerre ouverte ou larvée que s'établit le rapport entre l'État soviétique et la paysannerie dès les années fondatrices de la guerre civile. La résistance des campagnes, l'imperméabilité de la culture paysanne aux nouvelles valeurs socialistes sont confirmées par les études récentes[44]. La paysannerie jusqu'au début des années 1930 existe dans un univers autonome, les différenciations sociales existantes entre paysans sont secondaires en regard de ce qui sépare la société rurale du monde communiste. La réalité soviétique est perçue par la culture paysanne à travers le prisme déformant d'une vision du monde imprégnée de religion, de rites et de magie[45]. Si le processus de « déculturation » des campagnes est fortement engagé par le pouvoir pendant la collectivisation forcée et entraîne une perte des repères traditionnels, il ne s'achève cependant qu'à l'époque brejnévienne et ceci bien davantage sous les coups naturels de l'exode rural qu'à cause de ceux des autorités.

Plus largement, la réalité de l'État et la vision que s'en font les Soviétiques témoignent de spécificités dans les pratiques et les comportements. Nicolas Werth a popularisé en France l'idée présente dans de nombreux travaux d'une double logique à l'œuvre dans la construction de l'État soviétique, la logique administrative d'un système de commandement qui existait déjà en partie sous l'Ancien Régime dont les administrations soviétiques ont réutilisé le personnel de spécialistes et la logique despotique du clan utilisée par Staline pour s'imposer[46]. Cette culture politique du clan semble renouer avec un État pré-moderne où les fidélités et les allégeances au « patron » priment sur la compétence et l'idée de service public, où l'intervention des « gens de connivence » dans tous les domaines débouche sur l'absence d'une démarcation claire des sphères de compétence. Les analyses de Claudio Ingerflom et de Tamara Kondratieva tendent également à démontrer la pérennité d'un pouvoir qui, malgré ses tendances modernistes et ses visées idéologiques, est tributaire de représentations anciennes où l'autorité loin d'être une place vide régie par la loi n'existe que par la présence physique du chef. La fonction nourricière du pouvoir avec l'instauration d'un réseau de ravitaillement spécial où la hiérarchisation des hommes se lit dans le mode de distribution alimentaire au Kremlin rappellerait les usages à la cour des Tsars d'avant les réformes pétroviennes[47].

Dans l'URSS post-stalinienne, la logique despotique disparaît tandis que le système bureaucratique ne cesse de proliférer, s'enracinant localement et renouant avec l'esprit de corps institutionnel que Staline s'était employé à annihiler. Incontestablement, le système sous Brejnev apparaît plus moderne, plus technocratique, laissant davantage de potentialités aux compétences dans le cadre d'une direction collective et d'un Bureau politique représentatif des différents groupes d'intérêt[48]. L'étrangeté du système s'émousse même si subsistent des traits essentiels et spécifiques comme le monopole du Parti communiste et l'attitude répressive à l'égard des dissidents et des démocraties populaires. Les aspects modernistes de l'État, le désir récurrent des responsables de s'approprier le savoir-faire occidental coexistent avec le népotisme favorisé par la décentralisation et l'élitisme nomenklaturiste. Toute parcelle de pouvoir apparaît comme une source de profit personnel. La confusion entre le public et le privé, le rapport prédateur à l'État sont des traits encore largement perceptibles dans la Russie d'aujourd'hui. Leur fait écho la représentation populaire traditionnelle de l'État perçu comme un groupe de voleurs. Finalement, deux images contrastées coexistent, celle d'un pouvoir tout puissant et autoritaire et celle d'un « régime féodal » avec ses réseaux de solidarité et de clientélisme.

La clé de l'évolution à long terme de la Russie réside sans doute davantage dans les mutations du corps social qui ont fait l'objet de nombreuses études sociologiques[49]. Loin d'être figée, la société soviétique à partir des années 1960 connaît des transformations profondes qui témoignent d'une certaine autonomie des modes de vie et de pensée par rapport au politique. Alain Blum dans *Naître, vivre et mourir en URSS* a montré combien les pratiques démographiques pouvaient avoir leur propre temporalité indépendante du politique[50]. Ces mutations élargissent par ailleurs le fossé entre les espaces nationaux et régionaux de l'Union soviétique. La population de l'URSS européenne, dorénavant largement urbaine et éduquée, adopte des comportements et possède des aspirations très similaires à ceux des sociétés occidentales tandis que les républiques d'Asie centrale conservent des modes de vie plus traditionnels. La « grande mutation soviétique », pour reprendre le titre de l'ouvrage de Moshe Lewin sur les origines de la *Perestroïka*, s'accompagne de l'émergence d'une opinion publique qui assure le succès de la *Glasnost* gorbatchevienne[51]. Cependant, force est de constater la fragilité des espaces publics dans les États de l'ex-URSS. La culture politique reste marquée par l'unanimisme, le rejet ou le loyalisme à l'égard des autorités ne passant pas par une expression politique constituée. Elle se caractérise aussi par une tradition associative visant à mettre en œuvre une démocratie directe influant sur le cadre de vie et proche des aspirations de la population. Mais celle-ci se heurte au manque de moyens, à la faiblesse de la mobilisation citoyenne et à l'absence de relais institutionnels[52].

Les ambiguïtés du fédéralisme soviétique

Comme on vient de le voir, le projet bolchevik de modernisation déboucha sur la création d'un État hybride où les éléments hérités du passé ont pu rejouer à différentes étapes en fonction des modifications de la société. L'autre versant du projet était de créer une nation soviétique, se différenciant aussi bien de la « prison des peuples » que représentait à leurs yeux l'Empire tsariste, que du modèle identitaire fondé sur des critères ethniques et culturels. La question nationale a constitué dans les recherches françaises sur l'URSS un champ d'étude particulièrement dynamique[53]. Marc Ferro se souvient du séminaire d'Alexandre Bennigsen sur les nationalités qui l'a poussé à s'intéresser à l'URSS[54]. Loin d'être russo-centrées, ces recherches ouvraient sur les espaces périphériques, l'Ukraine, le Caucase et l'Asie centrale. L'espace musulman suscita de nombreux travaux. Remontant au passé turco-tatar qui resurgit au moment de la révolution avec le personnage de Sultan Galiev, la démarche ethnographique permettait de mesurer les résistances à l'acculturation et les modes d'accommodation aux réalités soviétiques à l'œuvre au sein des peuples non-slaves[55]. L'ouvrage pionnier de Richard Pipes eut aussi une grande influence. Il remettait en cause l'idée communément admise d'un fédéralisme soviétique qui avait résolu les tensions nationales héritées du tsarisme, démontrant au contraire l'essor des mouvements séparatistes et antirusses qui avait obligé le jeune pouvoir bolchevik à une reconquête armée des régions frontalières[56]. Des études monographiques mettent en avant la force des identités nationales réussissant mieux que les identités sociales à muer sans disparaître au sein du fédéralisme soviétique[57]. Certes, contrairement aux prédictions de « l'Empire éclaté », l'affirmation nationale des peuples musulmans n'a pas été à l'origine de la désintégration de l'Empire soviétique[58]. De même le terme d'*homo islamicus* utilisé par Hélène Carrère d'Encausse pour insister sur l'aspect culturel et religieux plus que national de l'identité des peuples d'Asie centrale ne permet pas en définitive d'appréhender, comme l'auteur le souligne elle-même dans sa préface de 1990, les conflits inter-ethniques violents qui ont poussé par exemple les Ouzbeks contre les Tadjiks[59]. L'apport principal de ses travaux est plutôt d'avoir souligné le paradoxe de la politique bolchevique des nationalités. Le fédéralisme soviétique qui était conçu par ses inventeurs comme une étape dans la constitution d'une nation soviétique visant à effacer progressivement les différences nationales antérieures a entraîné le résultat inverse en entretenant, en renforçant voire en créant des nations auxquelles des élites urbaines formées dans le cadre soviétique ont donné une légitimité en exhumant un patrimoine historique et culturel oublié[60]. Dans l'affirmation nationale, la religion a joué un rôle particulier de préservation, d'antidote à l'assimilation, en « sanctifiant le mode de vie musulman traditionnel avec son respect des aînés, ses tabous sexuels, sa solidarité familiale et clanique[61]». L'analyse resterait à prolonger pour mieux comprendre les racines des conflits opposant le Tatarstan ou la Tchétchénie à Moscou mais aussi la réorientation de l'Azerbaïdjan et de l'Ouzbekistan vers le Moyen-Orient[62].

Puissance soviétique et identité russe

La forme prise par la construction territoriale et géopolitique de l'État sous les tsars puis sous les bolcheviks et l'image qu'ils voulaient en donner à l'intérieur comme à l'extérieur de la Russie ont largement contribué à faire du concept d'Empire et de la notion de Puissance des constituants forts de l'identité russe[63]. Les études des géographes et des historiens des relations internationales ont montré toute l'importance de cette problématique. Les fondements de la Puissance résident dans les données naturelles, ils proviennent surtout du rôle de l'État dans la mise en valeur du territoire et des ressources, nourrissant un nationalisme économique encore virulent[64]. L'appropriation progressive et toujours renouvelée de cet espace immense a d'autre part imprégné la vision politique des dirigeants. Outre que la maîtrise du territoire possède à leurs yeux une dimension dynamique, elle est un instrument de conquête du pouvoir[65]. C'est aussi une source d'angoisse. On constate la préoccupation constante des leaders soviétiques de contrôler les espaces périphériques dont les frontières sont perçues comme mouvantes. Les visées d'une extension de l'espace révolutionnaire puis d'une lutte idéologique dans le cadre de la guerre froide entrent en concordance avec une recherche de la sécurité dans l'expansion. La soviétisation du Caucase à la fin de la guerre civile, le projet de Grande Ukraine en 1924, l'annexion des Pays Baltes et de la Bessarabie en 1940, la stratégie d'expansion dans les zones frontalières de la Turquie et de l'Iran en 1946 ou même l'invasion de l'Afghanistan en 1979 répondent à une logique qui s'inscrit dans l'héritage tsariste et vise à repousser toujours plus loin les frontières afin de gagner des ressources et ce qu'on croît être des marges de sécurité[66].

Faire le lien entre la politique intérieure et la stratégie extérieure est d'autre part une piste nouvelle pour saisir les déterminants essentiels de la Puissance aux yeux des dirigeants[67]. Sous Staline, le pouvoir soviétique parce qu'il a des velléités de contrôle total ressent en retour avec force la nature précaire de ce contrôle. L'expression de Moshe Lewin parlant de « paranoïa institutionnelle » résume assez bien le dilemme totalitaire[68]. Sur le plan extérieur, on peut observer un phénomène semblable, une recherche sans fin et de ce fait agressive d'une sécurité absolue. La constitution des démocraties populaires avec la mise au pas et la duplication du modèle soviétique est certes imprégnée d'un messianisme révolutionnaire désormais appliqué par des policiers mais elle relève surtout d'une volonté de contrôle total sur le bloc territorial jugé fondamental pour se protéger de l'Allemagne puis des États-Unis[69]. L'appétit de l'URSS sur le plan territorial vise à assouvir un besoin de sécurité pathologique et à annihiler une fois pour toutes la sensation de vulnérabilité mais les conséquences sont inverses. Les périphéries restent remuantes et les sociétés de l'Est produisent leurs « propres anticorps[70] ». Cela repousse toujours au-delà l'inaccessible immunité et débouche sur l'effondrement d'une construction géopolitique finalement bien fragile.

À l'époque de Khrouchtchev et de Brejnev, les formes de l'affirmation de la Puissance soviétique se diversifient. Parallèlement à cette logique de contrôle de l'espace eurasiatique, se développe l'aspiration à une influence mondiale dans le cadre de la lutte idéologique et militaire contre les États-Unis. La problématique spécifique d'un espace impérial en mouvement est dorénavant supplantée par le souci d'entretenir aux yeux du monde un statut de Grande Puissance[71].

Avec la désintégration de l'URSS, de son Empire et de sa zone d'influence mondiale, la notion de « puissance pauvre » prend tout son sens[72]. L'Union soviétique depuis 1945 revendiquait dans le monde une place disproportionnée en regard de ses moyens réels. La subordination du développement économique aux considérations géostratégiques de puissance paraît être un élément de continuité entre l'Empire tsariste et l'URSS et a généré des traits durables dans l'économie avec une hypertrophie de l'État et des industries lourdes, faisant obstacle à l'enrichissement global de la société.

La composante impériale et étatique qui fonde historiquement l'identité russe a entraîné lors de l'effondrement du système un sentiment de vide identitaire[73]. Cependant, il existait bel et bien un mouvement de revendication nationale russe depuis les années 1960 tentant de définir une appartenance nationale sur d'autres bases. Présent à la fois au sein des élites soviétiques et dans les milieux de la dissidence, ce sentiment national se fondait avant tout sur des critères culturels et l'éloge de la « russité[74] ». Il se révélait aussi multiforme. Déplorant l'absence de conscience nationale russe, il pouvait se montrer critique envers la construction étatique n'ayant eu d'autre but qu'elle-même et envers la mission illusoire et coûteuse du panslavisme puis du pansoviétisme[75]. Le sentiment d'un sacrifice du peuple russe sur l'autel de la patrie soviétique, d'un échange inégal inversé entre la métropole russe et les républiques d'Asie centrale se développa dans les années précédant la *Perestroïka*. La politique de Boris Eltsine revendiquant une souveraineté russe en opposition à la légitimité soviétique a repris à son compte ce sentiment national qui n'a par la suite cessé de s'exacerber. Confronté à l'échec du libéralisme et aux difficultés de la démocratie, aiguillé par un profond sentiment d'humiliation, il se radicalise depuis lors sous les traits d'un nationalisme agressif à l'égard des autres peuples et une tentative de réhabilitation de l'État, passant par la voie autoritaire.

Conclusion : vers une histoire sociale du politique

Objet d'histoire depuis sa disparition, l'Union soviétique devrait perdre progressivement la charge affective qui lui était associée. Certes, le communisme ou plutôt sa dénonciation font encore l'objet d'engagements passionnels médiatisés. Il suffit d'évoquer le débat sur la légitimité politique et intellectuelle de la comparaison communisme/nazisme qui divise encore en France et conduit à des surenchères dans le comptage des victimes. En revanche, l'étude du système soviétique y compris dans une optique comparatiste empirique avec le nazisme ne provoque plus guère de controverses. La soviétologie en tant que regard spécifique sur une expérience à la fois contemporaine et atypique est vouée à disparaître. L'histoire soviétique est en voie de réinsertion dans la longue durée de l'histoire russe et semble pouvoir dorénavant être abordée avec les méthodes de l'histoire contemporaine impliquant le recours aux sources et des approches historiographiques diversifiées.

Les premiers travaux issus de recherches au sein des archives du Parti et de l'État soviétiques apportent un regard de l'intérieur sur le fonctionnement du système, permettant dans une large mesure de réconcilier les tenants de l'histoire sociale et ceux de l'histoire idéologique. Au contact des sources, l'État soviétique a perdu son statut d'entité dépersonnalisée, ce que recouvraient bien souvent les termes d'État bureaucratique ou totalitaire, et devient un objet hétérogène et incarné avec ses acteurs, ses administrations centrales et locales aux pratiques, aux perceptions et aux objectifs diversifiés, un lieu de tensions aussi, de conflits et de négociations[76]. Certains travaux de l'école révisionniste avaient d'ailleurs ouvert des pistes dans cette direction[77]. On en arrive aussi à une compréhension plus fine du rapport existant entre l'État et le peuple. L'étude des perceptions, des catégorisations utilisées par les administrations pour recenser, ficher, contrôler la population conduit en effet à envisager l'écart entre la perception administrative et la réalité sociale et à lui donner sens[78].

La place des dirigeants successifs dans ce système est également à reconsidérer. Si les archives confirment par exemple l'assertion de nombre de biographes d'un Staline autocrate, paranoïaque et ultra-interventionniste, elles donnent de la chair à ces qualificatifs, permettant de brosser le portrait d'un homme dirigeant une cellule de crise permanente et tentant de transmettre par cercles concentriques son énergie. L'histoire de la décision politique en URSS se renouvelle par le biais d'une analyse de l'action quotidienne de commandement, situant le regard « à distance des idéologies et à proximité des pratiques[79]». Ce travail, déjà bien entamé pour l'entre-deux-guerres, est le fruit d'une collaboration entre historiens de l'ex-URSS et historiens occidentaux[80]. Dix ans après la disparition du système soviétique, on peut en effet parier sur le décloisonnement de la recherche, la circulation des idées et des interprétations étant de moins en moins soumise aux obstacles des « rideaux de fer » géographiques et idéologiques du passé.

Notes

1. À propos du débat totalitaire/révisionniste, voir Wladimir Berelowitch, « La "soviétologie" après le putsch. Vers une guérison ? », *Politix*, n° 18, 1992, p. 7-20 ; Nicolas Werth, « De la soviétologie en général et des archives russes en particulier », *Le Débat*, n° 77, 1993, p. 127-144.

2. Ne pouvant être exhaustive, je n'évoquerai que les auteurs et les travaux qui m'ont semblé s'intégrer dans les problématiques et les thèmes développés ci-dessous.

3. En 1956, aux États-Unis, il existe 5 départements d'études soviétiques, 3 centres de recherche et 9 centres d'études spécialisés.

4. La VIᵉ section de l'EPHE ouvre quatre directions d'études consacrées à l'URSS, en histoire avec Roger Portal, en économie avec Georges Friedmann, en sociologie rurale avec Henri Chambre et en ethnologie avec Alexandre Bennigsen. À l'Institut d'études politiques dans les années 1950, les enseignants sur l'URSS sont surtout des militants communistes : Pierre George pour la géographie économique, Jean Bruhat pour l'histoire et Jean Baby pour la philosophie marxiste. Cependant, Raymond Aron y enseigne déjà les sciences politiques.

5. Après 1956, Alain Besançon puis Annie Kriegel rompent avec le communisme. Pierre George quitte le PCF plus discrètement tandis que Jean Bruhat adopte une position critique interne.

6. Roger Portal, professeur à la Sorbonne et directeur de l'Institut d'études slaves, donne au début des années 1950 ses premiers cours sur la période soviétique avec l'histoire de la Révolution russe et l'étude des systèmes agraires en Russie et en URSS. Au début des années 1960, Roger Portal fait partir à Moscou et à Leningrad Marc Ferro, Alain Besançon, Hélène Carrère d'Encausse, Jean-Louis Van Regemorter. François-Xavier Coquin et René Girault les avaient précédés de peu. Roger Portal dirige aussi Michael Confino puis Moshe Lewin qui sont venus faire leur thèse à Paris.

7. Alexandre Bennigsen, Basile Kerblay et Hélène Carrère d'Encausse étaient issus de l'émigration en provenance de l'ancien Empire russe.

8. Alain Besançon considère que le trotskisme a été en 1956 un « sas, une chambre de décompression, la dernière étape avant la sortie définitive », *Une génération*, Paris, Julliard, 1987, p. 313 ; Claude Lefort milita au PCI, section française de la IVème Internationale au moment de sa création au sortir de la guerre, entretien dans *Cultures en mouvement*, n° 17, mai 1999, p. 11.

9. Dans le cas des « révisions » les plus nettes, le rapport au communisme influence bien souvent la nature de l'anticommunisme ultérieur. L'engagement purement intellectuel d'un jeune étudiant comme Alain Besançon au sein du PCF n'a pas le côté affectif de celui d'Annie Kriegel, marquée par un vécu familial de juifs résistants.

10. Fidélité de Claude Lefort à une certaine vision du marxisme et du changement social, fidélité de Marc Ferro à son engagement de résistant, fidélité de Pierre Broué au trotskisme.

11. Selon Marc Ferro, ses travaux ont été reconnus aux États-Unis avant de l'être en France. Il se souvient d'avoir été invité à Cambridge par Richard Pipes après son article « La politique des nationalités du Gouvernement provisoire », *Cahiers du monde russe et soviétique*, avril 1961 ; Alain Besançon part faire sa thèse à Columbia University au milieu des années 1960, il rencontre Marc Raeff puis Martin Malia et fait de leurs ouvrages des recensions admiratives ; « Un point de vue nouveau sur l'intelligentsia russe », *Revue historique*, octobre 1963. La reconnaissance scientifique pour Gabor Rittersporn, qui a soutenu une thèse de 3ème cycle avec Roger Portal en 1976 sur *Conflits sociaux et politiques en URSS (1936-1938)*, vient de l'école révisionniste aux travaux de laquelle il participe : il a par exemple co-dirigé avec N. Lampert l'ouvrage *Stalinism : its Nature and Aftermath : Essays in Honour of Moshe Lewin*, Londres, 1992 et publié en commun avec John Arch Getty un numéro spécial sur les victimes du Goulag qui paraît dans *The American Historical Review*, octobre 1993 et dans la *Revue des études slaves*, fasc. 4, 1993.

12. *Annales ESC*, juillet-août 1985, p. 859.

13. « Les modèles interprétatifs en soviétologie », *Revue des pays de l'Est*, Université libre de Bruxelles, n° 1, 1989, p. 1-15.

14. *La planification soviétique*, 2e édition revue et mise à jour, Paris, Marcel Rivière, 1945 (1ère édition en 1939). Parti à l'âge de 23 ans à Moscou (en 1936), il ne réussit pas à prolonger son séjour et dit avoir été écarté du PCF en 1937 ; il est en 1938 chargé par le ministère de l'Éducation nationale d'étudier la planification soviétique, *Moscou, place du Manège*, Paris, Scarabée et Cie, 1984. Ses écrits sont combattus par l'équipe de Boris Souvarine ; cf. M. Bettelheim et l'économie soviétique », *Bulletin*, 16 janvier 1951.

15. *Les Cahiers de l'économie soviétique*, n° 1, juillet 1945 : revue fondée par Alfred Sauvy et à laquelle collabore régulièrement Pierre George. Celui-ci occupe alors une place de premier plan dans la vulgarisation sur l'URSS, cf. ses Que Sais-je ? sur *l'Economie de l'URSS* réédité 11 fois entre 1946 et 1968 et sur la *Géographie de l'URSS* réédité 8 fois entre 1966 et 1991.

16. Le *Bulletin de l'Association d'Études et d'Information Politiques Internationales*, bimensuel, devient en 1956 la revue *Est-Ouest*.

17. Jacques Sapir (dir.), *Retour sur l'URSS, Économie, société, histoire*, Paris, L'Harmattan, 1997, p. 109, p. 128. Il a été étudiant de Charles Bettelheim à l'EHESS, de même que Bernard Chavance.

18. Cette tendance plutôt optimiste, dépendante des statistiques soviétiques, se retrouvait chez les géographes comme Pierre George et Jean Radvanyi (*Le géant aux paradoxe, Les fondements géographiques de la puissance*, Éditions Sociales, 1982), mais aussi chez les économistes comme Charles Bettelheim et Marie Lavigne.

19. Citons A. Gerschenkron, A. Nove, R.W. Davies dont les travaux ont eu de l'influence en France.

20. Voir sur ces différents aspects Eugène Zaleski, *La planification stalinienne. Croissance et fluctuations économiques en URSS 1933-1952*, Paris, Economica, 1984 ; Jacques Sapir, *Travail et travailleurs en URSS*, Paris, La Découverte, Repères, 1986 ; Marie Lavigne (dir.), *Travail et monnaie en système socialiste*, Paris, Economica, 1981.

21. « Les modèles interprétatifs en soviétologie », *art.cité*, p. 8.

22. Cf. Claude Lefort, *Un homme en trop. Essai sur « l'Archipel du Goulag »*, Paris, Seuil, 1975 ; Edgar Morin, *De la nature de l'URSS. Complexe totalitaire et nouvel Empire*, Paris, Fayard, 1983 ; Pierre Hassner, Guy Hermet (s.d.), *Totalitarismes*, Paris, Economica, 1984.

23. Entretien du 2 novembre 1999.

24. François Furet joue un rôle non négligeable dans la remise en cause de l'idée même de révolution, analysant la Révolution française non pas comme un processus dynamique global et indivisible mais l'évaluant en fonction des pertes et profit. Hélène Carrère d'Encausse, « Paris-Moscou. L'URSS au purgatoire ? », *Le Débat*, septembre 1985, p. 167.

25. En 1949 paraissent à Paris, Margarete Buber-Neumann, *Déportée en Sibérie* ; A. Dallin, B. Niko-laevsky, *Le travail forcé en URSS* ; David Rousset, *Le système concentrationnaire*. Ancien communiste serbe, Branko Lazitch publie à Neuchâtel *Lénine et la IIIème Internationale*, préfacé par Raymond Aron, où il montre l'inféodation du Komintern aux intérêts de l'État soviétique. François Fejtö écrit des articles importants dans la revue *Esprit* sur les procès Rajk et Slansky.

26. Sur la revue *Preuves*, Pierre Grémion, *Intelligence de l'anticommunisme*, Paris, Fayard, 1995 ; Hannah Arendt y collabore. L'autre revue critique sur l'URSS était la revue jésuite *les Études*. Créée en 1945, elle dénonçait l'athéisme des régimes communistes. Beaucoup d'articles analysant l'URSS étaient écrits par des universitaires. De 1949 à 1956, Henri Chambre y écrit, entre 1957 et 1976 y écrivent Hélène Carrère d'Encausse, Alexandre Bennigsen, Nikita Struve et Pierre Sorlin.

27. Cornelius Castoriadis et Claude Lefort étaient trotskistes pendant la guerre, Edgar Morin, militant communiste à partir de 1941 se « déconvertit » entre 1947 et 1951 (*Autocritique*, Julliard, 1959). Il réaffirme ses aspirations révolutionnaires dans *De la nature de l'URSS., op. cit.*, tandis que Claude Lefort dans *La complication. Retour sur le communisme*, Fayard, 1999, entend désolidariser marxisme et communisme soviétique.

28. Raymond Aron, *L'opium des intellectuels*, Paris, Calmann-Lévy, 1955, chap. IV et *Démocratie et totalitarisme*, Paris, Gallimard, 1965, p. 287-88.

29. Alain Besançon, *Présent soviétique et passé russe*, Paris, 1980, p. 145 ; entretien du 2 novembre 1999.

30. « Je n'ai saisi le caractère totalitaire du communisme soviétique qu'à partir de 1956 », *Sciences humaines* n° 94, mai 1999, p. 40.

31. Claude Lefort, *La complication, op. cit.*, p. 96.

32. Claude Lefort cite Dominique Colas, *Le léninisme*, Paris, PUF, 1982, p. 146. Cependant les fictions constitutionnelles de 1936 et 1977 restent un problème dans cette perspective.

33. *La complication, op. cit.*, p. 11 et p. 136.

34. Marc Ferro, Préface de *Nazisme et communisme, Deux régimes dans le siècle*, Paris, Pluriel, 1999.

35. Marc Ferro, *La révolution de 1917*, Paris, Aubier-Montaigne, 2 vol., 1967-1976 (réédité chez Albin Michel en 1997) ; *Des Soviets au communisme bureaucratique*, Paris, Gallimard, 1980.

36. Voir Nicolas Werth, *Etre communiste en URSS sous Staline*, Paris, Gallimard, 1981. Sa sélection d'archives témoigne du caractère ambivalent du vécu communiste, à la fois du côté du pouvoir et de la société.

37. Basile Kerblay (*La société soviétique contemporaine*, Paris, Colin, 1977), Hélène Carrère d'Encausse (*Le pouvoir confisqué. Gouvernants et gouvernés en URSS*, Paris, Flammarion, 1980) et Marc Ferro (« Y-a-t-il trop de démocratie en URSS ? », *Annales ESC*, 1985, 4, p. 811-827) évoquent la participation citoyenne des années 1970. Partiellement imposée par le système, elle génère pourtant des pratiques de responsabilisation et d'autonomie dans le corps social.

38. Nicolas Werth fait le point en terme d'acquis historiques et d'historiographie sur les résistances sous Staline dans Henry Rousso (s.d.), *Stalinisme et nazisme*, Bruxelles, Complexe/IHTP, 1999.

39. Cela renvoie à un des éléments du totalitarisme chez Raymond Aron : l 'idéologisation ou la personnalisation des dysfonctionnements, cf. François-Xavier Nérard, « Entre plainte et délation : les 'signaux' en URSS (1928-1939) », *Revue d'études comparatives Est-Ouest*, vol.30, mars 1999, p. 5-31.

40. La comparaison nazisme/communisme s'impose en France suite au livre de François Furet, *Le Passé d'une illusion*, Paris, Robert Laffont/Calmann-Lévy, 1995. Elle sert d'argument de vente polémique (préface de Stéphane Courtois) au *Livre noir du communisme*, Paris, Robert Laffont, 1997, et elle est reprise en 1999 de manière dépassionnée dans le recueil présenté par Marc Ferro, *Nazisme et communisme, op. cit.* et dans l'ouvrage présenté par Henry Rousso, *Stalinisme et nazisme, op. cit.*.

41. Pierre Pascal, « La Révolution russe et ses causes », *Preuves*, mars 1952 ; Nicolas Berdiaev, « La transformation du marxisme en Russie », *Esprit*, « Cahiers Berdiaeff », août 1948.

42. Pierre Broué, *Le Parti bolchevique. Histoire du PC de l'URSS*, Paris, Éditions Minuit, 1963 ; *Trotsky*, Paris, Fayard, 1988.

43. Moshe Lewin, *La paysannerie et le pouvoir soviétique, 1928-1930*, Mouton, 1966 et Basile Kerblay, *Les marchés paysans en URSS*, Mouton, 1968 ; *Du mir aux agrovilles*, Paris, Institut d'études slaves, 1985.

44. Andrea Graziosi, *The Great Soviet Peasant War, Bolsheviks and Peasants, 1917-1933*, Cambridge (Mass.)Harvard U.P, 1996 ; Nicolas Werth, *Le Livre noir du communisme, op. cit.*

45. Cf. le coin rouge de l'isba où cohabitent icône et image de Lénine. Pierre Pascal, *Civilisation paysanne en Russie*, Lausanne, L'Age d'homme, 1969 ; Basile Kerblay, *L'izba russe d'hier et d'aujourd'hui*, Lausanne, L'Age d'homme, 1973 ; Nicolas Werth, *La vie quotidienne des paysans russes de la révolution à la collectivisation (1917-1939)*, Paris, Hachette, 1984. Voir aussi les analyses de Claudio Ingerflom sur les pratiques sectaires des castrats et la pérennité des croyances rurales à l'Antéchrist sous les traits de Lénine, « Communistes contre castrats, 1929-1930. Les enjeux du conflit », dans N. Volkov, *La Secte russe des castrats*, Paris, Les Belles Lettres, 1995.

46. Nicolas Werth, *Stalinisme et nazisme, op. cit.*.

47. Il y a d'un côté le poids de la Révolution française dans l'imaginaire de la construction bolchevique (Tamara Kondratieva, *Bolcheviks et Jacobins, itinéraires des analogies*, Paris, Payot, 1989), de l'autre la décision d'embaumer le corps de Lénine, montrant combien la légitimité de l'autorité suprême procède encore implicitement du religieux et non de la souveraineté populaire, Claudio Sergio Ingerflom, Tamara Kondratieva, « Pourquoi la Russie s'agite-t-elle autour du corps de Lénine ? » Jacques Julliard (s.d.), *La mort du roi. Autour de François Mitterrand. Essai d'ethnographie politique comparée*, Paris, Gallimard, 1999, p. 261-293 ; voir aussi Claudio Sergio Ingerflom, *Le citoyen impossible. Les racines russes du léninisme*, Paris, Payot, 1988 et Tamara Kondratieva, « De la fonction nourricière du pouvoir autocratique au XVIIᵉ siècle », *De Russie et d'ailleurs, Mélanges Marc Ferro*, Institut d'études slaves, 1995, p. 255-269.

48. Michel Tatu, *Le Pouvoir en URSS : du déclin de Khrouchtchev à la direction collective*, Paris, 1967 ; Hélène Carrère d'Encausse, *Le pouvoir confisqué, op. cit.* Cet ouvrage reprend en partie les analyses faites par Jerry F. Hough, politologue américain.

49. Jean-Marie Chauvier, *URSS : une société en mouvement*, Paris, Éd. de l'Aube, 1988 ; Basile Kerblay, Marie Lavigne, *Les Soviétiques des années 1980*, Paris, Colin, 1985 ; Alexis Berelowitch, « Changements dans la société soviétique, années 1960-1980 », *Historiens et Géographes*, nov. 1989.

50. Paris, Plon, 1995.

51. Moshe Lewin, *La grande mutation soviétique*, Paris, La Découverte, 1989 ; Marc Ferro, Marie-Hélène Mandrillon (s.d.), *L'État de toutes les Russies : les États et les nations de l'ex-URSS*, Paris, La Découverte, 1993 ; Marc Ferro, *Les origines de la Perestroïka*, Paris, Ramsay, 1990. Marie-Hélène Mandrillon donne un exemple concret de cette opinion publique, « Une revue vivante : Eko », *Annales ESC*, juillet-août 1985, p. 829-899.

52. Voir les travaux de recherche de la Fondation nationale des sciences politiques : ceux dirigés par Dominique Colas et publiés dans les *Cahiers Anatole Leroy-Beaulieu* ainsi que ceux du Centre d'études des relations internationales.

53. Pour l'approche doctrinale de la question nationale, Georges Haupt, Michaël Löwy, Claudie Weill, *Les marxistes et la question nationale (1848-1914)*, Paris, Maspero, 1974. Roger Portal a étudié les nationalités slaves (*Les Slaves, peuples et nations*, Paris, 1965 et *Russes et Ukrainiens*, Paris, Flammarion, 1970) tandis qu'Alexandre Bennigsen impulsait des recherches sur le monde musulman.

54. *Histoire de Russie et d'ailleurs*, Paris, Balland, 1990.

55. Alexandre Bennigsen, Chantal Quelquejay, *Les mouvements nationaux chez les Musulmans de Russie : Le sultangaliévisme au Tatarstan*, Paris, Mouton, 1960 ; Hélène Carrère d'Encausse, *Bukhara, de la réforme à la révolution*, thèse 3ᵉ cycle, 1963.

56. Richard Pipes, *The Formation of the Soviet Union*, Cambridge, Harvard University Press, 1954.

57. Le cas de l'Arménie a été particulièrement étudié, Anahide Ter Minassian, *La République d'Arménie, 1918-1920*, Bruxelles, Complexe, 1989 et Claire Mouradian, *L'Arménie de Staline à Gorbatchev. Histoire d'une république soviétique*, Paris, Ramsay, 1990.

58. Hélène Carrère d'Encausse, *L'Empire éclaté : la révolte des nations*, Paris, Flammarion, 1978. Cette idée se trouve aussi chez Pipes qui insistait sur le dynamisme des populations du Sud et de l'Est en regard des Ukrainiens et Biélorussiens décimés par la guerre.

59. Postface à la 2e édition de *l'Empire éclaté*, 1990.

60. Hélène Carrère d'Encausse, *L'Empire éclaté, op. cit.* ; *Le grand défi. Bolcheviks et nations, 1917-1930*, Paris, Flammarion, 1987.

61. Cf. sur les confréries musulmanes en URSS, Alexandre Bennigsen, *Le soufi et le commissaire*, Paris, Le Seuil, 1986.

62. Cf. les travaux de l'Observatoire des États post-soviétiques créé en 1991 aux Langues orientales et dirigé par Jean Radvanyi : *De l'URSS à la CEI, 12 États en quête d'identité*, Ellipses, 1997.

63. Maurice Duverger (dir.), *Le Concept d'Empire*, Paris, PUF, 1980 et René Girault (dir.), « La Puissance russe aux XIXe et XXe siècles », *Relations Internationales*, n° 91 et 92, 1997 ; Jacques Lévesque, *L'URSS et sa politique internationale de Lénine à Gorbatchev*, Paris, A. Colin, 1987.

64. Jean Radvanyi, *Le géant aux paradoxes, op. cit.* ; *URSS : régions et nations*, Paris, Masson, 1990.

65. Voir Marie-Claude Maurel, *Territoire et stratégie soviétiques*, Paris, Economica, 1982.

66. On retrouve en partie cette problématique dans Jean-Louis Van Regemorter, *La Russie et le monde au XXe siècle*, Paris, Masson/Armand Colin, 1995, dans les chapitres de René Girault concernant l'URSS in René Girault, Robert Frank, *Turbulente Europe et nouveaux mondes, 1914-1941*, Paris, Masson, 1988 et *La loi des géants, 1941-1964*, Masson, 1993 ; et dans ma thèse de doctorat, *Diplomates et diplomatie soviétiques en Europe, 1930-1939, structures et méthodes d'une politique extérieure sous Staline*, Paris-I, 1998.

67. Sabine Dullin, « Les diplomates soviétiques des années 1930 et leur évaluation de la puissance de l'URSS », *Relations internationales*, n° 91, 1997, p. 339-355 et « Litvinov and the People's Commissariat of Foreign Affairs : the Fate of an Administration under Stalin, 1930-39 », *in* Silvio Pons, Andrea Romano ed., *Russia in the Age of Wars (1914-1945)*, Milano, Fondazione Feltrinelli, 2000.

68. « Bureaucracy and the Stalinist State », dans Ian Kershaw, Moshe Lewin, *Stalinism and Nazism : Dictatorships in Comparison*, Cambridge U.P, 1997, p. 67.

69. Pour les différents aspects et objectifs de l'emprise soviétique, François Fejtö, *Histoire des démocraties populaires*, Paris, Seuil, 1971-72 ; Annie Kriegel, *Les grands procès dans les systèmes communistes*, Paris, Gallimard, 1972 ; Lilly Marcou, *Le Kominform (1947-1956). Le communisme de guerre froide*, Paris, Presses de la FNSP, 1977.

70. Georges Mink, *Vie et mort du bloc soviétique*, Paris, Casterman-Giunti, 1997.

71. Marie-Pierre Rey, *La tentation du rapprochement. France et URSS à l'heure de la détente*, Paris, Publications de la Sorbonne, 1991 ; Jean-Louis Van Regemorter, *La Russie et le monde au XXe siècle, op. cit.*

72. Cf. le titre de Georges Sokoloff, *La Puissance pauvre*, Paris, Fayard, 1993.

73. Marie Mendras, *Un État pour la Russie* ; V. Jobert, *La fin de l'URSS et la crise d'identité russe*, Paris, Presses de l'Université Paris-Sorbonne, 1993.

74. Sur la place de la culture russe dans la société soviétique, Georges Nivat, *Vers la fin du mythe russe : Essais sur la culture russe de Gogol à nos jours* ; *Russie-Europe : la fin du schisme*, Lausanne, L'Âge d'homme, 1982 et 1993 ; sur les dissidents, Cécile Vaïssié, *Pour votre liberté et pour la nôtre. Le combat des dissidents de Russie*, Paris, Robert Laffont, 2000.

75. Voir Alexandre Soljenytsine, *Le problème russe à la fin du XXe siècle*, Paris, Fayard, 1994, analysé par Jean-Louis Van Regemorter, « L'évaluation rétrospective de la puissance russe, chez Soljenytsine », *Relations internationales*, n° 91, p. 317-323.

76. C'est l'un des axes de recherche du Centre russe dirigé par Wladimir Berelowitch, cf. Alain Blum, Catherine Gousseff, « La statistique démographique et sociale, élément pour une analyse historique de l'État russe et soviétique », *Cahiers du monde russe*, vol.38, n° 4, 1997, p. 443. Voir les travaux récents d'Alain Blum, « À l'origine des purges de 1937. L'exemple de l'administration de la statistique démographique », *ibid.*, vol.39, n° 1-2, 1998 ; Sophie Cœuré, *La grande lueur à l'Est*, Paris, Seuil, 1999 ; Sabine Dullin, *Diplomates et diplomatie soviétiques en Europe, op. cit.*

77. En France, Gabor Rittersporn, *Simplifications staliniennes et complications soviétiques. Tensions sociales et conflits politiques en URSS (1933-1953)*, Paris, Éditions Archives contemporaines, 1988.

78. Viktor P. Danilov, Alexis Berelowitch, « Les documents de la VCK-OGPU-NKVD sur la campagne soviétique, 1918-1937 », *Cahiers du monde russe*, vol. 35, n° 3, 1994, p. 633-682 ; Nathalie Moine,

« Passeportisation, statistique des migrations et contrôle de l'identité sociale », *ibid.*, octobre 1997, p. 587-600.

79. Pour une nouvelle approche du personnage de Staline, voir Oleg Khlevniouk, *Le cercle du Kremlin. Staline et le Bureau politique dans les années 1930*, Paris, Seuil, 1996 ; Yves Cohen, « Des lettres comme action : Staline au début des années 1930 vu depuis le fonds Kaganovic », *Cahiers du monde russe*, n° 3, 1997, p. 307-346.

80. Les nouveaux historiens russes et occidentaux, les travaux récents et les chantiers en cours sur l'histoire soviétique sont présentés dans Nicolas Werth, « L'historiographie de l'URSS dans la période post-communiste », *Revue d'études comparatives Est-Ouest*, n° 1, vol. 30, mars 1999, p. 81-105.

Chapitre III

Historiographies des communismes français et italien

par Bruno Groppo et Bernard Pudal

La relative réussite du communisme en France et en Italie, qui en fit l'un des enjeux politiques majeurs pour ces pays, explique sans doute que les polémiques et les recherches aussi bien historiques, sociologiques que politologiques, y furent à la fois précoces, foisonnantes, conflictuelles. L'étude parallèle de ces histoires intellectuelles, française et italienne, offre donc à la fois un panorama assez complet des principales problématiques d'analyse qui ont été mises en œuvre mais aussi, par comparaison, conduit à s'interroger sur les logiques divergentes de ces historiographies.

Le PCI et l'histoire partisane

En Italie la naissance d'une historiographie officielle du Parti communiste italien remonte aux années 1947-1953, mais les premiers éléments de ce qui allait devenir la future interprétation canonique de l'histoire du Parti avaient été élaborés déjà vers 1930, à l'approche du dixième anniversaire de la fondation du Parti. Ces éléments jetaient les bases d'une légende gramscienne, dont Giorgio Amendola célébrera plus tard l'utilité et les vertus pédagogiques en soulignant que « l'attitude [du Parti] à l'égard de son passé plus récent devait être essentiellement "politique", déterminée par les nécessités politiques[1] ».

Au lendemain de la Seconde Guerre mondiale on assiste en Italie au développement et à la systématisation d'une historiographie de parti. Pour la comprendre, il
faut la situer dans le contexte particulier de l'époque. En 1945, le PCI[2] est devenu
un parti de masse, qui compte bientôt presque deux millions d'adhérents. Cette
transformation est due non seulement à sa longue opposition au fascisme, au rôle
très important joué dans la Résistance (qui lui donne une forte légitimité nationale)
ou au prestige de l'URSS victorieuse, à laquelle il est identifié dans la conscience
populaire : elle est aussi le résultat du choix politique effectué par Togliatti à son
retour en Italie en 1944 (non sans rencontrer des résistances chez d'autres dirigeants
communistes et une partie des militants) en faveur du « parti nouveau », c'est-à-dire
d'un parti communiste qui ne serait plus exclusivement de classe, mais largement
ouvert à la société, aux couches moyennes et aux intellectuels. Le PCI est alors un
parti stalinien, mais il se présente comme l'héritier et le continuateur de la tradition
démocratique du *Risorgimento* (le mouvement national qui, au XIXᵉ siècle, avait
abouti à l'unité italienne) et se dit donc investi d'une mission avant tout nationale. Il
adopte une stratégie démocratique-nationale (ou démocratique-constitutionnelle),
dont les origines remontent à l'époque des fronts populaires et qui – il importe de le
souligner – ne sera pas modifiée fondamentalement après le retour du Parti dans
l'opposition en 1947.

Le discours historique du PCI sur son passé obéit à des impératifs politiques
immédiats[3]. Sa fonction est de légitimer la nouvelle stratégie adoptée, de neutraliser
les adversaires (du Parti comme de cette stratégie), et surtout d'unifier politiquement
et idéologiquement le Parti en le dotant d'une identité collective qui lui fait encore
défaut ou qui a encore des contours flous. Cette dernière est la tâche la plus
importante, compte tenu du fait que le « parti nouveau » est sociologiquement
hétérogène, traversé par des aspirations politiques souvent contradictoires, et surtout
parce que l'énorme majorité de ses membres a adhéré depuis peu, sur la base de
l'expérience de la Résistance, sans connaître grand-chose au passé du Parti. Elle
devient encore plus urgente quand le PCI se retrouve dans l'opposition et avec la
perspective, après la victoire de la Démocratie chrétienne aux élections législatives
d'avril 1948, d'y rester pour longtemps[4]. Le passé est donc réinterprété en mettant
l'accent sur les éléments conformes (ou pouvant être considérés comme une anticipation par rapport) à la stratégie antifasciste, démocratique et nationale, et en
minimisant, par contre, les connotations révolutionnaires et de classe qui avaient
longtemps caractérisé le Parti, surtout à ses débuts[5]. Écrire l'histoire du Parti reste le
privilège et le monopole du groupe dirigeant, qui est d'ailleurs le seul à la connaître
réellement pour l'avoir vécue et façonnée. Cette connaissance, source de pouvoir,
constitue même « l'une des conditions, non formelles, non statutaires, mais substantielles du contrôle du Parti par les vieux cadres illégaux[6] ». Le monopole de la parole
historique signifie qu'il ne peut y avoir qu'une seule version authentique de l'histoire
du Parti, et implique par conséquent une stricte orthodoxie. Jusqu'à la moitié des
années 1950 le groupe dirigeant du PCI s'accroche à ce monopole et ne fait rien pour
promouvoir une historiographie de caractère scientifique, qui finirait inévitablement
par remettre en cause certains postulats de la version officielle. Il n'a pas intérêt, par
exemple, à ce que des historiens travaillent sur les premières années du PCI, où sous

l'impulsion de Bordiga, son principal dirigeant, triomphe une ligne sectaire. De la même manière mieux vaut ne pas s'attarder sur le problème des rapports avec le Komintern (la version officielle privilégie la dimension nationale de l'histoire du Parti et passe pratiquement sous silence le rôle joué par le Komintern). Ainsi, la première génération d'historiens communistes d'après-guerre préfère ne pas s'aventurer sur le terrain de l'histoire du Parti et se consacre presque exclusivement à l'étude de la société italienne, notamment à des thèmes comme le Risorgimento, la crise de l'État libéral, le fascisme. Et il ne faut pas oublier non plus que « l'attitude du militant communiste était généralement de crainte et de refus d'une connaissance transmise sans l'intermédiaire de l'interprétation du Parti[7] ».

De nombreuses publications communistes ayant pour objet l'histoire du PCI voient le jour dans les années qui suivent le retour du Parti dans l'opposition en 1947. Elles sont de nature variée : mémoires de militants[8], cours d'histoire du PCI destinés aux écoles de parti[9], un cahier spécial de *Rinascita* pour le trentième anniversaire de la fondation du Parti[10], une biographie « populaire » de Gramsci[11], une biographie de Togliatti[12] et d'autres textes de moindre importance. À cela s'ajoute l'édition des écrits de Gramsci, notamment de ses cahiers de prison, qui commence en 1947 aux éditions Einaudi sous la responsabilité de Felice Platone et le contrôle étroit de Togliatti en personne. La référence à Gramsci devient la garantie et l'instrument de légitimation de la stratégie démocratique-nationale du Parti, présentée comme un développement des positions élaborées par Gramsci. Sur cette base on postule une continuité directe entre le présent et le passé du Parti. C'est un Gramsci « épuré » de tous les éléments qui ne coïncident pas avec l'interprétation officielle ou qui ne sont pas conformes à la légende créée par Togliatti. La publication des écrits est effectuée selon des critères politiques, en regroupant thématiquement des textes de périodes différentes.

À l'occasion du trentième anniversaire de la fondation du Parti un cahier spécial de *Rinascita*, sous la direction et supervision attentive de Palmiro Togliatti, ébauche un panorama général de l'histoire du Parti, sur un registre hagiographique et très marqué par la mentalité stalinienne de l'époque. C'est Togliatti en personne qui rédige le « plan » de la publication. Il ne se limite pas à énumérer avec précision les articles prévus et les auteurs pressentis (des dirigeants du Parti, pour la plupart), mais il donne aussi des indications détaillées sur la manière de traiter les différents sujets[13]. La ligne interprétative générale est très claire : les premières années du Parti, dominées politiquement par la personnalité et les idées de Bordiga, représentent d'une certaine manière la préhistoire du PCI. La véritable naissance du Parti date de 1924, lorsque la direction gramscienne (et togliattienne) se substitue à celle de Bordiga. À partir de ce moment-là, l'histoire du Parti se situe sous le signe d'une continuité absolue, qui débouche, par un processus presque naturel, sur la réalisation du « parti nouveau ». Elle est périodisée en fonction des grands événements internationaux (crise de 1929, Seconde Guerre mondiale), mais surtout de ceux de l'histoire nationale. Dans ce schéma, le Komintern est presque absent, et de toute manière les vicissitudes du mouvement communiste international ne sont pas considérées comme le critère fondamental de périodisation. Le PCI est présenté comme un parti léniniste, mais surtout comme un parti national : c'est pourquoi son histoire est interprétée, dans le schéma de Togliatti, presque exclusivement en fonction de la lutte antifasciste et de la stratégie démocratique-constitutionnelle mise en œuvre à partir de 1944. Le « plan » de Togliatti et la publication qui en est issue[14] représentent la première tentative d'interprétation systématique officielle de l'histoire du PCI.

La crise de l'histoire officielle et la naissance d'une historiographie scientifique

Avec la mort de Staline et les changements dont elle est à l'origine dans le monde communiste, la synthèse concoctée par Togliatti de gramscisme et de stalinisme commence à s'avérer inadéquate. À partir de 1953, et plus encore, évidemment, de 1956, le problème qui se pose au secrétaire du parti est celui de séparer sa légitimité (et, par conséquent, celle de tout le groupe dirigeant) de la légitimité stalinienne désormais chancelante. Certains ex-communistes, et non des moindres, comme l'écrivain Ignazio Silone[15] et Angelo Tasca, qui avaient exercé des fonctions de responsabilité dans le PCI des années 1920 avant d'en être exclus, interviennent en effet pour apporter leur témoignage. La série d'articles[16] publiés en 1953 par Tasca dans l'hebdomadaire *Il Mondo* sur les dix premières années du PCI est particulièrement importante pour les problèmes qu'elle soulève et l'interprétation qu'elle propose. Sur de nombreux aspects importants de l'histoire du PCI Tasca fournit, dans ses articles, des éléments de connaissance que les recherches historiques successives et la publication des sources vont confirmer ponctuellement. Il attire l'attention, en particulier, sur l'importance du rôle du Komintern dans la politique du PCI tout au long des années 1920, importance confirmée ensuite par la publication de documents de l'époque, en particulier ceux de l'émissaire du Komintern Jules Humbert-Droz[17]. Il présente aussi d'une manière nouvelle la politique du PCI avant et pendant le « tournant » de la fin des années 1920[18]. Ce travail marque le véritable début d'une historiographie scientifique sur le PCI.

Toujours en 1953 paraît une *Histoire du PCI* par deux chercheurs non communistes, Fulvio Bellini et Giorgio Galli, qui mettent l'accent sur l'importance du rôle de Bordiga dans la phase de formation du PCI, ainsi que sur les interventions de l'Internationale communiste[19]. Mais c'est surtout le séisme politique de l'année 1956 qui va impulser une nouvelle orientation historiographique, destinée à s'affirmer avec vigueur dans les années 1960. La nouvelle étape commence par une relecture de l'œuvre de Gramsci qui en récupère surtout les aspects démocratiques. Le mouvement historiographique s'accélère en 1958 avec la création de la *Rivista storica del socialismo*, qui, sous la direction de Stefano Merli et Luigi Cortesi, va apporter une contribution fondamentale au renouveau du débat historiographique sur le PCI. Togliatti décide d'accompagner le mouvement au lieu de s'y opposer, et publie en 1961 dans les *Annali Feltrinelli* la correspondance inédite de la période 1923-1924 entre Gramsci et d'autres dirigeants du Parti[20]. Plutôt que dans l'interprétation, qui ne s'écarte pas fondamentalement des canons précédents, la nouveauté réside dans la méthode choisie : la publication de sources. Elle va avoir une importance fondamentale, parce qu'elle permet aux historiens d'avoir une base commune de travail.

En décembre 1961 la Commission culturelle nationale du Parti décide d'entreprendre la publication d'une série de documents inédits sur l'histoire du PCI et du Komintern et d'encourager les historiens communistes à travailler sur le passé du PCI[21]. Mais la décision fondamentale, prise à cette occasion, est sans doute la renonciation à faire écrire une histoire « officielle » du Parti.

Dans les années 1960 on assiste à une progressive ouverture des archives sur l'histoire du PCI[22]. Une série de travaux scientifiques importants voit le jour au cours de cette décennie. Ils sont l'œuvre d'historiens professionnels – certains d'entre eux sont communistes, d'autres proviennent de divers horizons – comme Paolo Spriano, Ernesto Ragionieri, Stefano Merli, Luigi Cortesi, Andreina De Clementi, etc. Le débat, tout en restant chargé d'implications politiques, se déroule essentiellement sur le plan scientifique et contribue ainsi à faire avancer la recherche historique. Le résultat le plus significatif de cette phase des études est l'*Histoire du PCI* de l'historien communiste Paolo Spriano[23], qui reste jusqu'à aujourd'hui un ouvrage de référence. Au-delà de l'affirmation de la méthode scientifique, fondée sur la connaissance et la critique des sources, la principale nouveauté consiste probablement dans la fin du monolithisme historiographique. Le jugement historique – qui l'emporte progressivement sur le jugement exclusivement politique – sur les principaux « nœuds » du passé du PCI par les historiens communistes des années 1960 est tout autre qu'unanime. La diversité des interprétations, conséquence logique de la liberté de recherche, devient la règle et est progressivement acceptée comme un fait normal : dans ce sens, on peut dire qu'il n'y a plus d'historiographie officielle, même s'il continue d'y avoir des interprétations « officieuses », plus ou moins conformes aux lignes essentielles de la version togliattienne. Le passage de l'apologétique et de l'histoire sacrée des premières années 1950 à une écriture de l'histoire avec des critères scientifiques par des historiens de métier à partir des années 1960 est le résultat d'une évolution politique plus générale, à laquelle les événements de 1956 ont donné une forte accélération[24].

Des années 1960 à aujourd'hui

À partir des années 1960 l'historiographie concernant le PCI est essentiellement le fait d'historiens de métier. Les dirigeants apportent leur témoignage, certains d'entre eux se transforment même en historiens et s'efforcent de faire œuvre d'historiens, en respectant les règles du métier : c'est l'une des particularités du communisme italien. On peut citer à ce propos, outre Togliatti, les noms de Pietro Secchia, Giorgio Amendola[25], Giuseppe Berti. Très nombreux, par ailleurs, sont les militants qui ont publié des mémoires et qui ont fourni ainsi une base documentaire plus large aux recherches sur le communisme italien[26].

La production historiographique sur le communisme italien parue depuis les années 1970 est très abondante, et il est impossible d'en faire une présentation, même sommaire, dans le cadre de ce chapitre. Nous nous limiterons donc à signaler quelques aspects parmi les plus significatifs[27]. Tout d'abord, il s'agit d'une production essentiellement universitaire, réalisée par des historiens de métier, tandis que les interventions de dirigeants du Parti dans le champ historiographique se raréfient. Une nouvelle génération de dirigeants accède aux postes de responsabilité dans le Parti dans les années 1970 : formée politiquement dans la Résistance ou au lendemain de la guerre, elle entretient avec l'histoire un rapport différent, moins direct que celui de la génération des pères fondateurs et des cadres illégaux. Ces nouveaux dirigeants abandonnent d'autant plus facilement l'exercice de la parole historique aux historiens professionnels. Parmi ceux-ci, il y a des historiens communistes très reconnus sur le plan scientifique, comme Ernesto Ragionieri, Giuliano Procacci, Enzo Collotti ou Paolo Spriano. Leurs recherches vont au-delà de l'histoire du communisme italien, et rares sont ceux qui se consacrent exclusivement à ce thème. Ces historiens s'éloignent d'autant plus facilement des pratiques historiographiques staliniennes, toujours en vigueur dans les pays socialistes, que le PCI est engagé depuis 1956 dans un processus de distanciation progressive, et de plus en plus clairement affirmée, vis-à-vis de l'URSS. Fait symptomatique, l'historien tchèque Milos Hajek, marginalisé dans son pays après l'écrasement du « printemps de Prague » par les chars soviétiques, publie chez Editori Riuniti, la maison d'édition du PCI, son livre sur l'histoire du Komintern[28]. L'une des limites de la nouvelle historiographie communiste a été toutefois sa tendance à privilégier la dimension nationale de l'histoire du PCI en sous-estimant l'importance des liens avec le Komintern et l'URSS.

L'abondance de la production historiographique sur le PCI témoigne de l'intérêt considérable que ce parti, atypique à bien des égards, a continué de susciter, tant en Italie qu'à l'étranger. Nombreux, en effet, sont les historiens ou politologues étrangers, surtout anglo-saxons, qui lui consacrent des travaux importants. Il suffit de citer les noms de Donald Blackmer, Joan Barth-Urban, Grant Amyot, Stephen Gundle, Stephen Hellman, Donald Sassoon, Bruno Schoch, Sidney Tarrow, Marc Lazar. Le PCI est regardé avec sympathie par un certain nombre d'observateurs étrangers, qui voient en lui l'expression ou l'espoir d'un communisme « différent », débarrassé des pesanteurs staliniennes et soviétiques. L'intérêt des chercheurs pour ce parti est fonction aussi de la conjoncture politique. Ainsi, par exemple, il a été particulièrement élevé dans les années 1970, à l'époque du « compromis historique » et de l'eurocommunisme, lorsque l'influence du PCI est au zénith en Italie.

L'attention de la recherche historique, qui s'était concentrée d'abord sur la période de formation du PCI, s'est portée progressivement sur la période postérieure à 1945. Les travaux récents concernent presque tous l'après 1945. On dispose maintenant d'un certain nombre de reconstructions générales de l'histoire du PCI sur une longue période[29], ainsi que sur des périodes plus courtes[30]. Certains domaines de recherche, comme par exemple les positions en matière de politique étrangère, ont fait l'objet d'une attention particulière[31]. Nombreuses également sont les publications sur la politique culturelle et le rôle des intellectuels[32]. Un certain nombre de travaux, tant d'histoire que de science politique, comparent les deux grands partis d'Europe occidentale, PCI et PCF[33].

En sortant du domaine strictement historiographique, on peut rappeler que le PCI a fait également l'objet d'un certain nombre de travaux sociologiques, parmi lesquels il faut signaler surtout ceux de l'Istituto Cattaneo de Bologne[34], et d'autres qui se situent entre la sociologie et l'histoire[35].

Pour conclure ce panorama très sommaire, on notera que l'ouverture des archives russes a donné lieu en Italie à la publication (par Francesca Gori et Silvio Pons) d'une importante documentation sur le Kominform[36]. Des ouvrages de synthèse ont également vu le jour[37]. Le PDS, issu du PCI en 1991, est devenu un acteur clef du champ politique italien, ce qui explique sans doute que, comme dans d'autres pays, l'effondrement des régimes communistes des pays de l'Est ait été instrumentalisé politiquement par des historiens néo-conservateurs ou libéraux. Là aussi, on assiste à la réactivation de visions monocausales qui se placent sous les auspices des interprétations les plus étroites du totalitarisme.

Le cas français

Si les contextes dans lesquels évoluent les partis communistes français et italien comportent des traits communs, les rapports qu'ils ont entretenus avec leur histoire sont très différents. On peut ainsi distinguer quatre phases dans l'histoire des interprétations du communisme français depuis 1945, dont la cohérence tient à une combinaison chaque fois spécifique d'un ensemble de facteurs : la conjoncture historique et le degré d'autonomie des champs intellectuels ; le degré de consolidation du groupe ouvrier ; la position du PCF au sein du système politique ; le niveau de professionnalisation des recherches ; l'évolution des paradigmes scientifiques ; les trajectoires biographiques des producteurs de récits. Ces quatre espaces analytiques caractérisent donc : de 1945 à 1960, le temps des disqualifications réciproques ; de 1960 à 1975, le temps des recherches universitaires « militantes » ; de 1975 à 1989, la marginalisation des historiens de parti et la revue *Communisme* ; de 1989 à 2000, un espace scientifique en crise.

1945-1960 : révélations et disqualifications réciproques

De 1945 à la fin des années 1950, le champ intellectuel français dans son ensemble est largement surdéterminé par les logiques politiques de la guerre froide, logiques dont il ne se dégage que progressivement, à des rythmes variables suivant les acteurs et les secteurs[38]. L'espace des analyses du communisme oppose, selon un premier axe, les philosophes et les intellectuels engagés selon le modèle sartrien (Maurice Merleau-Ponty, Edgar Morin, Jean-Paul Sartre, Claude Lefort, etc.), dont l'adhésion au Parti communiste ou le rôle de compagnons de route s'enracinent dans la Résistance, aux intellectuels regroupés au sein du Congrès pour la liberté de la culture (CPLC), dont la figure de proue, en France, est Raymond Aron[39]. Ces protagonistes ne s'intéressent pas prioritairement au communisme français, mais au communisme soviétique et au marxisme-léninisme. Le second axe oppose, cette fois plus directement sur le communisme français, le PCF lui-même et les historiens de parti à un ensemble composite auquel appartiennent aussi bien Boris Souvarine, Angelo Tasca, Claude Harmel et d'anciens dirigeants communistes, Barbé, Celor, bientôt regroupés dans l'Institut d'histoire sociale (IHS) qui diffuse la revue

Est/Ouest. Ces acteurs ont en commun l'absence d'une légitimité universitaire et un passé politique plus ou moins disqualifiant dû au rôle qu'ils ont joué durant la guerre. Boris Souvarine occupe une position particulière : bien qu'il appartienne à ce réseau, il collabore aussi au CPLC mais ne peut être soupçonné de collaborationnisme, ayant passé la guerre en exil aux États-Unis[40]. Deux enjeux s'imposent : pour les « philosophes », c'est la question de la nature du régime soviétique qui prédomine. D'où l'importance qu'acquièrent les témoignages sur les camps soviétiques ou sur les purges. Pour les « historiens » anticommunistes, c'est la question de l'attitude du PCF durant la « drôle de guerre », du sens du Pacte germano-soviétique d'août 1939 et de l'entrée du PCF dans la Résistance qui constituent les points cruciaux de l'investigation historique. Alors que le PCF nie, sinon l'existence de camps, du moins le sens que leur donnent les dénonciateurs en les assimilant aux camps de concentration nazis et met en exergue sa précoce entrée dans la Résistance, assimilant son entrée dans l'illégalité à son entrée en résistance, ses adversaires mettent l'accent sur la terreur soviétique et soulignent les contradictions de l'attitude du PCF en 1939 qui, selon les directives du Komintern, renvoyait dos à dos les deux camps « impérialistes ». Ce faisant, contre la redéfinition strictement nationale et démocratique de son histoire récente que promeut la direction du PCF, ils mettent en évidence – en particulier Angelo Tasca – le « suivisme » du PCF à l'égard de la politique stalinienne. La définition – très tôt, principalement avec *Fils du Peuple* en 1937 – d'une interprétation officielle de l'histoire du PCF entraînera le PCF dans la voie d'une totale instrumentalisation de l'histoire[41]. Celle-ci n'est pas exempte de contradictions dans la mesure où la valorisation de la Résistance risque d'entraîner la valorisation des résistants communistes, susceptibles, pour nombre d'entre eux, d'user de leur légitimité « historique » et « héroïque ».

L'assujettissement des enjeux historiographiques aux luttes politiques se traduit, du côté communiste, par le recours systématique à la disqualification des auteurs adverses : de la disqualification par la rumeur (Paul Nizan aurait été un traître) aux procès (Kravchenko, Rousset, Tasca), le PCF tente d'interdire tout débat contradictoire en réduisant les prises de position des uns et des autres à une opposition fondamentale – pour ou contre l'URSS – que la faible autonomie du champ intellectuel dans cette période de guerre froide rend possible[42], alors que paraissent nombre de faux témoignages et de textes apocryphes qui contribuent à brouiller le jeu[43]. Si les révélations du XXe congrès du PCUS amènent une nouvelle vague de défections intellectuelles, la direction du PCF, à l'inverse de celle du PCI, continue de vouloir instrumentaliser son histoire. La publication en 1964 d'un manuel officiel d'histoire du Parti[44] rédigé selon les critères traditionnels de l'hagiographie stalinienne indique clairement que la direction n'est disposée ni à ouvrir ni à permettre un débat historiographique.

1960-1975 : le temps des histoires universitaires « militantes »

Le contexte politique des années des années 1960 et 1970 se caractérise par la coexistence pacifique à l'échelon international et, au sein du Parti communiste français, par un aggiornamento inabouti qui laisse une assez faible marge de jeu aux historiens et aux intellectuels communistes ; le Comité central d'Argenteuil de 1966 tente d'en fixer les règles. L'Université entre désormais en lice, imposant pour partie des règles qui n'avaient pas cours dans l'état antérieur. Tandis que le PCF tente d'offrir avec l'Institut Maurice Thorez (IMT) et les *Cahiers d'histoire de l'IMT* une vision de son histoire encore très proche des versions officielles[45], deux entreprises intellectuelles vont désormais occuper le créneau de l'histoire scientifique du communisme français. La première se rattache à la revue *Le Mouvement social* fondée par Jean Maitron en 1960 et à l'aventure du *Dictionnaire biographique du mouvement ouvrier français*. Ces travaux et ces publications contribuent à légitimer l'histoire du mouvement ouvrier et à créer les bases « biographiques » indispensables à l'histoire sociale de l'implantation du communisme et aux recherches prosopographiques tout en offrant la possibilité à des historiens universitaires, encore fréquemment engagés, de manifester indirectement leur empathie pour leur objet, le militant ouvrier[46], sans donner dans l'hagiographie. De son côté, Pierre Broué ouvre plusieurs chantiers, sur le trotskisme, l'Espagne, l'Allemagne et l'Internationale Communiste. Dans ce contexte, il n'est donc guère étonnant qu'en France la déconstruction universitaire de l'histoire canonique soit le fait d'Annie Kriegel qui, désormais dégagée de toute implication personnelle dans le communisme et au contraire désireuse d'associer son travail à la lutte contre le communisme, impose, en l'espace de dix ans, avec sa thèse d'histoire[47] d'abord (1964), puis avec son essai d'ethnographie sur *Les communistes français* (1968)[48], une œuvre majeure qui orientera l'ensemble des recherches ultérieures, qu'elles soient faites dans le but d'en prolonger les acquis ou dans le dessein d'en modifier et d'en critiquer les attendus[49].

En consacrant sa thèse aux origines du communisme français, Annie Kriegel met à mal le mythe des origines de l'histoire communiste. En esquissant une sociologie du fonctionnement partisan, elle ouvre la voie à l'étude de l'institution communiste comme « contre-société ». Rompant avec les paradigmes de l'École des *Annales*[50], valorisant les conjonctures courtes et les incertitudes de la greffe communiste en France, l'œuvre d'Annie Kriegel, au-delà de ses apports scientifiques, ne peut manquer d'avoir des effets politiques tant l'historiographie communiste, politiquement instrumentalisée, est désormais en retard sur les avancées universitaires. À la différence de l'Italie, l'histoire scientifique du communisme français est donc d'abord l'œuvre d'une historienne à la légitimité scientifique incontestée qui est aussi collaboratrice de la revue *Preuves* et bientôt éditorialiste au *Figaro*. Face à l'avancée des recherches, au début des années 1970, un axe « Institut Maurice Thorez – Sciences-Po » semble se dessiner. Outre les recherches de sociologie électorale ou celles de Guy Michelat et Michel Simon[51], le livre de Georges Lavau[52] sur la fonction tribunitienne du PCF dans le système politique français semble politiquement et scientifiquement offrir une alternative plus acceptable. Dès 1970, Jean Gacon consacre dans les *Cahiers d'histoire de l'IMT* (n° 18) sous le titre assez révélateur « "Science Po" devant le PCF » une très longue note critique à l'ouvrage collectif *Le communisme en France* issu d'un colloque organisé en 1968, dans laquelle il constate que nombre d'études émanent « d'auteurs qui furent nos alliés naguère et demeurent soucieux de ce qu'ils appellent l'alternative à gauche ». De l'étude de G. Lavau, il retient essentiellement ce en quoi elle peut légitimer le PCF : si « le Parti a "une fonction tribunitienne", c'est-à-dire qu'il organise et défend les classes opprimées comme les tribuns de la plèbe à Rome, n'est-ce pas une première justification de l'utilité, voire une constatation de la nécessité d'un parti communiste ? »

1975-1989 : La marginalisation des historiens de parti et la revue Communisme

Dans la seconde moitié des années 1970, avec la rupture de l'Union de la gauche, le succès de l'œuvre de Soljenitsine, les conflits entre la direction du PCF et les intellectuels communistes, les marges de jeu des historiens communistes qui tentent de concilier travail scientifique et engagement partisan s'amenuisent encore, même si certains, comme Jacques Girault, occupent une voie étroite autour du thème de l'implantation ou comme Serge Wolikow autour de la stratégie du Parti. Les travaux sur le communisme relèvent dès lors principalement du champ universitaire et c'est autour de la revue Communisme fondée par Annie Kriegel en 1982, entourée d'une équipe de jeunes historiens, que se retrouvent la plupart des chercheurs (à l'exception de ceux qui restent proches du PCF). L'histoire instrumentalisée est dénoncée vigoureusement et c'est sous les auspices d'une approche complémentaire dite sociétale et téléologique[53] que la plupart des spécialistes universitaires du communisme, quels que soient leurs modes d'analyse (sociologiques, anthropologiques, histoire de l'implantation, histoire politique, etc.), se réunissent. Les jeunes chercheurs qu'Annie Kriegel organise avec sa revue vont suivre des voies différentes mais qui peuvent apparaître comme complémentaires : les uns utilisent la lexicologie, d'autres s'interrogent sur la mémoire communiste, d'autres sur la symbolique culturelle du PCF, d'autres sur le PCF durant la guerre, d'autres font de la prosopographie, de l'anthropologie politique, etc. Sociologues et politologues jouent aussi leur partition. Cette période fut extrêmement riche en recherches de toutes sortes et fut le creuset de nombreux travaux d'importance publiés dans les années 1980[54].

1989-2000 : la querelle des « archives »

L'effondrement des régimes communistes des pays de l'Est conduit assez paradoxalement à une réinstrumentalisation de l'histoire du communisme, mais cette fois au profit des non-communistes, non seulement dans les ex-pays de l'Est mais aussi en France. L'accès aux archives du Komintern est immédiatement interprété par Stéphane Courtois comme une nouvelle configuration qui annoncerait la naissance d'une véritable histoire du communisme, jusqu'alors peu informée par cette source privilégiée de l'historien[55]. Cette nouvelle configuration est explicitement dirigée contre les social scientists, c'est-à-dire contre tous ceux qui ne limitent pas leurs travaux à l'histoire événementielle, étroitement politique, voire sensationnaliste ou simplement essayiste. On a reproché à cette démarche la faiblesse des arguments méthodologiques visant à justifier le retour à l'histoire-complot, l'engouement plus que suspect pour les « affaires », l'explicite volonté d'instrumentaliser politiquement l'histoire du communisme en tentant de se présenter comme le seul détenteur de la vérité du communisme. Elle équivaut en effet à disqualifier tous les paradigmes analytiques concurrents, rompt avec les recherches de complémentarité scientifique, implique un contournement du champ universitaire par le recours aux médias et provoque maints clivages, plus ou moins nets. Dès 1993, une partie importante du comité de rédaction de la revue *Communisme* s'éloigne pour manifester son désaccord avec ce nouveau cours et l'association avec l'IHS. Il est significatif que la préface de Stéphane Courtois au *Livre noir du communisme* ait suscité, au sein même de l'équipe qui avait assuré la réalisation de l'ouvrage, des polémiques qui se sont exprimées ouvertement dans les médias et qui ont accentué le malaise dans la communauté des chercheurs.

Conclusion

Le cas italien se distingue du cas français par le fait que dès les années 1960 on voit se développer une historiographie communiste fondée sur des critères scientifiques (et d'abord sur le respect des sources), dans laquelle l'analyse historique l'emporte sur le jugement politique[56]. Elle naît, objectivement, de la prise de conscience qu'une époque du mouvement communiste est révolue[57], et elle se caractérise surtout par les éléments suivants : la fin du monopole des dirigeants communistes sur l'histoire du Parti, laissée désormais aux historiens professionnels ; l'abandon, par la direction du PCI, du projet de faire écrire un manuel officiel d'histoire du Parti ; la publication d'un nombre considérable de sources ; l'ouverture progressive des archives du PCI[58] pour les années 1920 et 1930, y compris à des chercheurs non communistes.

Le PCF, au contraire, s'oppose le plus longtemps possible à tous les travaux, universitaires ou non, qu'il juge incompatibles avec sa conception de son histoire. C'est donc contre cette historiographie officielle que les historiens et sociologues vont devoir construire de manière nécessairement polémique leurs interprétations. L'œuvre et la personnalité d'Annie Kriegel sont symptomatiques de ce point de vue. De ce fait, les travaux sur le PCF ont toujours été pris dans des logiques politiques et polémiques qui favorisent les dérives complémentaires de l'histoire apologétique et des « histoires intérieures »[59] caractérisées par le goût pour l'étude des « tournants » politiques du PCF, le désir de montrer l'absence d'autonomie du PCF à l'égard de l'URSS, la recherche de secrets de Parti. L'ouverture des archives, en favorisant ceux qui disposent d'un pouvoir institutionnel et d'une vision étroite des paradigmes scientifiques, a réactivé cette tendance lourde, polémico-politique, dans un contexte d'instrumentalisation de l'historiographie du communisme français. En ce sens, une partie de l'historiographie scientifique reste dépendante d'une structure polémique qui ne favorise guère l'adoption de modes d'analyses plus complexes et plus indépendants des enjeux politico-intellectuels.

Si l'on veut bien admettre que les « façons » d'écrire l'histoire sont prises dans des enjeux de savoir, de pouvoir et de mémoire[60], l'acceptation, relativement rapide, par les dirigeants communistes italiens, de règles du jeu historiographiques qui ne soient pas seulement politiques mais aussi plus autonomes (ce que permet l'ensemble des évaluations croisées du monde universitaire), manifeste la spécificité du PCI. Sans doute parce que les principaux dirigeants communistes italiens sont des intellectuels de formation (Gramsci et Togliatti en premier lieu), sans doute aussi parce que les tenants au sein du PCI d'une conception instrumentalisée de l'histoire étaient des concurrents potentiels, les tenants d'une histoire plus autonome avaient des intérêts à la fois internes[61] et externes à favoriser des recherches plus scientifiques. En ce sens, ce choix était aussi politique et s'inscrivait dans l'évolution qui conduira le PCI à rompre avec son passé communiste en 1991 après s'être interrogé sur son devenir. Indicateur indirect de la moins profonde « ouvriérisation » de l'encadrement communiste italien, l'historiographie scientifique communiste, dans les jeux de concurrence internes au PCI, tend à favoriser ceux qui disposent de ressources intellectuelles légitimes au détriment de ceux pour qui la seule légitimité ne pouvait être qu'incarnée par « le Parti » comme intellectuel collectif. Dans le cas français au contraire, la rencontre entre le nécessaire renouvellement scientifique de l'histoire du communisme et les dirigeants et intellectuels susceptibles de s'y rallier menaçait une direction et un appareil militant profondément engagés dans le modèle stalinien. Tout semble indiquer que l'évolution actuelle du PCF associe une politique d'ouverture des archives à une politique de renouvellement du fonctionnement partisan, attestant de l'intrication de ces dimensions.

Notes

1. Giorgio Amendola, « Gramsci e Togliatti », in Id., *Comunismo antifascismo e Resistenza*, Rome, Editori Riuniti, p. 151. Amendola reconnaît que « la présentation faite par le parti communiste de la figure et de l'œuvre de Gramsci a pris, au début, le caractère d'une légende », mais il estime que cela était « inévitable » et même « utile » (*Ibid.*, p. 146).

2. Pour souligner son caractère national, le parti abandonne l'ancienne appellation de Parti communiste d'Italie (PCdI) et adopte celle de Parti communiste italien.

3. « L'histoire du parti jusqu'à 1956 et au-delà coïncide entièrement avec la politique du parti, se plie à ses nécessités, s'adapte aux besoins du pouvoir et de la propagande » (Giorgio Bocca, *Palmiro Togliatti*, Bari, Laterza, 1977, vol. II, p. 633).

4. Cf. Giorgio Amendola, « Dal "Quaderno" del 30° alla coscienza storica del partito nuovo di oggi », *Rinascita,* 4 décembre 1970, n° 48, pp. 13-14. (« Il fallait se dépêcher... à consolider l'unité politique du parti, et à réaliser la fusion entre différentes expériences qui ne pouvait pas encore être considérée comme achevée », p. 14). Cf. aussi G. Bocca, *op. cit.*, p. 634.

5. Cf. Luigi Cortesi, introduction à Angelo Tasca, *I primi dieci anni di vita del PCI*, Bari, Laterza, 1973, p. 16.

6. Giorgio Amendola, « Dal "Quaderno" ... », *op. cit.*, p. 14.

7. Luigi Cortesi, Introduction, *op. cit.*, p. 17.

8. Par ex. Mario Montagnagna, *Memorie di un operaio torinese*, Rome, Rinascita, 1949.

9. Voir la liste dans Luigi Cortesi, introduction, *op. cit.*, p. 28.

10. *Trenta anni di vita e lotte del PCI*, Rome, Rinascita, 1952.

11. Lucio Lombardo Radice e Giuseppe Carboni, *Vita di Antonio Gramsci*, Rome, Edizioni di Cultura Sociale, 1951.

12. Marcella e Maurizio Ferrara, *Conversando con Togliatti*, Rome, Edizioni di Cultura Sociale, 1953. Cette biographie ressemble beaucoup, en réalité, à une autobiographie, mais surtout elle permet à Togliatti de présenter encore une fois son interprétation de l'histoire du parti.

13. Cf. « Il piano di Togliatti per il « Quaderno » dedicato al trentesimo del PCI », *Rinascita*, 4 décembre 1970, n° 48, pp. 17-22. À propos de l'article sur Bordiga, confié à Giuseppe Berti et dont le titre (« Le bordiguisme comme opportunisme et trahison de la révolution ») était en soi un programme, Togliatti

donnait l'indication suivante : « Se garder, naturellement, de présenter objectivement les doctrines bordiguiennes tristement célèbres. Le faire exclusivement d'une manière critique et destructive » (*Ibid.*, p. 21).

14. *Trenta anni...*, *op. cit.*

15. Ignazio Silone, « Uscita di sicurezza », *Comunità*, septembre-octobre 1949. Dans ce témoignage, Silone mettait en évidence, entre autre, le rôle important joué par le Komintern dans les affaires intérieures du PCI. Il s'attira une réponse ouvertement diffamatoire de la part de Togliatti, qui toutefois ne contesta pas le bien-fondé de ses affirmations. Cf. P. Togliatti, « Contributo alla psicologia di un rinnegato. Come Ignazio Silone venne espulso dal Partito comunista », *L'Unità*, 6 janvier 1950. Angelo Tasca, qui avait été mis en cause dans l'article de Togliatti, intervint à son tour pour démolir d'autres aspects de la vulgate historiographique communiste (Angelo Tasca, « A proposito della polemica Silone-Togliatti. La società chiusa », *Il Mondo*, 11 mars 1950). Togliatti répliqua en qualifiant Tasca d'« opportuniste pourri ».

16. Réunis plus tard dans le livre *I primi dieci anni di vita del PCI*, *op. cit.*

17. Jules Humbert-Droz, *Il contrasto tra l'Internazionale e il PCI*, Milan, Feltrinelli, 1969.

18. Cf. Rosa Alcara, *La formazione e i primi anni del PCI nella storiografia marxista*, Milan, Jaca Book, 1970, pp. 43-47 ; Luigi Cortesi, Introduction citée, pp. 46-58.

19. Fulvio Bellini e Giorgio Galli, *Storia del PCI*, Milan, Schwarz, 1953. Giorgio Galli est devenu l'un des principaux politologues italiens.

20. Palmiro Togliatti, *La formazione del gruppo dirigente del Partito comunista italiano nel 1923-1924*, Milan, Feltrinelli (Annali Feltrinelli 1960), 1961, pp. 388-529. Une deuxième édition, légèrement différente, de cette correspondance fut publiée en 1962 par Editori Riuniti, la maison d'édition du Parti.

21. Cf. *Rinascita*, janvier 1962, n° 1.

22. *I primi dieci anni di vita del Partito comunista italiano. Documenti inediti dell'Archivio Angelo Tasca*, curati e presentati da Giuseppe Berti, Milan, Feltrinelli (Annali Feltrinelli 1966), 1967. Importante aussi la longue introduction de Berti, intitulée « Appunti e ricordi » (« Notes et souvenirs »), pp. 9-185. Cette publication suscita des réactions diverses au sein du PCI. Cf. Giorgio Amendola, « Un archivista nella rivoluzione », *Rinascita*, n° 9 et 10, mars 1967 ; Pietro Secchia, « L'Archivio Tasca sul PCI : appunti e ricordi », *Critica marxista*, V, n° 3, mai-juin 1967, pp. 100-138.

23. Paolo Spriano, *Storia del Partito comunista italiano*, Turin, Einaudi, 1976, 5 vol. Le premier volume fut publié en 1967.

24. Sur l'influence de 1956 voir *La sinistra e il '56 in Italia e in Francia*, sous la dir. de Bruno Groppo et Gianni Riccamboni, Padoue, Liviana, 1987 ; cf. aussi, des mêmes auteurs, « Le Parti communiste italien face aux crises du "socialisme réel" », *Communisme*, n° 3, 1983, pp. 65-83.

25. Giorgio Amendola, *Storia del Partito comunista italiano 1921-1973*, Rome, Editori Riuniti, 1978.

26. Cf. Bruno Groppo, « Entre autobiographie et histoire. Les récits autobiographiques de communistes italiens publiés après 1945 », en cours de publication.

27. On lira avec intérêt l'article d'Adriano Ballone, « Storiografia e storia del PCI », *Passato e presente*, XII, 1994, n° 33, pp. 129-140.

28. Milos Hajek, *Storia dell'Internazionale comunista (1921-1935)*, Rome, Editori Riuniti, 1969.

29. En plus de celles déjà mentionnées (Bellini/Galli, Spriano, Amendola), voir Giuseppe Mammarella, *Il Partito comunista italiano 1945-1975. Dalla Liberazione al compromesso storico*, Florence, Vallecchi, 1976 ; Donald Sassoon, *Togliatti e la via italiana al socialismo. Il PCI dal 1944 al 1964*, Turin, Einaudi, 1980 ; Marcello Flores e Nicola Gallerano, *Sul PCI. Un'interpretazione storica*, Bologne, Il Mulino, 1992 ; Marc Lazar, *Maisons rouges. Les Partis communistes français et italien de la Libération à nos jours*, Paris, Aubier, 1992 ; Aldo Agosti, *Storia del PCI*, Rome-Bari, Laterza, 1999.

30. Renzo Martinelli, *Il Partito comunista d'Italia. Politica e organizzazione 1921-1926*, Rome, Editori Riuniti, 1977 ; Id., *Storia del Partito comunista italiano. Il « Partito nuovo » dalla Liberazione al 18 aprile*, Turin, 1995 ; Giovanni Gozzini, Renzo Martinelli, *Storia del Partito comunista italiano. Dall'attentato a Togliatti all'VIII Congresso*, Turin, 1998 ; Pietro Di Loreto, *Togliatti e la « doppiezza ». Il PCI tra democrazia e insurrezione (1944-1949)*, Bologne, Il Mulino, 1991 ; G. C. Marino, *Autoritratto del PCI staliniano 1946-1953*, Rome, 1991. Pour la période d'avant la Seconde Guerre mondiale il faut signaler la récente publication de la correspondance de 1926 entre Gramsci et Togliatti : *Gramsci a Roma, Togliatti a Mosca. Il carteggio del 1926*, a cura di C. Daniele, Turin, Einaudi, 1999. Ont été publiées également les lettres échangées entre Antonio Gramsci et Tatiana Schucht dans les années 1926-1935 : *Antonio Gramsci – Tatiana Schucht. Lettere 1926-1935*, a cura di A. Natoli e C. Daniele, Turin, Einaudi, 1997.

31. La politique étrangère, en particulier, a fait l'objet de nombreux travaux. Cf. Severino Galante, *Il Partito comunista italiano e l'integrazione europea. Il decennio del rifiuto 1947-1957*, Padoue, 1988 ; Id., *L'autonomia possibile. Il PCI del dopoguerra tra politica estera e politica interna*, Florence, 1991 ; Roberto Gualtieri, *Togliatti e la politica estera italiana. Dalla resistenza al trattato di pace*, Rome, 1995 ; Elena

Aga-Rossi, Victor Zaslavsky, *Togliatti e Stalin. Il PCI e la politica estera staliniana negli archivi di Mosca*, Bologne, Il Mulino, 1997 ; *L'altra faccia della luna : i rapporti tra PCI, PCF e Unione sovietica*, a cura di Elena Aga-Rossi e Gaetano Quagliari, Bologne, Il Mulino, 1997 ; M. Maggiorani, *L'Europa degli altri. Comunisti italiani e integrazione europea (1957-1969)*, Rome, Carocci, 1998 ; Francesca Gori, Silvio Pons (dir.), *Dagli archivi di Mosca. L'URSS, il Cominform e il PCI 1943-1951*, Rome, Fondazione Istituto Gramsci (« Annali »), 1995 ; Silvio Pons, *L'impossibile egemonia. L'URSS, il PCI e le origini della guerra fredda 1943-1948*, Roma, Carocci, 1999.

32. Sur le rapport entre le PCI et les intellectuels, et plus en général sur l'influence du PCI dans la culture italienne de l'après-guerre, voir Nello Ajello, *Intellettuali e PCI 1944-1958*, Rome-Bari, Laterza, 1997 ; Id., *Il lungo addio. Intellettuali e PCI dal 1958 al 1991*, Rome-Bari, Laterza, 1997 ; Albertina Vittoria, *Togliatti e gli intellettuali. Storia dell'Istituto Gramsci negli anni Cinquanta e Sessanta*, Rome, Editori Riuniti, 1992.

33. *Communism in Italy and France*, sous la dir. de Donald Blackmer et Sidney Tarrow, Princeton, Princeton University Press, 1975 (tr. it. *Il comunismo in Italia e in Francia*, Milan, Etas Libri, 1976) ; Marc Lazar, *op. cit.* ; *La sinistra e il '56 in Italia e in Francia*, sous la dir. de B. Groppo et G. Riccamboni, *op. cit.*

34. Istituto C. Cattaneo, *La presenza sociale del PCI e della DC*, Bologne, Il Mulino, 1968. Voir aussi Istituto C. Cattaneo, *L'organizzazione partitica del PCI e della DC*, Bologne, Il Mulino, 1968. Un panorama bibliographique des études sociologiques sur le PCI se trouve dans Bruno Groppo, « Les études sociologiques sur le Parti communiste italien », *Communisme*, 1985, n° 7, pp. 85-96.

35. *Il Partito comunista italiano. Struttura e storia dell'organizzazione 1921-1979*, sous la dir. de Massimo Ilardi e Aris Accornero, Milan, Feltrinelli (Annali Feltrinelli 1981), 1982 ; Aris Accornero, Renato Mannheimer, Chiara Sebastiani, *L'identità comunista. I militanti, le strutture, la cultura del PCI*, Rome, Editori Riuniti, 1983 ; J. Y. Dormagen, *I comunisti. Dal PCI alla nascita di Rifondazione comunista. Una semiologia politica*, Rome, Koiné, 1996.

36. *Dagli archivi di Mosca. L'URSS, il Cominform e il PCI*, sous la dir. de Francesca Gori et Silvio Pons, Rome, Carocci, 1998. Cf. aussi *The Soviet Union and Europe in the Cold War, 1943-1953*, sous la dir. de Francesca Gori et Silvio Pons, Londres, 1996.

37. Aldo Agosti, *Bandiere rosse. Un profilo storico dei comunismi europei*, Rome, Editori Riuniti, 1999 ; Bruno Bongiovanni, *La caduta dei comunismi*, Milan, 1995.

38. Gisèle Sapiro, *La guerre des écrivains (1940-1953)*, Paris, Fayard, 1999.

39. Pierre Grémion, *Intelligence de l'anticommunisme (Le Congrès pour la Liberté de la culture à paris, 1950-1970)*, Paris, Fayard, 1995.

40. Jean-Louis Panné, *Boris Souvarine*, Paris, Laffont, 1993.

41. Stéphane Courtois, « Luttes politiques et élaboration d'une histoire : le PCF historien du PCF dans la Seconde Guerre mondiale », *Communisme*, n° 4, 1983, pp. 5-26.

42. Bernard Pudal, « Symbolic censorship and control of appropriations : the French Communist Party facing "heretical" Texts during the Cold War », à paraître dans *Libraries and Culture*, Donald G. Davies, Jr, University of Austin, Texas, Winter 2001.

43. François Kersaudy, « Quelques faux ouvrages remarquables sur l'Union soviétique », *Communisme*, n° 29-31, 1992, pp. 6-25.

44. *Histoire du Parti communiste français*, Paris, Editions Sociales, 1964. Une deuxième édition fut publiée en 1975, ce qui montrait qu'entre-temps les orientations historiographiques des dirigeants du PCF n'avaient pas changé. Cf. l'analyse du manuel par Georges Lavau (Georges Lavau, « L'historiographie communiste : une pratique politique », in *Critique des pratiques politiques*, sous la dir. de Pierre Birnbaum et Jean-Marie Vincent, Paris, Galilée, 1978, pp. 121-163).

45. Serge Wolikow, article « Institut Maurice Thorez/Centre d'études et de recherches marxistes/Institut de recherches marxistes », *Dictionnaire des intellectuels français*, Jacques Julliard, Michel Winock, dir., Paris, Seuil, 1996, pp. 607-610.

46. Pour les données bibliographiques, cf. Claude Pennetier, Bernard Pudal, « Le militant ouvrier, paradigme du militant », *Militants et Militantismes*, José Gotovitch dir., Bruxelles, EVO, 2000.

47. Annie Kriegel, *Aux origines du communisme français, 1914-1920*, Paris-La Haye, Mouton, 1964, 2 vol.

48. Annie Kriegel, *Les communistes français, essai d'ethnographie politique*, Paris, Seuil, 1968 (réédité en 1970, 1974, 1985).

49. Parmi une vaste littérature critique, cf. John Barzman, *Dockers, Métallos, Ménagères. Mouvements sociaux et cultures militantes au Havre, 1912-1923*, Publication des Universités de Rouen et du Havre, 1997. Claude Pennetier, *Le socialisme dans le Cher, 1851-1921*, La Charité-Paris, Delayance et Maison

des sciences de l'homme, 1982 ; Jean Charles, Jacques Girault, et *al.*, *Le Congrès de Tours*. Édition Critique, Paris, Editions Sociales, 1980.

50. Sur sa vision de sa posture intellectuelle, cf. Annie Kriegel, *Ce que j'ai cru comprendre*, Paris, Laffont, 1991.

51. Guy Michelat, Michel Simon, *Classe, religion et comportement politique*, Paris, Éditions Sociales/Presses de la Fondation nationale des sciences politiques, 1977, 498 p.

52. Georges Lavau, *À quoi sert le PCF ?*, Paris, Fayard, 1981.

53. Cette approche est dite téléologique en ce sens qu'elle étudie les façons dont le système communiste est déterminé par ses finalités.

54. Plutôt que de donner une très incomplète bibliographie et dans la mesure où la plupart de ces travaux sont fréquemment mentionnés dans les études réunies dans le présent ouvrage, nous nous sommes résolus à renvoyer le lecteur aux notes bibliographiques des articles du *Siècle des communismes*.

55. L'article séminal pour comprendre l'origine intellectuelle de ce courant historiographique est, Stéphane Courtois, « Archives du communisme : mort d'une mémoire, naissance d'une histoire », *Le Débat*, n° 77, 1993.

56. Cf. Giuseppe Berti, « Problemi di storia del PCI e dell'Internazionale comunista », *Rivista storica italiana*, LXXXII, n° 1, mars 1970, p. 156.

57. Cette remarque est formulée par l'historien communiste Ernesto Ragionieri, « Problemi di storia del PCI », *Critica marxista*, VII, n° 4-5, juillet-octobre 1969, p. 195.

58. Sur les archives du PCI dans la première moitié des années 1960 cf. Franco Ferri, « L'archivio del Partito comunista italiano », *Critica marxista*, IV, n° 4, juillet-août 1966, pp. 201-208. Les documents originaux des archives du PCI pour la période 1921-1943 se trouvent à Moscou dans les archives du Komintern. Une copie microfilmée du fonds a été acquise dans les années 1990 et est déposée à la Fondation Istituto Gramsci de Rome, où se trouvent également les archives du PCI pour la période 1943-1991. Ces archives sont consultables dans les mêmes conditions que les archives d'État italiennes (règle des 30 ans). C'est en 1986 que le secrétariat du PCI décida d'autoriser la consultation des comptes rendus des réunions de la Direction sur la base de la règle des 30 ans. Le versement à la Fondation Gramsci des archives du PCI d'après la Seconde Guerre mondiale s'est achevé en janvier 1996. Cf. *La Fondazione Istituto Gramsci. Cinquant'anni di cultura, politica e storia. Un catalogo e una guida*, a cura di Fiamma Lussana, Florence, Pineider, 2000, pp. 39-43.

59. Philippe Robrieux, *Histoire intérieure du Parti communiste*, Paris, Fayard, 1980-1984, 4 vol.

60. Gérard Noiriel, *Sur la « crise » de l'histoire*, Paris, Belin, 1996.

61. En dépit des tensions qui se dessinent entre Togliatti et Pietro Secchia, le puissant secrétaire à l'organisation, qui représente un possible leadership alternatif. Togliatti réussira, non sans difficulté, à conserver le dessus et à écarter le rival. Voir sur ce point Bruno Groppo, « Les divergences entre Togliatti et Secchia et l'évolution politique du Parti communiste italien 1944-1954 », *Communisme*, n° 9, 1986, pp. 35-51.

Chapitre IV

Les interprétations du mouvement communiste international

Serge Wolikow

C'est d'abord comme phénomène international que le communisme a suscité les interprétations les plus précoces. Dès les lendemains de la Révolution russe et de la naissance de l'Internationale communiste (IC) aussi bien les révolutionnaires que leurs adversaires ont présenté des interprétations contradictoires du communisme en tant que phénomène politique international. Durant les premières années les références historiques étaient étroitement associées aux affrontements politiques d'autant que l'héritage du socialisme international d'avant 1914 était au cœur du débat entre socialistes et communistes. Les interprétations historiques du communisme international accompagnèrent son expansion dès les années 1920 avec une ampleur que le socialisme de la IIe Internationale n'avait jamais connue. La structuration du communisme comme une entreprise politique mondiale, son désir d'exemplarité, sa précoce institutionnalisation et les exclusions qu'elle entraîna concoururent à imbriquer les interprétations historiques au centre des débats suscités par le communisme.

Au départ, il y eut des études effectuées par d'anciens dirigeants, souvent oppositionnels ou critiques. Cette historiographie comporte également, de manière précoce, un discours officiel des organisations, soucieuses d'écrire une histoire destinée à la formation des cadres et à la justification de la politique du moment. Les remarques de Georges Haupt qui insistait sur les ravages provoqués par l'histoire officielle des partis communistes n'ont rien perdu de leur pertinence. « L'histoire cesse d'être la mémoire collective, le reflet de la praxis accumulée, la somme des expériences vécues par le mouvement ouvrier, pour devenir le carcan qui l'étouffe, un instrument essentiel de réification. À l'aide de falsifications inouïes, foulant aux pieds et méprisant les réalités historiques les plus élémentaires, le stalinisme a méthodiquement gommé, mutilé, remodelé le champ du passé pour le remplacer par sa propre représentation, ses mythes, son autoglorification. L'histoire du mouvement ouvrier international se fige, elle aussi en une collection d'images mortes, truquées, vidées de toute substance, remplacées par des copies maquillées où le passé se reconnaît à peine[1]. » L'histoire scientifique et savante, elle aussi marquée par les enjeux idéologiques et politiques, ne se déploya qu'ultérieurement, dans les années 1960 et 1970, ouvrant alors une nouvelle ère historiographique caractérisée par l'émergence de travaux critiques fondés sur la publication de séries documentaires et le recours à de premières archives au moins pour la période de l'Internationale communiste. Au tournant des années 1980 et 1990, l'accessibilité accrue des fonds d'archives a mis à l'épreuve les travaux antérieurs et les problématiques sur lesquels ils s'appuyaient. En tout état de cause, on est entré alors dans un contexte culturel et idéologique nouveau marqué par une dilution des clivages étroitement partisans tandis que les termes du débat étaient reconfigurés.

L'historiographie de l'Internationale communiste puis du Mouvement communiste international (MCI) a connu ce cheminement dans son ensemble, avec cependant des particularités tenant à l'entrecroisement des situations nationales et à l'influence, longtemps dominante, de l'histoire officielle soviétique. Combiner une approche géographique et une analyse institutionnelle est une nécessité qui découle de l'organisation des internationales ouvrières alors que cela apparaît beaucoup moins évident lorsque les relations internationales et les liens entre les partis communistes ne sont plus explicitement structurés par une organisation d'ensemble. Les travaux sur l'Internationale communiste comme les études sur la Ire et la IIe Internationales ont été confrontés à la question de l'unité et de la diversité de ces organisations. Chacune, mais à des degrés très différents, comportait un appareil dirigeant, un centre et des sections nationales. L'Internationale communiste, malgré sa durée relativement brève, avait plus de soixante sections nationales, au début des années 1930. Son appareil central et ses nombreuses organisations associées formaient un ensemble protéiforme difficile à saisir globalement. Si les structures du Kominform, de 1947 à 1956, furent beaucoup plus légères avec seulement neuf partis membres, les trois conférences ultérieures des partis communistes illustrèrent la diversification géographique du monde communiste. Il reste que nombreux sont les travaux qui apportent des éclairages essentiels sur l'histoire de l'Internationale communiste mais sont cependant fondés sur l'étude d'un seul parti. Dans le cadre de cet aperçu, on s'en tiendra aux études privilégiant l'IC et le MCI dans leur ensemble même si, chacune de ces études est le plus souvent menée en fonction d'une expérience nationale précise[2].

L'histoire de l'Internationale communiste et du MCI n'est évidemment pas restée à l'écart des grandes évolutions politiques et idéologiques du monde contemporain. Après la disparition de l'URSS et des États communistes européens son historiographie est-elle entièrement à revoir ? Les ruptures politiques survenues au tournant des années 1990 ont-elles entraîné un tel bouleversement qu'il aurait rendu entièrement obsolètes les connaissances antérieures ? Ceux qui répondent par l'affirmative invoquent l'ouverture d'archives jusqu'alors restées fermées. Si l'accès aux archives de l'IC a modifié notablement la recherche historique il n'a pas entraîné automatiquement une révision générale de tous les travaux historiques antérieurs. La réévaluation des analyses et des recherches menées jusqu'aux années 1980 ne saurait être uniforme car celles-ci avaient connu des développements inégaux. Aujourd'hui l'historiographie de l'Internationale communiste et du Mouvement communiste international est non seulement hétérogène mais composée de strates diverses qu'il faut considérer successivement avant de risquer une appréciation globale. L'exploitation des archives a ouvert de nouveaux champs d'investigations surtout pour la période postérieure à 1945 et permet également d'affiner les interprétations existantes.

De même qu'est venu le temps de la mise à l'épreuve des interprétations anciennes se développent de nouveaux types d'études portant sur le processus décisionnel, sur les biographies des militants et des dirigeants ou sur les systèmes de représentations associées aux pratiques politiques. Mais avant de les envisager il convient de rappeler les moments antérieurs de cette historiographie.

Pendant plusieurs décennies, les références politiques et idéologiques constituèrent la trame explicite de la plupart des travaux. Leur sympathie plus ou moins affirmée pour leur objet devint, dès les années 1930, un élément structurant les études. Les premières histoires de l'IC furent écrites par des opposants qui, mis sur la touche, affirmaient à la fois leur fidélité aux principes fondateurs et leurs critiques à l'égard de ce qu'ils estimaient être des dérives opportunistes, bureaucratiques puis staliniennes. En dépit de cet engagement idéologique, ils eurent le mérite de jeter les bases d'une histoire critique nourrie d'informations et d'indications, précieuses bien que souvent invérifiables tant que les archives restaient fermées. Aldo Agosti dans un article de référence en donne des exemples significatifs[3]. Ainsi Léon Trotski traita de l'Internationale communiste après Lénine et C.L.R. James publia un livre dont le titre *The Rise and Fall of the Communist International* reflétait l'interprétation trotskiste opposant la dégénérescence stalinienne à un mythique âge d'or léniniste[4]. Le livre d'Ypsilon intitulé *Stalintern* était celui d'un communiste tchèque écarté de l'IC à la fin des années 1920[5]. Quant au livre d'Elfriede Friedländer sur la politique allemande de Staline, c'était celui de l'ancienne secrétaire du KPD[6]. D'autres ouvrages, bien qu'écrits par d'anciens dirigeants constituèrent des ouvrages de références, tel celui de Borkenau sur le communisme mondial[7]. Après la Seconde Guerre mondiale, la logique de Guerre froide favorisa l'émergence de deux historiographies nettement clivées même si leur logique était similaire : face à l'histoire soviétique, soucieuse de défendre une histoire officielle de l'IC, se développa, surtout aux États Unis, une histoire anticommuniste renforcée par l'apport des transfuges. Une logique idéologique dominait ces travaux mais ils comportaient cependant des éléments factuels intéressants, notamment sur les liens entre histoire de l'IC et histoire de l'URSS.

À la fin des années 1950 émergèrent des travaux de grande qualité élaborés à partir des diverses sources alors accessibles. Les recueils documentaires et un premier Dictionnaire biographique des cadres du Komintern publiés alors[8], replaçaient l'histoire de l'IC dans une histoire plus large des relations internationales marquées par le rôle de la diplomatie soviétique. Les velléités réformatrices en URSS puis les courants eurocommunistes imprégnèrent les travaux de la fin des années 1960 et des années 1970. Les ouvrages publiés dans cette période faisaient désormais allusion aux archives entrouvertes et parcimonieusement citées. Ils permirent, ponctuellement, de réaliser certaines avancées dans la recherche même si la relecture critique était limitée par le souci de trouver les prémisses d'une orientation différente.

Vingt ans plus tard, au début des années 1990, l'ouverture des fonds de l'ancien Institut du marxisme léninisme, où toutes les archives de l'Internationale communiste avaient été versées, ne fit pas disparaître la diversité des approches et des présupposés. Dans un premier temps, le climat idéologique russe aidant, il fut tentant d'utiliser des archives dont bon nombre avaient été marquées par le sceau du secret comme autant de pièces à conviction pour instruire le procès de l'Internationale communiste. Bien vite cependant, cette démarche suscita des réactions très négatives chez la plupart des historiens et des archivistes russes comme parmi les chercheurs venus du monde entier consulter des archives dont l'ouverture restait à confirmer. De fait, certains fonds, notamment ceux des secrétariats de l'IC, mis en place après 1935 redevinrent inaccessibles aux chercheurs tandis que d'autres n'étaient qu'entre-ouverts. Différents colloques, tenus au milieu de la décennie 1990 ont permis cependant de confronter les avancées de la recherche grâce à l'exploitation scientifique des archives, des programmes internationaux incluant les chercheurs russes ont d'autre part été mis en route pour permettre un accès informatisé aux inventaires et aux documents de la direction centrale de l'IC[9].Désormais, les débats théoriques et idéologiques concernent surtout la méthodologie de l'histoire, en commençant par l'usage des archives devenues le soubassement indispensable de toutes les études. D'une manière plus générale, l'écriture de l'histoire du communisme international est devenue un enjeu historiographique essentiel.

Pendant longtemps, les auteurs qui se sont intéressés à l'histoire de l'IC et du MCI n'étaient pas des historiens de formation mais plutôt des dirigeants ou des militants, souvent dissidents, mais quelques fois encore en poste. Même quand les historiens universitaires furent impliqués, ils restaient partie prenante de préoccupations idéologiques fortement marquées. Leurs sources documentaires, bien qu'abondantes, manquaient de diversité puisqu'en l'absence d'archives l'investigation historique s'appuyait sur la documentation imprimée et sur les témoignages. L'intérêt indéniable de ces deux sources était limité par la centralisation bureaucratique croissante de l'IC et la propension à la discipline, sinon au secret, des militants et des cadres. L'écriture historique, tributaire de tels matériaux, revenait, selon les cas, à mettre en place un récit officiel résultant de l'assemblage des documents jugés essentiels ou inversement à les critiquer sur la base des témoignages qui permettaient de les disqualifier. Cette histoire, étroitement associée au combat d'idées, s'organisait autour des enjeux de pouvoir et des moments forts qui avaient scandé la vie de l'Internationale communiste. Quand les historiens commencèrent à avoir accès à certaines archives, qu'il s'agisse des documents de Trotski ou de certaines archives de l'IC, le travail gagna en rigueur et en précision même si les registres d'écriture n'évoluèrent que lentement. Mais cette histoire politique s'intéressait avant tout à l'activité publique des dirigeants et à l'interprétation des décisions de l'Internationale. Dans le meilleur des cas, le travail sur une vaste documentation permettait de rapprocher et de comparer la politique internationale des États, l'URSS y compris, la politique des sections nationales de l'IC ou de ses organisations affiliées avec la politique de l'IC en tant que telle. Cette démarche minutieuse et rigoureuse donnait aux hypothèses une consistance nouvelle et facilitait une exploitation pertinente des archives. Dans un premier temps, celles-ci favorisèrent une meilleure connaissance des analyses politiques des milieux dirigeants (Togliatti par exemple[10]) et des organismes centraux, ce qui déboucha sur des études consacrées aux évolutions stratégiques de l'IC. Parallèlement, débutaient des travaux centrés sur l'implantation de l'activité communiste dans des territoires ou des domaines spécifiques. L'intérêt pour des pratiques politiques concrètes ou particulières contribua ainsi à l'élargissement du champ d'investigation d'une histoire politique, désormais nourrie par une documentation plus diversifiée mais qui restait encore fortement déséquilibrée.

Pour autant, à côté de ces avancées persistaient des formes traditionnelles d'histoire institutionnelle à peine affectées par la citation de quelques documents d'archives. Il en allait ainsi de l'histoire de l'Internationale communiste publiée en 1969 sous l'égide de l'Institut du marxisme-léninisme avec la co-signature d'un collectif d'anciens cadres kominterniens[11]. Malgré tout, l'accès aux archives, au tournant des années 1980 et 1990, au moment où les clivages idéologiques anciens perdaient de leur intensité, allait redonner à l'écriture de l'histoire de l'IC et du MCI des premières années d'après-guerre, une nouvelle actualité. Après différentes phases d'ouvertures conditionnelles et limitées des archives depuis les années 1970, ce n'est qu'après 1991 que les archives du Komintern puis du Kominform devinrent véritablement accessibles[12]. Même si l'accessibilité ne fut jamais complète et si une tendance régressive s'est manifestée depuis 1995, il reste que la situation changea radicalement dans la mesure où la règle fut désormais celle de l'ouverture tandis que la fermeture demeurait exceptionnelle au moins pour la période antérieure aux années 1950. Le travail de recherche en a subi les contrecoups paradoxaux. La griserie induite par l'élargissement de la masse documentaire disponible a été telle que, dans un premier temps, certains historiens avancèrent l'idée d'une rupture épistémologique dans l'écriture de l'histoire de l'IC puisqu'on serait passé de l'ère des hypothèses fragiles à celles des résultats tangibles fondés sur les documents. En fait, il apparaît que la diversité des registres d'écriture ne tient pas qu'à la qualité des archives. Sans doute celles-ci autorisent des progrès dans la connaissance et l'analyse mais elles posent de nouveaux problèmes à des historiens habitués jusqu'alors à gérer davantage la rareté que l'abondance des sources. L'échantillonnage, l'analyse et le traitement quantitatif des données devenaient des conditions préliminaires de la recherche. Le champ de celle-ci se trouvait d'autre part élargi par l'accès à des informations concernant le fonctionnement interne de l'Internationale communiste. Désormais une approche en terme d'histoire sociale devenait possible : les séries de procès verbaux des réunions des instances dirigeantes, la correspondance et la documentation sur les relations avec les sections nationales ou les dossiers biographiques sur les cadres permettaient d'engager des études beaucoup plus affinées sur les processus décisionnels, sur l'articulation du national et de l'international et sur tout un personnel politique dont l'activité comme les itinéraires étaient très mal connus. C'est dans cette optique que se situent la plupart des travaux engagés ces deux dernières décennies.

Cependant les divergences d'approches, perceptibles dans les registres d'écriture, n'ont pas disparu. La masse d'archives disponible a également stimulé une manière d'écrire, friande de documents, fonctionnant surtout comme des illustrations dans le cadre d'une histoire-récit soucieuse de révélations. Cette démarche, bien qu'elle fût déjà simplificatrice, trouvait sa justification dans la pénurie d'archives. Désormais ses inconvénients l'emportent largement sur les avantages dans la mesure où elle sous-estime fortement les chantiers et le travail de recherche qui reste à engager pour avancer dans la connaissance d'une histoire dont c'est peu dire qu'elle est complexe. Pour que les recherches sur l'histoire de l'Internationale communiste intègrent les données fournies par les archives il est nécessaire que des instruments adéquats d'analyse et d'investigations soient mis à la disposition des chercheurs afin qu'ils puissent travailler avec des outils performants : c'est dans cette optique qu'il faut situer la constitution de bases documentaires, l'informatisation des inventaires ainsi que la mise au point d'un dictionnaire biographique[13].

Etant donné les délais qui séparent la mise en route des recherches et leur aboutissement, le paysage historiographie n'a pas été encore fortement modifié même si des publications récentes introduisent des changements appréciables dans la répartition des périodes étudiées comme dans les thèmes abordés.

Les synthèses portant sur l'ensemble de la période ont été assez nombreuses depuis les travaux de référence déjà cités de Borkenau et Braunthal[14]. Parmi celles qui émergent tant par leur qualité que par leur capacité à exprimer l'évolution des conceptions et à offrir des interprétations fortes on peut signaler les ouvrages de Carr[15], de Claudin[16] ou de Hajek[17] durant les années 1970 et 1980 puis dans la dernière décennie, ceux de Mac Dermott[18] et de Broué[19]. À côté de ces livres de synthèses qui, pour l'essentiel, traitent de manière chronologique l'histoire de l'IC, un nombre important de recueils documentaires a été publié : parmi les plus notables se dégagent ceux de Degras[20] puis d'Agosti[21] dans la décennie suivante, et enfin de Daniels[22]. Ces différents ouvrages présentent de façon chronologique et thématique des documents extraits de la très prolifique production imprimée des instances dirigeantes de l'IC à l'occasion notamment de leurs réunions, congrès ou plenum du comité exécutif. Alors que les archives de l'IC demeuraient encore fermées la publication, en voie d'achèvement, des archives d'Humbert-Droz, pendant plus de dix ans (dans les années 1920-1930) membre de la direction de l'IC, a permis aux historiens d'aborder l'activité de celle-ci. Les études documentaires synthétiques sur les groupes dirigeants par Svatek puis Kahan témoignaient d'une volonté de reconstituer, malgré le secret, la composition de l'appareil dirigeant de l'IC[23]. Durant la décennie 1990 les premières études fondées sur l'ensemble des archives de l'IC ont permis d'ouvrir des chantiers nouveaux ou de revisiter des moments déjà analysés. Les premières années de l'IC, avaient fait l'objet de nombreux travaux fondés sur les archives et les documents publiés de Lénine et Trotski. De nouvelles études appuyées notamment sur les *Carnets* de Cachin et de Souvarine ont permis d'avancer dans la connaissance de cette période fondatrice[24]. Les archives de la direction de l'IC ont en revanche permis de progresser sensiblement dans la connaissance de la politique allemande du Komintern en 1923. De même, la période « classe contre classe » (1928-1932), déjà bien étudiée par les historiens américains et français dans les décennies 1970 et 1980 peut désormais être réexaminée et associée à l'analyse de la stalinisation.

L'époque du Front populaire qui avait également, durant ces années, suscité des recherches novatrices d'historiens soviétiques, italiens et tchèques portant surtout sur le tournant politique de l'IC, a fait l'objet de nouvelles recherches sur les articulations avec la diplomatie soviétique mais aussi sur l'impact de la terreur stalinienne à l'égard des cadres et de l'appareil kominternien. La période postérieure, celle de la guerre, du revirement lié au Pacte germano-soviétique, de l'engagement des partis communistes dans le combat antihitlérien mais aussi de la dissolution de l'IC est certainement celle qui a fait l'objet des principales avancées de la recherche. L'exploitation des archives de l'IC conjointement avec certains documents diplomatiques a débouché sur la publication d'ouvrages documentaires et d'analyses qui renouvellent en profondeur les connaissances[25].

La publication des travaux des trois conférences du Kominform a esquissé également un tournant dans l'historiographie du Mouvement communiste international d'après-guerre[26]. Il reste que les archives postérieures demeurant encore fermées, la plupart des travaux se sont centrés sur les transformations structurelles du mouvement communiste international : sa diversification croissante, la crise de ses organisations communes, le déclin et la chute du système[27].

La différenciation des partis communistes a donné lieu à une énorme production bibliographique de qualité inégale mais qui fournit une masse importante pour suivre l'enracinement communiste dans les différents continents et notamment en Europe. Des travaux synthétiques et comparatifs ont ces dernières années pris en charge l'ensemble du « court siècle » qui fut celui des organisations communistes et de leur activité en Europe. *L'Europe des communistes*, ouvrage collectif paru au début de la décennie 1990 combinait approche descriptive et analyse comparée pour retracer les différentes phases d'un mouvement communiste que les auteurs avaient soin d'enraciner dans les différentes histoires politiques nationales[28]. Plus récemment, Aldo Agosti, spécialiste de l'Internationale communiste, a brossé, dans un ouvrage stimulant, le tableau synthétique d'une évolution considérée à l'échelle de toute l'Europe jusqu'à la période la plus contemporaine[29]. Cette approche globale, nourrie d'informations précises sur les partis communistes est-européens jusqu'alors mal connus, représente certainement un moment important dans une historiographie marquée par la difficulté à construire de véritables synthèses.

En effet, de nombreuses études historiques consacrées au Mouvement communiste international ont privilégié les aspects institutionnels d'une histoire évidemment fortement marquée par les rapports inter organisationnels.

L'histoire de l'IC et du MCI s'est cristallisée autour des questions et des thèmes qui ont mobilisé la recherche mais ont aussi suscité le débat. La stratégie et la politique générale de l'IC puis celles des organisations de même que l'étude de certaines sections nationales ont longtemps accaparé l'essentiel de l'attention. Ces travaux, qui ont connu leur embellie des années 1960 aux années 1980, ont été complétés, voire délaissés, pour des recherches centrées sur des thèmes qui jusqu'alors, faute de données, ne pouvaient être scientifiquement étudiés.

La disparition de l'URSS et des partis communistes au pouvoir dans l'Est de l'Europe a favorisé l'émergence de thèmes idéologiques qui ont guidé les interprétations autant que le progrès des recherches. Ainsi la notion de bilan au centre d'un ouvrage comme *Le livre noir du communisme* induit une vision linéaire de son histoire et une lecture téléologique rétrospective de son activité. Un des aspects les plus caricaturaux de cette démarche est certainement celui qui réduit l'action de l'Internationale communiste à une activité criminelle passant de l'organisation de la guerre civile ou du terrorisme à la mise en œuvre de la terreur contre les communistes[30]. L'explication unilatérale ou monocausale, assimilant par exemple le mouvement communiste à une simple entreprise subversive, simplifie le phénomène et s'interdit d'en comprendre l'impact et l'ampleur[31]. Il est vrai que la dimension conspiratrice a existé et que l'Internationale communiste n'est pas restée extérieure à la terreur stalinienne dont les archives permettent de mieux saisir les mécanismes et l'ampleur au sein même de l'appareil communiste international. Des études comme celles conduites par Antonio Elorza[32] ou Mac Dermott témoignent des avancées des recherches dans ce domaine. L'abondance de la documentation comme la diversité des situations historiques plaident en faveur d'approches historiques diverses dont la combinaison est la meilleure manière d'appréhender le communisme international comme un fait historique global également traversé de contradictions et de tensions qui ont jalonné son évolution. L'imbrication des concepts et des champs d'études donne toute leur importance aux débats sur la comparabilité des différents communismes, sur la pertinence du concept de totalitarisme appliqué au communisme ou sur l'usage de la notion de culture politique.

Ainsi, l'approche biographique s'est trouvée profondément renouvelée grâce aux sources permettant d'individualiser l'action des dirigeants et de connaître leur itinéraire militant au sein de l'organisation internationale. Plus que les biographies individuelles des principaux dirigeants de l'IC, ont progressé les biographies collectives des kominterniens moyens, les cadres intermédiaires. La publication prochaine d'un dictionnaire des Kominterniens des pays européens francophones[33], fruit d'un travail de plusieurs années, en fournit une bonne illustration. Les relations entre le centre de l'IC et les sections nationales, longtemps difficilement analysables, ont également été l'objet d'études beaucoup plus systématiques grâce à l'analyse du fonctionnement des organismes de direction et de contrôle de l'IC. C'est ainsi qu'une histoire sociale de l'activité politique du mouvement communiste international peut commencer à se déployer et s'attacher à comprendre notamment les mécanismes psychologiques et idéologiques associés au militantisme. Jusqu'alors, ils demeuraient à l'arrière-plan des organisations nationales et internationales dont la bureaucratisation et la centralisation progressives occupaient le devant de la scène.

Notes

1. Georges Haupt, *L'historien et le mouvement social*, Paris, Maspero, 1979, pp. 30-31.

2. On emploiera le terme de Mouvement communiste international (MCI) pour désigner toutes les formes de coordination ou d'organisation internationales entre les partis communistes après 1943.

3. Aldo Agosti, « La storiografia sulla Terza Internazionale », *Studii storici 1977*, n° 1, et pour une approche élargie dans les *Cahiers d'histoire de l'Institut de recherches marxistes*, 1980, n° 2.

4. Léon Trotski, *L'Internationale communiste après Lénine*, Paris, PUF, 1969. Cyril Lionel Robert James, *World Revolution 1917-1936. The rise and Fall of the Communist International*, Londres, 1937.

5. Ypsilon (pseudonyme de K. Volk) : *Stalintern*, Paris, 1948.

6. Ruth Fisher : *Stalin and the German Communism. A study in the origins of the State Party*, Cambridge, Massachussets, 1948.

7. Franz Borkenau : *World Communism. A history of the Communist International, 1919-1937*. Michigan, 1962.

8. Branko Lazitch, Milorade Drachkovitch, *Biographical Dictionary of the Comintern*, Stanford 1973. Jane Degras, *The Communist International, 1919-1943*, documents, 3 vol., 1956-1965, I., 1956-1965, II.1923-1928, III.1929-1943.

9. Colloque du 20-22 octobre 1994 - Moscou - *Centre and Periphery, the History of the Comintern in the Light of New Documents,* (ed) Mikhail Narinsky and Jürgen Rojahn, Amsterdam, 1996. Colloque de Dijon, 15-16 décembre 1994, *Une histoire en révolution ? Du bon usage des archives, de Moscou et d'ailleurs,* (dir) Serge Wolikow, Dijon, 1996.

10. Ernesto Ragioneri, *Palmiro Togliatti,* Roma, 1996.

11. *Kommunisticeskij International – Kratkij istoriceskij ocerk,* Moscou, 1969.

12. The Cominform, *Minutes of the Three Conferences 1947/1948/1949,* ed Giuliano Procacci, Milan, 1994.

13. Bernhard Bayerlein, Georges Mouradian, Brigitte Studer, Serge Wolikow, « Les archives du Komintern à Moscou », *Vingtième Siècle,* 1999, n° 99.

14. Franz Borkenau, *op. cit.* ; Julius Braunthal, *History of the International,* Vol. 3, *World Socialism 1943-1968,* London, 1980.

15. Edouard Hallett Carr, *A History of Soviet Russia,* 14 tomes, London, 1953-1978 ; *The Twilight of Comintern, 1930-1935,* Hong Kong, 1982.

16. Fernando Claudin, *La crise du mouvement communiste du Komintern au Kominform,* Paris, Maspero, 1972.

17. Milos Hajek, *Storia dell'Internazionale communista (1921-1935),* Roma, 1969.

18. J. Agnew, Kewin Mc Dermott, *The Comintern. A History of International Communism from Lenin to Stalin,* Londres, 1996.

19. Pierre Broué, *Histoire de l'Internationale communiste 1919-1943,* Paris, Fayard, 1998.

20. Jane Degras, *The Communist International 1919-1943.* Documents, 3 voll., London, 1971.

21. Aldo Agosti, *La Terza Internazionale. Storia documentaria,* 3 vol., Roma, 1974-1979.

22. Robert Daniels (ed), *A Documentary History of Communism,* London, 1987.

23. Vilem Kahan, *Bibliography of the Communist International (1919-1979),* Leiden, 1990.

24. Marcel Cachin, *Carnets,* (dir) Denis Peschanski, 4 tomes, Paris, CNRS Éditions, 1996-1998.

25. Lebedeva et Mikhail Narinski, *Komintern i vtoraia mirovaia voina,* 2 vol., Moscou, 1994-1998.

26. *The Cominform, op. cit.*

27. Lilly Marcou, *L'Internationale après Staline,* Paris, Grasset, 1979 ; *Le Crépuscule du communisme,* Paris, PFNSP, 1997.

28. José Gotovitch, Pascal Delwit, Jean-Michel De Waele, *L'Europe des communistes,* Bruxelles, 1992.

29. Aldo Agosti, *Bandiere rosse. Un profilo storico dei comunismi europei,* Rome, 1999.

30. Stéphane Courtois, Jean-Louis Panné, « Le Komintern à l'action », in *Le livre noir du communisme, crimes, terreur, répression,* Paris, Robert Lafont, 1997, pp. 299-364.

31. Arkadi Vaksberg, *L'Hotel Lux,* Paris, Fayard, 1993.

32. Antonio Elorza, *Queridos camaradas,* Madrid, 1999.

33. Cf. *Dictionnaire biographique des kominterniens,* sous la direction de José Gotovitch et de Mikhail Narinsky, Paris, Éditions de l'Atelier, 2001.

Seconde partie

LES GRANDES PHASES DE L'HISTOIRE DES COMMUNISMES

dirigée par Michel Dreyfus et Roland Lew

- Les communismes d'une guerre à l'autre (1914-1944)
- Le communisme comme système (1944-1956-1968)
- Les communismes en crise (1956-1968-1989)

Introduction

Au cœur du siècle

par Michel Dreyfus et Roland Lew

Le communisme mis en œuvre au sein des « pays socialistes » se situe au cœur de ce siècle et en fixe les bornes : le « court XXe siècle » qui commence en 1914 se termine avec l'effondrement de l'URSS en 1991. Catastrophe fondatrice d'un siècle fondé sur les extrêmes, la Première Guerre mondiale, dont on n'a pas fini de mesurer les conséquences, ouvre une nouvelle phase de l'histoire du mouvement ouvrier socialiste. De façon plus immédiate, cette guerre est à l'origine des révolutions russes de 1917, de l'expérience soviétique et donc du communisme réellement existant. Le « socialisme » de type soviétique se déploie à l'échelle planétaire durant plusieurs décennies au cours desquelles il est assimilé et confondu avec l'héritage du passé de la Russie.

L'hégémonie de ce socialisme est indéniable : il s'appuie sur une puissance étatique et des expériences nationales qui concernent de vastes communautés humaines. Sa domination passe par la mise à l'écart puis la destruction des autres forces politiques, en particulier de ceux – libertaires et marxistes antistaliniens – qui se revendiquent du même héritage socialiste tout en contestant ses prétentions révolutionnaires, du moins sa vocation émancipatrice. Le siècle des communismes s'identifie *de facto* à ce qui s'est fait dans le « camp socialiste ». La Révolution d'octobre 1917 a surgi sur les décombres d'un pays accablé par un lourd retard économique et ayant subi pour l'essentiel un despotisme anachronique en Europe. À partir des années 1930, se mettent en place un régime et un système particuliers de gestion de l'économie et de la société qu'il est encore difficile de caractériser aujourd'hui ; comment définir cet univers disparu ou en voie de disparition ? Communisme, socialisme : ces caractérisations ont longtemps été des auto justifications, le plus souvent mystificatrices et sources de confusion. Communisme d'État ? Régime totalitaire ? Ces formulations glorifient ou disqualifient davantage qu'elles ne permettent de comprendre ; elles présentent surtout l'inconvénient majeur d'oublier cette réalité bien vivante qu'est la société. Il a fallu du temps pour sortir des invectives, des anathèmes réciproques et aussi pour cesser de rechercher dans la lecture des socialistes du XIXe siècle ce que le socialisme aurait dû être et constater que l'on était loin du compte. Le communisme a existé dans des conditions historiquement données qui laissent ouverte la question de savoir si autre chose était possible : ce qu'il est devenu a, de fait, peu à voir avec les proclamations émancipatrices et le socialisme historique du XIXe siècle.

Les textes de la seconde partie de cet ouvrage qui présentent les principales étapes de la construction puis de la déconstruction du socialisme réel, tentent d'en tirer un bilan historique. Incontestablement, l'URSS a été le modèle. Dès 1917 on s'est très largement interrogé sur la nature du communisme soviétique ; on réalise après sa disparition et grâce à une meilleure connaissance de son histoire sociale, due à la multiplication récente des recherches, qu'il est maintenant possible de sortir des apparences, qu'elles aient été glorifiées ou stigmatisées, et de dresser un tableau plus proche de la réalité. On mesure mieux le fait que l'essentiel des faits s'est souvent situé loin du discours, des proclamations, des regards superficiels et des cécités volontaires. À travers les évolutions contradictoires de ces systèmes dans leurs rapports à leurs sociétés respectives, on saisit mieux ce qu'a été le socialisme réel. Si au lieu de se limiter au cas soviétique, on l'aborde dans sa diversité, on voit combien son histoire a été complexe.

L'Union soviétique ne peut être dissociée d'un certain nombre d'éléments. Certains sont inséparables du contexte plus général de la Première Guerre mondiale ainsi que de l'influence de ce courant de pensée qu'est le socialisme européen du XIXe siècle et ses formes marxistes. D'autres facteurs, intrinsèques à l'histoire russe, souvent dans la longue durée, permettent de mieux saisir la réalité soviétique comme le font ressortir les contributions de Claudio Sergio Ingerflom, Alain Blum, Donald Filtzer, Peter Holquist, Wendy Goldman, Gábor T. Rittersporn, Lewis Sigelbaum et Lynne Viola. Durant la Seconde Guerre mondiale, la victoire militaire des armées soviétiques élargit l'influence de l'URSS et la zone d'extension du socialisme de type soviétique. Jusqu'à la dissolution, en 1943, de l'Internationale communiste tenue sous une étroite tutelle soviétique, le communisme mondial s'est inscrit dans une vision géopolitique, comme le montre Serge Wolikow. Il se transforme ensuite en un « camp » fortifié, une puissance planétaire, économique et militaire ainsi qu'une source de fascination ou de craintes pour de nombreux peuples et nations.

Ce renforcement de nature essentiellement géopolitique, voire impériale, de l'Union soviétique est important. Mais dans l'histoire du communisme réel, il faut également prendre en compte la capacité de mobilisation qu'il sait mettre en œuvre dans certains pays pour capter les énergies de façon militante, « à la soviétique », afin de défendre, à travers le marxisme-léninisme, le message de l'URSS stalinienne et post-stalinienne. C'est le cas en Chine, comme le montre Roland Lew, au Viet-Nam et sous d'autres formes dans le monde arabe comme l'analyse René Gallissot : cela s'explique par les problèmes rencontrés par ces nations, en particulier le fait que, asservies ou sous la menace de l'asservissement par les puissances coloniales, elles luttent pour leur survie. Le communisme leur permet de résister tout en leur donnant des moyens de se moderniser. En s'éloignant de son foyer soviétique d'origine, le communisme réel tend à se nationaliser ; il offre un modèle de transformation économique et sociale pour amener ces nations pauvres à rattraper les pays développés. L'URSS fournit le modèle, les méthodes, parfois une aide concrète pour mettre en œuvre cette « construction socialiste » ; en fait, il s'agit largement d'une modernisation accélérée sous l'égide de l'État, dirigé lui-même par un Parti-État d'un type nouveau. Mais, pour décider de suivre le « Grand frère » soviétique de son propre chef, il faut être fasciné par lui et croire que l'on peut davantage, bref qu'il est possible de faire émerger un autre monde, économique, social et politique. Ainsi s'expliquent le succès de l'expérience soviétique et la réalité du communisme planétaire. Dans ce mouvement de mondialisation, cette autre « mondialisation » de plus en plus oubliée aujourd'hui, le communisme acquiert ses caractéristiques. Il connaît ses moments de gloire et d'horreur ; peu à peu, il entre dans une phase d'affaiblissement puis de déclin irréversible.

En Europe, dans les années qui suivent la Seconde Guerre mondiale, le communisme semble dans une phase d'ascension irrésistible et offrir une alternative au capitalisme, que ce soit en Europe de l'Est comme le montrent Serge Wolikow et Antony Todorov ou dans certains pays du monde occidental comme il apparaît à travers le cas des Partis communistes français et italiens étudiés par Michel Dreyfus et Bruno Groppo. Mais après deux décennies, le communisme est sur la défensive et quatre lustres plus tard, il est moribond : en Europe de l'Est, les tentatives de réformes se traduisent par un échec et un effondrement comme le montre Antony Todorov. Le marché mondial capitaliste a vaincu le système communiste, non sans peine mais sans guerre. Il s'est effondré de l'intérieur quand il n'a pas préparé, de lui-même et de façon sinueuse, sa propre transformation : que l'on songe à la reconversion du communisme chinois depuis le début des années 1980 traitée par Roland Lew. L'armée dévouée des militants communistes n'a pas résisté à cet ennemi plus puissant, plus exactement elle n'a pas réussi à établir un système représentant un contre modèle durable.

Le communisme a-t-il jamais incarné une véritable alternative au capitalisme et au marché mondial ? Représentait-il un autre monde, annonçait-il une civilisation nouvelle ? Cette interrogation est essentielle pour comprendre sa nature profonde. La difficulté à dresser aujourd'hui un bilan du communisme montre qu'une réponse affirmative à cette question est loin d'être certaine : tel est en tout cas le diagnostic le plus couramment formulé à l'aube de ce troisième millénaire. Vaincu, le communisme est déchu de tout, y compris de sa prétention à améliorer la société. Aujourd'hui, la modernisation ne peut que renvoyer à la modernité capitaliste avec une seule question : quel est le rôle de l'État et des groupes modernisateurs dans ce cheminement complexe vers l'économie de marché ? Sans prétendre trancher sur ces questions, cet ouvrage retrace les grandes lignes de la trajectoire du socialisme réel, espoir puis désillusion de ce siècle.

Chapitre V

Les conséquences de la Grande Guerre sur le mouvement socialiste

par Michel Dreyfus

Août 1914 met fin avec brutalité à une période de l'histoire du mouvement ouvrier commencée vingt-cinq ans plutôt. La naissance du communisme, trois ans plus tard, coïncide avec cette nouvelle phase de l'histoire du socialisme : c'est pourquoi, il est nécessaire de mesurer les conséquences de la Première Guerre sur le mouvement socialiste. L'onde de choc provoquée par la « Très Grande Guerre » s'est fait sentir tout au long du XXe siècle : c'est dire combien ces quatre ans ont bouleversé le monde du travail et ce mouvement politique, encore jeune et limité, que représentait le socialisme en 1914.

1914 : une nouvelle phase de l'histoire du socialisme

Le conflit révèle l'impuissance du socialisme, national et international, devant l'explosion du nationalisme et de ses conséquences meurtrières ; il met également en lumière une évolution insidieuse du mouvement ouvrier, passée jusqu'alors assez inaperçue, son intégration aux réalités nationales. Enfin, il est à l'origine d'une profonde cassure au sein du mouvement ouvrier qui n'est pas complètement surmontée trois quarts de siècle plus tard[1].

Brutale, totale, la rupture de 1914 est idéologique, politique et organisationnelle. Rupture idéologique d'abord : à la lutte proclamée contre l'impérialisme et la guerre, la majorité des partis de la IIe Internationale en se ralliant à l'Union sacrée se rangent aux côtés des puissances impérialistes et de ceux qu'ils dénonçaient encore avec véhémence quelques jours plus tôt. À l'exception des socialistes russes et serbes qui votent contre les crédits de guerre et du Parti socialiste italien qui proclame sa neutralité, tous les autres partis socialistes soutiennent l'Union sacrée. Rupture politique ensuite : la IIe Internationale montre son incapacité complète à proposer une alternative à la situation qui lui est imposée, où elle est dominée par les événements. Rupture organisationnelle enfin : durant quatre ans de guerre, la IIe Internationale disparaît corps et biens après avoir fait preuve de son impuissance. Pour toutes ces raisons, la Première Guerre ouvre une crise sans précédent du socialisme international dont il ressort profondément transformé. C'est pourquoi le socialisme de l'entre-deux guerres diffère largement de celui d'avant 1914. Si le mouvement communiste revendique, sur certains points, l'héritage de la IIe Internationale, en revanche, le socialisme tel qu'il existe après la guerre est pour lui un repoussoir : n'ayant pas su s'opposer au conflit, il a révélé sa « faillite », aussi est-il nécessaire de (re)construire le mouvement ouvrier sur des bases nouvelles. Longtemps, les communistes stigmatiseront la « trahison » social-démocrate et lui porteront une haine farouche : cette attitude ne s'explique pas seulement par l'assassinat, en 1919 de Karl Liebknecht et de Rosa Luxemburg, dont les sociaux-démocrates portent la responsabilité politique et morale mais plus largement par leur action de 1914 à 1918. Dès lors, le souvenir de ces années pèsera lourdement sur les relations entre communistes et socialistes : ces derniers seront marqués par les premiers du sceau de l'infamie pour ne pas avoir su mettre en pratique le discours qu'ils avaient tenu jusqu'en juillet 1914. Mais durant l'entre-deux guerres l'opposition du mouvement communiste au socialisme s'explique aussi par les transformations vécues par ce dernier.

Depuis plusieurs années, l'Europe avait vécu des tensions croissantes, suivies avec attention par les socialistes (crise d'Agadir en 1911, guerre des Balkans l'année suivante). Toutefois, depuis la fin 1912, le danger de guerre semblait s'éloigner, ce qui explique peut-être que, comme la majorité des autres responsables politiques de l'époque, les socialistes ont cru qu'une solution négociée pourrait être trouvée à la situation créée par l'assassinat de l'archiduc François-Ferdinand, le 28 juin 1914 à Sarajevo. On connaît la suite, l'aggravation de la crise européenne à partir du 23 juillet, l'engrenage des alliances internationales et le déclenchement du conflit. Lorsque le Bureau socialiste international (BSI) de la Seconde Internationale se réunit à Bruxelles les 29 et 30 juillet, comme l'ensemble des dirigeants politiques, il est dépassé par les événements qui se précipitent. Le lendemain, l'assassinat de Jean Jaurès symbolise la fin de cette période de l'histoire du socialisme européen ; il est d'ailleurs vécu comme tel. À partir du 2 août, socialistes allemands puis français et de la majorité des pays européens acceptent, en votant les crédits de guerre, de se rallier à l'Union sacrée, sous des formes d'ailleurs différentes : certains participent au pouvoir, d'autres non. On ne reviendra pas sur le déroulement de ces événements sur lesquels beaucoup a déjà été dit.

1914-1918 : un cataclysme pour l'ensemble du mouvement ouvrier

Bien qu'il reste encore partiellement inexpliqué, ce retournement brutal a des raisons que l'on saisit mieux aujourd'hui. Mieux les comprendre permet de prendre en compte la complexité et la conflictualité des relations entretenues ultérieurement entre communistes et socialistes. Avant tout, deux remarques préliminaires. Tout d'abord, en dépit de progrès aux États-Unis, au Japon ainsi que dans plusieurs pays d'Amérique latine, jusqu'en 1914, le socialisme est un courant politique essentiellement européen. Cette situation ne varie guère durant l'entre-deux guerres : il faut attendre le début des années 1950 pour que le mouvement socialiste ait effectivement la dimension extra-européenne qu'il revendique. Tout comme le mouvement socialiste, la Première Guerre est avant tout une affaire européenne. Ensuite, même si la IIe Internationale en est l'expression la plus puissante, elle n'est pas le seul courant du mouvement ouvrier à être bouleversé par la guerre de 1914-1918. Comme le montre le cas de la CGT (Confédération générale du travail) française, syndicalistes-révolutionnaires et anarchistes ne sont pas épargnés par ce cataclysme. Jusqu'en 1914, la CGT, dans sa grande majorité, se réclame de la lutte des classes et se déclare opposée à l'État, à l'Église et au patronat, anti-impérialiste, antipatriotique. Au début de la guerre, en quelques jours, elle se rallie tout aussi vite que la SFIO (Section française de l'Internationale ouvrière) à l'Union sacrée, Léon Jouhaux en tête. La CGT s'engage alors dans une « politique de présence », aux antipodes de la ligne contestataire qu'elle n'a cessé d'affirmer jusqu'alors : elle jette ainsi les bases de l'orientation que les confédérés défendront durant l'entre-deux guerres, puis après la Libération jusqu'à leur constitution de Force ouvrière. De leur côté, de nombreux anarchistes soutiennent également la guerre. Aucune organisation, aucun courant se réclamant du mouvement ouvrier ne ressortent indemnes des années 1914-1918.

La sous-estimation du nationalisme

Deux éléments semblent avoir joué un rôle fondamental dans ce ralliement inattendu à une orientation dénoncée jusqu'alors. Tout d'abord et en dépit de son discours dominant, le mouvement ouvrier a largement sous-estimé la force du nationalisme, existant au sein du monde du travail comme dans ses propres rangs. En effet, au-delà de leur internationalisme affiché, la IIe Internationale et ses sections contenaient en leur sein de nombreux germes de nationalisme. L'explosion nationaliste d'août 1914 vient se surimposer à des sentiments analogues anciens, plus ou moins exprimés chez certains militants. Chez les Français existe assez largement un patriotisme révolutionnaire nourri de jacobinisme, puis de la pensée d'Auguste Blanqui, se réclamant de la Révolution française : aussi, pour eux, combattre l'impérialisme allemand, c'est défendre la patrie de la Grande révolution et la République universelle, passage obligé avant le socialisme ; le ralliement à l'Union sacrée d'Edouard Vaillant, internationaliste s'il en fut, en est un bon exemple. De leur côté, en votant les crédits de guerre, les socialistes allemands se font les défenseurs du pays où le socialisme a connu son développement le plus rapide, où s'est constitué le parti-modèle de la Seconde Internationale : en défendant leur patrie, ils prétendent défendre un certain modèle de socialisme. De façon générale, la majorité des dirigeants socialistes se sont nourris d'illusions sur leur capacité à combattre le nationalisme au sein même de la classe ouvrière et sur la réalité de leur internationalisme dont ils ne cessaient de se réclamer dans leurs discours.

On n'entrera pas ici dans le détail de chaque situation nationale. Toutefois, on peut évoquer le nom de quelques militants, socialistes ou se réclamant du mouvement ouvrier, qui, plus lucides, surent échapper à ces illusions : citons parmi eux Georges Sorel et Charles Andler. Ce dernier, ayant dénoncé en 1912 « le socialisme impérialiste dans l'Allemagne contemporaine » eut une vive polémique avec Jean Jaurès, ce qui l'amena à démissionner de la SFIO l'année suivante. Et de fait, en Allemagne plusieurs dirigeants comme Hermann Molkenbuhr, Max Schippel, se situant à la droite du SPD Sozialdemokratische Partei Deutschlands (Parti social-démocrate d'Allemagne), de nombreux syndicalistes, remettaient ouvertement en cause le discours internationaliste. Plusieurs défendaient un « social-impérialisme », en réclamant notamment pour l'Allemagne le droit à l'expansion coloniale. Toutefois, la lecture des textes de la IIe Internationale le montre, la majorité de ses responsables faisait preuve d'un optimisme, non dépourvu de naïveté, dans leur croyance en un internationalisme capable de soulever les masses pour arrêter la guerre : en 1907, le congrès de Stuttgart de la IIe Internationale où avait été essentiellement débattue de cette question avait montré, au-delà des divergences tactiques entre Allemands et Français, un consensus et une croyance générale dans l'action de masse. Dans les sept ans qui suivirent, cet acte de foi fut constamment réaffirmé, en particulier lors du Congrès extraordinaire contre la guerre tenu par l'Internationale à Bâle en 1912.

L'intégration du mouvement ouvrier avant 1914

La « faillite » de la social-démocratie en 1914 s'explique également par l'intégration, lente et discrète, de franges importantes du mouvement ouvrier dans leurs sociétés nationales. Cette intégration reste encore mal connue : on en a insuffisamment mesuré les modalités qui, là encore, ont eu pour effet, de miner peu à peu l'internationalisme. Cette intégration a été plus poussée sans doute en Allemagne, en Autriche-Hongrie ainsi que dans les pays de l'Europe du Nord ; à l'inverse, la faiblesse de la SFIO en France, la situation particulière des partis socialistes en Espagne et en Italie l'ont plutôt prémuni contre ce danger. En Allemagne, en Autriche-Hongrie et dans l'Europe du Nord, des liens étroits existent entre les partis socialistes et les syndicats ; en ce domaine, les relations sont plus distendues dans l'Europe du Sud et particulièrement mauvaises en France. Avant 1914, aucun parti socialiste n'accède au pouvoir. En revanche, un nombre croissant de sections de la IIe Internationale est associé, selon des modalités diverses, aux systèmes de protection sociale qui se mettent progressivement en place. Ici encore, tout commence en Allemagne où, de 1883 à 1889, Bismarck crée un système d'Assurances sociales qui fait école dans toute l'Europe – la France sera l'un des derniers pays à l'adopter, fort tardivement en 1930. Par le biais des mouvements syndicaux auxquels sont liés la plupart des partis socialistes, de nombreux militants sont associés à la gestion des Assurances sociales.

Ces responsabilités renforcent l'assise financière et institutionnelle des organisations représentatives du mouvement socialiste – partis et plus encore syndicats – mais s'exercent au détriment de toute politique révolutionnaire : la gestion de ces systèmes de protection sociale doit se faire dans le calme. Toute agitation sociale trop forte risquerait, en suscitant la répression gouvernementale, de remettre en cause ces acquis. Avant 1914, l'essor spectaculaire de la social-démocratie et des syndicats allemands – qui ont parfois entre eux des querelles de préséance[2] – s'explique aussi par cette nouvelle donne. C'est ainsi que dans la pratique, et loin du discours révolutionnaire, les tendances « de droite » les plus réformistes sont encouragées. En 1901, au terme d'un vif débat, les thèses d'Edouard Bernstein en faveur d'une politique explicite de réformes, débarrassée de tout discours révolutionnaire qu'il jugeait devenu obsolète, avaient été condamnées par le SPD. Avec le recul, il semble bien maintenant qu'il s'agissait d'une victoire à la Pyrrhus : dans la vie quotidienne, les pratiques militantes – gestion des Assurances sociales ainsi qu'une nébuleuse d'associations ouvrières de toutes sortes (club de sports, coopératives, cercles culturels, etc.) – ont élargi l'assise de la social-démocratie allemande, lui ont donné une force reconnue et admirée au sein de la IIe Internationale. Mais ces avantages contribuent à émousser son internationalisme et son esprit révolutionnaire, comme on le voit en août 1914. Avec un écart peut-être moindre entre le discours et la pratique, d'autres partis socialistes connaissent des situations analogues.

Participation gouvernementale fréquente des socialistes à partir de 1914

Quel que soit le degré d'intégration des partis socialistes aux réalités nationales avant 1914, là encore la Très Grande guerre modifie assez sensiblement cette situation. Tout d'abord, elle accentue cette intégration. Dès le début de la guerre, la question de la participation aux responsabilités gouvernementales qui avait provoqué de si vives discussions chez les socialistes allemands, français et russes puis dans la IIe Internationale jusqu'à la condamnation du « ministérialisme » en 1904, est désormais dépassée. Un tabou est brisé : en participant aux gouvernements, les socialistes belges, britanniques et français prennent des responsabilités directes dans la conduite de la guerre. Cette participation des socialistes aux affaires du pays ne se limite d'ailleurs pas au politique : ainsi, en France, SFIO et CGT mettent sur pied un Comité d'action qui cherche à répondre aux besoins sociaux provoqués par le conflit et en Grande-Bretagne, les travaillistes défendent une orientation analogue.

Il ne faut pas voir dans cette orientation une simple parenthèse qui se justifierait par les circonstances exceptionnelles de la guerre. Tout au contraire, comme on le voit la paix revenue, une nouvelle période de l'histoire du socialisme est ouverte. L'accession des socialistes au pouvoir devient monnaie courante dans de nombreux pays – l'Allemagne, l'Autriche (1918-1920), la Belgique (1919-1921, 1926), le Danemark (1924 puis 1929), la Finlande (1927), la Grande-Bretagne (1924) et la Suède (1921 puis 1932). Ce processus va de pair avec une volonté affichée de transformation idéologique et sociale du Parti : ainsi le Labour britannique veut « apparaître de plus en plus comme un parti national et de moins en moins comme le délégué des travailleurs manuels ». Même chose en Suède ou en acceptant un processus de « déidéologisation », plus poussé sans doute que dans la majorité des autres partis socialistes, « la social-démocratie ne met [...] en question ni la défense nationale, ni l'union de l'Église et de l'État [...], ni la propriété privée des moyens de production, ni la liberté de l'entreprise[3] ». En revanche, la SFIO est peu concernée par cette évolution : elle continue à se réclamer du marxisme orthodoxe pour justifier une politique qui refuse l'aventurisme communiste mais aussi la participation aux responsabilités du pouvoir. Certains militants, impatients d'agir, dénoncent cet « attentisme » stérile. En 1930, Marcel Déat prône un renouvellement de la stratégie socialiste, en direction des classes moyennes mais il n'est guère suivi par la SFIO qu'il finira par quitter trois ans plus tard. Dans plusieurs partis socialistes, la crise des années 1930 renforce ces tendances intégrationnistes. Tel est le cas en Belgique avec le « Plan de travail » défendu en 1933 par Henri de Man : ultérieurement, le planisme favorisera sa conversion vers un « socialisme national ». Plusieurs responsables socialistes et syndicalistes sont séduits par ces thèses. Aux Pays-Bas « comme ailleurs, la crise [...] a rapproché les organisations syndicales du gouvernement et favorisé l'intégration de la classe ouvrière[4] ». Influencé par Henri de Man, le Parti socialiste suisse rejette en 1935, lors de son congrès de Lucerne, toute formule de type Front populaire en s'affirmant en faveur « d'un front démocratique et socialiste[5] ». Contrairement à la France et à l'Espagne où la SFIO et le PSOE (Parti socialiste ouvrier espagnol) suivent une politique d'action avec le communisme, la majorité des partis socialistes européens évoluent beaucoup plus alors vers la droite de l'échiquier politique.

Un socialisme toujours plus à droite

Cette évolution générale a des conséquences sur les relations des partis socialistes avec les partis communistes : en cherchant toujours davantage à se faire les défenseurs de la démocratie parlementaire et en collaborant avec les classes moyennes – ou tout au moins en cherchant à ne pas les effrayer – les partis de l'Internationale ouvrière socialiste (IOS), nouveau nom de l'Internationale socialiste depuis 1923, prennent de plus en plus leur distance avec le mouvement communiste. Certains, tel le Parti socialiste de Norvège, en viennent purement et simplement à renvoyer dos à dos communisme et nazisme. La catastrophe allemande – l'arrivée de Hitler au pouvoir en janvier 1933 – n'a pas modifié ces analyses : si des contacts sont renoués entre les dirigeants de l'Internationale communiste (IC) et de l'IOS lors d'une entrevue à Bruxelles en septembre 1934, ils sont éphémères. En novembre 1934, la question de l'unité d'action contre le fascisme est à nouveau posée au sein de l'IOS. Pour la droite de cette organisation, l'unité d'action avec l'IC contre le fascisme serait une « catastrophe » et donc un tremplin pour le fascisme dans des pays comme les Pays-Bas. Aussi, si les socialistes des pays scandinaves, de la majorité du SPD en exil à Prague, de la Belgique, de la Grande-Bretagne, de la Tchécoslovaquie et les mencheviks russes se résignent à laisser la SFIO poursuivre sa politique unitaire avec le PCF, c'est à la condition expresse que cette orientation n'engagera en rien l'IOS. Au cours de débats particulièrement violents, Albarda, le président du Parti hollandais, est prêt à remettre en cause sur ce point l'unité de l'IOS. Dans un climat tendu, une majorité – une vingtaine de voix sur un total de 250 – repousse toute forme d'unité d'action. Pour l'IOS, la réunion de novembre 1934 met un point final au chapitre de l'unité d'action avec l'IC, au moment même où, dans plusieurs pays européens, apparaissent les conditions nécessaires à sa réalisation. Capitale dans l'histoire du socialisme européen, cette décision doit relativiser l'importance des Fronts populaires en France et en Espagne. Si le souvenir de 1936 est resté très important dans ces deux pays, il ne doit pas cacher l'essentiel : il est resté une exception en Europe. Pour l'essentiel du socialisme du Vieux Continent, 1936 a été un non-événement : il a mis en lumière la faillite de l'internationalisme socialiste.

Participation au pouvoir et croyance en la SDN

Cette faillite a des racines plus anciennes. Le discours internationaliste, la pratique de l'organisation internationale du socialisme et de la majorité des partis socialistes ont profondément changé depuis août 1914. À la différence de leurs prédécesseurs, les socialistes ne croient plus guère en l'internationalisme et n'hésitent pas à le dire et à le montrer : en témoignent leurs votes, nombreux, en faveur des budgets de la défense nationale, durant la guerre et ensuite. Avant 1914 une telle orientation eût été impossible. Mais si le discours et les prises de positions ont changé, les pratiques se modifient également : désormais, les socialistes agissent beaucoup plus largement par le biais d'organisations supra-gouvernementales sur lesquelles ils s'efforcent d'exercer une influence quand ils n'en sont pas directement à l'origine. La plus importante de ces organisations est la Société des Nations (SDN) dont l'IOS cherche à infléchir l'action dans le sens de ses idéaux. Soit par la pression, sous forme d'appels à l'opinion publique en direction de la SDN. Soit, et ceci est le cas le plus fréquent, dans le cadre de l'action gouvernementale à laquelle les socialistes sont maintenant fréquemment associés : participant fréquemment à partir de 1918 à des gouvernements dans les pays démocratiques (Autriche, Belgique, Danemark, Finlande, Grande-Bretagne, Suède, etc.), les partis de l'IOS ont maintenant la capacité d'intervenir de façon directe dans les pourparlers diplomatiques. Mais cette orientation a ses faiblesses : elle a pour conséquence de mettre l'IOS à la remorque de la SDN, de privilégier l'action socialiste dans un cadre supra-gouvernemental et institutionnel, au détriment de la mobilisation de masse, désormais délaissée. Aussi le rôle autonome du socialisme se trouve marginalisé et affadi. Il y a là un autre élément de rupture avec le socialisme d'avant 1914 comme avec le mouvement communiste ensuite : tous deux, du moins l'affirment-ils, mettent au premier plan l'action de masse.

Sur un plan qui n'est pas que symbolique, durant les années 1930, l'affaiblissement puis la faillite de l'IOS coïncident avec celle de la SDN : la progression des régimes fascistes et autoritaires (Allemagne en 1933, Autriche, Grèce, Espagne, etc.) se fait au détriment de ces deux organisations, très différentes pourtant par leur statut. Cette évolution générale entraîne durant cette décennie leur impuissance de plus en plus manifeste puis leur paralysie. On le voit bien à partir de 1936 lors de la réoccupation de la Rhénanie par Hitler puis quelques mois plus tard avec la guerre d'Espagne : ni la SDN, ni l'IOS ne sont en mesure d'exercer une quelconque influence sur les événements. En Espagne, elles prônent une politique de non-intervention qui n'empêche nullement Hitler et Mussolini d'aider activement le général Franco. Les disparitions sans gloire de l'IOS et de la SDN en 1939 sont étroitement liées ; elle marque l'échec définitif d'un certain mode de résolution des problèmes internationaux. Ici aussi, les différences sont grandes avec la période précédente : avant 1914 n'existait pas d'organisation supra-gouvernementale comparable à la SDN ; par ailleurs, la Seconde Internationale prétendait − même si elle en a été incapable − influer sur le cours des choses grâce à l'action de masse.

Un mouvement ouvrier divisé

Durant l'entre-deux guerres, la division du mouvement ouvrier est un autre élément qui le différencie de sa situation d'avant 1914. Sans idéaliser un âge d'or qui n'a jamais existé, le mouvement ouvrier s'était jusqu'alors caractérisé par deux grandes données : la marche vers l'unité et une division du travail croissante entre plusieurs organisations qui avaient chacune leurs fonctions spécifiques. Alors que la Première Internationale avait été un conglomérat où cohabitaient, dans la plus grande confusion, militants politiques, syndicalistes, coopérateurs et parfois mutualistes, on assiste au contraire à partir de 1889, date de fondation de la IIe Internationale, à une délimitation et une division du travail entre les quatre grandes composantes du mouvement ouvrier : le parti, le syndicat, la mutuelle et la coopérative. À l'échelle nationale et internationale, une répartition des tâches s'établit peu à peu entre ces organisations. La naissance et les premiers pas de la IIe Internationale précèdent de peu celle des internationales des coopérateurs (1896), des syndicalistes (1902)[6] et des mutualistes (1905). Les deux premières se posent la question des rapports avec la IIe Internationale à l'heure où le mouvement ouvrier se conçoit comme « socialiste, syndical et coopératif[7] ». En ce domaine, ce sont les éléments de continuité qui l'emportent durant l'entre-deux guerres, où la division du travail entre socialistes, syndicalistes, coopérateurs et parfois mutualistes se poursuit de façon plutôt harmonieuse.

En revanche, sur la question de l'unité politique, la Première Guerre introduit une autre rupture au sein du mouvement ouvrier. Jusqu'en 1914, l'histoire de la IIe Internationale avait été celle de l'élargissement continu de son influence et de ses sections. De plus en plus, elle avait pu prétendre représenter le mouvement ouvrier dans un processus croissant d'unification. La Première Guerre remet fondamentalement en cause ce processus. Elle introduit une triple division sur la question de l'unité : tout d'abord, le mouvement ouvrier chrétien s'organise à son tour, tant en confédérations nationales dans certains pays (Allemagne, France) qu'à travers l'Internationale des syndicats chrétiens (ISC) fondée en 1921. Ensuite, le mouvement socialiste se scinde en deux organisations, l'une de « droite », l'autre de « gauche ». Elles fusionnent en mai 1923 au congrès de Hambourg pour constituer l'Internationale ouvrière socialiste ; cependant, divers partis socialistes de gauche refusent de rejoindre l'IOS, maintiennent leur propre structure et se renforcent tout au long de la décennie suivante. Enfin, à l'exception de la brève période d'unité allant, en Espagne et en France, de juin 1934 au courant de l'année 1938, c'est d'abord la division qui caractérise les relations entre communistes et socialistes. Sur la question fondamentale de l'unité ouvrière, les différences sont donc également considérables entre les années 1889-1914 et l'entre-deux guerres.

On ne traitera pas ici des conséquences du développement du mouvement ouvrier chrétien. Limité pour l'essentiel à l'Allemagne et la France, il reste encore minoritaire sur le plan syndical, comme le montre le cas de la CFTC. En France, il n'arrive pas à trouver une expression politique durant l'entre-deux guerres. Tout autre apparaît le mouvement socialiste : toutefois, au-delà de la force apparente de l'Internationale ouvrière socialiste, véritable colosse aux pieds d'argile, les facteurs de division sont nombreux. Tout d'abord, il faut attendre près de cinq ans après la fin de la guerre pour que, au terme d'un processus difficile, les différentes composantes du socialisme puissent se réunifier au sein de l'IOS. Mais cette unification est de courte durée, guère plus d'une décennie. À partir du début des années 1930, l'histoire de l'IOS devient celle de son impuissance croissante. Peu à peu elle est minée par la division existant entre les partis socialistes des pays démocratiques et ceux des pays de dictature. On le sait, l'histoire de l'Europe durant l'entre-deux guerres s'organise autour de la montée des régimes forts et dictatoriaux : commencée en 1919 après la répression contre la révolution hongroise, cette évolution se poursuit en Italie (1922) en Pologne, au Portugal, en Yougoslavie, dans les pays Baltes. L'arrivée de Hitler au pouvoir en Allemagne en 1933 accélère ce processus : on en voit les effets en Autriche (1934), en Grèce et en Espagne (1936), puis à nouveau en Autriche ainsi qu'en Tchécoslovaquie en 1938-1939.

L'intégration des partis socialistes à leurs sociétés nationales s'accompagne d'un renforcement du poids du socialisme des pays démocratiques au sein de l'IOS : il y a là le signe d'une attitude défensive de cette dernière dans une Europe gagnée par le fascisme où le rapport des forces est en défaveur de l'Internationale ; son incompréhension du fascisme et son incapacité à s'y opposer de façon globale entraînent un déséquilibre au bénéfice des partis démocratiques qui disposent de davantage de moyens humains et financiers. Durant cette décennie, l'IOS réorganise ses structures à plusieurs reprises. Toujours dans le même sens : en 1934, ses sections des pays « non démocratiques » totalisent 121 voix, de 1934 à 1937, elles n'en rassemblent plus que 77 et en 1939, au terme d'une ultime réorganisation, ce chiffre tombe à 21. Une résolution est alors votée proposant que le Bureau de l'IOS « soit constitué de manière à ne comprendre à l'avenir que des représentants des pays où existe la démocratie ». Cette modification des rapports de force au sein de l'IOS a des conséquences politiques : elle privilégie ses tendances les plus droitières, les plus légalistes, généralement les moins enclines à combattre le fascisme ou du moins à s'en préoccuper. Cette évolution contribue à la paralysie générale de l'organisation : en 1939, comme l'écrit son principal dirigeant, Fritz Adler, l'Internationale ouvrière socialiste est politiquement morte pour ne pas avoir su combattre le fascisme.

Cette évolution ne reste pas non plus sans conséquences sur les relations de l'IOS et de ses sections avec le mouvement communiste. Fondamentale durant l'entre-deux guerres, la question de l'unité aboutit pour l'essentiel à un échec. Que le mouvement communiste ait dans cette situation une part de responsabilité est évident : sa dénonciation incessante de la « faillite » de la social-démocratie en 1914-1918 a pesé lourdement. Très forte au début des années 1920, cette hostilité connaît un regain supplémentaire à partir de 1928 où, avec la théorie « classe contre classe » énoncée par l'Internationale communiste, la social-démocratie est érigée en ennemi principal, plus dangereux encore que le fascisme. Cette politique est suicidaire. De 1928 à 1932, l'hostilité des communistes allemands contre les sociaux-démocrates permet, parmi d'autres éléments, l'arrivée au pouvoir de Hitler. Mais le contentieux est plus ancien : la suppression des libertés en Russie dès les débuts de la Révolution, la répression que les bolcheviks ont exercée contre les socialistes depuis les années 1920 pèse fortement dans la balance. Toutefois, la social-démocratie porte également une part de responsabilité dans cette grande division : en particulier, durant les années 1925-1927, l'IOS a repoussé certaines ouvertures timides faites dans plusieurs pays (Pologne, Grande-Bretagne, France) par l'IC. Durant ces deux ans, l'IC, certains de ses dirigeants du moins, ont défendu un cours plus modéré qui s'est heurté à une fin de non-recevoir du socialisme international. Le refus est plus net et plus ample dans les années 1934-1939 où la majorité des partis socialistes européens refusent de s'engager dans la voie suivie par la SFIO et le PSOE[8].

Ainsi, profondément transformé par la Première Guerre mondiale, le mouvement ouvrier a été, de plus, confronté durant l'entre-deux guerres à une situation inédite, la division entre deux courants hostiles. Durant ces deux décennies, l'unité antérieure à 1914 apparaît comme un âge d'or à jamais révolu. Quelle que soit la part d'idéalisation de cette période d'avant guerre par les militants, souvent les plus âgés, la division ouvrière qui a suivi la Première Guerre mondiale a fait des ravages. Et ce, à l'heure où la situation générale à laquelle est confrontée le mouvement ouvrier dans son ensemble est beaucoup plus complexe. Alors que le quart de siècle qui précède la Première Guerre a pu apparaître comme une période favorable au réformisme – il ne cessait de progresser sous de multiples formes – le premier quart de siècle de l'histoire du communisme s'est déroulé dans un tout autre contexte : il a été marqué par le traumatisme du désastre de 1914-1918, puis par un climat de violence exacerbée, en particulier en raison de la montée généralisée du fascisme et des régimes autoritaires en Europe, enfin il a été incapable de surmonter la division ouvrière. Socialistes et communistes ont chacun une responsabilité dans le nouvel échec que connaît le mouvement ouvrier en 1939. Ce désastre s'explique aussi par l'ensemble des raisons qui transforment si profondément le socialisme durant l'entre-deux guerres au moment où monte la violence de masse, si caractéristique de ce « bref » XXe siècle.

Notes

1. Outre les travaux, fondamentaux, de Georges Haupt, notamment, *La IIe Internationale, 1889-1914. Étude critique des sources. Essai bibliographique,* Paris, Mouton, 1914 ainsi que *Le Congrès manqué. l'Internationale à la veille de la Première Guerre mondiale,* Paris, Maspero, 1965, cf., notamment le n° spécial du *Mouvement social, La Désunion des prolétaires,* sous la dir. de René Gallissot, Robert Paris, Claudie Weill, n° 147, avril-juin 1989.

2. Georges Haupt, « Socialisme et syndicalisme », *Jean Jaurès et la classe* ouvrière, Paris, Éditions de l'Atelier/Éditions Ouvrières, 1981.

3. Jacques Droz, « Le socialisme des pays de l'Europe du Nord », *Histoire du socialisme,* t. 3, Paris, PUF, 1977, p. 167.

4. *Ibid.*

5. *Ibid.*

6. Antony Carew, Michel Dreyfus, Geert van Gœthem, Rebecca Gumbrell-Mc Cormick, *The international Confederation of Free Trade-Unions,* Berne, Peter Lang, 2000.

7. Pour reprendre le titre de l'*Encyclopédie socialiste, syndicale et coopérative* de Compère-Morel.

8. Sur l'histoire du socialisme durant la Première Guerre et l'entre-deux-guerres, cf., Julius Braunthal, *History of the International,* vol. 2, *1914-1943,* Boulder, Westview Press, 1971 ; *L'Internazionale operaia e socialista tra le due guerre,* a cura di Enzo Collotti, Milano, Fondazione Giangiacomo Feltrinelli, 1985 ; *Internationalism in the Labour Movment, 1830-1940,* ed. by F. Van Holthoon and Marcel van der Linden, Brill, 1988 ; Michel Dreyfus, *L'Europe des socialistes,* Bruxelles, Éditions Complexe, 1991.

Les communismes
d'une guerre à l'autre

1914-1944

Chapitre VI

De la Russie à l'URSS

Sous la coordination de Claudio Sergio Ingerflom

Introduction

par Claudio Sergio Ingerflom

Dans les universités soviétiques, on enseignait l'*Histoire du Parti communiste soviétique*. Dans chaque faculté existait une chaire sous ce nom. Les professeurs étaient formés dans des filières particulières, comme pour n'importe quelle autre discipline. Qu'est-ce que distinguait cette *Histoire du parti communiste* de l'*Histoire de l'URSS. Période contemporaine* ? Rien, si ce n'est que la première démarrait approximativement au milieu du XIXᵉ siècle et la seconde à la fin du XVIIIᵉ siècle (la Révolution française était pensée comme un tournant dans l'histoire du monde[1]) ; les deux histoires étaient décrites jusqu'au dernier congrès du Parti communiste de l'Union Soviétique (PCUS).

Histoire de l'URSS ou histoire du communisme ?

Ainsi, l'histoire du pays se confondait avec l'histoire du PC. Puisque cette dernière était conçue comme une histoire par le haut (on étudiait surtout l'idéologie, les programmes et les discours officiels) l'histoire de centaines de millions d'individus était réduite à celle d'une poignée de dirigeants. Cette réduction obéissait à un but de propagande politique et à des prémisses théoriques. Politiquement, on tentait de passer un double message : la réalité était produite par le discours du Parti (les linguistes, suite à Austin appellent ces énoncés « performatifs » : dire c'est faire[2]) et cette réalité – c'est-à-dire la société, le pays tout entier, inséparable du Parti, est homogène, elle est faite d'une seule pièce. Mais cette vision s'appuyait également sur une conception traditionnelle de l'histoire, qui a dominé la discipline jusqu'il y a quelques dizaines d'années dans nos pays aussi et qui n'a d'ailleurs pas totalement disparu. On la retrouve ici et là et surtout dans les études occidentales consacrées au communisme et de l'URSS : les diverses sphères de l'activité humaine sont subordonnées à la politique, laquelle est comprise avant tout comme le monopole des hommes au pouvoir. Les Soviétiques, simplifiant à l'extrême la pensée de Marx, prenaient la précaution d'affirmer que le développement objectif de l'économie déterminant l'évolution humaine est réglé par ses propres lois, comme la nature ; évidemment ces lois étaient élaborées et formulées par le Parti pour justifier sa politique : il pouvait dès lors affirmer que ses actions étaient conformes aux lois de l'histoire. Puisque la politique – conçue comme la volonté de ceux qui détiennent le pouvoir et non pas comme les rapports entre les humains pour la gestion de la société – est aux commandes de l'histoire, c'est l'idéologie de ces hommes et leurs actions qui scandent l'histoire, c'est donc sur eux que les scientifiques doivent avant tout se concentrer.

Cette approche de l'histoire qui a placé au centre de son attention la volonté – inhérente à divers degrés à la direction du PCUS tout au long de son existence – de contrôler totalement la société et de la modeler selon un schéma idéologique s'exprime avec force dans le substantif « totalitarisme » censé rendre compte de la nature du régime soviétique. Les porte-parole du régime formulaient la même idée en ces termes : « Le pays et le Parti sont indissolublement unis ». La différence essentielle réside dans l'évaluation du système, négative pour les habitants du pays, positive pour les dirigeants du Parti. L'autre idée, commune aux uns et aux autres est que ce régime a une origine : la Révolution d'octobre conçue comme une rupture radicale.

Que les historiens soviétiques, isolés et collectivement au service du pouvoir soient restés prisonniers des paradigmes historiographiques traditionnels est compréhensible. Ce qui devrait étonner est que la Révolution d'octobre soit présentée comme l'origine et l'année zéro d'un système politique, mental, économique et social dans un pays comme la France où il y a plus d'un demi-siècle Marc Bloch a démontré la vanité du mythe des origines[3] ; plus près de nous, François Furet a lancé, il y a près de trente ans un débat mémorable sur 1789, en soutenant entre autres qu'il était naïf de penser la révolution comme une année zéro. Il y a à ce propos une inconséquence telle entre *Penser la Révolution française* et *Le Passé d'une illusion*[4] – qui reproduit le mythe de « 1917, année zéro » – qu'on ne peut que regretter que les disciples

« soviétologues » de François Furet ne prennent pas la peine de s'en expliquer. Certes cela n'aiderait pas à comprendre la Russie, mais le parcours politique de l'intelligentsia française depuis 1968.

Un autre regard

Cependant, depuis plusieurs dizaines d'années, le paradigme positiviste et événementiel a perdu du terrain face à de nouveaux courants dans l'histoire qui ont démontré que la vie collective et quotidienne, la pensée et l'action des millions d'hommes ne résultent pas uniquement d'une application de la volonté du pouvoir. Les mentalités, les représentations, les croyances, les rites, l'initiative individuelle au moment de l'action, les courbes démographiques qui expriment la façon d'aimer, de vivre et de mourir et tant d'autres facteurs non seulement résistent à la volonté du pouvoir, mais parfois obligent celui-ci à modifier ses prétentions, d'autres fois sont à l'origine des initiatives et des événements non prévus et souvent, malgré les apparences faites d'allégeances obligées, cheminent parallèlement, hors de la portée du pouvoir[5]. Les auteurs qui traitent ici du communisme soviétique partagent cette conception de l'histoire. L'histoire de l'URSS ne se confond donc pas avec celle du communisme soviétique.

Il est clair néanmoins que l'une et l'autre sont entrelacées. La poignée de communistes aux commandes suprêmes du pouvoir n'a pas agi seule. D'abord parce que ce pouvoir est issu d'une réalité culturelle, politique, sociale, économique qui le précède et lui transmet sa marque. Ensuite, il a été relayé par des acteurs sociaux qui ont trouvé leur compte dans les bouleversements sociaux qui ont suivi 1917. La révolution a provoqué, selon la belle expression de Marc Ferro, « une plébéianisation du pouvoir[6] ». Celui-ci s'est décomposé en infinies strates descendant verticalement dans la société, laquelle se fragmentait à perte de vue laissant partir comme des bulles d'air certains de ses éléments pour remonter à rebours les échelles du pouvoir. Qu'on ne se trompe pas : à la différence de la France par exemple, ces hommes ne représentaient pas les intérêts des secteurs sociaux véhiculant des options politiques fondamentalement différentes ; du fait de la fragmentation, ils se retrouvaient happés par la seule option existante, celle du pouvoir. Dans cet enchevêtrement où les positionnements et les intérêts étaient plus brouillés que définis se jouait un va-et-vient entre les prétentions du pouvoir et la demande sociale ou, comme dit Michel de Certeau, entre le producteur et le consommateur. De ces affrontements quotidiens ni le produit proposé par le premier ni le goût du second ne purent demeurer identiques. Les textes qui suivent cette introduction se focalisent avant tout sur cette dialectique. Pour tenter de fournir une explication du communisme soviétique, ils analysent la confrontation entre les acteurs principaux : les idéaux du régime, l'action du pouvoir, les contraintes « objectives », la résistance et les aspirations collectives... C'est l'histoire du communisme soviétique à l'œuvre.

Pour des raisons d'espace, il a fallu faire un choix. Nous avons privilégié les ouvriers, les paysans, les femmes, le Parti. Le régime proclamait tenir sa légitimité de son statut de classe. Lewis Sigelbaum et Donald Filtzer auteurs d'ouvrages[7] sur les ouvriers soviétiques qui font autorité dans le monde anglo-saxon exposent ce que furent les relations entre les travailleurs des usines et des mines et le communisme. On a dit et redit que le grand sacrifié de cette histoire fut le monde rural : Lynne Viola[8] qui depuis quelques années a renouvelé dans plusieurs livres notre connaissance de la paysannerie soviétique reconstitue ici son sort. On sait depuis quelques années que l'étude de la place et du rôle des femmes est un révélateur efficace de la nature d'un régime politique et social. Wendy Goldman, connue par ses travaux[9] sur les *gender* (la notion de genre) outre-atlantique en fournit ici une nouvelle preuve. Traversant ces catégories ainsi que la séparation relative entre pouvoir et société, la population soviétique, comme celle de tout autre pays, possède des comportements collectifs et propres qui obéissent à d'autres logiques que celle de la politique et divisent l'URSS selon des critères externes au projet officiel. Lorsqu'elles concernent des sphères aussi fondamentales que l'amour, la naissance et la mort, l'autonomie de ces comportements signale les limites des prétentions du pouvoir et l'existence d'une réalité hors de l'idéologie du Parti. Alain Blum dont le livre[10] sur la démographie soviétique est bien connu du lecteur français présente ici cette problématique. Le levier du projet global fut le Parti : Gábor T. Rittersporn, l'un des premiers à avoir rompu avec la vision d'un pays fabriqué par la volonté d'un tyran pour analyser le système à partir de sa complexité sociale et politique retrace ici le rôle du Parti[11]. Il a été aussi, il y a quelques années, le co-auteur du premier article fixant le nombre de victimes du régime[12], il a écrit ici le chapitre sur la terreur. Nous avons donné à la terreur une place particulière parce qu'elle fut, à plusieurs moments décisifs de la construction du système communiste, l'instrument des hommes au pouvoir. La plupart finirent par en faire à chaque fois les frais –, parce qu'elle exigea la participation active, la complicité de centaines de milliers d'individus, parce qu'elle entraîna la mort de plusieurs millions de personnes. D'autres millions furent victimes des famines dont la responsabilité politique est indiscutable ; elles sont traitées par Alain Blum. La terreur fut la forme extrême de la violence. Celle-ci était à la fois inhérente au projet bolchevik et propre à la culture politique russe mais aussi à la façon « bourgeoise » de régler les rapports politiques bien au-delà de la Russie : l'esclavagisme et le colonialisme, les massacres des ouvriers parisiens en juin 1848 et des Communards en 1871, la Première Guerre mondiale, etc. Il fallait donc historiciser cette violence pour la rendre compréhensible. On lui a accordé plus d'espace qu'aux autres thèmes. Peter Holquist, fin connaisseur de cette époque, offre ici une reconstitution – appelée à devenir un classique – du contexte mondial de la violence révolutionnaire bolchevique et de leurs rapports[13].

La spécificité russe

Le communisme soviétique, par le rôle qu'il a joué dans l'expansion du communisme dans le monde et par les étrangetés d'une culture nationale que les protestations officielles de fidélité à la pensée de Marx n'ont jamais réussi à masquer, suscite de façon récurrente une question : quel est le degré de sa spécificité russe ? Question pertinente qu'on ne peut pas ignorer. Elle coïncide largement avec celle de la présence du passé russe dans le régime soviétique. Cela justifie à nos yeux de la traiter dans cette introduction. Je voudrais signaler ici cinq aspects de cette spécificité.

L'État

L'un des moments constitutifs de l'État dans l'Occident européen fut la dépersonnalisation du pouvoir qui permit le transfert de la sacralité du roi ainsi que celui du loyalisme envers l'Église et la communauté locale vers une institution et une conception abstraites autour de l'idée du bien commun. Rien de tel en Russie, où la sacralisation du tsar et de sa famille atteint au cours du XIXe siècle une intensité sans précédent. En accord avec l'inexistante ou très fragile séparation de ce qui revient à *la res-publica* et ce qui appartient au tsar, la langue russe utilise pour désigner l'État, le terme *gosoudarstvo*, qui calque les mots latins *dominium* et *dominatio* : le domaine du seigneur (*dominus* dont le calque russe est *gosoudar*, l'un des termes non seulement officiels, mais aussi le plus répandu pour nommer le monarque). La Révolution d'Octobre a lieu dans un pays où la représentation collective d'un État conçu comme une institution impersonnelle et jouissant de la préséance accordée aux intérêts collectifs par des citoyens dotés d'un sentiment d'identité commune est très faible voire inexistante[14].

Le politique

Contrairement à ce qui s'est passé dans l'Occident européen, le politique ne s'est pas dégagé du religieux. La légitimité collectivement reconnue au pouvoir est transcendante. Le tsarisme réussit, dès le XVIe siècle, à dessaisir le social de tout critère de légitimation en instituant le tsar comme seul interprète de la volonté divine, par-dessus l'Église. Cette situation est renforcée sous Pierre le Grand au début du XVIIIe siècle. Collectivement, la société russe ne s'est jamais pensée comme un foyer de légitimité du pouvoir, ni la noblesse ni la bourgeoisie russe n'ont su se doter des institutions capables d'intervenir politiquement, c'est-à-dire sur la question du pouvoir. La Révolution de 1905 témoigne d'une fissuration laissant entrevoir l'émergence d'une autre conception, « laïcisée » ou immanente du politique, mais de ce point de vue, la Révolution de février de 1917 qui provoque l'abdication du dernier Romanov et l'insurrection d'octobre qui porte Lénine au pouvoir arrivent trop tôt : un au-delà transcendant et divin, seule source de légitimité, est remplacé par une « idéologie scientifique » remplissant la même fonction, aussi extérieure et antérieure à la praxis sociale que la Divine providence, aussi monopolisée par les détenteurs du pouvoir que la volonté de Dieu l'était par l'Empereur. En 1917, malgré une sécularisation réelle, mais trop mince les mentalités collectives peuvent faire leur la nouvelle légitimité : le discours bolchevik leur est familier par ses références à un autre lieu que la décision autonome de la société et par les revendications économiques, sociales et politiques susceptibles d'emporter l'adhésion.

La question agraire et la non-constitution politique des classes sociales

La paysannerie fut libérée du servage seulement en 1861. Mais les modalités de cette émancipation – par exemple le mélange de parcelles paysannes et de terres seigneuriales qui plaçait le paysan à la merci du seigneur pour mener paître le bétail – furent telles que la grande majorité des paysans, outre leur manque de terres, se retrouva dans une dépendance à l'égard des anciens seigneurs qui perpétua sérieusement des rapports sociaux pré-capitalistes. Sans la manière désastreuse de régler la question agraire en 1861 on ne comprend pas la Révolution de 1905. Le poids sociologique de la paysannerie et surtout l'hypothèque que cet enchevêtrement des formes pré-capitalistes et capitalistes d'exploitation faisait peser sur l'ensemble des rapports sociaux se conjuguaient avec une représentation religieuse du pouvoir pour empêcher les catégories socio-économiques de se constituer politiquement et de mener une lutte pour la domination politique, c'est-à-dire une lutte de classes moderne. Le capitalisme avait triomphé sur le plan économique, mais il avait échoué à transformer les rapports sociaux pour en faire une *société* bourgeoise.

Le Parti

Fondé en 1898, le Parti ne connaît un vrai départ qu'à l'occasion de son deuxième congrès en 1903 à Londres. Lénine y fonde son courant bolchevik. Il estime que le capitalisme ne joue pas le même rôle social en Russie qu'en Europe où il a réussi à clarifier les rapports entre les classes sociales, ouvrant la voie à une lutte de classes qui devait conduire au socialisme. Le tissu économique et social hybride russe associé au despotisme et à la violence politique et sociale lui semble trop résistant pour que l'évolution économique spontanée puisse conduire la bourgeoisie et le prolétariat industriel à se constituer comme classes politiques. Il y a à cela un préalable : une révolution paysanne capable de balayer l'ancien régime, qu'il désigne suivant une tradition de l'intelligentsia russe, sous le nom d'*aziatchina*, dérivé avec une connotation négative, mais non raciste d'*asiatique*, synonyme dans l'histoire russe d'un arbitraire absolu s'opposant à la « civilisation » occidentale. Dans cette impossibilité qu'il croit structurelle, pour la Russie d'accéder par une voie spontanée au stade de développement capitaliste et bourgeois, seul permettant d'envisager le socialisme, Lénine voit le fondement et la justification d'une « anthropologisation » du politique : ce que l'économie n'est pas capable de faire, les hommes, les révolutionnaires professionnels le feront. Ils « iront dans toutes les classes de la population » (c'est la thèse centrale du *Que Faire ?*, le livre fondateur du Parti) pour introduire les germes de la lutte de classes, pour les amener à se constituer politiquement en classes luttant pour le pouvoir dans le processus même de cette lutte. Contrairement à la tradition social-démocrate, il avance alors l'idée d'aller vers la paysannerie et de soutenir la petite propriété paysanne. Les paysans, pense-t-il sont encore à la veille d'une grande révolution anti-tsariste à la française. En même temps, les révolutionnaires professionnels doivent préparer les ouvriers pour cette lutte. Ils devront en prendre la direction, appuyer les revendications économiques paysannes afin de purifier les campagnes de ses puissants vestiges capitalistes, puis dans la foulée, avancer vers leurs propres objectifs socialistes. Il prévoit alors la résistance paysanne en ces termes : « Plus nous témoignons de "bonté" pour le petit producteur (par exemple pour le paysan) dans la partie pratique de notre programme, et plus, dans la partie de principe nous devons nous montrer "sévères" envers ces éléments sociaux ambigus et instables, sans nous départir d'un iota de notre point de vue. Si vous acceptez ce point de vue, le nôtre, alors nous aurons pour vous toutes les "bontés", sinon, prenez-vous en à vous-mêmes ! Alors, au temps de la dictature, nous dirons de vous : inutile de perdre sa salive là où il faut faire preuve d'autorité[15] ». Si la raison d'être du nouveau parti est de constituer des classes, l'autre fonction – attribution de la place et du rôle de ces mêmes classes – apparaît comme sa contrepartie permanente, un vice de nature autocratique à l'intérieur du dispositif créé pour briser l'autocratie. Cette conception s'appuie sur la conviction répandue dans la social-démocratie européenne que le développement capitaliste condamne la paysannerie à disparaître et que celle-ci se scindera en deux : un secteur bourgeois qui affrontera le prolétariat et un secteur pauvre qui, en se paupérisant, se retrouvera à côté du prolétariat. En même temps, comme le Parti est le seul qui possède la vérité scientifique sur les « lois du développement social », il est le seul à comprendre qui est un vrai prolétaire et qui ne l'est pas. Le Parti se retrouve naturellement dans une position de substitution à l'égard des classes sociales, y compris le prolétariat qu'il entend représenter. Il reprend là où le tsarisme a laissé les choses à sa chute et il reprend précisément le point fort du tsarisme, celui qui lui a permis et sa durée et son caractère despotique : le refus de l'autonomie du social et du politique au nom d'une idéologie[16].

La violence dans l'histoire russe

Les auteurs du *Livre noir du communisme* ont comparé les chiffres des victimes pendant la période soviétique au nombre d'exécutions décidées par le tsarisme contre ses adversaires révolutionnaires, afin de montrer, tout en faisant une révérence rituelle au poids de la tradition de violence, que finalement celle-ci n'explique rien vu le degré infiniment plus criminel du communisme. Cette comparaison est fallacieuse et a pour fonction d'empêcher de penser le vrai rôle de la violence dans l'histoire russe. D'abord, le nombre principal de victimes sous le tsarisme ne provient pas des procès contre les révolutionnaires, mais des massacres de paysans, des déportations collectives, des famines pour lesquelles la responsabilité du pouvoir et du système socio-économique sont évidentes comme en 1891-1892 – des morts dans les travaux forcés et autres traits inhérents au tsarisme. Mais pour douloureux qu'il soit, le nombre de victimes n'éclaire en rien la signification de la violence en Russie. Ce que *Le livre noir* dissimule est l'instauration de la violence, souvent illégale, comme forme principale de la vie sociale dans la Russie tsariste, comme seul ou presque horizon pour tout différend politique, comme moyen normal et normatif pour régler les affaires du pays. Violence et politique sont étroitement, indissolublement associées par l'exercice du pouvoir et dans les représentations collectives. Cela va du couloir formé par deux files de soldats armés de longs bâtons administrant aux paysans, serfs insoumis, plusieurs milliers de coups avant d'envoyer les survivants en Sibérie jusqu'à cet étudiant fouetté jusqu'à ce qu'il sombre dans la folie pour ne pas avoir retiré son chapeau devant le gouverneur militaire de Saint-Petersbourg en 1876. Peut-on faire l'histoire de la violence en Russie sans prendre en compte le servage, sa composante majeure et *quotidienne* affectant une grande partie de la population russe jusqu'à 1861 ? Répétons-le : l'importance de cette violence n'est pas mesurable en termes de victimes, mais par le fait d'avoir été à jamais associée à la vie sociale et à la vie politique, composante constitutive de ces deux dernières dans un alliage que l'Ancien régime a maintenu jusqu'à sa chute. Ce faisant, le régime tsariste a empêché l'émergence dans la Russie moderne et contemporaine d'une conception de la politique et de la vie en commun qui ne fasse pas systématiquement appel à la violence. Quant à la violence révolutionnaire contre le tsarisme, à partir du milieu des années 1860, elle est la réponse ou la réaction de la jeunesse cultivée au refus par le tsarisme de toute forme de négociation et à l'écrasement de la Pologne insurgée pour son indépendance. Les paysans qui refusent d'accomplir la corvée gratuite pour *l'ancien* seigneur au lendemain d'une Emancipation qui prévoit cette corvée pour deux années encore sont « pacifiés » (massacrés, déportés, etc.) sur place par l'armée, les poètes et journalistes qui osent écrire y compris à travers la censure ce que le tsar Alexandre II n'aime pas, se retrouvent en Sibérie et aux travaux forcés, bien avant le premier attentat contre le monarque.

Deux moments expliquent l'universalisation de *la culture de la violence*. À la sacralisation extrême du tsar, assimilé par l'idéologie de la cour à Dieu, correspond la non-émergence *et* du concept *et* de la réalité d'un État moderne. À cette absence correspond à son tour *l'échec de l'idée de représentation politique*. L'adhésion réclamée par le monarque était de type religieux. La résistance paysanne fit appel à la même dimension pour refuser toutes les mesures qui heurtaient les intérêts et la culture populaire. Le monarque fut accusé par la rumeur populaire d'être l'Antéchrist. Pratiquement tous les monarques de la dynastie Romanov ont été ainsi disqualifiés pendant plus de deux siècles. On aperçoit aisément une correspondance entre la vision antithétique Christ – Antéchrist qui ne laisse aucune possibilité à des zones intermédiaires, à des compromis sur le plan symbolico-idéologique et la non-constitution du politique en sphère autonome, en lieu où les intérêts opposés peuvent être confrontés et négociés pour arriver à des solutions de compromis. Rappelons que le dogme orthodoxe nie le purgatoire et ne laisse d'alternative que le paradis ou l'enfer. La jonction de la vision antithétique Christ – Antéchrist et l'échec de l'idée de la représentation a fait de l'arbitraire et de la violence le mode normal de régler les conflits. Entre la dichotomie politique Christ – Antéchrist et les oppositions antithétiques sur le plan social, par exemple paysan – seigneur, il y a une homogénéité qui s'exprime dans le fait que le renversement symétrique apparaît comme l'issue normale des conflits sur tous les plans. La logique du renversement dont la fonction est de garder un système de domination n'est pas surprenante. On sait cependant que le renversement symétrique est difficilement concevable sans violence et que c'est dans cette vision d'un avenir inversé, véhiculée par les exclus de la Russie tsariste que fut souhaité et pensé l'ordre qui devait lui succéder. Une telle vision impliquait l'exclusion de l'autre, suivie parfois par son élimination physique.

Pour les raisons conceptuelles et d'espace évoquées plus haut, cette partie du livre consacrée à la présentation du communisme soviétique n'est pas une histoire de l'URSS – le lecteur français a à sa disposition d'excellentes synthèses[17] –, mais à travers ces chapitres, le lecteur verra sans peine se dessiner les moments cruciaux de l'histoire soviétique : la Révolution de 1917 ; la guerre civile en 1918-1921 ; la désignation de Staline au poste de secrétaire général en 1922 ; la Nouvelle politique économique lancée par Lénine à la suite du Xe congrès du Parti en 1921, qui restaure partiellement la propriété privée, favorise le commerce, suscite l'espoir des paysans et améliore considérablement la situation économique ; l'exacerbation du conflit entre Staline et Trotski à partir de 1923, qui culmine quelques années plus tard avec l'expulsion de ce dernier du Parti et de l'URSS ; la mort de Lénine en 1924 ; l'adoption de la législation féministe la plus progressiste au monde et son abandon ; l'opposition interne animée par Zinoviev en 1926 et par Boukharine, Rykov et Tomski en 1928 ; la collectivisation qui cause l'extermination d'une partie de la paysannerie entre 1928 et 1933 et entraîne une stagnation de la production agricole dont la Russie souffre encore ; l'industrialisation lancée en 1928 et les plans quinquennaux qui vont scander l'économie soviétique jusqu'à la fin du système ; les famines de 1921 et de 1932, les vagues de terreur en 1936-1938, l'après-deuxième guerre mondiale et les espoirs vite déchus d'allégement de l'atmosphère oppressive ; le début d'une campagne antisémite qui décime une partie de l'intelligentsia juive arrêtée par la mort de Staline en 1953 ; le XXe congrès du Parti ; la dénonciation du « culte de la personnalité » par Nikita Khrouchtchev et le début du dégel en 1956 ; les années de « stagnation » et le mûrissement d'une crise généralisée de l'économie et de la société, la chute et ses conséquences sur les ouvriers et les paysans...

Les auteurs de cette partie « soviétique » n'ont pas besoin d'avoir entre eux-mêmes et avec les collègues et amis qui ont rédigé les autres parties des avis identiques sur chaque sujet de l'histoire du communisme. Mais nous partageons la conviction que l'histoire du communisme doit être une histoire globale, intégrant le haut, le bas et les innombrables canaux qui ont relié la société et celle-ci au pouvoir, une histoire des prétentions du pouvoir et de ce que la population lui a opposé. Nous pensons, comme le disait Mikhaïl Gefter, historien dissident, que l'histoire russe et soviétique est trop complexe pour lui poser des questions (et lui apporter des réponses) simples. Nous tenons compte à la fois des aspirations personnelles du paysan devenu ouvrier ou ingénieur dans les villes dans les années 1920-1930 et du communiqué du Bureau politique, de la planification centrale et les intérêts des notables loin du centre, des textes de Lénine et des croyances religieuses, de la mémoire collective et de l'intronisation de la science, de la puissance du pouvoir répressif et de l'impuissance de l'État à faire marcher le pays avec un minimum de rationalité, Goulag et camps de concentration américains à Cuba et britanniques en Afrique du sud au tournant du siècle... Notre réflexion porte sur l'autoritarisme soviétique présenté régulièrement comme rien d'autre que la folie idéologique et meurtrière d'une poignée d'individus, mais sans faire l'économie de la réflexion qui permet d'expliquer que 80 % des voix aient été partagées aux dernières élections présidentielles par un ex-haut fonctionnaire du KGB et le PC. Nous avons en commun de rejeter la version anti-bolchevique d'une histoire « bolchévisée », c'est-à-dire celle qui acceptant la vision communiste d'une URSS homogène et produite par la volonté idéologique se limite à renverser l'appréciation pour affirmer que ce produit-là était foncièrement mauvais. À la place de cette symétrie si confortable, dont nous ne sommes dupes ni de son archaïsme méthodologique ni de ses enjeux politiques, nous proposons une synthèse conceptuelle fondée à la fois sur les mêmes principes que les sciences de l'homme et de la société appliquent à d'autres phénomènes et sociétés et sur des connaissances renouvelées par l'ouverture des archives que nous avons l'habitude de fréquenter.

Notes

1. Voir Tamara Kondratieva, *Bolcheviks et Jacobins. Itinéraire des analogies*, Payot, Paris, 1989.

2. J.L. Austin, *Quand dire, c'est faire*, Paris, Le Seuil, 1970.

3. Marc Bloch, *Apologie pour l'histoire ou métier d'historien*, Paris, Armand Colin, 1997 (1re éd. 1949).

4. François Furet, *Penser la Révolution française*, Gallimard, Paris, 1981 ; *Le Passé d'une illusion. Essai sur l'idée communiste au XXe siècle*, Paris, Laffont, 1995.

5. S'il ne fallait citer qu'un seul livre pour symboliser ce renouveau, on doit renvoyer au texte lumineux de Michel de Certeau, *L'invention du quotidien. 1. Arts de faire*, Paris, Gallimard, 1990.

6. Marc Ferro, *Des Soviets au communisme bureaucratique*, Paris, Gallimard, 1980.

7. Entre autres : Lewis Sigelbaum, *Stakhanovism and the politics of productivity in the USSR, 1935-1941*, Cambridge, 1988 ; Donald Filtzer, *Soviet Workers and Stalinist Industrialization*, London, 1986.

8. Entre autres : *Peasant Rebels under Stalin : Collectivization and the Culture of Peasant Resistance*, New York, 1996.

9. Entre autres : *Women, the State and Revolution. Soviet Family Policy and Social Life, 1917-1936*, Cambridge University Press, 1993.

10. Alain Blum, *Naître, vivre et mourir en URSS*, Paris, Plon, 1994.

11. Gábor T. Rittersporn, *Stalinist Simplifications and Soviet Complications : social Tensions and political Conflicts in the URSS, 1933-1953*, Reading, 1991.

12. J. Arch Getty, Gábor T. Rittersporn, Viktor N. Zemskov, « Les victimes de la répression pénale dans l'URSS d'avant-guerre : une première enquête à partir du témoignage des archives », *Revue des études slaves*, N° 4, 1993, pp. 631-670.

13. Par exemple : « "Conduct Merciless, Mass Terror" : Decossackization on the Don, 1919 », *Cahiers du monde russe* 38,1-2 (1997) ; 127-62. Peter Holquist prépare actuellement deux livres : *Making War, Forging Revolution : Political Practices in the Don Territory during Russia's Deluge, 1914-1921* ; (en col. avec David Hoffmann), *Sculpting the Masses : The Modern Social State in Russia*.

14. Alain Blum, Claudio Sergio Ingerflom, « Oublier l'État pour comprendre la Russie ? », *Revue d'études slaves*, 1994, n° 2.

15. V.I. Lénine, *Œuvres*, Paris-Moscou, 1966, T. 6, p. 48.

16. Claudio Sergio Ingerflom, *Le Citoyen impossible. Les racines russes du léninisme*, Paris, Payot, 1988.

17. Par exemple, François-Xavier Coquin, *Des pères du peuple au père des peuples. La Russie de 1825 à 1929*, Paris, Sedes, 1995.

La question de la violence

par Peter Holquist

Durant soixante-dix ans, le Parti communiste et l'État soviétique martelèrent l'idée que la Révolution d'octobre avait constitué une rupture dans l'histoire de l'humanité. Contestant cette interprétation, leurs adversaires prirent le contre-pied des communistes, qualifiant de positif tout ce que ces derniers considéraient comme négatif. Le paradoxe est qu'il ne se trouva personne ou presque pour remettre en cause ce découpage chronologique et tout ce qu'il impliquait[1]. Les communistes, tout comme leurs ennemis, font partir leurs récits de 1917.

Sans doute y avait-il à cela de bonnes raisons. Un des traits principaux des révolutions de février et d'octobre 1917 fut la conviction qu'avaient leurs acteurs d'être en train d'imposer – et de vivre – une rupture radicale avec le passé, d'où naîtrait un monde audacieux et nouveau. Indépendamment de leurs préférences politiques, les contemporains partageaient cette idée qu'une politique révolutionnaire était une clef permettant de changer la société et les individus. Mais comme l'a fait remarquer Roger Chartier à propos de la France, le fait que les contemporains « étaient convaincus de l'efficacité absolue de la politique et lui assignaient la double tâche de refonder le corps social et de régénérer l'individu, ne nous oblige pas à partager leurs illusions »[2]. « Car c'est une évidence, ainsi que l'a noté François Furet, qu'à compter de la Révolution française, chaque révolution a eu tendance à se percevoir comme un commencement absolu, un moment zéro de l'histoire, porteur de tous les futurs succès promis par l'universalité de ses principes »[3]. Pour ce qui est d'Octobre, cette approche a surtout eu pour résultat de dissocier les bolcheviks et leur révolution du contexte historique qui les avait produits. Et comme seule la Russie avait vu un régime auto-proclamé marxiste révolutionnaire sortir de la fermentation révolutionnaire qui marqua la fin de la Grande Guerre dans les pays du centre et de l'est de l'Europe, la Révolution d'octobre eut pour conséquence supplémentaire d'amener la Russie à se démarquer du reste du Vieux Continent. Les contemporains – et après eux les historiens – assimilèrent le cataclysme qui frappa la Russie durant cette sorte de « période des troubles »[4] moderne que furent les années 1914-1921, à la Révolution. Après 1918, l'Europe et la Russie donnèrent à l'expérience destructrice qu'elles venaient de vivre deux noms différents : pour l'Europe ce fut la Grande Guerre, pour la Russie ce fut la Révolution.

Plutôt que de lui réserver un traitement à part, mieux vaut considérer que l'année 1917 a été une année-charnière dans la grande tourmente des années 1914-1921. Une telle approche chronologique prend non seulement en compte les rapports entre la révolution et les guerres civiles qui éclatèrent ensuite, mais aussi la question trop souvent négligée des liens existant entre toutes les transformations révolutionnaires nées de la Première Guerre mondiale et la Révolution russe en particulier. Les contemporains eux-mêmes avaient noté à quel point la Révolution alliait une foi mystique en la capacité de la politique à refaire le monde à la culture de violence née de la Première Guerre mondiale[5]. La révolution soviétique ne saurait par ailleurs être dissociée de la série de guerres civiles qui éclatèrent aussitôt après. Nombre de pratiques apparues lors de la mobilisation totale du pays se perpétuèrent au-delà de la coupure révolutionnaire et furent utilisées par les différents acteurs de ces conflits fratricides. Qui plus est, ces guerres civiles constituèrent aussi un conflit ayant pour enjeu de décider comment la révolution devait être lue et conduite, et quelle version en serait institutionnalisée.

Les Précédents

Il est nécessaire de replacer la révolution dans le contexte élargi de la Grande Guerre, mais il ne faut pas pour autant faire de 1914 un moment de rupture en lieu et place de 1917. Un tel découpage chronologique reviendrait à considérer la guerre comme un facteur antropomorphique destructeur pour la société, et on négligerait du même coup le fait que « l'organisation sociale de la violence, au point de rendre possible une guerre totale, était une réalité depuis la fin du XIXe siècle »[6].

Au vu de la situation intérieure de la Russie, on peut dater des années 1890 l'émergence d'une situation pré-révolutionnaire, en rapport avec des événements tels que la famine de 1891-1892, l'essor des luttes ouvrières dans quelques villes importantes à la fin de la décennie 1890, la montée en puissance des mouvements nationaux et l'agitation universitaire de 1899. La Nouvelle Russie, en particulier là où on expérimentait des méthodes modernes de culture, fut secouée en 1902 par une vague de désordres agraires qui annonçaient les mouvements de la révolution de 1905-1906. En 1903 éclatèrent les pogroms de Kichinev ; l'autocratie réagit bien timidement à ces événements, ce qui lui valut une condamnation unanime du reste du monde. Le régime autocratique n'avait pas été à l'initiative de ces pogroms : quoique détestant les Juifs, il abhorrait toute violence spontanée, indépendamment de ses causes. Durant la même période, l'opposition s'organisa au sein de partis modernes s'inspirant d'un modèle quasiment universel : c'est ainsi que se formèrent successivement le Parti socialiste polonais (1892), le Bund juif (1897), le Parti ouvrier social démocrate de Russie (1898), qui se scinda ensuite entre bolcheviks et menche-viks (1903), les Socialistes révolutionnaires (1901-1902), le journal *Libération* (1902) continué après 1904 par *L'Union de la libération,* et enfin le Parti constitutionnel démocrate (dit Parti cadet), l'Union du 17 octobre et les Socialistes populaires, nés à la faveur de la révolution entre 1905 et 1907. Tous se référaient à des modèles étrangers, s'étaient approprié leurs méthodes (presse partisane à forte diffusion, encartement des membres) et avaient fait du menchevik en tant que tel la principale forme d'association et de sociabilité politique.

Cette atmosphère de crise s'aggrava jusqu'à atteindre son paroxysme lors de la révolution de 1905-1906, elle-même survenue au beau milieu de la guerre russo-ja-ponaise (1904-1905). L'événement déclencheur en fut le Dimanche sanglant (5 jan-vier 1905), qui vit les soldats ouvrir le feu sur une manifestation pacifique d'ouvriers dans la capitale. La coalition très large qui se constitua alors pour s'opposer au régime exigea la mise en application d'un programme minimum, et obtint gain de cause en octobre de la même année à la suite d'une grève générale très suivie. Cet accord institua un régime semi-constitutionnel, sans toutefois que cela mette immédiatement un terme au processus révolutionnaire. Tandis que les libéraux et les modérés se satisfaisaient de ces réformes, les partis et les mouvements plus radicaux continuaient d'exiger davantage, d'où la tentative manquée d'insurrection lancée en décembre à Moscou, qui fut écrasée par les régiments d'élite de la Garde impériale avec l'aide de l'artillerie. Même si la répression fut loin d'être aussi sanglante que celle de la Commune de Paris et ses 20 000 morts, ce fut néanmoins un épisode d'une très grande violence[7]. (Une des leçons tirées de la Commune de Paris par les marxistes fut qu'il fallait s'emparer de l'État afin de retourner la force qui était employée contre eux et l'utiliser à leurs propres fins). Le gouvernement entreprit alors une politique de « pacification », organisant des expéditions punitives dans les campagnes, en particulier dans les régions frontalières secouées par des conflits ethniques. Un peu plus de dix ans après, des mesures identiques furent utilisées à répétition au cours des guerres civiles. Entre temps, les révolutionnaires – de droite comme de gauche – avaient eu massivement recours à des méthodes terroristes et à l'assassinat[8]. Certes, la violence qui marqua les années 1905-1906 fut d'une nature très différente de celle qui se manifesta au cours la période suivante. Mais le fait qu'elle se soit exprimé sous des formes très diverses – conflits agraires traditionnels, affrontements de classe naissants, luttes ethniques, mais aussi conflits épousant les clivages politiques – annonçait les formes multiples qu'elle allait prendre.

Les conflits intérieurs et la violence sociale des années d'avant-guerre ne furent pas simplement des signes avant-coureurs de la montée de la violence qui se manifesta durant les années 1914-1921. Comme l'a noté Hannah Arendt, l'impérialisme avait constitué dès le XIXe siècle une « phase préparatoire » annonciatrice des « catastrophes à venir » au XXe. Alors qu'en Europe, les gouvernants se devaient de respecter certaines limites dans leur politique d'assimilation et d'éducation des classes subalternes, ils étaient libres d'appliquer en toute impunité dans leurs colonies des plans fantasmagoriques, et d'y exercer « un pouvoir de coercition plus fort [sur] une population étrangère réifiée »[9].

L'attitude des Russes cultivés et du gouvernement impérial vis-à-vis de leurs colonies était certainement fort différente de celle des autres puissances européennes vis-à-vis des leurs. L'Empire russe était en empire continental dynastique, assez proche par sa structure des empires ottomans et austro-hongrois, et de ce fait il était géré différemment des empires coloniaux d'outre-mer. Il faut pourtant bien voir que les procédés utilisés par l'État impérial russe et son armée appartenaient à l'arsenal des méthodes auxquelles les puissances coloniales d'Europe avaient recours. Les officiers russes connaissaient et s'efforçaient d'imiter les pratiques des autres pays, et ils s'intéressaient tout particulièrement à l'expérience française en Algérie. Le but poursuivi était le même, d'où un intérêt réciproque. Les officiers français de la Coloniale avaient pour leur part entendu parler « de certaines expériences étrangères, principalement de la conquête par les Russes du Caucase et du Turkestan. Skobolev n'était certainement pas un inconnu pour les officiers colonialistes français. Lyautey, principal théoricien et tacticien des guerres coloniales, faisait fréquemment référence à divers épisodes des guerres menées par les Russes en Asie et les donnait en modèle à tous les officiers colonisateurs »[10].

Il semblerait que les forces armées de l'Empire russe aient été les premières à envisager et à mettre en pratique des déplacements forcés de population dans les marches de l'Empire[11]. Dmitrii Milioutine, qui modernisa progressivement l'armée et fut longtemps Ministre de la guerre, élabora des plans qui prévoyaient la conquête « définitive » du Caucase par son occupation démographique et l'expulsion des populations natives de la région pour les remplacer par des cosaques. Il avait tenu à préciser lui-même les buts de sa politique : « Le déplacement [des tribus montagnardes] n'est pas proposé comme un *moyen* de libérer des terres, qui seraient probablement insuffisantes pour réinstaller des cosaques à leur place ; c'est au contraire le *but*, et c'est dans cette optique que les territoires actuellement occupés par l'ennemi seront colonisés par les cosaques, de sorte que la force que leur nombre confère aux populations natives hostiles s'en trouve du même coup réduite »[12]. Entre 500 000 et 700 000 personnes furent déportées ou « émigrèrent » pour fuir des opérations militaires, volontairement brutales entre 1860 et 1864 à l'occasion des campagnes engagées dans ce but. Ces procédés furent définitivement inscrits au répertoire des méthodes militaires impériales. Un demi-siècle plus tard, durant la Première Guerre mondiale, Alexei Kouropatkine – qui avait visité l'Algérie française au début de sa carrière avant d'aller gagner ses galons en Asie centrale – proposa de recourir à des méthodes similaires pour pacifier le Turkestan au lendemain de la révolte de 1916. Il fit des plans pour expulser les Kirghizes de certains districts du Semirech'e et installer des colons russes sur leurs terres afin de créer des districts ayant « une population russe homogène ». Seul l'éclatement de la Révolution de février 1917 l'empêcha de mettre ces plans à exécution[13].

Certaines formes de violence que nous croyons propres au XXe siècle avaient préalablement été testées à grande échelle dans les territoires colonisés. Mitrailleuses, barbelés, certaines mesures de sujétion administrative, camps de concentration apparurent ou furent utilisés pour la première fois aux confins des colonies. Il est désormais admis, par exemple, que les mesures prises à Cuba en 1896-97 par le général Valeriano Weyler et qui firent environ 100 000 morts, constituèrent le premier cas de recours systématique aux camps de concentration pour civils. Il fallut cependant attendre la guerre des Boers pour que l'opinion internationale s'émeuve de l'existence de tels camps. Les méthodes des Anglais durent alors leur notoriété à la large couverture dont elles firent l'objet dans les colonnes de la presse britannique à la demande de ses lecteurs, et non au fait qu'elles étaient uniques en leur genre. Les généraux Frederick Roberts et Lord Horatio Kitchener étaient tous les deux des vétérans des guerres coloniales. En Afrique du Sud, ils se fixèrent un objectif double : nettoyer le pays et regrouper dans des camps la totalité de la population non-combattante. À la fin de la guerre, les Anglais avaient au total enfermé 110 000 civils boers et 37 000 Africains dans des camps de concentration, où furent enregistrés 27 927 décès parmi les détenus boers (dont 26 251 femmes et enfants) et entre 13 000 et 14 000 parmi les Africains[14]. Des militaires russes s'intéressèrent de très près à ces mesures. Il en alla de même pour l'opinion publique[15]. La plus ancienne mention que j'ai relevée du terme « camp de concentration » [kontsentratsionnyi lager] fait effectivement référence aux mesures prises par les Britanniques en Afrique du Sud. En analysant le déroulement de la guerre, le *Courrier de l'Europe* écrivait que « tout se passait comme si le but de la guerre était l'extermination des Boers »[16].

On sait que pour Lénine, la Première Guerre mondiale et l'émergence de l'impérialisme moderne étaient liés. Point n'est besoin de partager son analyse très personnelle des transformations du capitalisme pour voir que d'autres partageaient l'idée qu'il existait un rapport entre ces deux événements. Pour Erich Luddendorff, l'homme qui pensa la mobilisation totale de l'Allemagne durant la Première Guerre mondiale, seules les guerres coloniales avaient véritablement préfiguré ce qu'allait être la guerre totale. Hannah Arendt, qui montra de manière convaincante que le colonialisme avait été la matrice des catastrophes futures, insistait en même temps sur le fait que les horreurs propres à ces guerres « témoignaient encore d'une certaine modération et d'une certaine retenue dictées par le souci de respectabilité »[17]. Les régions définies par Carl Schmitt comme des « zones où le pouvoir ne connaissait aucune restriction légale », restaient alors géographiquement circonscrites aux territoires des colonies, de la même manière que la vraie guerre de classe (par exemple la Commune de Paris de 1871 ou le soulèvement de Moscou de 1905) restait strictement confinée dans des espaces urbains reconnus pour leur dangerosité. Avant 1914, il existait encore une différence essentielle entre d'une part les colonies, zone de non-droit livrée aux militaires, et d'autre part une sphère publique placée sous l'autorité des civils. Marquant à ce titre une autre rupture, la Première Guerre mondiale introduisit en Europe les formes de violence qui avaient été mises au point dans les colonies, et elle étendit à l'ensemble des sociétés la composant les violences propres jusqu'alors à quelques espaces bien circonscrits.

La Première Guerre mondiale

S'exprimant au moment où s'achevait la guerre civile, Pierre Struve, un des penseurs politiques russes les plus pénétrants, notait qu'alors que « le conflit [était] officiellement terminé depuis la conclusion de l'armistice [en novembre 1918]... tout ce que nous avons vécu et continuons de vivre constitue en fait la continuation de la guerre mondiale sous une autre forme[18] ». Pourtant, les travaux historiques publiés aussi bien à l'Ouest qu'en Union soviétique, continuèrent durant fort longtemps d'analyser les guerres vécues par les Russes comme la continuation de la Révolution. La citation de Struve nous invite en revanche à considérer les événements de 1917-1921 comme un prolongement de la Première Guerre mondiale. Son analyse nous suggère qu'au lieu de classer des phénomènes qui perdurèrent durant toute cette période comme relevant exclusivement soit de la guerre (1914-1917), soit de la Révolution (1917-1921), mieux vaudrait parler d'une seule période de bouleversements couvrant les années 1914-1921, une période que certains ont qualifiée de « deuxième période des troubles »[19]. En fait, si l'on en croit Neil Harding, le léninisme lui-même, en tant que système idéologique distinct, « devient du point de vue de ses origines et de son contenu bien plus facile à comprendre si on l'analyse comme une réaction à la guerre mondiale »[20].

Le problème avec ce découpage chronologique est qu'il ne différencie pas la Russie du reste de l'Europe. Or, la guerre « prolongée » que vécurent les Russes nous permet de voir l'Europe entière sous un jour nouveau[21]. Si, pour ce qui concerne la Russie, la Révolution de 1917 a souvent fait passer au second plan les années de guerre, il s'est produit exactement le contraire dans la plupart des autres pays d'Europe, où la guerre a pareillement occulté l'agitation révolutionnaire et les conflits armés qui ont éclaté lorsque des tactiques qui avaient été mises au point pour lutter contre l'ennemi extérieur au cours des quatre années précédentes furent utilisées contre l'ennemi intérieur. Les remarques d'Adrian Lyttelton concernant l'emploi délibéré et de plus en plus fréquent de la violence en tant que méthode politique dans l'Italie de l'immédiat après-guerre sont éclairantes si on les rapporte au cas de la Russie : « Avant [la Première Guerre mondiale], la violence politique était le fait soit des mouvements protestataires, soit des organes répressifs de l'État ; son usage délibéré et à grande échelle par un parti pour atteindre ses objectifs politiques restait quelque chose que les hommes politiques d'avant-guerre se refusaient à envisager sérieusement »[22]. Dans cette optique, on pourrait considérer que les guerres civiles russes constituèrent l'épisode le plus important de la « guerre civile européenne » qui eut lieu durant la Grande Guerre et les années qui suivirent.

Dans presque tous les cas, les méthodes considérées comme intrinsèquement bolcheviques furent d'abord utilisées durant la Première Guerre mondiale. L'État impérial avait ainsi eu recours à des déportations de masse avant que l'État bolchevik n'utilise massivement ce procédé. Il est désormais admis qu'un million de sujets russes – essentiellement d'origine juive ou allemande – furent déportés des régions frontalières occidentales vers l'intérieur du pays sur décision des autorités tsaristes. Celles-ci procédèrent également à des déportations sur le front du Caucase, mais à une moindre échelle. Une campagne coordonnée au plus haut niveau par le « Comité de lutte contre l'influence allemande », amena l'opinion populaire à accepter l'idée qu'il fallait combattre « l'ennemi intérieur ». À la tribune de la Douma, des députés s'exprimèrent en faveur de la déportation de tous les Allemands, y compris ceux qui étaient des sujets russes. Au lendemain du pogrom anti-allemand qui éclata en mai 1915 à Moscou, les dirigeants nommés de cette ville exprimèrent leur regret que le nombre des sujets de l'Empire d'ascendance allemande soit trop élevé pour qu'ils puissent tous être regroupés dans un « camp de concentration » (sic) ouvert dans la région de la Volga. Le nombre des individus considérés comme suspects par les autorités militaires empêchant qu'ils soient rassemblés dans un seul camp de concentration, des commandants militaires utilisèrent certaines provinces situées au-delà de la Volga comme autant de prisons sûres pour y enfermer les « éléments » déracinés[23]. (Il ne faudrait pourtant pas faire abstraction du contexte entourant ces mesures. La politique pratiquée par les Allemands dans la vaste région d'occupation militaire du *Land-ober-Ost* confiée à Luddendorff relevait à peu de choses près d'une politique de type colonial, avec son cortège de déportations et une exploitation sans scrupule de la population locale)[24].

L'espionnage de la population par l'État fut un autre domaine dans lequel la Première Guerre mondiale généralisa des pratiques déjà existantes. Il est évidemment facile de prouver à quel point les Soviétiques furent plus tard obsédés par ces questions[25]. L'Armée rouge fut la première institution à se préoccuper d'espionner la population à grande échelle, puis très vite toutes les composantes de l'appareil d'État soviétique eurent le même souci. La Tchéka exigea non seulement de ses cadres des rapports réguliers sur l'état d'esprit de la population, mais elle les mit sévèrement en garde en insistant sur le fait qu'il fallait « préciser ce qui expliqu[ait] » cet état d'esprit et non se contenter de le décrire[26]. Peu après la fin des guerres civiles, la responsabilité de la censure postale fut transférée aux départements de la Tchéka et de l'OGPU chargés de l'information. Au fil des années 1920, le régime renforça progressivement son réseau de censure postale ainsi que son réseau d'indicateurs chargés d'espionner la population.

Toutefois, les bolcheviks n'avaient rien inventé en la matière. Institutionnalisée au lendemain de la Révolution de 1905, à la fois en tant que technique et en tant que méthode de gouvernement, la pratique consistant à espionner la population s'était généralisée durant la Grande Guerre[27]. À l'instar de tous les pays d'Europe, l'Empire russe avait tout fait pour entraîner la population dans une guerre totale, en mobilisant à la fois les personnes et les esprits. Dans ce but, l'État impérial avait élaboré une politique incluant l'instauration d'une censure postale systématique et la mise en place d'une bureaucratie chargée d'espionner l'opinion publique.

La tâche de la censure militaire était de contrôler le contenu des lettres, mais aussi de décrire et d'analyser, dans toute la mesure du possible, l'état d'esprit de la population. Dès la fin de l'année 1915, les censeurs reçurent l'ordre d'arrêter de se préoccuper exclusivement des questions relevant du secret militaire, et de s'intéresser à toutes les questions politiques au sens large du terme. En se basant sur les dizaines de milliers de lettres qu'ils lisaient chaque semaine, les censeurs militaires compilaient des « rapports » hebdomadaires comprenant des citations tirées de certaines lettres et une analyse statistique de l'état d'esprit général semaine après semaine. Les gens prirent bien entendu conscience de l'intérêt soudain que les autorités portaient à leurs correspondances. Certains soldats tentèrent de contourner la censure en confiant leurs envois à la poste civile, tandis que d'autres apostrophaient directement les censeurs et se plaignaient dans leurs lettres que leur correspondance soit interceptée[28].

Durant la guerre, le gouvernement fixa également la marche à suivre concernant la rédaction des rapports sur l'état d'esprit de la population. À dater d'octobre 1915, le ministère de l'Intérieur ordonna aux responsables des provinces et des districts de compiler des rapports mensuels sur l'état d'esprit de la population et il élabora à cet effet une liste de questions auxquelles des réponses devaient être apportées. L'armée se mit de son côté à rédiger régulièrement ses propres « résumés concernant l'état d'esprit » des troupes, mais aussi de la population en général[29].

Il ne faudrait toutefois pas croire que l'État fut le seul à pousser à la mobilisation durant la guerre. Un des traits de la guerre totale est la capacité de la société à s'auto-mobiliser pour atteindre les buts qu'elle se fixe. Michel Geyer a insisté sur le fait « qu'en réalité ce n'est ni la guerre ni la "militarisation" qui organisent la société, mais la société qui s'auto-organise par et pour la guerre... La militarisation a ses racines dans la société civile bien plus qu'elle ne lui est imposée »[30]. En Russie, comme dans les autres pays européens, les intellectuels et les organisations professionnelles se bousculèrent pour aider à mobiliser la société sous les auspices d'un État engagé dans une guerre totale. Les cercles du Zemstvo firent passer des questionnaires demandant des renseignements sur « la manière dont la guerre influait sur le bien-être et sur l'état d'esprit de la population... que dit-on et que pense-t-on de la guerre dans les villages ? » Les renseignements recueillis au moyen de ces questionnaires étaient utilisés pour évaluer « l'état d'esprit général » et encourager « l'esprit civique »[31]. Le but poursuivi par le Zemstvo n'était pas seulement de recueillir des données, mais aussi, comme pour le ministère de l'Intérieur, de les utiliser pour définir les mesures qui pourraient faire en sorte que les ressources économiques, humaines et psychologiques des villages soient mieux mises au service de l'effort de guerre. Dans le même but un organisme semi-officiel, le comité Skobolev, mit à la disposition du public des cartes postales, des bandes-actualités et des films patriotiques[32]. Toutes ces actions, les Comités de l'industrie de guerre, le Zemgor et une kyrielle d'organisations mises en place pour venir en aide au flot de réfugiés, contribuèrent à ce que la société russe se ré-organise « par et pour la guerre » pour reprendre la formule de Geyer[33]. Et si toutes les classes de la société se laissaient aller à exprimer des griefs à l'encontre du gouvernement, ce n'était pas tant pour protester contre la guerre que pour critiquer son incapacité à la mener de manière efficace.

La Première Guerre mondiale renforça l'atmosphère de mobilisation collective dans toute une série d'autres domaines. En matière d'approvisionnement par exemple, ce furent les organisations publiques et les spécialistes qui poussèrent un gouvernement parfois réticent, à intervenir toujours plus activement dans le domaine économique[34]. Sur ce point, les conceptions des militants politiques russes relevaient plus des méthodes de gestion nées avec la Grande Guerre que de l'approche paternaliste traditionnelle. Dans le cadre d'un programme plus large de « mobilisation » et d'« organisation » de la société en vue de livrer une guerre totale, tous les belligérants de la Première Guerre mondiale confièrent à des agences gouvernementales la collecte et la distribution du ravitaillement. Les contemporains perçurent les mesures révolutionnaires relatives au ravitaillement comme s'inscrivant dans le prolongement des mesures de guerre[35]. À la fin de l'année 1916, le ministère de l'Agriculture, qui s'était battu pour la taxation des céréales, diffusa très largement un projet prévoyant « un monopole d'État du commerce des grains ». Ce document, qui avait été préparé par un ministre tsariste, disait ceci :

« La guerre a fait de la vie sociale de l'État, en tant que principe de base, la priorité numéro un ; toutes les autres manifestations relevant de l'exercice de la citoyenneté doivent lui être subordonnées... Les mesures militaro-économiques arrêtées par l'Allemagne, les plus drastiques prises durant ce conflit mondial, montrent jusqu'où peut être poussé le processus d'étatisation [*ogosudarstvelenie*]... Toutes les mesures prises par l'État relatives à la guerre... tous les rouages de notre organisation économique, définissent, même si l'on ne s'en rend pas encore bien compte, la base sur laquelle pourraient être édifiés à l'avenir nos commerces intérieur et extérieur... L'État ne peut pas accepter que le prix des céréales soit régi par le libre jeu du marché. »[36]

Des économistes de premier plan, qui pour beaucoup passèrent ensuite au service des soviets, se penchèrent sur les méthodes mises en application par l'Allemagne pour gérer, apparemment avec succès, son économie[37].

Cette culture technocratique, fortifiée par la guerre partout en Europe, allait plus tard amener nombre de spécialistes à soutenir l'État soviétique, moins par adhésion idéologique au bolchevisme en tant que tel que par conviction que l'État soviétique appliquerait dans leur domaine les mesures qu'eux-mêmes préconisaient[38]. Et durant la décennie qui suivit la révolution, les dirigeants soviétiques continuaient de présenter leurs mesures de planification économique comme s'inscrivant dans le contexte européen de la Grande Guerre au sens large[39]. Toutes les études ou presque ont souligné la parenté entre la politique tsariste en matière de ravitaillement et les mesures prises ensuite par les bolcheviks, concluant que la Révolution de 1917 devait être replacée dans le contexte élargi d'une deuxième « période des troubles » embrassant les années 1914-1921[40]. On peut regretter que cette approche n'ait pas été systématiquement appliquée à d'autres domaines.

La Révolution

La Révolution russe de 1917 fut un tremblement de terre qui bouleversa les pratiques politiques héritées de l'empire, leur nature et leur champ d'intervention, et ce bouleversement fut marqué à la fois par la cristallisation d'un écosystème politique de type moderne (caractérisé par l'essor des idéologies) et par la modernisation des modes d'intervention de l'État. L'année 1917 fut donc marquée non seulement par un regain d'activités politiques au sens traditionnel du terme, mais aussi par la transformation de la manière dont celles-ci se définissaient et de leur champ d'intervention. En l'espace d'un an, les Russes, toutes tendances politiques confondues, se mirent à appliquer aux questions de société le principe de rationalité (ainsi que l'avaient fait les philosophes des Lumières), et ils se tournèrent vers des formes de mobilisation qui avaient été expérimentées partout en l'Europe durant le XIXe siècle (par exemple, les partis de masse ou la presse destinée au grand public).

Dans le courant de l'année 1917, ces nouvelles formes de mobilisation politique allèrent bien au-delà des actions menées par tel ou tel parti ou telle ou telle classe. Le fait que tous les acteurs politiques faisaient désormais référence aux théories sociales de la représentation et liaient leur légitimité à la souveraineté populaire semble plus important que les revendications formulées par chacun des mouvements politiques au nom de ceux qu'il prétendait représenter. Indépendamment de leurs affiliations idéologiques ou partisanes, tous les mouvements politiques adoptèrent au cours des mois qui suivirent février 1917 des pratiques politiques révolutionnaires. De ce point de vue, la Révolution russe fut une « révolution sociale » non seulement parce que divers groupes sociaux y prirent part et que l'ordre social fut transformé, mais aussi parce que tous les acteurs politiques souhaitaient faire de la politique un outil permettant de transformer la société[41]. Le programme politique élaboré par les révolutionnaires fut finalement l'outil qui permit à ce rêve de devenir réalité[42].

Pour atteindre leurs objectifs, les révolutionnaires eurent recours à toutes les formes d'intervention étatiques héritées de la guerre totale, par exemple le dirigisme économique et l'espionnage de la population. En 1917 et après, les mouvements politiques assimilèrent, consciemment ou non, certains postulats et certaines catégories opératoires implicitement inscrites dans ces pratiques. Ainsi que l'avait noté Alexis de Tocqueville, les révolutionnaires « avaient retenu d[e l'ancien] régime la plupart des sentiments, des habitudes, des idées même [...] mais sans le vouloir, ils s'étaient servi de ses débris pour construire l'édifice de la société nouvelle. »[43]. Contrairement pourtant à ce qui se passa durant la Révolution française, les mouvements révolutionnaires russes ne s'inspirèrent pas seulement des pratiques héritées d'un ancien régime centralisateur, mais aussi de pratiques qui étaient en train de devenir, petit à petit, celles d'un régime engagé dans une guerre totale.

Le Gouvernement provisoire fut un gouvernement authentiquement révolutionnaire, et il se présentait explicitement comme l'antithèse de l'« ancien régime » déchu[44]. Il mit immédiatement en application des réformes préconisées depuis longtemps par les techniciens et les spécialistes, mais qui étaient restées ignorées par l'autocratie. Ce fut le Gouvernement provisoire et non le pouvoir soviétique qui mit en place le monopole d'État du commerce des grains et qui constitua un nouveau ministère uniquement chargé des problèmes de ravitaillement. Dans les deux cas, ces décisions s'appuyaient sur des projets préparés en 1916 par des spécialistes mencheviks et cadets travaillant dans des administrations mises en place durant la guerre. Le Comité du ravitaillement pour l'ensemble de la Russie se réunit immédiatement après la Révolution de février, et aucune voix dissidente ne s'éleva parmi ses membres lorsque fut votée la proposition en discussion depuis d'automne 1916 d'instaurer le monopole des grains. La loi fut rédigée par l'ancien rédacteur du bulletin impérial consacré au ravitaillement, Iakov Bukshpan. (Ce dernier devait continuer de rédiger le bulletin consacré au ravitaillement par le Gouvernement provisoire, avant de siéger, après la Révolution bolchevique, au sein du Comité chargé de tirer les leçons de la Première Guerre mondiale, puis de rédiger, à la veille de la collectivisation, une étude analysant toutes les mesures prises par les belligérants durant le conflit mondial). En rédigeant la loi sur le monopole des grains, Bukshpan fit aux lois allemande et autrichienne de larges emprunts[45]. Un mois plus tard, sur la proposition d'un ministre de l'Agriculture membre du parti cadet, le Gouvernement provisoire instituait le monopole du commerce des grains[46].

De nombreuses mesures de ce type furent promulguées par le Gouvernement provisoire, mais il revint finalement à l'État soviétique d'user de moyens coercitifs pour les faire entrer en application. Nikolai Kondratev, un économiste éminent spécialisé dans l'étude de la régulation du ravitaillement et des prix, a noté que « sous le pouvoir soviétique, le principe de base qui régissait la politique de ravitaillement – le monopole – est resté le même que sous le Gouvernement provisoire. Mais le changement a été total du point de vue qualitatif, et du point de vue de sa signification. Autant le Gouvernement provisoire avait misé sur la force de la persuasion et de la liberté, autant sous le gouvernement bolchevik la force de la contrainte atteignit un niveau sans précédent. »[47] Kondratev suggère donc que la différence était moins dans la politique mise en œuvre, que dans la capacité du pouvoir soviétique à faire approuver les mesures coercitives destinées à faire entrer cette politique en application. En fait, bien qu'initialement réticent à recourir à la force, le Gouvernement provisoire se préparait de toute évidence à faire appel aux forces armées pour lui procurer la nourriture dont il avait besoin. Le manque de troupes sûres, puis la Révolution d'octobre l'empêchèrent de passer aux actes[48]. Rejoignant en cela Kondratev, un historien a en fait proposé d'analyser la politique des bolcheviks « comme étant pour l'essentiel la continuation du passé sous une forme radicalisée, et non une rupture révolutionnaire avec ce même passé »[49].

La question du ravitaillement ne fut pas la seule pour laquelle les pratiques relevant de la guerre totale restèrent en vigueur au-delà de la coupure révolutionnaire. Comme l'espionnage de la population était général, les autorités révolutionnaires y eurent spontanément recours à leurs fins. Aussitôt après la Révolution de février, le Gouvernement provisoire établit un département chargé des contacts avec la province, qui organisa des « cellules de formation culturelle » dans tout le pays et mit en place des cours destinés à former les cadres chargés de la propagande en faveur du gouvernement[50]. À dater d'avril 1917, le ministère de l'Intérieur se mit à compiler à intervalles réguliers des tableaux d'ensemble des « événements significatifs, des désordres et de la situation générale dans les localités ». Ces tableaux collationnaient les enseignements contenus dans les rapports que les autorités locales étaient tenues de fournir au ministère de l'Intérieur en remplissant les formulaires qui leur étaient fournis[51]. « Un comité central chargé de la formation politique et culturelle », fondé en juin 1917 et financé par la section politique du ministère de la Guerre, reçut pour tâche de faire connaître à la population les objectifs poursuivis par le gouvernement en envoyant des orateurs, en organisant des conférences et en mettant en place des cours d'« alphabétisation politique ». Ce même comité établissait chaque semaine une carte de la Russie occidentale faisant apparaître, à l'aide de différentes couleurs, le degré de popularité du gouvernement[52]. Puis en juillet, le Gouvernement provisoire modifia les instructions concernant la censure de la presse et du courrier, revenant en gros au statut provisoire de 1914[53].

Il faut également noter que si le Gouvernement provisoire eut recours, avant de les laisser aux bolcheviks, à diverses mesures coercitives nées de la Première Guerre mondiale, il fut aussi l'initiateur de nombre de mesures « progressistes » souvent portées au crédit de l'État soviétique. Si l'Union soviétique fut, entre autres choses et comme l'a écrit Stephen Kotkin, l'incarnation de l'État-providence à l'européenne, il revient au Gouvernement provisoire d'avoir le premier institué au sein du gouvernement un ministère chargé de la Population[54]. En fait, on peut considérer que les trois ministères nouvellement créés lors de la formation du premier gouvernement de coalition début mai 1917 – le ministère chargé de la Population, le ministère du Ravitaillement et le ministère du Travail – étaient le signe de la prise de conscience qu'il incombait à l'État de prendre en charge la protection sociale et le bien-être de ses citoyens. Comme l'a noté Detlev Peukert, ce n'est pas un hasard si les deux États qui inscrivirent dans leur constitution la protection sociale de leurs citoyens – l'Allemagne de Weimar et la Russie – furent précisément ceux qui étaient nés du chaos résultant de la Première Guerre mondiale et de ses contrecoups révolutionnaires[55].

La Révolution d'octobre fut une matrice nouvelle qui permit à certaines pratiques nées de la guerre totale de se développer. Ces méthodes avaient à l'origine été conçues pour combattre l'ennemi extérieur et pour ne servir que durant une période rendue exceptionnelle par l'existence d'un état de guerre ; mais il en alla autrement après octobre. L'État ayant fait sienne la cause de la révolution, ces méthodes furent mises au service d'objectifs radicalement nouveaux : alors que les buts poursuivis jusqu'alors étaient restés limités puisqu'il s'agissait seulement de faire la guerre contre des ennemis extérieurs, ils prirent d'un seul coup un caractère plus large et non limitatif, puisqu'il s'agissait de bâtir une société révolutionnaire. On peut du même coup concevoir l'Union soviétique comme un État né d'une révolution qui fixa ou gela les techniques nées de la mobilisation et de la guerre totales pour en faire une composante durable et non plus transitoire de sa vie politique.

Les Guerres civiles

Le terme généralement utilisé de « guerre civile russe » recouvre en réalité toute une série de conflits nationaux et de guerres civiles imbriqués les uns dans les autres. Cette situation de chaos et de guerre civile n'était d'ailleurs pas une anomalie propre à la Russie. L'armistice du 11 novembre 1918, puis la ratification du Traité de Versailles durant l'été 1919 ne mirent pas définitivement fin à la Grande Guerre. Dans de nombreuses régions d'Europe, la guerre s'acheva dans des convulsions révolutionnaires et des conflits fratricides. Après 1918, plus un seul des gouvernements d'avant-guerre ne subsistait entre la Mer du Japon et la frontière française. Qui plus est, du fait de la Révolution russe et de la montée en puissance de la « nouvelle diplomatie », tout conflit éclatant dans un pays ajoutait une dimension idéologique aux problèmes politiques nationaux ou internationaux[56]. En fait, plutôt que d'analyser ces guerres civiles, et en particulier les guerres civiles qui se déroulèrent en Russie, comme autant d'épisodes distincts et sans rapport les uns avec les autres, on pourrait considérer qu'ils s'inscrivaient dans le « prolongement et la continuation » de la Première Guerre mondiale, pour reprendre la formulation de Struve. Comme le constate Ernst Jünger, la guerre mondiale et la révolution mondiale furent deux événements « étroitement liés entre eux » dont l'« éclatement et les origines [furent] à bien des égards interdépendants ».

Analysées sous cet angle, les guerres civiles de Russie cessent d'apparaître comme une perversité typiquement russe ou spécifiquement bolchevique, pour devenir le produit de circonstances ayant permis que la violence d'État déjà massivement utilisée dans toute l'Europe durant la Grande Guerre vienne servir une cause nouvelle. Les commandants militaires bolcheviks qui ordonnèrent les opérations de répression brutales et systématiques menées à Tambov contre Antonov avaient été formés dans les écoles militaires impériales – plusieurs d'entre eux avaient même été spécialement formés pour intégrer l'État-Major – avant de prendre part à la Première Guerre mondiale. Mikhail Tukhachevski, célèbre pour les méthodes qu'il employa contre Antonov à Tambov, était le pur produit d'une école militaire impériale. Nikolai Kakurine, son chef d'état-major au plus fort des opérations entre mai et août 1921, était sorti en 1910 de l'Académie de l'état-major. Il n'était pas le seul : Kamenev, commandant suprême des forces soviétiques et membre de la Commission chargée de coordonner la lutte contre les bandits dans toute la Russie avait reçu son diplôme en 1907 ; Boris Chapochnikov, chef d'état-major des forces soviétiques sur le terrain et membre de la même commission, appartenait comme Kakurine à la promotion sortie en 1910 de l'Académie de l'état-major. Lorsque ces commandants usèrent de certaines mesures bien connues contre les populations civiles – déportations, utilisation de camps de concentration, emploi des gaz ou de l'aviation – ils ne firent qu'utiliser dans le cadre d'une guerre civile intérieure des méthodes élaborées dans les colonies avant d'être massivement utilisées durant la Grande Guerre. Beaucoup de ces hommes, et d'autres qui, comme eux avaient reçu une formation militaire dans l'armée impériale et avaient combattu durant la guerre mondiale, employèrent plus tard ces mêmes méthodes perfectionnées dans la lutte contre Antonov à Tambov et contre Makhno en Ukraine, au cours des campagnes de pacification toutes aussi brutales et déterminées que celles qu'ils menèrent contre les « bandits » d'Asie centrale ou du Caucase dans les années 1920[57].

Le bolchevisme et son analyse de classe manichéenne donnèrent naissance à une forme de violence d'État distincte et renforcée. Il ne fait aucun doute que le gouvernement des soviets usa massivement et délibérément de la violence, non seulement contre ses adversaires armés, mais aussi contre ses propres civils. La Terreur rouge – qui avait pour modèle la France en se référant toujours à la Commune de Paris – marqua la naissance de la violence d'État[58].

Il ne faudrait pas pour autant oublier que les Blancs eurent eux aussi recours à la violence à des fins préventives à l'encontre de la fraction de la population qu'ils considéraient comme hostile ou nuisible. Il est d'usage, pour certains historiens, de faire une différence entre la terreur blanche et celle des Rouges en insistant sur le fait que la violence exercée par les Blancs était arbitraire et aveugle. S'il est vrai que les mouvements anti-soviétiques éprouvèrent moins le besoin de justifier leurs actions, il est néanmoins tout à fait clair que leurs violences, loin d'être arbitraires ou fortuites, étaient au contraire calculées. On pourrait ici faire un parallèle avec les corps francs allemands (*Freikorps*), dont l'idéologie reposait certes sur une culture et une manière d'être plutôt que sur une doctrine cohérente, mais n'en était pas moins une idéologie[59]. Il est difficile d'imaginer que les massacres de Juifs qui se produisirent pendant ces guerres civiles, faisant au total 150 000 morts selon certaines estimations, auraient pu avoir lieu *indépendamment* de toute justification idéologique, en particulier de celle qui assimilait de manière virulente les Juifs au communisme[60]. Les chefs militaires et les simples soldats des forces anti-soviétiques étaient persuadés de savoir qui étaient leurs vrais ennemis, et de quelle manière il convenait de les traiter. Les prisonniers de guerre étaient triés par les chefs blancs, qui mettaient à part ceux qu'ils considéraient comme indésirables et irrécupérables (les Juifs, les Baltes, les Chinois, les communistes) et les faisaient ensuite exécuter tous ensemble. Les Blancs appelaient cela le « filtrage »[61]. Un responsable de l'organisation blanche de contre-espionnage (l'équivalent de la Tchéka) a expliqué pourquoi son organisation se livrait si fréquemment à de telles exécutions : « Ce qui est nuisible ne peut jamais devenir utile », et dès lors, « une opération chirurgicale est le meilleur remède ». Il allait sans dire que les Juifs figuraient à ses yeux parmi ceux qui devaient être éliminés chirurgicalement parce que considérés comme nuisibles[62].

Citant des ordres donnés par les détachements punitifs des Rouges et des Blancs, le compilateur d'un recueil documentaire consacré au soulèvement de la population du littoral de la Mer noire contre les armées blanches et rouges qui parut en 1921 sous le titre de *Livre vert*, faisait le commentaire suivant : « L'Armée des volontaires et les bolcheviks ont eu recours à des mesures absolument identiques : villages incendiés, biens réquisitionnés, familles persécutées, exécutions »[63]. Pour autant, il ne faudrait pas, là non plus, idéaliser ces mouvements insurgés « verts » : eux aussi eurent recours à certaines pratiques telles que les « tribunaux populaires », les détachements punitifs « spéciaux » et le travail obligatoire[64].

Il y eut encore d'autres domaines dans lesquels le jeune État des Soviets et ses adversaires eurent pareillement recours aux outils et aux méthodes qui avaient été élaborés durant la Grande Guerre. Les mouvements pro et anti-soviétiques utilisèrent pour espionner et éduquer la population des techniques qui avaient été rodées par des services mis en place durant la guerre. Chacun des gouvernements blancs créa un « département de surveillance » ayant pour tâche de rédiger des rapports réguliers sur l'état d'esprit de la population[65]. Tous ces rapports se basaient sur les renseignements recueillis par un réseau très développé de bureaux locaux et d'agents en civil se déplaçant dans les régions contrôlées par les Blancs. Ces rapports ressemblent d'ailleurs à bien des égards à ceux des soviétiques. Les technocrates chargés de surveiller la population pour le compte des Blancs et des Rouges utilisaient bien sûr des prismes de lecture différents, mais tous s'efforçaient de répartir la population en sous-ensembles distincts en fonction de sa loyauté politique supposée. Tous faisaient de la même façon référence aux théories sociales de la représentation pour définir des catégories politiques opératoires. Rouges et Blancs condamnaient sans appel les « spéculateurs » et cherchaient à gagner « les éléments les plus conscients » de la population.

Tous les protagonistes des guerres civiles russes se mirent également en devoir de distribuer les ravitaillements à la population d'une manière « juste ». Si l'on tient compte du fait que la Guerre et l'année 1917 encouragèrent le développement d'une culture technocratique et collectiviste, il n'est guère surprenant de voir les Blancs mettre en place à l'instar des Rouges une gestion planifiée des approvisionnements en nourriture. Lorsque les responsables chargés des approvisionnements annoncèrent en septembre 1918 au gouvernement anti-soviétique du Don qu'ils ne disposaient plus de réserves que pour quelques heures, ce dernier s'attacha à régler le problème par des méthodes que la guerre mondiale et le Gouvernement provisoire avaient fait connaître : il institua un département spécial chargé des approvisionnements ayant tout pouvoir, proclama que toutes les réserves de nourriture étaient la propriété du gouvernement, et décréta la taxation des prix[66]. Kirillov, qui avait pris la tête du bureau spécialement chargé des céréales au sein de ce département du ravitaillement, connaissait à la fois sa mission et la région. Durant la Première Guerre mondiale, il avait été un agent de la *Klehbarmiia* [*upolnomochennyi po zakupke khleba*], dépêchée par le ministère de l'Agriculture dans la région du Don pour acheter des céréales destinées à l'armée. Sezmënov, qui était en 1918 à la tête du Département agricole du Gouvernement du Don et se trouvait donc à ce titre chargé des livraisons de nourriture, avait été envoyé dans cette même région en qualité de commissaire par le conseil chargé de s'occuper des approvisionnements pour le compte du gouvernement impérial. La carrière de Tsiriupa, le commissaire soviétique chargé du ravitaillement, était en tous points similaire[67]. Tous les mouvements impliqués dans les différentes guerres civiles étaient imprégnés de cette culture de planification étatique née de la Grande Guerre. Les spécialistes du ravitaillement anti-soviétiques dénonçaient la « spéculation » et critiquaient le caractère anarchique du marché tout autant que leurs homologues bolcheviks. Pour combattre l'inflation et la spéculation, le gouvernement du Don vota, en s'inspirant d'un autre précédent datant de la Première Guerre mondiale, une loi créant des comités locaux chargés de lutter contre ces deux fléaux[68]. Les mesures arrêtées par les autres mouvements anti-soviétiques furent plus ou moins analogues. Nikolai Melnikov, un des principaux membres du gouvernement Denikine, a souligné dans ses Mémoires que si l'administration mise en place par ce dernier sut se garder des excès de la *prodrazverstka* soviétique, elle « appliqua néanmoins dans ses territoires une politique foncièrement soviétique[69] ».

En dépit de tout ce qui vient d'être dit, l'instauration d'un gouvernement de type soviétique marqua une rupture avec le régime impérial, y compris celui de la période de guerre totale, et avec le Gouvernement provisoire révolutionnaire ; ce gouvernement se différencia également de tous les autres mouvements qui se dressèrent contre lui lors des guerres civiles. Tous les mouvements impliqués dans ces conflits eurent effectivement recours à l'espionnage de la population, mais l'État soviétique fut plus que les autres marqué dans ses fondements mêmes par ces pratiques. Par l'entremise de son réseau d'espionnage, il s'intéressa à un bien plus grand nombre de points que ses adversaires. Héritiers d'une culture née durant la Grande Guerre, tous les protagonistes des guerres civiles qui firent rage en Russie eurent recours à la planification économique et à des interventions étatiques. Mais alors que le régime impérial, le Gouvernement provisoire et les mouvements anti-soviétiques considéraient la planification comme un moyen permettant de restructurer l'économie, le gouvernement des Soviets usa des mécanismes de contrôle comme d'un outil permettant d'agir sur les hommes afin de transformer la société. (Les poursuites engagées en cas de violation des lois sur le ravitaillement avaient clairement un but didactique, à la fois pour les accusés et pour l'opinion publique en général)[70]. Tous les belligérants utilisèrent un éventail de méthodes violentes et de mesures coercitives, mais la violence exercée par le gouvernement soviétique paraît avoir été à la fois sans limite et délibérée. Ce qui distingue notamment la violence exercée par les bolcheviks de celle de leurs adversaires est qu'elle ne fut pas pensée comme un outil destiné à n'être utilisé que ponctuellement et aussi longtemps seulement que dureraient les conflits intérieurs. En fait, au cours des décennies suivantes, la violence d'État allait rester une composante du projet jamais réalisé par l'État soviétique de fonder une société socialiste révolutionnaire, harmonieuse et intégrée[71].

Autrement dit, ce qui distingue le régime soviétique n'est pas d'avoir utilisé telle ou telle méthode. Les otages, les déportations collectives de civils, l'espionnage de la population ne furent pas des innovations monstrueuses dues aux bolcheviks. Ces méthodes étaient déjà largement utilisées avant octobre 1917. Les bolcheviks ne furent pas non plus les seuls à en faire usage au cours des guerres civiles qui suivirent la révolution. Ce qui distingue les bolcheviks est qu'ils n'hésitèrent pas pour atteindre leurs objectifs révolutionnaires à employer des outils primitivement conçus pour une guerre totale. Ce sont ces objectifs nouveaux qui ont amené l'État soviétique à utiliser de manière aussi systématique des méthodes auxquelles tout État peut avoir recours le cas échéant[72]. Décidés à mener une guerre totale, plusieurs États usèrent de ces méthodes ; ils y renoncèrent pour l'essentiel dès lors que la guerre fut finie et les crises surmontées. Le régime bolchevik se distingue moins par les mesures dont il usa en temps de guerre, c'est-à-dire durant la révolution et les guerres civiles qui lui firent suite, que par le fait qu'il continua d'employer ces mêmes méthodes alors que cette période historique était close. On pourrait dire que la Révolution bolchevique pérennisa des méthodes dont l'usage avait été général, mais temporaire, durant les années de guerre, pour en faire une caractéristique permanente de l'État soviétique[73].

La spécificité du bolchevisme transparaît dans la manière dont l'État s'efforça d'atteindre les buts qu'il s'était fixés. Cette spécificité n'était en rien liée au fait que le bolchevisme était par nature une idéologie, sinon une utopie ; elle tenait à sa nature intrinsèquement manichéenne et agressive. Ce manichéisme avait probablement été rendu compréhensible, voire séduisant, par la crise pré-révolutionnaire que la Russie avait connue, et plus encore par ce qu'avait vécu ce peuple jeté dans les « abattoirs de la planète » [mirovaia boinia][74]. Mais la violence de la réaction conservatrice en Europe ne s'explique pas uniquement par le fait que les mesures arrêtées par les Soviets transformèrent radicalement le paysage politique en faisant du succès de la Révolution russe et du bolchevisme un but pouvant justifier la mise en œuvre par l'État de certaines méthodes[75]. Extrémisme de droite et extrémisme de gauche étaient deux courants jumeaux, inextricablement imbriqués, tous deux issus de la tourmente des années 1914-1921, de la guerre, de la révolution et des affrontements fratricides.

Le but de cette rapide analyse des « années de violence » n'était pas de banaliser en quelque sorte le bolchevisme, mais bien d'analyser le contexte historique dans lequel ce régime se cristallisa. Prendre comme point de départ l'année 1917 pour analyser la Révolution russe et l'État soviétique, revient pour l'essentiel à accepter les mythes fabriqués par les bolcheviks eux-mêmes. Une telle approche fait de ces derniers des agents supra-historiques, détachés de tout contexte historique. Or, s'ils marquèrent profondément leur époque, ils furent également marqués par elle. L'État soviétique se forma dans un lieu et à un moment donné – et fut le fruit d'une idéologie qui paraissait offrir une solution pour en finir avec la désolation ambiante. Une fois encore, il revient à Tocqueville d'avoir su repérer dans la Révolution à la fois les aspects de continuité et les aspects de rupture radicale : « J'oserais dire qu'un grand nombre de procédés employés par le gouvernement révolutionnaire ont eu des précédents et des exemples dans les mesures prises à l'égard du bas peuple pendant les deux derniers siècles de la monarchie. L'Ancien régime a fourni à la révolution plusieurs de ses formes ; celle-ci n'y a joint que l'atrocité de son génie[76] ».

Notes

1. Stéphane Courtois *et al.*, *Le Livre noir du communisme*, Paris, Robert Laffont 1997 ; Martin Malia, *La Tragédie soviétique. Histoire du socialisme en Russie, 1917-1991*, Paris, Seuil, 1995 (édition originale, New York, 1994).

2. Roger Chartier, « The Chimera of Origins », in Jean Goldstein (dir.), *Foucault and the Writing of History*, Cambridge, 1994, p. 178. Les développements qui suivent doivent beaucoup à l'analyse développée par Chartier.

3. François Furet, « The Revolutionary Catechism », in *Interpreting the Revolution*, New York et Cambridge, 1983, p. 83.

4. On apelle ainsi la période tourmentée qui précéda l'arrivée au pouvoir des Romanov au début du XVIIᵉ siècle (Ndt).

5. Maxim Gorky, *Untimely Thoughts*, New Haven, Yale, 1995 (édition originale, 1917-1918), p. 9-12, 76-77, 128-130, 185, 195-199 ; Léon Trotski, *Terrorism and Communism*, Ann Arbor, University of Michigan, 1961 (édition originale 1920), p. 65-68 ; Roger Pethybridge, *The Social Prelude to Stalinism*, New York, 1974, chap. 3. Pour savoir ce que fut la vie d'un individu qui ne réussit pas à laisser derrière lui la violence des années de guerre et de guerre civile, on se reportera à *Tsentr dokumentatsii noveisheii istorii Rostovskoi oblasti* (Archives d'histoire contemporaine de la région du Don), f. 4, op. 1, d. 35, 1.6a (interrogatoire après sa capture d'un bandit antisoviétique nommé Riabchikov).

6. Sur l'organisation sociale de la violence, voir Elisabeth Domansky, « Militarization and Reproduction in World War One Germany », *in* Geoff Eley (dir.), *Society, Culture, and State in Germany, 1870-1930*, Ann Arbor, p. 430.

7. Robert Toombs, *The War Against Paris, 1871*, Cambridge, Cambridge University Press, 1981 (traduction française : *La Guerre contre Paris*, Paris, Aubier, 1997).

8. Abraham Ascher, *The Revolution of 1905*, Stanford, Stanford University Press, 2 vol. ; Anna Geifman, *Thou Shalt Kill*, Princeton, Princeton University Press, 1993.

9. Hannah Arendt, *Les origines du totalitarisme* ; James Scott, *Seeing Like a State*, New Haven, Yale University Press, 1998, p. 378. Voir aussi Steven Lindqvist, « *Exterminate the Brutes* » *!*, New York, New Press, 1996 ; Adam Hochschild, *King Leopold's Ghost*, New York, Mariner, 1998. La représentation classique des effets que pouvaient avoir le pouvoir absolu sur l'imagination et l'action des bureaucrates est celle qu'en a donné Joseph Conrad dans son roman *Au cœur des ténèbres*.

10. Jean Gottman, « Bugeaud, Galliéni, Lyautey : The Development of French Colonial Warfare », in Edward Mead Earle (dir.), *Makers of Modern Strategy*, Princeton, Princeton University Press, 1971, p. 246. Kouropatkine servit sous les ordres de Skobolev et fut son protégé.

11. Sur ce qui suit, voir Peter Holquist, « To Count, to Extract, to Exterminate : Population Statistics and Population Politics in Late Imperial and Soviet Russia », à paraître *in* Terry Martin et Ron Suny (dir.), *Empire and Nation in the USSR*.

12. Rapport original de Milioutine adressé au ministère de la Guerre (29 novembre 1857), et correspondance faisant suite pour répondre aux critiques formulées par le Général Kochoubei, *in Akty sobrannye kavkazskoiu arkhoegrapficheskoiu kommissieiu*, vol. 12, publié sous la direction de E. Felitsyn, Tifis, Kantseleriia glanvonachal'stvuiushchego grazhdanskoi chast'iu, 1904, p. 757-763 (les citations se trouvent p. 763 et 761 ; les italiques sont dans l'original).

13. Sur cette révolte, voir Edward Sokol, *The Revolt of 1916 in Russian Central Asia*, Baltimore, 1954 ; Richard Pierce, *Russian Central Asia, 1867-1917*, Berkeley, University of California Press, 1960. La proposition de Kouraptkine figure *in Vosstanie 1916 goda v srednei azii i kazakhstane*, publié sous la direction de A.V. Piaskovskii *et al.*, Moscou, Izd Akademii nauk, 1960, p. 684-687 et 99-100.

14. À propos des mesures prises par les Espagnols et par les Anglais, voir S.B. Spies, *Methods of Barbarism : Roberts and Kitchener and Civilians in the Boer Republics, January 1900-May 1902*, Le Cap, Human and Rousseau, 1977, p. 148-149, 214-216, 265-266. Spies montre que ces pratiques avaient leurs racines dans la Guerre de Sécession et dans la guerre franco-prussienne.

15. Concernant les études faites par les militaires russes de ces mesures, voir l'ouvrage du colonel d'État-major Iak. Grig. Zhilinskii, *Ispano-Amerikanskaia voina : otchet komandirovannogo po vysochaishemu poveleniiu k ispanskim voiskam na ostrove Kuby*, Saint-Petersbourg, Voennaia tipographiia-izd. Voenno-uchennogo komiteta Glavnogo shtaba, 1901. Pour une discussion plus approfondie des camps de concentration anglais incluant des extraits des écrits d'Emily Hobhouse, voir *Sbornik materialov po anglo-burskoi voine v Iuzhnoi Afrike, 1899-1902*, Saint-Petersbourg, 1900-1905.

16. « Inostrannoe obozrenie », *Vestnik Evropy*, 1901, n°9, p. 398-399 (ordre donné en septembre 1901 par Kitchener de déporter les Boers pour avoir combattu dans des groupes de commandos) ; *ibid*, 1902,

n° 1, p. 379-381 (« Un système spécial de concentration [*sosredotocheniia*] des femmes et des enfants boer sous la garde des forces armées britanniques ») ; *ibid*, 1902, n°7, p. 364-372 (« Les femmes et les enfants ont été conduits dans des camps de concentration » [*kontsentratsionnye lageri*], citation prise p. 368).

17. Erich Ludendorff, *The Nation at War*, Londres, Hutchinson, nd (édition orginale allemande, 1935), p. 15-17 ; Hannah Arendt, *Les origines du totalitarisme, op. cit.*

18. Petr Struve, « Razmyshlenyiia o russkoi revolutsii », *Russkaia mysl'*, n°1-2 (1921), p. 6 (texte d'une conférence données par Struve à Rostov-sur-le-Don en novembre 1919).

19. Anton Denikine, commandant des forces anti-soviétiques dans le sud de la Russie, intitula par exemple ses mémoires *Notes of the Time of Troubles*. Pour une étude universitaire basée sur cette périodisation, cf. Lars Lih, *Bread and Authority in Russia, 1914-1921*, Berkeley, University of California Press, 1990.

20. Neil Harding, *Leninism*, Durham, Duke University Press, 1996, p. 6-11, 113-141 (cette citation se trouve p. 8).

21. Voir par exemple Mark von Hagen, « The Great War and the Mobilization of Ethnicity », *in* Barnett Rubin et Jack Snyder (dir.), *Post-Societ Political Order*, New York, Routledge, 1998.

22. Adrian Lyttelton, « Fascism and Violence in Post-War Italy », *in* Wolfgang Mommsen et Gerhardt Hirschfeld (dir.), *Social Protest, Violence, and Terror in Nineteenth and Twentieth Century Europe*, New York, St Martin's, 1982, p. 257-274 (voir en particulier p. 259 et 266).

23. Eric Lohr, *Enemy Alien Politics in the Russian Empire during World War One*, thèse de PhD, Harvard University, 1999 ; S.G. Nelipovich, « Nemetskuiu pakost' uvolit', i bez nezhnostei », *Voenno-istoricheskii zhurnal*, n°1 (1997), p. 42-52.

24. *Warland : Peoples, Lands, and National Identity on the Eastern Front in World War One*, thèse de PhD, 1994 ; Aba Strazhas, *Deutsche Ostpolitik im Ersten Weltkrieg : der Fall ober Ost, 1915-1917*, Wiesbaden, Harrosswitz, 1993.

25. V.S. Izmozik, *Glaza i ushi rezhima*, Saint-Pétersbourg, 1995 ; A. Berlovitch et V. Danilov (dir.), *Sovetskaia derevnia glazami VChK-OGPU-GPU ; Dokumenty i materialy*, tome 1 : *1918-1922*, Moscou, Rosspen, 1998.

26. *Gosudartsvennyi arkhiv Rostovskoi oblasti* [désormais GARO], f. R97, op. 1, d. 772, ll. 19-21 (*perchen' no. 1 prislannykh polit-biuro svodok, v kotorykh otsustvuet tochnaia i iasnaia informatsiia*). Les italiques sont dans l'original.

27. Sur ce point, cf. Peter Holquist, « Information is the Alpha and Omega of Our Work : Bolshevik Surveillance in its Pan-European Perspective », *Journal of Modern History*, vol. 69 (1997), p. 415-450.

28. P. Khranilov, « Chto im delo do chuzhikh pisem, kogda briukho syto' : voennaia tsentzura Viatskoi gubernii v bor'be za pobedu nad germantsami », *Voenno-istoricheskii zhurnal*, n°2 (1997), p. 22-29 ; L.G. Protasov, « Vazhnyi istochnik po istorii revoliutsionnogo dvizheniia tsarskoi armii pered fevral'skoi revoliutsii », in *Istochnikovedcheskie raboty*, 1, Tambov, 1970, p. 8-9 ; Maxim Gorki, *Untimely Thoughts*, *op. cit.*, p. 195. Pour un volume entièrement consacré à des extraits des dossiers de censure militaire, voir M. Vol'fovich et E. Medvedeva (dir.), *Tsarskaia armiia v period mirovoi voiny i fevral'skoi revoliutsii*, Kazan, Tatizdat, 1932. Les soldats anglais et allemands étaient eux-aussi conscients de la censure dont leur courrier faisait l'objet, cf Bernd Ulrich, « Feldpostbriefe im Ersten Welkrieg : Bedeutung und Zensur », in Peter Koch (dir.), *Kriegsalltag*, Stuttgart, 1989, p. 49, 62, et Modris Eksteins, *Rites of Spring*, New York, 1989, p. 147.

29. À propos des résumés compilés par le ministère de l'Intérieur, voir Peter Holquist, « Information... », *art. cit.*, p. 427-429.

30. Michael Geyer, « Militarization of Europe, 1914-1945 », *in* John Gillis (dir.), *The Militarization of the Western World*, New Brunswick, New Jersey, 1989, p. 75, 79-80.

31. *Voina i kostromskaia guberniia (po dannym ankety statistischeskogo otdeleniia)*, Kosrtoma 1915, p. 66-77, 141-142.

32. Sur toutes ces mesures, voir Hubertus Jahn, *Patriotic Culture in Russia During World War I*, Ithaca, 1995.

33. Voir Lewis Siegelbaum, *The Politics of Industrial Mobilization in Russia, 1914, 1917*, New York, 1983 ; Ziva Galili, *The Menshevik Leaders in the Russian Revolution*, Princeton, 1989 ; Leopold Haimson et Giulio Sapelli (dir.), *Strikes, Social Conflict and the First World War : an International Perspective*, Milan, 1992 ; Alessandro Stanziani, *L'Économie en révolution*, Paris, 1998 ; Peter Gatrell, article « Refugees », dans le *Critical Companion to the Russian Revolution* ; Steven Zipperstein, « The Politics of Relief : the Transformation of Jewish Communal Life during the First Worl War », *in* Jonathan Frankel (dir.), *Jews in the Eastern European Crisis*, Oxford, 1988.

34. George Yaney, *The Urge to Mobilize*, Urban, University of Illinois Press, 1982 ; T.M. Kitanina, *Voina khleb i revoliutsiia*, Leningrad, Nauka, 1985 ; Lih, *Bread...*, *op. cit.* ; Stanziani, *L'Économie...*, *op. cit.*

35. Voir par exemple N.A. Orlov, *Prodovol'stvennoe delo v Rossii vo vremia voiny i revolutsii*, 1922 (réédition, Moscou, 1991).

36. *Russkoe slovo*, 30 août 1916 ; Iakov Bukshpan, *Voenno-khoziaistvennaia politika : formy i organy regulirovaniia za vremia mirovoi voiny, 1914-1918*, Moscou, 1929, p. 391.

37. Concernant l'attention portée par les Russes aux mesures prises par l'Allemagne en matière de ravitillement, voir Yaney, *Urges ...*, *op. cit.*, chap. 10. On trouvera des exemples dans pratiquement chaque numéro de *Russkaia mysl,'* (articles de P. Struve) ou de *Vestnik evropy* (articles signés Lur'e, pseudonyme de Larine, futur bolchevik de gauche et adepte enthousiaste de la planification).

38. Ce fut par exemple le cas de Kotsonis. Pour ce qui est des spécialistes de la santé publique, voir *Politics and Public Health in Revolutionary Russia*, Baltimore, Johns Hopkins Press, 1990 ; pour les ethnologues, voir Franscine Hirsch, *An Empire of Nations*, thèse de PhD, Princeton University, 1998. Pour une analyse devenue classique de cette culture en général, voir Charles Maier, « Betwen Taylorism and Technocracy », *Journal of Contemporary History*, vol. 5 (1970), n°2, p. 27-61.

39. À propos du concept d'économie dirigée basée sur les principes de la *Kriegswirschaft* [économie de guerre], voir G. Binshtok, *Voprosy provodol'stvennogo snabzheniia v voennom khosiaistve Germanii*, Moscou, 1918 ; A. Savel'ev, « Voprosy pitaniia po opytu mirovoi voiny », *Voenno-sanitarnyi sbornyk*, n°3 (1926), p. 53-58 ; A. Karpushin-Zorin, « Mirovaia voina i prodovol'stvennyi vopros », *Voina i revolutsiia*, n°8 (1926), p. 80-92 ; Ia. M. Bukshpan, *Voenno-khoziaistvennaia politika : formy i organy regulirovaniia narodnogo khoziaistva za vremia mirovoi voiny, 1914-1918*, Moscou, 1929 ; E. Khmel'nitskaia, *Voennaia ekonomika Germanii, 1914-1918 : opyt teorii analiza voen khoziaistva*, Moscou-Léningrad, 1929. En outre les éditions de l'armée publièrent en 1926 une traduction russe de l'ouvrage de Rudolf Klaus, *Die Kriegswirtschaft Russlands bis zur bolschewistischen Revolution*, originalement paru à Bonn et Leipzig en 1922.

40. Voir ci-dessus ; on se reportera également à Vladlen Loginov, « Provodovol'stvennaia politika (osen' 1917-go) », *Svobodnaia mysl'*, n°10 (1997), p. 26-36.

41. Sur les nouvelles pratiques politique, voir Keith Baker, *Inventing the French Revolution*, New York, Cambrige, 1990, p. 158, 238-243 ; à propos de la révolution « sociale », voir William Sewell, « Ideologies and Social Revolutions », *Journal of Modern History*, vol. 57 (1985), n°1, p. 57-85 (en particulier p. 77).

42. Orlando Figes, *A People's Tragedy*, New York, Penguin, 1997, chap. 8 et 9. On se reportera notamment au commentaire fait par le très pondéré professeur V.I. Vernadsksii, membre du Parti cadet : « L'impossible est en train de devenir possible, et le sans précédent est en train de causer une catastrophe, à moins que ce ne soit un nouveau phénomène mondial » (*Dnevniki*, 1917-1921, Kiev, 1994, p. 28). Pour d'autres expressions de cette foi en l'efficacité millénariste de la polique des révolutionnaires, voir Richard Stites, *Revolutionary Dreams*, New York, 1989, et Maxime Gorky, *Untimely Thoughts*, *op. cit.*

43. Alexis de Tocqueville, *L'Ancien Régime et la Révolution*, Paris, Gallimard, 1952, p. 69.

44. Voir en particulier Daniel Orlvosky, « Professionalism in the Ministerial Bureaucracy », *in* Harvey Balzer (dir.), *Russia's Ruling Middle Class*, Armonk, 1996, et William Rosenberg, « Social Mediation and State Construction(s) in Revolutionary Russia », *Social History*, vol. 19 (1994), n°2, p. 168-188.

45. Cf. Bukshpan, *Voenno-khoziaistvennaia politika*, *op. cit.*

46. Sur la manière dont fut rédigée cette loi, voir Iakov Bukshpan, *Voenno-khoziaistvennaia politika*, *op. cit.*, p. 148, 509. Le « décret sur le transfert des grains à la disposition de l'État » en date du 25 mars 1917 figure dans l'ouvrage *Russian Provisional Government*, 3 vol., Stanford, Stanford University Press, 1961, vol. 2, p. 618-621. Si la dette des bolcheviks envers l'Allemagne a souvent été signalée pour ce qui touche à l'économie (voir Yaney, *Urges*, *op. cit.*, et Richard Pipes, *The Russian Revolution*, New York, Vintage, 1990), cet exemple atteste de l'intérêt manifesté par les penseurs appartenant à tous les partis politiques russes à l'égard de l'économie de guerre allemande.

47. Kondrat'ev, *Rynok*, *op. cit.*, p. 222. Dans son ouvrage *Bread and Authority*, Lars Lih exaine en détail la manière dont cela s'est appliqué à la politique de ravitaillement.

48. Voir la proclamation du ministère de l'Agriculture du 20 août 1917 sanctionnant le recours à la force pour acquérir du ravitaillement (Kondrat'ev, *Rynok*, *op. cit.*, p. 212, et Yaney, *op. cit.*, p. 441-442). Concernant la déclaration du ministère du Ravitaillement avertissant que la politique de persuasion avait désormais fait place à une politice coercitive, et les échanges entre les ministres de la Nourriture, du Ravitaillement, de l'Intérieur et de la Guerre à propos de la formation de bataillons armés chargés d'aller récupérer des céréales, voir *Ekonomicheskoe polozhenie*, vol. 2, p. 288-289 ; *Russian Provisional Government*, vol. 2, p. 653, et vol. 3, p. 1649-1651 ; *Revolutsionnoe dvizhenie nakanune oktiabrskogo vooruzhennogo vosstaniia*, p. 459-460.

49. Rosenberg, « Social Mediation... », *art. cit.*, p. 188.

50. « Mart-Mai, 1917 », *Krasnyi arkhiv*, vol. 15 (1926), p. 30-60.

51. *Sbornik tsirkulariov ministerstva vnutrennikh de za mart-iiun' 1917*, Petrograd, 1917, p. 63-64 ; *Krest'ianskoe dvizhenie v 1917 godu* Moscou-Léningrad, 1927, p. XVII-XXV, 412-413, 415-418, 421-422. Presque toutes les indications quantitatives concernant les mouvements agraires de 1917 sont tirées des ces tableaux d'ensemble préparés par le Ministère de l'Intérieur.

52. Gosudartsvennyi arkhiv rossiiskoi federatsii, Moscou [GARF], f. 9505, op. 1, d. 3, ll. 9-12 ; d. 4, l. 1 ; d. 8, ll. 5 ; op. 2, d. 2, ll. 18-19, 25 ; d. 10 (cartes). Je dois à David Hoffmann d'avoir attiré mon attention sur l'existence de cette organisation et d'avoir bien vouloir partager avec moi ses données et informations.

53. *Zhurnaly zasedanii vremennogo pravitel'stva*, n°140, 26 juillet 1917, paragraphe 11g-d et instructions en annexes.

54. Stephen Kotkin, *Magnetic Moutain : Stalinism as Civilization*, Berkeley, University of California, 1995.

55. Detlev Peukert, *The Weimar Republic*, New York, Hill and Wang, 1989, chap. 6, en particulier p. 132-133. Vers le milieu de l'année 1917, l'Autriche-Hongrie créa pour sa part un ministère du Bien-être social et du ravitaillement ; en Grande-Bretagne, la Première Guerre mondiale amena la constitution d'un ministère de la Santé en 1919. David Hoffmann et moi-même sommes en train d'achever la rédaction d'un manuscrit traitant de ces questions et dont le titre provisoire est « Cultivating the Masses : The Modern Social State in Russia, 1914-1941 ».

56. Arno Mayer, *Political Origins of the New Diplomacy*, New Haven, Yale, 1959 ; Hannah Arendt, *Origines...*, *op. cit.*, chap. 9 ; Eric Hobsbawm, *L'âge des extrêmes*, Éditions Complexe, 1999, chap. 1 et 2.

57. Pour une vue d'ensemble, voir P. Holquist, « To Count... », *art. cit.* ; les documents concernant les opérations anti-insurrectionnelles à Tambov ont été rassemblés par Viktor Danilov, *Antonovshchina : dokumenty i materialy*, Tambov, Redaktionno-izdatel'skii otdel, 1994. Les hommes à qui Kamenev confia la direction de la campagne contre le *basmachestvo* au Tekestan de mars 1921 à août 1923 étaient tous d'anciens officiers de l'armée impériale, et deux d'entre eux, V.S. Lazarevitch et V.I. Kork, étaient mêmes diplômés de l'état-major ; voir « S.S. Kamenev o bor'be s basmachestvom », *Voenno-istorichevskii zhurnal*, n°5 (1995), p. 40-45 ; voir également l'introduction précédant les ordres qui mirent en place le système.

58. Pour une bonne analyse générale de l'emploi de la violence par les Soviets durant la guerre civile, voir Nicolas Werth, *Le Livre noir du communisme...*, *op. cit.*, chap. 3 et 4, et Richard Pipes, *The Russian Revolution*, *op. cit.*, chap. 18.

59. Liulevicius, « War Land », chap. 7 ; Robert Waite, *Vanguard of Nazism : The Free Corps Movement*, Cambridge, Harvard, 1952 ; Klaus Theweleit, *Male Phantasies*, Minneapolis, University of Minnesota, 1987, 2 vol.

60. Peter Kenez, « Pogroms and White Ideology in the Russian Civil War », *in* John Klier et Shlomo Lambroza (dir.), *Pogroms and Anti-Jewish Violence in Modern Russian History*, New York, 1992 ; Orlando Figes, *A Peoples's Tragedy*, New York, Penguin, 1997, p. 676-679 ; Pipes, *Russia under the Bolshevik Regime*, *op. cit.*, p. 99-114.

61. Peter Kenez s'est attaché à démontrer que la violence blanche relevait bien d'une idéologie dans son article déjà cité « Pogrom and White Idelogy ». Voir également A.L. Litvin, « Krasnyi i belyi terror v Rossii, 1917-1922 », *Otechestvenniaia istoriia*, 1993, n°6, p. 46-62 ; E.I. Dostovalov, « O belykh i belom terrore », *Rossiiskii arkhiv*, vol. 6 (1995), p. 637-697 (sur le « filtrage », voir p. 678).

62. « Nashi agenty ot millionera do Narkoma », *Rodina*, 1990, n°10, p. 64-68 ; à propos de la violence ciblée des officines de contre-espionnage blanches, voir également Dostovalov, « O belykh. », *art. cit.*, p. 668-686. Pour un exemple de manuel remarquablement détaillé publié par la Tcheka au sujet des organismes blancs chargé du contre-espionnage et des représailles en Sibérie, voir *Svodka materialov iz belogvardeiskikh fondov po Sibiri (1918-1920)*, slnd, Izdanie prdsavitel'stvz V.Ch.K. po Sibiri, en particulier le chap. 5 : « Il existe un lien direct entre le contre-espionnage dans le district militaire d'Omsk tel qu'il existait après 1912 et [les organisations blanches subséquentes] ; après 1916 les individus changèrent, mais le système, à très peu d'exceptions près, resta identique. » La liste récapitulative des employés de l'agence figurant dans ce volume (dont l'index alphabétique occupe 48 pages sur deux colonnes) confirme cette affirmation.

63. N. Vorovich (dir.), *Zelenaia kniga : istoriia krest'ianskogo dvizheniia v chernomoskoi gubernii*, Prague, Chernomorskaia krest'ianskaia delegatsiia, 1921. Pour une démonstration analogue, voir Pavel Kudinov, « Vosstanie verkhne-dontsov », *Rodimy krai*, n°77, p. 7 et n°101, p. 13.

64. Sur l'usage fait par les insurgés de « tribunaux populaires » et de détachements punitifs qualifiés de « détachements spéciaux chargés d'une mission spéciale » [*osoby otriad osobogo naznacheniia*], voir RGVA, f. 100, op. 2, d. 235, ll. 219, 266 ; voir également Venkov, *Pechat' suvorogo iskhoda*, Rostov, 1988, p. 113, 128, 157. En Sibérie, l'Armée du peuple insurgée contre les Soviets instaura un « service du travail obligatoire » (PANO, f. 1, op. 9, dl. 15a, l. 210 ; une photocopie figure dans le fonds Shishkin, HIA, carton 5).

65. Pour une analyse d'ensemble, voir Peter Holquist, « Information... », *art. cit.* Pour ce qui concerne la mise sur pied d'un « Département d'information et de propagande » au sein du Conseil spécial de Dénikine, voir le « Prikaz n° 7 » en date du 7 septembre 1918 et l'« Order 315 » du 19 décembre 1918 (HIA, fonds Wrangel, carton 5, chemise 3) ; pour le « Bureau d'information » du Gouvernement provisoire de Sibérie, voir *Sobranie uzakonenii i rasporiazhenii vremonnogo sibiskogo pravitel'stva*, n°5, (9 août 1918) ; pour des rapports sur la censure de la presse sous Koltchak, voir RGVA, f. 39499, op. 1, d. 143, ll. 1-3 ob (photocopies dans le fonds Shishkin, HIA, carton 1).

66. *Donskie vedomosti*, 7 octobre 1918 ; sur l'acceptation en 1917 par tous les partis du principe de gestion des approvisionnements, voir Loginov, « Provodol'stvennaia politika », *art. cit.*

67. Sur Kirillov, voir Rossiiskii gosudatvennyi istoricheskii arkhiv, Saint-Pétersbourg [RGIA], f. 457, op. 1, d. 683, ll.63, 67, 69, 206-207 ; GARF, f. 1258, p. 2, d. 53, l. 5. Sur Semënov, RGIA, f. 457, op. 1, d. 683, l. 52, 57-59 ; RGVA, f. 49456, op. 1, d. 68, l. 17. Sur Tsiriupa, voir E.E. Pisarenko, « A. D. Tsiriupa v gody voiny i revoliutsii », *in* S.V. Tiutiukin *et al.* (dir), *Oktiabrskaia revoliutsiia : ot novykh istochnikov k novomu osmysleniiu*, Moscou, RAN, 1998, et Lih, *Bread and Authority*, *op. cit.*

68. RGIA, f. 457, op. 1, d. 683, l. 86 (comités chargés de lutter contre l'inflation en 1915) ; *Sbornik zakonov priniatykh bol'shim voiskovym krugom VVD, 15 aug.-20 sent. 1918*, Novocherkassk, 1918, p. 24-27 (« zakon po bor'be dorogoviznoi i spekulatsiei »).

69. N.M. Mel'nikov, « Pochemu belye na luge ne pobedili krasnykh », collection Mel'nikov, carton 4, fonds Bakhmeteff, Columbia University p. 66-82, citation p. 73 (au sujet de l'ordre donné par Dénikine le 13 juillet 1919 de substituer au monopole des céréales un impôt en nature payable en céréales, voir les instructions en date du 22 juillet qui figurent dans la collection Melnikov, BAR, carton 9) ; concernant les mesures prises par le gouvernement de Sibérie, on consultera les « instructions relatives à l'acquisition des grains » et la directive sur la taxation des prix en date du 1er août 1918 (GASO, f. 41, op. 1, d. 105, l. 9 , photocopie dans la collection Shishkin, HIA, carton 5) ; la directive sur la régulation du commerce des céréales ; la directive créant des commissariats chargés du ravitaillement (6 juillet 1918), *Sobranie uzakoneii i rasporiazhenii vremonogo sibirskogo pravitel'stva*, n°3 (26 juillet 1918).

70. Pour la directive recommandant le recours à des tribunaux révolutionnaires itinérants dans la campagne destinée à assurer le ravitaillement, voir *Dekerty sovetskoi vlasti*, 12 vol., Moscou, 1957-1987, vl. 11 ; p. 386 ; *Biulleten'Donprodkoma*, n°2 (1er décembre 1920), p. 16 ; *Donskaia bednota*, 3 décembre 1920 ; *Otchet 3-mu s'ezdu sovetov donskoi oblasti*, p. 147. Pour l'ordre de faire de cet organisme un instrument de propagande et de répression, voir GARO, f. R-97, op. 1, d. 532, l. 21 (rapport au Tribunal révolutionnaire du Don sur les activités des assises du 2e ditrict du Don). Concernant les cours d'assises opérant de concert avec les groupes de choc pour légitimer leur expéditions punitives, voir GARO, f. R-1891, op. 1, d. 76, ll. 119, 133, 136-137, 148, 167 (rapports extraits et ordres du commandant d'un groupe de choc et du président de cour d'assises ayant tout pouvoir accompagnant son unité) ; *Biulleten'Donprodkoma*, n°4-5, (janvier 1921), p. 4-5 et n°6 (février 1921), p. 12-13 (non numérotées) ; GARO, f. R-1220, op. 1, d. 39, l. 2 (liste des citoyens condamnés durant la session spéciale de la cour d'assises du Haut-Don du Tribunal révolutionnaire du Don pour n'avoir pas rempli les obligations fixées par l'État). Les condamnation furent éditées sous la forme de tracts de propagande, cf GARO, f. R-97, op. 1, d. 532, ll. 36, 38-47.

71. Sur le développement de ce processus, voir Amir Weiner, « Nature, Nurture, and Memory in a Socialist Utopia », *American Historical Review*, vol. 104 (1999), n°4, p. 1114-1154.

72. On trouvera dans Martin Malia, *la Tragédie soviétique, op. cit.*, et dans Kotkin, *Magic Mountain, op. cit.*, une excellente discussion des objectifs politiques révolutionnaires poursuivis par les soviétiques.

73. De ce point de vue, la contribution de Nicolas Werth, « L'État contre son peuple » (*Livre noir..., op. cit.*) constitue une excellente étude de la manière dont l'État soviétique recourut à la violence dans un but révolutionnaire au cours des décennies suivantes.

74. Alan Widman, *The End of the Russian Imperial Army*, Princeton, Princeton University Press, 2 vol., 1980-1987 ; concernant l'impact de la guerre sur le développement du léninisme en tant qu'idéologie, voir Hardin, *Leninism, op. cit.*

75. Ernst Nolte, *Das Vergehen der Vergangenheit*, Berlin, Ullstein, 1987, et du même auteur *Der europäische Bürgerkrieg, 1917-1945*, Berlin, Propyläen, 1987 ; Richard Pipes, *Russia under the Bolshevik Regime, op. cit.*, p. 240-281. Pour une critique de cette thèse, voir Richard Evans, *In Hitler's Shadow*, New York, Pantheon, 1989).

76. Alexis de Tocqueville, *L'Ancien régime, op. cit.*, p. 235.

Le Parti

par Gábor T. Rittersporn

Le Parti communiste a joué un rôle décisif dans la vie de dizaines de millions de Soviétiques. L'admission dans ses rangs représentait une étape importante de la carrière d'un militant. En effet, non seulement cette adhésion facilitait une ascension dans la hiérarchie professionnelle ou administrative mais elle témoignait également, dans les années 1920 et 1930, d'une volonté de s'engager aux côtés d'un régime qui affirmait être menacé, à l'intérieur comme à l'extérieur de ses frontières par de dangereux adversaires. À cette époque, être membre du Parti signifiait également approuver jusque dans ses conséquences ultimes le programme ambitieux de modernisation qui était le sien. Rien d'étonnant, compte tenu de la profondeur de cette adhésion au Parti, à ce que les communistes acceptèrent d'être chargés des missions les plus risquées au cours de la Seconde Guerre mondiale.

Le monopole politique des bolcheviks

Fondé en 1898, le Parti ouvrier et socialiste russe duquel naîtra le Parti communiste russe, réunit, dans un premier temps, plusieurs groupes et mouvements socialistes. Ceux-ci avaient des principes d'organisation et des horizons théoriques différents qui provoquèrent de grands débats et des scissions avant que ne s'affirment les pratiques du courant bolchevique qui deviendra hégémonique en 1917. Pour les militants de ce courant, le Parti assumait le rôle historique des catégories sociales indispensables à la modernisation de la Russie : celles-ci étant très faibles, dans un pays très largement paysan, le Parti s'y substituait en quelque sorte. En conséquence, le Parti bolchevique, mouvement politique d'un type particulier, devait être d'une part un espace clos où les militants élaboraient une ligne stratégique et les modalités de son application, et d'autre part, une organisation hautement centralisée dont les membres obéissaient aux instructions de leurs dirigeants. Jusqu'au milieu des années 1920, les controverses n'étaient pas rares au sein du Parti. Mais toute discussion était proscrite à partir du moment où la direction avait tranché le débat. La participation à l'activité des cellules était obligatoire pour les adhérents. Cependant, la centralisation quasi militaire de l'organisation amena les militants à accomplir des tâches qui n'avaient pas été décidées à la base.

Le Parti n'était donc pas vraiment une communauté de camarades partageant les mêmes convictions. Il le fut d'autant moins qu'il assuma dès la création du nouveau régime la totalité des fonctions gouvernementales. Les organismes dirigeants du Parti devaient approuver la nomination et la destitution des responsables de toutes les administrations locales, régionales et centrales, y compris celles de responsables politiques théoriquement élus. Mais avant tout, les instances suprêmes du Parti devaient définir la politique du système et établir les tâches des institutions fondamentales du régime ainsi que celles d'un nombre impressionnant d'organismes et d'entreprises. La définition de la ligne stratégique par la direction du Parti avait pour objectif de garantir le monopole politique des bolcheviks. Pourtant, dans la pratique, les orientations fixées par le Parti n'étaient pas appliquées à la lettre[1].

Convaincus de disposer du seul projet capable de résoudre les problèmes de la Russie, les bolcheviks n'hésitaient pas à employer tous les moyens pour défendre leur monopole politique. Persuadés d'agir dans l'intérêt des masses, ils se croyaient autorisés à agir en leur nom. Ce postulat impliquait de mener une lutte impitoyable contre tous ceux qui contestaient le monopole bolchevique mais aussi de recourir à la force contre les masses elles-mêmes. Selon le Parti, ces dernières n'avaient pas le niveau de conscience suffisant pour comprendre que leurs intérêts à long terme exigeaient des sacrifices dans le moment présent. Ce diagnostic justifiait donc, aux yeux des bolcheviks, qu'ils puissent mener des opérations répressives contre le peuple.

Le contrôle d'un immense corps sociopolitique

Idéalement, le citoyen russe devait adhérer au Parti communiste, s'engager en faveur de son grand projet, et participer à sa réalisation, au besoin au détriment de la population. Franchir le pas et cautionner le programme du Parti représenta donc, pour des millions de militants, un événement décisif. L'explication selon laquelle les lois de l'histoire prédestinaient le Parti à devenir l'agent d'une mission émancipatrice à l'échelle planétaire exerçait un fort pouvoir d'attraction. C'est une des raisons pour lesquelles, pendant des décennies, les militants les plus zélés furent prêts à tout pour édifier un futur dont la promesse justifiait toutes les privations du présent.

Ce futur, et surtout les moyens d'y parvenir, faisaient l'objet de controverses et de débats relativement ouverts dans les années 1920[2]. Toutefois, le contenu de ces discussions sur les mérites des différents plans, avait moins d'influence sur l'issue des débats que l'avis qui découlait des fonctions gouvernementales du Parti, lequel bénéficiait de la primauté étant donné le statut particulier que lui accordaient les dirigeants. C'est le souci d'affirmer l'hégémonie du régime dans tous les domaines de la vie sociale et politique qui a incité les bolcheviks à adopter un modèle d'administration hautement centralisé. Dernier foyer de résistance à cette volonté de domination du Parti, la petite propriété paysanne fut l'objet de la première offensive de modernisation, le but étant d'annihiler cette forme de production. La collectivisation de l'agriculture et l'industrialisation ont amplifié les tâches gouvernementales du Parti et en ont modifé la nature. Il n'existait quasiment plus de champ d'activité qui échappât à l'intervention du Parti et à sa volonté d'imposer les priorités du régime. Il se devait de réagir à tous les problèmes qui surgissaient dans un immense corps socio-politique. Pour le Parti, il s'agissait entre autres d'assumer les problèmes qui découlaient de sa qualité d'organisme unique de direction.

Or, les solutions proposées dans ce cadre et leur mise en œuvre n'étaient pas forcément à la hauteur des difficultés du régime. Au lieu de jeter les fondements d'une agriculture moderne, la formation forcée des kolkhozes créa un ordre rural où les paysans ne travaillaient guère en dehors de l'économie de subsistance de leurs lopins individuels, s'ils n'étaient pas soumis à des pressions administratives et pénales[3]. De même, ces campagnes chaotiques destinées à construire certains éléments d'une infrastructure industrielle révélaient des choix arbitraires qui tournaient en dérision les ambitions planificatrices des bolcheviks. Ces graves dysfonctionnements auxquels s'ajoutait l'émergence d'une crise à peine séparable du processus de production étaient assez loin d'établir un système économique performant[4]. La mobilisation de la plupart des ressources pour développer l'industrie lourde et le quasi abandon du secteur du logement et des équipements urbains n'amélioraient pas les conditions de vie dans les villes dont la population croissait de façon vertigineuse.

Le renforcement de structures archaïques

La volonté forcenée de la direction bolchevique de sauvegarder coûte que coûte son monopole a conduit à l'échec de l'entreprise de modernisation de la société russe : en effet, l'exigence de contrôle politique a renforcé les structures archaïques et les tentatives de solutions sont restées prisonnières des problèmes qu'elles étaient censées résoudre. Du coup, on a proscrit tout débat sur les complications qu'a entraînées cette option du Parti, et même interdit que soient tout simplement évoqués les problèmes les plus graves du régime. Dans ces conditions, la politique du Parti a consisté plutôt à gérer les affaires, telles qu'elles existaient, plutôt qu'à mettre au point des stratégies pour sortir de l'impasse.

Les militants communistes devaient donc s'accommoder du cul de sac où les avait conduits l'expérience bolchevique. Il leur fallait cependant croire que cette voie sans issue était le début prometteur de la réalisation d'un grand projet. La confiance d'un grand nombre de ces militants avait été sérieusement ébranlée par la cruauté de la collectivisation, par la grande famine qui s'ensuivit et par la misère qui régnait dans les villages kolkhoziens, on aurait donc pu s'attendre à de vifs mouvements de contestation. Ce ne fut pourtant pas le cas. L'exclusion qui frappait les déviationnistes et l'exil qui guettait les protestataires, au début des années 1930, ont sans doute joué un rôle dissuasif, mais ils n'expliquent que partiellement l'absence de toute contestation d'envergure. La propagande du régime mettait en avant la naissance de nouvelles industries et de villes entières et suggérait ainsi que les difficultés vécues par la population étaient passagères, surmontables et inhérentes à cette croissance rapide et spectaculaire. De plus, des centaines de milliers d'adhérents bénéficiaient d'une promotion sociale : en 1933, sur deux millions de communistes qui avaient été admis au Parti comme ouvriers, seuls 1 300 000 étaient restés des travailleurs manuels[5]. Le régime semblait tenir son engagement vis-à-vis des démunis d'hier, ces derniers n'étaient pas insensibles à l'idée que les revers du régime dans son assaut modernisateur provenaient des agissements subversifs d'éléments complètement étrangers à l'univers soviétique et d'anciens opposants au sein du Parti. En fait, les victimes de cette recherche de plus en plus obsessionnelle d'ennemis au sein du Parti n'avaient rien à voir avec les manœuvres hostiles qu'on leur imputait. Elles servaient de bouc émissaires pour expliquer la désorganisation, l'inefficacité et l'impopularité qui frappaient désormais de façon chronique le fonctionnement quotidien de toutes les institutions et de tous les organismes du système.

Un prolétariat minoritaire au sein du Parti

La tentative de se débarrasser des prétendus saboteurs de la ligne du Parti en 1937-1938 s'enferme dans la logique des pratiques qu'elles cherchaient à éliminer : en effet, le souci de la direction de protéger le monopole bolchevique conduisait à confier le soin de mener les attaques contre les prétendus sabotages aux institutions et organismes dont les pratiques habituelles étaient déjà censées favoriser les menées que les autorités prenaient pour antisoviétiques. Cette épuration sanglante favorisa paradoxalement une certaine mobilité des militants. Ainsi, la génération des dirigeants qui allait gérer les affaires du pays jusqu'aux années 1980 accéda aux responsabilités grâce à cette purge. Beaucoup de ces cadres provenaient de familles ouvrières. Toutefois, cette origine ouvrière des militants du Parti n'a cessé de s'atténuer au fil des années 1930 : en 1933, 18,8 % des bolcheviks appartenant à la catégorie statistique « employés » (dans laquelle sont compris les officiels du Parti) avaient des parents qui n'avaient pas exercé de travail manuel ; à la vielle de la guerre, cette proportion dépassait les 53 %[6]. La possession d'un capital socioculturel commençait à devenir un facteur déterminant au sein même de l'organisation qu'on exaltait comme étant l'avant-garde du prolétariat. Ce dernier était pourtant minoritaire au sein du Parti : en 1933, l'année de l'entre-deux guerres où l'on comptait le plus d'ouvriers parmi les bolcheviks, la proportion d'ouvriers dans le Parti n'atteignait pas 37 % ; le pourcentage tomba à 15,1 % avant l'attaque nazie. À cette date, 52 % des 3 800 000 militants communistes étaient des « employés ». Le Parti communiste était devenu un parti dirigeant au sens propre du terme. Une chose est sûre en tout cas : à la fin des années 1930, de moins en moins d'ouvriers étaient prêts à rejoindre le Parti.

La Seconde Guerre mondiale renversa quelque peu cette tendance. La lutte contre un envahisseur impitoyable rassembla la grande majorité de la population autour du régime. Ainsi l'adhésion au Parti de près de 9 millions de personnes entre 1941 et 1947[7] s'explique davantage par l'affirmation d'un fort patriotisme plutôt que par l'attachement aux idéaux bolcheviques. L'organisation comptait 4 millions de membres quand éclata le conflit avec le régime nazi, et 5,8 millions à la fin des hostilités. De toute évidence, les communistes étaient nombreux parmi les 17 millions de victimes civiles et parmi les 9 millions de militaires et de partisans tombés au front. De même, il est clair que ce furent de simples citoyens soviétiques qui formèrent la grande masse des recrues des années de guerre. En 1946, un tiers des militants communistes était des ouvriers, 18,6 % était des paysans alors que ces derniers ne formaient qu'un peu plus d'un dixième des effectifs du Parti bolchevique en 1941. Cependant, il faudra attendre le milieu des années 1960 pour que la représentation ouvrière au sein du Parti retrouve son niveau de 1933[8].

Un écart croissant entre le projet révolutionnaire et le quotidien

À partir du début des années 1930, l'écart croissant entre les promesses du grand projet révolutionnaire et le quotidien du système vécu par les populations acculèrent les autorités à se réfugier de plus en plus dans la célébration d'une figure de père omniscient et tout-puissant. Dès lors, il était tentant de croire que l'évolution chaotique et imprévisible du régime relevait en fait d'un dessein clairvoyant. La victoire sur le nazisme cimenta certainement la crédibilité du Leader suprême et l'impression de perspicacité qu'on lui prêtait. C'est pourtant lui et la dévotion qu'on lui vouait qui devaient faire les frais de l'incapacité dans laquelle se trouvait le Parti d'ouvrir des horizons vraiment nouveaux aux Soviétiques. Quelques camarades d'armes du Leader et les bénéficiaires des grandes épurations n'avaient pas tort de souligner la responsabilité de Staline dans les pratiques violentes du régime à partir des années 1950 au moment où celles-ci s'avéraient de plus en plus absurdes. Mais ces dirigeants étaient loin de se rendre compte qu'en s'évertuant à sauvegarder le rôle dirigeant du Parti, ils contribuaient à perpétuer les problèmes du système. Les efforts du régime pour améliorer les conditions de vie, entre autres par la construction de logements, permettaient de masquer ces problèmes pour un certain temps. De même, le statut de grande puissance de l'URSS et l'avenir prometteur que pouvaient faire miroiter les premiers succès du programme spatial offraient sans doute un semblant de perspective. Malgré tout, rien ne pouvait faire en sorte que les réponses que la direction du Parti donnait aux questions toujours plus inextricables d'une société de plus en plus complexe, sortissent des cadres étroits que supposait le maintien du monopole politique.

Les chances des militants de se voir promus à des positions dirigeantes considérablement s'amenuisèrent à partir des dernières années d'avant-guerre. En effet, la sélection des cadres ne s'effectuait pas au sein des militants méritants de la base mais directement dans les établissements d'enseignement supérieur où les futurs cadres étaient choisis avant même la fin de leurs études. Cette tendance à un recrutement élitiste des cadres se renforça nettement à partir des années 1950. Certes, les effectifs augmentaient pour atteindre 15 millions en 1974 et 19 millions en 1986[9]. Ce développement devait beaucoup au fait que la carte du Parti était de grande utilité pour avancer dans la hiérarchie professionnelle, surtout pour les diplômés. Il est néanmoins notable que vers le milieu des années 1970, les spécialistes et les intellectuels les plus qualifiés ne cherchaient plus à joindre le PCUS[10]. Si le Parti continuait à être l'administration la plus importante du régime, jusqu'à l'échec définitif de l'expérience soviétique, les détenteurs d'un savoir-faire authentique s'en éloignaient, vraisemblablement dans l'espoir que, tôt ou tard, leurs compétences se déploiraient dans un espace public qui définirait la politique de leur pays. Leur espoir doit être passablement déçu aujourd'hui, puisque force est de constater que cette politique est décidée dans une administration qui est à peine moins auto-référentielle que celle qu'elle remplace.

Notes

1. Sur les débuts du Parti et sur son évolution voir Leopold H. Haimson, *Russian Marxists and the Origins of Bolshevisme*, Cambridge Mass., 1955 ; A. K. Wildman, *The Making of a Worker's Revolution : Russian Social democracy, 1891-1903*, Chicago, 1967 ; R. Service, *The Bolshevik Party in Revolution : A Study in Organizational Change 1917-1923*, London, 1979.

2. Robert V. Daniels, *The Conscience of Revolution : Communist Opposition in Soviet Russia*, Cambridge Mass., 1960 ; A. Erlich, *The Soviet Industrialization Debate, 1924-1928*, Cambridge Mass., 1960.

3. S. Merl, *Bauern unter Stalin : die Formierung des sowjetischen Kolchossystems*, Berlin, 1990.

4. H. Kuromiya, *Stalin's Industrial Revolution*, Cambridge, 1988 ; D.R. Shearer, *Industry, State and Society in Stalin's Russia 1926-1934*, Ithaca, 1996.

5. I. N. Judin, *Social'naja baza rosta KPSS*, Moscou, 1973, p. 128.

6. Cf. *Izvestija CK KPSS*, n° 5, 1990, p. 200 et Judin, pp. 128, 164, 186.

7. E. Zubkova, « Mir mnenij sovetskogo celoveka », *Otecestvennaja istorija*, n° 3, p. 102.

8. Pour l'évolution des effectifs et pour les origines des adhérents voir *Partijnaja Zizn'*, n° 15, 1983, pp. 14-15, 21.

9. *Izvestija CK KPSS*, n° 1, 1990, p. 86.

10. T. V. Rjabuskin, éd., *Sovetskaja sociologija*, vol. 2, Moscou, 1982, p. 49.

La terreur

par Gábor T. Rittersporn

Les bolcheviks étaient sincèrement convaincus de détenir la clé de compréhension du passé, du présent et du futur de l'humanité et d'être les agents d'une transformation radicale du monde. De même, ils étaient persuadés que leurs projets découlaient de leur aptitude à discerner le sens de l'histoire et d'y adapter leurs démarches. Malgré ces convictions, les bolcheviks étaient obligés de constater que le monde ne se pliait pas aisément à leurs desseins. Nombre de leurs initiatives n'étaient pas vraiment passées dans les faits. Même dans le cas où elles avaient pu se traduire dans la réalité, les résultats obtenus avaient souvent peu de choses à voir avec les effets escomptés. Ce constat est particulièrement vrai à partir des années 1930, au moment où les bolcheviks entraînèrent toute l'URSS dans un gigantesque programme de modernisation. Pour mettre en œuvre ce projet, les bolcheviks disposaient de deux atouts : ils étaient les maîtres incontestés du pays et les dissensions qui avaient traversé leurs rangs appartenaient désormais au passé.

Pour les bolcheviks, il allait de soi que ceux qui n'épousaient pas leur vision des choses et surtout ceux qui refusaient de l'accepter, étaient des éléments arriérés, ou des éléments hostiles, si leurs origines n'étaient pas prolétariennes. L'une des pièces maîtresses de leur interprétation du monde reposait sur la mission historique qu'ils attribuaient à la classe ouvrière et à l'organisation qui était censée défendre son intérêt, leur propre Parti. Les bolcheviks n'hésitaient pas à recourir à des actes de violence contre ceux qu'ils considéraient comme étrangers à la cause prolétarienne et contre les simples travailleurs eux-mêmes dans la mesure où ils ne semblaient pas être à la hauteur du mandat que le Parti leur avait assigné. Pendant la Guerre civile, les bolcheviks avaient pris l'habitude de lancer de véritables expéditions punitives contre toute sorte d'« ennemis de classe » qu'ils identifiaient avant tout comme des personnes appartenant à des groupes sociaux considérés comme *a priori* hostiles au projet révolutionnaire. Si les actions de ce genre étaient devenues fort rares dans les années 1920, les bolcheviks n'en restaient pas moins convaincus de l'animosité de tous ceux qu'ils tenaient, à tort ou à raison, pour des ennemis.

Dans ce contexte, la réticence des paysans à rejoindre les kolkhozes et les premières difficultés de l'industrialisation naissante s'expliquaient aisément. Ces résistances devaient provenir des agissements de paysans aisés – des « koulaks » – ainsi que des menées subversives des cadres techniques d'origine « bourgeoise ». Toutefois, même après plusieurs années de discussions à propos de la stratification sociale du village, les autorités n'étaient toujours pas à même de définir clairement qui était le « koulak ». Cette incapacité n'empêcha pas cependant pas les autorités d'exiler, entre 1930 et 1933, des centaines de milliers de familles paysannes – soit environ 2 millions de personnes – considérées comme « koulaks ». Nombre de ces bannis ne survécurent pas à la déportation et aux premiers mois de leur séjour sur les lieux de leur exil qui n'étaient souvent même pas équipés pour les loger. En théorie, il s'agissait par ces mesures radicales, de vaincre la résistance du monde rural à la collectivisation. Mais les critères que le régime était censé appliquer pour éradiquer la résistance des « koulaks » ne permettaient pas d'identifier les porteurs d'une véritable contre-culture paysanne et n'empêchaient guère qu'elle se manifeste dans tous les domaines du travail kolkhozien. Au fond, seul un changement radical de la politique agraire aurait pu venir au bout des problèmes du nouvel ordre rural. Même la tentative d'exploiter la grande famine de 1932-1933 pour faire pression sur les paysans se solda par un échec. Le pouvoir n'arrivait pas à contraindre les paysans d'abandonner leur opposition à l'agriculture collectivisée. Ce n'est donc pas la victoire sur la société villageoise qui explique l'arrêt, à partir de 1933, de la déportation en masse des prétendus meneurs de la résistance au kolkhoze.

De même, l'abandon en 1933 des vexations subies depuis 1928 par les cadres d'origine bourgeoise n'était pas dû à une soudaine disparition du chaos endémique dans lequel était plongé le secteur industriel. Bien au contraire, l'économie nationale était dans un tel état qu'elle avait besoin d'ingénieurs, de techniciens et d'administrateurs quelles que soient leurs origines. Un chiffre suffit à prendre la mesure du manque de cadres expérimentés qui affectait le pays : en 1939, à la veille de la Seconde Guerre mondiale, sur les 760 000 diplômés qui géraient l'économie soviétique, 60 000 seulement avaient fini leurs études supérieures avant la Révolution[1]. L'abandon des mesures vexatoires à l'encontre des cadres d'origine bourgeoise à partir de 1933 n'a pas empêché la poursuite des discriminations jusqu'à la fin des années 1930 : le fait de ne pas être d'origine prolétarienne demeurait une circonstance aggravante quand il s'agissait de rechercher les coupables des faux pas, réels ou imaginaires. Pour autant, les milieux « bourgeois » ne constituaient plus une cible en elle-même dans la recherche des coupables des désordres qui persistaient dans toutes les branches, dans toutes les institutions et tous les établissements de l'économie soviétique.

L'analyse marxiste dont les bolcheviks s'étaient proclamés maîtres aurait pourtant pu offrir les bases d'une explication assez simple des problèmes du régime. Tout concourait en effet au développement d'une élite plus intéressée au maintien de ses positions qu'à l'efficacité de son action ou à la stabilité du système : l'État-Parti détenait un monopole politique ; les bolcheviks refusaient de créer des mécanismes de contrôle économique et politique autonomes vis-à-vis du régime ; la gestion du pays était devenue une affaire essentiellement administrative ; enfin, la seule manière de bénéficier de véritables privilèges était d'appartenir précisément à l'administration. Soumise au seul contrôle de l'appareil dont elle détenait les postes clés, cette élite était bien placée pour empêcher toute initiative susceptible de menacer son statut. Dans une société où avaient pourtant disparu tous ses rivaux politiques, cette élite se privait ainsi de toute possibilité de saisir les causes de son incapacité à maîtriser la situation : elle résistait à l'idée même que les difficultés du régime puissent provenir des intérêts liés à son statut et toute tentative pour les mettre au jour était considérée comme tabou.

Pour récuser toute analyse qui identifierait les origines de leurs problèmes à la défense des intérêts d'une catégorie sociale dominante, les bolcheviks avaient recours à une lecture particulière de la théorie marxiste : à partir du moment où l'élite de l'URSS n'était pas propriétaire à titre privé des moyens de production, il ne pouvait pas y avoir de classes et encore moins de domination d'une classe sur une autre. Ainsi, le rejet de toute recherche des raisons des impasses du régime dans la logique du système lui-même renforçait les bolcheviks dans leur conviction : leurs choix étaient infaillibles, leurs échecs devaient être mis sur le compte d'individus étrangers ou hostiles à leur cause. La réalisation des desseins de la direction suprême s'avérait défaillante dans tous les secteurs, au sein de chaque organisme et à tous les niveaux de l'immense appareil. De sorte qu'il était tentant de soupçonner un travail de sape permanent au sein de l'État-Parti.

Les bolcheviks étaient en effet loin de reconnaître que l'exercice de leur monopole sur la société soviétique avait réduit l'espace politique à la marche quotidienne de l'État-Parti ; ils se refusaient également à voir que cet espace politique était déterminé, dans une large mesure, par les modalités par lesquelles les officiels parvenaient à garder leur place au sein de l'appareil et à avancer leur carrière. Ainsi, bien des aspects du fonctionnement de l'administration et de multiples démarches des responsables pouvaient apparaître comme irréguliers et révélant des abus au regard de l'ordre idéal fixé par le pouvoir. Il n'en demeure pas moins que ces dysfonctionnements appartenaient à l'univers ordinaire du système, quelles que soient les perturbations qu'ils étaient susceptibles d'engendrer et les tensions qu'ils suscitaient au sein de la hiérarchie ainsi qu'entre celle-ci et le reste de la société. Les dirigeants étaient loin de comprendre qu'en tentant d'imposer leur vision d'un ordre auquel les acteurs sociaux étaient censés obéir, c'est le politique sous sa forme soviétique et en dernier ressort la logique du système qu'ils cherchaient à abolir.

Pendant la crise de 1932-1933, le cul de sac où avait échoué la collectivisation et les premiers fiascos de l'industrialisation avaient provoqué une certaine agitation dans les milieux proches du régime. Un petit groupe d'anciens membres du Parti avait tenté de faire connaître son analyse de la situation : ils proposaient notamment que les bolcheviks déposent les leaders qui avaient échafaudé la stratégie du régime. D'autres militants émettaient des avis critiques sans pour autant attaquer le sommet de l'appareil. Une poignée de partisans des courants d'opposition des années 1920 avait entamé des discussions afin de trouver un terrain d'entente. La police secrète avait vite découvert ces initiatives. Mais bien loin de révéler que seule une minorité d'individus se risquait encore à mener une action politique – au sens traditionnel du terme – ces incidents avaient convaincu la direction du pays que le régime était menacé par des manœuvres subversives émanant surtout d'anciens déviationnistes.

La collectivisation de l'agriculture et les pratiques qui en découlaient suscitaient évidemment une grande impopularité du régime mais celui-ci devait faire face à d'autres expressions du mécontentement des masses : l'insatisfaction à l'égard des conditions de vie se traduisait par un relâchement de la discipline de travail et des taux élevés de mobilité de la main d'œuvre qui migrait d'un établissement à l'autre. Ces déplacements avaient pris une ampleur telle que le nombre de salariés embauchés par les entreprises les quittant tous les ans tendait à dépasser l'effectif annuel moyen de la population active industrielle. Si ces comportements ne traduisaient pas nécessairement une attitude critique ou hostile à l'encontre du régime, ils étaient suffisamment massifs pour préoccuper les autorités. Il en allait de même des atteintes aux biens publics, à ceci près que, contrairement aux infractions à la discipline du travail, ces délits étaient sévèrement réprimés par la loi. Assimilé aux crimes « contre-révolutionnaires », le vol de la propriété de l'État et des kolkhozes entraînait à partir de 1932, en principe, la peine capitale. En cas de circonstances atténuantes, une peine de dix ans de détention était appliquée. Près de 17 000 condamnations à mort furent ainsi prononcées au cours des premiers dix-sept mois d'application de cette législation – mais tous les jugements ne furent pas exécutés. Par ailleurs, environ 400 000 personnes étaient passibles d'emprisonnement : finalement plus de 100 000 d'entre elles furent déportées pour dix ans. Cependant, il s'avéra qu'il était impossible de recourir à la terreur systématique pour mettre fin à l'appropriation des biens publics. Après 1935, les dispositions de 1932 ne furent plus appliquées aux délits de ce genre, malgré ou, plutôt à cause de la fréquence de ce délit : entre 135 000 et 180 000 cas étaient jugés par les tribunaux, tous les ans[2].

Les autorités n'avaient cesse de démasquer les intrigues de « koulaks » et d'autres éléments déclassés derrière les comportements de la main-d'oeuvre industrielle et agricole ainsi que derrière les atteintes à leurs prérogatives de propriétaires. Aussi, elles s'appliquaient à découvrir des instigateurs d'origine non prolétarienne derrière les nombreuses expressions de mécontentement et de ressentiment de la population à l'égard de la politique du régime. Ces manifestations d'animosité pouvaient prendre diverses formes : diffusion de rumeurs, invectives indignées, récitation de quatrains irrévérencieux jusqu'à la dénonciation des mensonges de la propagande. Les gestes de ce genre ne témoignaient pas nécessairement d'une animosité irréconciliable vis-à-vis du système soviétique. Ils laissaient transparaître, malgré tout, une certaine méfiance quant aux promesses du régime : à travers ces réactions, la population établissait une claire distinction entre l'élite et le reste de la société. Les bolcheviks étaient d'autant plus alarmés par les gestes désapprobateurs des masses que ceux-ci avaient une tendance à se multiplier à des moments de crise. Ce fut le cas pendant la collectivisation quand les expressions fort fréquentes d'animosité de la part des paysans étaient accompagnées de véritables émeutes. Les bolcheviks n'avaient pas oublié que la chute de l'Ancien Régime avait été précipitée par des désordres, somme toute mineurs. Loin d'être sûrs de bénéficier d'un authentique soutien populaire, ils étaient dans l'attente permanente d'une révolte que d'obscurs ci-devant devaient fomenter.

La réaction des masses à l'assassinat du secrétaire de Leningrad et du Comité central, Kirov en 1934, avait tout pour confirmer les craintes des bolcheviks. Rumeurs, versets injurieux et déclarations venimeuses proliféraient, après le meurtre, de sorte que même des écoliers chantaient des couplets qui prophétisaient que le tour de Staline devait venir sans tarder. Si les autorités avaient publié un décret contre le terrorisme, peu après l'incident, elles s'étaient bien gardées de divulguer la mesure prise afin de riposter aux comportements populaires hostiles : une disposition permettait désormais de punir de la même peine l'attentat contre les dignitaires du régime et l'approbation de ce genre d'attaque. Après avoir été imputée à des « gardes blanches », l'affaire Kirov finit par être désignée comme le résultat d'un complot d'ex-opposants. On entama une recherche d'anciens opposants soupçonnés de ne pas avoir vraiment répudié leur passé, un certain nombre de leurs leaders furent emprisonnés, tandis que d'autres continuaient à occuper des postes de responsabilité. Mais la grosse majorité des victimes de la campagne de vigilance qui suivit l'assassinat étaient des simples citoyens qu'on accusait d'« agitation anti-soviétique » et avec un zèle tel que même le Procureur général du pays fut acculé à les condamner[3].

Les suspicions qui pesaient sur les anciens opposants s'expliquaient, dans une large mesure, par le fait qu'ils étaient des bolcheviks qui avaient les mêmes mérites révolutionnaires que leurs adversaires d'hier, le même droit de prétendre d'être fidèles au projet initial du régime et, partant, la même liberté de se voir investis du mandat de présider aux destinées du pays. Les persécutions auxquelles ils furent exposés suscitèrent de la compassion, voire une certaine sympathie, parmi les masses, si bien qu'elles leur prêtaient volontiers l'intention d'alléger leur sort et aussi de dissoudre les kolkhozes. Ces persécutions et la marginalisation de la plupart des déviationnistes repentis étaient de nature à suggérer aux vainqueurs qu'ils n'avaient aucune chance d'échapper à la vengeance en cas d'un renversement de la situation. Un changement radical de la conjoncture n'était pas à exclure ; les succès douteux du régime, les menaces provenant de l'étranger et les comportements populaires ne manquaient pas d'entretenir un sentiment d'insécurité au sein de l'élite. En même temps, les revers des grands programmes mis en place par les autorités et le chaos qui régnait au sein de l'appareil s'expliquaient aisément : ils étaient dus à la présence d'ex-opposants parmi les officiels et à leur rancœur probable.

Certes, l'imagerie du danger que les déviationnistes étaient censés représenter devait beaucoup à la manipulation de la direction suprême. Toutefois, les mesures qu'elle prenait en secret pour combattre leurs menées hypothétiques, même dans les lieux d'exil et dans les camps, indiquent que le spectre de leurs activités potentiellement séditieuses ne cessait pas de hanter les esprits des décideurs les plus illustres. La figure du cadre « saboteur », opposant dans le passé et devenu agent de puissances hostiles, que propageaient les grands procès entre 1936 et 1938, n'était pas que le produit d'un endoctrinement cyniquement calculé. Elle exprimait quelque chose d'essentiel du quotidien du régime que les concepts du discours officiel ne pouvaient pas saisir : elle servait de métaphore aux pratiques de l'État-Parti qui apparaissaient tellement étrangères à l'univers idéal du système qu'elles étaient assimilées aux actes dévastateurs d'ennemis acharnés. Dans un premier temps, les officiels du régime se trouvaient plutôt rassurés en constatant que le « saboteur » était identifié comme ancien déviationniste car, dans leur grosse majorité, ils n'avaient jamais soutenu les courants d'opposition. En revanche, la liste des crimes que les « ennemis » avaient commis était familière pour le simple Soviétique. Elle lui permettait d'expliquer l'adversité quotidienne à laquelle il devait faire face et de comprendre l'indifférence criminelle qui caractérisait les démarches du régime quand il s'agissait des conditions d'existence de la population.

Fort peu nombreux étaient les cadres qui n'avaient rien à voir avec les pratiques qu'on qualifiait de subversives. C'est ainsi que la traque assidue des « ennemis » conduisait inévitablement à ce que l'emploi de la métaphore du « sabotage » s'étende à l'appareil tout entier. Si les apparatchiks pouvaient se défendre en ce qui concerne

leurs affinités politiques, ils ne pouvaient guère justifier la manière dont fonction-
naient les organismes auxquels ils appartenaient. La plupart des participants des
réunions houleuses où les « ennemis » devaient être « démasqués » et tous les
dirigeants qui devaient désigner des « éléments hostiles » parmi leurs subordonnés,
avaient une part de responsabilité dans l'état des affaires, si bien qu'ils avaient tout
intérêt à trouver quelques boucs émissaires. Les spécialistes sans parti, parfois
d'origine « bourgeoise », avaient beaucoup à craindre, dans ces circonstances. Mais
puisque les échelons relativement élevés de la hiérarchie étaient suspects, c'est surtout
des officiels de longue date et donc fréquemment des vieux bolcheviks qui devaient
faire les frais de la tentative d'éradication de la « subversion ». Au cours de leur
carrière, ces personnes avaient occupé une multitude de postes dans plusieurs
administrations et dans divers endroits du pays. Leurs rapports d'amitié et leurs
réseaux de solidarité s'étaient souvent révélés indispensables pour qu'ils s'acquittent
de leurs tâches ou pour qu'ils évitent des désagréments au cas où ils ne les accomplis-
saient pas. Dans un contexte de chasse aux « ennemis », ces structures informelles
apparaissaient d'autant plus comme des conspirations, avec des vastes ramifications
dans toute l'URSS, qu'elles s'étaient mises en branle pour protéger leur clientèle. Sans
que ceux qui menaient la traque des « traîtres » ne s'en rendent compte, cette
campagne visait de plus en plus l'État-Parti en tant que tel et le politique qui s'était
matérialisé dans son fonctionnement. Toutefois, rien ne garantissait que l'offensive
contre les « saboteurs » puisse échapper au carcan de la marche habituelle des
institutions qu'il s'agissait pourtant de corriger. De même, cette offensive ne conduisait pas forcément à remettre en cause les modes typiques de conduite des officiels :
ces derniers étaient à la fois à l'origine des problèmes à combattre, dirigeaient les
seuls organismes autorisés et représentaient les seuls acteurs politiques que le régime
reconnaissait comme légitimes[4].

La lutte contre les « ennemis du peuple » n'était pas le seul front où une terreur
aveugle s'était déployée en 1937. Mais alors que la purge des administrations était
accompagnée par une campagne de presse tapageuse, les autorités firent tout pour
soustraire au regard du public l'immense vague de violence qu'elles avaient mise en
mouvement pendant l'été 1937. Lancée par des instructions successives et ultra-se-
crètes qui désignaient un large éventail d'adversaires hypothétiques du système, des
« koulaks » jusqu'aux délinquants récidivistes et des anciens membres de partis
anti-bolcheviks jusqu'aux représentants de groupes ethniques soupçonnés de constituer une cinquième colonne, l'expédition punitive était censée « nettoyer » le pays
en l'espace de quatre mois. Pour certaines catégories de ces « ennemis », les directives
fixaient même la quantité des gens à fusiller et à déporter. La manière quelque peu
hésitante et en tout cas hâtive d'élaborer ces documents, le flou qui caractérisait les
définitions des prétendus opposants du régime et l'incapacité de la direction de
donner une orientation précise à l'action suggèrent que la décision de l'entreprendre
était prise précipitamment. Elle n'en était pas moins une conséquence logique des
craintes bolcheviques d'agissements de la part d'« ennemis de classe » et de conflits
armés avec les pays voisins.

Malgré tout, il est fort vraisemblable que c'est l'existence d'une certaine agitation
parmi la population qui mit à l'ordre du jour la tentative d'élimination de ceux que

les bolcheviks prenaient pour des fauteurs de trouble. La promulgation de la Constitution de 1936 avait éveillé quelques espoirs parmi les Soviétiques qui commençaient à invoquer les textes de la nouvelle loi fondamentale. Des croyants demandaient une authentique liberté de conscience, des paysans des droits égaux avec les citadins et la restitution de leurs biens confisqués, alors que nombre de citoyens réclamaient que la légalité dont le règne venait d'être proclamé, remplace l'arbitraire des autorités. De plus, les attaques de la propagande contre les « ennemis » encourageaient les ouvriers à refuser d'obéir à leurs supérieurs, tous « saboteurs » en puissance, et incitaient les simples membres du Parti à tenir tête à leurs dirigeants. Ces phénomènes ne manquaient pas de susciter de vives inquiétudes aux sommets de l'appareil : il est ainsi révélateur que les premières démarches destinées à déclencher le maelström de la terreur suivaient des déclarations alarmistes, faites au cours d'une réunion du Comité central où certains orateurs faisaient part d'un regain d'activité des éléments déclassés parmi les masses.

Bombardés d'instructions qui élargissaient de plus en plus l'étendue de l'opération et loin d'être eux-mêmes au-dessus de tout soupçon, quant à l'absence de machinations ou de fréquentations obscures dans leur passé, les fonctionnaires de la police faisaient preuve d'un zèle remarquable. Ils avaient dépassé très tôt les objectifs fixés par les « plans », de sorte que les directions régionales du Parti – qui jouaient un rôle important dans l'expédition punitive – s'empressèrent de demander au Politburo l'autorisation de fusiller et de déporter de nouveaux contingents de gens. Le consentement de l'organisme suprême était toujours accordé. Certes, il était absurde de supposer qu'on puisse supprimer le mécontentement populaire en massacrant et en déportant des individus sur le seul critère de leurs origines sociales ou ethniques, souvent invérifiables, ou en se fondant sur leurs antécédents. L'idée était d'autant plus extravagante que l'amplification irrésistible de la terreur devait beaucoup à l'arrestation de personnes dont le nom était apparu dans des aveux arrachés ou que les policiers avaient « démasquées » tout simplement pour démontrer leur fidélité à la ligne du Parti. Malgré tout, pour saisir les dangers qui pouvaient les guetter, les bolcheviks ne disposaient pas d'autres moyens conceptuels pour comprendre les difficultés auxquels leur régime s'était heurté que leurs idées reçues sur les conflits de classe et sur leurs implications dans le domaine des relations internationales.

L'extrême brutalité de la campagne de purge s'explique, à bien des égards, par ces concepts. Toute mesure semblait être autorisée contre les adversaires du progrès. Mais il ne suffisait pas de les arrêter ou punir. Il fallait être sûr qu'il s'agissait d'ennemis irréconciliables. Il fallait donc qu'ils le reconnaissent eux-mêmes, au besoin sous la torture, car, le plus souvent, il n'existait aucune autre preuve de leurs agissements supposés. Un autre facteur contribuait aux atrocités : la détermination des policiers à fournir une documentation inattaquable au sujet des « méfaits » de leurs victimes. Nombre de protocoles d'interrogatoires étaient, du reste, inventés par les fonctionnaires eux-mêmes, ils étaient fréquemment rédigés après l'exécution sommaire de ceux qui avaient été détenus et avaient pour but de démontrer que ces derniers appartenaient aux catégories à combattre[5].

Au lieu des quatre mois prévus, l'opération s'étendit d'août 1937 à novembre 1938. Plus 1,5 million d'« ennemis » de toutes espèces furent arrêtés par la police secrète, plus de 680 000 d'entre eux furent passés par les armes[6]. Environ 122 000 des personnes appréhendées étaient adhérentes du Parti[7] : comme d'habitude, ce furent les simples Soviétiques qui payèrent le plus lourd prix de l'incapacité des bolcheviks à identifier les problèmes de leur régime et à prévoir les conséquences de leurs démarches. La direction du régime finit néanmoins par entrevoir quelque chose de l'absurdité de la purge. Quand elle arrêta la campagne – pour le reste, aussi brusquement qu'elle l'avait lancée – une recherche fut entamée pour découvrir les responsables des prétendus excès au cours de l'accomplissement d'une mission dont le bien-fondé n'était pas remis en question. Il n'était pas difficile de trouver les coupables parmi les gradés de la police qui ne pouvaient pas échapper à l'accusation d'avoir fomenté un complot. Rien n'était plus étranger aux grands décideurs que l'idée que leurs initiatives étaient susceptibles de s'avérer complètement insensées. Malgré cette prétention à l'infaillibilité, aucune action comparable à la terreur déchaînée de 1937-1938 n'était plus risquée, au cours de l'histoire soviétique.

Le régime n'hésita pas à exiler des groupes ethniques entiers et à emprisonner nombre de gens, de sorte qu'en janvier 1953 presque 2,8 millions de personnes bannies et plus de 2,5 millions de détenus étaient recensés[8]. De même, les autorités suprêmes n'eurent aucun scrupule à ordonner, en 1940, la fusillade de plus de 21 000 réfugiés polonais – qu'elles prenaient pour des éléments « subversifs » et pour des « ennemis de classe ».[9] L'exécution de milliers de prisonniers, quand la guerre éclata procédait de la même logique[10]. Au sein de la direction également, des conflits continuaient à donner lieu à des règlements de compte byzantins, jusqu'au début des années 1950. Mais, déjà au début des années 1940, les bolcheviks avaient manifestement abandonné l'espoir de pouvoir sévir contre tous ceux qu'ils tenaient pour leurs adversaires. Ce changement d'attitude était dû à plusieurs raisons. Les autorités étaient d'une part obligées de constater que, deux ans après le massacre de 1937-1938, 1,2 million d'individus étaient à nouveau inventoriés par la police comme politiquement suspects, soit près de 1,6 % de la population âgée de 15 ans ou plus[11]. D'autre part, il fallait se rendre à l'évidence que, même sous l'effet des purges qui n'étaient pas encore achevées, le fonctionnement de l'État-Parti restait aussi difficile à maîtriser qu'avant et, surtout, que les démarches des officiels récemment promus obéissaient à la même logique, au fond impénétrable pour les bolcheviks, que les activités de leurs prédécesseurs « neutralisés ».

La coercition resta pendant longtemps un instrument de gouvernement. Mais, à la veille de la guerre, les cibles privilégiées de l'acharnement punitif du régime commençaient à changer notablement. Sur près de 33 millions de jugements que les cours et les instances extrajudiciaires rendirent entre 1940 et 1953, plus de 17 millions frappaient des infractions à la discipline du travail que l'État-Parti avait commencé à criminaliser, à partir de 1938[12]. Sur la même période, le nombre des personnes condamnées pour des délits prétendument politiques se chiffrait à un peu moins de 1,5 million. En 1947, une nouvelle législation autorisant des peines allant jusqu'à 25 ans de détention fut promulguée pour combattre les atteintes aux biens publics. En l'espace de cinq ans, plus de 1,2 million d'individus furent emprisonnés en vertu de ce texte, si bien qu'au début des années 1950 leur contingent dépassait largement celui des « contre-révolutionnaires », dans la population pénale[13]. Il était cependant impossible de riposter à toutes les infractions sur le lieu de travail et au vol routinier de la propriété d'État. En fait, ces infractions furent de moins en moins poursuivies et, en ce qui concerne les premières, elles finirent par être dépénalisées.

Le développement, entre le début des années 1930 et les années 1950, de l'immense système de travaux forcés, fut inséparable de la terreur. Il devait beaucoup aux grands projets qui avaient besoin de la main-d'œuvre. Malgré tout, l'expansion de l'univers carcéral n'obéissait pas à une logique économique. Elle était fonction des hauts et des bas de la politique de répression. Le secteur de production des camps était peu rentable avant la guerre ; en effet, l'administration pénale – le Goulag – ne fournissait qu'environ 1,2 % du produit industriel et 5,8 % des travaux de construction du pays, tandis qu'elle disposait de plus de 10 % de la main-d'œuvre soviétique[14]. Les impératifs de la reconstruction d'après-guerre donnaient une nouvelle importance au travail des détenus. Mais les pertes démographiques, le manque d'ouvriers dans toutes les branches industrielles et l'inefficacité de l'économie soviétique devaient aboutir à ce que les camps deviennent un fardeau pour le régime plutôt qu'une solution à ses problèmes.

C'est surtout l'exil des « koulaks » et des représentants de divers groupes ethniques qui montre que les considérations économiques ne jouaient qu'un rôle second dans la décision de les éloigner de leurs lieux de résidence. Très souvent, les endroits qui devaient accueillir ces déportés n'étaient pas préparés à leur offrir des emplois. Au fond, ces populations étaient bannies uniquement en raison du danger qu'elles étaient censés représenter dans les localités où elles résidaient, à telle enseigne, que certaines minorités – comme les Coréens ou les Arméniens – pouvaient être bannies d'une région du pays, alors que leurs compatriotes qui se trouvaient dans d'autres provinces, n'étaient pas touchés. Au nom d'une conception singulière de la sécurité nationale des groupes ethniques et religieux, même bien assimilés, étaient chassés comme suspects. Cette suspicion s'exerçait avec d'autant plus d'ardeur à l'encontre des groupes comme les Tchétchènes qui manifestaient depuis longtemps leur opposition à Moscou. D'autres groupes figuraient aussi dans la ligne de mire des autorités : ceux qui étaient accusés d'avoir collaboré avec les nazis comme les Tatars de Crimée ou ceux qui étaient soupçonnés de loyautés douteuses comme les Polonais, les Allemands ou les Lettons, avant la guerre, ou comme les Juifs après la création de l'État hébreux.

Les sources disponibles ne permettent pas, pour l'instant, d'entrevoir les tenants et les aboutissants des campagnes antisémites de la fin des années 1940 et du début des années 1950. En revanche, les documents sur les lieux d'exil et sur le système pénal sont abondants et suffisamment clairs pour établir le nombre des personnes bannies et incarcérées. Compilés, au plus grand secret, pour des raisons pratiques comme la nécessité de faire garder, travailler ou transporter les prisonniers et les proscrits, les rapports, les tableaux statistiques et les plans économiques permettent d'établir le nombre des détenus et des exilés par provinces, par établissements ainsi que selon les années.

La violence aveugle des bolcheviks répondait aux effets incalculables de la politique du régime et à des pratiques sociales inhérentes au quotidien soviétique. En fait, cette violence n'était pas à même d'éradiquer des comportements somme toute inséparables de l'univers normal du système. Les bolcheviks ne se trompaient pas quant aux conséquences à long terme de ces pratiques et de ces comportements. Mais ils étaient incapables de se rendre compte de la dynamique autodestructrice de l'ordre qu'ils cherchaient à établir et des réalités auxquelles ils étaient acculés à s'accommoder.

Notes

1. P. Kim, éd., *Industrializacija SSSR*, vol. 4, Moscou, 1973, p. 270.

2. GARF, f. 3316, op. 64, d. 1534, ll. 87, 112 ; 7523sc, op. 89, d. 4408, ll. 15, 22 ; f. 9474, op. 1, d. 83, l. 5, d. 97, ll. 7, 61, op. 16, d. 30, ll. 170, 222, d. 48, l. 15, d. 79, l. 6, 35-36, 42, 49ob.

3. GARF, f. 8131, op. 37[27s], d. 70, ll. 103-106, d. 71, ll. 127-133, d. 73, ll. 228-235.

4. Pour ces questions voir J. A. Getty, *Origins of the Great Purges*, Cambridge, 1985 et G. T. Rittersporn, *Stalinist Simplifications and Soviet Complications*, Philadelphie, 1991.

5. Sur cette purge et sur sa documentation voir G. T. Rittersporn, « Massenmord in der UdSSR 1937-1938 : Eine Fallstudie », à paraître.

6. J.A. Getty-O. V. Naumov, *The Road to Terror : Stalin and the Self-Destruction of the Bolsheviks*, 1932-1939, New Haven, 1999, p. 588.

7. *Istocnik*, N° 1, 1995, p. 120.

8. Tous les chiffres cités sur la population pénale proviennent de J. A. Getty et alii, « Les victimes de la répression pénale dans l'U.R.S.S. d'avant-guerre », *Revue des études slaves*, n° 1, 1994, pp. 631-670.

9. *Voprosy Istorii*, n° 1, 1993, pp. 17-20.

10. Getty et alii, pp. 658-659.

11. Cf. RGASPI, f. 73, op. 2, d. 36, ll. 6, 35, d. 53, ll. 54-61 ; Ju. Poljakov et alii éd., *Vsesojuznaja perepis' naselenija 1939 g.*, Moscou, 1992, pp. 29, 31.

12. GARF, f. 7523sc, op. 89, d. 4408, ll. 8, 32 ; f. 9401, op. 1, d. 4157, l. 201 ; f. 9492, op. 6, d. 14, ll. 9-10.

13. GARF, f. 9414, op. 1, d. 1356, ll. 1ob-2ob, 139ob-140ob, f. 9492, op. 6, d. 14, l. 13.

14. Cf. *Gosudarstvennyj plan razvitija narodnogo hozjajstva SSSR na 1941 god*, American Council of Learned Societies Reprints, vol. 30, Baltimore s. d., pp. 3, 9-10, 484 ; M. Harrison, *Soviet Production and Employment in World War II : A 1993 Update*, CREES Discussion Papers, Series SIPS, n° 35, Birmingham, 1993, pp. 22, 29 ; M. I. Hlusov, éd., *Ekonomika GULAGa*, Moscou, 1998, p. 151.

La démographie

par Alain Blum

L'histoire de la population de l'URSS est paradoxale. D'un côté, les populations subissent de plein fouet une histoire politique violente. D'un autre côté, ceux qui survivent ont des comportements qui apparaissent souvent ignorer cette histoire.

Les années qui s'étendent de la Révolution d'octobre 1917 jusqu'à 1946 sont marquées par une succession dramatique de catastrophes démographiques, qui enlèvent plusieurs millions de vie humaines, perturbent la natalité, et marquent pour longtemps la structure par âge de la population soviétique. Il n'y a guère, aujourd'hui dans le monde, de pyramides des âges aussi bouleversées, qui voient alterner générations creuses et générations nombreuses. Les famines, et la Seconde Guerre mondiale, sont les catastrophes les plus profondes, en terme de pertes humaines, qui frappent l'URSS de l'entre-deux guerres.

L'histoire politique laisse ici une marque directe et profonde sur les générations, même si les mécanismes qui rattachent l'action, la décision, les pratiques politiques et les conséquences humaines sont divers : Révolution et guerre civile, mais surtout famine de 1920-21 ; collectivisation et dékoulakisation, conduisant à la grande famine de 1933 ; répressions qui culminent en 1937 puis la Seconde Guerre mondiale, précédée et accompagnée de la déportation des peuples.

Les populations soviétiques sont de plus soumises à un État, qui s'est donné comme but de modifier au plus profond les comportements sociaux et démographiques. La famille comme la procréation, la sexualité même, sont l'objet du discours, il est vrai mouvant, mais aussi de législations successives qui tendent à imposer un modèle, dénommé socialiste, de la relation entre les hommes et les femmes, du mariage au divorce, des moyens de contrôler sa descendance, voire des comportements sexuels. En observer les conséquences permet de mieux comprendre la nature des liens entre le politique et le social, entre les gouvernants et les gouvernés, au-delà des répressions et catastrophes démographiques que connut la population soviétique.

Mourir de faim en URSS

Les diverses catastrophes sont la conséquence directe de pratiques politiques, ou, plus largement, d'une histoire politique plus que sociale. C'est une évidence dès qu'il s'agit des répressions, de la collectivisation, de la déportation des peuples, dont on connaît l'ampleur. En revanche, les deux catastrophes les plus meurtrières qui précèdent la Seconde Guerre mondiale, la famine du début des années 1920 et celle de 1933, sont plus complexes. Cependant la responsabilité politique est, pour chacune, tout aussi déterminante. Il y a, ici, un aspect paradoxal, puisqu'une famine, dans une logique d'ancien régime démographique, peut sembler extérieure au politique, conséquence d'aléas climatiques et des mauvaises récoltes qui s'ensuivent. Tel n'est pas le cas en URSS, durant ces deux décennies.

Ces diverses crises ne font cependant pas partie d'un même processus, et il n'est pas possible d'en juger en additionnant les pertes et en les expliquant par les mêmes facteurs. Ce serait rendre inintelligible la nature du pouvoir et du gouvernement, qui provoquent ces catastrophes. La Seconde Guerre mondiale fut la plus meurtrière, avec près de 27 millions de pertes qui lui sont directement imputables. Mais, même si l'ampleur de ces pertes est la conséquence de l'impréparation des armées soviétiques, de la répression de 1937 qui conduit à l'exécution de la plus grande partie des officiers supérieurs, elles sont expliquées par bien d'autres facteurs. Le système des camps fut moins meurtrier que la famine de 1933 ; il reste, pour autant, l'expression la plus aboutie de la dictature stalinienne. La répression violente de la Tchéka, durant la guerre civile, fit aussi un nombre bien inférieur de victimes. Mais elle est déjà la marque d'une forme de violence politique, qui exprime l'arbitraire et une délégation des décisions de répressions à des organismes policiers qui possèdent, souvent, une forte autonomie. Ainsi, ces violences ne peuvent être caractérisées par le simple décompte des pertes qu'elles entraînèrent, mais doivent être comprises, surtout, comme l'expression de certaines formes politiques et sociales qui se mettent en place et se modifient tout au cours de cette période. Un examen plus détaillé de la famine de 1933 permet d'expliciter ce qu'elle donne à comprendre du stalinisme et de l'histoire soviétique et général.

Cette famine fit probablement plus de 6 millions de victimes, dont plus de la moitié en Ukraine. Elle est la conséquence première d'une baisse des récoltes, durant l'année 1932. La désorganisation profonde des campagnes à la suite de la collectivisation, explique en grande partie l'ampleur du déficit. Mais, cette baisse ne suffit pas à expliquer une famine dont l'ampleur dépasse toutes celles qui ont précédé, et ne peut pas être qualifié de famine d'ancien régime. Il est vrai que sa localisation renvoie à une géographie traditionnelle, touchant en particulier les lieux producteurs de céréales, et épargnant, relativement, les lieux consommateurs[1]. En fait, l'obstination du pouvoir stalinien, de Staline lui-même, explique l'ampleur de cette famine : il refuse l'évidence, malgré les nombreux signes alarmants que reçoit le Politburo (bureau politique du parti) durant toute l'année 1932. Il s'acharne contre le monde paysan en réaffirmant constamment sa volonté d'obtenir autant de grains pour les villes et pour l'exportation, qui lui fournissent les devises nécessaires pour poursuivre l'industrialisation du pays. Tout cela ne tient pas à un manque d'information, puisque dès le début de la récolte de 1932, les informations et demandes de baisses de prélèvement affluent. À quelques exceptions près, Staline ou le Comité central (CC) attribuent le déficit de récoltes à des ennemis du pouvoir soviétique, et répondent par des mesures répressives, des déportations ou des arrestations de paysans. Dès le début 1933, de nombreuses dépêches ou rapports envoyés par les comités régionaux du Parti au Politburo, en provenance d'Ukraine ou du Nord-Caucase, annoncent la famine. Mais, le Politburo se refuse à en tenir compte. Si des grains sont ensuite affectés à des régions, il s'agit plus de garantir la récolte future, que de sauver une population, déjà violemment atteinte.

Ainsi, la nature politique de cette famine ne fait pas de doute. Cependant, il serait bien simplificateur d'affirmer, comme on le fait parfois, qu'elle fut provoquée, pour exterminer les Ukrainiens. Elle fut la conséquence d'une politique catastrophique vis-à-vis des campagnes, d'un refus d'admettre les immenses problèmes qui en sont la conséquence. Elle toucha l'Ukraine, mais aussi la Basse-Volga, le Nord-Caucase et le Kazakhstan, car ce furent les régions les plus violemment frappées par la collecti-visation, et qui, traditionnellement, fournissaient le blé au reste du pays, et pour l'exportation. Rien ne permet d'affirmer que les Ukrainiens ont été ici, attaqués en tant que peuple. Dire cela n'est pas nier l'horreur de cette catastrophe, ni mettre en doute l'ampleur des pertes dans des régions ou des républiques spécifiques, mais permet de mieux comprendre la nature du pouvoir stalinien.

Ces marques politiques extrêmes s'atténuent après la Seconde Guerre mondiale, la famine de 1946 pouvant être considérée comme la dernière expression de cette série de catastrophes. Cependant, l'URSS n'en a pas fini de subir un pouvoir trop éloigné des dynamiques sociales pour répondre aux changements constatés. Ainsi, si l'on ne peut plus trouver trace de grands pics de mortalité, tels ceux observés jusqu'en 1946, une lente et continue augmentation de la mortalité (baisse de l'espérance de vie, augmentation de la mortalité infantile et adulte, surtout pour les hommes), s'étend du début des années 1960 jusqu'au début des années 1980. Elle est en particulier marquée par une hausse considérable des décès liés, directement ou indirectement, aux accidents et plus généralement à l'alcoolisme.

Naître et mourir en URSS : les tendances longues

Cependant, les tendances longues des dynamiques démographiques, témoins du changement en profondeur de la nature des comportements sociaux, du rapport entre les sexes au contrôle de la fécondité, suivent des chemins de long terme qui ne sont interrompus que provisoirement par ces catastrophes. La mortalité, élevée à l'aube de la Révolution, commence à baisser entre deux catastrophes, au milieu des années 1920. La mortalité infantile prend le chemin de la baisse en pleine Seconde Guerre mondiale, baisse qui ne s'interrompt qu'au début des années 1970.

La situation qui précède la Première Guerre mondiale place en effet l'Empire russe en décalage fort avec les autres pays européens. La baisse de fécondité ne débute que tardivement, la baisse de la mortalité est peu sensible, voire inexistante, avant la fin du XIXe siècle, les comportements de mariage ne sont guère modifiés. Les prémices d'un changement peuvent être observées au début du XXe siècle, mais elles sont encore timides. Or ces changements s'accélèrent à partir du début des années 1920, témoignant d'une profonde modification des attitudes des populations russes devant la vie et la mort. On observe, il est vrai avec une chronologie diverse, une baisse de la mortalité, une baisse rapide de la fécondité, un changement des compor-tements matrimoniaux, une accélération des flux migratoires. La Révolution et les ruptures dramatiques, politiques, de l'histoire soviétique en sont-elles les causes ? On ne peut exclure une relation entre Révolution, catastrophes et rythmes du changement. Mais sa faible sensibilité aux modifications législatives et des tendances longues interrompues que très temporairement par ces changements ou par les catastrophes montrent qu'il faut plutôt voir dans ces tendances une transformation profonde de la société qui s'était engagée dès le début du XIXe siècle et s'est développée de façon relativement autonome des bouleversements politiques.

Sans doute, l'autorisation de l'avortement en 1920, puis son interdiction en 1936, ont-ils affecté les dynamiques de fécondité : la baisse s'en trouve facilitée durant les années 1920, l'année 1936 est marquée par une remontée, bien éphémère. Mais, si une telle législation a eu un effet, il n'est que d'accélération, ou de frein de très court terme. La tendance profonde à une convergence vers les autres pays européens resteremarquable.

L'interruption de la baisse de la mortalité, à la fin des années 1960, témoigne des limites de cette autonomie sociale. Il est certain que, le système sanitaire, mis en place après la Révolution, hérite avec profit des ébauches établies par les Zemstvo, organes administratifs de gestion régionale établis après 1864. Il est aussi certain que l'élaboration d'un système planifié a facilité la lutte contre la mort, alors dominée par le combat contre les maladies infectieuses, principales causes de surmortalité. Il est probable que la loi de 1936 interdisant l'avortement s'est accompagnée d'une attention plus forte portée à la protection maternelle et infantile. Elle a donc facilité la prise en charge des nouveau-nés et des mères ainsi que l'introduction d'un suivi médical des jeunes enfants. Mais ces mesures s'inscrivaient, en général, dans une tradition observée un peu partout ailleurs en Europe, même si sa forme fut plus extrême, parfois plus caricaturale en URSS.

En revanche, ce système fut incapable de répondre aux modifications profondes de la nature de la mort, survenue après la disparition de l'essentiel des mortalités attachées à des maladies infectieuses. L'éloignement entre pouvoir politique et société, cette autonomie sociale, a conduit à interrompre les améliorations qui se sont alors engagés ailleurs en Europe. Ce système, technicisé à l'extrême, fut incapable de répondre à une mortalité dorénavant beaucoup plus liée à des comportements quotidiens, à des pratiques de vie, qu'à des causes de décès bien identifiées et auxquelles on pouvait s'attaquer sans travail systématique de prévention, mais seulement à l'aide de campagnes de vaccination massives ou de suivi des enfants.

L'autonomie a aussi sa place dans la relation établie entre centre et périphérie, entre Russie et autres républiques soviétiques. Les disparités démographiques, considérables, entre toutes les populations de l'URSS, ne sont pas directement diminuées par l'unification du pays, par une politique qui affirme l'unité de l'URSS, par des catastrophes qui touchent très inégalement le territoire. Les dynamiques démographiques en Asie Centrale suivent des tendances autonomes. Les États baltes, après leur annexion, conservent des comportements démographiques qui se rattachent aux pays scandinaves (divorce particulièrement élevé, naissances hors mariage fréquentes) ou à une certaine tradition catholique pour la Lituanie (divorce moins fréquent, faible pratique de l'avortement, en comparaison avec les autres républiques soviétiques).

Etudier la démographie soviétique dans ce cadre, permet de mieux comprendre les interactions et indépendances qui s'établissent, durant l'entre-deux guerres, entre société et pouvoir. Cela permet de mieux distinguer les éléments d'une réelle autonomie du social, face à une pression politique extrême.

Les années 1930 semblent se caractériser par une distance, de plus en plus grande, entre population et décisions du pouvoir. L'administration s'est transformée en bureaucratie : initialement soucieuse de comprendre le social, elle a ensuite simplement existé pour fournir aux autres administrations et surtout au plan les éléments comptables qui leur permettent de faire elles-mêmes un travail analogue. Les administrateurs ou les gouvernants ne s'intéressent plus à la fécondité ou au mariage, mais comptent les naissances indépendamment de tout questionnement sur la nature des comportements humains qui expliquent telle ou telle variation. Ils ne s'intéressent plus aux avortements, pour comprendre les facteurs sociaux et culturels qui expliquent les pratiques de limitation des naissances, ni même pour tenter de mettre en place une politique de développement de la contraception, comme ce fut le cas dans les années 1920 ; en revanche, ils continuent à les décompter pour indiquer au ministère de la Santé le nombre de lits à prévoir dans les établissements gynécologiques, ou pour indiquer au ministère de l'Intérieur (au NKVD), après 1936 et la loi répressive, les déficiences de la répression en matière d'avortement illégal. Il n'y a plus aucune ambition de comprendre, et la décision politique devient guidée par une logique internaliste, c'est-à-dire fondée sur des logiques propres aux administrations et au Parti. La société dans sa variété et sa complexité, ne peut donc que s'éloigner et s'isoler du monde politique et administratif, et donc devenir peu sensible à ses décisions et ses actions.

Note

1. Nous entendons ici par producteur les lieux où la production dépasse la consommation, par consommateurs, ceux où au contraire, la consommation dépasse la production.

Les paysans de 1917 à nos jours[1]

par Lynne Viola

La paysannerie a été pour le Parti communiste le plus formidable casse-tête auquel il ait dû faire face durant la révolution. Les différentes définitions données de la paysannerie par les communistes tentaient généralement d'évacuer le problème en la présentant comme une classe en déclin ou comme une classe transitoire vouée à disparaître avec l'instauration du socialisme. Les communistes pensaient que comme cela s'était effectivement produit partout ailleurs en Europe, la paysannerie se désintégrerait pour se fondre dans la classe ouvrière à mesure que l'industrialisation, en s'accélérant, entraînerait un déplacement de la main-d'œuvre rurale. Mais dans l'immédiat, la paysannerie était économiquement, socialement et politiquement parlant, en contradiction flagrante avec les prémisses et la réalité de la Révolution.

Le pouvoir soviétique était théoriquement l'expression de la « dictature du prolétariat et de la paysannerie pauvre[2] ». En 1917, lorsque les bolcheviks firent leurs les objectifs révolutionnaires propres aux paysans, Lénine proclama qu'« il n'existait pas de divergence fondamentale entre les intérêts des ouvriers salariés et ceux de la paysannerie laborieuse et exploitée, et que le socialisme serait parfaitement à même de répondre aux aspirations de ces deux groupes[3] ». En fait, « l'alliance » dont cette dictature prétendait procéder recouvrait des intérêts inconciliables entre eux ; elle allait rapidement devenir conflictuelle et se rompre. Il ne pouvait pas en aller autrement eu égard à la nature contradictoire de la Révolution d'octobre : puisque cette révolution ouvrière était survenue dans une nation agricole où le prolétariat industriel représentait à peine plus de 3 % de la population, alors que la paysannerie en représentait au moins 85 %.

1917, une révolution antiféodale dans les campagnes

Pour Lev Kristman, qui fut l'un des meilleurs spécialistes marxistes de la paysannerie durant les années qui suivirent 1917, deux révolutions avaient en réalité eu lieu à cette date : une révolution socialiste dans les villes, et une révolution bourgeoise et anti-féodale dans les campagnes[4]. Ces deux révolutions étaient porteuses de revendications différentes, et en dernière analyse opposées. L'expropriation forcée et la redistribution des terres de la noblesse ayant été menée à bien dès 1917, les paysans n'aspiraient plus qu'à la tranquillité, afin de devenir des fermiers prospères, libres de disposer à leur guise de leur production. Sans doute s'en trouvait-il quelques-uns pour partager les idées socialistes des citadins, mais dans leur grande majorité, ils étaient farouchement opposés au collectivisme socialiste dans son principe même.

Il est assez surprenant de constater que la Révolution de 1917 régénéra certains traits culturels propres à la paysannerie, ceux notamment qui faisaient et affermissaient sa cohésion en tant que communauté. Bien que la paysannerie ait subi des pertes humaines et matérielles terriblement élevées durant les années d'instabilité et de famine qui suivirent la guerre civile, la révolution eut pour effet de redonner un certain dynamisme à la communauté paysanne. La révolution et la guerre civile furent pour les paysans l'occasion d'imposer dans les campagnes un nivellement social considérable. Le pourcentage de paysans pauvres, qui était de l'ordre de 65 % avant-guerre, tomba à 25 % durant les années 1920, la proportion de paysans riches passant dans le même temps de 15 % environ (les chiffres varient suivant le mode de calcul) à moins de 3 %[5]. Du fait des pertes causées par la guerre, de la révolution sociale et de la redistribution des richesses, ainsi que du retour – souvent forcé – d'un grand nombre de paysans qui avaient quitté leur commune pour s'installer dans des fermes individuelles en profitant des réformes agraires lancées avant-guerre par Stolypine, le paysan aisé devint l'agriculteur soviétique type[6].

Hormis un très léger accroissement en pourcentage des groupes situés aux deux extrémités de l'éventail social, les différentes catégories de paysans restèrent relativement stables durant les années 1920. Le nivellement social renforça l'homogénéité et la cohésion des villages tout en confortant la position des paysans aisés qui constituaient – si l'on croit Eric Wolf – « la strate la plus conservatrice » de la paysannerie d'un point de vue culturel et la force la plus décidée à résister localement à tout changement[7]. La commune paysanne se trouva par ailleurs renforcée par le retour des fermiers indépendants de l'ère Stolypine, et, vers le milieu des années 1920 environ, 95 % de l'ensemble des propriétés foncières relevaient d'une forme communale de propriété, ce qui contribua du même coup à uniformiser l'économie paysanne[8]. Et bien que les structures familiales paysannes se soient trouvées ébranlées par les effets libérateurs de la révolution qui encourageaient les fils de paysans à se libérer de l'autorité patriarcale du chef de famille, la plupart des membres de la paysannerie, en particulier les femmes et les plus faibles, restèrent désespérément fidèles aux conceptions traditionnelles et conservatrices de la famille, du mariage et de la foi pour mieux affronter ces temps incertains. Si la révolution bouscula et transforma indiscutablement certains aspects importants de la vie des paysans, les historiens sont de plus en plus convaincus que les structures et les institutions villageoises firent preuve d'une remarquable capacité à se perpétuer par-delà la césure révolutionnaire, réussissant même à se renforcer pour mieux se protéger des difficultés économiques et les pillages dus aux gouvernements et aux armées qui s'affrontaient, qu'ils soient blancs ou rouges[9].

Des communautés paysannes en pleine évolution

Le fait que son homogénéité sociale se soit trouvée renforcée et que sa culture ait perduré n'implique pas que la paysannerie soit restée une entité sociale immuable, aussi arriérée qu'immobile. Un processus porteur de profonds changements était depuis longtemps à l'œuvre dans les campagnes, qui s'était notoirement accéléré à la fin du XIXe et au début du XXe siècle. De nouveaux modes de socialisation se développèrent avec le retour au village d'ouvriers-paysans et des soldats venus rendre visite à la famille ou s'y réinstaller définitivement. Du fait de la multiplication des contacts personnels entre villageois et citadins, les canons du goût et, dans une moindre mesure, les modes de consommation qui s'étaient développés en ville se répandirent progressivement dans les campagnes. Transformant l'économie des communautés familiales et la dynamique sociale interne des communes paysannes, la loi du marché commençait à s'imposer. La taille des familles diminuait à mesure que la famille mononucléaire se substituait à la famille étendue, et que les mariages se mettaient à dépendre moins exclusivement des choix faits par les parents. Loin d'être figée, la culture paysanne évoluait avec le temps, intégrant divers changements et sachant s'adapter quand elle y avait intérêt. Les structures et les institutions propres à la communauté paysanne perduraient, apportant la preuve que la paysannerie pouvait survivre en adaptant son mode de vie[10].

Ces évolutions se poursuivirent durant la période soviétique, allant à l'encontre, ou s'accommodant selon les cas, des modes de relations et de la dynamique sociale qui régissaient le fonctionnement des communautés paysannes. Bien que les relations villes-campagnes aient été sérieusement perturbées durant la révolution et la guerre civile, l'État et les villes continuèrent d'exercer sur les campagnes une profonde influence. Des dizaines de milliers de paysans-ouvriers retournèrent dans leur village durant la guerre civile, y amenant des habitudes et des pratiques qui tranchaient avec celles de la communauté. Durant la Première Guerre mondiale et la guerre civile, un grand nombre de paysans furent enrôlés ; ils revinrent eux aussi gagnés à des idées nouvelles, qui s'opposaient parfois à celles de leur voisins. Ce fut dans ces milieux que se recrutèrent à la campagne les premiers communistes et les premiers Komsomols (l'organisation des jeunes communistes). L'éclatement des familles traditionnelles et la formation des premières fermes collectives furent bien souvent le fruit des aspirations et des besoins de ces fils prodigues. Quoique se souciant davantage durant les années 1920 des problèmes liés à sa politique d'industrialisation ou à ses débats internes et s'intéressant peu aux campagnes dans la pratique, le Parti communiste gardait théoriquement pour objectif de transformer la paysannerie et d'éliminer à terme cette catégorie socio-économique du passé grâce à l'exode rural qui ferait du paysan un prolétaire. Le Parti, les Komsomols, les foyers accueillant les paysans-soldats durant leurs permissions, les groupes de paysans pauvres et d'anciens combattants de l'Armée rouge, et enfin les correspondants ruraux [sel'kory] étaient autant de petites flammes vacillantes attestant d'un début d'implantation communiste dans les villages.

Les tentatives de socialisation et d'endoctrinement prirent la forme de campagnes organisées périodiquement contre la religion, pour l'alphabétisation, lors des élections, pour recuter des membres du Parti et des Komsomols, pour organiser les paysans pauvres ou les femmes, et lorque l'État entreprit de créer dans les campagnes durant les années 1920 des poches d'influence dans le but de resserrer l'alliance entre les ouvriers et les paysans [smychka]. L'État parvint à implanter dans les villages quelques point d'appuis, dont le rôle était d'impulser des changements et d'être des nouveaux pôles de rassemblement et de transformation, à l'heure où se constituaient des identités poliques nouvelles susceptibles d'entrer en conflit avec les communautés villageoises.

La fracture de la collectivisation

La collectivisation allait réduire à néant ces poches d'influence et obliger les derniers partisans de la révolution à adopter une attitude défensive face à l'hostilité de la communauté paysanne. Menacée de disparaître, cette dernière serra les rangs pour faire front à l'ennemi commun, reléguant au deuxième plan tout ce qui divisait les villages en temps ordinaires. Au cours de la collectivisation les paysans se comportèrent véritablement en classe sociale, au sens où l'entendait Teodor Shanin lorsqu'il définissait la paysannerie comme « une entité sociale ayant des intérêts économiques en commun et une identité propre qui s'était forgée dans son combat contre d'autres classes et s'exprimait dans des savoirs et des formes de conscience politique spécifiques qui, aussi rudimentaires soient-ils, lui permettaient de mener une action collective conforme à ses intérêts[11] ». Que l'on analyse cette réalité en termes de classe ou en termes de culture, au sens donné à ce mot par Geertz pour désigner la somme des savoirs acquis ou des conduites, les « structures socialement construites » et « les réseaux signifiants » par l'intermédiaire desquels le peuple agit[12], la paysannerie démontra clairement à quel point elle était différente du reste de la société soviétique.

La collectivisation résumait à elle seule la ligne de fracture que la révolution avait d'emblée fait naître entre une classe minoritaire, au nom de laquelle les communistes prétendaient gouverner, et la majorité de la paysannerie, qui, du fait même de son existence, bloquait la marche en avant de la révolution. La collectivisation décidée par Staline fut une tentative de gommer cette ligne de fracture et d'en finir par la force avec la malédiction du problème paysan pour pouvoir instaurer d'en haut une société et une économie socialistes. Cette véritable guerre de conquête visait rien moins qu'à coloniser les campagnes à l'échelle du pays. Censée garantir à l'État un approvisionnement régulier en céréales afin qu'il puisse nourrir la nation et financer l'industrialisation, la collectivisation devait également permettre au pouvoir soviétique de mater la paysannerie en lui imposant des formes de contrôle administratif et politique qui la forceraient à s'imprégner de la culture dominante. Bien que le Parti communiste ait officiellement qualifié la collectivisation de « processus de transformation socialiste », la réalité fut celle d'une guerre opposant deux cultures et d'une quasi guerre civile opposant l'État à sa paysannerie.

La collectivisation dévasta les campagnes. Des dizaines de milliers de communistes et d'ouvriers d'usines venus des villes envahirent les campagnes en 1930, se livrant dans chaque district à des concours de collectivisation des exploitations familiales. Sous peine de devoir subir une terrible répression, de nombreux paysans furent contraints d'intégrer une ferme collective. Ceux qui élevaient des objections, résistaient, ou pouvaient à quelque titre que ce soit être qualifiés de koulaks, c'est-à-dire de paysans riches ou même de paysans-capitalistes – une expression légèrement antinomique – furent victimes de la « dékoulakisation », c'est-à-dire de la politique stalinienne visant à « liquider les koulaks en tant que classe[13] ». Plus d'un million de familles paysannes (peut-être 5 à 6 millions de personnes au total) eurent d'une manière ou d'une autre à souffrir de la politique menée durant la collectivisation forcée. Parmi ces familles, 381 026 (c'est-à-dire au moins 1 803 392 personnes en tout) connurent l'exil forcé vers les régions les plus isolées et les plus désolées du pays en 1930 et 1931, les deux années les plus dures en matière de déportation[14]. Plus de 30 000 paysans qualifiés de koulaks furent en outre exécutés durant la même période[15]. Enfin, les statistiques élaborées par le sociologue russe V. N. Zemskov indiquent que 281 367 paysans moururent en exil entre 1932 et 1934[16].

La résistance paysanne

La collectivisation forcée mettait sérieusement en danger le mode de vie paysan. En réaction, les membres des différentes couches de la paysannerie s'unirent, ce qui favorisa l'émergence d'une culture au sens concret du terme, c'est-à-dire d'une classe qui souhaitait défendre ses structures familiales, ses croyances, ses communautés, ses moyens d'existence en surmontant ses multiples divergences. Plus de 2 millions de paysans prirent part aux 13 754 désordres recensés pour la seule année 1930. En 1929 et 1930, la Guépéou comptabilisa 22 887 « actions terroristes » contre des responsables locaux ou des militants paysans, dont 1 100 meurtres[17]. Cette résistance paysanne était davantage le fait d'une culture que d'une catégorie sociale particulière, et elle prenait les formes traditionnellement propres à cette même culture. Elle traduisait une volonté d'agir et une conscience politique qui étaient le fruit d'inquiétudes légitimes concernant leur survie et l'injustice qui leur était faite, une inquiétude à laquelle se mêlaient désirs de vengeance, colère et désespoir. Exception faite de la guerre civile, la révolte des paysans contre la collectivisation constitua le cas le plus sérieux de résistance populaire que l'État soviétique eut à affronter.

Pour finir, la puissance policière de l'État l'emporta, et comme presque toutes les autres révoltes paysannes, ce mouvement fut voué à l'échec. La défaite de la paysannerie fut en premier lieu due à la répression exercée par l'État. Des millions de paysans furent arrêtés, emprisonnés, déportés, exécutés durant les quelques années de collectivisation forcée. Déplaçant et remplaçant les élites traditionnelles, l'État démantela toutes les structures qui avaient joui dans les villages de la moindre parcelle d'autorité. La famine dévastatrice des années 1922-1933, qui fut le résultat d'inhumaines réquisitions de céréales imposées par l'État, s'ajouta à la répression, dépouillant dans un premier temps les paysans de leur récolte avant d'en tuer environ 5 millions[18]. Cette répression et cette guerre d'usure à sens unique réduisirent définitivement au silence les paysans révoltés.

La répression ne pouvait toutefois pas à elle seule venir à bout de la résistance des paysans, et tel ne fut pas le cas ; elle ne pouvait pas non plus demeurer très longtemps l'unique mécanisme de contrôle dont disposaient les autorités. Contraint et forcé, l'État renonça à forcer les paysans à accepter ses visées révolutionnaires, faisant le choix pragmatique et cynique d'imposer sa domination en prenant le contrôle de leurs ressources vitales, notamment les céréales. Les plans visant à éliminer les différences entre villes et campagnes furent abandonnés en cours de route dès lors que la raison d'État l'imposa, ce qui tira un trait définitif sur les derniers idéaux de 1917. La communauté familiale paysanne resta la clef de voûte de l'économie paysanne, voire de la ferme collective, et les maisons d'habitation, le cheptel domestique, les granges, les hangars et les objets de la vie courante demeurèrent du domaine de la propriété privée. Les lopins individuels et un marché paysan collectif limité subsistèrent parallèlement à l'économie socialisée pour garantir aux membres des fermes collectives qu'ils auraient de quoi vivre et apporter un complément répondant aux attentes des consommateurs. Quelques paysans furent cooptés au sein des organismes de décision, et au fil des décennies, les campagnes purent progressivement bénéficier des maigres avancées concédées aux villes par l'État. L'agriculture soviétique devint un système certes hybride, puisqu'aussi bien les lopins individuels des paysans et les fermes collectives produisaient pour l'État, mais qui apportait quelque chose en échange aux paysans.

À terme, les retombées sociales de l'industrialisation et de l'urbanisation firent plus que la force brutale pour inciter les paysans à coopérer avec l'État. L'exode rural et le départ des jeunes et des hommes adultes vers les villes scinda les familles étendues, faisant entrer la culture paysanne dans les agglomérations urbaines et tissant des liens plus solides que jamais entre les villes et les campagnes. La scolarisation, le service militaire, l'amélioration des transports et des communications facilitèrent jusqu'à un certain point la soviétisation des campagnes, et contribuèrent à tout le moins à combler le fossé entre les villes et les campagnes.

La victoire des fermes collectives

L'État stalinien et le système de fermes collectives l'emportèrent finalement, mais sans que cette victoire se traduise par la disparition de la culture paysanne. La paysannerie se reconstitua à l'intérieur même de l'agriculture socialisée, au prix bien sûr de quelques ajustements. La résistance passive et autres « armes des faibles »[19] furent autant de formes d'action dont la paysannerie usa largement pour résister et continuer d'exister au sein de la ferme collective. Condamnée à stagner, l'agriculture devint le talon d'Achille de l'économie soviétique, montrant ainsi combien il était paradoxal qu'une « révolution prolétarienne » ait éclaté dans cette Russie paysanne. Comme la commune rurale avant elle, la ferme collective freina tout changement : l'État avait voulu y voir un moyen de contrôler les paysans, elle apporta finalement à ces derniers la garantie que leurs besoins vitaux seraient satisfaits. Avec le temps, la ferme collective devint l'assurance tous risques dont rêvent tous les paysans. Le nivellement socio-économique intervenu dans les villages, la garantie que les besoins seraient satisfaits, une autonomie culturelle relative, leur isolement démographique et un phénomène de féminisation, tous ces facteurs concoururent à préserver, voire à renforcer certains traits de la culture et de la tradition villageoise. L'insécurité permanente qui avait de tout temps caractérisé la vie du paysan allait paradoxalement le pousser à lier son sort à celui de la ferme collective.

Les paysans s'approprièrent la ferme collective autant qu'ils le purent. Les tentatives de décollectivisation lancées par l'État après 1991 sont à cet égard révélatrices, puisqu'elles furent contrées par des paysans désormais attachés à la ferme collective. Contairement à ce que l'on pourrait croire, leur apparente intransigeance traduisait la pérennité des exigences, des valeurs et du mode de vie des paysans, bien plus qu'elle n'était l'expression de leur arriération ou de leur « mentalité de moujik »[20]. La décollectivisation s'inscrivait en outre dans le prolongement de diverses tentatives faites par l'État pour transformer et moderniser la paysannerie. Décidée depuis le sommet, elle s'accompagnait des mesures contraignantes (n'ayant certes plus grand chose à voir avec celles de l'État stalinien) et supposait la distribution des parcelles foncières aussi égales que ridiculement petites ; tous les éléments révélateurs d'une manipulation culturelle et du caractère impérialiste de la modernisation apparaissaient ainsi au grand jour. Ayant su faire en sorte que la ferme collective réponde au moins partiellement à leurs besoins, les paysans réagirent à la décollectivisation en manifestant leur scepticisme et leur hostilité[21].

Au nom des dieux du communisme, mais aussi de ses projets utopiques et d'une éthique de la modernisation revue et corrigée par Staline, l'État soviétique s'efforça d'en finir avec les paysans. Cette tentative de génocide culturel visait une paysannerie incarnant la réalité d'une Russie dont l'économie restait agricole et dont la société restait rebelle à l'expérience communiste. Longtemps après la collectivisation forcée, il existait toujours, au sens plus ou moins propre du terme, une paysannerie qui était insatisfaite et menait dans chaque ferme collective une guerre non déclarée en ayant perpétuellement recours à toutes les formes des résistance au jour le jour. Forcée d'affronter des paysans retranchés derrière le fossé de leurs différences cuturelles, la Révolution échoua à transformer les campagnes, ce qui valut au stalinisme d'acquérir sa dimension répressive sanglante. Ceci appelle une fois encore notre attention sur le fait que, compte tenu du poids de la paysannerie, la Révolution d'octobre 1917 et l'infrastructure industrielle et militaire de l'URSS stalinienne reposaient sur des fondations qui n'étaient pas de nature à rendre possible une révolution prolétarienne, ni de permettre à ce pays de conserver son statut de superpuissance au-delà de la dernière décennie du XXe siècle.

Notes

1. L'analyse d'ensemble de l'histoire la paysannerie soviétique esquissée dans cet article ne tient pas compte des importantes différences entre les régions et les nationalités qui font mentir toute généralisation.

2. Lénine avait pris conscience de l'importance cardinale de la paysannerie lors de la révolution de 1905. Voir Esther Kingston-Mann, *Lenin and the Problem of Marxist Peasant Revolution*, New York, 1983, chap. 5 et 6.

3. V.I. Lénine, *Polnoe sobranie sochinenii*, 5e éd., 55 vol., vol. 35, p. 102.

4. Lev Kristman, *Proletarskaia revolutsiia v dervene*, Moscou et Léningrad, 1929, p. 6-9. Lénine devait reconnaître la nature double de la révolution de 1917 dans un de ses derniers articles, (« Notre révolution », *Polnoe sobranie sochinenii, op. cit.*, vol. 45, p. 378-382).

5. Il y a des différences sensibles en ce qui concerne le dénombrement et la définition des différentes strates constituant la paysannerie, l'importance des différents groupes de paysans varie en fonction des régions.

On trouvera toute une série de calculs concernant les paysans riches dans l'article de Moshe Lewin, « Who Was the Soviet Kulak ? », *in* Moshe Lewin, *The Making of the Soviet System*, New York, 1985, p. 122.

6. Suite à la révolution de 1905, le gouvernement tsariste lança une série de réformes agraires généralement connue sous le nom de réforme Stolypine, dans le but de concourir à la formation d'une bourgeoisie paysanne et d'encourager les paysans à quitter leur commune pour créer un système de propriété privée foncière héréditaire dans des zones de colonisation agricoles partout où cela serait possible. La Première Guerre mondiale mit un terme à ces tentatives de réforme, même si divers indices tendent à montrer que les candidatures de paysans désireux de quitter leur commune étaient déjà fortement en recul plusieurs années avant que n'éclate ce conflit ; pour une analyse globale des débats touchant à la portée des réformes avant la guerre, voir Dorothy Atkinson, *The End of the Russian Land Commune, 1905-1930*, Stanford, 1983, en particulier le chapitre 5.

7. Sur les révoltes paysannes en général, voir Eric Wolf, *Peasants' Wars of the Twentieth Century*, New York, 1969, p. 291-293 ; pour ce qui est du nivellement social voir Teodor Shanin, *Defining Peasants*, *op. cit.*, p. 124-125.

8. Y. Taniuchi, *The Village Gathering in Russia in the Mid-1920s*, Birmingham, 1968, p. 23. Sur le devenir des communes paysannes après 1917, voir également Dorothy Atkinson, *The End of the Russian Land Commune*, *op. cit.* ; V.P. Danilov, *Sovietskaia dokolkhoznaia derevnia*, Moscou, 1977-1979, 2 vol. ; D.J. Male, *Russian Peasant Organisation Before Collectivisation*, Cambridge, 1971.

9. Voir notamment les arguments développés par Barbara Evans Clements dans son article « The Effects of the Civil War on Women and Family Relations », *in* Diane P. Koenker, William G. Rosenberg et Ronald Gregor Suny (dir.), *Party, State, and Society in the Russian Civil War : Explorations in Social History*, Bloomington, Indiana, 1989, p. 105-122. Voir également Beatrice Farnsworth et Lynne Viola (dir.), *Russian Peasant Women*, New York, 1992, p. 3-4 ; Orlando Figes, *Peasant Russia's Civil War*, Oxford, 1989, p. 70, 101-102, 154-155 ; Teodor Shanin, *The Akward Class*, Oxford, 1972, en particulier chapitre 8.

10. Voir Ben Eklof, *Russian Peasant Schools*, Berkeley, 1986 ; Stephen P. Frank, *Criminality, Cultural Conflict, and Justice in Rural Russia, 1856-1914*, Berkeley, à paraître ; Christine D. Worobec, *Peasant Russia : Family and the Community in the Post-Emancipation Period*, Princeton, 1991.

11. Teodor Shanin, « Peasantry as a Class » *in* Teodor Shanin (dir.), *Peasants and Peasant Society*, 2ᵉ éd., Oxford, 1987, p. 329.

12. Clifford Geertz, *The Interpretation of Culture*, New York, 1973, p. 5, 12.

13. Pour plus d'informations en ce qui concerne la collectivisation et la « dékoulakisation », voir R.W. Davies, *The Socialist Offensive* (Cambridge, MA, 1980) : Moshe Lewin, *Russian Peasants and Soviet Power*, Tr. Irene Nove (NY, 1975). (*La Paysannerie et le Pouvoir Soviétique*, Paris, 1966) ; Lynne Viola, *Peasants Rebels Under Stalin* (NY, 1996).

14. *Pravda*, 16 septembre 1988, p. 3 ; V.N. Zemskov, « Spetsposelentsy (po dokumentatsii NKVD-MVD SSSR) », *Sotsiogicheskie issledovaniia*, nᵒ 11 (1990), p. 3.

15. V.P. Popov, « Gosudarstvennyi terror v svetskoi Rossii, 1923-1953 gg », *Otechestvennye arkhivy*, nᵒ 2 (1992), p. 28-29.

16. V.N. Zemskov, « Spetsposelentsy (po dokumentatsii NKVD-MVD SSSR) », *art. cit.*, p. 6. Le total des pertes ayant résulté de cet épisode particulièrement horrible de la répression d'État n'a pas encore été calculé à ce jour.

17. Lynne Viola, *Peasant Rebels under Stalin : Collectivization and the Culture of Peasant Resistance*, New York, 1996, p. 103, 105, 110, 112 et 140.

18. Voir Alec Nove, « Victims of Stalinism : How many ? » et Stephen G. Wheatcroft, « More Light on the Scale of Repression and Excess Mortality in the Soviet Union in the 1930s », in J. Arch Getty and Roberta T. Manning, Ed. *Stalinist Terror : New Perspectives*, Cambridge, 1993.

19. James C. Scott, *Weapons of the Weak : Everday forms of Peasant Resistance* (New Haven, 1985).

20. Par exemple Sheila Fitzpatrick, *Stalin's Peasants : Resistance and Survival in the Russian Village After Collectivization*, New York, 1994, p. 319-320.

21. Pour des considérations pénétrantes sur cette question, voir V.P. Danilov, « Agrarnaia reforma v postvetskoi Rossii », *in Kuda idet Rossiaa ?*, Moscou, 1994, p. 125-136.

Les ouvriers et les communistes en 1917-1939

par Lewis Sigelbaum

Pour analyser les rapports entre les ouvriers et les communistes en Union soviétique il faut nécessairement partir de Karl Marx et Friedrich Engels. Ce sont en effet ces deux intellectuels allemands, qui posèrent comme principe, dans le *Manifeste communiste* notamment, que le prolétariat était investi d'une mission historique à l'échelle du monde, et qui fournirent du même coup à leurs disciples russes une vision eschatologique. Pour Marx et Engels, le prolétariat, « classe ouvrière moderne », avait été « produit » par la bourgeoisie ; « recruté dans toutes les classes de la population », il s'emparerait des armes de l'industrie moderne et finirait par « mettre à mort » la bourgeoisie elle-même. Ainsi verrait le jour une société dans laquelle le prolétariat s'érigerait en nation, et « du jour où tombe[rait] l'antagonisme des classes à l'intérieur de la nation, tombe[rait] également l'hostilité des nations entre elles. »

Au milieu du XIXe siècle, une telle vision de l'avenir ne pouvait pas signifier grand-chose pour des Russes vivant dans une société presque exclusivement paysanne. Mais dès les années 1890, du fait des investissements étrangers massifs dans les industries extractives et dans les usines de construction mécanique, du fait aussi que nombre de paysans s'étaient détachés, au moins partiellement, de leur village, une main-d'œuvre industrielle s'était formée. Dans un premier temps, les contacts entre les marxistes et les ouvriers furent intermittents et empreints de méfiance mutuelle. Il n'y avait à cela rien de surprenant si l'on prend en compte l'abîme culturel qui séparait ces deux groupes. Il fallait en outre compter avec la répression diligentée par la police tsariste. De nombreux membres des organisations clandestines, y compris V. I. Lénine, furent arrêtés et exilés en Sibérie.

Lénine, les ouvriers et la prise du pouvoir

Le modèle de parti politique prôné par Lénine dans *Que faire ?* (1902) fut la réponse des révolutionnaire aux exigences du moment. Par leurs seules forces, disait Lénine, les ouvriers ne peuvent arriver qu'à une conscience trade-unioniste, c'est-à-dire prendre conscience de leurs intérêts immédiats. Leur entrouvrir des perspectives à partir des conflits survenant dans les usines, mettre en évidence les liens existant entre les propriétaires et l'État tsariste, bref politiser les luttes des travailleurs pour les émanciper de l'oppression capitaliste, telles étaient les tâches des sociaux-démocrates, en qui Lénine voyaient des « révolutionnaires professionnels ». Nombre de ces derniers, y compris le jeune Léon Trotski, désapprouvaient cette hiérarchisation du travail, considérant que c'était la voie ouverte à une centralisation excessive, voire à une dictature personnelle. De plus, ce furent les mencheviks qui contribuèrent à créer et à encadrer les comités de grève et les syndicats qui se multiplièrent durant et immédiatement après la Révolution de 1905, et non les bolcheviks de Lénine. Néanmoins, au moment du déclenchement de la Première Guerre mondiale, les positions plus militantes et plus intransigeantes des bolcheviks leur avaient gagné de solides sympathies, en particulier parmi les jeunes ouvriers russes travaillant dans les industries métallurgiques de Saint-Petersbourg, alors en plein essor.

Pour les sociaux-démocrates russes, la question centrale était celle de l'attitude à adopter face à la guerre, mais les ouvriers étaient avant tout préoccupés par des problèmes relevant du quotidien : obtenir un sursis d'incorporation, trouver de la nourriture en quantité suffisante pour eux-mêmes et leurs familles, et surmonter toutes les difficultés résultant de la guerre. Collectivement parlant, les ouvriers n'étaient pas nécessairement moins patriotes que les autres couches de la population ou que leurs homologues des autres pays. Mais l'absence en Russie d'une idéologie nationale unificatrice se combina à l'effondrement de l'empire pour créer une situation dans laquelle tous et chacun s'efforcèrent de trouver des bouc-émissaires et des traîtres. La tsarine « allemande », les bourgeois (*burzhui*), les Juifs et les bolcheviks furent désignés à la vindicte populaire. En 1917 vinrent s'ajouter à cette liste les capitalistes qui préféraient fermer leurs usines plutôt que de céder aux revendications des ouvriers, et les « spéculateurs » qui profitaient de l'inflation galopante et des écarts de prix extravagants entre les régions.

Entre-temps, l'armée était devenu un chaudron insurrectionnel et il régnait dans les villes une atmosphère de crise et de fin de règne. Les mot d'ordres mis en avant par les bolcheviks pour exiger la fin immédiate de la guerre et le transfert de tout le pouvoir aux soviets leur valurent un regain de popularité parmi les soldats et les ouvriers, surtout dans les grandes villes. Le Parti multiplia par dix le nombre de ses adhérents, pour atteindre la barre des 200 000 membres. Sur leur lancée, les bolcheviks organisèrent la prise du pouvoir à Pétrograd et se mirent aussitôt au travail pour transformer le Comité exécutif central des Soviets siégeant dans cette ville en gouvernement ouvrier et paysan.

Jusqu'alors les mots « ouvriers » et « prolétariat » avaient été utilisés dans une optique sociologique pour désigner les salariés de l'industrie. Mais ils avaient également pris un sens nouveau, notamment (mais pas uniquement) dans le discours bolchevik. Tout comme la nation, la classe ouvrière était une « catégorie imaginée », un postulat historique et théorique définissant certaines identités, permettant de distinguer alliés et adversaires, et servant à définir l'attitude qu'il était juste d'avoir par rapport à ces deux groupes.

Dictature du prolétariat et disparition de la conscience de classe

L'État soviétique fut dès le départ conçu comme l'expression de la « dictature du prolétariat », dont le Parti bolchevik (ou communiste) représentait l'avant-garde. Pour les bolcheviks, la conscience de classe prolétarienne impliquait de subordonner la volonté de chacun à celle de tous, de se plier à la discipline du travail, et par-dessus tout de reconnaître la sagesse et le bien-fondé des décisions prises par le Parti. Ils se rendaient toutefois bien compte que la plupart des travailleurs ne pourraient pas acquérir un tel niveau de conscience dans l'immédiat. Ces derniers avaient besoin d'être « éduqués », tâche qui revenait aux syndicats. Les membres des « masses laborieuses », c'est-à-dire tous les travailleurs n'appartenant pas au secteur industriel et la grande masse de la paysannerie qui constituaient la catégorie la plus ouverte d'alliés potentiels, étaient encore moins susceptibles de se débarasser des préjugés dus à une mentalité « petite-bourgeoise ». Il fallait convaincre ces hommes et ces femmes que l'État soviétique agissait dans leur intérêt par un travail d'agit-prop et par l'exemple. Cela valait également pour les peuples non-russes, qui risquaient sinon de succomber au « nationalisme bourgeois ».

Les prolétaires étaient à bien des égards les privilégiés du nouvel ordre politique et social. Résidant dans les villes, ils étaient plus largement représentés que ne l'étaient les paysans au sein des soviets ; leurs rations alimentaires étaient fixées à un niveau supérieur à celui fixé pour tous les autres groupes sociaux, à l'exception des soldats de l'Armée rouge et des « spécialistes » (c'est-à-dire les cadres et ingénieurs dont le concours était indispensable au fonctionnement de l'appareil productif). Les prolétaires étaient en outre prioritaires en matière d'attribution de logements et d'accès à l'éducation. Mais ce statut de faveur se payait en réalité au prix fort. Incorporés en grand nombre dans l'Armée rouge et dans les détachements chargés du ravitaillement, les ouvriers subirent durant la guerre civile des pertes très élevées. Dans les zones contrôlées par les Blancs, le fait d'être ouvrier suffisait à vous rendre suspect. En territoire soviétique, les ouvriers étaient souvent recrutés d'office pour effectuer diverses « tâches de choc ». Beaucoup souffrirent de malnutrition et succombèrent aux épidémies. Cette forte mortalité s'ajoutant à la fuite vers les campagnes fit chuter le nombre des travailleurs de l'industrie d'environ 3,5 millions en 1917 à moins d'1 million en 1921.

Au point que l'on est en droit de se demander si cela avait encore un sens de parler de l'existence d'un prolétariat à la fin de la guerre civile. Aux yeux des dirigeants du Parti, le problème n'était pas seulement affaire de nombre ; il était lié à l'absence (ou la disparition) de toute véritable conscience de classe. D'où l'emploi de termes tels que « démoralisés » ou « déclassés » pour parler des ouvriers. Mais si les dirigeants communistes étaient déçus par les ouvriers, ces derniers étaient tout aussi déçus par le Parti. Des grèves à répétition et des mouvements de protestation contre la faim se produisirent durant l'hiver 1920-1921, en particulier dans la ville de Petrograd, qui se trouvait par ailleurs sous la menace de la mutinerie des marins de Cronstadt. En s'appuyant sur son programme d'inspiration syndicaliste-révolutionnaire, l'Opposition ouvrière s'efforça d'encourager un rapprochement entre les travailleurs et le Parti, mais la mise hors-la-loi des tendances par le Xe Congrès (mars 1921) mit un terme à cette tentative.

Durant les années 1920, la NEP (Nouvelle politique économique) parvint à relancer la production industrielle, et ce faisant, à faire remonter le nombre des ouvriers d'industrie. Mais c'était désormais un prolétariat sans bourgeoisie. Et si, comme on l'a rappelé, Marx et Engels avaient effectivement envisagé une situation de ce genre, le régime soviétique des années 1920 n'était pas vraiment conforme à la conception qu'ils se faisaient d'un prolétariat devenu lui-même la nation. En premier lieu, les ilôts de prolétaires étaient isolés au milieu d'un océan de petits paysans propriétaires ; en deuxième lieu, pour faire fonctionner les usines et bien d'autres choses, le Parti avait dû s'en remettre à des spécialistes, issus pour beaucoup de la bourgeoisie. Enfin, le prolétariat lui-même était traversé par une série de rivalités opposant jeunes ouvriers et ouvriers plus âgés, ouvriers qualifiés et ouvriers non-qualifiés, hommes et femmes, chômeurs et actifs, etc.

« Révolution industrielle » et croissance du nombre d'ouvriers

Le Parti travaillait sans relâche à canaliser l'énergie des ouvriers vers la production et à lui donner des formes d'expression politiquement acceptables. Peu après la mort de Lénine en janvier 1924, il ouvrit ses rangs aux ouvriers, laissant le nombre de ses membres augmenter de manière sensible ; il encouragea la promotion d'ouvriers (pas tous membres du Parti) à des tâches d'encadrement et de direction ; il suscita la tenue dans les usines de conférences de production où les ouvriers étaient censés exprimer leurs griefs contre la direction et formuler des suggestions pour augmenter la productivité ; enfin, par le biais des syndicats, il multiplia le nombre des clubs ouvriers qui finançaient des groupes de théâtre amateurs, prenaient en charge la projections de films, organisaient des cercles de lecture, des bals, ou des excursions.

En dehors du temps de travail, les ouvriers s'adonnaient aussi à d'autres activités. En dépit de la fermeture d'un grand nombre d'églises, l'emprise de la religion demeurait forte, même chez les membres du Parti. L'attrait exercé par les tavernes et les salles de bal ne faiblissait pas. Des bandes de jeunes traînaient dans les rues, se livrant à des actes de « hooliganisme ». Et dans les ateliers, les ouvriers se livraient à des actes de vengeance de classe assez primaires en agressant verbalement et physiquement les contremaîtres et les spécialistes.

La « révolution industrielle » lancée par Staline à la fin des années 1920 allait radicalement transformer la vie de la classe ouvrière. Durant la campagne en faveur de l'industrialisation, priorité fut donnée aux industries lourdes, le but étant l'édification de barrages, d'aciéries, d'usines de tracteurs et d'automobiles gigantesques. Un de ces projets, Magnitogorsk, vaste combinat métallurgique, fut construit dans la steppe de Sibérie occidentale par des ouvriers « mobilisés » par leurs syndicats, par des paysans recrutés aux alentours, par des ex-koulaks déportés et par un groupe non négligeable d'ouvriers et de techniciens étrangers. Présenté comme la quintessence de la « ville soviétique » planifiée, ce microcosme stalinien fut salué comme annonciateur d'une civilisation nouvelle.

Le nombre des travailleurs d'industrie gonfla partout du fait de l'afflux de paysans fuyant la collectivisation, mais aussi du brusque accroissement du nombre des ouvrières, de nombreuses femmes se firent en effet embaucher lorsque leur famille eut besoin d'un salaire supplémentaire pour vivre. Les ouvriers (de même que tous les citadins à l'exception des dirigeants haut-placés du Parti) vécurent une nouvelle période de rationnement alimentaire, aussi dure que lors de la guerre civile. La crise du logement, déjà aiguë durant les années 1920, empira. À mesure que les paysans venaient s'entasser dans les villes en nombre sans cesse croissant, certains espaces urbains comme les dortoirs, les bâtiments collectifs, les gares, les usines et les jardins publics subirent un phénomène de « ruralisation ». La plupart des citadins intégrèrent dans leur mode de vie le fait de passer des heures à faire la queue pour des marchandises introuvables, de commettre des larcins sur leurs lieux de travail et de se livrer à toutes sortes de trafics semi-légaux ou illégaux.

Pour quelles raisons les ouvriers acceptèrent-ils de subir tout cela ? On notera d'abord que certains s'y refusèrent. Lorsque les rations furent diminuées en 1932, les ouvrières de plusieurs usines textiles du district d'Ivanovo organisèrent des grèves et des marches de protestation. Il y eut également des grèves, généralement de courte durée, dans d'autres villes. Les dossier figurant dans les archives du Parti récemment ouvertes contiennent une masse d'informations relatives à ces agissements « anti-so-viétiques » et à la « morosité » des travailleurs, ainsi qu'à des actes de révolte individuels. Outre la répression policière, qui fut à la fois préventive et punitive, plusieurs raisons peuvent expliquer que le régime parvint à gérer cette situation explosive. Les stratégies d'adaptation des ouvriers, c'est-à-dire le recours à divers réseaux informels dans les entreprises et dans les quartiers, de même que la fréquence avec laquelle ils changeaient d'emploi et de ville en quête d'une meilleure situation sont une première explication. Une autre raison fut que les ouvriers (et pas seulement eux) ne se privèrent pas d'user de la possibilité qui leur était donnée d'adresser des lettres de protestation aux journaux et aux dirigeants soviétiques. Enfin, les efforts durables du régime pour gagner le soutien des masses et susciter leur participation, le sombre tableau qu'il faisait de la misère ouvrière dans le monde capitaliste et les récompenses qu'il offrait aux ouvriers les plus productifs accréditèrent l'idée que la situation, aussi difficile soit-elle, irait en s'améliorant.

Une certaine amélioration devint effectivement perceptible vers le milieu des années 1930. Le rationnement fut progressivement supprimé, non sans que soit intervenu préalablement une augmentation significative du prix des principales denrées alimentaires. Un nombre plus élevé que jamais de salariés travaillaient aux pièces, mais des négociations informelles avec les contremaîtres, les chronométreurs et les autres membres du personnel maintenaient les quotas de production à un niveau presque toujours acceptable. Les taux d'absentéisme et de rotation du personnel, deux indicateurs sur lesquels les autorités se basaient pour évaluer le degré de « maturité » de la classe ouvrière et la capacité des directions à gérer leur entreprise, étaient à la baisse.

L'électrochoc du mouvement stakhanoviste

On en était là quand, en 1935, les relations au sein des entreprises se trouvèrent d'un seul coup bouleversées par l'électrochoc du mouvement stakhanoviste. Baptisé du nom d'un mineur qui avait extrait durant ses six heures de travail posté 102 tonnes de charbon (soit six fois le quota qui lui était assigné), le mouvement s'étendit rapidement à d'autres branches industrielles, aux transport, puis pour finir à l'agri-

culture. D'une certaine manière, le mouvement stakhanoviste prenait la suite des
« travaux de choc » et autres concours socialistes par lesquels des individus ou des
groupes de travailleurs mettaient au défi leurs collègues de travail ou les ouvriers
d'autres entreprises de les surpasser en matière de productivité, de réduction des
coûts de production, etc. Mais il avait aussi des différences. Contrairement aux
« travaux de choc », le mouvement stakhanoviste mit l'accent sur le dépassement des
normes de production – au point d'en faire une question-fétiche. Il en résulta un
relèvement systématique des quotas début 1936. Les directions d'entreprise subirent
des pressions intenses pour qu'elles créent des conditions pouvant permettre le
dépassement des objectifs fixés, et bon nombre de directeurs furent alors dénoncés
et déplacés. Enfin, les récompenses accordées aux « stakhanovistes éminents » dépas-
sèrent de beaucoup toutes celles qui avaient été attribuées jusqu'alors.

Le terme « stakhanoviste » renvoyait à différentes choses : à la maîtrise de la
technologie, à la naissance de l'*homo sovieticus*, à une famille ouvrière instruite, à un
renversement des rôles (le stakhanoviste remplaçait l'expert, pour lequel il devenait
en retour un objet d'étude et de réflexion), et aux possibilités de promotion sociale.
Il était donc inévitable qu'apparaissent des contradictions. Le mouvement s'appuyait
sur les aspirations populaires à une forme de reconnaissance sociale, à des conditions
de travail acceptables, et à la possession de biens de consommation auxquels seuls
certains stakhanovistes avaient accès. Dans le même temps, il frustra les ouvriers qui
n'avaient pas la possibilité de devenir eux-mêmes des stakhanovistes, ainsi que ceux
qui n'avaient pas touché les dividendes correspondants à ce statut. De plus, les espoirs
des dirigeants politiques de voir les innovations stakhanovistes et les records de
production déboucher sur une augmentation systématique de la production se
révélèrent pour une large part infondés. Les directions d'entreprises étaient si
préoccupées d'affecter des travailleurs aux « occupations essentielles », qu'elles se
désintéressèrent complètement des problèmes de distribution (d'où de formidables
goulets d'étranglement), de l'entretien des machines, et des heures durant lesquelles
ces dernières ne tournaient pas.

Le discours officiel avait par ailleurs connu une inflexion subtile mais significative. Jusqu'en 1936-37, alliés et ennemis restaient largement définis par leur appartenance de classe. Ceux qui étaient par exemple accusés de destruction matérielles
ou de sabotage se voyaient qualifiés de « contre-révolutionnaires » ou d'« ennemis de
classe ». Toutefois, parallèlement à l'adoption d'une constitution nouvelle qui proclamait l'avènement du socialisme, ces épithètes disparurent au profit de « trotskistes » ou « ennemis du peuple ». Appartenir au prolétariat cessa d'être la condition
sine qua non pour être reconnu comme un citoyen soviétique loyal, et on se mit à
exalter les « cadres », une catégorie transcendant les appartenances de classe.

Les grandes purges prirent effectivement une dimension de classe, dans la mesure
où nombre d'ouvriers et d'employés des fermes collectives témoignèrent avec acri-
monie contre les dirigeants qui les avaient mal traités. Mais très vite, le processus de
consolidation de la nomenklatura bureaucratique s'accéléra. De telle sorte qu'à la
veille de la Grande Guerre patriotique, dans les discours officiels et sur le terrain, les
fonctionnaires du Parti et de l'État s'étaient entièrement approprié la mission qui
avait primitivement été celle du prolétariat.

Sources

William Chase, *Moscow Workers, the Party and the Soviet State*, 1917-29, (University of Illinois Press, 1987).

Don Filtzer, *Soviet Workers and Stalinist Industrialization, 1928-1941*, (Armonk, NY : M. E. Sharpe, 1988).

Lewis Siegelbaum, *Stakhanovism and the politics of Productivity in the Soviet Union, 1935-1941*.

Ken Strauss, *Factory and Community in Stalinist Russia, 1928-1934*, (University of Pittsburgh Press, 1995).

Jonathan Aves, *Workers Against Lenin*, (1996).

Michael Burawoy, *The Politics of Production : Factory Regimes under Capitalism and Socialism*, (Verso Press, 1985).

Stephen Kotkin, *Magnetic Mountain : Stalinism as a Civilization*, (University of California Press, 1994).

Stephen Kotkin, *Steeltown USSR*, (University of California Press, 1990).

Hiroaki Kuromiya, *Stalin's Industrial Revolution : Workers and Politics, 1928-1932*, (Cambridge University Press, 1988).

Hiroaki Kuromiya, *Freedom and Terror in the Donbas, 1870-1991*, (Cambridge University Press, 1998).

John Scott, Behind the Urals : *An American Worker in the Soviet City of Steel*, (Indiana University Press, 1989 ed.).

Chris Ward, *Russia's Cotton Workers and the New Economic Policy*, (Cambridge University Press, 1989).

Jean-Paul Depretto, *Les ouvriers en URSS, 1928-1941*, Publications de la Sorbonne, 1997.

Les ouvriers et les communistes durant la Seconde Guerre mondiale et l'après-guerre

par Donald Filtzer

Avant même l'entrée de l'URSS dans la Seconde Guerre mondiale, le régime avait arrêté de nouvelles mesures restreignant de manière importante les libertés accordées aux travailleurs. En juin 1940, il avait décidé que l'absentéisme et la décision de changer de travail sans l'aval de la direction constituaient des crimes punissables par une période de rééducation par le travail dans l'entreprise ou par un emprisonnement de courte durée. En octobre 1940, la mobilisation au travail des adolescents des campagnes fut décrétée : entre 800 000 et 1 million de jeunes ruraux devaient chaque année être appelés pour suivre des cours obligatoires dans des écoles professionnelles avant de se voir affecter pour une durée minimum de quatre années à un emploi dans l'industrie ou dans le bâtiment une fois leur formation achevée. Avec l'invasion allemande de juin 1941, la mobilisation forcée des travailleurs devint la règle. Le gouvernement rendit également obligatoire les heures supplémentaires, annula tous les congés et veilla plus étroitement au respect des règles relatives à la discipline. Changer de travail sans autorisation était considéré pour la plupart des ouvriers comme une violation de la discipline militaire et les coupables risquaient de longues peines de travaux forcés.

Les conséquences de la guerre et de la famine

D'autres changements se produisirent durant la guerre. À mesure que les hommes étaient mobilisés pour partir au front en nombre sans cesse croissant, leurs places étaient prises par des femmes ou des jeunes. Les secteurs vitaux pour l'industrie de guerre, en particulier les régions de l'Oural et de la Sibérie occidentale où se trouvaient les usines et les industries du fer et de l'acier avaient aussi recours à de nombreux ouvriers mobilisés originaires des régions occidentales de l'URSS, et notamment à ceux qui avaient été évacués des régions occupées par les Allemands. Les difficultés auxquelles se trouvèrent confrontés tous les citoyens soviétiques, ouvriers ou paysans, sont inimaginables. Les hécatombes dues à la famine ne touchèrent pas seulement les villes assiégées, comme Leningrad, mais tout le pays. Si l'on ajoute à ceux qui furent tués au combat tous ceux qui moururent de malnutrition, de froid et de maladie, l'URSS perdit durant le conflit environ 14 % de sa population d'avant-guerre.

Lorsque les armes se turent, les rapports entre le régime stalinien et ses ouvriers entrèrent dans une phase complexe. Durant la guerre, le nombre de membres du Parti s'était accru de manière spectaculaire dans les rangs des forces armées, y compris parmi les soldats issus du monde ouvrier ou ceux qui allaient être embauchés dans le secteur industriel après leur démobilisation. Ceci ne suffit pourtant pas à garantir au régime un soutien de masse automatique et durable. Indépendamment de leurs origines sociales, les « soldats du front » (*frontoviki*) constituaient un groupe social à l'identité ambiguë. Staline jouissait dans leurs rangs d'une énorme popularité personnelle. Ils se virent accorder des privilèges considérables sous la forme d'une priorité en matière d'emploi ou d'accès à l'enseignement supérieur. Toutefois, ce qu'ils avaient vécu au front en faisait aussi du point de vue du régime des éléments socialement très suspects. Au front, ils avaient pris l'habitude de s'exprimer et de discuter assez librement ; beaucoup avaient également pénétré avec l'Armée rouge dans les pays du centre et de l'Ouest de l'Europe, et ils avaient pu y constater que même les régions de l'ancien Reich qui avaient le plus souffert de la guerre jouissaient d'un niveau de vie plus élevé que l'URSS, pourtant décrite comme « prospère ». Comme la population russe dans son ensemble, ils étaient revenus de la guerre avec l'espoir très fort qu'eux-mêmes et le pays allaient connaître une période durable de calme et de stabilité, que le niveau de vie allait recommencer à s'améliorer et que le régime renoncerait à sa politique dictatoriale très dure des années d'avant-guerre.

Ces espoirs furent rapidement anéantis. Le régime continua de s'arroger le droit de contrôler les déplacements des ouvriers jusqu'à la fin de la période stalinienne. De longues peines de travaux forcés restèrent le prix à payer pour tout changement de travail non autorisé jusqu'en 1948, date à laquelle on en revint aux sanctions moins lourdes de 1940. Le véritable tournant survint à la fin de l'année 1946, après qu'une sécheresse eut causé une mauvaise récolte en Moldavie et en Ukraine et provoqué une famine qui dura des derniers mois de 1946 à la fin de l'année 1947. Le nombre exact des victimes dues à cette famine n'est pas connu, mais il approcha probablement le million de personnes. Le plus lourd tribut fut payé par les paysans moldaves et ukrainiens, mais toutes les couches de la population furent durement touchées. En septembre 1946, le gouvernement augmenta brutalement le prix des denrées alimentaires et des produits de consommation de base distribués par le biais du système de rationnement ; il priva par ailleurs environ 25 millions de personnes, y compris certains travailleurs et leurs familles, de tout droit aux produits rationnés. On vit apparaître de sérieux problèmes de malnutrition dans les usines : des médecins du travail signalèrent qu'ils avaient dû retirer un grand nombre d'ouvriers de leur poste de travail et leur prescrire un régime alimentaire spécial à haute teneur calorique. Les jeunes travailleurs furent tout particulièrement touchés, car leurs salaires étaient trop faibles pour qu'ils puissent manger dans les cantines d'entreprise ; beaucoup vendaient leurs cartes de pain faute d'argent pour les honorer. Le retour à la normale intervint progressivement à partir de 1948 pour l'économie et le niveau de vie. En décembre 1947, le régime mit fin au rationnement, et la plupart de ceux qui ont vécu cette époque vous diront quand vous parlez avec eux aujourd'hui qu'à cette date, leur vie recommença à « s'améliorer ».

La mobilisation forcée de la main-d'œuvre industrielle

En 1953, année de la mort de Staline, les salaires réels restaient pourtant inférieurs à ce qu'ils avaient été en 1928, durant la dernière année de la NEP. Plus lourd encore était le poids de l'héritage politique de ces années de terribles privations : politiquement apathique, insatisfaite, la classe ouvrière ne manifestait aucun enthousiasme pour le régime.

Cet état de fait fut encore aggravé par les changements survenus dans la composition de la main-d'œuvre industrielle. Les pertes avaient été si élevées durant la guerre, que l'URSS fut contrainte de relancer le processus de transfert massif de population des campagnes vers les villes qui avait marqué le premier plan quinquennal en 1928-1932. En fait, durant les années de l'immédiat après-guerre, la main-d'œuvre ouvrière se recruta en grande partie dans des milieux qui étaient en opposition ouverte avec le régime et arrivaient contraints et forcés dans les usines et sur les chantiers. Entre 1945 et 1953, le nombre des ouvriers d'usine s'accrut en URSS de 6 millions, passant d'environ 8 millions à un peu plus de 14 millions. Le nombre des ouvriers du bâtiment, pour lesquels on ne dispose pas de chiffres aussi précis, augmenta probablement de 2 millions. Ce recrutement se fit principalement de deux manières : par la conscription d'adolescents des campagnes dans les écoles professionnelles du ministère des réservistes du Travail et par le système dit du Recrutement organisé. Au total, quelque 9 millions d'ouvriers nouveaux furent ainsi dirigés vers les usines et les chantiers entre 1946 et 1952 (dernière année pleine avant la mort de Staline). Ils étaient dans leur grande majorité originaires des zones rurales et avaient été recrutées ou mobilisées au mieux malgré eux, au pire de force ; bien que risquant une condamnation aux travaux forcés en cas d'arrestation, beaucoup s'enfuirent de leur poste de travail. Ceux qui restèrent nourrissaient un fort ressentiment dû aux années de famine, aux restriction de leur liberté, et aux conditions de travail et de vie abominables auxquelles beaucoup, sinon tous étaient soumis.

Les industries et le bâtiment employaient également des détenus ou des personnes en liberté surveillée. Au cours des premières années qui suivirent la guerre, 1 million de prisonniers de guerre allemands environ travaillaient dans ces deux secteurs d'activité. S'ajoutèrent à ces derniers environ 2,2 millions de prisonniers condamnés aux travaux forcés travaillant à des projets du MVD (Ministère de l'Intérieur) ou loués à des entreprises « civiles », ainsi qu'environ un million et demi de « colons spéciaux » et d'anciens prisonniers assignés à résidence. Cela signifie que la reconstruction de l'URSS dépendit de manière anormalement élevée de groupes d'ouvriers recrutés plus ou moins de force ou issus du système carcéral. Bien que l'économie soit devenue moins dépendante de ces groupes au début des années 1950, et bien que les conditions de vie se soient suffisamment assouplies pour désamorcer les formes les plus aiguës de mécontentement (la rotation des effectifs baissa fortement après 1948), la stabilisation ne suscita pas dans le monde ouvrier une adhésion enthousiaste aux objectifs que se fixait le régime stalinien. L'organisation de jeunesse du Parti communiste, les Komsomols, connut des difficultés notoires pour recruter et conserver des adhérents issus de la jeunesse travailleuse. Le régime n'eut guère plus de succès dans ses tentatives pour expliquer ses analyses et ses choix, et ses efforts de propagande et d'éducation, médiocrement organisés, suscitèrent un maigre enthousiasme parmi les travailleurs, jeunes ou vieux.

L'échec des réformes de Khrouchtchev

Lorsque Staline mourut en mars 1953, la plupart de ses successeurs étaient conscients du fait que les ouvriers et les paysans étaient profondément démoralisés et démotivés, et ils comprirent que pour surmonter les difficultés économiques du pays et se asseoir leur légitimité, ils allaient devoir régler ce problème.

Plusieurs tentatives pour atteindre ces objectifs virent le jour durant les années Khrouchtchev. Outre l'amélioration générale de l'atmosphère politique résultant de la déstalinisation limitée mise en œuvre par ce dernier, différentes stratégies politiques furent imaginées pour gagner la confiance des travailleurs. Changer d'emploi cessa d'être un crime en 1956. Les syndicats d'État furent réformés, ce qui aurait dû, en théorie au moins, les rendre plus réceptifs aux demandes émanant de la base. Le régime s'efforça de susciter l'enthousiasme des ouvriers, en particulier des jeunes, puis de le canaliser dans le cadre de « la mobilisation sociale », qui recruta des jeunes pour aller travailler dans les nouvelles régions industrielles de Sibérie, et dans le cadre des Grands travaux du communisme. Ces deux tentatives furent partiellement couronnées de succès, dans la mesure où un grand nombre d'ouvriers se portèrent volontaires, mais il s'avéra impossible de consolider ces avancées politiques et de garder l'assentiment des ouvriers sur le long terme. La mobilisation sociale échoua lorsque l'État se montra incapable de fournir à ces recrues des conditions de vie correctes dans leur logements sibériens, ce qui se traduisit par de nombreux départs. Quant aux Grands travaux du communisme, les ouvriers en vinrent rapidement à considérer qu'ils n'étaient rien d'autre qu'une nouvelle machine bureaucratique contrôlée d'en haut.

L'échec du régime Khrouchtchev à consolider sa base de soutien politique parmi les travailleurs ne résulta pas seulement de son manque de conviction à promouvoir des réformes politiques. Il y eut aussi des causes économiques. L'essor économique du pays était sérieusement freiné par une pénurie chronique de main-d'œuvre, à laquelle les autorités tentèrent de remédier en persuadant quelque 11 millions de femmes non salariées de quitter leur foyer pour occuper des emplois à la production. Cette campagne resta sans grand effet à cause du bas niveau des salaires et des conditions de travail très dures qui étaient le lot des femmes. Plus fondamentalement, le régime Khrouchtchev avait basé sa politique industrielle sur une réforme du système des salaires et des système d'encouragement qui, si elle avait été appliquée, aurait eu pour résultat de faire baisser les revenus de nombreux ouvriers, tout en restreignant le contrôle qu'ils pouvaient exercer sur les cadences et sur l'organisation du travail. Or, travailleurs et cadres dirigeants avaient élaboré sous le règne de Staline un système de négociation informel par lequel les directions d'entreprise accordaient aux ouvriers le droit d'exercer un contrôle considérable sur la quantité de travail fournie en échange de leur coopération pour parvenir à atteindre *grosso modo* les objectifs fixés par le Plan et pour éliminer les goulets d'étranglement. De leur côté, les directions agissaient pour faire en sorte que l'accroissement des objectifs de production décidée par le pouvoir central reste limitée et s'efforçaient autant que possible de garantir aux ouvriers ce que l'on qualifiait à l'Ouest des revenus garantis. Ce système était si étroitement lié à la vie des entreprises, que lorsque Khrouchtchev arriva au pouvoir, les salaires étaient dans presque tous les cas totalement indépendants du degré d'implication dans le travail. Y voyant un frein à la productivité, le régime décida d'en finir avec ce système de négociations informelles. Le moyen choisi fut une réforme des salaires visant à mieux contrôler la réalisation des objectifs de production et à lier plus étroitement les salaires à la production effective. Cette réforme mettait tellement en péril la manière dont le travail était traditionnellement organisé dans les entreprises qu'une seule branche d'industrie, la construction mécanique, la mit véritablement en application, avec pour effet immédat de pousser les ouvriers à quitter la production et de plonger ce secteur tout entier dans un profond marasme.

Finalement, Khrouchtchev échoua dans ses efforts pour gagner auprès des travailleurs la crédibilité qu'il recherchait pour lui-même et pour les autres membres de l'élite dirigeante. L'échec de sa politique toucha au fond lorsque, suite à une augmentation du prix des denrées alimentaires, les ouvriers de Novocherkassk se mirent en grève en juin 1962 et se livrèrent à des manifestations de rue, qui furent sévèrement réprimées par les troupes du KGB. Il y eut plusieurs morts, et les dirigeants du mouvement furent condamnés à de lourdes peines de prison.

La *perestroïka* victime du « contrat social » brejnevien

Ce fut en partie pour trouver une issue à cette impasse que la direction brejnévienne choisit d'aborder différemment la question des relations entre l'État et les travailleurs. Certains chercheurs s'accordent à penser qu'un « contrat social » fut alors conclu entre le régime soviétique et les travailleurs. Les ouvriers se virent retiré tout droit de participer activement à l'élaboration de la politique de gestion du pays ; en retour, le régime s'engageait à leur garantir un niveau de vie acceptable et à ne plus remettre en cause les arrangements informels régissant les entreprises. Bien que la notion de « contrat social » laisse entendre que les ouvriers ont joué un rôle actif dans ce processus, ce qui est sans doute un peu exagéré, cette analyse définit néanmoins de façon assez exacte les changements qui se produisirent alors. Les ouvriers restèrent politiquement passifs, acceptant de dépendre des entreprises pour l'essentiel de leurs besoins en tant que consommateurs : distribution en circuit fermé de denrées alimentaires et de produits de consommation introuvables ; retraites et pensions d'invalidité ; séjours en maison de repos ; accueil de leurs enfants dans les camps d'été des pionniers. Les travailleurs intégrèrent largement ce paternalisme dans leur attitude et dans leurs attentes, ce qui peut expliquer en partie la méfiance dont ils firent montre à l'égard des réformes de Gorbatchev, connues sous le nom de perestroika.

La libéralisation de la vie politique soviétique conduite par Gorbatchev aurait logiquement dû recevoir un appui fort de la part des travailleurs, qui s'indignaient de la corruption et des inégalités caricaturales du système de la période Brejnev. Pour diverses raisons il n'en fut rien. D'abord, les réformes proposées aux ouvriers tant dans l'entreprise que dans la société en général n'avaient qu'une incidence minime sur leur vie quotidienne. Une réforme des modes de gestion des entreprises (la Loi sur les entreprises d'État), qui avait paradoxalement été préparée à l'époque de Brejnev, promettait aux ouvriers qu'ils pourraient jouer un rôle dans leur usine. Cette loi fut vidée de sa substance par les cadres dirigeants, qui prirent le contrôle des conseils censés définir la politique de l'entreprise, et les ouvriers se retrouvèrent du même coup privés de toute participation effective aux prises de décision. Ensuite, les réformes économiques de la perestroïka menaçaient de se faire au détriment des emplois et des salaires des ouvriers. Le but initialement affiché était de contraindre les entreprises à moderniser leur production et à se séparer d'employés censés – en théorie du moins – trouver un nouveau travail dans les industries des biens de consommation et dans le secteur en développement des services. Mais en dépit du fait que les autorités s'efforçaient d'adoucir cette perspective en impulsant une campagne (qui échoua finalement) pour « persuader » les ouvrières d'abandonner leur emploi et de regagner leurs foyers, la seule chose que virent les ouvriers fut qu'ils risquaient de se retrouver au chômage.

Gorbatchev recourut alors à une autre méthode pour tenter d'imposer une amélioration de la productivité. Il tenta à son tour de briser le système informel de négociation que les autorités avaient laissé se développer et se pérenniser sous Brejnev. À cet effet, il fit voter une réforme des salaires pratiquement identique à celle qui avait été tentée sous Khrouchtchev – et qui connut le mêmes sort. Les travailleurs se mobilisèrent contre ce changement et la réforme fut finalement abandonnée.

La libéralisation politique accompagnant la perestroika introduisit toutefois un changement fondamental dans les rapports entre l'État et les travailleurs. Durant l'été 1989, les mineurs des principaux bassins charbonniers d'Union soviétique se mirent en grève et obtinrent du gouvernement des concessions substantielles. Quand bien même les revendications des mineurs ne furent au bout du compte pas satisfaites, leur grève modifia définitivement la nature des relations dans les entreprises en imposant *de facto* la légalisation du droit de grève. À dater de ce moment, la grève – ou le plus souvent la simple menace de faire grève – devint aux mains des travailleurs une arme puissante. Ils ne l'utilisèrent pas toutefois à des fins politiques. Dans la plupart des cas les grèves restèrent circonscrites au plan local, ayant seulement pour but d'obtenir des augmentations de salaire ou d'imposer la satisfaction des revendications spécifiques. Mais les ouvriers comprirent qu'ils avaient le pouvoir d'empêcher la mise en application de toute mesure risquant de porter atteinte à leur niveau de vie. Ils bloquèrent les mesures visant à imposer des licenciements et forcèrent les directions d'entreprise à ignorer les réformes salariales voulues par Gorbatchev. Cette contestation ne fut pas la seule cause de l'effondrement de l'économie soviétique durant la perestroika, mais elle y contribua de manière significative.

À mesure que l'économie soviétique s'enlisait, le fossé se creusait entre Gorbatchev et les travailleurs. Ces derniers ne cherchèrent pourtant à aucun moment une solution politique à cette crise en s'orientant vers la fondation d'un mouvement ouvrier autonome. Un syndicat indépendant des mineurs aida à lancer la deuxième grève des charbonnages au printemps 1991, mais en dépit du fort soutien dont il jouissait, il fut récupéré et acheté par Eltsine, et ce dernier utilisa le soutien des mineurs comme un pion politique dans le conflit l'opposant à Gorbatchev. Des tentatives de constituer des syndicats indépendants dans d'autres professions échouèrent pareillement ; après l'effondrement de l'URSS, presque tous les syndicats de ce type se transformèrent purement et simplement en entreprises commerciales.

À dater de l'arrivée de Staline au pouvoir, tous les dirigeants de l'URSS durent composer avec un monde ouvrier au mieux peu désireux de coopérer avec l'élite dirigeante, ou pire, ouvertement en opposition. En contrôlant l'appareil d'État grâce à sa police secrète, l'élite dirigeante parvint à neutraliser le poids potentiel de la classe ouvrière. Mais le prix à payer fut lourd. En privant les ouvriers de toute possibilité de participer, fût-ce de manière limitée, à la vie politique, elle encouragea leur désaffection vis-à-vis du système soviétique. Certes, ce même système fut passivement toléré par les ouvriers, qui se satisfirent même jusqu'à un certain point de son paternalisme et des avantages dont ils jouissaient. Ces mêmes ouvriers empêchèrent néanmoins l'élite dirigeante de promouvoir une dynamique et une croissance économique véritables ; faute d'une économie dynamique, cette élite se trouva dans l'incapacité d'assurer le maintien de ses propres privilèges, et *a fortiori* d'assurer l'élévation du niveau de vie des masses, ce qui était pourtant indispensable pour que ce système paternaliste puisse se perpétuer. La viabilité à long terme de l'économie soviétique se trouva donc condamnée par sa propre classe ouvrière, mais sans que cette dernière ne parvienne à fonder un mouvement alternatif à même de reconstruire une société fidèle aux idéaux si vite trahis de la Révolution d'Octobre. D'où une impasse, qui se traduit aujourd'hui par le triomphe d'un capitalisme dévoyé dans les républiques post-soviétiques.

Sources

Donald Filtzer, *The Khrushchev Era. De-Stalinization and the Limits of Reform in the USSR*, Basingstoke.
Elena Zubkova, *Obshchestvo, reformy 1945-1965* (La société et les réformes), Moscou, 1993.
Stefan Karner (ed.), *Im Archipel der GUPVI. Kriegsgefangenschaft und Internierung in der Sowjetunion 1941-1956*, Munich, 1995.
Viktor Zaslavsky, *The Neo-Stalinist State*, New York, 1982.
Stephen White, *Gorbatchev and After*, Cambridge, 1992.

Les femmes dans la société soviétique

par Wendy Goldman

Les femmes ont pris part à toutes les grandes luttes pour la justice sociale qui ont marqué l'histoire de l'humanité. Au Moyen Âge, il y eut des femmes dans les sectes chrétiennes radicales qui, comme les béguines, les ordres mendiants et les Adamiens, pratiquaient un communisme primitif et prêchaient la haine des riches et de l'Église établie. Durant la révolution anglaise, les femmes tinrent une place importante au sein des groupes d'antinomiens radicaux qui, tels les Niveleurs, les Creuseurs et les Déclamateurs, remettaient en question l'ordre social en s'appuyant sur une exigence de liberté et de justice. En 1670, elles accompagnèrent Stenka Razine dans sa chevauchée à travers les steppes russes pour inciter les paysans à se soulever. Au début de l'ère moderne, elle prirent la tête des foules affamées qui se soulevèrent dans les grandes villes commerçantes d'Europe, confisquant des céréales pour les vendre à un « juste prix ». Durant la Révolution française, elles forcèrent le Roi à revenir à Paris en octobre 1789 par leur manifestation armée pour demander du pain, et en 1795, elles donnèrent de nouveau aux pauvres le signal du soulèvement. Bien qu'elles aient été au fil des siècles en Russie de toutes les émeutes, de toutes les rebellions et de tous les groupes révolutionnaires, il fallut attendre 1917 pour voir un programme élaboré par des femmes dans le but d'exiger leur propre libération bénéficier d'un soutien de masse parmi les femmes issues de la paysannerie et de la classe ouvrière. Avec la Révolution russe, les femmes furent pour la première fois représentées au sein de la coalition dirigeante. La Révolution russe fut la première révolution à donner aux femmes un droit de vote sans restriction, à reconnaître leur égalité avec les hommes, et à mettre en application un programme législatif et social ayant pour objectif affiché leur libération.

Cette grande première dans l'histoire de la révolution de bas en haut fut elle-même l'aboutissement de conflits et de luttes. Les sociaux-démocrates étaient certes en théorie pour l'égalité de la femme, mais dans la pratique, les tentatives de faire entrer les femmes dans la coalition révolutionnaire se heurtèrent à plusieurs reprises au refus des dirigeants bolcheviks. Mis en porte-à-faux, le Parti communiste ne parvint jamais à résoudre les contradictions entre les problèmes de classe et ceux qui relevaient des rapports sociaux de sexe. Les échelons inférieurs du Parti étaient tout particulièrement hostiles à l'existence d'organisations féminines distinctes. En 1930, la direction du Parti trancha le problème en liquidant le Zhenotdel (la principale organisation féminine) et en réaffectant les militant(e)s qui avaient été chargées du travail d'organisation parmi les femmes à des « tâches générales » dans les entreprises. En 1936, une nouvelles législation moins progressistes sur le divorce et l'avortement vint remettre en cause le programme révolutionnaire de libération de la femme. Le Parti continua de se prétendre favorable à l'égalité de la femme durant le reste des années 1930, durant les terribles épreuves de la Seconde Guerre mondiale, et durant la période de reconstruction qui s'ensuivit, mais il ne manifesta pas la moindre vélléité de relancer à la base une mobilisation des femmes équivalente à celle qui était née en 1917 dans les rangs des blanchisseuses et des ouvrières textiles.

La période révolutionnaire

L'intervention des femmes durant la Révolution de 1917 et durant la guerre civile prit différentes formes. Rozalia Zemliachka, Elena Stassova, Evguenia Bosh et quelques autres, jouèrent un rôle de premier plan à la tête d'organisations locales du Parti, mais elles s'occupèrent peu des questions spécifiquement féminines. Zemliachka et Stassova se trouvaient respectivement à Moscou et Saint-Petersbourg à la tête de deux comités du Parti d'importance stratégique. Au printemps 1918, à l'instar d'autres communistes de gauche, Bosh s'éleva contre le traité de Brest-Litovsk puis s'affranchit de la discipline du Parti pour se mettre à la tête d'une armée de soldats en guenilles et se porter au devant de l'armée allemande qui pénétrait en Ukraine. D'autres militantes, comme Aleksandra Artiukhina, Aleksandra Kollontaï et Klavdia Nikolaeva, organisèrent les femmes dans les usines et se battirent pour créer à l'intérieur du Parti des organisations et une presse spécifiquement réservées aux femmes. Il fut difficile pour ces femmes de faire passer leur vie personnelle après les exigences du militantisme révolutionnaire et d'accepter qu'il en aille de même pour leurs rapports avec leurs maris et surtout avec leurs enfants. Comme toutes les révolutionnaires, les femmes bolchéviques, firent avant 1917 de fréquents séjours derrière les barreaux. Quelques-unes donnèrent naissance à des enfants à l'infirmerie de la prison, d'autres avaient leurs enfants près d'elles en cellule. Condamné à l'exil en 1908, Inessa Armand écrivait à son mari : « Je ne sais comment je vais vivre ces deux années sans les enfants. » Le grand-père de la petite-fille de Sophia Smidovich dut l'emporter, poussant des hurlements hors de la cellule ou était enfermée sa mère. Contrairement aux hommes, de nombreuses femmes révolutionnaires ont souligné dans leurs souvenirs l'existence d'une contradiction profonde entre le fait d'avoir des enfants et celui de militer, et les sacrifices pénibles qui en résultaient. Le prix personnel à payer était très lourd, surtout pour les mamans[1].

Jusqu'en 1905, le bolcheviks n'essayèrent pas vraiment d'organiser les femmes. Kollontaï demanda à plusieurs reprises aux dirigeants du Parti de donner leur aval à la constitution d'une organisation regroupant les travailleuses, mais sa demande fut à chaque fois repoussée. D'une manière générale, les hommes qui dirigeaient le Parti n'étaient guère intéressés par l'idée d'organiser des travailleuses considérées comme arriérées, passives et politiquement apathiques. Le Parti commença toutefois à s'intéresser aux ouvrières à partir de 1910, lorsqu'elles se montrèrent de plus en plus militantes. En 1913, célébrant pour la première fois la Journée internationale des femmes, le Parti organisa des meetings qui attirèrent des foules énormes de travailleuses. Il y eut dès lors dans la *Pravda,* l'organe de presse du Parti, une page femme et, en 1914, le Parti commença de publier à l'attention des ouvrières un journal intitulé *Rabotnitsa.* Le premier numéro insistait sur le fait que les questions relatives aux rapports sociaux de sexe avaient une importance somme toute limitée : « Les femmes politiquement conscientes voient que la société contemporaine est divisivée en classes ... La division entre hommes et femmes n'a aucune signification spéciale à leurs yeux. » Après la Révolution de Février, le comité du Parti de Petrograd relança la publication de *Rabotnitsa*, qui avait été suspendue avec la guerre, mais il refusa obstinément la formation d'organisations distinctes pour les femmes. Dans la rue, des milliers de blanchisseuses et d'épouses de soldats avaient pourtant commencé à s'organiser d'elles-mêmes. Des propagandistes de *Rabotnitsa* convoquèrent des meetings qui rassemblèrent jusqu'à 10 000 femmes. Poussé par Kollontaï à réagir à cet élan spontané des femmes, le Parti convoqua finalement en novembre la Conférence des femmes travailleuses de Pétrograd, qui réunit 500 déléguées s'exprimant au nom de milliers de femmes. Cette conférence mit en évidence l'existence à la base, parmi les ouvrières, d'un fort mouvement de sympathie pour le programme des bolcheviks. La direction du Parti renâclait toujours sur la question des organisations distinctes. Le plaidoyer de Kollontaï suggérant que soient mises en place des commissions locales chargées d'organiser les femmes fut de nouveau ignoré[2].

Au cours de l'été 1918, Kollontaï, Nikolaeva et plusieurs autres militantes demandèrent la tenue d'un Congrès national des femmes. Après avoir longuement hésité, le Comité central accepta finalement de nommer dans tout le pays des bureaux locaux pour choisir des déléguées. Les femmes espéraient qu'un petit nombre de déléguées parviendraient à assister à ce congrès, mais elles n'étaient guère optimistes. Le pays était en proie à la guerre civile. Les lignes de chemins de fer détruites et les routes impraticables rendaient tout déplacement difficile et dangereux. De plus, nombre d'organisations locales du Parti manifestaient peu d'enthousiasme pour cette idée d'un congrès de femmes. Quarante déléguées seulement étaient là au jour prévu pour l'ouverture du congrès. Puis les télégrammes envoyés par des femmes pour signaler qu'elles avaient été retardées en cours de route se mirent à arriver par centaines d'un peu partout. Lorsque le congrès fut finalement déclaré ouvert, plus de 1 200 femmes avaient réussi à se frayer un chemin dans une Russie déchirée par la guerre pour venir siéger à Moscou. Les déléguées élaborèrent un projet d'organisation permanente pour les femmes. En septembre 1919, ce projet fut approuvé par le Parti, qui créa un département féminin permanent (Zhenotdel) placé sous l'autorité du Comité central et doté des comités locaux dans les entreprises et les villages. Beaucoup d'adhérents hommes s'opposèrent fermement au Zhenotdel au niveau local, considérant que c'était une perte de temps et d'argent. Ceux qui étaient pour ne l'étaient pas tous pour les mêmes raisons. Les uns pensaient que cette organisation serait très utile pour former les futures cadres du Parti et mobiliser les femmes pour les amener à soutenir son action ; les autres considéraient qu'elle devait exclusivement se préoccuper des problèmes des femmes, surtout dans le but de transformer leur vie quotidienne (*byt*). Ces divergences s'aggravèrent durant les années 1920, suscitant contre le Zhenotdel une hostilité grandissante aux échelons inférieurs du Parti et dans les syndicats. Ces divergences d'appréciation se reflétaient jusque dans les activités de cette organisation puisqu'elle formait des cadres féminins pour les mettre au service de l'État ou du Parti, tout en se penchant sur les problèmes de la vie quotidienne et en s'efforçant d'encourager la socialisation du travail domestique.

Le but poursuivi était de réorganiser la famille, pour faire du travail domestique non rémunéré des femmes qui relevait jusqu'alors de la sphère privée un travail salarié relevant de la sphère publique. Beaucoup de celles qui militèrent dans ses rangs apprirent non seulement à étudier et à penser les problèmes politiques, mais aussi à agir en organisatrices expérimentées. Elles s'investirent dans le syndicats, les organismes sociaux et les groupes du Parti et constituèrent un noyau dévoué travaillant à l'émancipation des femmes.

Le Zhenotdel fut ainsi la résultante de plusieurs facteurs : l'engagement total d'une poignée de militantes bolchéviques, l'existence d'un soutien réél quoique limité parmi les femmes dans les entreprises, et enfin l'aval, certes concédé sans enthousiasme, de la direction du Parti. On peut aussi considérer que le Zhenotdel, approuvé d'en haut par le Comité central, fut imposé à la base par les femmes. Cette organisation n'aurait jamais vu le jour sans la pression permanente exercée par des dirigeantes comme Kollontaï, et plus encore, sans le soutien des blanchisseuses, des ouvrières de textiles et autres travailleuses. Malgré l'engagement du Parti en faveur de l'égalité de la femme, l'impulsion décisive vint d'en bas, et cette organisation fut finalement acceptée par une direction très partagée du fait de la popularité dont elle jouissait auprès de la base. C'est pour avoir été la première organisation qui s'efforça, avec l'appui des ouvrières et des paysannes, de concilier dans sa vision de l'avenir une approche de classe et une approche prenant en compte les rapports sociaux de sexe, et non du fait de son action concrète, que le Zhenotdel eut une portée historique considérable.

Changer la vie par la voie législative

Lorsqu'ils arrivèrent au pouvoir, les bolcheviks avaient une conception de la libération de la femme qui s'appuyait sur les théories marxistes. Bien que partagés sur la création d'une organisation féminine distincte, ils étaient très favorables à l'égalité entre hommes et femmes et souhaitaient que les femmes puissent participer pleinement aux activités relevant de la sphère publique. Ils étaient convaincus que ces dernières ne pourraient jouer un rôle social à l'égal des hommes que si elles étaient libérées des tâches domestiques familiales non rétribuées. Sous le socialisme, une vie nouvelle (*novyi byt*) transformerait les relations entre les sexes. Toutes les tâches domestiques familiales seraient transférées dans la sphère publique. Des buanderies collectives, des crèches, des réfectoires employant des femmes salariées prendraient en charge le travail gratuit effectué à la maison par les femmes. Accédant au statut d'employées salariées, les femmes acquéreraient du même coup une véritable autonomie économique par rapport à leur mari et à leur famille. Les relations entre les sexes cesseraient d'être des relations de dépendance, pour devenir des relations fondées sur l'amour et le respect mutuel. Le contrat de mariage, qui entérinait une inégalité économique de fait, deviendrait inutile. Hommes et femmes vivraient ensemble en « union libre » et pourraient se séparer lorsqu'ils le désireraient. N'ayant plus ni devoirs, ni fonction économique, la famille finirait par « dépérir ».

Avant la Révolution, l'Église et l'État ne reconnaissaient pratiquement aucun droit à la femme russe. De par la loi, cette dernière devait à son époux complète obéissance : elle était contrainte de vivre avec lui, de prendre son nom, et d'assumer le statut social qui était le sien. Jusqu'en 1914, une femme ne pouvait pas accepter un emploi, obtenir un passeport à son nom, faire des études, vendre ou acheter une propriété sans le consentement de son mari. Des juristes libéraux avaient bien essayé de réformer la législation russe, mais sans grand résultat. Aussitôt après qu'ils eurent pris le pouvoir, les bolcheviks allèrent bien au-delà de tout ce que ces réformateurs avaient osé imaginer. Deux décrets lapidaires signés en décembre 1917 ôtèrent à l'Église tout droit de regard sur la famille en remplaçant le mariage religieux par un mariage civil, et rendirent le divorce possible en cas de demande de l'un des époux. Un Code de la famille très complet fut ratifié en 1918, avant d'être remplacé par une version encore plus radicale en 1927. Ces deux Codes de la famille étaient remarquablement avancés pour leur époque. Il fallut attendre les années 1970 pour voir la plupart des pays européens et les États-Unis adopter une législation équivalente sur la question du divorce, et aucun pays capitaliste n'a encore adopté à ce jour certaines dispositions concernant par exemple les enfants illégitimes. En permettant le divorce sur la demande de l'un des époux, ces Codes abolissaient la notion juridique d'enfant illégitime et ils conféraient les mêmes droits à tous les enfants ; ils reconnaissaient le concubinage notoire ou le fait de vivre ensemble comme l'équivalent en droit du mariage ; ils reconnaissaient enfin à chaque femme le contrôle entier de ses biens. L'un des époux pouvait demander le divorce en s'adressant au bureau de l'état-civil, et si l'autre n'était pas physiquement présent, il était averti par une carte-lettre de la proclamation du divorce. Cette procédure simple fut rapidement baptisée le « divorce par carte postale ». En 1920, l'Union soviétique devint le premier pays au monde à légaliser l'avortement et à ouvrir des cliniques où des médecins pouvaient effectuer cette intervention gratuitement et dans de bonnes conditions pour les patientes : on pouvait désormais avorter librement et en toute sécurité sur simple demande.

Ces nouvelles lois firent grimper en flèche le nombre des divorces. Au milieu des années 1920, l'Union soviétique avait le taux de divorce le plus élevé de tous les pays européens. À Moscou, on comptait un divorce pour deux mariages ! Ces Codes de la famille firent l'objet de débats animés dans les nombreuses assemblées publiques qui se tinrent toute l'Union soviétique. Nombre de femmes et de paysans étaient hostiles à ces libertés nouvelles que leur offrait la Loi, car ils étaient convaincus que le société n'était pas vraiment prête à en assumer les conséquences. Les femmes abandonnées avec leurs enfants par leur mari se trouvaient souvent dans l'impossibilité de trouver un emploi leur permettant de faire vivre leur famille. Les tribunaux furent assaillis de demandes de pensions alimentaires. Les femmes au chômage avaient bien du mal à obtenir de l'argent des maris qui s'étaient remariés et avaient fondé une nouvelle famille. Aux yeux des paysans, qui vivaient dans une cellule familiale élargie au sein de laquelle la terre, les animaux et les intruments étaient la propriété de tous, les notions mêmes de divorce et de liberté individuelle constituaient quelque chose d'incompréhensible. Ces deux groupes firent très activement campagne en faveur d'une version plus conservatrice des lois sur la famille. Ces Codes de la famille, qui concrétisaient le rêve révolutionnaire d'union libre et d'affranchissement du système familial patriarcal, posèrent des problèmes immenses dès lors qu'il s'agit de les appliquer à un pays pauvre et encore largement dominé par l'agriculture.

Du thermidor des femmes au productivisme

Avec l'adoption en 1929 du premier plan quinquennal, les dirigeants soviétiques s'embarquèrent dans une course à la production ambitieuse et forcenée. Staline et ceux qui le soutenaient sortirent victorieux des luttes de faction qui se déchaînèrent à cette occasion. Après avoir vaincu les oppositions de droite et de gauche, Staline subordonna dans les faits les engagements révolutionnaires des premiers temps au nouveau credo productiviste. En janvier 1933, le Comité central vota la liquidation du Zhenotdel, mettant ainsi fin à une décennie d'efforts pour construire un mouvement de femmes prolétaires. Les *Zhenslii aktiv* furent alors envoyées dans les villages et les usines pour mobiliser la population en faveur de la collectivisation et de l'industrialisation. Initialement conçue comme une solution devant pallier les insuffisances d'approvisionnement en nourriture des villes, la collectivisation créa de nouvelles pénuries de céréales et de produits laitiers. L'inflation rogna les salaires, et des millions de femmes, qui s'efforçaient désespérément de trouver un complément au salaire du mari pour pouvoir nourir leur famille, entrèrent sur le marché du travail au cours des années 1930. Les femmes devinrent un important réservoir de main-d'œuvre pour permettre la construction massive de grands barrages, de combinats métallurgiques et sidérurgiques, de centrales électriques, d'usines de tracteurs et d'automobiles. Elles arrivèrent sur le marché du travail en nombre sans précédent, prenant pied dans des industries où les hommes avaient jusqu'alors occupé une place prépondérante. Les femmes jouèrent dans l'industrialisation de l'Union soviétique un rôle plus important que dans n'importe quel autre pays.

Le Parti lança en 1930 une grande campagne pour encourager les femmes à rejoindre en masse le monde du travail. Les planificateurs d'État réorganisèrent de manière totalement bureaucratique la répartition du travail entre les sexes au sein des différentes branches d'activités, faisant de certaines fonctions et de certains emplois, voire de secteurs économiques entiers des domaines largement sinon exclusivement reservés aux femmes. Avec la bénédiction de l'État, des brigades de femmes inspectèrent les usines afin de déterminer quels emplois pouvaient y être réservés aux femmes. L'instauration au sein de la main-d'œuvre d'une ségrégation sexuelle, encore visible aujourd'hui dans l'économie russe, fut pour l'essentiel le résultat de la redistribution des rôles opérée au début des années 1930. Cette campagne s'accompagna de débats publics passionnés au sujet des discriminations qui frappaient les femmes dans les syndicats et sur les lieux de travail. Stimulée par la baisse des salaires réels, cette campagne fut un succès puisqu'entre 1929 et 1935 environ 4 millions de femmes accédèrent à un emploi salarié, 1 700 000 d'entre elles travaillaient dans l'industrie. En 1935, 42 % des ouvriers d'industrie étaient des ouvrières[3].

Toutefois, l'intérêt si soudainement manifesté par le Parti pour les questions relatives aux rapports sociaux de sexe dans le monde du travail retomba dès que ses objectifs de mobilisation de la main-d'œuvre féminine eurent été atteints. Après 1933, il n'y eut pratiquement plus de débat public sur la question du travail des femmes. En outre, il n'existait plus à cette date d'organisation suceptible de s'intéresser aux problèmes que rencontraient les femmes qui travaillaient. Les deux foyers de militantisme féminin, le Zhenotdel et le Comité pour l'amélioration de la vie et du travail des femmes salariées (KUTB), furent éliminés en 1934 en vertu du mot-d'ordre privilégiant le « travail d'organisation en général ». Ainsi disparut la base militante sur laquelle s'était construit un mouvement de femmes prolétaires à la fois limité par sa taille et immense par sa signification.

Dans le même temps, la direction stalinienne du Parti arrêta des mesures remettant nettement en cause la politique familiale suivie jusqu'alors. À compter de 1936, l'avortement redevint illégal, le divorce fut plus difficile à obtenir, et la responsabilité de la famille vis-à-vis des enfants fut renforcée. Pour remplacer la vieille conception révolutionnaire de l'union libre et de l'émancipation des femmes, les juristes et les dirigeants de l'État imaginèrent un nouveau concept, « la famille socialiste forte », caractérisée par un mariage durable, un taux de fertilité élevé, la responsabilisation des parents au plan sexuel et le renforcement de l'autorité parentale. Les femmes furent encouragées à faire de nombreux enfants en même temps qu'elles jouaient un rôle important au niveau de la production. L'État augmenta le nombre des crèches, versant une allocation pour chaque enfant supplémentaire, mais sans faire grand chose d'autre en dernière analyse pour alléger la double tâche que les femmes avaient à assumer. La question du partage des responsabilités entre l'homme et la femme au sein du foyer ne fut pratiquement jamais évoquée publiquement. Nikolaeva, l'ancienne dirigeante du Zhenotdel, résumait parfaitement la situation en 1940 : « En Union soviétique, les femmes font de la politique et sont au gouvernement, mais elles sont en même temps des mères dont le Parti et le gouvernement se préoccupent. » Dans la sphère du travail domestique une relation de partenariat existait entre l'État et les femmes, mais l'État avait visiblement d'autres priorités. À la fin des années 1930, la vieille conception de l'émancipation de la femme qui avait été celle des révolutionnaires n'était plus à l'ordre du jour. Les femmes jouaient certes une rôle significatif, tant dans la sphère publique de production que dans la sphère privée, tant dans la vie publique que dans celle du ménage, mais leur espoir initial de s'émanciper individuellement grâce à la socialisation du travail domestique avait fait long feu.

La guerre et la reconstruction

L'invasion de l'Union soviétique ordonnée par Hitler en juin 1941 marqua le début d'une guerre coûteuse et cruelle qui affecta tous les Soviétiques, hommes et femmes, jeunes et vieux. L'URSS subit à elle seule davantage de pertes que tous les autres belligérants, soit 27 millions de morts qui représentaient environ 15 % de sa population d'avant-guerre. Une génération entière de jeunes hommes fut décimée, tombée au combat ou systématiquement affamée dans les camps de prisonniers en Allemagne. En 1959, la population de sexe féminin dépassait de 20 millions celle de sexe masculin, et la tranche d'âge la plus affectée étant celle des plus de 30 ans. Les troupes allemandes occupèrent l'Ukraine, la Biélorussie, les provinces baltes, la Crimée, le Caucase et des régions entières en Russie, et tinrent ainsi sous leur contrôle jusqu'à 45 % de la population soviétique. 1 710 villes, 70 000 villages, 32 000 entreprises, des milliers de kilomètres de voie ferrée furent rayés de la carte. Sur les 3 millions de Juifs qui vivaient en territoire soviétique, 2 millions furent massacrés par les nazis. Un grand nombre de personnes restées dans les villes et les villages occupés par les Allemands moururent de faim. Pour ne prendre qu'un exemple, la moitié de la population de Kiev fut tuée par les Allemands. Dans nombre de villages de Biélorussie, les femmes, les enfants, les vieillards qui ne s'étaient pas enfuis furent regroupés dans des granges et brûlés vifs.

Les femmes jouèrent un rôle énorme dans l'effort de guerre au front, dans les entreprises et dans les fermes collectives. Plus d'un million de femmes servirent dans les forces armées, plus que dans toutes les autres nations en guerre ; 60 000 d'entre elles combattirent avec les détachements de partisans dans la seule Biélorussie. Il y eut des servantes de mitrailleuses, des femmes officier, des tireuses d'élite, des opératrices radio en première ligne, des femmes pilotant des avions de chasse, des bombardiers en piqué, volant de nuit, des artilleuses, des infirmières, des doctoresses, des auxiliaires médicales, des ambulancières et des conductrices de camions, des cuisinières et des femmes spécialisées dans les transmissions infiltrées en territoire ennemi. Il y eut des femmes dans les groupes de partisans opérant derrière des lignes allemandes, des femmes volontaires dans les milices ouvrières chargées de défendre les villes et les villages, et des régiments des armées de mer et de terre mixtes ou entièrement composés de femmes. À l'arrière, les femmes occupèrent dans les entreprises tous les emplois laissés vacants par les hommes. Majoritaires au sein de la main-d'œuvre, elles représentaient 57 % de la main-d'œuvre non agricole en 1943, et plus de 80 % de la main-d'œuvre des fermes collectives en 1945. Une paysanne âgée notait que les femmes et les enfants de son village n'auraient jamais pu survivre sans la ferme collective. Privées de tracteurs et de chevaux, forcées de se passer des hommes, les femmes accomplirent l'essentiel des travaux à la main. Les ouvrières aidèrent à démonter les usines des régions menacées d'occupation ou à portée de l'artillerie ennemie, et travaillèrent comme des forcenées durant des mois pour les reconstruire plus loin à l'Est.

Lorsque la guerre s'acheva en 1945, les forces armées furent démobilisées, mais du fait des pertes très élevées en vies humaines, les femmes furent encore appelées à jouer un rôle actif dans le processus de reconstruction. En 1944, les lois sur la famille furent une fois de plus réactualisées, et les derniers vestiges des idéaux bolchéviques furent éliminés. Afin de stabiliser la famille, la distinction entre enfants légitimes et enfants illégitimes fut réintroduite, et les hommes furent déchargés de toute obligation de pourvoir aux besoins des enfants nés hors mariage. Du fait du déséquilibre démographique créé par la guerre, nombre de jeunes femmes se virent condamnées ne jamais pouvoir se marier, et l'État attribua aux mères célibataires des prestations sociales généreuses pour tenter de dynamiser le taux de natalité. Des réactions de rejet assez marquées se manifestèrent dans l'opinion publique à l'égard des femmes qui avaient combattu dans les forces armées : elles furent accusées d'être des débauchées, de manquer de féminité et d'avoir souffert psychologiquement de leur expérience. Beaucoup d'entre elles éprouvèrent du mal à retrouver une vie « normale ». Physiquement malades, dépressives, elles restaient hantées par le souvenir abominable de ce qu'elles avaient vu et vécu. Par la suite, elles furent nombreuses à s'efforcer de protéger leurs enfants des horreurs dont elles-mêmes avaient été témoin. Une femme apparemment épargnée notait pourtant : « J'ai été malade jusqu'au moment où je me suis dit qu'il fallait que j'oublie tout cela, faute de quoi je ne guérirais jamais[4]. » Le traumatisme dû à la guerre, ensemble complexe de souvenirs et d'occultations, prit une place essentielle dans la mémoire collective de la Nation. Hommes et femmes retrouvèrent leur place dans une société qui était à reconstruire, et l'État se remit en devoir de tirer du travail des ouvriers et des paysans les capitaux destinés à être réinvestis dans les infrastructures militaires et industrielles. L'espoir d'échapper à la faim, au travail, à la répression politique et aux pénuries en tous genres fut remis à plus tard.

En 1964, à la fin de l'époque Khrouchtchev, l'État se trouvait toujours confronté à une sévère pénurie de main-d'œuvre. Sur les 17 millions de personnes valides et en âge de travailler qui n'occupaient pas d'emploi salarié, plus de 90 % étaient des femmes. Beaucoup se trouvaient dans l'impossibilité de travailler du fait de la pénurie de crèches et autres services sociaux. D'autres estimaient qu'il était plus rentable de cultiver le lopin de terre familial que de prendre un emploi. Seule l'expansion du secteur des services intervenue à la fin des années 1960 et durant les années 1970 commença à les attirer vers le monde du travail. En dépit de cette expansion, les inégalités perdurèrent. Les femmes continuèrent d'occuper les emplois les moins qualifiés et les moins bien payés. Durant les années 1980, les femmes étaient surtout présentes dans des secteurs d'activité comme la santé, l'éducation, le commerce de détail et la restauration, où les salaires étaient de 20 à 30 % inférieurs à la moyenne nationale. Elles étaient surreprésentées aux échelons inférieurs de toutes les secteurs d'activité et de toutes les branches d'industrie. Plus de 90 % des salariés les moins bien payés étaient des femmes. En règle générale, plus une profession était féminisée, plus les salaires étaient bas. En dépit d'une législation officiellement favorable à l'égalité entre les sexes et garantissant aux travailleuses une protection très étendue, des congés de maternité généreux et des arrêts obligatoires pour les jeunes mères allaitant leurs enfants, les femmes soviétiques étaient donc loin d'être l'égale des hommes dans la sphère du travail.

Si l'on considère que la différence existant entre hommes et femmes prend toute son importance et tout son sens dans la question des rapports sociaux de sexe, comment doit-on résumer la politique de l'État soviétique en la matière ? Bien que le Parti bolchevik ait pris l'initiative de rédiger la législation la plus progressiste du monde de ce point de vue, il ne fit pratiquement rien pour remettre en question la répartition des tâches au sein de la famille ou les définitions traditionnelles de ce qu'était « l'homme » et de ce qu'était « la femme ». Les bolcheviks n'intégrèrent jamais dans leur conceptions l'idée qu'il fallait promouvoir une juste répartition des tâches domestiques entre hommes et femmes. Pour le Parti, il était préférable d'insister sur l'idée que les tâches domestiques seraient à terme socialisées par la mise en place de réfectoires, de crèches et de buanderies collectives. Or, substituer au travail domestique non payé des femmes celui de salariées relevant de la sphère publique, était un grand dessein nécessitant des financements énormes. Il fut d'emblée condamné par la pauvreté de l'État et ses choix en matière d'investissements. La politique par laquelle l'État choisit de donner la priorité à l'industrie lourde et aux dépenses militaires en sacrifiant les industries de consommation et les services publics lui fut au départ dictée par la menace extérieure que représentait le fascisme dans les années 1930. Elle se poursuivit à cause de la guerre froide et de la course aux armements. Durant les années 1980, le pourcentage des femmes travaillant était plus élevé en Union soviétique que n'importe où ailleurs dans le monde : plus de 90 % des femmes en âge de travailler occupaient un emploi ou poursuivaient des études. En accédant à la sphère publique, ces femmes pouvaient certes acquérir une autonomie économique relative, mais elles continuaient de devoir assumer une double journée, à la production et au foyer. Et les femmes soviétiques avaient bien du mal à voir dans cet état de fait une quelconque « libération ».

L'effondrement du socialisme

Lorsque le socialisme s'effondra, les privatisations et les pratiques allant de pair avec la libéralisation du marché éliminèrent pour l'essentiel les dispositions protégeant les femmes qui étaient propres à l'Union soviétique. Dans les industries et dans les zones rurales, beaucoup de femmes se trouvèrent réduites à la mendicité à mesure que les usines fermaient et que l'infrastructure industrielle du pays était pillée par les anciens cadres dirigeants et les nouvelles élites du monde des affaires. Dans certaines villes industrielles, on voit aujourd'hui les habitants en être réduits à subsister grâce aux pommes de terres qu'ils produisent dans leur petit potager. Sous Gorbatchev, le gouvernement essaya au début de rendre l'industrie plus compétitive en réduisant la main-d'œuvre. Les femmes furent alors fortement incitées à retourner au foyer « s'occuper de leur vraie mission en tant que femmes ». Mais, mêmes mécontentes de devoir effectuer une double journée, les femmes n'entendaient pas regagner leur foyer. Les données concernant des régions et des industries très différentes prouvent que la grande majorité des femmes souhaitent continuer de travailler, même quand cela n'est pas financièrement vital. Pour beaucoup de femmes, les « collectifs de travail » mis en place un peu partout par le régime socialiste restent une structure au sein de laquelle elles peuvent trouver amitié et réconfort. De toute évidence, elles attachent une grande importance à la place qu'elles occupent dans le monde du travail salarié. Dans les régions rurales, les directeurs des anciennes fermes collectives ont monopolisé le pouvoir et la parole. Les conditions de travail se sont détériorées. Les structures datant de la période soviétique, comme les comités locaux du Parti et la presse ayant perdu beaucoup de leur poids, plus rien ne met les employés à l'abri des abus de pouvoir. Les femmes craignent désormais de perdre leur emploi si elles déplaisent en quoi que ce soit au directeur. Les services sociaux ont pratiquement disparu, aussi bien dans les villes que dans les campagnes, privant les femmes de toute aide gouvernementale. Les femmes se sont également retrouvées davantage marginalisées d'un point de vue politique. Leur participation importante aux mouvements indépendantistes dans les ex-républiques sociétiques ne s'est pas traduite par davantage de pouvoir. Les quotas soviétiques qui prévoyaient que 30 % des postes de responsabilité au niveau local et au niveau national seraient attibués à des femmes sont aujourd'hui une disposition caduque. La représentation des femmes a diminué au sein toutes les instances politiques. La pornographie et la prostitution sont florissantes. Une importante enquête menée en 1999 par l'UNICEF dans 27 pays d'Europe de l'Est, y compris l'ex-Union soviétique, a mis en évidence un accroissement du chômage et de la maltraitance, ainsi qu'une détérioration des services sociaux ayant pour vocation d'aider les femmes. Rien n'indique que dans le contexte actuel les nouvelles élites éprouvent quelque désir que ce soit de préserver la législation progressiste de l'ex-Union soviétique ou de développer un secteur de consommation qui soit accessible à la majorité des femmes. Avec la faillite du secteur industriel et des services sociaux, le sort déjà peu enviable des femmes mal payées ou sans emploi a connu une aggravation inexorable[5].

Notes

1. Barbara Evans Clements, *Bolshevik Women*, Cambridge, Cambridge University Press, 1997, p. 87-91.

2. Sur l'histoire des premières organisations de femmes, voir Anne Bobroff, « The Bolsheviks and Working Women, 1905-1952 », *Soviet Studies*, vol. 26 (1974), n° 4, et Carol Eubanks Hayden, « Feminism and Bolshevism : The Zhenotdel and the Politics of Women's Emancipation in Russia, 1917-1930 », thèse de PhD, University of California, Berkeley, 1979. À propos des tentatives d'Alexandra Kollontai, voir Barbara Clements, *Bolshevik Feminist. The Life of Aleksandra Kollontai*, Bloomington, University of Indiana Press, 1979, et Beatrice Farnsworth, *Aleksandra Kollontai : Socialism, Feminism, and the Bolshevik Revolution*, Stanford, Stanford University Press, 1980.

3. Wendy Goldman, *Women at the Gates : Gender, Politics, and Planning in Soviet Industrialization*, à paraître chez Cambridge University Press.

4. S. Alexiyevich, *War's Unwomanly Face*, Moscou, Éditions du Progrès, 1985, p. 7.

5. Mary Buckley (dir.), *Post-Soviet Women : from the Baltic to Central Asia*. Cambridge, Cambridge University Press, 1997.

Chapitre VII

Aux origines de la galaxie communiste : l'Internationale*

par Serge Wolikow

Le communisme s'est développé géographiquement comme aucun autre mouvement politique contemporain. Son expansion a revêtu un caractère mondial original. Cette dimension internationale a été une composante constitutive de la doctrine et de l'idéologie communiste. Le vecteur de cette vaste diffusion a d'abord été une conception internationaliste, voire mondialiste, de l'action politique. L'internationalisme était au cœur d'une vision politique fondée sur une conception des intérêts généraux de l'humanité dont l'unité mondiale pourrait se reconstituer avec la disparition des classes.

Durant les dernières décennies, l'historiographie a davantage mis l'accent sur la diversité des expériences communistes nationales que sur les modes d'organisation internationale. Ces questions divisaient les historiens selon leur sensibilité : les historiens favorables aux communistes concentraient leur attention sur les activités nationales, tandis que ceux qui avaient des préoccupations anticommunistes insistaient davantage sur la coordination et la centralisation internationale de l'activité communiste. Ces clivages sont aujourd'hui sur le point d'être dépassés. L'ouverture des archives tend à privilégier les études nationales ainsi que l'histoire russe pour expliquer le communisme qui est pourtant un phénomène à caractère international.

---

* Ce chapitre reprend des éléments que le lecteur pourra trouver largement développés dans le texte de présentation générale au *Dictionnaire biographique des kominterniens*, à paraître aux Éditions de l'Atelier.

Cette dimension internationale du mouvement communiste a cependant connu des évolutions sensibles au long du siècle. L'Internationale communiste (IC) surgit dans un contexte de troubles révolutionnaires ; elle a structuré le communisme bien au-delà de ses vingt-quatre ans d'existence. En tout état de cause, le rôle de l'Internationale fut central durant les deux premières décennies communistes : censée préfigurer la société future débarrassée de ses fractionnements nationaux, l'IC était l'outil révolutionnaire par excellence dans la mesure où elle devait coordonner l'action communiste à l'échelle internationale, mais également constituer le creuset de toutes les expériences révolutionnaires, en commençant par celle de la Russie. Le communisme fabriqué par l'IC avait une cohérence qui imprégna tous les partis communistes bien après sa disparition, elle leur conféra ainsi des traits communs qui firent, un temps, leur force à travers toute la planète. Mais cet héritage devint un carcan dont la rigidité fut un facteur essentiel d'affaiblissement[1].

La construction de l'Internationale et le projet de révolution mondiale

Le congrès fondateur de l'Internationale communiste s'ouvre le 2 mars 1919 à Moscou. Ainsi, après Londres et Paris, respectivement sièges de l'AIT (Association internationale des travailleurs) fondée par Marx en 1864 et de l'Internationale socialiste créée en 1889, la capitale russe devenait celui d'une IIIe Internationale.

Dans ses « Thèses d'avril », soutenues deux ans auparavant lors des débuts de la Révolution russe, Lénine a souligné la nécessité d'adopter l'appellation de communiste pour désigner les organisations révolutionnaires. Il a souligné le besoin de créer une nouvelle Internationale.

Après la « faillite » de l'Internationale socialiste, consommée depuis août 1914, il n'a cessé d'affirmer ces idées lors des conférences internationales de Zimmerwald (1915) et de Kienthal (1916), en Suisse, qui ont rassemblé les socialistes minoritaires opposés à la politique dite d'Union sacrée. La Révolution russe semble annoncer le début d'un processus révolutionnaire mondial, il faut pourtant attendre près d'un an pour qu'il s'étende. À la fin de 1918, l'Allemagne et l'ancien Empire d'Autriche-Hongrie sont touchés par des mouvements révolutionnaires. Minoritaires, les forces révolutionnaires qui s'inspirent de l'exemple russe, défendent l'idée d'une république des conseils : le mouvement le plus important est celui des spartakistes, dirigés par Rosa Luxemburg et Karl Liebknecht. En janvier 1919, ils sont assassinés ; toutefois les capacités révolutionnaires semblent encore grandes. Faisant contrepoids à cette première défaite de la Révolution allemande, on assiste, au début de l'année 1919, à la constitution de soviets, notamment en Hongrie et en Grande-Bretagne où le système des *Shop-Stewards* est assimilé à celui des conseils.

Dans le même temps, la Russie révolutionnaire, en proie à la guerre civile et à l'intervention étrangère, est encerclée et isolée. Certains partis socialistes, songeant à renouer les fils de l'ancienne organisation internationale, reprennent des contacts. Une réunion internationale est convoquée à Berne en février 1919. Face à ces dangers les bolcheviks peuvent espérer mobiliser les énergies révolutionnaires qui s'amplifient dans nombre de pays. La sympathie grandissante dont la Révolution russe jouit dans les rangs du mouvement ouvrier de la plupart des pays, l'essor du mouvement révolutionnaire depuis la fin de la guerre, surtout en Allemagne, conduit les dirigeants russes, Lénine en premier lieu, à compter sur une propagation rapide de la révolution mondiale. Il faut accomplir un geste politique et symbolique à travers la création d'une organisation chargée d'impulser le mouvement révolutionnaire et d'empêcher toute reconstitution de la IIe Internationale. Tel est le sens de la lettre signée en janvier 1919 par le Parti bolchevik et des groupes communistes étrangers résidant en Russie appelant à la tenue d'une conférence fondatrice de l'Internationale communiste. Les difficultés du voyage, la faiblesse des mouvements révolutionnaires organisés expliquent le petit nombre de délégations présentes à ce Ier congrès dont les travaux sont brefs et dominés par la présence de Lénine. Ses interventions, les thèses adoptées insistent sur l'actualité de la révolution : les soviets sont la forme concrète et la solution pratique trouvée à la démocratie prolétarienne. Leur développement est à l'ordre du jour dans tous les pays. Comme en Russie au début de l'année 1917, les communistes doivent, à l'intérieur de ces conseils, gagner la majorité des travailleurs.

La nouvelle Internationale dont la création est précipitée par les dirigeants russes, contre la volonté des délégués allemands, a pour tâche de coordonner et d'impulser ces mouvements révolutionnaires dont on pense qu'ils vont s'étendre, donner rapidement corps à la révolution mondiale et par-là même défendre la révolution en Russie[2].

Le IIe congrès (juillet 1920), est celui de la mise en place des structures de l'Internationale, ses organismes centraux et ses sections nationales, les partis communistes. Lors des deux congrès suivants (1921 et 1922), des modifications sont encore apportées aux organismes de direction, définis de manière détaillée dans une résolution du IVe Congrès. Pendant longtemps, on a considéré que cette organisation s'était durablement stabilisée par la suite. De récentes études consacrées à cette question conduisent à réviser aujourd'hui ce point de vue[3]. Les organismes centraux de l'Internationale ont connu des modifications nombreuses et multiples dont on n'a pas mesuré la nature pendant longtemps en raison du secret qui entourait le fonctionnement de sa direction.

À l'origine, le Congrès mondial, l'instance suprême, doit se réunir tous les ans. Ses attributions, très générales, sont ainsi formulées en 1920 : « Il examine et résout les questions essentielles de programme et de tactique ayant trait à l'activité de l'Internationale communiste. » Les premières années, cette périodicité est respectée : les congrès discutent et définissent l'orientation et les principes de l'activité de l'Internationale. Cependant, peu à peu, l'impulsion et la direction effective de l'IC sont transférées à des organismes plus restreints dont la caractéristique commune est de fonctionner sans interruption avec un personnel permanent résidant à Moscou. La composition et les attributions du Comité exécutif (CE) sont précisées au IIe Congrès. Elu par le Congrès, il a la charge de diriger l'Internationale. Au départ, ce gouvernement a un nombre restreint de membres : cinq pour le Parti bolchevik, parce qu'il est officiellement le parti communiste du pays où siège le Comité exécutif, plus douze membres à raison d'un pour chacun des principaux partis.

Entre les congrès, ce Comité exécutif doit diriger toutes les activités de l'Internationale. Il assure la parution d'une revue théorique, *L'Internationale communiste* et d'une publication hebdomadaire, *La Correspondance internationale*. Il a également le pouvoir de contrôler l'activité des sections nationales et notamment d'exclure tous ceux qui, dans ces partis ou ces partis eux-mêmes, violeraient les décisions du Congrès. En contrepartie, les sections nationales, les groupes ou les individus ainsi sanctionnés se voient reconnaître le droit de faire appel au Congrès. Ce système se révèle bien vite insuffisant. Du fait de l'augmentation du nombre des sections nationales, il faut élargir leur représentation, donc les rangs du Comité exécutif, mais il convient également de spécialiser le travail en assurant sa continuité. La composition du CE est modifiée en conséquence : il comprend désormais 24 membres et 10 suppléants avec l'obligation pour 15, au moins, de résider à Moscou en permanence. En 1922, il est décidé que le Comité exécutif se réunira périodiquement en « sessions élargies » ouvertes aux représentants de tous les partis qui enverront des délégations spécialement constituées pour l'occasion. Ces sessions, désignées Plénum du Comité exécutif, prévues à l'origine pour examiner telle ou telle question précise vont progressivement se substituer, à partir de 1925, aux congrès dont la convocation est de plus en plus espacée. Dix-huit mois séparent le Ve Congrès du IVe, quatre ans s'écoulent ensuite avant la tenue du VIe, en 1928, et près de sept avant que ne s'ouvre, en 1935, le VIIe et dernier Congrès de l'Internationale.

La constitution des partis communistes est la question centrale abordée au IIe Congrès de l'IC. Les discussions et les décisions prises tracent alors les contours des futurs partis. Ils doivent maintenant s'intituler partis communistes et leur activité est profondément modifiée. Les 21 conditions d'adhésion à la IIIe Internationale, adoptées par le congrès, insistent avant tout sur ce qui caractérise désormais l'action de chaque parti. Il s'agit de constituer des partis dont l'objectif effectif est la révolution et la conquête du pouvoir politique.

Combinant activité légale et illégale, disciplinés et déterminés, ils doivent rompre avec le parlementarisme sans délaisser le terrain des élections, subordonner l'activité des députés et des journalistes à celle du parti, abandonner la politique réformiste sans renoncer à gagner aux idées communistes la majorité des anciens adhérents des partis socialistes. La nécessité d'un parti politique est réaffirmée à l'issue de longs débats. En effet, face à la faillite des partis socialistes, le développement des comités, conseils et soviets dans différents pays peut conduire à penser que l'organisation partisane est dépassée. Mais la complexité et l'ampleur des affrontements révolutionnaires montrent également la nécessité d'une organisation impulsant, organisant et dirigeant la lutte pour la conquête du pouvoir politique.

Sur ce point, l'expérience russe n'est-elle point probante ? *A contrario*, les déboires des révolutions allemande ou hongroise ne vont-ils pas dans le même sens puisqu'ils s'expliquent par l'absence d'un véritable parti prolétarien ? Il convient donc d'édifier dans tous les pays de nouveaux partis qui se distingueront clairement des anciens partis socialistes dont la faillite est rappelée sans cesse. L'adoption des 21 conditions d'adhésion à l'IC provoque dans chaque pays de grandes discussions à l'intérieur des partis socialistes. C'est le but recherché : l'adhésion à la IIIe Internationale ne doit pas être un simple changement d'appellation et d'affiliation.

Elle s'accompagne de scissions dans lesquelles réformistes et révolutionnaires se comptent avant de se séparer. À de rares exceptions, particulièrement en France, les communistes sont minoritaires.

La deuxième phase de la constitution des partis communistes est ouverte par le Ve Congrès, qui, en 1924, généralise le mot d'ordre de « bolchevisation ». Il s'agit de restructurer les partis communistes pour qu'ils soient capables de satisfaire aux objectifs esquissés en 1920. Ceux-ci n'ayant pas été atteints, l'organisation des partis communistes est placée sur la sellette au lendemain de la mort de Lénine, alors même que les perspectives révolutionnaires s'éloignent après le fiasco de l'« Octobre allemand », c'est-à-dire l'échec en octobre 1923 d'une révolution inspirée de l'exemple russe. L'organisation du Parti dans l'entreprise, la structuration en cellules, et le renforcement de la discipline idéologique doivent préparer des partis aptes à saisir les prochaines occasions révolutionnaires. Le Bureau d'organisation de l'IC, dirigé par Piatnitski, joue alors un rôle décisif pour impulser ces transformations dont la réalisation hâtive secoue la plupart des partis en 1924-25.

Cette « bolchevisation » est également marquée par la nouvelle orientation stratégique prévalant après la mort de Lénine. Au nom du léninisme, Zinoviev, Kamenev et Staline, alors alliés à la tête du Parti bolchevik et de l'IC, engagent celle-ci dans une politique qui, ignorant le renouveau du capitalisme international, pronostique encore la possibilité de prochaines issues révolutionnaires. Ce qu'on appelle la bolchevisation est un objectif enthousiasmant pour une nouvelle génération de jeunes ouvriers communistes. Le recours à ce terme ne signifie-t-il pas que l'exemple russe va vivifier les différentes sections nationales ?

Après les déconvenues révolutionnaires de l'IC, la bolchevisation constitue un objectif de substitution. En fait le modèle bolchevik, vanté et préconisé, est assez différent de celui de 1917. Il se caractérise d'abord par une centralisation renforcée et un monolithisme proclamé. La réorganisation des partis communistes, engagée dans un contexte de lutte contre Trotski, est souvent menée de façon administrative et simpliste. Elle se heurte au scepticisme, voire à l'hostilité de larges fractions du mouvement ouvrier, notamment parmi les syndicats organisés selon d'autres traditions que celles du socialisme russe. Pourtant cette période est essentielle et fondatrice : les structures, les modes d'organisation et d'activité mis alors en place alors vont durer jusque dans les années 1960. Cette longévité indique bien l'importance de cette réorganisation menée au début des années 1920 par l'IC : elle crée, d'abord en Europe puis en Asie, des organisations révolutionnaires aptes à agir dans des circonstances politiques dramatiques, davantage marquées par la guerre civile, l'occupation étrangère et la répression politique que par l'exercice régulier de la démocratie politique. C'est certainement en Europe occidentale que la réorganisation a le plus de mal à s'effectuer et à transformer durablement l'activité des partis parce que l'existence d'espaces politiques démocratiques n'en fait percevoir ni la nécessité ni la pertinence.

Pour comprendre le fonctionnement de l'IC, il faut prendre la mesure du rôle joué par le Parti communiste russe devenu en 1926 le Parti communiste de l'Union soviétique (PCUS). Que la destinée de l'Internationale ait été marquée par l'histoire de la Révolution russe, il pouvait difficilement en aller autrement. La IIIe Internationale n'a-t-elle pas été créée en 1919 à l'initiative de Lénine et des dirigeants bolcheviks, en particulier pour défendre la Révolution russe ? Cette étroite intimité ne cessera jamais, même si les rapports entre l'Internationale communiste et le Parti bolchevik évolueront.

Au début, le statut particulier dont jouit le Parti bolchevik, présenté comme temporaire, apparait tout à fait justifié. Le siège de l'Internationale est provisoirement fixé à Moscou : pendant cette période, le Parti bolchevik qui a pour une bonne part la charge du fonctionnement de l'Internationale communiste est, on l'a vu, sur-représenté dans les organismes de direction, le Comité exécutif et le Présidium. Mais il faut attendre le IVe Congrès pour que la langue russe dispute à l'allemand le statut de langue de référence. Jusqu'alors, a demeuré l'espoir de déménager le siège de l'Internationale communiste à Berlin. En définitive, le rôle grandissant joué par le Parti bolchevik dans l'organisation de l'IC, après 1924, ne heurte qu'une minorité de militants. Il est d'autant mieux accepté que les dirigeants russes, dont l'influence s'affirme, restent ceux qui ont conduit au succès de la première révolution ouvrière et jeté les bases de l'Internationale.

Le rôle joué par les communistes russes marque de son empreinte tout le fonctionnement et la réflexion de l'IC. Lénine en prend d'ailleurs conscience en 1921, lorsqu'au cours du IIIe Congrès, il dénonce le caractère « trop russe » des documents et des statuts élaborés par l'Internationale : aussi les estime-t-il incompréhensibles ou inapplicables par les communistes de bien d'autres pays.

En 1921-1922, en 1926 puis en 1934-35, des décisions sont prises pour assurer une plus grande présence des communistes des autres pays dans les organismes de direction, mais avec des résultats limités. Sans doute des hommes tels que le finlandais Kuusinen, l'italien Togliatti (Ercoli), le suisse Humbert-Droz, les bulgares Kolarov, puis Dimitrov deviennent et restent, pour un temps plus ou moins long, des dirigeants de l'Internationale. Mais il faut remarquer que la plupart ont dû fuir leur propre pays et que leur parti communiste n'a pas un grand poids dans l'IC. Bien sûr, il y a, dans le Comité exécutif, de nombreux représentants des partis communistes allemand, français, tchèque, chinois, mais jamais aucun d'entre eux n'y jouera de rôle dirigeant effectif. Jusqu'en 1934, où débute son déclin, la direction officielle et réelle de l'Internationale est assurée par des communistes de l'URSS. Zinoviev, Boukharine, Molotov, Manouilski président successivement et chacun à sa manière une Internationale dont les orientations et les activités évoluent progressivement tandis que les structures, apparemment stables, connaissent, elles aussi, des modifications sensibles. Aux échelons intermédiaires ou dans les secteurs décisifs, on trouve également une majorité de responsables du Parti communiste de l'Union soviétique. Exemplaire est, de ce point de vue, la présence continue de Piatnitsky à la direction de la section d'organisation jusqu'à sa liquidation par Staline en 1937.

L'IC comme instrument d'homogénéisation et diffusion du modèle

Les partis socialistes d'avant 1914 avaient coutume de dénoncer le capitalisme, ses contradictions et ses méfaits. Pour l'IC, le capitalisme, parvenu au stade de l'impérialisme, est entré, depuis la guerre et la révolution russe, dans une crise générale irrémédiable. Les institutions parlementaires bourgeoises, un temps porteuses de progrès, doivent être remises en cause car elles constituent le principal moyen idéologique de la contre révolution. Pour les révolutionnaires, il faut renverser le système politique de l'État bourgeois en lui substituant une nouvelle organisation étatique fondée sur les conseils d'ouvriers et de paysans.

« La guerre civile est mise à l'ordre du jour dans le monde entier. La devise en est : le pouvoir aux Soviets. » Le système des Soviets n'est pas uniquement un principe abstrait que les communistes veulent opposer au système parlementaire. « Les Soviets sont un appareil du pouvoir prolétarien qui, après la lutte et seulement par le moyen de cette lutte, doit remplacer le parlementarisme »[4].

L'instauration de nouvelles républiques des Soviets qui substitue la dictature du prolétariat à celle de la bourgeoisie, représente l'objectif central des nouveaux partis communistes. L'issue victorieuse du processus révolutionnaire dépend de leur action dirigeante. Ces partis communistes doivent être disciplinés, décidés et agir réellement pour la révolution, d'où les 21 conditions posées pour leur admission dans l'IC.

Lors de son IIIe Congrès en juillet 1921, l'IC reconnaît, pour la première fois, avec précaution, que la phase révolutionnaire ouverte en 1917 est achevée. « La première période du mouvement révolutionnaire après la guerre est caractérisée par sa violence élémentaire, par l'imprécision très significative des buts et des méthodes et par l'extrême panique qui s'empare des classes dirigeantes : elle paraît être terminée dans une large mesure ».

Une nouvelle conception de la révolution mondiale est proposée : elle est désormais envisagée comme un processus de longue durée, ce qui permet d'expliquer que la situation du moment n'infirme pas le pronostic révolutionnaire des communistes. « La révolution mondiale, c'est-à-dire la destruction du capitalisme, le rassemblement des énergies révolutionnaires du prolétariat et l'organisation du prolétariat en une puissance agressive et victorieuse, exigera une période assez longue de combats révolutionnaires ».

« La révolution mondiale n'est pas un processus qui progresse en ligne droite ; c'est la dissolution lente du capitalisme, c'est la sape révolutionnaire quotidienne qui s'intensifient de temps à autre et se concentrent en crises aiguës »[5].

Ces analyses servent de base à la formulation de nouveaux mots d'ordre – « Aller aux masses, Front unique prolétarien, gouvernement ouvrier et paysan » – et synthétisent les grands axes de l'orientation autour de laquelle les partis communistes doivent structurer leur activité.

La critique du sectarisme et de l'extrémisme de gauche, fortement exposée par Lénine, débouche sur l'affirmation selon laquelle la tâche principale de l'IC est

désormais d'étendre l'influence des idées révolutionnaires dans la classe ouvrière.
« La conquête de l'influence prépondérante sur la plus grande partie de la classe
ouvrière, l'introduction dans le combat des fractions déterminantes de cette classe,
voilà à l'heure actuelle le problème le plus important de l'IC »[6]. Mais étendre
l'influence des idées communistes implique de nouvelles formes d'intervention
politique, des pratiques différentes, plus proches des préoccupations ouvrières. « Il
ne s'agit point de se borner à prêcher toujours au prolétariat les buts finaux, mais de
faire progresser une lutte concrète qui seule peut le conduire à lutter pour ces buts
finaux ». La lutte pour les revendications immédiates, jusqu'alors négligées par les
communistes et abandonnées aux sociaux démocrates, prend une importance centrale. Afin de faire tomber le scepticisme de nombreux militants, il est expliqué que
la lutte pour les revendications immédiates permet, dans cette situation où le capital
est à l'offensive, de conserver le potentiel des forces révolutionnaires pour plus tard :
il est ainsi recommandé aux communistes de ne pas « renoncer à combattre pour les
revendications vitales actuelles et immédiates du prolétariat, en attendant qu'il soit
en état de les défendre par sa dictature ».

Quand Lénine meurt en janvier 1924, la situation de l'IC est difficile. La plupart
des problèmes posés depuis 1921 n'ont pas été résolus : l'organisation des partis
communistes est faible, leur audience également. La social-démocratie a reconstitué
ses forces et bien souvent accru son audience. La domination mondiale des bourgeoi-
sies européenne et américaine est en voie de restauration, même si celle-ci se heurte
à des mouvement nationaux en Afrique du Nord et au Moyen-Orient. Mais, sauf en
Chine, du moins jusqu'en 1927, et bien sûr en URSS, cette domination se maintient.
Sans doute, des contradictions d'intérêts et de nouveaux rapports de forces se sont
développés depuis la guerre entre les grandes puissances occidentales. Mais pour
l'heure, les solutions internationales, tant économiques que diplomatiques (Plan
Dawes, accords de Locarno), sanctionnent une sorte de *statu quo* consacrant la
suprématie économique américaine, la primauté diplomatique de la Grande-Bretagne
et de la France en Europe et enfin, la renaissance de la puissance allemande. La
croissance économique s'affirme dans la plupart des pays, même si les séquelles de la
guerre ne sont pas effacées. Dans ce contexte, le mouvement révolutionnaire est
indéniablement retombé, travaillé par ses divisions et durement touché par une
répression caractérisée par son ampleur et sa dimension idéologique. Avec le fascisme,
installé en Italie depuis 1922 et qui se consolide, le mouvement ouvrier rencontre
une force qui prétend lui disputer le terrain de son action et l'éliminer physiquement.
Après la défaite de la révolution allemande, l'URSS devient plus que jamais la seule
patrie de la révolution, mais ce, au moment où les problèmes de développement du
pays et la question de l'orientation du Parti bolchevik sont posés à travers des divisions
et des affrontements qui déchirent sa direction.

Hésitations et fluctuations stratégiques de la mondialisation

Quelle est la voie à suivre ? Cette question ne se pose pas seulement à l'URSS, mais également à l'Internationale. Il faut plus de quatre ans pour que se dégagent vraiment les réponses apportées à cette interrogation. Quelle révolution mondiale ? Même si, dès 1921, l'Internationale a constaté un ralentissement du processus révolutionnaire, l'instabilité durable de la situation politique dans certains pays, notamment en Allemagne, a conduit ses dirigeants à escompter, de nouveau en 1923, une issue révolutionnaire imminente à la crise que ce pays connaît. En dépit des démentis infligés durant l'automne 1923 aux pronostics d'une révolution prochaine en Allemagne, certains dirigeants de l'Internationale, et non des moindres, tels que son président Zinoviev, continuent d'espérer une reprise rapide du mouvement révolutionnaire.

Lors du Ve Congrès, le premier tenu en l'absence de Lénine, le président de l'Internationale avance conjointement à cette hypothèse optimiste, une autre selon laquelle la période révolutionnaire est close pour longtemps. Son hésitation montre sa difficulté à accepter l'effondrement de la perspective révolutionnaire, présente aux origines de l'organisation communiste. Lors du 5e Plénum du Comité exécutif de l'Internationale, en avril 1925, et surtout en 1926, au cours des 6e et 7e réunions de cette même assemblée, il devient tout à fait évident que l'hypothèse optimiste de Zinoviev ne peut tenir. Pourtant, celui-ci, rejoignant Trotski sur ce point, lie le sort de l'URSS à celui de la révolution mondiale. Jusqu'en 1927, l'Opposition unifiée (Trotski, Kamenev, Zinoviev) affirme que l'Internationale doit agir davantage pour étendre la révolution mondiale et tire argument des défaites subies en Grande-Bretagne et en Chine par des mouvements de masse impulsés par les communistes. Pour elle, le schéma de la révolution mondiale reste inchangé : temporairement ralentie, elle doit repartir pour permettre à l'URSS de construire le socialisme.

À l'inverse, à la fin de 1924, Staline, puis Boukharine les années suivantes, développent une conception toute différente. Pour le premier, puisque, la révolution marque le pas à l'échelle internationale et qu'aucun parti communiste n'a réussi à prendre le pouvoir, l'URSS est devenue l'expression concrète de la révolution mondiale. En conséquence, la construction du socialisme en URSS, c'est-à-dire dans un seul pays, devient l'objectif révolutionnaire le plus élevé. En aidant l'URSS, les divers partis contribuent à défendre et consolider les positions de la révolution mondiale, assimilée au sort de la patrie du socialisme. Cette perspective a le mérite de proposer aux différents partis communistes une conception tangible de la révolution mondiale. Mais elle est particulièrement restrictive : complètement assimilée à la défense de l'URSS, sa dimension concrète fait sa force mais en trace également les limites et les inconvénients pour les partis communistes dépossédés d'objectifs révolutionnaires propres.

Du 7e Plénum au VIe Congrès (1926-1928), il revient à Boukharine d'offrir une conception plus large et différenciée de la révolution mondiale. Il développe ainsi la conception esquissée par Lénine, en 1921-1922, d'un processus révolutionnaire mondial de longue durée connaissant avancées et reculs. Brisant avec une vision homogène, il distingue trois composantes qu'il appelle les colonnes de la révolution mondiale : l'URSS qui construit le socialisme, le mouvement ouvrier révolutionnaire des grands pays capitalistes occidentaux, et les mouvements nationaux des pays colonisés ou dominés. Cette vision de la révolution mondiale comme processus articulé confère une autonomie relative à ses différentes composantes. Les partis communistes doivent, dans des situations différentes, élaborer leurs propres objectifs. La défense de l'URSS est une dimension concrète de leurs objectifs mais ne l'épuise pas. Enfin, dans l'immédiat, Boukharine, largement sceptique sur les possibilités révolutionnaires en Europe, place ses espoirs dans les mouvements nationaux et révolutionnaires d'Orient.

Jusqu'en 1928, les conceptions de Staline et de Boukharine cohabitent ; elles l'emportent sur celles de l'Opposition de gauche parce qu'elles apparaissent plus réalistes, plus cohérentes. Le programme que l'IC adopte lors de son VIe Congrès (1928) émane des conceptions de Boukharine ; il est pourtant critiqué et finalement rejeté comme droitier et opportuniste parce qu'ignorant la nouvelle radicalisation révolutionnaire dans les pays capitalistes occidentaux. Finalement, au printemps 1929, les conceptions boukhariniennes laissent la place à la thèse stalinienne centrée sur l'URSS, qui reprend toutefois les idées de l'ancienne opposition pronostiquant une vague révolutionnaire imminente.

Classe contre classe

Réuni début juillet 1929, le 10e Plénum de l'IC sanctionne la nouvelle situation. Boukharine, déjà écarté des plus hautes responsabilités dans le Parti communiste de l'Union soviétique, est critiqué et exclu du Présidium, ainsi que le suisse Humbert-Droz et l'italien Tasca. Ainsi s'achève une période où les dirigeants de l'IC ont essayé de résoudre les problèmes nés du développement même des partis communistes. En donnant plus de poids aux représentants des partis à la direction de l'IC, ils se sont efforcés de surmonter la contradiction entre la stratégie mondiale de l'organisation et de l'activité spécifique de chaque parti ainsi que celle existant entre la défense de l'URSS et les objectifs révolutionnaires propres à chaque section nationale.

Les analyses du VIe Congrès sont sensiblement modifiées lors du 10e Plénum à partir d'une nouvelle interprétation de la situation mondiale qui va constituer la référence idéologique de l'IC pendant plus de quatre ans. Manouilski, Kuusinen et Molotov insistent sur la croissance des contradictions économiques et politiques, ainsi que sur les possibilités révolutionnaires qu'elles ouvrent. Les analyses économiques boukhariniennes des transformations structurelles du capitalisme sont rejetées au nom des nouvelles difficultés du capitalisme. La paupérisation du prolétariat qui en découle est censée entraîner la radicalisation des masses ouvrières et annoncer une nouvelle vague révolutionnaire. Celle-ci se heurte à l'État que la classe dominante transforme en le fascisant pour briser le mouvement révolutionnaire. Celui-ci doit également affronter les organisations réformistes dont l'influence et le rôle sont dénoncés comme le principal obstacle à la radicalisation. Le terme de « social-fascisme » est désormais employé pour désigner les forces socialistes ; les courants le plus à gauche de la social-démocratie sont considérés comme les plus dangereux de ceux du social-fascisme. Cette caractérisation, repoussée par le VIᵉ Congrès, signifie qu'il n'est maintenant plus question d'action commune avec les organisations réformistes, assimilées au fascisme. Le Front unique à la base, encore évoqué, doit être un moyen de les affaiblir. Dès lors, les communistes doivent mettre en avant ce qui les différencie de la social-démocratie en organisant notamment la lutte contre la guerre et pour la défense de l'URSS. De ce point de vue, la journée du 1ᵉʳ août 1929, destinée à témoigner de la capacité de mobilisation des partis révolutionnaires en Europe est décevante, dans la plupart des pays, les manifestations sont limitées.

Fin 1929-début 1930, le krach boursier aux États-Unis, la crise industrielle, l'accélération de la collectivisation en URSS donnent crédit aux analyses de l'IC et accentuent leur schématisme. La décomposition du capitalisme se trouve ainsi confirmée à l'heure où l'URSS construit le socialisme et révise à la hausse les objectifs de son premier plan économique. Deux mondes sont censés s'opposer, celui du socialisme, incarné par l'URSS, et celui du capitalisme, dont la décomposition est engagée. Dans ce nouveau cycle révolutionnaire, les contradictions sociales et politiques du monde capitaliste ne peuvent que croître. À la bourgeoisie qui s'engage dans la voie de la dictature terroriste, le prolétariat doit répondre en préparant la révolution et l'avènement de sa dictature. Avancées en 1930, ces analyses sont reprises sans modification substantielle jusqu'en décembre 1933. À diverses reprises cependant, les dirigeants de l'IC conviennent du décalage existant entre ces prédictions et la situation politique internationale. Ils l'expliquent par le « retard » des partis communistes à appliquer résolument la ligne de l'IC et par l'action du réformisme, toujours dénoncé comme le principal soutien de la bourgeoisie.

Dans les grands pays capitalistes, l'influence des partis communistes stagne ; ils sont régulièrement conviés à intensifier leur action en s'inspirant de l'exemple allemand qui domine de fait toute la réflexion et l'activité de l'IC durant cette période. S'il est un pays où l'orientation « classe contre classe », telle qu'elle a été redéfinie en 1929, est mise en œuvre, c'est bien l'Allemagne où le Parti communiste considère, au moins jusqu'en 1932, que la social-démocratie, dénoncée comme « social-fasciste » représente pour le mouvement ouvrier, l'obstacle principal. Les liens entre la direction du Parti communiste allemand (PCA) et celle de l'IC sont si étroits que les péripéties de la situation allemande scandent largement la vie de l'Internationale. En 1931, alors que la crise mondiale bat son plein et que les perspectives révolutionnaires semblent proches, le PCA est encouragé à participer, contre le gouvernement socialiste de Prusse, à un référendum où communistes et nazis mêlent leurs voix. À la fin de l'été 1932, les événements allemands sont au centre des travaux du 12e Plénum : la progression du nazisme s'est affirmée lors des récentes élections, la social-démocratie a été écartée du pouvoir en Prusse sans aucune résistance et le PCA s'est retrouvé isolé lors des élections présidentielles, à l'issue desquelles Hindenburg a été réélu contre Hitler. Les analyses antérieures sont réaffirmées et le fascisme interprété comme une tentative réactionnaire de la grande bourgeoisie pour renforcer son pouvoir, mais aussi comme un signe de la décomposition du capitalisme et de la démocratie bourgeoise. Quelques ouvertures tactiques mettant l'accent sur les mouvements de masse et les possibilités de réaliser un Front unique élargi sont évoquées par les partis de Tchécoslovaquie et de France, mais sans aboutir à une réflexion neuve de l'IC.

L'arrivée de Hitler au pouvoir secoue profondément tous les partis communistes et la direction de l'Internationale. L'absence de réaction organisée du mouvement ouvrier allemand stupéfie le plus les communistes pour lesquels il était depuis des années le plus sûr espoir de la révolution en Europe. En février-mars 1933, différents partis communistes, notamment les partis tchèque et français, multiplient initiatives et démarches auprès des partis socialistes pour développer une action commune contre le nazisme. Relayées par l'IC, ces démarches se heurtent aux réticences de l'Internationale ouvrière socialiste et à celle de la plupart des partis socialistes. Bien vite également, la direction de l'IC juge impossible de discuter, d'agir avec ces partis social-démocrates dont la politique du moindre mal a préparé le terrain au nazisme et qui continuent de refuser l'action commune proposée par les communistes, pourtant premières victimes de la politique hitlérienne. En fait, la direction de l'IC, largement impliquée dans la politique du PCA depuis 1928, le défend et rejette sur le Parti social démocrate (SPD) la responsabilité exclusive de la défaite, considérée comme temporaire, du mouvement ouvrier allemand. Le 1er avril 1933, le Présidium de l'IC publie dans ce sens une lettre rappelant le bien-fondé des analyses communistes antérieures. Toute discussion à l'échelle internationale et nationale entre socialistes et communistes est interrompue. Certains partis communistes, comme le parti français qui s'est engagé assez loin dans la voie des pourparlers, sont ainsi pris à contre-pied. Après avoir tenté d'empêcher la décision de l'IC, ils sont vertement critiqués pour opportunisme lors du 13e Plénum tenu en décembre 1933 où il est réaffirmé que le pouvoir des soviets est la seule alternative au fascisme.

Début 1934, après cinq années d'orientation « classe contre classe », le bilan de l'IC est pour le moins contrasté. Sans doute, à l'échelle mondiale, des partis communistes ont été effectivement créés et commencent à jouer un rôle dans des nouvelles zones géographiques, aussi bien en Asie du Sud-Est qu'au Moyen-Orient et en Amérique latine. Face à l'Internationale ouvrière socialiste, l'IC a réussi à jeter les bases d'un mouvement révolutionnaire mondial dont les idées pénètrent les luttes anticoloniales. À la différence des autres partis, les partis communistes ont su faire face à la répression qui, en général, les frappe durement. Mais en Europe, et aux États-Unis, les résultats sont médiocres. L'influence des partis communistes a reculé aux plans électoral et syndical. Le Parti communiste allemand, qui semble le plus puissant a, sans réaction efficace, été démantelé par la dictature nazie. Enfin, en janvier 1934, les émeutes d'extrême droite en France et en Autriche montrent que la vague conservatrice et fasciste continue d'avancer, mais aussi que le centre de gravité de l'activité de l'IC se déplace vers la France, ce qui confère au Parti communiste français une place nouvelle.

Les Fronts populaires antifascistes

L'année 1934 ouvre une nouvelle période de l'histoire de l'IC. Elle est marquée par un essor inattendu de l'activité communiste, qui apparaît comme la principale force du mouvement ouvrier à s'engager à l'échelle mondiale de façon cohérente dans la lutte contre le fascisme. Cependant le rôle de l'IC en tant que centre d'impulsion s'affaiblit. Le poids et l'image de l'URSS s'affirment tandis que les initiatives et les expériences nouvelles sont le fait de partis communistes ancrés dans une réalité nationale et non de la direction de l'IC. Même si cette période diffère de la précédente, il n'y a pas de rupture au plan de l'organisation et des grandes orientations : l'autonomie relative des partis est limitée par un lien politico-idéologique plus fort que jamais à l'égard de l'URSS. La conception élargie de la lutte politique est contredite par un dogmatisme croissant de la doctrine du Parti et du socialisme.

Tout à la fois apogée et crépuscule de l'IC, cette période représente l'aboutissement d'un effort d'organisation et d'activité, entrepris quinze ans auparavant, puisque l'influence communiste est alors consolidée dans le monde entier. Elle annonce la fin de l'Internationale, dépassée par une situation où le rôle de l'État soviétique se renforce, alors que ne cesse de grandir la diversité des situations nationales dans lesquelles s'inscrivent les différents partis communistes. Les contradictions politiques du moment – la tentative fasciste d'écraser le mouvement révolutionnaire ouvrier et l'URSS en premier lieu – occupent le devant de la scène ; elles laissent à l'arrière-plan d'autres problèmes aussi importants posés par la nouvelle orientation, en particulier celui de l'identité révolutionnaire. Les partis communistes séparent l'étape démocratique antifasciste lors de laquelle ils défendent la démocratie politique et la révolution sociale toujours envisagée à travers la lutte armée, la guerre civile et la dictature du prolétariat. L'absence de réponse à ce problème est un facteur d'incohérence, qui, à terme, affaiblit la démarche des partis communistes et favorise une rapide régression sur les positions anciennes.

Ainsi, en 1939, voit-on réapparaître les analyses de la période « classe contre classe » sur l'État, la social-démocratie et le capitalisme. Pour autant, cette période 1934-39 est plus qu'une simple parenthèse : elle représente un moment de la transformation progressive du mouvement communiste à travers une diversification croissante et une plus grande insertion dans les réalités nationales.

Dans l'histoire de l'IC, la période du Front populaire est donc paradoxale. L'historiographie officielle des partis communistes, y compris celle du PCUS, a mis l'accent sur les succès remportés par le mouvement communiste durant cette courte période. Dans les années 1960 et 1970, l'éloge est tel qu'on en vient à oublier les ombres du tableau, dépeint à plaisir comme uniformément positif. En réalité, durant les dernières années de la décennie, les contrastes sont grands. De 1934 à 1938, le mot d'ordre de Front populaire antifasciste devient celui de l'IC, à l'heure où la terreur s'emballe en URSS et frappe de plein fouet certains partis communistes comme le Parti communiste polonais dont la direction est décimée en 1937, sous prétexte de trotskisme. L'IC, dont la direction a couvert ces accusations puis ce crime, est, elle aussi, touchée par la répression. Nombre de ses cadres sont liquidés ainsi que certains de ses dirigeants les plus prestigieux, tels Piatnitsky ou Bela Kun. Une partie importante des militants, souvent exilés, qui constituent l'appareil technique et le service de liaison sont également décimés puis remplacés, après 1938, par des communistes russes.

La politique mondiale de l'IC durant cette période est sujette à débats : pour certains historiens, elle s'alignerait désormais purement et simplement sur la diplomatie soviétique stalinienne et ses objectifs de *real-politik* : la politique de Front populaire serait ainsi l'habillage, au niveau des partis communistes, d'une orientation avant tout soucieuse du *statu quo* en Europe et donc profondément hostile à toute initiative révolutionnaire. Cette idée, défendue par Fernando Claudin dans un livre déjà ancien[7] et par Pierre Broué[8], insiste à juste titre sur le rôle devenu déterminant des préoccupations russes de Staline. Mais elle ne rend pas compte d'autres aspects essentiels de l'activité communiste du moment. La diplomatie soviétique, mise en forme par Litvinov, bien qu'orientée vers l'insertion de l'URSS dans le concert diplomatique européen, n'est pas exempte de contradictions fortes[9]. La montée de la puissance soviétique sur la scène internationale s'accompagne, à partir de 1936, d'une tendance au repli chez les dirigeants soviétiques, notamment de Staline et son entourage. La conjonction entre l'orientation de l'IC et de la diplomatie soviétique est tempérée par de nouvelles contradictions à partir de l'été 1936[10]. Enfin, l'antifascisme démocratique, noyau de la politique de Front populaire, est mis en œuvre par un certain nombre de partis communistes dont l'activité se déploie au-delà d'un dispositif doctrinal mal maîtrisé par les Soviétiques. Ainsi, en dépit du monolithisme affiché, il y a une véritable hétérogénéité des pratiques et des conceptions au sein de l'IC. Loin d'être uniforme, la période du Front populaire est un moment d'essor et de réussite pour des partis communistes d'Europe occidentale et d'Amérique mais également l'époque de la généralisation de la stalinisation de l'IC avec son cortège de crimes tragiques marquant l'affaiblissement irrémédiable de l'Internationale[11].

Après 1936 il devient désormais difficile d'identifier comme auparavant une activité politique spécifique de l'IC, entre les prises de position de l'URSS dont la diplomatie est omniprésente sur la scène internationale et l'action des partis communistes dont les interventions se diversifient en fonction de situations nationales très hétérogènes. La ligne générale existe, mais elle est plus un discours général qu'une orientation politique structurée. À partir de l'automne 1936 et plus encore en 1937, les références au Front populaire, à l'antifascisme et à la lutte pour la démocratie recouvrent des réalités politiques très différentes dans un mouvement communiste international marqué par la Guerre d'Espagne qui interpelle sa capacité de mobilisation et les Procès de Moscou qui altèrent sa crédibilité internationale.

La guerre d'Espagne est sans doute la dernière fois où la figure de l'IC apparaît sur la scène politique mondiale. La politique extérieure de l'URSS ayant réintégré la diplomatie internationale domine l'activité de l'Internationale. Plus que les discours de Dimitrov, ce sont ceux de Staline et de Jdanov qui indiquent les grandes orientations de l'IC. Quant à Manouilski, principal porte-parole de l'IC, ses interventions relient constamment les objectifs de l'Internationale à ceux de l'URSS.

La prudence de la diplomatie soviétique est une donnée fondamentale pour éclairer la politique de l'IC durant cette période[12]. L'URSS et la direction de l'IC adoptent une attitude réservée à l'égard de la victoire électorale du Front populaire en France, du mouvement gréviste qui la suit puis du nouveau gouvernement français : elles montrent que leur souci prioritaire est le *statu quo* diplomatique. Lorsque la rébellion espagnole est déclenchée, la direction de l'IC attend près de deux mois avant d'envisager les modalités concrètes d'une mobilisation internationale pour soutenir les républicains espagnols. L'antifascisme militant dont Dimitrov se fait l'ardent promoteur tranche avec les analyses sur le capitalisme et la guerre, développées par d'autres dirigeants soviétiques. Il continue, davantage que d'autres, à mettre l'accent sur la possibilité de mener le combat pour la paix. Toutefois, l'IC se trouve de plus en plus à la remorque de la diplomatie stalinienne et frappée par la terreur déchaînée en URSS. Les dirigeants de l'IC qui arrivent à y échapper appliquent la politique stalinienne, comme l'attestent la liquidation du Parti communiste polonais et l'approbation par l'IC du retrait d'Espagne des Brigades internationales[13]. Créées à la suite d'une décision de l'IC, en septembre 1936, elles ont été prises en charge par les différents partis communistes – français, italiens et allemands – auxquels a été confiée la tâche d'encadrer des volontaires partis défendre la République espagnole contre la rébellion franquiste au moment où l'URSS souscrivait au traité de non-intervention. La diplomatie soviétique, mise en œuvre par Litvinov, joue la carte de la sécurité collective et le *statu quo* en Europe[14]. Lorsque cette perspective est progressivement abandonnée par Staline au profit d'une diplomatie spéculant sur les divergences d'intérêts entre les puissances occidentales, l'orientation politique élaborée par l'IC et ses sections depuis 1935 est prise à contre-pied. Le retrait des Brigades internationales, fin 1938, est couvert par l'IC mais imposée par les préoccupations de la diplomatie soviétique. Toutefois, pendant deux ans la mobilisation pour la défense de la République espagnole a été la principale activité de l'IC et des partis communistes. Le départ des volontaires a été organisé dans différents pays, notamment en France.

Dans l'immédiat, l'affaiblissement de l'organisation, la montée de la tension internationale dissimulent l'effacement de l'activité et le brouillage de l'orientation. Bien que l'IC renoue avec la dénonciation de la social-démocratie et la critique des puissances occidentales, le Front populaire et l'antifascisme restent la référence commune des partis communistes.

Contre la guerre impérialiste, le repli

Il faut attendre les lendemains de la signature du Pacte germano-soviétique pour que l'orientation antifasciste de front populaire soit effectivement délaissée et critiquée.

Staline opère alors un revirement à la différence des dirigeants de l'IC qui confirment l'orientation antifasciste, comme en témoignent les consignes envoyées par télégrammes à la fin d'août 1939[15]. À l'issue d'une réunion, le 7 septembre, l'orientation de l'IC est infléchie par Staline. Dimitrov et Manouilski répercutent des analyses et un discours politiques qui tranchent de façon radicale avec les principes en honneur depuis 1935. La thématique de l'antifascisme et du Front populaire est récusée au profit d'un argumentaire renouant avec la dénonciation générale de l'impérialisme. Cette dénonciation permet de renvoyer dos à dos les puissances occidentales et les puissances fascistes. La critique de la guerre impérialiste ainsi que la violente diatribe contre la social-démocratie empruntent au lexique originaire de l'IC. La presse de l'Internationale ayant été interdite, une déclaration de Dimitrov exposant la nouvelle politique de l'IC est publiée en Belgique dans un nouvel organe créé pour la circonstance : *Monde*. Sous sa signature, toute la politique qu'il a défendue depuis 1934 est abandonnée et critiquée dans ses fondements. L'idée que la paix est garantie par la politique pacifique de l'URSS et que la guerre résulte de la confrontation entre intérêts impérialistes concurrents tire un trait sur les analyses défendues par l'IC depuis 1934. En conséquence, les partis communistes doivent rompre avec leur politique antérieure d'alliance et de revendications intermédiaires.

Désormais, la radicalité de leur propos ne doit avoir d'égal que leur soutien à la politique de l'URSS. Celle-ci est, avant tout, guidée par la préoccupation des gains et des avantages à retirer de sa nouvelle diplomatie. Le partage de la Pologne, les échanges économiques avec l'Allemagne hitlérienne, consignés dans des protocoles secrets puis le conflit avec la Finlande guident la politique de l'IC dont la propagande dénonce l'agressivité des puissances occidentales. Ce revirement stratégique n'est pas sans provoquer des remous dans les différents partis communistes. Les premières semaines, le désarroi le dispute à une incompréhension réelle. Cependant, à l'exception du cas britannique, rares sont les dirigeants à critiquer explicitement ce tournant idéologique et politique. Il reste que de nombreux dirigeants communistes sont troublés et que certains responsables prennent leurs distances avec la nouvelle politique de l'IC. En France, où les défections sont les plus importantes, elles ne touchent cependant qu'une fraction très minoritaire de l'appareil ; toutefois, le départ de Marcel Gitton, secrétaire à l'organisation, est un coup dur pour un parti condamné à l'illégalité depuis le 26 septembre 1939, date de son interdiction. Les prises de position publiques négatives sont les plus nombreuses chez les élus, parlementaires ou locaux. L'organisation clandestine des partis communistes est lente à se mettre en place. Bruxelles devient la plaque tournante de l'activité communiste en Europe occidentale.

De l'automne 1939 au printemps 1940, l'influence des partis communistes et de l'IC sur le cours des événements est très réduite : elle est à la mesure des effectifs militants très limités. En dépit des consignes télégraphiques envoyées par l'IC aux différents partis communistes européens pour qu'ils déploient leur action, celle-ci se réduit, pour l'essentiel, à l'édition d'un matériel de propagande dont l'impact est faible.

L'avancée foudroyante de l'armée allemande, la défaite inattendue et rapide de la France puis l'expansion de la puissance allemande prennent de court les dirigeants de l'IC, partagés sur la politique à suivre dans les pays occupés. Dans un premier temps, les communistes hollandais, belges et français prennent des contacts avec la puissance occupante en vue d'obtenir l'autorisation de faire reparaître une presse communiste alors interdite.

Avec l'aval de Staline, l'IC adopte durant l'automne 1940 une orientation qui souligne l'agressivité des puissances fascistes et qui appelle au rassemblement contre la collaboration dans les pays occupés. Toutefois, les incertitudes des premiers mois ont favorisé, en France surtout, une répression anticommuniste d'autant plus efficace que bien des militants et des cadres ont suivi les consignes de militantisme au grand jour pour renouer les liens avec la population.

Durant l'hiver 1940-41, la répression se faisant plus lourde, l'IC, s'attelle à la reconstruction de l'appareil clandestin des partis communistes ; elle n'hésite pas à écouter d'une oreille favorable les critiques imputant à certains dirigeants la responsabilité des errements du début de l'été 1940. Début 1941, la direction de l'IC encourage chez les partis communistes une évolution tactique allant dans le sens d'une dénonciation plus affirmée des autorités d'occupation en utilisant le registre revendicatif contre les pénuries et les privations suscitées par les prélèvements opérés sur l'économie des pays occupés. La politique de rassemblement des forces opposées à la collaboration est encouragée : à la fin du mois d'avril 1941, le Présidium approuve la création par le PCF du Front national de lutte pour l'indépendance nationale. Toutefois, les critiques de l'impérialisme anglais et de la social-démocratie européenne ne disparaissent pas des colonnes de la presse communiste clandestine avant juin 1941. Les références doctrinales et idéologiques adoptées à l'automne 1939 restent inchangées jusqu'au choc provoqué par l'invasion de l'URSS par l'Allemagne.

L'exaltation patriotique

L'évolution de la politique de l'IC suit alors celle de l'URSS, d'autant plus aisément que désormais, l'accent est à nouveau mis sur la dimension patriotique, antifasciste et démocratique de la lutte des partis communistes. Au début du mois de juillet 1941, les partis communistes sont invités à engager un combat frontal contre la machine de guerre allemande, la mobilisation idéologique patriotique devant être complétée par des actes de sabotage et des actions en direction de l'armée allemande. Le retour à la thématique du Front populaire se fait sans difficulté idéologique mais se heurte à de nombreux problèmes pratiques pour mettre en œuvre une action clandestine à laquelle la plupart des communistes ne sont pas entraînés. Les anciens des Brigades internationales, quelques militants des Jeunesses communistes, les responsables des groupes d'immigrés sont les premiers acteurs de la lutte armée qui n'est pas acceptée immédiatement comme forme d'action prioritaire. C'est seulement au printemps 1942, en réponse aux demandes de l'IC insistant sur le rôle des groupes de partisans, que sont créées des organisations militaires clandestines dans différents pays occupés.

Le repli de l'appareil administratif et des dirigeants de l'IC à Oufa, dans l'Oural, à partir de l'automne 1941, ne contribue pas à relever le rôle déclinant de l'Internationale. Il se réduit pour l'essentiel à la propagande, les dirigeants de l'IC contribuant pour une large part aux émissions de Radio Moscou, en direction des pays d'Europe. Bien que depuis longtemps affaiblis par la répression, les services de l'IC continuent cependant à intervenir auprès des partis communistes, en étroite relation avec les orientations de la politique extérieure soviétique. Au moment où la décision de la dissolution de l'IC est prise par Staline – il l'a déjà envisagée au printemps 1941 – l'Internationale a une orientation qui prolonge l'évolution amorcée depuis 1934. La thématique antifasciste et patriotique de l'action communiste privilégie l'enracinement national de chaque parti communiste en fonction de situations nationales dont la différenciation est renforcée par la guerre. La dimension internationale de l'action de l'ensemble des partis communistes est, plus que jamais, identifiée à la solidarité avec la lutte de l'Armée rouge et la politique de l'État soviétique. La disparition de l'IC ne changera rien à cette orientation, elle la consolidera au contraire. Identifiée à la patrie de la révolution et du socialisme, l'URSS prend symboliquement le relais de l'IC : la section de politique étrangère du PC de l'URSS s'occupe désormais des relations avec les différents partis communistes du monde.

Notes

1. Ouvrages récents de synthèse ou de référence : Pierre Broué, *Histoire de l'Internationale Communiste*, Paris, Fayard, 1997. John Agnew, Kewin Mc Dermott, *The Komintern. A History of International Communism from Lenin to Stalin*, Basingstoke-Londres, 1996. Aldo Agosti, *La Terza Internazionale. Storia documentaria*, 3 vol. Rome 1974-1979.

2. Pierre Broué, *Le 1er Congrès de l'IC*. Textes intégraux, Paris EDI, 1974.

3. G.M. Adibekov, E. Charnazarova, K.N. Chirinia, *Les structures organisationnelles du Komintern (1919-1943)*, (en russe), Moscou, 1997.

4. Manifestes du IIe Congrès International, p. 80, in *Manifestes, Thèses et Résolutions des quatre premiers Congrès mondiaux de l'Internationale communiste*, 1919-1923, Librairie du travail, 1934.

5. Thèse sur la tactique, IIIe Congrès de l'IC, *op.cit.*, p. 94.

6. *Ibid.*

7. Fernando Claudin. *La crise du mouvement communiste. Du Komintern au Kominform.* Paris 1972.

8. Pierre Broué, *Histoire de l'Internationale... op. cit.*, Paris 1998.

9. Sabine Dullin. *La diplomatie soviétique.*

10. Silvio Pons, *Stalin e la guerra inevitabile, 1936-1941,* Torino, Pinaudi, 1995.

11. Antifascismes et Nation, Les gauches européennes au temps du Front populaire, sous la Direction de Serge Wolikow et Annie Bleton-Ruget, Dijon, EVO, 1998.

12. Sabine Dullin. *Diplomatie et diplomates soviétiques en Europe, 1930-1939, structure et méthode d'une politique extérieure sous Staline*, Paris I, 1998.

13. Voir dans cet ouvrage le texte de Rémi Skoutelsky : « Brigadistes internationaux et résistants ».

14. Silvio Pons, *Stalin e la guerra inevitabile, op. cit.* Sabine Dullin, *op. cit.*

15. CRCEDHC, Moscou, télégrammes.

Le communisme comme système

1944-1956-1968

Chapitre VIII

L'expansion européenne d'après-guerre

par Serge Wolikow et Antony Todorov*

Au lendemain de la Seconde Guerre mondiale, c'est sans doute en Europe que la situation du communisme a le plus visiblement changé par rapport à l'avant guerre. En quelques années, le renforcement de l'influence communiste a été spectaculaire. Il y a bien sûr la géopolitique et le rôle tant diplomatique que militaire de l'URSS. Pour autant, la présence de l'Armée rouge n'est pas le seul facteur explicatif d'une progression générale de l'audience communiste qui affecte également des pays restés en dehors de la zone d'influence soviétique. Dans la plupart des pays européens, les communistes, ont été à la tête des mouvements de résistance contre les puissances de l'Axe et des luttes patriotiques. Ils jouissent ainsi d'une audience politique et culturelle nouvelle auprès de catégories et de milieux restés jusqu'alors imperméables aux thèses de l'Internationale communiste (IC). Cet impact des idées communistes, pour général qu'il ait été, ne doit pas dissimuler l'importance des facteurs de long terme. La progression de l'influence communiste n'est pas séparable de l'audience plus ou moins ancienne et forte des différents partis. De ce point de vue, la géographie politique du communisme n'est pas bouleversée, du moins au début de la période : les ancrages anciens sont consolidés, comme en France ou en Tchécoslovaquie. De nouvelles zones de fortes densités communistes – Italie, Norvège, Bulgarie – sont inséparables de la part prise par les communistes bien organisés dans la direction des activités de résistance. Dans certains pays comme la Belgique et le Danemark, la

---

* Dans ce chapitre, Serge Wolikow a rédigé les parties concernant l'Europe de l'Ouest et Antony Todorov, celles relatives à l'Europe de l'Est.

progression, est significative et transforme des sectes en véritables partis de masse. Cependant, malgré des gains d'influence, il en est d'autres où la position communiste reste marginale pour des raisons très diverses. En Grande-Bretagne, en Pologne ou en Hongrie, le communisme reste marqué par divers handicaps que les partis n'arrivent pas à surmonter malgré la situation internationale favorable.

L'expansion communiste ne doit pas s'entendre de façon exclusivement géographique mais également en termes sociologique et culturel. En effet, la diffusion des idées communistes témoigne d'une expansion en direction de nouveaux champs de la vie sociale, par exemple l'enseignement et la culture, ainsi que vers de nouvelles catégories telles que les paysans ou les classes moyennes.

Au regard de la situation des partis communistes au début des années 1940, leur situation apparaît exceptionnelle. Ce redressement est inséparable d'un contexte international dont les fluctuations ont alternativement favorisé ou non l'essor des partis communistes. La prolongation de la grande alliance antifasciste et la diplomatie de l'URSS, favorable au *statu quo* défini par les Alliés durant la guerre, constituent pendant quelques années, dans la plupart des pays européens, un facteur favorable au maintien d'alliances politiques issues de la résistance, ce qui sort les communistes de leur isolement. *A contrario*, dans quelques pays, la persistance d'un régime autoritaire de type fascisant (Espagne, Portugal) contribue à conserver au sein des partis communistes l'attachement à la lutte armée, à l'action insurrectionnelle plutôt que l'action pour des objectifs démocratiques. Fort de son expérience résistante, le Parti communiste grec continu de dépendre à une stratégie de lutte armée et de prise du pouvoir par la voie insurrectionnelle. Il est conforté dans cette voie par la politique appliquée par les partis communistes yougoslaves et albanais qui, dès 1945, affirment un pouvoir sans partage, inspiré de l'exemple soviétique et refusent la démocratie politique pluraliste. Pour des raisons diverses tenant au contexte diplomatique, à la politique de l'URSS et à leur situation nationale particulière, la majorité des autres partis communistes, à l'Ouest comme à l'Est, choisissent de prolonger les politiques d'alliances antifascistes autour d'objectifs démocratiques qui n'impliquaient pas un bouleversement des structures socio-politiques. Cette orientation, confortée par la diplomatie soviétique, se prolonge jusqu'au début de 1947 en dépit d'une dégradation des rapports internationaux entre les anciens alliés.

De ce point de vue, la différence entre les partis communistes de l'Europe de l'Ouest et de l'Est ne s'affirme vraiment qu'en 1947 lorsque l'affrontement entre les USA et l'URSS prend de l'acuité et divise l'Europe. Les partis communistes européens de l'Ouest sont mis à l'écart des responsabilités gouvernementales tandis que ceux de l'Est doivent s'aligner sur les positions de l'URSS pour refuser le plan Marshall et se débarrasser de leurs alliés afin d'accaparer seuls le pouvoir. La création du Kominform n'est pas la simple résurrection de l'Internationale communiste dont le fonctionnement avait souvent gêné la politique stalinienne mais la mise en place d'un instrument de coordination politique et idéologique destiné à assurer la cohérence et le contrôle des principaux partis communistes : ceux de l'Europe centrale et orientale correspondant aux États sur lesquels l'URSS veut désormais assurer une mainmise complète et ceux de l'Ouest qui peuvent jouer un rôle international. Le fait que seuls les partis communistes français et italiens soient inclus dans ce nouvel organisme témoigne des finalités géostratégiques d'une structure dont nous savons aujourd'hui, grâce aux archives, à quel point elle est placée sous le contrôle soviétique même si dans un premier temps, l'URSS, pour imposer son modèle, a l'habileté d'utiliser le Parti yougoslave.

En 1948, la dénonciation de l'hérésie titiste, assimilée à une dérive nationaliste, justifie la mise en place d'un appareil répressif destiné à faire rentrer dans le rang tous les partis communistes et leurs dirigeants qui pourraient avoir la velléité de poursuivre les voies esquissées en 1945-1946. La stalinisation des partis communistes prend des formes différentes selon que ces derniers aient eu ou non le pouvoir d'État. Leur influence se différencie fortement : en même temps que les partis communistes affirment leur emprise à l'Est de l'Europe, la plupart, à l'Ouest, connaissent une baisse de leur influence. La disparité des situations s'affirme, même si une idéologie commune confortée par le Kominform et le climat de la guerre froide, entretient dans ces pays une atmosphère faite d'exaltation obsidionale et d'allégeance à l'URSS. Les procès et l'atmosphère de terreur à l'égard des dirigeants communistes remettent en question ce qu'a été l'engagement communiste antifasciste au moment du Front populaire et de la Résistance. En ce sens, la stalinisation des partis communistes est quasi générale si l'on excepte quelques cas périphériques tels que la Ligue des communistes de Yougoslavie, le Parti communiste britannique ou le Parti norvégien.

L'expansion communiste des lendemains de la Libération retombe rapidement : à l'Ouest de l'Europe, des partis de masses demeurent seulement en Italie et en France tandis qu'à l'Est l'enthousiasme populaire réel sur lequel les communistes ont joué au lendemain de la guerre disparaît très vite comme en témoignent les émeutes en Allemagne dès 1953 puis les soubresauts qui accompagnent la déstalinisation à partir de 1954[1].

L'élargissement de l'influence communiste à l'Ouest

L'influence communiste en Europe occidentale connaît une brève envolée de 1944 à 1946 avant de fléchir à nouveau dans la plupart des pays. Sauf exception, les partis communistes, après une brève émergence sur la scène politique, renouent rapidement avec l'isolement et la marginalisation qui ont été leur lot avant-guerre. L'épisode de l'immédiat après guerre mérite donc l'attention non pas au titre d'une analyse des occasions révolutionnaires manquées, même si cela a été longtemps la préoccupation principale de l'historiographie militante, mais plutôt pour mesurer la portée et les limites de l'embellie communiste.

Tous les partis communistes de l'Europe de l'Ouest connaissent alors des gains d'influence mais d'une ampleur variable. Le contexte international rend compte en partie de cette progression commune : le prestige de l'URSS rejaillit sans aucun doute sur celui des partis communistes qui retirent pendant cette courte période un bénéfice exceptionnel de leur fidélité à la « patrie du socialisme ». L'activité revendicative des communistes dans les syndicats, durant le conflit mondial, leur vaut également une plus grande audience dans des pays où elle a été jusqu'alors marginale dans le mouvement ouvrier. À l'exception de la Grande-Bretagne, de la Suède et de la Suisse, c'est l'action résistante qui assure la progression la plus importante de l'audience des partis communistes. Lorsqu'ils ont su conduire effectivement la lutte contre l'occupant, ils ont marqué de leur empreinte les mouvements de résistance. Le travail qu'ils ont réussi à impulser dans la clandestinité porte ses fruits à la Libération, comme en témoigne leur renforcement bien au-delà des couches sociales et des régions où ils ont jusqu'alors été implantés. La progression des partis communistes touche la quasi totalité des pays européens, à l'exception de l'Espagne et du Portugal où ils restent clandestins et réprimés. Dans l'Europe du Nord, l'avancée communiste est remarquable en Finlande où le Parti atteint 150 000 adhérents et dépasse 23 % des suffrages lors des élections. En Norvège, en Belgique, en Hollande et au Danemark, les partis communistes ont désormais des effectifs se situant entre 40 000 et 100 000 adhérents. Ils rassemblent environ 10 % des suffrages, soit une progression considérable puisque durant l'avant-guerre, ces différents partis n'ont jamais eu d'influence politique de masse.

Mais c'est en Europe de l'Ouest, en France et en Italie, que le renforcement est le plus substantiel. En rejoignant les rangs du Parti communiste français (PCF) et du Parti communiste italien (PCI), par centaines de milliers, les adhérents leur assurent une progression sans précédent. Le PCF, qui a connu un premier essor au temps du Front populaire, avant de subir l'isolement et la répression durant la guerre, recrute largement à partir de l'automne 1944, passant de quelques milliers de membres à 800 000 en 1946. Son implantation, très forte depuis l'avant-guerre parmi les ouvriers de la métallurgie et les cheminots, s'élargit à de nouvelles couches sociales marquées par son action patriotique. Le monde rural, fournit désormais de nombreux adhérents au Parti qui dans bien des régions, telles que la Dordogne et le Limousin, a pris la tête des luttes contre les réquisitions et impulsé l'activité des maquis. Restés dans l'expectative au temps du Front populaire, les intellectuels rejoignent en nombre et en qualité le PCF qui, fort de l'adhésion d'un Langevin ou d'un Picasso, peut se présenter comme « le parti de l'intelligence française ». Les premières élections d'octobre 1945 montrent une progression très importante du PCF en comparaison de l'époque du Front populaire. Devenu le premier parti politique de France, il dépasse le Parti socialiste et son implantation électorale se nationalise. À l'exception de l'Ouest et du Nord-Est, ses scores sont partout supérieurs à 10 %. Outre ses anciens bastions, il gagne des régions rurales dans le Centre et le Midi ainsi que des villes du Sud-Ouest. Inattendus en 1945, ces gains électoraux, sont confirmés et consolidés en novembre 1946 où le PCF atteint les 28 %.

Au sortir de la guerre, le PCI, connaît un développement également très impressionnant même s'il n'a pas la même position hégémonique que le PCF. Bien qu'à l'avant-garde de l'action antifasciste et de la lutte armée, son audience dans un système démocratique récent n'est rien moins qu'évidente car il n'a pas d'enracinement ancien. La Démocratie chrétienne, s'emploie alors avec succès à retarder les consultations électorales, dans le but d'éroder l'influence conquise par le PCI dans les combats contre le fascisme et les nazis. Le parti « de type nouveau » que Palmiro Togliatti, de retour d'URSS, commence à construire à partir de 1944 rompt délibérément avec la doctrine du parti d'avant-garde, au profit d'une conception du parti de masse capable de concurrencer l'influence de la Démocratie chrétienne. Conformément à cette orientation, le PCI accueille des centaines de milliers d'adhérents et dépasse bientôt le million de membres. Son implantation est surtout forte dans le Centre et le Nord de l'Italie où il a su incarner la Résistance et les luttes ouvrières. Lors des premières élections en 1946, il réussit à atteindre 20 % des suffrages exprimés derrière la Démocratie chrétienne et le Parti socialiste. Son implantation dans la classe ouvrière s'accompagne d'une influence très importante dans le monde des petites villes de l'Italie centrale, prolongeant ainsi des traditions démocratiques qu'il prend en charge en proposant pour l'Italie une démocratie progressive fondée sur l'antifascisme. Enfin, il opère une forte percée chez les intellectuels et les artistes auprès desquels, écrivains et cinéastes notamment, il aura durablement une audience majeure.

La participation gouvernementale des communistes constitue un phénomène assez général en Europe puisqu'une telle expérience se déroule aussi bien en Finlande, en Islande, et en Belgique qu'en France ou en Italie. Dans ces différents pays, l'implication et l'impact des partis communistes ne sont pas identiques. En Italie, l'action du Parti se concentre sur la consolidation démocratique des institutions, dans le cadre d'une constitution accordant la prééminence absolue aux assemblées et reconnaissant les droits du monde du travail. En France, la participation communiste, bien qu'écartée de certains ministères clés, est suffisamment importante pour laisser une empreinte durable dans le paysage social et politique du pays. Outre un combat, peu efficace, en faveur d'une démocratie politique fondé sur la prééminence de l'Assemblée nationale, le PCF défend avec vigueur des réformes des structures économiques et sociales : les nationalisations industrielles et bancaires, l'instauration d'un système de Sécurité sociale, et l'adoption d'un Statut de la fonction publique doivent beaucoup à l'engagement communiste au plan gouvernemental ou syndical.

La politique de participation au gouvernement prolonge la stratégie antifasciste adoptée par tous les partis communistes à partir de 1941. Les documents d'archives permettent aujourd'hui de mesurer la part de l'URSS dans cette orientation et celle qui revient à chaque situation nationale. L'acceptation de la démocratie parlementaire par les différents partis procède d'indications explicites de Staline et de Georges Dimitrov, dernier dirigeant de l'IC, qui ont précisé en 1944 aux dirigeants de ces partis qu'ils devaient inscrire leur activité dans le cadre des engagements internationaux souscrits par l'URSS. Si l'on excepte le cas des communistes grecs, cette politique ne rencontre pas d'opposition globale des partis communistes ; toutefois, elle suscite, ici ou là, des incompréhensions et des réticences parmi ceux qui, dans la Résistance, ont organisé la lutte armée et mis en place les comités de libération. En jouant le jeu de la démocratie politique et de la reconstruction économique, les partis communistes peuvent prolonger l'alliance antifasciste qui leur a permis de rompre leur isolement. Cette politique entre parfois en contradiction avec la culture de classe de nombreux militants et les comportements de certaines catégories ouvrières méfiantes à l'égard d'une politique de compromis social. Aussi, cette politique n'est pas sans susciter des contradictions et des tensions au sein même de la mouvance communiste où les préoccupations revendicatives et politiques s'opposent fréquemment. Ces difficultés s'accroissent au cours de l'année 1946 quand l'influence communiste, minoritaire, révèle ses limites face à la politique étrangère et aux choix économiques des États occidentaux. Lorsque les communistes prennent des positions divergentes de leurs alliés gouvernementaux à propos des questions coloniales et des revendications salariales, ils sont écartés des gouvernements, en 1947-1948, ce dont les militants et une bonne partie des adhérents se félicitent ! Mais la grande majorité des électeurs qui a soutenu les communistes dans un contexte unitaire de réformes démocratiques se trouve prise à contre-pied par le tournant brutal que signifie l'entrée dans la Guerre froide. À l'exception de la France et de l'Italie, les partis communistes perdent leur audience aussi vite qu'ils l'ont conquise.

Les PC prennent le pouvoir à l'Est (1944-1948)

L'établissement du pouvoir communiste dans toute l'Europe de l'Est après la Seconde Guerre mondiale s'effectue partout à travers un processus politique de trois à quatre ans. Le communisme ne s'installe pas d'un seul coup avec l'Armée rouge, mais à la suite d'événements dramatiques, de luttes et de compromis inséparables du jeu des facteurs de la politique internationale.

À la veille de la libération, les PC dans les pays de l'Est ont des positions assez différentes. Leur légitimation antifasciste pendant la période de la résistance a également été diverse. En Yougoslavie, en Tchécoslovaquie et en Bulgarie, les PC ont émergé pendant la Résistance comme des forces politiques de premier rang. Ces partis ont été déjà bien implantés dans les sociétés nationales pendant les années 1920 et 1930 où ils ont obtenu 15 à 20 % des voix aux élections nationales. En Yougoslavie, le PC a été sans conteste la force dirigeante de la résistance antinazie, qui, en 1945, compte plus de 800 000 résistants armés. En Bulgarie, officiellement du côté de l'Allemagne nazie au cours de la guerre, les communistes ont organisé la résistance antifasciste armée qui, en 1944, regroupe quelque 30 000 soldats. Au contraire, dans des pays comme la Roumanie, la Pologne et la Hongrie, les PC ne se reconstituent qu'à partir de l'arrivée de l'Armée rouge libératrice. Pour des raisons différentes, ces PC ont été fortement décimés avant la guerre[2].

Tous les pays de l'Europe de l'Est en 1944-1945 voient alors, comme ailleurs, se former des gouvernements provisoires qui rassemblent les partis antifascistes et dont certains postes, pas toujours les plus importants, sont confiés à des communistes. Seules l'Albanie et la Yougoslavie font exception à cette formule avec un gouvernement d'après-guerre exclusivement communiste, parce que dans ces pays l'hégémonie communiste s'est déjà établie au cours de la guerre.

Les années de l'immédiat après-guerre sont marquées par un changement graduel des rapports de force et par l'instauration d'une hégémonie politique des PC. Les premières élections parlementaires montrent que les communistes n'ont pas partout le même poids politique. En Tchécoslovaquie, le PC est le premier parti aux élections constituantes de 1946 avec 40 % des voix en Tchéquie et plus de 30 % en Slovaquie où il reste la seconde organisation. Même dans ces conditions, les communistes n'ont pas de position hégémonique. En Bulgarie, le PC arrive en tête aux élections de 1945.

En Pologne, les communistes, en tête d'une coalition de gauche, deviennent un des partis les plus influent aux élections de 1945. Mais en Hongrie, le PC obtient en novembre 1945 17 % des voix, arrivant ainsi en troisième position derrière le Parti des petits propriétaires et les sociaux-démocrates. En Roumanie, l'année 1946, est marquée par des démonstrations anticommunistes à la suite des tentatives pour imposer la nomination de communistes dans les municipalités et dans d'autres structures de l'État. Dans ces deux pays, l'établissement du pouvoir communiste est d'autant plus difficile que les PC respectifs y ont une faible influence . Ce n'est qu'en Yougoslavie et en Albanie que les PC n'ont pratiquement pas d'opposants. En Pologne, les communistes de l'après-guerre ont une audience modeste mais après la courte guerre civile de 1945-1946, ils réussissent à devenir une force prépondérante.

Les facteurs internationaux jouent aussi un rôle important dans la rapidité de l'instauration du pouvoir communiste. S'il est vrai que les PC prennent le pouvoir partout où l'Armée soviétique occupe le terrain (à la seule exception de l'Autriche), il reste que la géopolitique déterminée par le « partage de Yalta » n'est pas le seul élément qui favorise la prise de pouvoir des communistes. En revanche, la présence des troupes soviétiques en Roumanie et en Hongrie contribue à la reconstruction et à l'influence des PC locaux tandis qu'elle affaiblit sensiblement l'activité des forces politiques anticommunistes et non-communistes. La présence soviétique en Bulgarie amplifie fortement l'influence du PC, acquise pendant la Résistance, tout comme en Pologne et en Tchécoslovaquie. L'existence des Commissions alliées de contrôle dans les pays vaincus comme la Bulgarie, la Roumanie et la Hongrie jusqu'à la signature des traités de paix en 1947, ne permettent pas aux PC d'arriver aussitôt au pouvoir : ils doivent le partager avec d'autres partis antifascistes.

L'ambiguïté de la situation politique des pays de l'Est est aussi due à des facteurs d'ordre idéologique. Le mouvement communiste international appliquait officielle-ment la politique du Front antifasciste dans le cadre du schéma politique de « démocratie populaire » fixé en 1944-1945. Revenu en Bulgarie en 1945, Georges Dimitrov développe l'idée selon laquelle la « démocratie populaire » est un pouvoir démocratique, reposant sur la coopération des partis politiques antifascistes avec un rôle essentiel des communistes et des forces de la gauche. Selon Georges Dimitrov, la « démocratie populaire » n'est pas la dictature du prolétariat[3]. Il s'agit d'un modèle politique différent de celui de l'URSS stalinienne. Pour Staline, cette idée est temporairement acceptable pour des considérations d'ordre géopolitique. Les PC de l'Europe de l'Est n'ont en effet pas de plan précis de « prise du pouvoir » en 1944-1945 : ils ont pour seules références « la canonnade du cuirassier Aurore » et la « prise du Palais d'Hiver » en 1917, qui ne sont pas transposables. En 1944-1945, les PC suivent les événements, s'adaptent aux conditions nouvelles en essayant de saisir toutes les occasions pour asseoir leur influence. Leur politique semble être plus opportuniste que construite sur un projet idéologique clair.

La création du Kominform en 1947 accélère le réalignement des PC de l'Europe de l'Est sur un modèle unique, le modèle stalinien. La « prise du pouvoir » devient l'objectif immédiat selon une stratégie précise : il faut à tout prix s'emparer des positions principales dans les institutions du pouvoir pour empêcher les pays respec-tifs de s'éloigner de l'URSS et de se rapprocher des pays occidentaux s'ils acceptaient le plan Marshall, proposé en 1947[4]. Dès lors Staline réagit à l'égard des partis socialistes de l'Europe de l'Est en fonction des intérêts stratégiques de l'URSS.

Les secondes élections nationales dans tous les pays de l'Est sont décisives pour l'instauration du pouvoir communiste. Partout les PC l'emportent lors de ces élections qui sont les dernières à être pluralistes en Europe de l'Est avant 1989[5]. Ensuite, l'évolution politique emprunte un chemin identique dans les différents pays. Partout, on assiste à l'unification des PC et des partis social-démocrates ou socialistes en un parti unique, qui va devenir le centre du système politique. Partout, les autres partis antifascistes acceptent l'hégémonie communiste ou, comme en Bulgarie et en Roumanie, procèdent à une auto-dissolution. Dans la plupart des pays de l'Europe de l'Est, de nouvelles constitutions sont adoptées en 1947-1949 : elles instaurent des « républiques populaires », officiellement des démocraties populaires, mais qui mettent en place un régime stalinien. L'uniformisation politique des pays de l'Europe de l'Est commence, à la fin des années 1940, sur le modèle stalinien avec des mesures similaires : nationalisation des moyens de production, tentatives plus ou moins réussies de collectiviser les terres agricoles, instauration du rôle dirigeant des PC dans la vie politique. Dans le domaine international, les premiers traités bilatéraux d'amitié et d'alliance avec l'URSS sont signés en 1948-1949. En 1949 est mis en place le Conseil d'assistance économique mutuelle (CAEM) qui prend en charge les relations économiques entre les pays de cette nouvelle « communauté socialiste »[6].

L'héritage stalinien et la déstalinisation

En huit années de stalinisme (1948-1956) les sociétés de l'Europe de l'Est sont complètement refondues. Partout est appliqué un modèle commun de « construction des bases du socialisme » comprenant l'industrialisation forcée (avec la priorité de l'industrie lourde stratégique comme la sidérurgie), la collectivisation de l'agriculture et l'endoctrinement stalinien de la société. L'industrialisation forcée, accomplie lors du premier plan quinquennal, est terminée en 1951-1955 (1951 en Yougoslavie, 1953 en Bulgarie et Tchécoslovaquie, 1954 en Hongrie et 1955 en Pologne, Roumanie, RDA et Albanie). Vers 1960, dans tous les pays de l'Europe de l'Est, la production industrielle a augmenté de 6 à 8 fois par rapport à 1937. Une industrie lourde est née y compris dans les pays les moins développés comme l'Albanie, la Bulgarie ou la Roumanie. La production d'acier et la construction mécanique lourde se développent y compris dans des pays aux faibles ressources de minerai de fer ou de houille comme la Bulgarie, la Roumanie et la Hongrie. Ce développement est entièrement soumis à des considérations d'ordre idéologique, selon lesquelles chaque pays socialiste doit avoir une production autonome et indépendante de l'étranger dans les branches stratégiques de l'industrie, à commencer par la sidérurgie. Ainsi, naissent en Europe de l'Est des sociétés industrialisées sur le modèle de celles de la fin du XIXe siècle (à l'exception de la Tchécoslovaquie déjà industrialisée) ; apparaissent de grandes agglomérations industrielles dont la main-d'œuvre est alimentée par un exode rural accéléré et considérable.

En même temps et presque parallèlement, est mise en route la collectivisation des terres agricoles de 1950 à 1952. Mais cette opération échoue complètement en Yougoslavie et en Pologne, de sorte que, jusqu'à la fin du communisme étatique, persiste dans l'agriculture de ces pays un secteur privé prépondérant. Ailleurs, la collectivisation, retardée du fait de la résistance des petits et des moyens propriétaires, semble être achevée en 1958 en Bulgarie, en 1960 en RDA et en 1962 en Hongrie. La collectivisation a partout un résultat essentiel : elle accélère l'exode rural, elle intensifie le regroupement des terres et la mécanisation de l'agriculture ; enfin elle crée les bases d'une dépendance de la campagne par rapport à la ville. Ce phénomène est également présent en Pologne, où les terres restent à 80 % privées.

L'industrialisation forcée et la collectivisation donnent naissance à une société modernisée et urbanisée vers la fin des années 1950 et le début des années 1960. Dans les pays plus pauvres – Bulgarie, Roumanie, Hongrie, Pologne et Albanie – l'exode rural est souvent perçu par les nouveaux urbains comme une promotion sociale. La scolarisation de masse – pendant cette période l'école secondaire cesse d'être un privilège et ouvre ses portes aux classes sociales populaires – est aussi le résultat de l'industrialisation, qui exige une main-d'œuvre plus éduquée. Pour beaucoup de ressortissants des couches sociales moins aisées, il s'agit d'une promotion sociale. Dans les pays les plus pauvres, ces mesures contribuent largement au soutien populaire du régime, qui a contrebalancé le mécontentement des classes sociales, frappées par les nationalisations et les confiscations. Vers la fin des années 1950, la surface sociale des classes bourgeoises antérieures au régime se réduit sensiblement, alors que leurs capacités d'opposition politique au régime diminuent.

Le stalinisme impose une structure politique commune, centrée sur le PC au pouvoir et le système du parti unique. Durant l'ère stalinienne, les PC, dans les pays de l'Europe de l'Est, cessent ainsi d'être des partis politiques spécifiques et se transforment en structures de pouvoir étatique : il n'y a plus de réelle adhésion au Parti, parce que les nouveaux membres sont recrutés par les instances dirigeantes. Pour ces directions, il s'agit moins de recueillir l'adhésion individuelle de futurs militants que de choisir des personnes à qui il est proposé d'acquérir le statut de membre du Parti. En effet, les PC se transforment en corps électoraux, le statut du membre pouvant être assimilé à la possession d'un cens électoral, alors que le pouvoir gouvernemental réel est aux mains du Bureau politique et non du côté du gouverne-ment issu des Assemblés nationales. Ainsi le PC, avec ses instances, remplace les instances gouvernementales officielles. La direction du PC est élue par les membres du Parti qui détiennent ainsi le pouvoir réel. Même si le suffrage universel est partout maintenu, les instances étatiques élues de cette manière perdent graduellement leur pouvoir. En même temps, un État omniprésent, centralisé et contrôlé par les instances du PC, elles-mêmes intégrées aux PC au pouvoir, apparaît et se renforce. Le stalinisme institue, dans tous les pays de l'Europe de l'Est, le système du Parti-État et la forme politique du communisme étatique.

Conséquence de la terreur stalinienne, toute opposition politique disparaît. Dès lors, aucun projet politique concurrent du communisme ne peut exister dans l'espace public, alors que les vecteurs sociaux d'un tel projet sont anéantis par les répressions. Le communisme, comme objectif final, devient la base de la légitimité du pouvoir en

Europe de l'Est. Son succès, fondamental pour le PC au pouvoir, signifie la poursuite ininterrompue de la marche vers le communisme complet par la société. Cette quête de preuves, il faut parfois les inventer, si on ne peut les trouver dans la réalité. Ainsi, dès lors les PC de l'Europe de l'Est définissent toujours les étapes qu'ils ont franchies, et la périodisation de leur marche vers le communisme.

Avec le stalinisme, apparaît en Europe centrale et orientale une société homogène et cohérente ; la société socialiste. Elle est partiellement égalitaire : d'un côté, la *nomenklatura* au pouvoir jouit de privilèges importants, de l'autre l'ensemble des travailleurs gouvernés vivent dans des conditions assez proches, en terme de revenus, de fortunes et de niveaux de vie. Cette société, axée sur la modernisation et le changement continu, prétend se développer et marcher en avant, imprégnée qu'elle est par un finalisme idéologique ainsi que par un but à atteindre à tout prix. La société socialiste construit le consensus sur l'éternité du pouvoir communiste, l'acceptation des grands objectifs du pouvoir – le communisme, où « chacun travaille selon ses capacités et reçoit selon ses besoins ». Ce consensus est soutenu par la terreur, mais pas seulement par elle.

Après la mort de Staline en 1953, le processus des réformes, souvent appelé « déstalinisation », illustre bien les succès et les échecs de cette tentative d'imposer un modèle unique à tous les pays de l'Europe de l'Est en dépit de leurs différences. Le « dégel » des années 1953-1956 annonce l'échec du stalinisme. « Le nouveau cours » de ces années est le précurseur de la politique de réformes de grande envergure, entamée par Nikita Khrouchtchev. Les premiers pas en faveur du « nouveau cours » sont faits en RDA et en Hongrie.

En effet le système stalinien, qui se montre inefficace, conservateur et militariste, éclate. La génération issue de la guerre renonce à vivre, dix ans après la fin des hostilités, dans un état de tension permanent. La révolte ouvrière de 1953 en RDA exprime ce rejet du stalinisme soviétique. Dans ces conditions, le système yougoslave, inventé par Jozif Broz Tito et appliqué depuis 1948 devient un modèle de communisme attractif. Il repose sur l'autogestion ouvrière, la décentralisation politique et le maintien de l'agriculture privée. Le modèle yougoslave prétend surtout rompre avec le système bureaucratique soviétique.

Le « nouveau cours » se caractérise par un rejet de la militarisation irrationnelle, de l'industrialisation poussée à l'extrême et de la collectivisation agricole forcée. Dans les nouvelles conditions des années postérieures à 1953, avec la fin des hostilités en Corée, l'URSS n'est plus le seul pays socialiste ni une forteresse assiégée par l'impérialisme mondial. On ne peut plus demander aux gens des sacrifices au nom de la promesse de futurs bénéfices.

Une véritable réforme commence en Hongrie en 1954 avec les propositions de György Peter et Janós Kórnai d'une « markétisation »de l'économie et d'une décentralisation administrative. Le nouveau cours est ensuite annoncé dans les autres pays communistes. L'accent est mis sur le développement et l'augmentation du niveau de vie, partout négligé pendant l'époque de l'industrialisation forcée.

Le problème du niveau de vie des populations touche au cœur même de la légitimation des démocraties populaires. Alors qu'elles s'affichent comme un « pouvoir du peuple », il apparaît de plus en plus incompréhensible, voire subversif, que le peuple continue de vivre dans des conditions difficiles, proches de celles subies pendant la guerre. Le stalinisme produit un communisme de plus en plus « lourd à supporter », avec sa mobilisation extrême et son cortège de pénuries et de sacrifices. De l'autre côté, il y a aussi le nouveau prestige international du communisme. Pour la première fois il a dépassé les frontières soviétiques en Europe et démontre une certaine efficacité dans sa compétition avec l'Occident capitaliste. Enfin, le mécontentement grandissant des populations joue aussi un rôle important. Le communisme au pouvoir semble être beaucoup plus vulnérable aux protestations de masse, que d'autres régimes politiques. Tout au long des années du communisme étatique, l'idée même de l'existence de contradictions sociales au sein de la société socialiste est rejetée. Dans une société s'auto-identifiant comme une société sans classes et sans conflits sociaux, toutes les manifestations infirmant cette thèse, démontrent que les États communistes ne sont épargnés ni par les conflits sociaux ou ni par ceux de classe. L'idéologie officielle caractérise toujours ces conflits quand ils surviennent comme des complots fomentés de l'étranger. C'est le cas en RDA en 1953, en Hongrie en 1956 et en Tchécoslovaquie en 1968.

Après 1953-1955, l'histoire du communisme en Europe centrale et orientale se lit à travers plusieurs tentatives réformatrices d'un système centralisé, bureaucratisé, immobile et économiquement inefficace. Il faut maintenant répondre à la compétition internationale et aux exigences grandissantes des populations. Les révélations de Khrouchtchev sur le stalinisme et ses crimes, lors du XXe congrès du PC soviétique en 1956, mettent en question la légitimité du modèle soviétique, suivi jusqu'à cette époque-là par les PC de l'Europe de l'Est. Dans ces conditions nouvelles plusieurs questions surgissent : le modèle soviétique communiste est-il vraiment universel ? Les PC doivent-ils suivre à la lettre les décisions et les actions du PCUS ? Quels sont les critères permettant de juger telle ou telle politique (leader, pays ou PC étranger) correcte et conforme à l'idée communiste ou comme « une déviation du droit chemin » ?

La question du modèle à suivre devient le choix essentiel. Sur la base des réponses données à cette question, une relative diversification des pratiques politiques et sociales apparaît en Europe de l'Est. Chaque PC se sent maintenant chargé de définir son propre projet de communisme national, ce qui lui offre de nouveaux arguments pour légitimer son pouvoir, fortement ébranlé par les révélations de Khrouchtchev. Pour Gale Stokes, la réaction contre le stalinisme en Europe de l'Est est due au fait qu'il est jugé soviétique, donc étranger et économiquement inefficace[7].

Les partis communistes de l'Europe de l'Ouest et le stalinisme dans la Guerre froide

À partir de la fin des années 1940, les partis communistes de l'Europe de l'Ouest connaissent très vite un déclin qui est en quelque sorte le contrecoup des conditions de l'accès au pouvoir des partis communistes à l'Est de l'Europe. Le soutien sans réserve de la plupart des dirigeants communistes occidentaux à la politique soviétique contribue à mettre en cause une influence qui reste largement tributaire de l'image de l'URSS. La Guerre froide et les événements qui l'accompagnent en Europe de l'Est, ont un retentissement très négatif dans une opinion réservée à l'égard des partis communistes : la dénonciation du titisme, les procès politiques, les événements allemands donnent crédit aux campagnes anticommunistes. Les résultats électoraux des partis communistes, leurs effectifs diminuent très rapidement dans la plupart des pays et retrouvent leur niveau d'avant-guerre. Au milieu des années 1950, si l'on excepte la Finlande, la France et l'Italie, les partis communistes sont redevenus des sectes sans influence notable sur la vie politique de leurs pays respectifs. Les soutiens financiers et idéologiques leur permettent d'entretenir des collectifs militants et des publications abondantes mais l'impact de leur action est limité.

Durant cette période, les partis communistes français et italiens suivent des chemins qui, pour être différents n'en sont pas moins semblables à plusieurs titres[8]. Ils conservent une audience de masse électorale et sur le plan de l'organisation mais au prix d'un isolement et d'un durcissement idéologique qui contribue à limiter leur influence. Avec plus ou moins de zèle ils suivent les directives politiques du Kominform : dénonçant l'impérialisme américain et ses alliés, ils abandonnent le terrain des réformes démocratiques et des alliances larges auxquelles elles sont associées. Cependant, fort de leur enracinement antifasciste et patriotique, ils réussissent à mobiliser l'essentiel de leurs militants et de leur électorat dans des combats pour la défense de l'indépendance nationale et contre le retour du fascisme : ce dernier s'identifie à tous ceux qui, dans le contexte des campagnes anticommunistes, sont prêts à renouer avec les forces conservatrices compromises avec les régimes fascistes. La lutte pour la paix, lancée par l'Appel des intellectuels à l'issue d'un congrès international tenu en 1949 à Wroclaw, est prise en charge par une nouvelle organisation de masse, le Mouvement de la paix[9]. En France et en Italie, la campagne de pétition de l'Appel de Stockholm obtient des dizaines de millions de signatures.

Tout en conservant une audience de masse, les partis communistes connaissent un isolement accru, surtout en France où la rupture avec le Parti socialiste est précoce et durable en raison de divergences sur les guerres coloniales. La reprise des conflits sociaux coïncide avec une scission syndicale soutenue activement par les syndicats américains. La répression anticommuniste ainsi que la suspicion régnant dans le Kominform à l'égard de toute critique relative à l'URSS favorise le renforcement de l'autoritarisme et du sectarisme au sein des partis. En France, la maladie de Thorez (1950), aggrave les incertitudes et les tensions internes qui s'expriment notamment par la mise en cause de dirigeants accusés de « déviation » et d'attitudes hostiles au Parti. La mise à l'écart d'André Marty, de Charles Tillon et d'Auguste Lecoeur, trois figures historiques du Parti, s'effectue au terme d'une procédure qui, dans des conditions où le PC n'est pas au pouvoir, ressemble aux procès organisés dans les Démocraties populaires. En Italie, Palmiro Togliatti, assure la continuité de la direction du Parti, malgré les invites de Staline à venir diriger le Kominform. En dépit des courants ouvriéristes hostiles aux conceptions du parti de type nouveau, le PCI ne se replie pas sur lui-même : il conserve son alliance avec le Parti socialiste et s'efforce de maintenir un fonctionnement suffisamment ouvert pour conserver son activité de masse. À la différence du PCF qui perd rapidement la moitié de ses adhérents, le PCI poursuit sa consolidation organisationnelle. Aussi, en 1956, lorsque survient la déstalinisation, les deux partis réagissent-ils de manière fort différente.

Notes

1. 1. José Gotovitch, Pascal Delwit, Jean-Michel de Waele, *L'Europe des comunistes*, Bruxelles, Éditions Complexe, 1992. Aldo Agosti, *Bandiere rosse, un profilo storico dei communismi europei*, Riuniti, 1999.

2. En Pologne, le PC connaît un destin malheureux : sa direction toute entière est anéantie sur l'ordre de Staline en 1937-1938. En Hongrie, après l'échec de la Commune de Budapest en 1919, le PC est pratiquement annihilé par le régime dictatorial de Horty. De même en Roumanie, où persécuté par le régime d'Antonescu, ainsi que par les répressions staliniennes, le PC disparaît quasiment pendant la guerre.

3. Cf. à ce propos des lignes fort intéressantes dans le *Journal intime* de Georges Dimitrov, publié récemment en Bulgarie (1998).

4. Lilly Marcou, *Le Kominform : le communisme de guerre froide*, Paris, PFNSP, 1977.

5. Les élections se tiennent sont en octobre 1946 en Bulgarie (constituantes), en janvier 1947 en Pologne, en août 1947 en Hongrie, en mars 1948 en Roumanie et en mai 1948 en Tchécoslovaquie.

6. Jean-François Soulet, *Histoire comparée des États communistes, de 1945 à nos jours*, Paris, Armand Colin, 1996.

7. Cf. Gale Stokes, *Three Eras of Political Change in Eastern Europe*, Oxford University Press, 1997.

8. Marc Lazar, *op. cit.*

9. Michel Pinault, *Frédéric Joliot-Curie, le savant et la politique*, Paris, Odile Jacob, 2000.

Chapitre IX

Le communisme chinois[1]

par Roland Lew

Le communisme chinois constitue d'abord une réponse au redoutable défi qui surgit avec la pénétration brutale de l'Occident aux XIXᵉ et XXᵉ siècles, menace mortelle pour la survie de la nation chinoise et de sa civilisation antique. Il s'agit d'une rencontre forcée avec une autre civilisation qui ne peut plus ni ne veut être laissée à distance ; certains apports doivent être assimilés. D'où une certaine identification entre modernisation et invasion par l'Occident, comme symbole d'une époque radicalement nouvelle. Le communisme chinois, le régime de la République populaire chinoise (RPC), tirent leur légitimité de leur double action de protecteur de la nation et de « modernisateur » d'une Chine jadis fière de sa civilisation qui, de plus, représente pour ses habitants *la* Civilisation.

Le chemin vers la victoire (1920-1949)

La RPC fait aussi partie d'une autre histoire – voire d'une autre temporalité – qui dépasse le cadre chinois, celle du socialisme réel. Car la civilisation de l'Occident signifie plus concrètement la montée bourgeoise et capitaliste. La « civilisation » de l'Europe inclut aussi la critique du monde bourgeois, l'anticapitalisme, le socialisme, et au XXᵉ siècle, le « socialisme réel ». Aussi, la RPC, incarne l'autre grande expérience du « socialisme réel » ; celle qui éclaire les enjeux d'un système né avec le siècle et en train de s'éteindre avec lui. Dans cette perspective, il faut prendre en compte l'héritage, importé, intériorisé selon un choix mais parfois désavoué, du modèle soviétique. Le communisme chinois et sa composante maoïste se situent dans ce legs ; ils tentent de l'acclimater au pays tout en le « sinisant » mais avec plus de déboires que de succès. La Russie soviétique a initié le mouvement et inventé un système original, le « socialisme réel ». La RPC, qui survient après les expériences de l'Europe de l'Est en 1947-1948, a donné au « socialisme réel » sa dimension de phénomène-monde capable de fasciner de vastes populations appartenant au monde sous-développé et colonisé. Avec l'arrivée au pouvoir de Mao, le « socialisme réel » n'est plus un espoir ou un épouvantail surgi d'un pays particulier, il prend l'allure d'une alternative planétaire.

La crise chinoise : présence et poids du passé

Pays riche d'une civilisation pluri-millénaire, la Chine entre dans l'ère communiste avec un héritage impressionnant et chargé. La période qui s'ouvre en 1949 est dominée par les défis que lui impose la modernité occidentale ainsi que ceux qui proviennent des transformations entreprises par le pays dans la période précédant l'arrivée en force des Européens vers 1840. Cet affrontement entre ce passé très pesant et ce présent de l'intérieur et de l'étranger, fournit cadre et objectifs au nouveau pouvoir communiste, tout en marquant les limites de son action.

Premier élément, le fardeau démographique ne se fait jamais oublier. L'immensité de la population travaille toute l'histoire chinoise, en particulier ses deux ou trois derniers siècles. Le premier recensement entrepris par les communistes en 1953, donne un chiffre de 580 millions de personnes. Ce chiffre impressionnant – 100 millions de plus que les estimations courantes – donne une idée de l'ampleur de la tâche qui attend les nouveaux maîtres du pays. Toutefois, ce chiffre est moins frappant que les 300 millions de Chinois de la fin du XVIIIᵉ siècle, à l'époque glorieuse de la dynastie des Qing ou les 430 millions – un tiers de l'humanité – qui vers 1840 vivent sous la même autorité impériale, alors en plein déclin. Aucune autre société pré-moderne n'a connu et su gérer, parfois avec efficacité et à cette échelle un tel regroupement humain. Affronter à partir de 1840 un formidable danger extérieur avec une population qu'un régime à bout de souffle ne peut plus ni nourrir ni encadrer comme il l'a fait durant le prestigieux XVIIIᵉ siècle est un élément clé de l'entrée de la Chine dans la modernité.

L'univers rural est un autre legs massif du passé. En 1949, le pays est encore aussi rural que la Chine pré-moderne. Cette situation de fait qui trace des bornes étroites à tout effort de modernisation et de changement en profondeur. Paysanne à plus de 85 %, la Chine ne compte que 3 millions d'ouvriers modernes, moins d'un million dans les années 1920. La guerre civile qui s'achève en 1949 réduit encore le rôle des villes.

La famille rurale perpétue la continuité chinoise ; en quelque sorte, elle la garantit et la préserve. La crise de la période moderne affecte gravement les campagnes et conduit à l'appauvrissement de la majorité de la paysannerie[2]. Ce monde rural entraîné par l'affaiblissement du pays subit les événements et parfois se révolte ; le plus souvent le paysan essaie de survivre dans cette période désastreuse de l'histoire nationale. Cette omniprésence paysanne figée dans ses traditions, incarne le retard du pays mais aussi une remarquable résistance à toute tentative de destruction des valeurs et d'une continuité chinoises. Ce monde d'une grande vitalité quoique fragmenté est, jusqu'au XXᵉ siècle, incapable d'agir de façon collective et de s'organiser politiquement. Cette situation confirme la vision négative de Marx et de presque tous les marxistes sur l'étroitesse du monde de la terre. Le communisme chinois lui donnera sa cohésion et en fera surtout l'instrument de ses projets de transformation, de modernisation de la nation ; ces projets sont étrangers aux attentes de la paysannerie. Indispensable à la révolution, cette paysannerie constitue pour les visées modernistes des communistes davantage un obstacle qu'un atout.

La Chine est en crise bien avant l'arrivée des Européens en 1839-1842, années de l'irruption en force des Britanniques. Cette Chine en déclin, bientôt ravagée par de gigantesques révoltes – dont celle des Taipings (1850-1864) insurrection qui mélange des aspects traditionnels et plus modernes –, subit de plein fouet la pénétration d'un Occident en pleine ascension. En dépit des défaites militaires qui se succèdent, la Chine n'est pas réduite à l'état de colonie ; elle ne reste d'ailleurs pas inerte face à la poussée européenne. Dans les premières décennies du XXᵉ siècle, la situation s'aggrave. Menacé par la désintégration intérieure (l'époque des « seigneurs de la guerre »), et par le danger de devenir une proie pour les puissances impérialistes, d'abord le Japon, le pays s'enfonce dans l'abîme. Pendant cette période désastreuse émergent cependant des signes de renaissance notamment la montée progressive du nationalisme de masse et de l'anti-impérialisme, ces figures nouvelles que l'Occident a apportées avec lui, malgré lui. Survenant après plusieurs décennies d'occupation partielle, la tentative de colonisation du Japon (1937-1945) arrive trop tard. Dans le lourd héritage reçu par les communistes, le long siècle qui s'étend de 1840 à 1949 servira de repoussoir, de hantise ; creuset du nationalisme moderne chinois, il forgera les attentes, les désirs de revanche, les ruptures de pensée qui sont encore aujourd'hui au centre de la vie de la nation.

Le plus durable dans la Chine, est la continuité de sa civilisation qui s'étend sur une quarantaine de siècles voire plus, non sans discontinuités, des moments de grandes transformations, de véritables cassures historiques. Source de grande fierté, cette continuité entretient le sentiment des Chinois d'occuper une place à part, nécessairement éminente, dans le monde. Le plus souvent, les conquérants sont sinisés. La seule exception significative concerne les Occidentaux au XIXᵉ siècle, qui sont convaincus de la supériorité de leur civilisation sur celle de la Chine, alors affaiblie. Ce privilège accordé à la civilisation sur l'espace national explique la percée tardive du nationalisme chinois qui se forme en réaction à la menace de l'extérieur.

Le monde nouveau

L'Occident – puis le Japon –, puissant et prédateur, mettent en cause l'intégrité de l'empire ; leur présence accélère les changements entrepris avec trop de prudence durant l'ère des Qing, la dynastie mandchoue (1644-1911). Tout d'abord, les premières décennies de pénétration n'affectent que de petites portions du territoire,

« les Ports ouverts », mais elles révèlent l'impuissance des autorités impériales à arrêter les envahisseurs. Progressivement, non sans déchirements intérieurs, des secteurs croissants de l'élite réalisent qu'il devient maintenant impossible de siniser les vainqueurs, et de dénier une valeur à leur civilisation. Cette prise de conscience qui est à l'origine d'un traumatisme durable entraîne aussi une remise en question de certitudes fortement ancrées : une révolution conceptuelle se prépare. Au tournant du XXe siècle, les élites éclairées des villes reconnaissent la richesse civilisationnelle de l'Occident et tentent, non sans mal, de comprendre un autre monde social, ses modes de gestion de la population, son système productif. L'acmé de cet effort d'assimilation se situe autour de la période du 4 mai 1919 ; elle incarne chez ces élites les plus radicalisées le rejet explicite du passé chinois et l'acceptation d'une forme d'occidentalisation du pays impliquant un bouleversement des valeurs traditionnelles, l'abandon de « la vieille boutique confucéenne ». Assimiler l'Occident devient le moyen par excellence d'accéder à la puissance, mais d'abord et surtout de survivre. Aussi, ces élites recherchent-elles de nouvelles pratiques sociales, la définition d'un peuple allant bien au-delà de la petite minorité des maîtres traditionnels du pouvoir et des idées inédites telles que le darwinisme social. C'est aussi le passage du patriotisme centré sur la civilisation au nationalisme moderne d'inspiration occidentale. S'occidentaliser pour rester chinois ; se moderniser pour contenir l'Occident, voilà la tension qui parcourt le siècle précédant l'arrivée au pouvoir des communistes et qui, par bien des côtés, caractérise les contradictions de près d'un demi-siècle de pouvoir « communiste ».

La nouveauté du XXe siècle chinois influencé par l'Occident est urbaine ; elle concerne ce qui surgit dans les villes : le bourgeois, l'ouvrier d'industrie moderne. Tout aussi décisive est l'apparition d'un monde intellectuel différent du lettré traditionnel, souvent un fonctionnaire-mandarin. Dans les années 1900-1920, il veut rompre clairement avec le passé. Comme ses prédécesseurs lettrés, il a un sens aigu de son rôle – « prendre la responsabilité de tout ce qui est sous le ciel » –, de sa place prééminente, tout en perpétuant le besoin d'être proche, voire partie prenante, du pouvoir et de l'État. Cet intellectuel moderne cherche davantage à renouveler le contenu du pouvoir qu'à le détruire ; toutefois, des conceptions anarchistes occidentales, enracinées dans certaines traditions de pensée, de religiosité et de vie sociale, exercent sur lui leur influence dans le premier quart du siècle.

La ville s'autonomise peu à peu du pouvoir et de l'immensité paysanne. Shanghai, qui compte 300 000 habitants au milieu du XIXe siècle, à l'origine une ville chinoise déjà assez peuplée[3], acquiert au début du XXe un statut de grand centre industriel et portuaire d'Asie ; elle devient le lieu d'une cohabitation forcée et féconde entre la modernité extérieure et les forces sociales nouvelles de la Chine. Espace urbain par excellence de la rencontre et de l'apprentissage, Shanghai est le lieu où la révolution des mentalités rencontre la révolution tout court, et particulièrement la révolution communiste. En 1949, le bilan de ce monde urbain est pourtant mitigé : l'autonomie des villes a révélé ses limites. Ni le bourgeois, ni l'ouvrier n'ont joué le rôle que certains leur attribuaient ou que, dans le cas de la bourgeoisie, elle s'est attribuée. Dès les années 1920, le dynamisme politique et économique de la bourgeoisie est épuisé mettant fin à son « âge d'or »[4]. De 1927 à 1949, la bourgeoise survit comme elle le peut sous le régime nationaliste du Guomindang de Chiang Kaishek (1887-1975), qui ne lui est guère favorable.

La classe ouvrière constitue un monde en formation, brisé politiquement par la contre-révolution. La révolution qui triomphe en 1949 se déroule largement en dehors d'elle. Le monde ouvrier s'est pourtant accru après la déroute de 1927 provoquée par l'écrasement des forces communistes par Chiang Kaishek ; il s'est transformé, et s'est éloigné de ses origines rurales pour s'enraciner dans les villes. Parfois, comme à Shanghai en 1946-1947, il a défendu victorieusement ses intérêts matériels et acquis une relative autonomie en se libérant partiellement de la tutelle du Guomindang. Mais Shanghai, où se concentre dans les années 1930 près de la moitié de la production industrielle du pays, ne pouvait devenir le Petrograd chinois ; la ville n'était ni la capitale, ni le centre politique du pays. Le monde ouvrier formait un conglomérat loin de constituer une classe, moins encore une classe révolutionnaire ; de plus, les communistes en position de faiblesse et traqués par leurs adversaires désertent la citadelle ouvrière[5]. De leur côté, les nouveaux intellectuels joueront un rôle considérable dans les bouleversements de la Chine du XXe siècle, mais davantage sous la forme du militant que de l'intellectuel.

Ces acquis nouveaux sont minces en regard de l'immensité de la Chine, et de son arriération économique qui laisse à son état misérable la majorité paysanne ; ils sont d'autant plus fragiles que l'occupation japonaise, puis la guerre civile les ont entravés. En 1949, le potentiel économique et social de la modernité est proportionnellement plus réduit en Chine qu'il ne l'était en Russie en 1917. Et on sait combien ce handicap était lourd dans ce pays.

La révolution maoïste[6]

La révolution maoïste constitue l'apport le plus direct au régime fondé le 1er octobre 1949. Grâce à elle, le régime « communiste » prend très vite ses traits essentiels. Lointaine héritière de la tradition révolutionnaire du XIXe siècle européen, la révolution maoïste a dû et a pu s'adapter, non sans peine, aux particularités de la Chine. Elle constitue d'abord une volonté de cassure avec le passé chinois. Le maoïsme se présente comme une version du bolchevisme qui rencontre la Chine et la quintessence de ce pays, la paysannerie. Cette conception, à visée immédiatement pratique, se veut en phase avec son temps mais doit faire face et s'appuyer sur ce que la Chine porte en elle de plus archaïque, de plus enraciné dans des traditions ancestrales.

Du bolchevisme russe, le communisme chinois, avant même que Mao n'en prenne la direction, a appris la théorie et les potentialités de l'avant-garde mobilisant le peuple pour bouter hors du pays les envahisseurs impérialistes, d'abord le plus redoutable, les Japonais, et pour le faire entrer de plain-pied dans une modernité postcapitaliste, ou pour le moins fortement étatiste. Pour ce faire, le communisme chinois a puisé dans l'arsenal des idées de l'Occident, qui transformées en pratiques sociales originales permettront de résister à l'Occident. La mobilisation de masse est le plus décisif de ces apports ; il faut y ajouter le passage du nationalisme à l'anti-impérialisme qui rompt avec les traditions de séparation radicale entre les élites et le monde populaire au profit du rassemblement et de la mobilisation de tout le peuple, y compris ses secteurs privilégiés et patriotes.

Le Parti communiste chinois (PCC) est fondé en juillet 1921 à Shanghai par une poignée d'intellectuels, dont Li Dazhao (1888-1927), et Chen Duxiu (1879-1942), le plus célèbre intellectuel chinois de l'époque, figure de proue du courant moderniste, qui devient secrétaire général. Ecarté de la direction du Parti en 1927, Chen se voit stigmatisé comme le bouc-émissaire de la défaite. Exclu du PCC comme oppositionnel en 1929, il se ralliera aux conceptions de Trotski et animera les petites troupes du trotskisme chinois, en défendant jusqu'à sa mort une idée du socialisme démocratique et en persistant dans sa critique de l'URSS stalinienne.

Le point de départ du PCC est modeste. Le vivier du jeune communisme se trouve dans la génération des intellectuels, nés autour du siècle, radicalisés autour des événements du 4 mai 1919 où une manifestation nationaliste enclenche une révolution culturelle, conduisant à une réévaluation de la modernité occidentale par la Chine. Ces intellectuels veulent sauver le pays, le changer de fond en comble. Une proportion importante de ces communistes provient de deux provinces, le Hunan, traditionnellement frondeur, et le Sichuan. Nombre de futurs hauts-cadres et dirigeants de la RPC, dont Zhou Enlai (1898-1976) et Deng Xiaoping (1904-1997), se sont formés à la vie militante en France au début des années 1920 où ils ont adhéré au communisme. D'autres, déjà communistes, iront à Moscou un peu plus tard pour y recevoir une éducation militante, léniniste et bientôt stalinienne. Le communisme chinois sera pourtant beaucoup moins cosmopolite que le marxisme russe de 1917. Les « étudiants-ouvriers » qui vont en France apprennent à connaître cet univers occidental qui les menace et les fascine ; mais la plupart resteront, même à l'étranger, des Chinois patriotes, peu familiers de l'univers dans lequel ils ont choisi de vivre quelque temps. Zhou Enlai est sans doute une exception. Deng Xiaoping qui séjournera plus de cinq ans en France et plus brièvement en Russie soviétique, est représentatif de cette génération qui viendra au communisme en terre étrangère mais qui n'engendrera pas pour autant un Trotski ou un Boukharine. Même le très agile Zhou Enlai ne se dotera pas d'une vaste culture marxiste, et encore moins d'une pensée originale. Ce que le marxisme chinois produira de réflexion propre est issu de l'intérieur, de penseurs sophistiqués comme Li Dazhao et Chen Duxiu, deux intellectuels actifs avant leur adhésion au marxisme ; le renouvellement viendra aussi d'un petit intellectuel comme Mao Zedong (1893-1976), à l'éducation tardive, sans véritable culture internationale, et peu au fait du marxisme avant 1930 ; c'est un penseur plus robuste et réaliste que subtil. Peu d'ouvriers au départ, et pratiquement aucun ne participe durablement et effectivement à la direction du PCC – sauf Chen Yun (1905-1996), ouvrier d'imprimerie puis économiste, mais qui jouera un rôle important surtout après 1949. Xiang Zhongfa (1888 ?-1931), ouvrier communiste, secrétaire général à la fin des années 1920, personnalité falote, doit moins sa promotion rapide à son statut de classe qu'au fait qu'il ne gêne pas les véritables maîtres du Parti, et d'abord le principal, Li Lisan (1899-1967) ; dans un parti qui a perdu l'essentiel de ses prolétaires décimés ou découragés par la répression, il est une bonne « couverture ouvrière ».

À son Ier congrès (Shanghai, juillet 1921), le PCC compte environ 60 membres, lors du IVe (janvier 1925), ils sont un millier. Pourtant un an plus tôt, sous la pression de l'Internationale communiste (IC) qui le pilote depuis ses débuts, il a adhéré au Guomindang de Sun Yatsen (1866-1925), le parti nationaliste fondé en 1912. Dans ce cadre, et grâce à son activisme en milieu ouvrier urbain, le PCC connaît une forte poussée en 1925-1927. Au printemps 1927, au Ve congrès, le PC compte environ 60 000 membres, dont une majorité d'ouvriers ; il a créé et dirige des syndicats importants, en particulier à Shanghai. Mais il a beaucoup surestimé son impact en milieu ouvrier, et largement sous-estimé le côté embryonnaire du jeune prolétariat – encore mal détaché du monde rural et très contrôlé par les contremaîtres sur les lieux de travail ; ce constat est particulièrement vrai pour l'important secteur des ouvrières du textile, soumises à l'autorité quasi militaire et despotique des contremaîtres liés aux milieux du gangstérisme local. La révolution de 1925-1927, dirigée étroitement du côté du PCC par les envoyés de l'IC, dont Borodine, un politique et des conseillers militaires, voit la percée d'un communisme urbain qui est pourtant loin d'être en mesure de conquérir par lui-même le pouvoir ; ce qui ne réduit pas la responsabilité des dirigeants soviétiques, les véritables maîtres du PCC. Les représentants de Moscou ont improvisé – largement dans l'ignorance reflétant celle de Staline en 1920[7] – une politique s'accrochant aux basques du Guomindang ; ce dernier, sous la direction du successeur de Sun Yatsen, Chiang Kaishek, ne songe qu'à se libérer de l'influence communiste. Cet objectif est réalisé par la contre-révolution lancée à Shanghai au printemps 1927. Le communisme urbain ne se relèvera pas de cette sanglante défaite. Dès lors, la révolution se mène dans les campagnes et avec les paysans jusqu'à son triomphe en 1949.

Jusqu'en 1927, le peuple à mobiliser provient essentiellement du monde ouvrier urbain. Le peuple de Mao Zedong, fils de paysan enrichi, ayant lui-même travaillé quelques années la terre[8], lui, est rural et provient de la paysannerie pauvre. Ce peuple n'a rien de révolutionnaire – comme Mao l'admet après sa période d'illusion pro-paysanne des années 1926-1927. Cette valorisation du rôle de la paysannerie pauvre est exprimée par Mao, début 1927, dans son célèbre texte, *Rapport sur le mouvement paysan dans le Hunan*, sa province natale. Le bilan de la révolution est moins enthousiasmant que ce qui est dit dans ce texte. Le monde rural, complètement dérouté lorsqu'il est abandonné à lui-même, doit être mobilisé, encadré, dirigé ; il n'y a eu ni jonction ni moins encore de fusion entre le projet moderniste des communistes et les attentes paysannes[9]. La modernité est portée par le Parti communiste à l'écart, voire contre les paysans.

Ainsi, bien avant 1949, le communisme chinois sous la direction de Mao – qui prend de fait la direction du Parti en janvier 1935 au début de « la Longue marche » – construit l'armature étatique de sa victoire. Mao n'est pas le marginal que décrivent de nombreux ouvrages. C'est un cadre reconnu : il a participé au congrès de fondation du PCC, il a occupé des postes assez importants, et en 1927, il est promu suppléant du Bureau politique au Ve congrès ; il perd cette fonction à la fin de l'année. Sa reconversion à l'action paysanne vers 1925, où il suit les traces d'un Peng Pai

(1895-1929), le véritable initiateur de l'action communiste dans la paysannerie (organisée au sud du pays dans le Guangdong), est bien acceptée ; toutefois, elle reste marginale dans un parti centré sur les villes et l'action ouvrière. Si Mao n'a pas de formation internationale (il ne quitte pas la Chine avant décembre 1949), son action est perçue positivement par l'IC. Mais après 1927, son ascension est difficile : elle est contenue par ses ennemis dans le Parti, les « internationalistes », formés à Moscou et dociles aux instructions de l'IC. Son orientation vers une action exclusivement paysanne lui attire de nombreuses critiques – et aboutit même à la perte de pouvoir dans le « soviet » paysan qu'il a fondé dans le Jiangxi au sud du pays, au début des années 1930. Il n'est pas pour autant un paria. Moscou n'oppose pas de véritable veto contre lui dans les années 1930. Pour autant, il n'est pas le candidat de Staline à la direction du PCC : trop indépendant de caractère, il n'est pas assez connu et reconnu par les chefs communistes de l'IC. Chef de file des « internationalistes », Wang Ming (1905-1974) convient mieux du fait de son prosoviétisme inconditionnel. Il entraîne des militants jeunes et souvent dépourvus d'expérience qui accèdent à la direction du PCC en proclamant leur allégeance à Staline dans les âpres batailles de fractions dirigées contre les oppositionnels nombreux dans la communauté chinoise de Moscou attirée par les critiques de Trotski à l'encontre de la politique chinoise de l'IC. Wang Ming dirige le PCC de 1931 à 1935, tout en restant le plus souvent à Moscou ; revenu en Chine en 1938, il est rapidement écarté par Mao et ses partisans. La montée de Mao vers le pouvoir s'est faite en dehors de l'IC : elle signifie la conquête de l'autonomie du PCC à l'égard du mentor soviétique qui l'a conduit plusieurs fois dans des voies sans issue. Mao restera lié et attiré par l'URSS et par son chef ; mais il incarne d'abord un communisme national et nationaliste qui entraînera une méfiance croissante de la part de Staline. Le maoïsme constitue un projet d'action en milieu paysan ralliant les cadres urbains, incapables de poursuivre leur militantisme dans les villes : ils se réfugient dans les bases rouges établies par des communistes en zone rurale, d'abord les soviets du Sud. Jusque dans les années 1930, le parti-État en voie de formation anime là où il le peut, d'abord dans le sud puis vers 1935 essentiellement au nord, de larges secteurs de la paysannerie pauvre dans le cadre de la lutte anti-japonaise, puis contre le Guomindang, le tout combiné avec des réformes sociales en faveur des paysans les plus démunis. Les adaptations très pragmatiques aux conditions du combat – utilisation de la stratégie de la guérilla, multiplication de petits États communistes plus ou moins stabilisés, les zones rouges – dessinent la figure d'un parti-État, et d'un pouvoir étatique structuré et hiérarchisé, qui se répandra sur tout le territoire à partir de 1949. Le système du « socialisme réel » est déjà, pour une bonne part, en place dans l'œuvre révolutionnaire elle-même.

L'impact de la guerre civile, 1946-1949[10]

En août 1945 la capitulation du Japon marque pour la Chine la fin d'une histoire chargée de cruautés en ouvrant une nouvelle étape, la guerre civile. Le bilan le plus visible de l'occupation japonaise (1937-1945), ne se mesure pas seulement à l'aune des souffrances infligées au peuple chinois ; elle marque aussi la percée du communisme chinois, devenu une puissance considérable dans le monde rural, au nord du pays. En avril 1945, alors que la guerre n'est pas encore terminée, le PCC convoque à Yanan son VIIe congrès, 17 ans après le précédent. Le PCC dispose de 1 200 000 membres et s'appuie sur une armée aguerrie d'un nombre à peu près équivalent de soldats ; il exerce son influence, voire une véritable autorité étatique, sur une centaine de millions de ruraux. Le communisme chinois est devenu un candidat crédible au pouvoir. Il a acquis ses titres de noblesse de combattant nationaliste face aux Japonais. Il est considéré comme l'autre grande figure du nationalisme chinois, « l'allié » mais déjà le rival du nationalisme historique du Guomindang, toujours sous la férule du généralissime Chiang Kaishek, celui-là même qui a déclenché la contre-révolution de 1927 et décimé les communistes dans leurs bastions urbains. Ce qui se prépare en 1945, c'est un affrontement entre deux projets irréconciliables. Le Guomindang a montré sa corruption, son incapacité et son peu d'empressement à combattre l'envahisseur japonais, malgré le soutien américain – le PCC limite aussi ses risques d'affrontement aux forces japonaises. Au sein de la population, le crédit du parti de Chiang Kaishek est en baisse et son impuissance à faire redémarrer l'économie, en 1945-1946 lui aliène ses soutiens urbains. L'inflation galopante, conséquence de son impéritie économique, son indifférence aux malheurs paysans ne lui permettent plus d'endiguer la montée communiste.

Le communisme chinois devient officiellement maoïste durant ce congrès ; sa doctrine, la « pensée maozedong », à l'égal du marxisme-léninisme, est inscrite en référence dans les statuts du parti. Le PCC a achevé sa mutation : parti d'intellectuels et d'ouvriers des villes de 1921 à 1927, d'abord anti-impérialiste, peu nationaliste, il est maintenant la force la plus déterminée du nationalisme chinois. Il prépare presque exclusivement sa victoire par la mobilisation du monde rural grâce à ses cadres, toujours dirigés par une élite urbaine. Il élargit ses bases dans le Nord ; non point parce que cette région est dotée d'une paysannerie plus radicale, ou plus pauvre – il y a plus de petits propriétaires au nord qu'au sud – mais, parce que le communisme en fuite en 1934-1935 (« la Longue marche »), dans une situation désespérée, s'est réfugié là où il a pu, dans une région isolée et difficile d'accès, autour de la petite ville de Yanan dans la province du Shenxi. On est loin des régions ayant nourri la grande révolte Taiping du XIXe siècle, puis ayant fourni un nombre considérable de chefs communistes, on est loin aussi des lieux de la modernité chinoise. Le PCC commence à rayonner à partir de cette base modeste et reprend rapidement vigueur grâce à son tournant nationaliste devant l'invasion japonaise. Il passe de 40 000 membres en 1936-1937 (contre peut-être 300 000 au temps du soviet du Jiangxi au début des années 1930) à 800 000 deux ou trois ans plus tard. Les villes sont largement délaissées. Au début des années 1930, le communisme urbain est moribond. Mao et le maoïsme, tournés vers l'immensité paysanne, négligeront les villes, y compris en 1946-1947, lorsqu'une agitation ouvrière se fait jour à Shanghai. En dehors d'une petite présence en milieu ouvrier, les villes pour le communisme chinois, ce sont surtout des intellectuels qui se rallient au PCC, désertent le monde citadin et vont se former à Yanan, la légendaire petite capitale du communisme chinois qui veut rompre avec le passé et la corruption du Guomindang. Là, ils deviennent des cadres pour le milieu rural. Ils y connaissent leurs premières désillusions, face à l'autoritarisme d'un PCC, déjà bien inséré dans le moule soviétique stalinien. Le refus du pluralisme politique, y compris de gauche, est fortement marqué à Yanan. La répression est organisée contre les opposants et les intellectuels qui ne supportent pas l'autoritarisme croissant des cadres communistes. Répression et exigence d'une allégeance inconditionnelle sont à l'œuvre dans les « campagnes de rectification du style » (1942-1944) ; ainsi se met en place un début de système concentrationnaire qui ne se limite pas aux ennemis affichés.

Le retour du communisme vers les villes, très tardif (1948-1949), est lié à l'encerclement des villes dues aux victoires militaires et non pas à des insurrections urbaines. En mai 1949, la population de Shanghai accueille l'armée rouge paysanne sans hostilité ni sans grand enthousiasme[11] non plus, comme si c'était des « martiens ». Essentiellement paysan, le communisme chinois n'est pas agraire ; c'est un parti de modernisateurs radicaux qui travaille en milieu paysan. Il apprend, jour après jour, combien il est difficile de convaincre la paysannerie d'adhérer à son projet, et, plus encore, de la faire participer à son combat. Au point que convaincre signifie quelque fois vaincre la paysannerie, s'imposer à elle. La rencontre imparfaite, lourde de malentendus, finit par se faire, partiellement durant la lutte contre le Japon, plus largement à partir de 1946-1947, mais toujours seulement là où les cadres communistes sont actifs. La guerre civile devient un vaste affrontement dirigé par des chefs militaires communistes motivés et souvent très compétents ; ce communisme armé bénéficie de plus en plus de soutiens, et, souvent de la neutralité des villes. Le PCC réussit ainsi à vaincre assez aisément les armées de Chiang Kaishek, au départ plus nombreuses et mieux équipées par les Américains, mais emportées par la déliquescence qui gagne l'ensemble du régime nationaliste. En 1949-1950, la révolution chinoise, marque la descente des communistes vers le Sud et le Sud-ouest, le retour vers les villes, et la jonction avec la majorité du monde paysan. Les communistes pénètrent dans des régions où les populations ne les connaissent guère. Traditionnellement prudents, souvent méfiants, les campagnards sont agréablement surpris de constater que les nouveaux maîtres ne se comportent pas comme les conquérants du passé ; qu'ils ne pillent pas, ne rudoient pas le paysan, et même le respectent. Quelque chose de nouveau arrive en Chine.

Replié sur son combat national, le communisme chinois garde une dimension « internationaliste » à travers ses liens avec l'URSS. Les rapports sont difficiles, la subordination est de façade. En 1936-1937, les dirigeants soviétiques ont imposé « le deuxième front » uni entre le PCC et le Guomindang, du moins une apparence de front, à des chefs communistes pour le moins réticents qui maintiennent d'ailleurs l'autonomie de leurs armées et de leur action. C'est la dernière fois que Staline force la décision des Chinois. Pendant la guerre civile, Mao n'en fait qu'à sa tête. En 1949, on est loin cependant de la rupture, impensable, en tout état de cause, dans le contexte de l'époque. Le communisme chinois est actif dans son pourtour, notamment en Corée, et dans l'ensemble indochinois, pays pour lesquels la République populaire chinoise constituera un véritable « arrière », un soutien économique et militaire. Il agit ainsi dans un cadre géographique qui n'est pas sans rappeler l'ancienne zone d'influence de l'Empire chinois : le nationalisme n'est jamais très loin. Tout au plus, existe-t-il une brève période d'effervescence internationale, voire internationaliste, lors du déferlement victorieux de 1948-1949, quand les révolutionnaires chinois, – dont Liu Shaoqi (1898-1969), numéro deux du Parti – incitent les pays asiatiques et du monde colonisé à faire une révolution du même ordre que la Chine. Staline et les dirigeants soviétiques mettent rapidement fin à cette tentative visant à prendre la tête du mouvement communiste, dans le monde colonial et semi-colonial ; très vite les communistes chinois sont contraints d'en rabattre sur leur prétention ou leur exaltation.

L'orientation soviétique (1949-1957)

Arrivés triomphalement au pouvoir, et plus vite qu'ils le pensaient, les communistes chinois sont en meilleure posture que les bolcheviks en 1917. La guerre civile est derrière eux ; ils ont acquis une solide pratique de l'animation du monde paysan ; enfin, ils bénéficient de l'expérience « socialiste » de l'URSS qui leur sert de modèle.

« La Nouvelle démocratie », une NEP chinoise

Les débuts du nouveau régime sont placés sous le signe d'une prudence programmatique remontant au tournant nationaliste du PCC en 1939-1940. L'orientation repose sur la notion de « Nouvelle démocratie », codifiée par Mao en janvier 1940 ; ce projet est affiné en 1949, à la veille de la proclamation de la RPC. Pour le PCC, qui sort d'une passe très difficile en 1940, puis qui veut asseoir sa légitimité sur l'ensemble de la Chine, ou du moins neutraliser les « forces patriotiques » bourgeoises et intellectuelles des villes en 1949, ce texte est important. Projet politique de circonstance, c'est aussi un constat d'arriération du pays, peu préparé à entrer rapidement dans la voie « socialiste » de type soviétique. Mao propose alors une alliance de longue durée entre les « quatre classes », les paysans et les ouvriers – représentés et dirigés par le PCC –, les intellectuels et la petite bourgeoisie. La nation doit passer par une longue phase d'économie mixte, où coexisteront capitalisme privé et secteur nationalisé. Le nouveau régime sait qu'il a absolument besoin des connaissances des couches modernistes dans les villes pour faire son apprentissage de la vie industrielle. Il propose ainsi une forme de NEP à la russe où le pouvoir communiste s'efforce d'établir, avec le soutien de la bourgeoisie tenue sous tutelle, les fondements d'une civilisation moderne (industrielle) conçue comme la pré-condition du socialisme. Mais, dès 1940, Mao est catégorique sur l'essentiel : ce régime de nouvelle démocratie sera sous la direction totale du PCC, autoproclamé dirigeant – voire même possesseur – des classes ouvrière et paysanne, et de ce fait de l'ensemble social.

Le « Programme commun » adopté par l'assemblée constitutive réunie le 29 septembre 1949 à Pékin sous l'égide du PCC consacre la politique « du front uni des quatre classes » ainsi que la reconnaissance des libertés publiques, de la propriété de la terre et des moyens de production. Les communistes n'en sont pas moins les maîtres absolus du jeu. Les huit petits partis alliés sont des forces sans pouvoir, en revanche une capacité d'initiative économique est laissée à la bourgeoise pour reconstruire l'appareil industriel malmené par la guerre civile et participer au développement économique.

Les promesses tenues de la révolution

Les premières années sont d'autant plus favorables au nouveau régime que celui-ci concrétise certaines de ses promesses. Il reprend en main le pays, le réorganise et le pacifie, achevant ainsi l'essentiel de la réunification nationale. Restent en dehors de son autorité l'île de Taiwan, Hong Kong, Macao, ainsi que la Mongolie extérieure sous la dépendance étroite de l'URSS. L'ordre est rapidement rétabli dans les villes, l'économie repart, l'inflation considérable, est jugulée au printemps 1950. Dès 1952, l'industrie récupère puis dépasse ses meilleurs niveaux d'avant 1949. Ce résultat modeste n'en est pas moins impressionnant aux yeux de la population urbaine.

La réforme agraire concrétise la rupture avec le passé : elle assure la redistribution si longtemps attendue des terres par le peuple des campagnes. Lancée le 28 juin 1950, la réforme s'étend jusqu'en 1953, et conduit à l'élimination sociale et parfois physique des propriétaires fonciers ; beaucoup sont envoyés dans des camps de travail. Les terres sont réparties de façon assez égalitaire. Cette réforme agraire gigantesque qui généralise les expériences menées avant 1949 dans les zones communistes, transforme la Chine en un océan de petits propriétaires vivant d'un modeste lot de terre, en moyenne un hectare par famille. La réalisation de la réforme a posé de sérieux problèmes, surtout là où les communistes, peu implantés étaient arrivés en vainqueurs militaires. C'est particulièrement le cas dans le sud du pays où les solidarités claniques sont vivaces. Ce sont alors les cadres communistes qui poussent les paysans à s'opposer aux propriétaires fonciers ; parfois la direction du PCC doit même imposer sa ligne à des cadres locaux réticents ou trop attentifs aux attentes et règles de la vie villageoise. Les chefs communistes insistent pour que les paysans pauvres s'attaquent directement et brutalement aux propriétaires fonciers. En incitant à l'action violente des paysans souvent hésitants, et lancés ensuite dans des fureurs vengeresses, ils interdisent tout retour au passé : la révolution nationale est devenue pleinement une révolution sociale. La réforme agraire permet aux communistes de s'implanter dans la paysannerie et d'asseoir leur pouvoir. Le PCC impose une unité nouvelle du commandement social – un seul groupe social dominant – lui permettant de mobiliser la paysannerie pour un développement économique volontariste et centré sur le monde urbain.

La loi sur le mariage, (30 avril 1950), entraîne, elle aussi, des bouleversements. Elle rompt avec des pratiques patriarcales qui plaçaient la femme dans un statut de soumission – à l'égard du mari, des beaux-parents, voire du fils. Le mariage des enfants comme le concubinage sont désormais interdits, tout comme l'infanticide, très courant. Les droits au mariage et au divorce sont reconnus, par simple décision d'un des deux conjoints. Il faut cependant obtenir l'accord des autorités, ce qui donne au Parti un droit de veto. Cette loi, radicale pour la Chine, est toutefois en retrait sur les expériences tentées par les communistes au début des années 1930 dans les soviets du Jianxi. Ils avaient alors dû reculer devant la pression des ruraux, et tenir compte des valeurs paysannes rétrogrades et peu favorables à l'émancipation féminine.

L'accord sino-soviétique

Dès juin 1949, Mao constate l'impossibilité d'une troisième voie entre capitalisme et communisme ; le nouveau régime « penche alors d'un seul côté », celui du « camp socialiste ». Mao s'envole pour Moscou en décembre 1949, premier voyage à l'étranger et premier contact direct avec Staline. Le séjour de deux mois est difficile, les discussions sont longues et âpres. Staline ne cache pas sa méfiance à l'égard de ce communisme dont il n'a pas prévu la victoire, et qu'il n'a pas favorisée. Le « Traité d'amitié, d'alliance et d'assistance », du 14 février 1950 est négocié par Zhou Enlai, appelé en renfort ; valable pour trente ans, il est rendu caduc dix ans plus tard en raison de la rupture entre les deux partis-États. L'URSS garantit la protection du nouveau régime en cas d'agression, et lui fournit une aide économique qui devra être remboursée. En contrepartie, l'URSS impose le maintien de la présence militaire soviétique à Port-Arthur et Daïren ainsi que d'autres conditions rappelant les « traités inégaux » issus du passé colonial. La Chine doit donc accepter la persistance d'un passé honni et une certaine subordination, au moins apparente, à l'égard du « grand frère soviétique ». Après la mort de Staline (1953), les communistes chinois réussiront à faire abolir ces clauses défavorables.

La guerre de Corée, un des points culminants de la Guerre froide devenu guerre « chaude », fixe la donne pour une longue période et contraint la RPC à s'intégrer plus étroitement au bloc soviétique. La conquête de la Corée du Sud lancée avec l'aval de Staline puis de Mao en juin 1950 par Kim Il Sung, le dirigeant communiste nord-coréen, entraîne une réaction américaine. Les communistes chinois ne s'attendaient probablement pas à être impliqués dans un affrontement direct avec les Américains et avaient même procédé à une large démobilisation de leur armée. L'engagement militaire de la RPC en Corée a des conséquences importantes et durables. La qualité, la discipline des armées chinoises et leur capacité à combattre efficacement sont reconnues après de longues décennies de mépris. Non négligeable, le demi-succès chinois est toutefois chèrement payé en vies humaines et en ressources économiques. La réussite des troupes chinoises est aussi due à l'importance du soutien soviétique en armes modernes. Cette aide oblige le nouveau régime à s'ancrer plus fortement dans le camp socialiste et à renoncer de fait à occuper une position plus autonome sur l'échiquier international. Isolée de l'Occident, la RPC doit entreprendre un développement économique largement autarcique. Et elle ne peut plus récupérer l'île de Taiwan protégée par la flotte américaine. La guerre de Corée provoque également un raidissement intérieur du régime qui entraîne rapidement une remise en cause de la Nouvelle démocratie. En 1951, toutes les formes d'opposition sont visées : membres des sociétés secrètes, agents et ex-agents du Guomindang, opposants de gauche, dont les trotskistes (1952), ou guérilleros anticommunistes. Dès lors, le système concentrationnaire se referme sur quelque dix millions de personnes soumises à la « rééducation par le travail », le *Laogai*, après avoir subi la très rude épreuve de « la réforme de la pensée ». En 1952, la bourgeoisie est brisée ; la Nouvelle démocratie est abandonnée, même si elle continue à être officiellement à l'ordre du jour jusqu'à la socialisation de l'ensemble de l'économie en 1955-1956.

Un régime et une économie de type soviétique

Dans les années 1953-1957 sont jetés les fondements « socialistes » du régime, qui s'enracineront au point de résister aux tentatives de modifications de Mao Zedong ; après 1978, elles opposeront une solide force d'inertie aux réformes de l'ère Deng Xiaoping.

Ce « socialisme » reproduit étroitement le modèle soviétique. La totalité du pouvoir effectif est aux mains du PCC, qui forme un véritable parti-État, et l'armature principale d'un projet d'industrialisation et de mobilisation des énergies, impulsé par l'État. Toutes les structures étatiques et gouvernementales sont doublées par des organes du PCC qui représentent les sources réelles de pouvoir, quand ce ne sont pas les mêmes personnes qui se retrouvent aux deux niveaux. La légalité est celle du Parti qui fixe ses propres règles sans toujours les respecter, surtout en période de crise interne. Les congrès du Parti sont convoqués irrégulièrement : le VIe l'a été en 1928, le VIIe en 1945, le VIIIe en 1956 et le Xe en 1969. Les congrès servent davantage à entériner une situation qu'à préparer les orientations futures. Il faut attendre les années 1970 et surtout la disparition de Mao (1976) pour qu'ils se tiennent régulièrement, environ tous les cinq ans. Sous la férule d'un Mao aux intentions parfois erratiques, le PCC n'est guère pressé d'instaurer un système juridique et d'établir un fonctionnement régissant les relations entre le régime et la population. L'autorité du Parti, donc de ses chefs, prime sur tout autre juridiction, ce qui permet aux hiérarques d'introduire des changements de cours imprévus. Mao est coutumier de ce genre de comportement, et, le temps passant, respecte de moins en moins les règles internes du Parti. Le système est très rigide avec ses règlements multiples définissant la hiérarchie à tous les niveaux, avec ses avantages (à quel niveau de pouvoir a-t-on droit à une voiture avec chauffeur, ou tel ou tel type de logement) et ses contraintes. Ce système de compartimentage intrinsèquement bureaucratico-étatique finit par atteindre toutes les sphères de la société ; il constitue une forme élaborée de contrôle social et un moyen efficace d'empêcher des regroupements de forces sociales critiques voire hostiles au régime. Mais sur un autre plan, ce système est imprévisible, arbitraire, dominé par le politique et les impulsions des dirigeants, du moins les plus influents. Cette double dimension, contradictoire, accompagne toute l'histoire de la République populaire de Chine. Expression du « socialisme réel », elle provient de l'héritage du passé chinois très bureaucratique, de l'emprunt à l'Union soviétique ainsi que des incertitudes et du volontarisme d'un projet modernisateur.

Le PCC, qui sort de deux décennies de guerre civile est fortement hiérarchisé. Cette guerre civile a eu le même effet que celle, plus courte, qui a suivi l'arrivée des communistes russes au pouvoir. Le commandement descend des sommets à la base, avec obligation pour les niveaux inférieurs d'obéir aux instructions venues du haut et de les faire appliquer par les subordonnés : c'est « le centralisme démocratique » hérité du marxisme-léninisme soviétique. Toutefois, dans cet immense pays, ingérable seulement à partir du centre, subsiste jusqu'en 1954 une autonomie des pouvoirs locaux ou régionaux, de nature politico-militaire.

Le pouvoir de décision sur les grandes orientations, parfois les petites, est concentré dans les mains du Bureau politique (BP). L'autorité effective est détenue par les six membres du Comité permanent du BP, structure mise en place au VIIIᵉ congrès du PCC en septembre 1956 : y siègent les cinq principaux dirigeants élus au congrès en 1945, Mao Zedong, Liu Shaoqi, Zhou Enlai, le vieux chef militaire Zhu De (1886-1976) et l'économiste Chen Yun. En 1956, s'y ajoutent Deng Xiaoping en tant que secrétaire général, et en 1958 le maréchal Lin Biao (1907-1971). Le Comité central – 97 membres et 73 suppléants élus à ce Congrès – est le conclave des hauts cadres du Parti : grands dignitaires de l'armée, gouverneurs et chefs de provinces, patrons des ministères et des organisations de la planification, directeurs des plus puissantes entreprises étatisées. Au sommet, le président (de la République jusqu'en 1959, mais surtout du PCC et de la puissante Commission militaire du Parti), Mao domine une direction qui a conservé au début de la RPC, une allure collégiale. Le groupe dirigeant, stabilisé au début des années 1940, qui comprend les maoïstes et les ralliés, parmi lesquels Zhou Enlai, ne connaîtra pas de crise majeure avant 1959. Seule exception : la purge de 1954-1955 qui élimine Gao Gang (1902-1955), chef de la puissante région de Mandchourie jouxtant l'URSS (et le patron de Shanghai, Rao Shushi), un dirigeant n'appartenant pas au noyau maoïste et considéré comme trop favorable aux intérêts soviétiques.

Bureaucratie dynamique, mais d'abord variante de bureaucratie, de structure de pouvoir adossé à l'État, le PCC qui proclame sa volonté de rupture avec le passé représente sans l'avouer, une continuité : la mutation mais aussi la renaissance, sous des habits neufs, de l'ancien fonctionnaire-lettré de l'empire. Le PCC qui comptait quelques dizaines de milliers de membres en 1937, 1,2 million en 1945 en totalise 4,5 millions en 1949, 6 millions en 1953 et 11 millions en 1956 ; il dépasse les 60 millions à la fin des années 1990. Ses cadres (les *ganbu*) sont les nouveaux maîtres du pays. Les intellectuels urbains – au sens soviétique, ceux qui ont quelque instruction et ne sont pas des manuels – sont 12 % en 1957. Les paysans forment encore la majorité (58 %) mais leur proportion diminue régulièrement ; au début de la RPC, le recrutement paysan a même été arrêté. Forces essentielles, l'armée et la police, politiquement très encadrées constituent 11 % des adhérents. Les ouvriers au nombre de 3 % avant 1949 sont massivement recrutés ensuite : 14 % en 1957, soit 1 ouvrier sur 8. Ils forment l'allié privilégié du régime, mais sans avoir la position dominante qu'ils sont censés détenir dans le discours officiel. La véritable promotion ouvrière consiste à sortir de sa condition et à accéder au statut de cadre : le mieux en somme est de cesser d'être ouvrier. En Chine, l'État ouvrier est une fiction ; la paysannerie est avant tout dominée et soumise. Chaque catégorie sociale dispose de son organisation de masse. Ainsi, la Fédération panchinoise des syndicats regroupe 16,3 millions de membres en 1956 sur près de 25 millions de salariés ; à la fin des années 1980, elle dépassera les 100 millions. Comme en URSS, elle n'est pas un syndicat défendant les travailleurs, mais un organisme visant à intégrer le monde ouvrier dans l'État, et à lui transmettre les instructions productivistes.

Dès 1955-1956, la mise en chantier du socialisme se ramène au modèle du « socialisme réel » mis en œuvre par tâtonnements, puis structuré et rigidifié en URRS. La quintessence du PCC – sa nouveauté dans l'histoire chinoise – tient à sa formidable capacité mobilisatrice qui le conduit à descendre jusque dans les profondeurs de la vie sociale et à ne laisser personne en dehors de son emprise. Il tire cette leçon essentielle d'un siècle de crise chinoise qui a vu le pouvoir se déchirer entre intérêts sociaux contradictoires (la *gentry* contre les fonctionnaires, les élites locales contre le centre, etc.), pouvoir de plus en plus incapable de faire face aux périls.

Dès les débuts du régime, la population est étroitement encadrée sur le modèle soviétique, dans le prolongement des expériences menées avant 1949 dans les zones communistes. Si l'endoctrinement et la propagande idéologique jouent dans les deux cas un rôle analogue, le communisme chinois sait, du moins dans les grandes phases maoïstes, obtenir l'adhésion active de la population par sa « ligne de masse » expérimentée avant 1949. L'encadrement constitue un outil de contrôle social, de mobilisation économique et de mise au pas idéologique. Le PCC s'efforce de convaincre, d'assurer la mise en œuvre des orientations nouvelles ; mais en cas de difficulté ou de résistance il n'hésite pas à réprimer. Pouvoir mobilisateur, qui cherche davantage l'adhésion active que l'obéissance passive, le PCC veut déclencher une participation populaire constante à travers de grands mouvements de masse. La dimension éducative doctrinaire est d'autant plus indispensable que les cercles dirigeants se font peu d'illusion sur l'acceptation spontanée des projets du PCC, notamment par les paysans. La répression va de pair avec la persuasion, la mobilisation des enthousiasmes et la propagande inlassable. La répression s'attaque aux ennemis réels, plus encore aux ennemis supposés ou désignés ; le pouvoir passe son temps à fixer des proportions « d'ennemis », « d'amis », « d'alliés » : ni trop, ni trop peu. « L'étiquette de classe », qui détermine le statut social, favorable ou non, s'instaure et se généralise dans les années 1950.

Ce qui ne change guère dans une Chine, qui veut pourtant en rompre avec le passé, c'est la séparation entre villes et campagnes ainsi que les avantages accordés aux urbains. Cette situation découle moins d'un choix délibéré, ou d'une hostilité de principe au monde rural, que du sous-développement. Le socialisme chinois donne la priorité au monde urbain, lieu de la modernisation industrielle où il trouve ses appuis les plus résolus. La paysannerie sert à assurer le succès du plan quinquennal, à le financer et à permettre l'approvisionnement régulier des villes ainsi que des industries textiles. Dans une moindre mesure, et sans qu'on puisse parler d'exode rural, le village doit fournir la main-d'œuvre nécessaire à l'industrie. La pression exercée sur les paysans est moins forte qu'en URSS en raison de l'attitude prudente des dirigeants communistes et plus encore de la modicité des ressources agricoles : la meilleure récolte dans les années 1950 en Chine procure moins de céréales par habitant qu'une récolte médiocre en URSS dans les années 1920, ce qui montre l'étroitesse de la marge de manœuvre.

À la campagne, le socialisme s'incarne dans la collectivisation des terres. Au départ, la plupart des dirigeants communistes, qui n'ignorent rien de l'attachement des paysans à la propriété privée et à l'agriculture familiale, ne sont guère enclins à une collectivisation complète. Mais Mao, qui s'est tenu pendant des années à l'écart de la gestion économique, impose une forte accélération des rythmes. Conscient d'être minoritaire parmi les chefs communistes, il contourne les voies régulières de décision et, durant l'été 1955, lance par-dessus la tête du BP « la grande marée socialiste », une collectivisation très rapide qui est pour lui le pendant rural du processus socialiste à la ville. Mao cherche des relais chez des cadres provinciaux ambitieux, et dans une minorité activiste de paysans qui veulent se faire bien voir de lui ou de leurs supérieurs, par carriérisme. Les paysans sont peu favorables à une entreprise aussi soudaine, et surtout aussi étrangère à leur mentalité, qui, de plus remet en cause la réforme agraire de 1950. La collectivisation est pourtant achevée fin 1956 : près de 90 % des paysans sont intégrés dans les coopératives socialistes. Pour ce qu'on en sait, ils n'ont guère opposé de résistance.

De 1953 à 1957, le premier Plan quinquennal met la Chine à l'heure soviétique : elle bâtit « une économie de commande » assez typique en quelques courtes années. L'URSS lui fournit l'aide indispensable, les techniques de planification ainsi que l'expertise pour construire de nouvelles usines. Cette période qui commence après la mort de Staline (mars 1953) marque l'âge d'or des relations avec l'URSS. La direction chinoise, tout particulièrement Mao, est courtisée par les nouveaux dirigeants soviétiques, en mal de légitimité internationale. Au sortir du premier Plan quinquennal, après huit années, le bilan de la RPC est contrasté. La nation est debout, fière d'elle-même, en voie de surmonter les humiliations du passé. Mais la guerre de Corée qui a rejeté le pays dans le camp socialiste conduit à son isolement sur la scène internationale, et ferme l'accès à l'ONU. Toutefois, le pays est actif en dehors de ses frontières. Avec l'aide de l'Union soviétique, le talentueux Zhou Enlai, fait reconnaître le rôle essentiel de la Chine dans les négociations de Genève (1954) qui aboutissent à la première paix d'Indochine. Le même Zhou Enlai joue un rôle décisif en 1955 durant la Conférence afro-asiatique de Bandoeng. Le deuxième séjour de Mao, à Moscou, en novembre 1957, contraste avec l'accueil frisant l'affront délibéré que lui a fait subir Staline en 1949. En 1957, la Chine fait figure de chef de file du camp socialiste après l'URSS. Derrière l'apparence de cette bonne relation entre l'URSS et la RPC, des lézardes se font jour, tout en restant encore dissimulées. La déstalinisation lancée par Khrouchtchev au XXe Congrès du PCUS (février 1956) est bien accueillie par certains dirigeants chinois, et entraîne même un mouvement prudent de démaoïsation lors du VIIIe Congrès du PCC (septembre 1956) ; elle provoque toutefois une réaction plus mitigée du chef chinois qui se sent visé par la critique du « culte de la personnalité ». Sous la pression de Mao, le PCC formule dès avril 1956 un jugement plus nuancé sur le rôle de Staline ; il refusera toujours de procéder à une déstalinisation publique.

De façon générale, la RPC construit une forme de socialisme réel peu originale mais très dynamique ; le PCC copie plutôt qu'il n'adapte le modèle soviétique ; d'où des réserves croissantes dans ses rangs en raison d'une relative inadéquation de ce modèle aux conditions particulières du pays. Certes, il existe des spécificités propres au socialisme chinois, notamment le rôle de l'entreprise, la *danwei* (l'unité de travail) ; son rôle dominant instaure une « cellularisation », voire un compartimentage étroit de la vie sociale urbaine, repliée sur l'entreprise et dépendant d'elle. Ici, la bureaucratisation, comme forme de gestion et de contrôle de la population, est poussée plus loin qu'en URSS. La centralisation économique y est moindre ; la séparation est étanche entre les villes et les campagnes. Des réticences se manifestent durant la mise en pratique du Plan et Mao n'est pas le dernier à s'en faire l'écho. Dans son texte, « *Les dix grandes relations* » (avril 1956), il critique sobrement le développement économique du pays et prône un essor équilibré largement repris de l'exemple soviétique mais se voulant attentif aux particularités du pays.

Ce texte précède de quelques mois les débuts de la politique d'ouverture des « Cent fleurs » visant à séduire les intellectuels. Elle devient une campagne officielle à partir de l'exposé de Mao du 27 février 1957 « *Sur la juste solution des contradictions au sein du peuple* », et plus encore après sa publication dans la presse du Parti quelques mois plus tard, mais dans une version édulcorée, moins favorable aux initiatives des non-membres du Parti. Le PCC – du moins certains de ses dirigeants autour de Mao – fait appel aux forces sociales urbaines pour le critiquer, l'aider ainsi à se réformer et à consolider son hégémonie. Risque redoutable, car bientôt éclate le mécontentement des intellectuels face à l'arrogance du PCC décrit comme un maître volontiers tyrannique, rappelant un passé honni. Mao a sous-estimé la crise de confiance qui atteint le pouvoir communiste. Il a pris l'initiative de cette campagne qui inquiète de nombreux hauts responsables et la plupart des cadres attachés à l'autorité sans partage du PCC. Il réagit vite et très violemment, en s'en prenant aux intellectuels dans une vaste campagne qualifiée « d'anti-droitière », dirigée par Deng Xiaoping, qui condamne entre 400 000 et 500 000 d'entre eux à passer de longues années dans « les camps de rééducation par le travail » ; plusieurs centaines de milliers d'autres sont stigmatisés comme « droitiers », c'est-à-dire comme intellectuels récalcitrants. La face autoritaire du pouvoir du PC l'emporte. Néanmoins, en 1957, le régime est encore prestigieux, il a de solides appuis dans le monde urbain, notamment dans la classe ouvrière et il bénéficie de l'obéissance de la paysannerie.

La voie maoïste et ses impasses, 1958-1976

De 1958 à la fin des années 1960, la Chine populaire tente une autre voie, prônée par Mao et ses partisans. Du « Grand bond en avant » (GBA) à la « Révolution culturelle », période entrecoupée de 1961 à 1965 d'un indispensable répit, la nation est complètement bouleversée. Les fondements soviétiques sont remis en cause et pourtant ce sont eux qui résisteront aux secousses.

Le Grand bond en avant

Après sa « victoire » politique de 1957 et la reprise en main des villes frondeuses par le Parti, Mao pense que l'heure est venue de promouvoir « la voie chinoise au socialisme ». Derrière cette volonté s'exprime la conviction, au demeurant largement partagée au sein du Parti et de la population, que le modèle soviétique, trop rigide est inadapté aux spécificités de la Chine. Pour sa part, Mao est sensible à l'écart persistant entre les villes et les campagnes, au fait que le privilège urbain s'est même accru durant la première étape du socialisme chinois. L'idée du « Grand bond en avant » découle aussi de la volonté de brusquer les rythmes du développement. « Le rouge prime l'expert » et « la politique au poste de commandement » sont les deux mots d'ordre majeurs de cette époque. Il s'agit de rattraper beaucoup plus rapidement que prévu le retard du pays et de faire mieux que « l'éducateur » soviétique. Ce communisme à la chinoise rappelle par certains côtés les illusions du « communisme de guerre » que la jeune République soviétique avait pratiqué dans le contexte peu favorable d'un pays ruiné par la guerre civile (1918-1921). Plus encore, ce communisme renvoie au lancement de l'industrialisation stalinienne dans les années 1930.

Variante de la mobilisation stalinienne, la voie chinoise est plus sensible à une certaine décentralisation et à l'idée d'un dualisme technologique, « marcher sur ses deux jambes » : développer des industries modernes tout en utilisant des moyens plus traditionnels ; employer ainsi une vaste main-d'œuvre disponible pour des travaux divers, grands et petits. Cela semble possible car le régime chinois est convaincu de sa légitimité et de pouvoir compter sur une importante assise populaire, du moins chez les ouvriers des villes et les paysans. La réalité est plus nuancée, mais la capacité mobilisatrice du régime est indéniable ; elle passe par la médiation des cadres et des relais qu'ils trouvent dans la population, parmi des minorités d'ouvriers activistes et de paysans zélés avides de promotion. Pour l'essentiel cependant, on y retrouve nombre de traits appartenant à la « haute » période stalinienne. Et avant tout la conviction partagée par de nombreux cadres que la mobilisation permet tout : faire en peu d'années ce que les autres nations ont mis des décennies à réaliser. Comme en URSS, ce « bond en avant » – à la fois rattrapage forcené du retard, préparation du pays à une guerre probable, et, plus encore, objectif digne des prodigieux exploits du passé chinois et des grands moments du socialisme historique mondial – doit se faire dans un cadre largement autarcique, sans aide extérieure, en dehors, en 1958, de l'Union soviétique.

La remise en question maoïste du modèle soviétique aboutit pourtant, contre ses propres attentes, au même résultat que l'entreprise stalinienne : faire plus que jamais des cadres la nouvelle élite dirigeante, le groupe social dominant. L'égalitarisme maoïste ne fait qu'accentuer les inégalités existantes, principalement entre les villes et les campagnes ainsi qu'entre les cadres et le reste de la population. Ce qui différencie la forme maoïste de l'original stalinien, c'est l'insistance sur la décentralisation, la plus large initiative accordée aux régions et enfin les incitations non matérielles. Le maoïsme est convaincu qu'il peut, qu'il doit libérer les énergies populaires et marquer ainsi son originalité en opposition à ce que devient l'URSS sous la direction de Khrouchtchev, ou à l'inertie bureaucratique qui menace la Chine. La mobilisation ininterrompue s'opposant à la routine et l'enthousiasme volontariste sont au centre de la vision maoïste et caractérisent le tempérament personnel de Mao ; elles correspondent à l'image qu'il a de sa fonction d'animation comme chef suprême, de sa vision de la révolution et d'un socialisme en perpétuel dépassement. À l'inverse, l'émancipation sociale, plus encore l'auto-émancipation sociale des classes populaires sont des conceptions absentes chez Mao, chef d'État et de parti, et plus encore chez tous les cadres, petits et grands.

Discutée par la direction du Parti pendant des mois, la ligne du Grand bond – « compter sur ses propres forces » – est entérinée durant la 2e session du IXe Congrès du PCC (mai 1958). La majorité des dirigeants communistes acceptent des objectifs irréalistes. Des collectifs d'une moyenne de 5 000 familles sont constitués ; 740 000 coopératives fusionnent en 24 000 communes populaires et, fin 1958, regroupent l'ensemble des paysans. Les débuts très radicaux sont caractérisés par la ferveur idéologique, une extrême tension productiviste et la socialisation des activités traditionnellement familiales (les cantines collectives) ; le tout est mené dans une atmosphère de campagne militaire, de mobilisation intense en faveur des communes populaires. Des cadres locaux, parfois peu compétents et surtout zélés à l'égard des ordres des supérieurs sont les animateurs, bienveillants ou tyranniques, du mouvement. Le GBA qui veut faire jaillir les énergies populaires a une tonalité bureaucratique et lourdement autoritaire. À l'instigation des autorités supérieures et tout particulièrement de Mao, les cadres régionaux pressent les paysans, réticents ou fascinés, à construire les célèbres petits hauts-fourneaux ruraux, censés incarner l'industrialisation à la campagne. Les objectifs imposés aux villes et à l'industrie urbaine, tout aussi irréalistes nécessitent une concentration considérable des ressources. Le pays espère ainsi assurer sa pleine indépendance économique et afficher hautement la présence du socialisme chinois : affirmer sa fierté nouvelle, voire une forme renouvelée de prééminence de l'ancien Empire du Milieu.

Le Grand bond dure jusqu'à l'hiver 1960. Pourtant dès le Comité central du PCC tenu à Wuhan du 28 novembre au 10 décembre 1958, la nécessité d'une pause se fait sentir. On reconnaît que le communisme est un but lointain et que les cantines sont peu populaires chez les paysans. Il est devenu évident que la population ne peut suivre ces rythmes forcenés. Qui plus est, le Grand bond, projet ultra volontariste, est largement improvisé, sans que l'appareil technique et de planification suive. En novembre 1958, Mao propose un début de retraite. Cette dernière eut peut-être été plus nette si la direction du Parti n'avait été prise dans la tourmente d'une grave crise politique. À la « Conférence de travail » qui se tient à Lushan en juillet 1959, le maréchal Peng Dehuai, le ministre des Armées, personnalité respectée, critique le projet du Grand bond. Indirectement visé, Mao réagit très violemment, parvient à rallier les autres dirigeants communistes et à faire destituer le maréchal et ses proches. Il relance le Grand bond, transformant ainsi une politique dangereuse en un véritable désastre. À l'automne 1960, il faut entamer une retraite complète dans l'urgence. Mais la catastrophe est là. L'appareil industriel se délite en 1961 et 1962. Le pire survient pour la production agricole qui chute à un niveau insuffisant pour assurer des rations alimentaires minimales à toute la population. Un rationnement très sévère est décrété dans les villes. Mais la famine sévit dans les campagnes, une des plus graves de l'histoire de ce pays : les morts se comptent par millions ; le bilan est particulièrement effroyable dans les provinces les plus engagées dans la politique du Grand bond. La situation est moins dramatique là où les cadres ont été plus prudents ou plus rapides à rebrousser chemin. La leçon ne sera pas oubliée.

Le réajustement économique

Une autre politique est alors proposée en catastrophe ; une autre équipe prend les rênes du pays. Mao, qui n'est pas officiellement critiqué – nul ne s'y risquerait – se met en retrait tout en gardant un pouvoir considérable. Liu Shaoqi, président de la RPC depuis 1959, Deng Xiaoping, jusqu'alors partisan de Mao, et l'économiste Chen Yun mettent en application la nouvelle politique : elle prend l'allure d'une NEP chinoise. Progressivement mise en œuvre en 1961-1962, elle ouvre une phase de détente dans les rapports entre le régime et la population ; elle manifeste une attitude plus souple à l'égard des intellectuels. Les communes populaires ne sont pas abandonnées, mais l'essentiel de l'activité économique est ramené vers les brigades, les coopératives d'avant 1958, et surtout vers les équipes de production, l'unité de base du collectif rural (20 à 25 foyers du village). Les lopins de terre familiaux reprennent de l'importance ; le commerce rural et les marchés privés réapparaissent. Il faudra attendre l'année 1965 pour retrouver le niveau de production agricole de 1957. Les « trois années noires » du Grand bond resteront dans la mémoire de toute la population, particulièrement de la paysannerie, comme un terrible fléau ; elles susciteront les premiers doutes, peut-être même des doutes sérieux, sur la sagesse du chef suprême. L'étau se desserrant sur les intellectuels, certains se saisissent de l'occasion pour publier des satires déguisées de la politique du régime, et de Mao en particulier. Échaudés par l'expérience de la répression anti-droitière de 1957, ils le font avec prudence et le soutien, comme dans les temps anciens, de protecteurs haut placés dans le PCC, parmi lesquels le maire de Pékin, Peng Zhen. Ouverture prudente et retour vers une forme de soviétisme tempéré sont les deux aspects de cette politique de réajustement.

Sa relative mise à l'écart laisse Mao insatisfait. Il repart progressivement à l'offensive, sa cible devenant de plus en plus le Parti, les cadres et surtout les nombreux chefs qui s'opposent à ses orientations sans le faire ouvertement. De surcroît, Mao constate que la normalisation qui suit le Grand bond correspond à une forme de « routinisation » du régime, à la montée d'une bureaucratie plus soucieuse de ses intérêts, de son statut et de ses privilèges, que du processus révolutionnaire au sens où l'entend Mao, une mobilisation dynamique des masses. La vie politique se ritualise, les convictions se raréfient et le cynisme se répand. Après tant d'années éprouvantes, de mobilisation et de répression constantes, on sent une aspiration à mieux vivre.

Cette période est marquée par le schisme sino-soviétique, rupture entre les partis et cassure entre deux nations-empires. De vieux contentieux remontent à la surface. Dès 1958, les Soviétiques expriment discrètement leur désaccord sur le GBA qui rappelle trop à Khrouchtchev le volontarisme stalinien. Ils sont encore plus réservés sur l'initiative belliqueuse prise par Mao la même année de déclencher une crise autour de Taiwan, dans l'espoir de récupérer cette île ou du moins de tester la détermination américaine. La rupture est consommée mais non officialisée quand Khrouchtchev retire brutalement les conseillers et les techniciens soviétiques durant l'été 1960 ; ce qui a pour effet d'aggraver la crise du Grand bond. La rupture devient publique en 1962-1963. Vient l'époque des grands textes doctrinaux chargés d'anathèmes ; les deux grandes puissances communistes s'excommunient mutuellement et revendiquent la légitimité marxiste-léniniste pour elles seules.

La rupture devenue publique, l'essentiel se concentre sur une tentative de domination ou de partage d'influence du camp socialiste ; cette tentative ne tourne guère à l'avantage d'une Chine populaire qui, le plus souvent, n'a que des conseils à donner, et bien moins à offrir sur les plans politique, diplomatique et matériel, que l'Union soviétique des années 1960. Les PC Nord-coréen et Nord-vietnamien s'efforcent de maintenir de bons rapports avec les deux puissances, et avant tout de préserver leur autonomie. En Europe de l'Est, le PCC ne trouve pas d'autre soutien étatique que du côté de la petite Albanie. La Chine est plus isolée que jamais. Elle a perdu son principal allié en Asie, l'Inde, avec qui elle est en conflit depuis 1959 à propos de deux territoires frontières. Dans cette lutte d'influence sur le communisme mondial, le maoïsme acquiert un impact, plus ou moins durable, sur plusieurs partis et groupes en Asie, en Afrique, en Amérique latine, voire un peu en Europe ; mais jamais la RPC n'a envisagé de créer une internationale maoïste. La force du PCC réside dans son rôle de modèle, dans la réussite de la révolution chinoise. Pour l'essentiel, elle est l'expression du nationalisme chinois dans sa variante maoïste : il a besoin d'un espace d'influence mais non d'un projet à vocation planétaire qui, au demeurant, n'a aucune racine dans l'histoire de la Chine ni dans celle plus restreinte du PCC.

La « *Révolution culturelle* »

Officiellement, la « Révolution culturelle » s'étend de 1966 à la mort de Mao en 1976, voire une année plus tard ; en fait, elle est moribonde dès 1968. La « Révolution culturelle » résulte de la rencontre entre les ambitions de Mao, ses impulsions désordonnées avec les conséquences que provoque la crise sociale que connaît le milieu urbain sur les cadres du Parti ; cette rencontre est ambiguë, contradictoire. Contenue par l'autoritarisme du régime, la crise sociale est largement présente dans les villes. Elle résulte de l'encadrement étroit des populations et de la lourdeur bureaucratique de la gestion du pays. Le processus d'ascension sociale qui, aux débuts du régime, fournissait un débouché aux couches populaires, essentiellement ouvrières se tarit : la nouvelle élite se reproduit de plus en plus par elle-même. Englués dans des calculs de carrière, les cadres sont pris dans des logiques de réseaux à travers une sorte de « clanisme » politique, laissant peu de place à l'initiative et à la créativité, moins encore des illusions sur l'aspect émancipateur du « socialisme réel », qu'il soit maoïste ou non. Les « jeunes éduqués » dans les lycées, ceux qui, en nombre très réduit peuvent entrer dans l'enseignement supérieur, sont particulièrement insatisfaits de cette société bloquée, et coincés dans une vie scolaire dominée par l'autoritarisme mandarinal. De nombreux jeunes ouvriers sont également mécontents des contraintes qui leur sont imposées avant de pouvoir accéder au statut protégé de travailleur statutaire des entreprises d'État ; ils sont aussi déçus, voire démotivés, par la stagnation des salaires. Pourtant, ils sont mieux lotis que les millions de travailleurs temporaires, souvent des paysans loués par leur commune populaire à des usines des villes. Ces derniers n'ont guère l'espoir de pouvoir rester en ville, ni d'obtenir les avantages attachés au corps des ouvriers permanents. Leur statut est précaire comme l'est leur vie quotidienne. N'oublions pas enfin la condition des classes réprouvées – les propriétaires fonciers, les anciens capitalistes, les intellectuels « droitiers » – corsetées dans leur statut par la fixation rigide de « l'étiquette de classe » qui se transmet des parents aux enfants, stigmate social si difficile à effacer. Ainsi, la société chinoise est traversée par des tensions, voire par une relative violence, une insécurité qui n'ayant pu s'exprimer jusqu'alors, explose durant la « Révolution culturelle ».

Mao trouve dans ce vivier de frustrations des soutiens pour lancer son offensive contre le Parti. Il prend soin de s'assurer de l'appui de Lin Biao, ministre de l'Armée, maoïste zélé, qui a initié dans ses rangs l'étude du *Petit livre rouge* et des chefs de l'appareil de sécurité, dont le redoutable Kang Sheng (1898-1975), le Béria chinois. Sa première cible politique importante est Peng Zhen, le maire de Pékin, protecteur des intellectuels frondeurs qui est démis de ses fonctions au printemps 1966. Puis le mouvement s'accélère avec la création, durant l'été 1966, des groupes de Gardes rouges constitués de « jeunes éduqués », lycées et étudiants, séduits par l'appel à la révolte de Mao. L'attaque s'exerce contre des pans entiers du Parti puis se tourne rapidement vers la population. Des millions de Gardes rouges, exaltés et fanatisés, procèdent à une épuration sévère, sous l'impulsion des partisans de Mao. Paralysé par cette offensive venue de l'extérieur, mais menée à l'instigation de Mao, le Parti se défend peu et mal. Le 11e plenum du 8e CC, (1-12 août 1966) consacre la victoire politique du Grand timonier. Du 18 au 25 août 1966, Mao reçoit l'hommage de millions de Gardes rouges qui, venus de tout le pays, défilent sur la place Tiannamen et lui font acte d'allégeance. Liu Shaoqi, la cible principale, est politiquement affaibli puis éliminé et arrêté ; il mourra en prison. Il sera suivi de peu par Deng Xioaping qui, lui, évitera l'exclusion du Parti. Le centre maoïste qui détruit le fonctionnement du Parti agit comme un pouvoir *ad hoc*, « le groupe de la Révolution culturelle » et domine le pays de 1966 à 1968. Il partage le pouvoir avec l'armée sous la direction de Lin Biao, les services de sécurité, et ce qui reste de l'activité du gouvernement autour de Zhou Enlai.

Si les campagnes sont laissées en dehors du mouvement – certaines sont affectées ici ou là – dans la crainte d'un nouvel effondrement agricole semblable à celui provoqué par le Grand bond, toute la Chine citadine est prise dans la tourmente. Partout se constituent des groupes de Gardes rouges, de toute nature, qui s'affrontent les uns aux autres en se revendiquant de l'autorité déifiée de Mao. Ils expriment souvent des intérêts sociaux différents : enfants de cadres privilégiés contre enfants de catégories sociales réprouvées, etc. On assiste à une véritable guerre civile manipulée par les forces en présence dans le Parti. Cette guerre tourne souvent à l'affrontement direct entre factions opposées des Gardes rouges. Le mouvement révèle la logique de faction qui traverse toutes les institutions, tout particulièrement le Parti. Profitant de son statut, du poids historique de son chef, de son talent manœuvrier et de ses liens avec l'armée, la fraction Mao prend l'avantage avec « l'aide d'alliés de circonstance », les jeunes éduqués radicalisés. Mais c'est une victoire fragile ; les courants du Parti menacés se défendent comme ils le peuvent en organisant leurs propres groupes maoïstes constitués des enfants de privilégiés, ou du secteur favorisé de la classe ouvrière.

Bien vite, il s'agit pour beaucoup de survivre ou d'échapper à une violence plus ou moins organisée qui détruit, humilie, torture parfois et conduit des myriades de personnes à l'exil ou en camp. Les cibles du courant maoïste, cadres et intellectuels urbains, sont les premières atteintes ; ensuite, les Gardes rouges, devenus ou perçus comme une force incontrôlable, ou pire encore, considérés par la fraction maoïste, comme un courant potentiellement autonome, sont mis au pas. Pour enrayer le chaos qui se répand en Chine en 1967, Mao fait appel à l'armée et à la police secrète, deux appareils encore structurés. La plupart des groupes maoïstes sont éliminés en 1968, laissant en activité la seule gauche maoïste officielle qui rassemble un groupe disparate d'ambitieux, de courtisans et de carriéristes ainsi que ce qui reste de l'équipe autour du premier ministre Zhou Enlai chargée de faire fonctionner, cahin-caha, la machine gouvernementale.

Il faut alors détruire les forces non ralliées et d'abord les groupes de Gardes rouges de plus en plus indépendants. Pour l'équipe maoïste, la véritable solution consiste à partir de 1968 dans l'envoi massif des « jeunes éduqués » à la campagne. La violence qui a parcouru la « Révolution culturelle » constitue un traumatisme durable pour le peuple chinois. Toute la société urbaine sort pétrifiée de ce déchaînement de passion, de cruauté, mais aussi de liberté soudainement conquise par des millions de jeunes. Les adversaires sont systématiquement diabolisés. Le IXe Congrès du PCC (avril 1969) confirme le triomphe du Grand timonier : sa pensée est réintroduite dans les statuts du Parti. Le maréchal Lin Biao, successeur désigné, entraîne une phalange compacte de militaires, plus de deux tiers des congressistes, et douze membres du Bureau politique sur vingt-cinq. En fait, la victoire éclatante de Mao marque aussi la défaite du maoïsme comme volonté de rupture avec la sclérose bureaucratique, et son incapacité à remettre en cause le système étatico-bureaucratique qu'il a mis en place.

Despotisme et déclin, 1969-1976

En 1969, Mao est donc le maître de la situation. Sa pensée, son autorité priment sur tout. Pourtant, pendant la dernière période de la vie de son chef, le maoïsme est de plus en plus impuissant à mettre en pratique ses orientations, et même à en fournir une. Il faut d'urgence remettre en marche le pays ; cette tâche revient à Zhou Enlai. Un ordre social centré sur la vie régulière du Parti et de ses cadres reconnus se reconstitue ; un autoritarisme technocratique et modernisateur se profile. Vieillissant, de moins en moins actif, Mao se contente de tenir l'équilibre entre ses partisans, partiellement regroupés autour de sa femme Jiang Qing, et les anciens cadres, sous la direction de Zhou Enlai et de Deng Xiaoping, revenu sur la scène politique au printemps 1973. Désormais, la « lutte des classes » maoïste n'est plus qu'une âpre et obscure bataille au sommet entre deux camps, tous deux appuyés et contenus par

Mao, ce qui empêche chacun de prendre un avantage décisif. Peu à peu, la balance penche en faveur des reconstructeurs de l'appareil sous sa forme classique. La « Révolution culturelle » qui a tout bouleversé n'a rien changé dans le fonctionnement et la nature du régime. L'élite communiste a été secouée, mais n'est pas détruite. Il s'établit alors un accord implicite entre l'appareil qui récupère ses prérogatives et de larges secteurs de la population afin d'éviter de nouveaux affrontements et d'empêcher tout retour à une nouvelle « Révolution culturelle ». La Chine qui sort de la tourmente de la « Révolution culturelle » est essentiellement façonnée par le modèle soviétique.

La « Révolution culturelle » a porté l'isolement du pays à son sommet. Si la guerre du Vietnam ne déborde pas en un affrontement ouvert avec les États-Unis, c'est parce que, après la rude expérience de la guerre de Corée, les deux pays ont appris à fixer des règles tacites dans leurs relations. Mais les rapports ne sont pas bons pour autant. Ils sont franchement mauvais avec l'Union Soviétique. Il y a même en mars 1969 des affrontements guerriers à la frontière sino-soviétique, sur le fleuve Oussouri. Zhou Enlai est chargé de mener une politique d'ouverture en direction de l'Occident, et surtout des États-Unis, l'adversaire de l'URSS. Les États-Unis se saisissent de l'occasion : le spectaculaire voyage de Nixon en février 1972 ouvre la porte à la reconnaissance diplomatique du pays par les États-Unis ; il inaugure une période faste dans les relations entre les deux pays. La Chine fait figure de grande puissance, de nation prestigieuse ; elle fascine de nombreux intellectuels radicaux dans le monde, et parmi eux certaines élites occidentales.

Notes

1. Pour une bibliographie d'accès facile sur le communisme chinois, on se reportera à Marie-Claude Bergère, *La République populaire de Chine*, A. Colin, 1999 ; Lucien Bianco, *Les origines de la révolution chinoise*, 1915-1949, « Folio », Paris, 1997 ; Yves Chevrier, *Mao et la révolution chinoise*, Casterman-Giunti, 1993 ; Jacques Guillermaz, *Histoire du Parti communiste chinois,* 1921-1949, Payot 1975 ; du même auteur, *Le Parti communiste au pouvoir*, Payot, 1979 ; Roland Lew, 1949, *Mao prend le pouvoir*, Complexe, 1999 ; du même auteur, *La Chine populaire*, PUF, « Que sais-je », 1999 ; Alain Roux, *La Chine au XXᵉ siècle,* Sedes, 1998 ; et pour un bilan récent sur la RPC, voir le n° 159 de la revue *The China Quarterly*, Londres, septembre 1999, « The People's Republic of China after 50 Years ».

2. C'est la conception la plus généralement admise à la fois par les analystes et les observateurs sur le terrain. Cette dégradation globale de la condition paysanne a été récemment contestée par un chercheur ; Loren Brandt, « Reflections on China's late 19ᵗʰ and Early 20ᵗʰ-Century Economy », in *China Quaterly,* juin 1997, p. 282-308.

3. Peut-être 300 000 habitants dès le milieu du XIXᵉ siècle, bien plus donc qu'on ne le pensait jusqu'à récemment. Voir Christian Henriot et Alain Roux, *Shanghai années 30, Autrement*, Paris, 1998, p.21 et suivantes.

4. Marie-Claude Bergère, *L'âge d'or de la bourgeoisie*, Flammarion, 1986.

5. Sur le monde ouvrier chinois voir les travaux très documentés d'Alain Roux, *Le Shanghai ouvrier des années trente*, L'Harmattan, 1993 ; *Grèves politiques à Shanghai*, EHESS, 1995 ; et les chapitres « L'introuvable classe ouvrière » et « Des vagues qui se brisent » dans *Shanghai années 30, op. cit.*

6. Voir Roland Lew, *L'intellectuel, l'État et la Révolution : essais sur le communisme chinois*, L'Harmattan, 1997.

7. Voir sur cet aspect d'improvisation voir le travail d'Alexander Pantsov, à partir d'archives récemment disponibles : « La politique de Staline en 1925-1927. Nouvel éclairage des archives russes. », les *Cahiers Léon Trotski*, Paris, novembre 1998, p.5-36.

8. Sur la jeunesse de Mao, ses origines paysannes, ses études, on se reportera à Nora Wang, *Mao Zedong : enfance et adolescence, Autrement*, Paris, 1999.

9. Il y a un écart important entre ce que Mao écrit et ce qu'il fait effectivement sur le terrain : la spontanéité est moins présente dans les faits que dans le discours ; alors que le rôle des cadres extérieurs au monde paysan (dont Mao) y est nettement plus important que ce qui est admis dans le Rapport de Mao.

10. Suzanne Pepper, *Civil War in China, the Political Struggle (1945-1949)*, University of California Press, 1978 ; L. Eastman, *Seeds of Destruction, Nationalist China in War and Revolution,1937-1949*, Stanford U. Press, 1984.

11. Comme si c'étaient des « martiens », R. Guillain, correspondant du journal *Le Monde*, en Chine à cette époque.

Chapitre X

Libération nationale et communisme dans le monde arabe

par René Gallissot

Dans la seconde phase du XXe siècle, les changements mondiaux sont d'abord portés par les luttes nationales. De 1943 à 1975, c'est-à-dire de la Seconde Guerre mondiale à la fin des guerres américaines du Vietnam, l'action armée de groupes anticolonialistes se transforme souvent en révolutions nationales. L'indépendance de nombreux pays est reconnue à travers la décolonisation. La part prise par le communisme dans ces bouleversements est variable : les cas de la Chine et du Vietnam sembleraient montrer une victoire du communisme ; par contre, le monde arabe serait un des lieux de son échec. En fait, ce constat sous-estime la part prépondérante de la mobilisation nationale dans l'entre-deux-guerres en Chine et même en Indochine. Le ressort nationaliste restera prépondérant puisque la Chine et le Vietnam entreront en conflit en 1979. Dans ce « mariage rouge », le nationalisme domine donc le communisme. Dans le monde arabe, communisme et nationalisme ont des liens difficiles : ce couple n'aura de cesse de se faire et de se défaire. Toutefois, au-delà de ses défaites politiques, le modèle communiste imprimera sa marque aux sociétés arabes ; il promeut un activisme militant et plus encore une conception du parti, plus unique que d'avant-garde, qui a vocation à conquérir l'État. Cet État-parti deviendra l'instrument d'une étatisation économique et d'une bureaucratisation de la société. Paradoxalement, alors que le discours des pouvoirs en place se démarque du communisme, rejeté comme modèle extérieur et corps étranger, le modèle qu'il développe est reproduit, de façon systémique.

Tout au long de cette seconde phase du XXe siècle, les tensions et les crises du monde arabe se focalisent sur la question nationale. L'abcès de fixation que représente la création de l'État d'Israël attise les nationalismes. La chronologie des conflits est à cet égard éloquente : les années 1943-1945 sont marquées par le choc de la Seconde Guerre mondiale, en 1947-1948, l'affrontement pour la Palestine débouche sur la défaite arabe et la création de l'État d'Israël. En 1955, la Conférence des pays non-alignés à Bandoeng où l'Égyptien Nasser joue un rôle de premier plan est suivie un an plus tard par l'échec de l'expédition occidentale à Suez.

En 1967, la guerre des Six Jours marque la victoire d'Israël sur les pays arabes, victoire confortée en octobre 1973 par la guerre du Kippour cependant qu'en 1974, suit la révolution libyenne menée par le colonel Khadafi. En 1978, la révolution iranienne met fin à l'empire du Shah et se dresse contre la domination américaine vis-à-vis de laquelle les pays du Proche-Orient adoptent des positions divergentes. Le long et terrible conflit entre l'Irak et l'Iran (1980-1988) déchire la région bien avant que n'éclate, en 1991, la Guerre du Golfe, guerre « chirurgicale » qui fait plusieurs milliers de victimes irakiennes. Cet événement se situe à un moment de déclin du communisme. Tout en se maintenant dans une attitude hostile à l'égard de cette idéologie, un certain nombre de pays arabes conservent paradoxalement un modèle de parti, d'appareils d'État et de « services » issu de l'expérience communiste.

L'Internationale communiste et l'arabisme

Pour comprendre la relation entre l'arabisme et le communisme au cours du XXe siècle, un retour aux origines de l'internationalisme communisme s'impose. Au IIe Congrès de la IIIe Internationale en 1920, une formule d'alliance est trouvée avec la reconnaissance du « nationalisme révolutionnaire » des pays dominés. En effet, la domination coloniale subie par ces pays est particulièrement pesante. Les puissances européennes occupent l'ensemble de l'espace allant du Maroc au Moyen-Orient inscrit dans des pactes armés. Cette domination est renforcée par l'ampleur du peuplement « européen » en Afrique du Nord. Au Proche-Orient, la domination se traduit par l'exercice des « Mandats » attribués aux puissances françaises et britanniques, en fonction d'un partage territorial effectué après la Première Guerre mondiale. Aussi, il n'est pas étonnant que, dans les pays arabes, le centralisme soviétique se serve des bureaux coloniaux respectifs des partis communistes français et britannique. L'appel au nationalisme révolutionnaire intègre l'arabisme qui s'affirme à l'époque, notamment dans le soulèvement de Syrie. Les choix soviétiques sont également stratégiques. L'URSS est, avec les États-Unis, un des premiers États à reconnaître en 1925, l'Arabie Saoudite qui contrecarre la domination britannique en Orient. Les communistes font campagne contre la colonisation britannique et remettent radicalement en cause l'armée et l'occupation française : ils reprennent ainsi le mot d'ordre de fraternisation des soldats, en soutenant en 1925 l'insurrection de la République de Rif au Maroc ainsi que le soulèvement du pays druze au Liban. L'arabisme est célébré comme une lutte nationale, et la solidarité se manifeste à l'égard de toute manifestation nationale arabe : ainsi, l'action de Chekib Arslan qui, de Genève, lance la revue *La nation arabe,* bénéficie d'un vif soutien du mouvement communiste. La Ligue contre l'impérialisme et l'oppression coloniale a mission de prendre appui sur le nationalisme révolutionnaire ; colonialisme ou impérialisme, c'est le même mot qui s'emploie en arabe. Au congrès de fondation de la Ligue à Bruxelles en 1927, le jeune Messali, futur Messali Hadj, venu de Paris, réclame l'indépendance des colonies au nom de l'Étoile nord-africaine.

Même aux pires moments les plus sectaires de la ligne « classe contre classe » qui lance le mot d'ordre d'un « Gouvernement ouvrier et paysan », à Berlin comme à Jérusalem, se dessine une première élaboration d'une conception communiste prenant en charge l'arabisme. Par ses envoyés en mission puisés souvent parmi les intellectuels juifs internationalistes, l'Internationale communiste préconise en 1930 une fédération entre les partis communistes arabes et les syndicats, qui servirait de modèle à une formation fédérale des États arabes. Sur des bases très réduites se tiennent deux congrès des ouvriers arabes, l'un à Haïfa, l'autre à Alger. L'heure est à l'arabisation du communisme en Afrique du Nord comme pour les militants juifs de Palestine ; le mot d'ordre sera ensuite de créer des « Partis nationalistes révolutionnaires » arabes. Cet activisme très étroit, aux limites de l'isolement, s'accompagne de la dénonciation du nationalisme réformiste bourgeois.

L'application de la stratégie du Front populaire (1935-1936) préconisée par Moscou à travers l'Internationale communiste entraîne, moins qu'ailleurs, un renversement à 180° des stratégies précédentes ; les partis socialistes en Afrique du Nord ont des assises essentiellement coloniales. Les concurrents des communistes sont bien plutôt les partis du peuple. Ainsi en Algérie et dans l'immigration nord-africaine en France, le rival du Parti communiste est le Parti du peuple algérien de Messali Hadj. Apparaît alors une divergence de fond, à tort pour l'essentiel dans le cas du messalisme ou à raison pour les courants dominants en Égypte et au Machrek, entre l'anti-fascisme et les positions nationalistes qui se réfèrent à l'arabisme et éventuellement à la communauté des musulmans.

À l'origine, cette discordance, faite de phases illusoires de rapprochements et de moments d'isolement difficiles, est masquée par le recouvrement entre front anti-impérialiste, dont le mot d'ordre est maintenu, et front populaire qui va se traduire par front national. En Algérie, les deux stratégies se chevauchent et trouvent leur prolongement dans la participation communiste au Congrès musulman en 1937. Le contexte politique et social du Front populaire élargit l'implantation communiste par le syndicalisme au Maroc, en Algérie et en Tunisie ; mais c'est le nationalisme algérien derrière Messali Hadj et le nationalisme tunisien derrière le Néo-Destour qui gagnent en force. En Irak, les partisans communistes, à l'intérieur du Parti du peuple, participent aux manifestations et proclamations qui établissent un front national et une charte nationale ; ce n'est que par la suite que ce mouvement et plus encore les jeunes officiers nationalistes se tourneront vers les puissances de l'Axe. En Syrie et au Liban, syndicalistes et communistes sont parties prenantes de la remise en cause du Mandat dans la confusion des promesses du gouvernement français de Front populaire.

Alors que l'URSS avant la Seconde Guerre mondiale ne représente pas grand-chose aux yeux des pays arabes, les puissances de l'Axe apparaissent comme des forces montantes jusque dans leurs démonstrations militaires. La force armée exerce un pouvoir fascinant dans les sociétés dominées ; incarnation physique de la Nation, elle symbolise une espérance nationale pour ses cadets et officiers en formation. Plus encore, c'est comme expression extrême du nationalisme que le fascisme et le national-socialisme possèdent un formidable pouvoir d'attraction. Pour résister à cette fascination, il faut avoir solidement chevillées au corps la fidélité à l'URSS et l'espérance de la révolution sociale, – une sensibilité de condition minoritaire – ou la rationalité de l'antiracisme. Bref, il faut se situer délibérément hors d'une conception qui accorde implicitement la primauté aux critères ethnico-nationaux. Pour longtemps, les communistes vont se trouver à contre-courants des nationalismes communautaires purement arabes ou religieux qui sont dominants.

La Palestine, foyer central des contradictions nationales

Bien que retardé et spasmodique, le décrochement des communistes vis-à-vis des luttes nationales est le plus fort en Palestine qui concentre la contradiction du sionisme. Dans leur « forcing » d'arabisation, les communistes approuvent la révolte arabe qui, portée par tous les courants nationalistes, passe à la violence ouverte et à la guérilla à partir de 1936 ; ils donnent même des signes de soutien au mouvement de la famille Husseyni et du grand Mufi de Jérusalem qui regarde vers l'Italie mussolinienne et l'Allemagne nationale-socialiste. En 1939, le *Livre blanc* prescrit une sorte de *statu quo* qui contingente l'immigration mettant en péril l'arrivée des réfugiés juifs, soumet le passage à l'indépendance de la Palestine à l'accord des parties en reprenant les principes d'un plan de partage élaboré en 1937. Celui-ci prévoit notamment le partage de Jérusalem en trois secteurs : juif, arabe, et lieux saints.

Le changement d'orientation de l'Internationale communiste s'est traduit d'abord, par exemple dans sa presse, par la mise en avant d'une perspective judéo-arabe. Il ne s'agit pas encore d'un projet binational territorialisé et moins encore de la création de deux États, mais de coexistence et cohabitation dans l'État palestinien à l'époque. Cette conception a peut-être des racines dans l'idée d'autonomie culturelle, mais celle-ci est pensée comme étant idéalement judéo-arabe.

Des fractions de gauche du mouvement sioniste forment l'Union des socialistes internationalistes qui reprend l'idée d'une organisation ouvrière judéo-arabe. La Ligue socialiste, créée en 1936-37, sert de lieu de ralliement aux transfuges des différents groupes socialistes de gauche et aux juifs socialistes internationalistes réfugiés. En 1942, la Jeune garde (*Hachomer Hatzaïr*) adhère à la Ligue dans la perspective d'un rapprochement et d'une coopération judéo-arabe fondée sur un projet d'État binational élaboré en 1939. Avant-guerre et après-guerre, plus que dans les années 1939-1945, les nouveaux arrivants ayant échappé aux lois raciales, renforcent ce mouvement de rassemblement d'une gauche socialiste qui met en avant le bi-nationalisme et préconise un État binational. Toutefois, ce projet reste abstrait car ces militants sont tenus par leur appartenance communautaire, leur kibboutz de référence et leur milieu intellectuel, par leurs familiarités relationnelles entre juifs, fussent-ils laïques ou athés. En janvier 1948, ces rapprochements aboutissent à la création du Parti ouvrier unifié, *Mapam*. Mais en 1948, les plans binationaux et le projet de partage internationalement reconnus, sont jetés bas par la guerre. Les troupes du futur État d'Israël expulsent plus de 700 000 Palestiniens arabes qui deviennent donc ainsi des réfugiés. Ce processus donne naissance à l'État d'Israël.

Du côté juif, l'idéalisme binational est remis en cause pour n'être plus qu'un mince espoir. Internationalistes juifs et communistes arabes, diversement minoritaires, se sont retrouvés à la fin des années 1930 dans l'Antifa, la Ligue contre le fascisme et l'antisémitisme, rejoints par d'autres minoritaires. Ces militants ont recomposé ces courants d'extrême gauche ; certains au nombre de quelques centaines, partagés en petits groupes ou isolés sont restés au Parti communiste de Palestine. En 1932, leur position est quasiment intenable : comment en effet être communiste antifasciste et antisioniste en Palestine à l'heure du Pacte germano-soviétique, au moment où les mots d'ordre dénoncent la guerre impérialiste britannique alors que se poursuit la révolte arabe par des soubresauts et que grandit le ressentiment juif contre l'arrêt de l'immigration ? La crise vécue par les militants communistes juifs et arabes de Palestine est plus grave encore que celle vécue par les partis communistes d'Europe.

À partir de 1941, cette période difficile est dépassée : la réaction de l'URSS à l'invasion de son territoire par l'Allemagne nazie permet aux militants de soutenir la résistance soviétique. Toutefois, dans le monde arabe, l'appel au peuple du national-socialisme et des nationalismes fascistes conservera longuement un pouvoir d'attraction qui restera au cœur du ressentiment anticolonialiste ou anti-impérialiste. Pour sauver leur implantation en milieu juif, des militants communistes ou communisants se retrouvent dans le groupe *Emet* au sein duquel ils mettent en avant une distinction essentielle : il ne faut pas confondre le sionisme qui reste dénoncé, et la reconnaissance d'une « communauté juive existante » qu'il faut défendre. Ces militants assurent la formation ou la reconstitution d'une « section juive » du Parti communiste de Palestine qui reprend et maintient l'idée d'un État binational. Sans abandonner en théorie ce principe que dénient la proclamation et l'avènement de l'État d'Israël en 1948, ces militants forment la base politique de ce qui va être le Parti communiste israélien : *Maki*.

L'autre branche est celle d'un communisme arabe qui devient communisme palestinien *(Raka)* en 1965. Sortant de la clandestinité en 1942-1943, des groupes communistes arabes, principalement de Haïfa et Jérusalem, se fédèrent dans une nouvelle organisation, la Ligue de libération nationale, faisant écho à la Résistance antifasciste et démocratique contre les puissances de l'Axe en Europe, en Afrique et en Orient. Outre les formules et en partie les idéaux, les modes d'organisation seront repris. Sur le territoire palestinien occupé conjointement par le nouvel État d'Israël et par le royaume jordanien, la Ligue de libération nationale issue du militantisme communiste et de la Ligue Antifa , dispose de quelques bases syndicales de travailleurs arabes ; elle apparaît comme un foyer intellectuel marxiste, favorisant également un activisme politique et laïc. Tout en étant très minoritaire par son implantation, cet espace politique reste le seul qui ne dépende pas d'un clan familial ou d'une clientèle ; en cela, son autonomie est plus forte que celle du Parti nationaliste de l'indépendance *(Istiqlal)* dont les partisans contribuent au développement du mouvement national palestinien. La Ligue de libération nationale annonce la formation de groupes marxistes d'extrême gauche, sensibles au trotskisme, souvent composés d'étudiants d'origines minoritaires ou en rupture de classe. Leur tâche est de former des fronts de libération nationale. Le Mouvement nationaliste arabe qui se disperse par la suite dans tout le Proche-Orient prolongera cette dynamique.

Le désaccord entre arabisme et communisme après-guerre

Cependant, les répercussions de la Seconde Guerre mondiale et la diversité des positions qu'elle suscite dans la région confirment le divorce entre le mouvement communiste et l'arabisme nationaliste, ce dernier recueillant l'adhésion de la majeure partie des populations. Ce divorce est également patent à l'égard du nationalisme propre à chaque pays, sans parler des interférences musulmanes toutefois minoritaires. En Syrie, à partir de 1939-1940, le parti *Baath* (Résurgence) propose une troisième voie entre occidentalisation et communisme : l'arabisme ; cette prise de position repose sur la conception d'une « nation arabe unique ayant mission éternelle ». Michel Aflak et Salah Bitar, tous deux professeurs à Damas, en appellent au génie du peuple arabe. Après 1943, ce pan-nationalisme communautaire étend son rayonnement au Proche-Orient (Irak) avant de gagner l'Égypte et de nos jours le Maghreb. Les mouvements nationaux prennent un nouveau départ après 1942.

En Égypte, la discordance est éclatante. Quand le corps d'armée allemand de Rommel semble prêt d'atteindre Alexandrie et le Caire en 1942, les communistes se terrent, comme la plupart des minoritaires tant le nationalisme égyptien lie la cause arabe à l'exemple militaire et populiste du national-fascisme. Ce fond demeure présent dans le nationalisme secret qui gagne en influence dans les écoles militaires, chez les étudiants, les lycées et les quartiers populaires. Il alimente l'action anticolonialiste et anti-étrangère des Frères musulmans, d'autant que le rétablissement au gouvernement du parti *Wafd*, le rend suspect. En gagnant des adhésions intellectuelles provenant de minorités, les communistes entretiennent la flamme vacillante de l'antifascisme et de l'espoir formulé en termes de libération nationale, ce qui était synonyme d'émancipation démocratique ou plutôt civile et politique de la colonisation. Ils poursuivent, ponctuellement ou dans l'isolement, l'action de la Ligue Antifa qui s'est également donnée un double à travers le Mouvement égyptien de libération nationale.

Après 1942, grâce à la passion suscitée par l'URSS et l'intérêt porté au léninisme, un nombre infime de communistes font preuve d'un activisme militant, limité par leurs milieux d'origine et les jalousies partisanes. Toutefois, à travers des rencontres avec le syndicalisme ouvrier et étudiant, ils gagnent en audience. Des revues stimulent la réflexion sur la question nationale. À la faveur de grèves et de manifestations, durement réprimées en 1946, un Comité national ouvrier et étudiant, et l'étroit regroupement que sera le Mouvement démocratique de libération nationale d'Henri Curiel, s'élargissent peu à peu en un Parti communiste égyptien.

Malgré l'audience intellectuelle du marxisme soviétique diffusé sous la vulgate stalinienne, principalement dans sa formulation anti-impérialiste de guerre froide anti-américaine, le communisme reste marginal, à l'écart du nationalisme dominant, en dépit des liens qu'il noue avec de jeunes officiers, des universitaires et des étudiants. Les campagnes de dénonciation des guerres coloniales et de soutien aux luttes de libération donnent un autre sens en Égypte et parfois ailleurs en Orient, aux partisans du Mouvement de la paix ; celui-ci n'est pas simplement une organisation se situant explicitement dans la mouvance soviétique – d'autant que le communisme ne dispose pas d'un parti effectif – mais une sorte d'élargissement de ce qu'a été la Ligue antifasciste. Ainsi, en Égypte, le Mouvement de la paix fédère divers engagements en faveur de la libération nationale.

En Afrique du Nord, ni l'adhésion à la lutte de libération, ni le Mouvement de la paix, n'auront ce pouvoir de clarification. Pourtant, le communisme y est mieux implanté, notamment dans le salariat avec une influence dans la petite bourgeoisie. Les vecteurs syndical et scolaire, quand école il y a, lui donnent également une certaine assise. Les minorités y trouvent une réponse ; d'où l'espérance d'une nation fondée sur la « fraternité des races par-delà les différences d'origines et de religions », selon la formule consacrée. Cette relative expansion du communisme au Maghreb occulte le porte-à-faux des choix nationaux, la coupure ouverte en 1936 qui place le mouvement national sous une dominante arabo-musulmane. Les communistes sont aussi victimes de l'écartèlement résultant de l'histoire coloniale et de la discrimination foncière qui infériorise et enferme les colonisés dans leur assignation au statut de Musulmans : ségrégation inscrite dans la loi, mise à l'écart de la citoyenneté et de l'égalité des droits, et cela quel que soit le discours civilisateur, universaliste ou assimilateur. Ce ne sont pas les communistes qui ont produit cette détermination coloniale ; le plus souvent ils l'ont fortement combattue. Mais les partis communistes se trouvent desservis par « l'effet colonial de gauche » (Albert Memmi) produit par les Français, les francisés coloniaux et les fonctionnaires venus de métropole ainsi que par le syndicalisme « petit blanc ». Par ailleurs, les partis communistes d'Afrique du Nord subissent les directives du Parti communiste français qui répercutent au nom de l'union à la France jugée préférable à la subordination américaine, la consigne de retenue demandée aux mouvements nationaux révolutionnaires ; telle est la stratégie politique pratiquée par l'URSS au nom du salut de la Révolution et de la patrie du socialisme, puis du camp socialiste dans son ensemble.

Au Maghreb, le moment fort de cette dépendance communiste se situe en 1943-45. L'écart est peut-être déjà consommé entre nationalistes et communistes en Tunisie, en Algérie et au Maroc, mais la répression organisée par Vichy provoque un rapprochement entre nationalistes et communistes, dans la résistance clandestine, les prisons et les camps. De nombreux communistes français sont déportés dans les camps de détention sur les confins sahariens ; des communistes, des syndicalistes et militants de gauche marocains, tunisiens, algériens s'y retrouvent également. En 1943, ces internés et déportés libérés tardivement ne peuvent rejoindre la France métropolitaine. Un certain nombre s'engagent dans les forces armées qui vont débarquer en Italie, en Corse, au sud de la France et comportent une forte part de volontaires et de conscrits d'Afrique du Nord, européens ou indigènes comme on les appelle.

Le dirigisme des cadres communistes français s'exerce pleinement. Quand ils prononcent des mots d'ordre largement martelés tels que « libération » et « libération nationale », ils ne pensent qu'à la libération de la France et au mouvement de la France combattante dont ils sont les organisateurs. Les cadres n'ont pas la moindre idée du sens de l'expression « libération nationale » dans l'Afrique du Nord et dans le monde arabe. À l'inverse, c'est pour leurs propres pays que les communistes du Proche-Orient peuvent lancer des appels à la libération nationale ; ils sont, il est vrai, coupés de toute relation avec les partis français et britannique. Ce maintien dans l'orbite française soutenu par le communisme en Afrique du Nord, se traduit par la formation d'une association dans le cadre de l'Union française. La référence sera maintenue jusqu'en 1956 en pleine guerre de libération algérienne après le vote des pouvoirs spéciaux au gouvernement français et donc au commandement militaire.

Les partis communistes tunisien, marocain et algérien, et derrière eux les syndicats de chacun des pays s'emploieront diversement à se libérer des directives communistes françaises. Avec Ali Yata, le Parti communiste marocain se dispense de reprendre le mot d'ordre d'Union française et commence à pratiquer une surenchère en patriotisme royal marocain. Le Parti communiste marocain se réfère à l'arabisme et à l'Islam et ce d'autant plus qu'il est en rivalité avec le parti de l'Istiqlal qui défend un nationalisme arabo-musulman; et face à cette organisation, le PCA est en situation d'infériorité, sauf dans les syndicats. En Algérie, les communistes soupçonnent toute déclaration d'arabisme ou de nationalisme musulman d'être en collusion avec le fascisme ou le national-socialisme, puis de prolonger ces tendances par l'antisémitisme habituel de divers partis d'Orient ainsi que par leur connivence avec l'impérialisme britannique ou américain. Il est vrai que les cas ne manquent pas.

Ces exemples empêchent les communistes de percevoir les éventuelles transformations des mouvements nationaux et plus encore les renouvellements du nationalisme arabe. Cet aveuglement est très net dans la dénonciation communiste du nationalisme aux références arabe et musulmane qu'est le messalisme, ce parti rival et frère ennemi qu'est le PPA-MTLD (Parti du peuple algérien-Mouvement des travailleurs pour la libération démocratique). Cependant des militants passent d'un parti à l'autre, dans la crise vécue par le parti messaliste de 1952-1953, des convergences apparaissent sur la conception d'une nation algérienne définie par une algérianité culturelle arabo-berbère et portée par un mouvement d'égalité civile et citoyenne. Mais l'insurrection algérienne du 1er novembre 1954 prend de cours ces velléités du Parti communiste algérien et plus encore du Parti communiste français qui désormais les condamne.

La guerre froide pousse au manichéisme. Face à la croisade anti-communiste des États-Unis à la tête du « monde libre », les partis communistes font appel, jusqu'à la corde, au souvenir de la guerre antifasciste et assimilent les nationalismes du monde arabe et au-delà, à des résurgences fascistes. Le discours devient caricatural, en particulier chez les communistes français qui ne sont toutefois pas les seuls à dénoncer le coup d'État des Officiers libres en Égypte et à voir dans Nasser, une figure du nazisme et pis encore un agent pro-américain. Mais après la conférence des pays non-alignés (Bandoeng, 1955) et l'épisode crucial de l'expédition de Suez, l'attention soviétique se reporte en Asie, notamment au Proche-Orient vers les mouvements de libération nationale reconnus comme anti-impérialistes, et cela d'autant plus que s'ouvre un champ de rivalité avec le communisme chinois.

L'illustration du « grand écart communiste » par l'exemple de Khaled Bagdash

À travers l'exemple du communisme syro-libanais et de son personnage phare, Khaled Bagdash, on perçoit mieux la dépendance à l'égard du centralisme soviétique et dans une moindre mesure les contraintes imposées par la Commission coloniale du Parti communiste français. Le jeune Khaled Bagdash revient à la fin de l'année 1936 de Moscou de l'école d'Orient de l'Internationale communiste. Durant l'été 1940, à l'heure où les intellectuels communistes emprisonnés (28 accusés libanais, 10 syriens) passent en jugement dans le procès du communisme, il se réfugie en URSS. Sur la base de cette expérience, il peut jouer de liaisons directes avec Moscou et va devenir l'homme fort, dans tous les sens du terme, du communisme syro-libanais.

À sa naissance en Syrie et au Liban, le mouvement communiste bénéficie de la formation politique de réfugiés arméniens acquis au bolchevisme ; il traverse les milieux communautaires et gagne des adhésions intellectuelles et syndicales parce qu'il place les luttes sociale et nationale au-delà du confessionnalisme et des particularismes minoritaires ; seul le communisme semble capable de dépasser les clivages ethniques. Le jeune instituteur Khaled Bagdash qui devient militant communiste à plein temps, vient d'une famille kurde ; il va conduire l'arabisation du communisme ou plus exactement porter le discours de l'arabisme qui recouvre et découvre, suivant les périodes, l'exaltation du patriotisme libanais et syrien. Il traduit les textes de base : *Le Manifeste communiste, les principes du socialisme* (Engels) puis du léninisme (Staline), et les brochures soviétiques. Il met également au point les cahiers de « l'école élémentaire » du parti, si bien nommée. Il évince peu à peu les dirigeants de la période antérieure, fait entrer ses poulains aux Comités centraux et aux Bureaux politiques, cohabite avec les directions syndicales ; ainsi, après 1945, il laissera jouer un rôle de premier plan à Mustafa El Aris à la Fédération syndicale mondiale. Khaled Bagdash est porté par un culte de la personnalité qui en fait un camarade « merveilleux » et un leader unique.

En 1936-1937, il peut, suivant l'opération stratégique de Moscou, passer du Front anti-impérialiste au Front populaire : impulser la campagne contre le mandat français, faire participer, quand cela est possible, les partis communistes à des accords de fronts nationaux, principalement en Syrie. Le général De Gaulle à Londres proclame l'abolition des mandats mais envoie le général Catroux assurer la présence des Forces françaises libres. À la différence de la situation en Palestine, commence alors la grande époque du communisme syro-libanais : il faut concilier l'antifascisme, le patriotisme libanais et syrien tout en étant solidaire des manifestations et soulèvements provoqués par la montée de l'arabisme.

À la différence du Maghreb, le communisme apparaît lié à l'indépendance de la patrie. Aux élections de l'été 1943 qui doivent donner une constitution aux États, les partis nationalistes rivaux l'emportent en Syrie comme au Liban, toutefois, les communistes sont présents aux assemblées comme dans les comités. Après le coup de force des autorités françaises qui suspend les constitutions en novembre 1943, ils font nombre dans les manifestations et la grève générale par la mobilisation syndicale.

Dans le mouvement de trêve franco-syro-libanaises de la fin de 1943, les communistes tiennent congrès à Beyrouth pour proclamer à nouveau l'autonomie des deux partis, mais la direction centrale reste commune et même unique derrière Khaled Bagdash.

Début 1945, la Syrie et le Liban entrent officiellement en guerre contre les puissances de l'Axe ; les communistes redoublent leur antifascisme pro-soviétique et appellent même à la formation d'armées nationales libanaise et syrienne. En mai 1945, à l'heure de la victoire alliée, les autorités gaullistes et l'armée française se retournent contre le mouvement national ; en juin, Damas est sauvagement bombardée. Aux côtés des nationalistes, les communistes sont du bon côté de l'histoire des mouvements de libération nationale. La situation est alors inverse en Algérie, où des manifestations impulsées par le nationalisme messaliste sont écrasées par le régime colonial, notamment à Sétif. En Syrie-Liban, le communisme atteint les 15 000 adhérents. Alors que les manifestations de masse et la grève générale reprennent, le gouvernement français finit par céder aux pressions internationales ; ses troupes évacuent la Syrie en avril 1946, et le Liban en août de la même année.

Khaled Bagdash triomphe en exaltant le patriotisme, en particulier libanais. Les brochures exaltent la lutte du Parti communiste pour l'indépendance. Dans *Communisme et patriotisme* publié à Beyrouth, Khaled Bagdash donne pour mission au Parti de « développer le sentiment national [...] pour qu'il devienne une force invincible et que sa pureté, la conscience qu'il prend de lui-même et sa profondeur atteignent le niveau le plus élevé auquel puisse parvenir un sentiment humain ». Les arguments de Staline sont utilisés pour démontrer que le Liban et la Syrie sont bien des nations : ce sont, affirment les communistes, des communautés stables historiquement constituées, ayant une base économique, une langue nationale, une culture et un « caractère psychique » commun.

Au même moment, est repris l'argumentation de la nécessaire maturation de la société, notamment au niveau économique, pour passer au socialisme : il ne s'agit plus de se référer au vieil évolutionnisme marxiste d'inspiration social-démocrate mais de s'aligner purement et simplement sur l'orthodoxie du marxisme d'État soviétique. La révolution n'est pas à l'ordre du jour ; ce qui compte, c'est de renforcer la patrie du socialisme et les partis communistes. La guerre froide maintient ce principe en privilégiant le renforcement du camp socialiste. Les luttes nationales lui sont subordonnées ; c'est l'URSS qui a le monopole de la conduite du mouvement anti-impérialiste. Au Maghreb, cela revient à accréditer la thèse coloniale de l'antériorité socialiste de la métropole ; pour l'ensemble du mouvement communiste, cette métropole n'est autre que l'URSS. Cette dépendance à l'égard de l'Union soviétique représente un aspect déterminant des désaccords entre communisme et partis de libération nationale. Elle renvoie les soulèvements et les luttes armées à un avenir indéterminé et conduit au blocage de la révolution nationale. Dans ce contexte, les partis communistes sont inévitablement dépassés dans la compétition nationaliste, même lorsqu'ils entonnent l'hymne de la sacralisation de la patrie. Plus encore qu'au Maghreb, dans l'Orient arabe, ils se trouvent pris de cours par l'authenticité de l'arabisme de la Révolution nationale.

Après la prise de pouvoir par le général Kassem en Irak, le 14 juillet 1958, les communistes ont encore un temps l'illusion d'être au premier rang. Ils sont les plus ardents apôtres d'une nation arabe, de culture arabo-kurde, un peu comme en Algérie où ils défendent la culture arabo-berbère. Les minorités, les Kurdes les plus nombreux, se reconnaissent dans cette ouverture culturelle et cette mixité qui en appelle à la laïcité. Mais la réaction militaire triomphe bientôt, qu'elle soit baathiste avec l'apparition en pays kurde du jeune Saddam Hussein, ou nassérienne. L'heure est en effet à une nation arabe, à une République arabe unie avec l'Égypte puis le Yémen, ou avec le socialisme national du *Baath* irakien. Dans cette période où l'arabisme se propage plus à partir du Liban que de la Syrie, Khaled Bagdash révise la définition stalinienne de la nation pour affirmer que d'un point de vue historique, économique, culturel, linguistique et psychique, on peut légitimement parler de « nation arabe ». Il en appelle donc à la constitution d'une grande fédération arabe. Mais l'arabisme de l'Union nationale arabe laisse le communisme à l'écart comme d'ailleurs les courants nationalistes de chacun des États arabes indépendants, ainsi que le Front de libération nationale qui s'emploie à conduire en Algérie et sur les frontières, les combats de l'indépendance.

La subordination du mouvement communiste, sa marginalisation et sa déperdition ne l'empêchent pas de servir d'école de militantisme et de modèle organique pour les partis nationalistes puis les États. En un sens, la reproduction du modèle soviétique a encore de beaux jours.

C'est d'abord l'activisme communiste qui, par deux fois, sert d'exemple de deux façons différentes. L'exemple qui n'est pas seulement communiste, est d'abord celui de la Résistance. Les formes d'action de la Résistance contre l'occupation allemande, en France, en Grèce et en Italie, ont été reprises sur le modèle de l'organisation clandestine : les mouvements de libération nationale ou arabe utiliseront également le fameux triangle et le cloisonnement des réseaux, inspiré de l'Organisation spéciale ou secrète (OS) pour mettre en place un Front national avec une direction politique et des maquis. Ce sera le temps des Armées et des commandos de Libération nationale, le recours à l'action armée et à la guérilla au Proche-Orient palestinien au Maghreb et particulièrement en Algérie, ainsi que les pratiques d'attentats, la suspicion, les exécutions.

Plus profondes, les correspondances avec l'idéal communiste font appel à la mobilisation patriotique qu'accompagne l'espoir d'une revanche sociale ou l'avènement du grand soir. Le modèle communiste est certes politique par le rôle du parti et son centralisme militaire, mais comprend aussi, seconde école, l'activisme qui conduit à la mobilisation sociale, l'élaboration et la pratique revendicative. Ainsi, de l'entre-deux guerres aux années 1970 le militantisme commande largement le syndicalisme. La formation syndicale de base, en dehors même du modèle « socialiste » dans l'enseignement et la fonction publique, a été le fait des militants communistes rivaux des militants nationalistes agissant à l'identique. Ce syndicalisme communisme qui engendre des liens inter-ethnique voire trans-ethnique, dépasse les communautarismes ; c'est peut-être sa meilleure part. Il a son importance au Maghreb où la CGT est longtemps, pratiquement jusqu'à l'indépendance, la maison commune. En définitive, quand le communisme sait mobiliser les masses lors d'un moment d'irruption populaire comme ponctuellement en 1936, en 1944-1946 au Proche-Orient, puis en 1958 en Irak, ou quand il s'approche du pouvoir comme au Soudan avant 1971, c'est par sa capacité syndicale.

Au sein du communisme subsiste une ligne de partage entre le militantisme syndicaliste marqué par l'anarcho-syndicalisme et la rigidité de ceux qui encadrent le parti, les professionnels du mouvement communiste. En dehors des bases ouvrières, le syndicalisme dans le monde arabe s'est amplement développé en syndicalisme d'encadrement, grâce à une petite intelligentsia bureaucratique d'employés et de permanents, dirigeant à la fois le parti et le syndicat.

On en arrive ainsi à un modèle centraliste de pouvoir, parti-État qui donnera les États-partis, largement présents encore dans le monde arabe. L'Union socialiste arabe de l'Égypte nassérienne après 1958 et le FLN en Algérie avant puis sous Boumedienne, reproduisent ce schéma communiste d'un commandement politique ainsi que d'un Parti contrôlant les organisations dites de masses, syndicats de salariés, d'étudiants, de jeunes, et des femmes, etc. Dans l'histoire du communisme, et à l'exception de la création des Démocraties populaires de 1944 à 1948, le Parti précède l'État. Or, ici plus qu'ailleurs sans doute, c'est l'État qui institue le parti ; ce qui rappelle le mode d'établissement des fascismes de gauche et de droite. De l'Irak au Maghreb en passant par la Syrie, l'évolution vers des États militaro-policiers devenant aujourd'hui des États-*business*, évoque celle du régime soviétique, puis du camp socialiste, avant 1989. Les régimes d'États-partis du monde arabe ayant bénéficié lors de leur formation du soutien au « socialisme réel » survivent à ce modèle quand ils ne perdurent pas sous la forme d'une transition pluraliste ou démocratique.

Une autre question plus fondamentale d'histoire comparée se pose : la privatisation des bénéfices par l'État de la rente économique relevant du commerce international, ne fait-elle pas suite à la phase d'étatisation et de nationalisation économique qui augmente les services publics et plus globalement l'État social ? Sans en avoir la direction, dans la part dirigiste dite socialiste du monde arabe, les communistes ont été des cadres, voire les inspirateurs du nationalisme développementaliste.

Comme dans l'histoire à un long terme du communisme, ce nationalisme d'étatisation s'est intitulé socialisme ; le communisme a d'ailleurs concédé que ce « socialisme » pouvait prendre le nom de « voie non capitaliste de développement ». Cette construction nationale étatique a donné une place centrale à l'État national après les périodes de révolution ou d'accession à l'indépendance. À la différence du communisme utopique, le communisme réel, celui qui a eu une implantation et une action parfois secondaire ou marginale et qui fut généralement brimé ou écrasé, appartint à cette étape de l'histoire qui consacra l'étatisation nationale et le centralisme. Dans les pays arabes, le communisme qui s'appropria le nationalisme d'État en fut le plus souvent victime. La comparaison pourrait s'élargir au Soudan, à la Chine, à l'Indonésie, au Vietnam. Les contradictions nationales ont été les plus fortes dans le monde arabe. Ce constat rappelle que le communisme n'a pu élargir son influence que lorsque son orientation a rejoint les aspirations nationalistes et plus encore la contestation de la dépendance économique et politique dans laquelle le colonialisme maintenait certains peuples. Quand ces conditions ont été remplies, le communisme a contribué à leur émancipation en participant aux « luttes ant-impérialistes », selon l'expression de l'époque.

Tout en offrant un modèle de despotisme éclairé pour sortir du sous-développement par l'étatisation, le communisme a également proposé un populisme social et national. D'autres populismes, moins sociaux que mystiquement communautaires ou magiquement identitaires, prennent aujourd'hui la relève ou l'ont emporté. Après l'érosion des nationalismes développementalistes qui ont abusé du discours socialiste, les mouvements islamistes ont élargi leur implantation dans les universités, les lycées et les quartiers déshérités.

Quand le mot peuple remplace celui de prolétariat, il faut aller au-delà du discours et passer de l'interprétation idéologique à l'approche historique sociologique historique. Dans la phase historique où le communisme s'est implanté, même lorsque sa capacité mobilisatrice a été contrariée, un formidable déclassement des campagnes ou de la bédouinité vers les villes s'est poursuivi. Le communisme et avec lui le syndicalisme s'est développé dans ce contexte. Ils ont été portés par le déclassement des masses paysannes et par leur espoir de trouver une issue grâce à la révolution et l'État national. Servis par l'intelligentsia qui a accompagné ce fait de classe, ils ont été desservis par l'affaiblissement de la lutte des classes sous intégration étatique ainsi que par la puissance de médiation et la capacité de contrôle de l'État social national. Dans le monde arabe, la conjonction entre les masses paysannes, un État fort et un projet politique a été mal assurée. Comme ailleurs, le communisme a relevé de l'histoire générale des mutations longues des sociétés, et d'abord la prolétarisation consécutive au basculement des campagnes vers les villes, avec ou sans prolétariat, alors que les partis communistes apportaient un modèle de mouvement ouvrier ou de ce qui prétendait être le mouvement ouvrier.

Sources

M. Al Charif, *Communisme et nationalisme dans l'Orient arabe. Un cas d'analyse : la Palestine,* thèse Paris I, 1982.

René Gallissot, *Mouvement ouvrier, communisme et nationalismes dans le monde arabe,* Paris, 1978.

Histoire générale du socialisme (sous la direction de Jacques Droz), contributions de René Gallissot, *Le socialisme dans le monde arabe (1914-1915) et Références socialistes dans le monde arabe après 1945,* Paris, tome 3, 1977 et tome 4, 1978.

Histoire du syndicalisme dans le monde des origines à nos jours (sous la direction de Jean Sagnes), contributions de Jacques Couland et René Gallissot, Toulouse, 1994.

Walter Z. Laqueur, *Communism and Nationalism in the Middle East,* London, 1956.

Albert Memmi, *Portrait du colonisé précédé du portrait du colonisateur,* Paris, 1957.

Maxime Rodinson, *Marxisme et monde musulman,* Paris, 1957.

Nathan Weinstock, *Le mouvement révolutionnaire arabe,* Paris, 1970.

Chapitre XI

Libération nationale et communisme en Asie du Sud-Est

par Pierre Brocheux

Son histoire[1] est celle de plusieurs échecs et d'une victoire qui fait figure d'exception ; celle des communistes vietnamiens.

Lorsque le « socialisme réel » s'efface de la scène politique dans la dernière décennie du XXe siècle et donne vite lieu à l'annonce de la « mort du marxisme », ce qu'il en reste est en voie de réformation au point qu'il paraît se diluer voire se renier. Du communisme de type soviétique, seuls survivent formellement ses avatars de l'Asie orientale et des Caraïbes. En Asie du Sud-Est, la République socialiste du Vietnam et le Laos sont les seuls à afficher la couleur du marxisme-léninisme et à maintenir celui-ci comme référence doctrinale.

Comment expliquer la réussite de la greffe du marxisme-léninisme et l'accession au pouvoir de ses tenants dans la péninsule indochinoise ? Cette question est inséparable de celle de l'échec des communistes dans le reste de la région. Y a-t-il un avenir prévisible pour ce régime qui prétend rester fidèle à l'inspiration doctrinale empruntée à l'Occident et à Ho Chi Minh qui en fut le passeur et l'adaptateur ?

Parler de l'Asie du Sud-Est c'est d'abord en préciser la géopolitique qui est un facteur capital dans l'expansion du communisme de type soviétique. Puis il faut cerner ce qui a pu déterminer la réussite des communistes indochinois dans leur entreprise révolutionnaire, ce que les léninistes appelaient les conditions objectives et subjectives : le terreau socioculturel, la configuration politique, les conjonctures qui se succèdent au cours du siècle et la capacité d'y adapter stratégie et tactique ainsi que le volontarisme révolutionnaire qui pousse aux initiatives et à la prise de risques.

Une interface entre le monde chinois et le monde indien

L'appellation est commode pour désigner les pays situés entre les deux mondes chinois et indien auxquels la massivité continentale et l'existence de grands empires historiques donnent l'apparence de l'homogénéité. Pour cette raison, certains auteurs l'ont appelée Indo-Chine alors que d'autres l'ont appelée Asie du Sud-Est dès le début du siècle (et non depuis la Seconde Guerre mondiale comme l'affirment la majorité des auteurs). La région est configurée autour d'une méditerranée, la mer de Chine méridionale, qui sépare mais en même temps relie et même unit le continent et un monde insulaire.

Passage obligé, point de rencontre autant que de transactions et d'interactions, l'Asie du Sud-Est est de très bonne heure (3e millénaire avant notre ère ?) le berceau de cultures originales qui ont été fortement imprégnées d'influences indiennes et chinoises, qu'il s'agisse de systèmes de production agricole (la riziculture inondée ou irriguée) de croyances et de doctrines religieuses (hindouisme, bouddhisme, islam, confucianisme, taoïsme) qui se sont articulées avec le substrat local, d'organisation du pouvoir politique. Et, *last but not least*, les Européens y interviennent dès le XVIe siècle, imposent leur domination colonialiste en même temps qu'ils y apposent l'empreinte de la modernité occidentale durant le XIXe et XXe siècle.

Il faut avoir présent à l'esprit cette diversité et cette fragmentation ethnique autant que culturelle et politique qui valent à la région l'appellation de Balkans de l'Asie pour saisir la différence et même la divergence du cheminement du léninisme dans cet espace d'entre-deux mondes : selon que l'on est dans le monde malais et musulman (sunnite), thaï-lao, khmer et bouddhiste (Hinayana), Viet et confucianiste et bouddhiste (Mahayana/Maitreya), selon aussi que l'on subit la domination coloniale britannique, hollandaise ou française. Enfin, la géopolitique de proximité est déterminante en fonction de voisinages immédiats, celui de l'Inde pour la Birmanie, de la Chine pour ce même pays ou de la Chine pour le Vietnam septentrional, le Laos et la Thaïlande.

Le Vietnam soumis à la dépendance coloniale

Les Français ont imposé leur domination aux pays de la péninsule indochinoise à partir de 1860 et ils en ont fait un champ d'expansion économique favorable au capitalisme financier métropolitain. Les migrations de main-d'œuvre, l'urbanisation, l'action sanitaire et la diffusion de l'enseignement sont allés de pair avec l'extension de l'agriculture commerciale, de l'économie de grandes plantations, d'exploitation minière, des industries de transformation et de la monétarisation généralisée. La société vietnamienne reste cependant une société en majorité rurale et la question sociale par excellence est la question agraire (régime de la propriété et de l'exploitation, usure, endettement, dépossession foncière).

L'exploitation économique était accompagnée d'une organisation territoriale, politique et culturelle inspirée du modèle français. L'amorce d'un développement moderne a recomposé les sociétés indochinoises. Les effectifs du prolétariat agricole et industriel augmentent, ainsi que l'intelligentsia formée par l'enseignement franco-indigène émerge où se distingue un segment mineur passé par l'enseignement supérieur indochinois et métropolitain. Toutefois, l'évolution a été beaucoup plus nette et plus « avancée » au Vietnam que dans le Cambodge et le Laos voisins.

Le sentiment patriotique est très vigoureux chez les Vietnamiens et se manifeste par une résistance à la conquête et à la présence coloniale. Puis il se métamorphose pour devenir un nationalisme à l'occidentale, cultivé par l'intelligentsia, réceptif au Meiji japonais, au Triple demisme chinois (doctrine politique de Sun Yat-Sen : nationalisme, démocratie et socialisme) et aux idéaux de la Révolution française.

Recouvrer l'indépendance nationale reste la tâche prioritaire du mouvement national vietnamien. Quelle sera la stratégie pour y parvenir et quel contenu donner à cette indépendance ? C'est ici que les événements d'Europe jouent un rôle déterminant : la révolution bolchevique de 1917, la création de l'Internationale communiste et la fondation d'un parti communiste en France. Ces trois éléments attirent l'attention de l'intelligentsia vietnamienne et séduisent certains de ses membres, Nguyen Ai Quoc qui prendra en 1941 le nom de Ho Chi Minh, en tête. Les espoirs qu'ils ont mis dans le régime libéral démocratique français et dans la Déclaration des Quatorze Points du président W. Wilson sont déçus alors que Lénine et l'Internationale communiste leur paraissent plus dignes de confiance.

L'analyse que Lénine avait faite de l'impérialisme (1916) paraissait pertinente à des colonisés comme Nguyen Ai Quoc et la décision de l'Internationale d'aider à l'émancipation des colonisés répondait à leur attente. Plus tard, Ho Chi Minh a dit à l'Américain Charles Fenn (1945) que pour combattre un adversaire aussi puissant que l'impérialisme français, il fallait aux Vietnamiens « une foi, un évangile, une analyse pratique, on peut même parler d'une bible. Le marxisme-léninisme m'a fourni cette panoplie » [2].

La greffe du léninisme au Vietnam[3]

Pendant la période 1925-1927, lorsque l'Union soviétique est l'alliée du gouvernement nationaliste chinois de Canton et que les communistes chinois ont adhéré au Guomindang, Nguyen Ai Quoc est envoyé en Chine par le Komintern pour seconder Borodine mais aussi pour ouvrir l'angle vietnamien de la révolution : Nguyen Ai Quoc est officiellement interprète et traducteur mais son activité majeure est la fondation d'une organisation, le *Thanh Nien*, (Jeunesse), qui est conçu comme la pépinière des communistes vietnamiens. Des jeunes gens venus clandestinement du Vietnam suivent des stages de formation idéologique et pratique. Parallèlement, un travail pédagogique intense est effectué pour leur inculquer un vocabulaire politique moderne en *quoc ngu,* (transcription de la langue viet avec l'aide de l'alphabet latin) pour diffuser la propagande communiste, par l'intermédiaire de la presse (principalement mais pas uniquement le journal *Thanh Nien*) et de brochures.

Certains de ses stagiaires sont envoyés à Moscou pour y recevoir une formation bolchevique à l'Université des travailleurs d'Orient, ils y sont rejoints par d'autres compatriotes qui ont commencé des études en France[4].

La stratégie adoptée est celle de la lutte anticolonialiste et antiféodale (la question agraire est au centre de celle-ci). Comme il l'avait fait alors qu'il travaillait au siège du Krestintern (Internationale paysanne) à Moscou, Nguyen Ai Quoc insiste sur la mobilisation de la paysannerie comme force motrice ou au moins principale de la révolution en Asie. De là à voir en lui un maoïste il n'y a qu'un pas d'autant qu'en 1927, Mao rédige son fameux *Rapport sur le mouvement paysan dans le Hounan,* mais Quoc avait déjà émis cette idée, en 1925, dans une brochure *Le travail militaire du Parti chez les paysans : les méthodes de la guérilla révolutionnaire*[5]. Il était alors au diapason de Nicolas Boukharine qui, en 1925, disait « Nous savons que la question coloniale joue un rôle important dans le processus de la révolution prolétarienne mondiale [...] et la question coloniale n'est qu'une forme spécifique de la question agraire et paysanne ». En 1927, Jacques Doriot, envoyé à Canton par le Komintern, renouvelle la même recommandation à un auditoire vietnamien[6].

Lorsque Chiang Kaishek rompt avec les communistes et l'Union soviétique, Quoc reste dans la région jusqu'en 1932. Il agit en tant qu'envoyé du Komintern, notamment en Thaïlande et en Malaisie britannique où il réorganise les partis communistes en s'efforçant en vain de les faire sortir des limites de la diaspora chinoise, tout en diffusant la propagande et en organisant la communauté vietnamienne dans le nord-est de la Thaïlande.

C'est en février 1930 que Nguyen Ai Quoc est chargé d'unifier les trois groupuscules vietnamiens qui se sont auto-proclamés communistes, en un Parti communiste indochinois, admis comme section de la Troisième internationale en 1931. Pendant ces années 1925-1930, le futur Ho Chi Minh a parfaitement concilié son rôle de délégué de l'Internationale avec celui de militant de la cause nationale[7].

C'est dans ce dernier rôle qu'il a prêté le flanc aux critiques parfois très sévères de nationalisme et d'opportunisme petit-bourgeois parce qu'il prônait l'alliance la plus large avec les patriotes vietnamiens (y compris bourgeois et « féodaux ») contre la domination coloniale au lieu d'appliquer la tactique « classe contre classe ». C'est dans la même optique que l'Internationale obligea le parti nouvellement fondé à substituer l'appellation « indochinois » à celle de « vietnamien » en octobre 1930 ; cette visée péninsulaire entrait en contradiction avec le recrutement qui resta majoritairement vietnamien pendant des décennies, ce qui pesa par la suite sur les relations entre les communistes vietnamiens, cambodgiens et laotiens.

Certes, les effectifs de l'avant-garde de la révolution ne devaient pas dépasser quelques centaines de militants pour toute la péninsule et, jusque vers 1951, il n'y avait pour ainsi dire pas de communistes cambodgiens ou laotiens dans ce parti « indochinois ». Néanmoins, les trois groupuscules qui fusionnèrent en 1930 avaient une répartition géographique relativement équilibrée sur tout le territoire vietnamien et ils avaient pénétré la paysannerie, le monde ouvrier des villes, des mines et des plantations, la petite-bourgeoisie urbaine et rurale, notamment les instituteurs. Par volontarisme et pour se conformer à la théorie marxiste-léniniste, un groupe, issu de la scission du *Thanh Nien*, lança en 1927-1928, le mot d'ordre de « prolétarisation » : ses militants venus de la petite bourgeoisie ou de la couche aisée de la société rurale « s'établirent » avec plus ou moins de succès dans le monde du travail manuel (dockers, mineurs, journaliers agricoles, coolies des plantations, etc.). C'est ce qu'avait fait Nguyen Ai Quoc vingt ans auparavant en s'embarquant sur un cargo comme aide-cuisinier.

Le sens du « moment favorable »

À la fin des années 1920, le gouvernement colonial accentue considérablement la répression du mouvement national mais le communisme est qualifié « d'ennemi numéro un » par le ministre des Colonies, Albert Sarraut. En 1929, grèves ouvrières et émeutes rurales font leur apparition ; en 1930, le soulèvement paysan dans le centre-nord (Annam) et dans le sud (Cochinchine) qui mobilise des dizaines de milliers d'hommes et de femmes, marque l'entrée en scène du PCI au moment même où le parti nationaliste *Viet Nam Quoc zan dang* qui mise sur la mutinerie des tirailleurs de l'armée coloniale et la pose de bombes, échoue à Yen Bay (Tonkin)[8].

Après la sévère répression qui mobilise l'armée ainsi que la police, le PCI est dans le creux de la vague dont il sort progressivement à partir de 1933 et il saisit les chances que lui donne le Front populaire de France. En 1936, des prisonniers politiques sont libérés des prisons et des bagnes, sont tolérées les activités publiques, au grand jour : meetings, manifestations et surtout un relâchement de la censure de la presse permettent une extension à toute la péninsule des activités communistes.

Celles-ci avaient déjà resurgi sous une forme légale en 1935 en Cochinchine dont le statut de colonie entraînait l'application des lois françaises et l'existence d'un organe consultatif, le Conseil colonial, élu au suffrage restreint. C'est dans cette période que se situe un fait spécifique : une alliance entre les militants du PCI et un groupuscule se réclamant du trotskisme alors qu'au même moment Staline mène la lutte contre Trotski et ses partisans, une lutte qui conduit non seulement à l'exclusion politique mais aussi à la liquidation physique des opposants au régime. Les divergences politiques autant que l'intervention de l'Internationale par l'intermédiaire de Nguyen Ai Quoc et du PCF (mission du député français Maurice Honel) mettent fin à cette épisode insolite : en juin 1937, le front de *La Lutte* se scinde en deux et les trotskistes conservent la direction du journal du même nom[9].

Le prélude à la désintégration du Front populaire en Indochine accompagne celle de France et en application du décret Sérol, la répression gouvernementale s'abat en 1939 sur le mouvement national vietnamien, confondant tous les partis et tous les courants mais visant particulièrement le PCI en même temps qu'il frappait le PCF en France. Ce faisant, le gouvernement français met fin à la position malaisée du PCI qui avait été conduit à mettre en sourdine la revendication d'indépendance nationale pendant la période du Front populaire et avait subi les critiques des nationalistes radicaux et des trotskistes.

La période 1936-1939 est déterminante pour le PCI : elle imprime une orientation vers la gauche du mouvement national vietnamien et assure au PC une position dominante sur l'échiquier politique. En 1939, l'évolution politique du Vietnam permet la fusion ou l'harmonisation de la tactique frontiste décidée par le Komintern en son VIIe congrès (1935) et de la stratégie de lutte pour l'indépendance nationale. La tactique du « front uni antijaponais » comme du « front uni anti-impérialiste » est une transposition du « front uni antifasciste » dont le Komintern avait fait sa nouvelle ligne politique.

Cependant, pour les communistes vietnamiens comme pour leurs camarades chinois, il s'agit cette fois de ne pas renouveler la tragique expérience chinoise, luttes fratricides entre nationalistes et communistes (1927) et de s'assurer l'hégémonie dans un front uni national. La fondation de la Ligue pour l'indépendance du Vietnam, *Viet Nam Doc Lap Dong minh,* dit communément Viet Minh, en 1941, en est la concrétisation.

Nguyen Ai Quoc qui a quitté Moscou en 1938, est revenu au pays en 1941 après avoir séjourné deux ans en Chine[10] dans les bases rouges en s'inspirant d'expériences en cours : techniques de mobilisation de la population par l'alphabétisation, l'encadrement et la propagande ainsi que l'entraînement à la guérilla. C'est aussi dans cette période que le PCC applique sa nouvelle stratégie de front uni contre les Japonais, la lutte de classes est repoussée à l'arrière-plan et les communistes modèrent les revendications sociales dont la principale est le partage des terres, une opération repoussée à plus tard.

Nguyen Ai Quoc réorganise le PCI durement décimé par les arrestations en masse de 1939, par les nombreuses exécutions en Cochinchine lorsque, en 1940-1941, un soulèvement armée avait voulu mettre en œuvre le « défaitisme révolutionnaire » en profitant de la capitulation de la France et une courte guerre qui opposa la France à la Thaïlande.

Le PCI installe alors des bases de guérilla aux confins du Tonkin et de la Chine et se prépare à saisir le « moment favorable ». Il tisse un réseau de relations avec les ethnies minoritaires, avec le PCC, les communautés vietnamiennes de la Chine du sud. Lorsque Ho Chi Minh (N. A.Quoc vient de prendre ce nom) noue des relations avec les Américains auxquels il rend quelques services, il donne une crédibilité certaine au Viet Minh[11]. Dès que les Japonais capitulent alors qu'ils ont détruit l'administration coloniale française au préalable, le PCI derrière le paravent du Viet Minh, prend le pouvoir grâce aux comités de salut national (*hoi cuu quoc*) et le 2 septembre 1945, Ho Chi Minh proclame la fondation de la République démocratique du Vietnam, état indépendant doté d'un gouvernement provisoire et bientôt, en 1946, d'une assemblée nationale et d'un gouvernement d'union nationale rassemblant les nationalistes mais où les communistes jouent le rôle principal et détiennent les postes-clés.

Le PCI prend le pouvoir[12]

La Révolution d'août 1945 est le fait d'une minorité organisée, il devait y avoir entre 2000 et 5000 communistes sur 20 millions d'habitants. Cependant la technique reposait sur une préparation soigneuse : réseau de comités *cuu quoc*, d'organisations de jeunesse (« d'avant garde », « de première ligne ») issues directement des organisations de scoutisme et d'inspiration vychistes. Une propagande habile s'adresse aux Alliés en se référant à l'objectif commun de la lutte anti-japonaise et antifasciste et dénonçant, du même coup, l'attitude pro-japonaise voire la collaboration des milieux ou partis nationalistes est mise à l'index. Ceux-ci furent momentanément neutralisés, les uns se ralliant au Viet Minh, les autres étant marginalisés puis certains d'entre eux liquidés physiquement en même temps que les trotkistes et les traîtres pro-français.

Mais fondamentalement, les communistes vietnamiens profitaient d'une aspiration collective et populaire à l'indépendance nationale et ils surent canaliser cette ardeur patriotique tout en profitant de la vacance du pouvoir. Leur action s'inscrivait dans une après-guerre qui donnait regain et force au principe d'autodétermination des peuples que les puissances occidentales n'avaient pas su ou voulu appliquer au lendemain de la « Grande guerre ». En outre, le monde n'était pas encore entré dans la Guerre froide, l'alliance antifasciste des démocraties libérales et de l'Union soviétique était récente, une partie des Français venus « restaurer la souveraineté française » en Indochine avaient résisté à l'occupation allemande ou combattu dans les Forces françaises libres. Une idéologie diffuse imprégnait les mentalités et jouait en faveur des Vietnamiens et du Viet Minh[13].

La guerre, facteur de radicalisation, de force et de fragilité

Les Vietnamiens firent la guerre aux Français de 1945 à 1954 pour repousser ce qu'ils considéraient comme une reconquête coloniale. De 1960 à 1975, les communistes maîtres du Nord Vietnam firent une seconde guerre contre le gouvernement nationaliste du Sud pour restaurer l'unité nationale sous leur unique autorité. Le Nord sortit vainqueur du conflit en dépit d'une intervention massive des Américains. Celle-ci servit les communistes qui la firent apparaître comme une agression de l'État qui personnifiait l'impérialisme dominant de l'après-guerre[14].

Les deux guerres ont donc profité aux communistes en leur donnant plus qu'un titre de gloire, elles ont conféré une légitimité politique à leur pouvoir : elles les ont fait apparaître comme les champions de l'indépendance et de l'unité nationale.

Aux yeux des communistes vietnamiens, ces victoires ont confirmé la valeur intrinsèque autant que la valeur opérationnelle du marxisme-léninisme. Elles ont conforté leur orgueil d'être l'avant-garde de la révolution prolétarienne mondiale. Mais concrètement, ces guerres ont eu au moins quatre conséquences déterminantes : elles ont fortifié la dictature du Parti communiste en soulignant l'efficacité de l'unité de commandement. De son côté, l'économie de guerre a indiqué la nécessité et posé les bases d'une économie étatique. Ensuite elles ont renforcé les liens avec la Chine communiste et ont ouvert la voie à une influence grandissante du modèle de développement chinois mais aussi accentué la pression hégémonique, « grand fraternelle », de la Chine populaire. Enfin, ces guerres ont renforcé la dépendance du Vietnam vis-à-vis des pays socialistes de sorte que la rupture sino-soviétique a placé le Vietnam dans une position critique avec un risque permanent de rupture qui a lieu effectivement dans les années 1970-1980.

Si le sentiment national est le dénominateur commun des Vietnamiens et le catalyseur des énergies collectives, quelle suite donner à la victoire militaro-politique ? L'indépendance est-elle la seule finalité, comment organiser la société ?

Les impasses du développement néo-stalinien et la « Rénovation »

La République démocratique du Vietnam avait entrepris d'édifier une économie baptisée socialiste sur le modèle de l'Union soviétique et de la Chine. Puis elle introduit le même régime dans le Sud réuni au Nord après la victoire militaire des communistes en 1975.

Après la réforme agraire fortement inspirée par les méthodes chinoises où les conseillers chinois jouèrent un rôle si important qu'on leur en imputa les « erreurs », les Nord Vietnamiens passèrent à la collectivisation des campagnes puis des villes : les paysans furent groupés en coopératives, les artisans aussi. Les entreprises industrielles furent étatisées et l'économie globale soumise à la planification centralisée.

Les deux premiers plans quinquennaux donnèrent la priorité aux industries, par rapport à l'agriculture ; aux industries d'équipement par rapport à celles de consommation. Même le primat de l'industrie lourde fut adopté alors que le pays ne disposait pas des ressources en matières premières ni en énergie.

Sans se lancer dans l'aventure d'un « grand bond en avant » et des communes populaires, ni *a fortiori* dans une « révolution culturelle prolétarienne », les Vietnamiens se trouvèrent confrontés à une stagnation de la production agricole, notamment alimentaire tandis qu'ils ne parvenaient pas à juguler la croissance démographique. La question des vivres se pose en permanence à partir des années 1970 tandis que les blocages de l'économie de type soviétique se manifestent aussi au Vietnam[15].

L'admission de la République socialiste du Vietnam au COMECON en 1978 ne lève pas toutes les difficultés et au fur et à mesure que l'URSS et les autres pays socialistes européens évoluent vers la sortie du socialisme et que la dissolution du COMECON est prévisible, le Vietnam est forcé d'envisager la restructuration de son économie. Le système des contrats agricoles pour libérer les énergies des paysans afin de redonner du dynamisme à la croissance agricole est le premier pas vers la décollectivisation qui est un fait accompli en 1990.

Depuis 1990, simultanément à l'ouverture du pays aux étrangers, investisseurs et touristes, le Vietnam qui se proclame toujours « république socialiste » est sorti de l'économie planifiée, centralisée et collectivisée pour entrer dans une économie de marché sans toutefois adopter le libéralisme que ce soit en économie ou en politique.

L'évolution actuelle du Vietnam lui donne le profil de ce que furent et que sont encore aujourd'hui, d'autres États développementalistes du Sud-Est asiatique avec un gouvernement fort pour ne pas dire autoritaire et un secteur économique d'État encore important. Il possède des traits similaires à ceux de Singapour de Lee Kuan Yue, de la Malaisie de Mahatir Mohammed. La mise au diapason de ces états voisins a facilité l'adhésion du Vietnam à l'ASEAN, organisation régionale mise sur pied originellement pour contrer le communisme.

Nous ne pouvons quitter la péninsule indochinoise sans nous arrêter sur l'épisode Khmer rouge au Cambodge[16]. Les communistes cambodgiens (le terme khmer rouge a été inventé par Sihanouk) imprimèrent au régime qu'ils mirent en place entre 1975 et 1979, une orientation qui conduisit au drame du génocide ou l'autogénocide et dont les séquelles se sont prolongées au moins jusqu'en 1989 et les résidus jusqu'en 1998.

Salué en 1975 comme une avancée de la révolution prolétarienne mondiale et de l'anti-impérialisme, le Kampuchea démocratique évolua vers un régime qui, en trois ans, huit mois et vingt jours fit disparaître entre 800 000 et un million de Cambodgiens. Cette hécatombe résulte-t-elle d'un programme délibéré, quelle est la part des intentions et celle des accidents de parcours ?

L'histoire du mouvement communiste au Cambodge est celle d'une lente gestation. Le Parti communiste khmer n'apparaît sous ce nom qu'en 1966 après avoir porté le nom de Parti révolutionnaire populaire (1951), Parti populaire en version légale, puis Parti des travailleurs (1960) à la façon vietnamienne.

En effet, jusqu'à la première guerre d'Indochine, le recrutement du PCI fut essentiellement vietnamien et sa stratégie définie sous l'angle vietnamien et en fonction de ce que les dirigeants vietnamiens considéraient comme des objectifs prioritaires. Les cadres et militants furent formés par les Vietnamiens, même les étudiants « retour de France » comme le célèbre Pol Pot. Cette situation permit à Norodom Sihanouk de les discréditer en les appelant Khmers-Vietminh.

La khmérisation fut progressive et se traduisit par une émancipation du tutorat vietnamien ; la volonté de se démarquer des Vietnamiens s'affirma, semble-t-il, à partir des années 1960. Lorsque Pol Pot se rendit à Hanoi en 1965, pour présenter le programme politique du PCK, la direction vietnamienne qui ménageait Sihanouk à cause de sa « neutralité anti-impérialiste US », lui demanda de renoncer à la lutte armée. Au contraire, en 1966, Pol Pot arrivé à Pékin, se vit conforter par Mao Zedong dans les intentions du PCK de prendre le pouvoir par les armes et de marquer la différence avec les Vietnamiens sur toute la ligne. La solidarité anti-impérialiste ne devait pas résister à la passion nationaliste nourrie de contentieux historiques comme celui des frontières et réactivatrice des haines passées entre Khmers et Viets. La rancune des Khmers rouges déboucha sur l'épuration ethnique et sur les agressions frontalières.

Les communistes khmers poussèrent à l'extrême les contradictions sociales et déclinèrent à leur manière la lutte des classes : au centre de celle-ci, l'opposition ville-campagne qui amalgama les catégories socioprofessionnelles avec les communautés étrangères en même temps qu'elle identifia les citadins avec la bureaucratie civile et militaire de l'ancien régime. Simultanément les Khmers rouges mirent en application une politique antireligieuse : fermeture des pagodes bouddhiques et massacres de Chams musulmans. Ils collectivisèrent les biens de production et communautarisèrent la vie quotidienne en brisant les solidarités naturelles telles que la famille.

Ces bouleversements furent opérés en usant de la coercition, dans la précipitation, sans préparation préalable, tel que le vidage de Phnom Penh et des chefs-lieux de province. Le bas niveau des techniques, la disette alimentaire, la pénurie des médicaments et de personnel médical aggravèrent la situation d'une population livrée à la merci de cadres parfois brutaux, souvent inexpérimentés et astreinte à un régime de travail forcé. Environ 600 000 à 800 000 personnes périrent pour ces divers raisons.

La politique extrémiste des communistes khmers souleva des oppositions au sein du PCK et entraîna une épuration sanglante des opposants, accusés d'être des « agents vietnamiens » ; on évalue à 20 000 au moins ceux et celles qui furent torturés et exécutés sous ce chef d'inculpation.

Ce faisant, le cercle dirigeant réduit aux fidèles de Pol Pot fit le vide autour de lui et provoqua l'intervention de l'armée populaire vietnamienne. Les deux partis communistes se réclamant du marxisme-léninisme reproduisirent dans la Péninsule une cassure de type sino-soviétique ; celle-ci fut-elle une duplication ou un prolongement de la rupture entre les deux « grands frères », la question reste posée.

Si le PCI appartenait à la première génération des partis communistes coordonnée et pilotée par la Troisième Internationale, le PCK naquit dans une période où l'unité du « camp socialiste « était irrémédiablement brisée. Sa trajectoire en fut plus que le reflet, elle en fut une des manifestations.

L'échec des communistes dans le reste de l'Asie du Sud-Est

Reste à expliquer pourquoi le triomphe du marxisme-léninisme a été circonscrit au Vietnam si on considère que le Laos a évolué dans le sillage de celui-ci (sans toutefois en être une copie conforme).

Le monde insulindien et plus particulièrement l'île de Java sous domination hollandaise depuis le XVIIe siècle a connu un mouvement musulman réformiste, une radicalisation d'une aile de ce même mouvement ainsi que l'influence des sociaux-démocrates hollandais de la colonie. Dès 1920, des syndicalistes ouvriers et des fonctionnaires fondent un parti communiste et noyautent le mouvement de masse musulman Sarekat Islam dont ils parviennent à recruter une partie des adhérents, tout en provoquant une réaction violente des musulmans conservateurs et réformistes. Il faut rappeler que le Komintern avait condamné le panislamisme. Cette division du mouvement indonésien pour l'indépendance se perpétue et pèse lourdement par la suite sur la destinée du PKI[17].

La répétition d'insurrections prématurées en 1926-1927 puis en 1948 alors que le PC avait resurgi après la Seconde Guerre mondiale, pose problème aux historiens. De même qu'après avoir retrouvé sa place sur l'échiquier politique indonésien en 1951, le PC est victime d'une insurrection militaire « gauchiste » (qualifiée ainsi faute de pouvoir déceler d'où est partie l'initiative ou quel fut l'instigateur) qui provoque, en 1965, une féroce répression. Celle ci se traduit par le massacre (entre 300 000 et 1 million) et la déportation (250 000) en masse des communistes et de leurs sympathisants par les éléments anticommunistes de l'armée et les organisations musulmanes.

Ces événements surviennent alors que le PKI était parvenu à un degré de puissance impressionnante : il a 3 millions de membres sans compter les adhérents des organisations de masse et les sympathisants, il a plus de 17 % des voix aux élections générales et à Java il est le premier parti ; deux de ses dirigeants sont ministres du gouvernement Sukarno, il compte de nombreux sympathisants dans l'armée y compris des généraux.

Pour la troisième fois, le sort tragique du mouvement communiste en Indonésie pose la question : qu'est-ce qui relève d'un rejet du communisme par la société et la culture non préparée à le recevoir ? Qu'est-ce qui est imputable aux erreurs stratégiques et tactiques des communistes ou à la volonté et à l'habileté d'éliminer le communisme dont ont fait preuve ses ennemis ?

La Malaisie présente un autre cas où les communistes étaient réellement implantés dans le prolétariat et avait organisé un mouvement syndical vigoureux avant la Seconde Guerre mondiale. Leur alliance avec les Britanniques et leur participation à la guérilla contre les occupants japonais, leur donnaient un instrument militaire en même temps qu'une caution politique. Ils soutinrent une lutte armée contre les Britanniques de 1948 à 1960 mais ils furent finalement vaincus. Dans ce cas, les communistes qui recrutaient leurs partisans principalement dans la communauté d'origine chinoise (plus de 40 % de la population) n'ont pas surmonté la pluriethnicité et la pluriculturalité (Malais et Indiens musulmans et hindouïstes) qui démentaient l'existence d'une communauté nationale et empêchaient la réalisation d'un front uni alors que la stratégie révolutionnaire était celle de la lutte anti-impérialiste. En outre la communauté chinoise était divisée. De surcroît, la lutte armée de longue durée supposait une logistique assurée et un sanctuaire inviolable[18].

Les communistes Thaïlandais souffraient d'un handicap analogue : ils ne purent prétendre à représenter la nation et les bases de leur guérilla étaient situées dans les régions peuplées d'ethnies minoritaires. La conjonction du conflit sino-soviétique, de celui survenu entre le Vietnam et la Chine, la terreur polpotiste dans le pays voisin ont affaibli le mouvement puis provoqué des défections en série.

Les Vietnamiens ont disposé de tous les atouts qui ont manqué aux précédents. Un sentiment national largement partagé avec le taux de pluri-ethnicité le plus bas de l'Asie du Sud-Est, une base arrière – la Chine populaire – auquel s'adosser à partir de 1950 et qui l'a puissamment aidé, pas de religion (islam et bouddhisme) qui pouvait s'opposer sérieusement ou servir de substitut au marxisme-léninisme, voir le socialisme bouddhique de Norodom Sihanouk.

L'idéologie populaire est le fruit d'un syncrétisme du bouddhisme, du taoïsme et du confucianisme ; elle ne présente pas d'incompatibilités avec le marxisme-leninisme. Le confucianisme en tant que doctrine d'organisation de la société offre des passerelles au communisme et Ho Chi Minh a dit son admiration pour la part humaniste de l'enseignement de Maître Kong[19]. Le bouddhisme originel est agnostique, il a pour but de lutter contre le mal et contre les injustices sociales, sa version mahayana conçoit le salut des hommes comme un fait collectif. Le bouddhisme présente une affinité avec le socialisme.

Ce survol de l'histoire du communisme du XXe siècle en Asie du Sud-Est souligne que la doctrine produite en Occident s'est matérialisée au prix d'une nécessaire adaptation. Le culturalisme ne peut pas tout expliquer, pas plus que le « le niveau des forces productives » et ses contraintes mais là où les communistes, oubliant l'enseignement de Karl Marx et s'enfermant dans un volontarisme aveugle, n'ont pas tenu compte du niveau de développement de leur société, ils ont été frappés par un verdict tragique, en Indonésie, ou ils ont sombré dans la perversion de leur cause, au Cambodge.

Notes

1. Deux livres de base : Frank Trager edit., *Marxism in Southeast Asia : A Study of Four Countries*, Stanford University Press, 1959. Charles Mc Lane, *Soviet Strategies in Southeast Asia*, Princeton University Press, 1966.

2. Cité par William Duiker, *Ho Chi Minh*, New York, Hypérion Press, 2000.

3. Le livre de référence est celui de Huynh Kim Khanh,*Vietnamese Communism*, Cornell University Press, 1982.

4. Anatoli Sokolov, *Le Komintern et le Vietnam. La formation des cadres politiques vietnamiens dans les universités communistes soviétiques. 1920-1930*, Moscou,1998. (en russe).

5. Dans le recueil dirigé par A. Neuberg, *L'Insurrection armée*, Moscou 1928, réédité par F. Maspero en 1970, Paris.

6. Voir P. Brocheux dans *Vietnamese Communism in Comparative Perspective*, William Turley edit., p. 75-89, Westview Press, 1980.

7. Pierre Brocheux, *Ho Chi Minh*, Paris, Presses de Sciences Po, 2000.

8. Pierre Brocheux, « L'implantation du mouvement communiste en Indochine : le cas du Nghe tinh. 1930-1931 », *Revue d'Histoire moderne et contemporaine*, janvier-mars 1979. Pierre Brocheux, *The Mekong Delta. Ecology, Economy and Revolution. 1860-1960*. Centre for South East Asian Studies, Monograph 12, Wisconsin-Madison, 1995, chap. 7.

9. Daniel Hémery, *Révolutionnaires vietnamiens et pouvoir colonial en Indochine*, Paris, Maspero, 1975.

10. King C. Chen, *Vietnam and China 1938-1944*, Princeton University Press, 1969.

11. Charles Fenn, *Ho Chi Minh. A Biographical Introduction*, New York, Scribner's Sons, 1973. Archimedes Patti, *Why Vietnam ? Prelude to America's Albatross*, University of California Press, 1980.

12. David Marr, *Vietnam 1945. The Quest for Power*, University of California Press, 1995.

13. C'est le cas de Jean Sainteny, Jean Lacouture, Philippe Devillers qui ont laissé de nombreux écrits sur Ho Chi Minh et sur cette période.

14. J. Dalloz, *La guerre d'Indochine. 1945-1954*, Paris, Points-Seuil, 1987. Gabriel Kolko, *Anatomy of a War. Vietnam, the United States, and the Modern Historical Experience*, New York, Pantheon Books, 1985.

15. Bernard Fall, *Le Viet Minh. La République démocratique du Vietnam, 1945-1960*, Paris, A. Colin, 1960. Vo Nhan Tri, *Vietnam's Economic Policy since 1975*, ISEAS, Singapour, 1990.

16. D. Chandler, *The Tragedy of Cambodian History. Politics, War and Revolution since 1945*, Newhaven, Yale University Press, 1991. D. Chandler, *Pol Pot, Frère numéro Un*, Paris, Plon,1993. Ben Kiernan, *Le génocide au Cambodge, 1975-1979. Race, Idéologie et pouvoir*, Paris, Gallimard, 1998. T. Engelbert et

C. Goscha, *Vietnam, Falling out of touch. A Study on Vietnamese Communist Policy Towards an Emerging Cambodian Communist Movement, 1930-1975*, Monash University, Melbourne, 1995.

17. Françoise Cayrac-Blanchard, *Le Parti communiste indonésien*, Paris, A. Colin, 1973. Ruth McVey, *The Rise of Indonesian Communism*, Cornell University Press, 1965. Rex Mortimer, *Indonesian Communism under Sukarno : Ideology and Politics, 1959-1965*, Cornell University Press, 1974.

18. Cheah Boon Kheng, *From PKI to the Komintern, 1924-1941 : The Apprenticeship of the Malayan Communist Party*, Cornell Southeast Asia Program n° 8, Cornell University, Ithaca, 1992. Anthony Short, *The Communist Insurrection in Malaya, 1948-60*, London, Frederik Muller Ltd, 1975. L'ouvrage de référence sur les Philippines est celui de Bendict Kerkvliet, *The Huk Rebellion, A Study of Peasant Revolt in the Philippines*, University of California Press, 1977.

19. Voir P.Brocheux, *Ho Chi Minh, op. cit.*, 2ᵉ partie.

La plupart des livres cités abordent le communisme dans l'optique des politologues, il n'y a pas encore d'approche sociologique ou culturelle du communisme en Asie du Sud-Est. Cependant quelques ouvrages sur le mouvement national et le mouvement radical éclairent la réception du marxisme-léninisme ou son rejet :

Shiraishi Takashi, *An Age of Motion : Popular Radicalism in Java, 1812-1926*. Cornell University Press, 1990.

Alexander Woodside, *Community and Revolution in Modern Vietnam*, Boston, 1976.

Hue Tam Ho Tai, *Radicalism and the Origins of the Vietnamese Revolution*, Havard University Press, 1992.

Trinh Van Thao, *Vietnam, du Confucianisme au Communisme*, Paris, L'Harmattan, 1990.

Les communismes en crise

1956-1968-1989

Chapitre XII

Les partis communistes français et italien

par Michel Dreyfus et Bruno Groppo

Au sortir de la Seconde Guerre mondiale, le prestige de l'Union soviétique en Europe est au zénith en raison du rôle essentiel qu'elle a joué dans la défaite du fascisme. Toutefois, sur le Vieux Continent, il existe des partis communistes de masse dans deux pays seulement, la France et l'Italie ; le communisme est également fort en Tchécoslovaquie. À partir de 1947-1948, la question du communisme se pose en des termes entièrement différents en Europe de l'Est, compte tenu du partage de l'Europe en deux zones d'influence. En Allemagne, le communisme ne s'est jamais remis de la défaite qu'il a subie en 1933 puis devant le régime hitlérien. Après 1945, le Parti communiste ne joue plus qu'un rôle marginal en RFA où il est même mis hors la loi durant toute une période ; la répression dont il est l'objet n'explique que très partiellement sa disparition en tant que force politique. À partir de cette date, le communisme est au pouvoir dans la partie orientale de l'Allemagne sous contrôle soviétique, donc dans un tout autre contexte. En Tchécoslovaquie, le Parti communiste qui s'est développé avant la guerre dans le cadre d'un régime démocratique resurgit comme parti de masse en 1945 pour s'emparer ensuite du pouvoir et instaurer sa dictature sous l'égide soviétique. La situation antérieure à 1939 et celle qui s'instaure en 1948 avec le coup de force communiste ne sont pas comparables : un parti communiste qui évolue dans un régime parlementaire a peu à voir avec un parti communiste qui exerce la totalité du pouvoir dans le cadre d'une dictature. En Grande-Bretagne, le PC occupe une place secondaire depuis l'échec de la grève des mineurs en 1926 ; il connaît un regain relatif au milieu des années 1930 mais pas suffisant pour lui permettre de peser réellement dans le débat politique. Dans les pays de l'Europe du Nord, le communisme a été marginalisé depuis le début des années 1930 ; le PC belge connaît ses meilleurs scores à la Libération mais ils s'effriteront très vite. La situation n'est pas meilleure en Europe méridionale. L'Espagne vit sous la botte du général Franco et le Portugal sous la férule de Salazar. En Grèce, le PC a joué un rôle important durant la Résistance, mais au sortir du conflit mondial il est écrasé au terme d'une guerre civile très violente. Pour toutes ces raisons, l'histoire du communisme en Europe de l'Ouest après 1945 se concentre principalement sur le PCF et le PCI.

Toutefois l'histoire de ces deux partis est très différente. Tout d'abord parce que, durant sa première décennie, le PC français a pu se construire dans un contexte de relative démocratie que n'a pas connu le PCI : à la différence de l'Allemagne, la Tchécoslovaquie et l'Italie, la France est le seul pays où le parti communiste a vécu, à l'exception des années de guerre, dans des conditions légales et démocratiques. En Italie, la transformation du PCI en un parti de masse date de 1945 et résulte directement de son rôle dans l'opposition au fascisme et surtout dans la Résistance. Leur poids politique n'est pas non plus le même. Avec les partis communistes allemand (PCA) et tchèque (PCT), le PC français constitue durant les années 1920 le plus beau fleuron de l'Internationale communiste (IC), même s'il est d'abord réduit au rôle de « brillant second » derrière le PCA. Sa première décennie est difficile, mais par l'intermédiaire de la CGTU dont il achève la conquête en 1930, il bénéficie d'une relative audience au sein du monde du travail. C'est alors qu'il est pris en main par l'Internationale communiste : dès lors il fait preuve d'une fidélité totale à Moscou qui se poursuit bien longtemps après la Seconde Guerre mondiale. Cette allégeance durable est une de ses principales caractéristiques. De son côté, le PCI devient après 1945, et reste pendant plusieurs décennies, le parti communiste le plus important d'Europe occidentale. Le plus original aussi, tant dans son élaboration théorique (grâce notamment à la pensée d'Antonio Gramsci) que dans certains aspects de sa stratégie et de son action politique, par exemple dans sa précoce recherche d'autonomie par rapport à Moscou ainsi que dans sa tentative incessante de concilier communisme et démocratie. Il est aussi l'un des premiers à emprunter, d'abord avec hésitation et ensuite avec une détermination croissante, le chemin du retour au socialisme démocratique. Son histoire se divise en deux périodes, avant et après 1945. La première période, celle de la formation du Parti, est aussi celle de la persécution, de la clandestinité, de l'exil, et, de 1943 à 1945, de la résistance armée au fascisme. C'est alors que se forment les cadres qui vont diriger le Parti jusqu'aux années 1960-1970. La seconde période, qui commence en 1945, est celle du parti de masse : avec presque deux millions d'adhérents en 1946, le PCI devient l'une des principales forces politiques du pays. PCF et PCI sont, à bien des égards, deux partis différents, bien que leurs groupes dirigeants se soient formés sur le même modèle, celui de l'Internationale communiste.

Fondé au congrès de Tours (décembre 1920), le PC français emmène avec lui la majorité de la SFIO (3 247 voix contre 1 308). Dans ses premières années, il cherche à concilier la tradition héritée de la SFIO et les exigences révolutionnaires que lui impose l'Internationale communiste. Mais de nombreux responsables refusent ou ne prennent pas au sérieux les transformations radicales qu'exigent les dirigeants de l'IC pour ce qui concerne ses modes de fonctionnement et d'organisation : durant ces années de formation, l'IC intervient de façon incessante dans la vie interne du PC français, notamment dans la composition de ses organes dirigeants, pour en faire un parti de type nouveau. En réaction à ces interventions, de nombreux fondateurs du PC opposés à la bolchevisation et à la disparition progressive de tout débat démocratique, le quittent, en groupe ou individuellement à partir de 1923, et ce suivant plusieurs vagues. Il faut attendre les années 1930-1931 pour que départs et exclusions perdent de leur intensité et que, avec l'aide de l'IC symbolisée par la figure d'Eugen Fried une véritable direction apparaisse autour de Maurice Thorez.

Dès lors, le PC français, placé sous la férule d'une direction homogène, est devenu une organisation d'un type nouveau, régi par le centralisme démocratique. Depuis 1925, des cellules, d'entreprise ou locales, ont été substituées aux sections dans le cadre de la bolchevisation. Ces modifications organisationnelles s'accompagnent d'une transformation sociologique importante, l'ouvriérisation du Parti au sein duquel émerge un nombre important de cadres formés dans les écoles du Parti et de l'Internationale, à Moscou. Ces années sont aussi celles de la conquête de la CGTU[1]. Durant cette première décennie, le PCF cherche également à développer, sans grand succès, des organisations de masse. Ces transformations se paient d'abord par la chute des effectifs : au lendemain de Tours, le PC était fort de plus de 100 000 adhérents, en 1932, il en a 25 000. Les pertes se traduisent également sur le plan électoral surtout à partir de 1928 où le PCF recueille aux élections législatives 790 000 voix, soit 8,4 % des suffrages exprimés.

Le PCI naît en 1921, d'une scission minoritaire du Parti socialiste italien lors de son congrès de Livourne. Une large majorité des socialistes italiens est alors favorable à l'Internationale communiste, mais le refus du courant maximaliste, conduit par Serrati, de se plier aux 21 conditions fait que les communistes se retrouvent en minorité. Le nouveau parti, intitulé alors Parti communiste d'Italie et dont le premier secrétaire général est l'ingénieur napolitain Amadeo Bordiga, voit le jour dans un contexte défavorable : la vague révolutionnaire qui a agité le pays en 1919-1920 (le « biennio rosso ») reflue après l'échec de l'occupation des usines en septembre 1920 ; avec la protection et la complicité de l'appareil d'État, les violences fascistes commencent à désarticuler les organisations d'un mouvement ouvrier désormais acculé à la défensive. La montée du fascisme limite d'emblée l'influence politique du PCI, et le ralliement tardif des socialistes centristes ne modifie guère sa situation précaire. Entre l'arrivée au pouvoir de Mussolini en octobre 1922 et la consolidation définitive de la dictature en 1926, le Parti vit dans une demi-légalité, tandis que des milliers de ses militants sont contraints à l'exil pour échapper aux violences fascistes ou à la prison. Les lois exceptionnelles de 1926 inaugurent pour le PCI une longue période de clandestinité, qui ne s'achève pas avant la chute du fascisme. Pendant cette période, le PCI, qui est alors un parti de cadres aux dimensions très limitées, est la seule force politique qui réussit, au prix d'énormes sacrifices, à maintenir sans interruption dans l'illégalité, une présence et une activité politique en Italie. Toutefois, la plupart de ses dirigeants et de ses cadres intermédiaires doivent se réfugier à l'étranger, surtout en France, où la présence de nombreux immigrés italiens offre des conditions favorables à la poursuite de la lutte contre le fascisme. Ils trouvent un appui important auprès du PCF, dont les « groupes de langue » comptent de nombreux militants italiens. Si les résultats obtenus dans l'immédiat sont plutôt modestes et les pertes – en termes de militants arrêtés et condamnés – considérables, cette présence lui permet d'accumuler un capital moral et politique important qu'il sait faire fructifier à partir de 1945.

L'une des particularités du PCI est la remarquable continuité de son groupe dirigeant. Après l'arrestation en 1926 d'Antonio Gramsci, qui a remplacé Bordiga au secrétariat général du Parti, c'est Palmiro Togliatti qui assure cette fonction jusqu'à sa mort, survenue en 1964. Autour de lui on trouve, pendant des décennies, l'essentiel du groupe dirigeant qui s'est formé dans les années 1920 (Luigi Longo, Pietro Secchia, Giuseppe Di Vittorio, Ruggero Grieco, Antonio Roasio, Velio Spano, etc.). À la différence de ce qui se passe dans la plupart des autres partis communistes, surtout dans cette décennie, les expulsions, exclusions ou départs volontaires de cadres importants sont relativement rares dans le PCI : on peut citer les noms d'Amadeo Bordiga, Angelo Tasca, Ignazio Silone, Alfonso Leonetti, Pietro Tresso, Antonio Ravazzoli, Umberto Terracini. Certains d'entre eux, tel que Terracini, sont même réadmis dans le Parti où ils se voient confier des fonctions politiques importantes.

Secrétaire général depuis 1930, Maurice Thorez bénéficie du nouveau cours qu'il contribue à mettre en place à partir de mars 1934. Après avoir éliminé Jacques Doriot, il engage le PC dans la stratégie de Front populaire. Le PC français sort de la situation de secte où il se trouvait et, en trois ans, connaît une progression considérable de son influence. Cette progression s'effectue en trois étapes. Tout d'abord, lors des élections municipales de mai 1935, il remporte 297 municipalités, dont 90 de plus de 5 000 habitants, soit le double des élections précédentes. La poussée est particulièrement spectaculaire en banlieue parisienne. La seconde étape a lieu lors des législatives d'avril-mai 1936 où le PC, avec 1 500 000 voix, double son score par rapport à 1932 et multiplie par 7 le nombre de ses députés (10 à 72). Le PC français qui soutient le gouvernement de Léon Blum, sans y participer, connaît alors une explosion de ses effectifs lors de la vague de grèves qui, fin mai début juin 1936, secoue le pays : en avril 1936, il avait 78 000 adhérents, en septembre 1937 il en a 328 000. Enfin, l'envolée de la CGT réunifiée qui en un an quintuple ses effectifs, passant à 4 millions d'adhérents, bénéficie principalement aux syndicalistes unitaires, communistes ou proches de ces derniers : dès lors, le communisme français qui a rencontré la classe ouvrière bénéficie d'une audience de masse.

Cette période euphorique est brève : avec la guerre d'Espagne qui éclate en juillet 1936, la gauche se divise entre partisans et adversaires de l'intervention. Dès lors le PC français qui défend une orientation antifasciste se trouve souvent en porte à faux avec une gauche fortement imprégnée de pacifisme. Bientôt, il souffre du recul du Front populaire. Son influence régresse. L'échec de la grève générale du 30 novembre 1938 sonne le glas du Front populaire. Toutefois, avec ses 318 000 adhérents en septembre 1938 et encore 280 000 en août 1939, le PC s'est enraciné dans la société française.

Le Pacte germano-soviétique du 23 août 1939 prend le PC à contre-pied. Nullement préparé à ce tournant, il est contraint de s'y rallier, en raison de la pression de l'IC, à partir de la fin septembre, mais le 26 du même mois, il est dissous par le gouvernement Daladier. Cette mesure mais surtout la confusion politique engendrée par le Pacte et ses conséquences provoquent de nombreux départs, surtout chez les députés et les maires et dans une moindre mesure chez les responsables syndicaux. En revanche, les membres de l'appareil restent fidèles. Le PC français vit alors la crise politique la plus grave de toute son histoire : elle se traduit par un effondrement des effectifs qui, début 1940, ne dépasseraient pas les 5 000 adhérents. Passée la défaite et les flottements de l'été 1940, le PC, d'abord complètement désorganisé, s'engage peu à peu dans la Résistance, sous la direction de Benoît Frachon, Charles Tillon puis Jacques Duclos. L'attaque hitlérienne contre l'URSS en juin 1941 achève de le faire basculer dans le camp de la Résistance, toutefois son engagement en ce sens a commencé bien avant.

Au sortir de la guerre, le PCF, qui bénéficie du prestige de sa lutte contre l'occupant, est à son apogée : pour la première fois de son histoire, il participe aux responsabilités ministérielles, qu'il exercera jusqu'en mai 1947 ; il connaît une nouvelle envolée de ses effectifs qui, fin 1947, frôlent les 800 000 adhérents – ce chiffre ne sera jamais dépassé. De nombreux cadres communistes sont morts au combat durant la Seconde Guerre mondiale ; si une génération nouvelle apparaît, de difficiles problèmes d'encadrement ne s'en posent pas moins en raison de la progression très rapide du nombre d'adhésions. À la différence du Parti communiste italien, le PCF se trouve alors dans une situation privilégiée par rapport à la SFIO. La guerre, et d'abord le Pacte germano-soviétique, a provoqué des difficultés dans ses rangs en 1939-1940, mais quatre ans plus tard elles sont bien oubliées ; dans le contexte de la victoire, elles ne peuvent être évoquées et ne gênent donc pas le PC. La SFIO se trouve dans une situation exactement inverse puisque c'est en 1944 qu'elle se voit contrainte de mener à bien une sévère épuration de ses responsables qui ont voté les pleins pouvoirs au Maréchal Pétain le 10 juillet 1940 puis qui, nombreux ensuite, ont collaboré sous diverses formes avec Vichy. Au-delà de l'engagement réel de chaque parti, l'image qu'ils donnent de leur action résistante est donc très différente, et ce, largement au bénéfice du Parti communiste. Même les attaques dont il sera l'objet durant les phases les plus aiguës de la Guerre froide n'arriveront pas à remettre véritablement en cause cette vision des choses. De ce point de vue, c'est à la Libération que se met en place une légitimité du PC, résistante et patriotique, qui sera généralement admise jusqu'au début des années 1970 dans la société française. Elle répond à la légitimité résistante, également patriotique d'un autre courant politique, lui-même exclu du pouvoir de 1946 à 1958 : le gaullisme. L'image que donne le PC de lui-même à la Libération influera fortement sur la vie politique de la France jusqu'en 1968.

Au sortir de la guerre, l'influence du PCF est très forte dans de nombreuses couches de la société. L'influence communiste progresse alors rapidement dans les départements fortement ruralisés. Déjà implanté dans certains départements de tradition socialisante ou républicaine (pourtour du Massif Central, vignerons du Languedoc-Roussillon), le PC se développe dans la région toulousaine, le sillon rhodanien, le Nord de la Bretagne ainsi que dans certaines catégories d'agriculteurs (propriétaires, métayers, ouvriers agricoles). Il capitalise l'action qu'il a menée durant la Résistance dans le maquis. Il bénéficie aussi d'un très grand rayonnement chez les intellectuels qui dépasse largement celui acquis sous le Front populaire. Il conquiert de nombreuses mairies, en particulier dans la région parisienne où la notion de « banlieue rouge » prend alors tout son sens : en 1945, seules ou associées avec la SFIO, les listes d'Union de la Résistance remportent 60 des 80 communes de la Seine ; 50 élisent un maire communiste. Si deux ans plus tard, le PC perd 27 communes, en 1953 il conserve 27 municipalités, le même chiffre qu'à l'issue des municipales de 1935. L'implantation municipale du PC se renforce encore en 1959. En préfigurant l'avenir du communisme, son action municipale contribue à lui donner une solide assise de masse. Que ce soit chez les paysans, les intellectuels, ou les femmes (avec l'Union des femmes françaises) mais aussi dans sa lutte pour la paix, le PCF impulse de nombreuses organisations de masse bien implantées, qu'il contrôle étroitement.

Le PCF qui ne cesse de se réclamer de la classe ouvrière, est très puissant dans de nombreux bastions industriels (région parisienne, Pas-de-Calais, Rhône, Seine-Maritime). Il semble toutefois que l'adéquation entre PCF et monde ouvrier soit moins forte après 1944 qu'avant la guerre, mais de façon toute relative. Les difficultés nées de la guerre puis de l'Occupation peuvent expliquer ce constat. Mais l'influence communiste au sein du monde du travail reste très forte par le biais de la CGT où les unitaires sont majoritaires à 80 % en 1946. Ils s'emparent alors des principaux leviers de commande de cette confédération. Sur le plan syndical, le PC récolte la moisson qu'il a semée depuis 1936 : sa conquête de la CGT en 1946 a commencé une décennie plus tôt, tant à travers les fédérations professionnelles que les unions départementales. Cette assise lui donne un solide avantage sur la SFIO dont l'audience au sein du monde du travail est beaucoup plus réduite : on le voit bien lors de la constitution de Force ouvrière (début 1948) où les rapports entre les confédérés et la SFIO sont plus complexes qu'il ne semble. Inversement, les unitaires qui agissent de façon organisée et centralisée au sein du mouvement syndical en tirent de nombreux avantages. L'échec des grèves violentes de 1947-1948 qui entraîne le licenciement de nombreux cadres syndicalistes et la scission syndicale constituent aussi un revers pour la CGT : toutefois avec 2 millions d'inscrits en 1948 contre 3 770 000 en 1946, la CGT qui perd des adhérents est encore, et de loin, la première organisation syndicale du pays : elle le restera jusqu'au début des années 1990.

La participation prépondérante du PCI à la Résistance armée contre l'occupation allemande et le fascisme entre 1943 et 1945 lui permet d'acquérir une légitimité nationale et de devenir, au lendemain de la guerre, l'une des principales forces politiques du pays. Devenu désormais Parti communiste italien, il connaît alors un développement spectaculaire. En 1946, le nombre de ses adhérents (y compris ceux des Jeunesses communistes) dépasse 2 millions ; il se maintient à ce niveau pendant toute la décennie suivante. Il creuse l'écart par rapport au Parti socialiste qui l'a pourtant dépassé, en termes de voix, aux premières élections de 1946 et devient hégémonique au sein de la gauche. Les erreurs et l'incapacité des socialistes, dirigés par Pietro Nenni, à définir une politique autonome par rapport à celle de leurs alliés communistes lui facilitent la tâche. Mais sa réussite est due surtout au fait qu'il dispose, par rapport aux socialistes et aux autres partis, d'un avantage considérable : un nombre important de cadres expérimentés et aguerris formés dans l'émigration, la guerre d'Espagne puis la Résistance. Aucune autre force politique italienne ne peut compter sur un appareil de ce type. Par ailleurs, le PCI réussit à récupérer une partie de la tradition socialiste réformiste, notamment en Émilie.

La coalition politique issue de la Résistance et dominée par les trois partis de masse (Démocratie chrétienne, Parti communiste, Parti socialiste) ne résiste pas à la pression de la Guerre froide naissante. En 1947, les deux partis ouvriers sont exclus du gouvernement et les élections législatives d'avril 1948 donnent une majorité absolue à la Démocratie chrétienne (DC), marquant ainsi un tournant politique fondamental dans l'histoire italienne de l'après-guerre. Pendant plus de quarante ans, grâce aussi au soutien de la puissante Église catholique, la DC reste l'axe de la vie politique italienne et le principal pôle de regroupement des conservateurs, même si ce parti compte aussi un courant de centre gauche. Le Parti socialiste – dont l'aile droite, hostile à une alliance avec le PCI, s'est détachée au début de 1947 pour créer le Parti social-démocrate – a choisi de faire liste commune avec le PCI, ce qui contribue à donner à ces élections le caractère d'un choc frontal entre communisme et anticommunisme ; la victoire de la DC en est ainsi facilitée. À partir de 1948, le PCI se retrouve donc dans l'opposition, d'abord en compagnie du PSI, ensuite seul lorsque les socialistes entrent au gouvernement dans les années 1960. Se crée ainsi une situation définie par le politologue Giorgio Galli comme « bipartisme imparfait » et qui est sans doute la principale anomalie de la démocratie italienne : d'un côté, un parti, la DC, constamment au pouvoir, en coalition avec des forces politiques mineures, depuis la Seconde Guerre mondiale ; de l'autre la principale force de gauche, le PCI, condamné à rester indéfiniment dans l'opposition, une alternance politique avec les communistes en position dominante étant impensable dans le contexte de la Guerre froide.

L'une des bases de l'influence du PCI après 1945 est son implantation majoritaire dans le mouvement syndical. Après la chute du fascisme, le syndicalisme italien se reconstitue sur une base unitaire, au sein d'une confédération unique (la CGIL) dirigée à égalité par les communistes, les socialistes et les démocrates-chrétiens ; mais l'unité syndicale, corollaire de l'unité politique de la Résistance, est, elle aussi, victime de la Guerre froide naissante. Entre 1948 et 1950, plusieurs scissions divisent le syndicalisme en trois grandes confédérations (CGIL, CISL, UIL), situation qui s'est maintenue jusqu'à nos jours, la tentative de réunification entreprise à la fin des années 1960 n'ayant pas donné de résultats durables. La plus importante des trois centrales, la CGIL, est majoritairement communiste et entretient des liens étroits avec le PCI, tout en conservant à son égard une certaine marge d'autonomie.

Après 1946, le PCI est constamment, en termes électoraux, la seconde force politique du pays après la DC, et dans les années 1970 il semble même sur le point de la dépasser. Présent dans toute la Péninsule, le PCI est essentiellement implanté dans trois régions centrales – Émilie-Romagne, Toscane, Ombrie – où il exerce une véritable hégémonie. On notera que dans ces régions « rouges », ce n'est pas la grande industrie qui domine – on la trouve davantage dans le triangle industriel Turin-Milan-Gênes – mais plutôt un tissu très dense de PMI (petites et moyennes industries), dans lequel le Parti s'est profondément enraciné.

Jusqu'à la fin des années 1960, moins ensuite, le PCF est confronté à une donnée particulière de l'histoire politique et sociale française : sa violence. Violence dans les affrontements politiques, que ce soit avec les forces de droite depuis la déclaration du ministre de l'Intérieur, Albert Sarraut, en 1928 « Le communisme, voilà l'ennemi » jusqu'aux agressions verbales de la Guerre froide ; l'attaque du siège du PCF à Paris en novembre 1956, en réaction à la répression menée alors par l'Union soviétique en Hongrie relève aussi de ce registre. Mais la violence est aussi exercée par le PCF à l'égard de la social-démocratie, qualifiée de « social-fasciste » de 1928 à 1934 puis traitée en des termes presque similaires de la fin de l'année 1947 à 1953, Guerre froide oblige. On retrouve plus que des traces de cet état d'esprit après 1978, à la suite de la rupture survenue entre communistes et socialistes. Officiellement, la raison en est l'impossibilité de trouver un accord sur la réactualisation du Programme commun de gouvernement. En fait le PCF redoute les progrès du Parti socialiste depuis une décennie ; il préfère casser la dynamique unitaire et perdre les élections législatives de 1978 plutôt que de voir progresser son rival. Mais en vain. Il doit officiellement faire volte-face lors des élections présidentielles de 1981 qui marquent pour lui le début d'une érosion très sensible qui durera une décennie. Au sein de la société française, son influence ne cesse de régresser comme le montre le résultat des élections présidentielles de 1988 où avec 6,8 % des voix, il fait son plus mauvais score depuis 1932. On notera que ce recul sévère se situe avant l'implosion de l'URSS et la chute du « socialisme réel » : c'est bien plus dans la crise économique survenue depuis le début des années 1970, la montée du chômage et la très grave crise qu'affronte le syndicalisme – de 1977 à 1992, la CGT perd les deux tiers de ses effectifs – qu'il faut chercher les raisons du recul du PCF. Toutefois, l'opposition ancienne et viscérale à la social-démocratie qu'il manifeste à nouveau en 1984 lorsqu'il abandonne les responsabilités gouvernementales pour en revenir à son rôle traditionnel d'opposant, a certainement contribué à son déclin. Depuis 1997 et le retour au pouvoir de la gauche sous la direction de Lionel Jospin, le PCF semble à la recherche d'une synthèse, peut-être nouvelle, entre culture d'opposition et de réforme. Mais dans l'état actuel de ses forces, il n'a plus la capacité de peser dans le débat politique comme il l'a fait de 1945 à 1981.

La violence du discours du PCF coïncide avec une autre forme de violence, celle de ces grandes explosions sociales que connaît, à plusieurs reprises, la société française, en particulier en 1917-1921, 1936, 1947-1948, 1953 et 1968. La culture communiste de lutte de classe s'est surimposée à une culture d'affrontement du monde du travail, beaucoup plus ancienne, qui constitue une des principales caractéristiques de la CGT dans sa jeunesse. Avant 1914, le syndicalisme-révolutionnaire, si influent au sein du mouvement syndical, exalte l'affrontement avec l'État. Si ce courant n'est plus qu'une survivance après la Première Guerre mondiale, son influence idéologique lui survit bien plus longtemps. Au sein de la CGTU puis de la CGT, les communistes s'en inspirent : tout en la modifiant sur un point capital – ils lient politique et syndicalisme –, ils reprennent à leur compte la notion du caractère inévitable de l'affrontement avec l'État. De son côté, l'État et le patronat ont montré à maintes reprises, notamment en 1936, 1953, 1968 et 1995 leur incapacité à négocier « à froid ». Ainsi les divers acteurs politiques et sociaux contribuent au blocage des relations politiques et sociales ; en ce domaine, si le PCF a des responsabilités, il n'est pas le seul et il est sans doute conforté en ce sens par la posture de ses « adversaires ». Par ailleurs, son allégeance persistante à Moscou, le refus de toute ouverture et de tout réexamen du passé par Maurice Thorez puis par son successeur, Georges Marchais – contribue à le figer dans une tradition stalinienne qui reste encore très forte à l'orée des années 1980. De ce point de vue, la façon dont le PCF et le PCI considèrent leur histoire à cette date est significative des différences profondes qui existaient alors entre ces deux partis.

Dans le panorama du communisme occidental après 1945, le PCI occupe une place assez singulière. S'il a, tout comme les autres, été marqué par la fidélité à l'URSS et par le stalinisme, il s'est efforcé de maintenir ou d'affirmer une certaine autonomie vis-à-vis de Moscou et d'élaborer des solutions originales. Il cherche, du moins jusqu'en 1956, à concilier le stalinisme avec son attachement au système démocratique, qu'il a contribué à rétablir et dont il est, au gouvernement puis dans l'opposition, un acteur à part entière. Dans sa recherche d'une voie originale, adaptée à la société italienne, il s'appuie sur la pensée d'Antonio Gramsci, dont les écrits, publiés au lendemain de la guerre, exercent une influence profonde sur la formation intellectuelle des communistes comme sur la culture italienne. La personnalité de Palmiro Togliatti joue également un rôle important. Bien que formé dans le moule stalinien, Togliatti est aussi un homme d'ouverture prudente, qui, après 1956, sait conduire le PCI sur la voie de la déstalinisation et d'une autonomie croissante vis-à-vis de l'URSS.

La façon différente avec laquelle le PCI et le PCF réagissent en 1956 à la première crise générale du communisme est très significative. Alors que le PCF se replie sur lui-même, le parti italien profite de la crise pour affirmer plus nettement son autonomie et pour avancer dans la recherche d'une « voie italienne » au socialisme qui l'éloigne de plus en plus de l'URSS et du modèle soviétique. Il profite de l'éclatement du mouvement communiste international pour affirmer sa propre spécificité. En 1968, alors que le PCF réprouve prudemment l'invasion de la Tchécoslovaquie par les armées du pacte de Varsovie, le PCI qui a appuyé le « Printemps de Prague » condamne fermement l'intervention soviétique. Dans les années 1970, le PCI est le principal animateur de la tentative d'inventer un communisme adapté à la spécificité de l'Europe démocratique, « l'eurocommunisme », que le PCF de Georges Marchais ne soutient que du bout des lèvres. Peu à peu, le système soviétique se transforme, aux yeux de la plupart des communistes italiens, en un contre-modèle, dont il s'agit surtout de se démarquer. Ce processus d'autonomisation et d'éloignement progressif par rapport au « socialisme réel » n'est pas linéaire. Une partie des communistes italiens reste en effet très attachée à l'URSS, à ce que ce pays a symbolisé et à une certaine tradition communiste très marquée par le stalinisme ; ce courant est donc réticent devant une évolution qui risque de faire perdre au Parti son identité proprement communiste. C'est ainsi qu'après 1989, lorsque le processus de changement en direction de la social-démocratie s'accélère, ces militants préfèrent se retrouver dans un nouveau parti, « Rifondazione comunista », alors que la majorité de l'ancien PCI finit par couper définitivement les ponts avec le passé communiste. Au sein du PCF, les changements sont beaucoup plus tardifs : les questions que se pose un certain nombre de communistes critiques à partir du début des années 1980 restent sans grand effet sur le Parti. Il faut attendre la chute des régimes du

« socialisme réel » et le remplacement de Georges Marchais par Robert Hue pour voir le PCF s'efforcer de combler, à marche forcée, son retard démocratique.

Pour le communisme italien, la trajectoire politique commencée en 1921 à Livourne est aujourd'hui achevée. Le PCI appartient définitivement au passé, un passé dont les principaux héritiers de l'ancien parti, aujourd'hui au gouvernement, ne savent plus exactement quoi faire. Né comme un parti résolument révolutionnaire, le PCI s'est transformé progressivement, après 1945, en un parti de réformes sociales. On pourrait répéter à son propos la célèbre phrase d'Edouard Bernstein à propos de la social-démocratie allemande à la fin du XIXᵉ siècle : « Qu'elle ose paraître ce qu'elle est », c'est-à-dire un parti de la réforme sociale. Au cours de ce long processus, l'identité politique du Parti est devenue moins claire et a fini par se brouiller. Toutefois, cette évolution ne concerne pas seulement le communisme, mais aussi d'autres secteurs du monde politique italien. Le séisme politique de 1989, qui a rendu possible l'opération judiciaire *Mani pulite* (« mains propres ») contre la corruption généralisée d'une grande partie de la classe politique italienne, a entraîné la disparition ou l'éclatement des trois principaux partis – DC, PCI, PSI – qui structuraient depuis 1945 l'espace politique italien. Après la « fin du communisme » au niveau international, la DC ne pouvait plus justifier son maintien ininterrompu au pouvoir par la peur d'un communisme qui s'était effondré. Ainsi a disparu la clef de voûte de l'édifice politique italien, qui s'est effondré à son tour.

Quel a été l'apport du PCI à l'histoire et à la société italiennes ? Un tel bilan est toujours difficile à établir. Il faut rappeler le rôle important que le PCI a d'abord joué dans l'opposition au fascisme puis dans la construction et dans la consolidation du régime démocratique, et cela en dépit d'une double allégeance, contradictoire, au stalinisme et à la démocratie. Au mouvement ouvrier italien il a apporté un nouveau type de militant, dont les caractéristiques essentielles étaient la discipline et l'esprit de sacrifice et qui constituait son principal capital politique. Le PCI a également contribué – en même temps que les deux autres partis de masse, DC et PSI – à intégrer dans la vie nationale de larges secteurs populaires qui vivaient relativement aux marges de la politique. D'un autre côté, en raison de sa position dominante au sein de la gauche et de ses liens persistants avec l'URSS, le PCI a été, involontairement, un facteur de blocage de la démocratie italienne, qui pendant plus de quarante ans a été une démocratie sans alternance. L'interminable hégémonie de la DC aurait été impensable sans un PCI puissant, qu'il s'agissait de tenir en échec. Mais la responsabilité principale de cette situation incombe probablement au PSI, qui a été pendant longtemps subalterne du PCI et incapable de développer une politique autonome.

Après la Seconde Guerre mondiale, l'Europe occidentale n'a donc compté que deux partis communistes de masse, le PCF et le PCI. Issus du même moule, ils se sont progressivement différenciés l'un de l'autre. Leur histoire illustre aussi bien la force du modèle politique et organisationnel créé par l'Internationale communiste que son progressif affaiblissement et effritement sous le poids d'une adaptation de plus en plus grande de leur part à leurs réalités et spécificités nationales respectives. En particulier, le PCI a accordé après 1945 une très grande attention à la nécessité d'une présence capillaire dans la société. Ayant devant lui l'exemple de l'Église catholique et de sa capacité de pénétration dans tous les pores et à tous les niveaux de la société, il s'en est inspiré largement. Le mot d'ordre « À chaque clocher sa section » attribué à Pietro Secchia, responsable de l'organisation du Parti au lendemain de la Seconde Guerre mondiale, illustre bien cette orientation. La volonté de conquête d'une influence politique et surtout d'une véritable hégémonie est l'une des principales caractéristiques de la politique communiste en Italie ; elle explique, en partie au moins, la forte capacité d'enracinement dont a su faire preuve le PCI y compris dans des milieux sociaux qui, *a priori*, lui étaient défavorables.

On ne doit pas oublier enfin que cette crise du communisme n'est pas limitée à ces deux pays même si c'est là où elle est le plus spectaculaire : depuis le début des années 1980 – avant donc la chute des régimes du « socialisme réel » en 1989 et l'implosion de l'URSS en 1991 – le communisme, en tant que force politique n'a cessé de reculer en Europe. À l'aube du XXIe siècle, cette évolution est-elle irréversible ?

Note

1. Cf. sur ce point « Syndicalistes communistes ». Les travaux portant sur le communisme français sont très nombreux. On se reportera aux « Éléments bibliographiques » publiés dans la revue *Communisme* depuis 1982. L'ouvrage de synthèse le plus récent est *Histoire du Parti communiste français*, de Stéphane Courtois, Marc Lazar, Paris, PUF, 1995. Sur le communisme italien, cf. chapitre III, « Histographie des communismes français et italiens », contribution de Bruno Groppo et Bernard Pudal, dans le présent ouvrage.

Chapitre XIII

À l'Est, tentatives de réforme, échec, effondrement

par Antony Todorov

Avec la déstalinisation, le communisme en Europe de l'Est acquiert un profil national, qui se dessine en démontrant certaines différences d'attitudes à l'égard de l'URSS. Leur nature n'est pas la même dans chacun des pays et des PC de l'Europe de l'Est. Les démarches des leaders est-européens pour prendre leurs distances vis-à-vis de l'Union soviétique ne sont pas du même ordre. En Hongrie et en Pologne, la déstalinisation va de pair avec le rejet du modèle soviétique et du communisme conçu comme projet étranger à la communauté nationale. Les révoltes de 1956 mettent en question le pouvoir des PC perçus comme promoteurs du modèle soviétique, les poussent à changer, mais accélèrent aussi les réformes économiques entamées en 1954-1955. En Roumanie et en Albanie, la déstalinisation se traduit par un nationalisme exacerbé. Les deux PC refusent de suivre l'Union soviétique dans sa déstalinisation pour des raisons nationalistes, ou plutôt cherchent dans le nationalisme un nouveau projet politique, capable de substituer le profil du « parti de Moscou », jugé périmé. Pour le PC albanais, les tentatives de rapprochement de Khrouchtchev face à Tito, perçu comme un adversaire national en raison de ses prétentions à l'égard de l'Albanie, sont très mal vues. Enver Hoxha, le leader albanais, préfère rester stalinien anti-titiste que de suivre la déstalinisation imposée par le PCUS. La rupture avec l'URSS survient rapidement : en 1961, l'Albanie quitte le CAEM, le Pacte de Varsovie et s'aligne sur la Chine, qui formule depuis 1960 ses premières critiques à l'égard de l'URSS. Le PC roumain exprime également des réticences à l'égard de Moscou, surtout après l'insurrection hongroise. La crainte de l'irrédentisme hongrois – plus de 2 millions de Hongrois ethniques habitent en Transylvanie roumaine – exprimée lors du conflit en Hongrie, pousse les communistes roumains à rejeter la déstalinisation, à prendre leurs distances à l'égard de l'URSS, à exacerber un daco-romanisme nationaliste, intégré au projet de communisme national. L'arrivée au pouvoir de Nicolae Ceausescu en 1965 amplifie cette orientation : lorsqu'il dénonce le stalinisme de son prédécesseur Gheorghe Gheorhiu-Dej en 1968, c'est pour mettre en valeur ses propres distances à l'égard de l'URSS. En Bulgarie et en Tchécoslovaquie, les PC ont un profil bas : ils acceptent officiellement la déstalinisation, mais ne croient pas à sa durée. Les changements à la tête de ces pays sont limités. En Bulgarie, Todor Jivkov, le nouveau dirigeant du gouvernement en 1956 après la destitution du stalinien Valko Thervenkov, a été le premier secrétaire du PC depuis 1954 et auparavant chef de l'organisation locale du Parti dans la capitale, Sofia. En Tchécoslovaquie, les changements s'opèrent en 1957 après la mort d'Antonin Zapotocky, les premières réhabilitations des victimes des procès staliniens de 1952-1953 (Slansky et Clementis) datent de 1962.

Les réactions à la déstalinisation mettent en évidence des différences entre les pays de l'Europe de l'Est, parfois plus grandes que les points communs. Ces différences ont nourri les recherches sur la légitimation du pouvoir communiste. Joseph Rotschild souligne le caractère parfois essentiel de ces différences entre les régimes post-staliniens[1]. Avec la déstalinisation, est mise en avant la légitimité du « pouvoir populaire » des PC, qui s'ouvrent aux besoins du peuple. Cette orientation s'inscrit dans les réformes économiques de 1953-1956, qui mettent en avant la production de biens de consommation et l'amélioration du niveau de vie.

Elle rejoint aussi la légitimité traditionnelle communiste, liée à la promesse du communisme complet. Aucun de ces PC ne peut mettre en question le « but final », selon lequel la marche victorieuse vers le communisme continue malgré « les déviations staliniennes » et ne s'est pas arrêtée. À la fin des années 1950, au début des années 1960 tous les PC déclarent, que « les bases du socialisme sont construites définitivement » et que la société est en train de franchir une nouvelle étape : le socialisme développé, qui mène ensuite au « communisme complet ». Ainsi, en 1961, le XXIIᵉ congrès du PC soviétique affirme, que dans vingt ans l'Union soviétique atteindra « le communisme complet ». Il n'y a aucun lien nécessaire entre l'annonce de la « victoire du socialisme » et le niveau de vie de chacun des pays socialistes : la Bulgarie, l'un des pays de l'Est les plus pauvres, annonce la première la nouvelle étape en 1958. Elle est suivie par la Tchécoslovaquie en 1961, la Hongrie en 1962, la RDA en 1963, la Pologne en 1964 et la Roumanie en 1965. Cette annonce coïncide souvent avec un changement à la tête du pouvoir, comme en Roumanie et en Bulgarie.

Enfin, une légitimité nationale des PC au pouvoir se dessine avec la prise de distance à l'égard de l'URSS, l'attention prêtée à l'identité nationale et à la voie nationale au socialisme. Le PC roumain est le pionnier de ce communisme national. Ses campagnes de 1966-1967 contre l'avortement et le divorce ont pour objectif officiel la promotion de l'augmentation de la population roumaine qui doit atteindre 30 millions d'habitants dans la décennie à venir – la Roumanie a 19 millions d'habitants en 1967.

Les différentes expériences de la déstalinisation en Europe de l'Est durant les années 1953-1962 font apparaître un communisme à plusieurs visages : un communisme finaliste classique moins révolutionnaire, un communisme réformateur et réformiste, un communisme nationaliste et populiste. La combinaison de ses trois faces du communisme est-européen est spécifique à chaque pays. Elles diffèrent fortement d'un pays à l'autre.

Les réformes des années 1960 : la NEP Est-européenne

L'établissement et la consolidation relative des sociétés de type nouveau (socialement homogènes, étatisées, rapidement modernisées) après la déstalinisation jointes à une relative libéralisation économique et politique des régimes, créent un environnement favorable à l'approfondissement des réformes économiques durant les années 1960.

Le modèle yougoslave

Le communisme yougoslave est le premier et le plus ancien des communismes nationaux. Mis en œuvre à partir de 1948, il consiste dans la recherche et l'établissement « d'un nouveau modèle du socialisme [...] beaucoup plus démocratique et orienté vers le marché, plus libéral et moins contrôlé par l'État », si on reprend la définition de Ivan Berend[2]. Les réformes de 1948-1950 semblent plutôt se définir comme une opposition au modèle soviétique stalinien. Puis en 1957-1965, réformes économiques et politiques prennent une nouvelle envergure.

L'autogestion des entreprises avec forte participation des ouvriers est un pilier du modèle yougoslave. La loi de juin 1950 transmet toutes les entreprises publiques aux mains des travailleurs par le biais des Conseils des ouvriers. Cette démarche de Tito est assez souvent assimilée à la doctrine mutuelliste de Pierre Joseph Proudhon. Les lois de décembre 1957 et de mars 1961 approfondissent l'autogestion : les entreprises acquièrent une autonomie absolue. Elles doivent maintenant savoir survivre dans un contexte de concurrence où les prix sont libéralisés à 60 %. Ce système est défini par la nouvelle Constitution yougoslave de 1963, qui institue la Fédération socialiste, ainsi que le rôle dirigeant de l'Union des communistes yougoslave (UCY). Une nouvelle réforme économique réalisée de 1965 à 1970, donne une plus grande autonomie économique aux républiques fédérales.

La décentralisation administrative va de pair avec l'autogestion des entreprises ; cette dernière reste plus limitée. Le système politique est organisé sur la base du parti unique, seul facteur politique intégrateur de la Fédération yougoslave, déjà déchirée par des contradictions nationales. Pour des raisons économiques et surtout pour faire face à l'augmentation du chômage, les citoyens yougoslaves peuvent voyager librement dans les pays occidentaux, le marché intérieur yougoslave est très occidentalisé ; enfin, la Yougoslavie, un des fondateurs du Mouvement des pays non-alignés, demeure en dehors des structures politico-militaires de l'Est. Pourtant, en dépit de tout cela, il n'y a aucun signe de pluralisme politique. Le modèle yougoslave évoque celui de la NEP (la Nouvelle politique économique) soviétique, appliquée à partir de 1921 pour redresser l'économie de la Russie soviétique dévastée par la guerre civile, mais aussi pour « civiliser » la Russie, pour reprendre l'expression de Lénine.

La recherche de performances économiques

Les réformes entamées dans la plupart des pays de l'Europe de l'Est pendant les années 1960 ne visent pas exclusivement, à la différence des années 1954-1955, le niveau de vie et l'industrie de consommation, mais davantage l'efficacité économique, la rentabilité des entreprises, et enfin la « markétisation » d'une économie largement étatique et calquée sur un même modèle. Le débat sur les nouveaux principes de gestion économiques commence en 1962 en URSS avec la publication dans la *Pravda* d'une série d'articles du professeur d'économie E. Liberman. La décentralisation de l'économie est conçue comme un moyen pour la rentabiliser. Dans la même optique, le CAEM adopte en 1962 un document intitulé *Principes de la division internationale socialiste du travail*. Il s'agit de rompre avec la politique stalinienne de construction de pays socialistes jumeaux, calqués sur l'URSS et développant tous les secteurs, surtout stratégiques, de l'économie. À partir de 1962 est mis au point un nouveau dispositif permettant la spécialisation économique de chaque pays de l'Est, la mise en avant de leurs spécificités et de leurs individualités.

Le succès hongrois

En Hongrie, la réforme économique est décidée en décembre 1964 ; elle semble la plus performante. Elle est lancée par l'économiste Rezsö Nyers, ancien social-démocrate et proche de Janosz Kádár. Cette réforme s'inscrit dans la démarche de normalisation du pays du gouvernement de Kádár après le choc de la guerre civile de 1956, qui a entraîné le départ pour l'Ouest de plus de 200 000 Hongrois. La réforme, mise en œuvre en janvier 1968, introduit un modèle nouveau d'économie socialiste. « Le nouveau mécanisme économique » prévoit la libéralisation des prix (50 % pour les prix de consommation et 65 % pour les prix des producteurs) et l'autonomie économique des entreprises.

L'effet le plus immédiat de la réforme est la libéralisation économique des secteurs fortement touchés par l'hypercentralisation et le contrôle bureaucratique. Vers le milieu des années 1970 la marche de la réforme se ralentit, toutefois les résultats sont assez bons, surtout en ce qui concerne le niveau de vie. Ainsi la réforme élargit le soutien au régime de Kádár, considéré dès lors comme un régime communiste réformateur. Tout en restant limitée – elle ne donne pas lieu au développement d'un crédit bancaire indépendant, elle ne crée aucun réseau de banques commerciales nécessaires pour l'économie de marché – la réforme est un succès. De plus, elle est suivie en 1971 par une réponse politique qui introduit la multiplicité des candidats aux élections politiques, établissant ainsi de nouvelles pratiques dans une société communiste. Si chaque candidat doit être approuvé par le PC et le Front patriotique de la nation, dirigé par des communistes, cette nouveauté introduit le pluralisme politique, ce qui influence la vie politique hongroise.

L'échec tchécoslovaque

Au même moment, débute en Tchécoslovaquie une discussion sur la réforme économique. En 1963, des économistes tels qu'Ota Sik, membre du Bureau politique du PC, lancent un débat sur le développement de l'économie socialiste de marché. Ota Sik publie alors son livre *Plan et marché sous le socialisme*. À la suite de cette discussion qui dure jusqu'à 1964, la réforme est décidée en juin 1966. Elle veut remplacer la planification centralisée par une économie de marché planifiée. Plusieurs économistes participent à la recherche de nouvelles solutions économiques, et politiques : Radovan Rychta, Jiri Hendrych, Zdenek Mlinar. Parce que la déstalinisation est tardive en Tchécoslovaquie en comparaison d'autres pays de l'Est comme la Hongrie et la Pologne, les débats vont plus loin dans la recherche d'un modèle politique lié à la rénovation économique.

En avril 1968 Alexandre Dubcek, premier secrétaire du PC depuis janvier, propose « un nouveau modèle de démocratie socialiste ». Le « nouveau modèle de socialisme démocratique, remplaçant le système bureaucratique » est le mot d'ordre du congrès clandestin du PC tchécoslovaque, tenu après l'invasion du pays par les troupes du Pacte de Varsovie, le 21 août 1968. Il est curieux de voir à quel point ce programme économique et politique coïncide avec les grandes lignes du modèle yougoslave : il prévoit l'établissement d'un parlement à trois chambres (industrielle, agricole et chambre des services), le développement d'une économie mixte, publique et privée, et aide à l'activité privée dans le secteur des petites entreprises.

La « normalisation » de 1969-1971 met fin aux réformes et établit en Tchécoslovaquie un régime communiste des plus orthodoxes. L'intervention des pays du Pacte de Varsovie (à l'exception de la Roumanie, où le communisme a déjà un profil national), s'explique par des considérations d'ordre géopolitique : la peur de perdre « un maillon important du socialisme mondial ». L'invasion préventive a pour but d'empêcher la Tchécoslovaquie de quitter le Pacte, comme l'a fait la Hongrie en novembre 1956. Mais il y a aussi la crainte d'un mouvement de réformes, allant trop loin et remettant en cause le modèle d'un socialisme de l'Est commun. Le mot d'ordre des réformateurs tchécoslovaques en faveur d'un « socialisme à visage humain » laisse à penser qu'à Budapest, Moscou, Varsovie, Sofia et Berlin, le socialisme est « à visage inhumain », ce qui gêne considérablement les dirigeants communistes de ces pays. Seul Tito, en Yougoslavie, se trouve dans une position confortable, car l'expérience tchécoslovaque montre que le modèle yougoslave est possible ailleurs et possède des caractéristiques universelles.

La réaction contre le Printemps de Prague est une manifestation de la « doctrine Brejnev », selon laquelle la souveraineté des pays socialistes est limitée, parce que nécessairement soumise aux exigences des « intérêts internationaux du système socialiste mondial ». Ce n'est pas simplement une réaction à toute tentative de réforme du système ; en Hongrie la réforme devient possible, ailleurs aussi, bien que de façon plus limitée. Mais l'URSS ne peut laisser se développer l'idée selon laquelle il peut y avoir des PC nationaux ou des pays socialistes, qui avancent vers le « grand but » plus vite que les autres. 1968 donne en effet une nouvelle impulsion aux réformes, mais coordonnées cette fois dans le cadre de la « communauté des États socialistes ». À Prague, on punit non pas la désobéissance, mais la tentative d'aller trop loin dans la démonstration d'une différence. À partir de 1968, les réformes se suivent à peu près au même rythme dans tous les pays de l'Europe de l'Est.

Le « socialisme réel » : le mariage du communisme et de la société de consommation

Tous les critiques du stalinisme et du communisme étatique défendent une conception analogue du système remontant à Michel Bakounine, l'anarchiste russe du XIXe siècle, où à Léon Trotski, le lieutenant de Lénine : il s'agit d'une dictature de la bureaucratie sur l'ensemble de la société. Au début des années 1970 Vaclav Havel, le dramaturge tchèque dissident et futur président de la République, estime que le système post-totalitaire s'est « construit sur la base de la rencontre historique entre la dictature et la société de consommation[3]. »

Le concept du « socialisme réel »

Au début des années 1970, juste après le Printemps de Prague, deux défis se posent aux pays de l'Europe de l'Est : les critiques formulées par les PC occidentaux et la nécessité de trouver une alternative à la promesse faite en 1962 par Khrouchtchev selon laquelle il existera un « communisme complet » (théoriquement une société sans État, sans division du travail et exploitation) en URSS en 1980. L'euro-communisme défendu par les PC italien, français et espagnol lance le défi en 1971-1973. Il critique l'intervention en Tchécoslovaquie et la « normalisation » qui suit, mais remet surtout en cause certains postulats de l'idéologie communiste, tels que la dictature du prolétariat, le système du parti unique, le « rôle dirigeant » du PC. Avec ce débat, qui amplifie la critique contre le « social-impérialisme » soviétique, formulé une dizaine d'années plus tôt en Chine par Mao Zedong, se pose une question fondamentale : quel est le modèle communiste de référence, si ce n'est l'URSS stalinienne ou post-stalinienne ?

La réponse idéologique des PC de l'Europe de l'Est s'exprime alors dans le terme de « socialisme réel ». En 1972, les responsables communistes de l'Europe de l'Est pour les questions idéologiques se réunissent à la conférence de Sofia sur « le socialisme réel et le développement mondial ». Il s'agit d'expliquer que la société des pays de l'Est est la seule réalisation actuelle de l'idée communiste, aussi imparfaite soit-elle. Cette société vivante, avec ses nombreuses contradictions et hésitations, est indiscutablement socialiste. Cette tentative de réponse aux communistes occidentaux qui sous-entend que le communisme occidental est un projet non réalisé, est liée à un autre défi : celui des doutes qui grandissent à l'Est après Prague sur la possibilité même de la réalisation du « grand but ».

La promesse de Khrouchtchev selon laquelle l'URSS atteindra le « communisme complet » en 1980, doit être révisée, mais non rejetée. Dans cette perspective apparaît l'expression de « société socialiste développée », tout d'abord en URSS vers 1969, largement ensuite dans les pays de l'Europe de l'Est. Dans la première moitié des années 1970 la plupart des PC adoptent de nouveaux programmes pour la « construction d'une société socialiste développée » : les PC bulgare, polonais et tchécoslovaque en 1971, le PC roumain en 1974, le PC hongrois en 1975 et le PC est-allemand en 1976. Dans tous ces programmes, « la société socialiste développée » est définie comme une période historique d'accès direct au communisme, parce qu'entre la phase du « socialisme réel » et le communisme complet, il n'y a guère de frontière fixe, de seuil à franchir une fois pour toutes ; il s'agit d'une transition continue vers le communisme complet. La fonction idéologique du concept du « socialisme développé » est de remplacer la promesse faite par Khrouchtchev en 1961.

En liaison avec ces nouveaux programmes, sont adoptées de nouvelles constitutions où sont introduits des amendements dans les textes constitutionnels de presque tous les pays de l'Est. Ces nouveaux textes déclarent que les républiques populaires sont devenues socialistes ; ils instituent « le rôle dirigeant des PC » dans les sociétés. Ces innovations s'inscrivent dans une logique de légitimation du communisme au pouvoir. Dire que les pays de l'Est sont maintenant socialistes signifie que les sociétés suivent le « droit chemin » vers le communisme et que seuls les PC peuvent les mener vers cet objectif avec succès. Ainsi est justifié le fait que ce sont eux qui gouvernent sans partage. La Roumanie est proclamée « République socialiste » au lieu de « République populaire » en 1965, la Yougoslavie se transforme de « Fédération populaire » en « Fédération socialiste » avec une nouvelle constitution en 1974, ainsi que la Tchécoslovaquie, qui devient en 1969 un État socialiste fédéral. La RDA en 1968, la Bulgarie en 1971, et la Hongrie en 1972, déclarent dans leurs constitutions l'existence d'une société socialiste.

Les caractéristiques du « socialisme réel »

Le « socialisme réel » devient ainsi le modèle de référence du communisme au pouvoir en Europe de l'Est. Malgré les efforts de présentation d'un modèle commun à tous les pays de l'Europe de l'Est, les différences restent assez grandes. Les réformes économiques les plus avancées des années 1970 se situent en Pologne, en Yougoslavie et en Hongrie. À l'inverse, les pratiques néo-staliniennes persistent en Albanie et en Roumanie. La Bulgarie et la Tchécoslovaquie occupent une position intermédiaire.

En comparaison avec la période stalinienne, le « socialisme réel » est beaucoup plus pragmatique dans le domaine politique et idéologique. La nécessité d'une légitimation idéologique de la terreur ne se pose plus : les sociétés socialistes sont supposées ne plus avoir des antagonismes de classe et doivent savoir gérer leurs propres contradictions sociales. La répression est maintenant plus subtile et restreinte aux manifestations ouvertes d'opposition au régime. Dans la plupart des pays de l'Europe de l'Est ; les camps pénitentiaires staliniens disparaissent après 1962-1964. La répression contre les dissidents devient surtout économique et psychologique : « La peur disparaît du quotidien[4] ». Ainsi, apparaît un champ autonome pour des mouvements dissidents ainsi que pour une activité intellectuelle indépendante, plus ou moins tolérée par les autorités.

De façon générale, au cours de la décennie 1970 et au début des années 1980, le régime devient moins rigoureux, plus permissif, malgré la poursuite de certaines mesures coercitives qui apparaissent comme un rite indissociable du pouvoir communiste : que l'on songe au limogeage des intellectuels de l'École de Budapest, András Hegedüs, György Konrad, Agnes Heller, Ferenc Feher, et Ivan Szelényi à qui est octroyé le droit de partir pour l'Occident en 1974. Comme note l'historien Richard J. Crampton, « pour beaucoup de Hongrois la libéralisation politique commencée au cours des années 1960 était encore beaucoup plus sensible que les restrictions imposées des années 1970[5] ».

Le « socialisme réel » repose sur une politique économique plus moderne et crée une société de consommation. Tous les pays de l'Europe de l'Est (à l'exception de l'Albanie et partiellement de la Roumanie) voient baisser les taux de croissance de l'accumulation du capital. Ce taux est de 25 à 35 % pendant les années 1950, dix ans plus tard il n'est plus que de 20-25 %. Jusqu'au milieu des années 1980, la consommation augmente sensiblement. Ces effets sont dus aussi au refus de l'autarcie. En 1971, le CAEM adopte un « programme complexe pour l'intégration socialiste ». Chaque pays doit se spécialiser dans une production particulière : la Hongrie dans la construction mécanique spéciale et les autobus ; la Tchécoslovaquie dans la production de poids lourds ; la Roumanie dans la construction de locomotives Diesel ; la Bulgarie a comme spécialité les ordinateurs. Les pays de l'Est tentent de rattraper et de suivre le développement technologique de l'Occident.

Durant les années 1970 se développe dans certains pays une activité économique privée dans le domaine des services : à partir de 1977 en Pologne, 1979 en Bulgarie et 1981 en Hongrie. Le développement de la société de consommation va plus vite dans certains pays qui prennent ainsi leurs distances avec l'URSS. Henri Heldman fournit les chiffres de la consommation de viande en 1982 par an par habitant : 102 kg en France, 85 en Tchécoslovaquie, 73 en Hongrie, 66 en Bulgarie, l'URSS étant en queue avec 57 kg[6]. Ces différences créent des jalousies et des tensions entre l'URSS et les pays de l'Europe de l'Est.

Le « socialisme réel » est peut-être le plus performant dans sa politique sociale. Il existe « un champ principal, où les régimes post-staliniens sont devenus hautement compétitifs et où la consommation a atteint un standard international élevé : la consommation de services sociaux[7] ». Durant cette décennie est mis en œuvre un système général de retraite, intégrant toutes les catégories sociales, y compris les paysans. Un réseau d'assistance médicale bien que de niveau médiocre est accessible gratuitement, pour tous. Le progrès est sensible si on considère que dans ces pays un tiers des citoyens seulement avaient une assurance maladie en 1945[8]. Vers 1980, le nombre de médecins pour 10 000 habitants atteint le niveau de la RFA en Bulgarie, Tchécoslovaquie et Hongrie. La mortalité enfantine diminue : de 78 à 117 pour 1 000 en 1950, elle passe de 15 à 23 pour 1 000 vers 1985.

L'intégration massive des femmes dans l'industrie et les services entraîne le développement d'un réseau de services sociaux, liés à la maternité et à la garde des enfants : maternité payée jusqu'à 3 ans, comme en Hongrie et en Bulgarie, réseau de crèches d'enfants et d'établissement pré-scolaires, qui intègrent parfois plus de 80 % des enfants. Partout est mis au point un système de vacances pratiquement accessible pour tout le personnel des entreprises publiques. Chacune se construit sa maison de repos dont elle subventionne les prix. Les dépenses publiques en faveur de la Sécurité sociale augmentent fortement pour dépasser dans certains cas tel que la Hongrie le niveau moyen des pays de l'OCDE. En 1983, ils s'élèvent à 15,4 % en Hongrie et à 14,4 % en Suède.

Des changements importants s'opèrent dans le domaine de la culture et de l'éducation. L'enseignement secondaire devient obligatoire pour les enfants de plus de dix ans dans tous les pays de l'Est. L'accès aux universités est pratiquement ouvert à toutes les couches sociales. La libéralisation culturelle se produit en Bulgarie, en Hongrie, et en Yougoslavie après 1969. Contrôle et tutelle idéologique se réduisent ou deviennent plus souples, les pays de l'Est sont plus perméables aux influences occidentales. Plus personne ne se réfère au « réalisme socialiste » des années 1950, perçu comme archaïque et périmé. Des courants modernistes se développent dans l'art. Cette libéralisation relative du domaine culturel s'accompagne de tendances nationalistes, surtout après 1980. Les cas les plus visibles sont la Yougoslavie, avec la tentative d'imposer un « yougoslavisme » en dépit des différences entre les républiques, la bulgarisation des noms turcs en Bulgarie en 1984-1985, et les excès nationalistes de Ceausescu en Roumanie. Ces dérives nationalistes obtiennent souvent le soutien des intellectuels, car elles sont vues comme une opposition à l'uniformisation réalisée sous la tutelle soviétique. Certains milieux occidentaux soutiennent alors Ceausescu comme dirigeant d'un régime communiste « plus ouvert », parce que moins docile à l'égard de Moscou.

Le résultat social de cette ample politique sociale est la réalisation d'une société de consommation, égalitaire, instruite, avec des attentes sociales développées et des exigences grandissantes à l'égard du pouvoir public. Le « socialisme réel » est une société, où une majorité de gens sont persuadés qu'elle leur sera profitable dans les années à venir : ils ont connu une relative ascension sociale, ont déménagé en ville, sont allés à l'université, ont obtenu une retraite. Ils atteignent un niveau de vie peu élevé, mais sans prendre de risques. Ainsi se crée un certain consensus social autour du pouvoir. Le « socialisme réel » accomplit un rôle modernisateur. En vingt ans, les pays de l'Europe de l'Est se dotent tous d'une industrie, ce qui auparavant n'était le cas que de la Tchécoslovaquie. Le « socialisme réel » a rapidement urbanisé et industrialisé les sociétés. De 1950 à 1970 le taux de la population paysanne baisse fortement : de 80 % à 32 % en Bulgarie, de 57 % à 38 % en Pologne, de 75 % à 53 % en Roumanie, de 40 % à 18 % en Tchécoslovaquie, de 70 % à 57 % en Yougoslavie[9]. Vers 1970, à l'exception de l'Albanie, tous les pays de l'Est sont industrialisés. Le taux de l'industrie dans le PNB est de 61 % en Tchécoslovaquie, 57 % en Hongrie, 54 % en Pologne, 52 % en Roumanie[10]. La dynamique de cette modernisation, les taux de croissance sont plus élevés dans les pays de l'Europe de l'Est que dans les pays occidentaux. Si on compare la croissance du PNB *per capita* dans le monde entier, on voit que l'Europe de l'Est a le taux le plus élevé après 1945. L'augmentation triple entre 1950 et 1987 en Hongrie, Pologne et Tchécoslovaquie, quintuple presque en Bulgarie et sextuple en Roumanie[11].

Au début des années 1980, la dynamique ralentit et les taux de croissance sont sensiblement moins élevés. La progression du niveau de vie diminue pendant la première moitié des années 1980 dans tous les pays de l'Europe de l'Est. Richard Crampton donne des chiffres significatifs sur le pourcentage de la croissance annuelle du niveau de vie, au début des années 1970 et 1980[12].

Croissance annuelle du niveau de vie (en pourcentage)		
	1970-1975	1980-1985
Bulgarie	3,6	2,0
Tchécoslovaquie	2,5	1,4
RDA	4,9	1,6
Hongrie	3,1	0,6
Pologne	4,6	0,5
Roumanie	4,0	1,2

Les raisons de ce ralentissement, évidemment économiques et technologiques, mais surtout politiques sont complexes. Les réformes économiques restent partielles, inachevées ; elles n'ont pas pour but d'aller jusqu'à une économie de marché et de libre échange avec des institutions telles que banques commerciales et entreprises privées. On peut aussi invoquer des raisons d'ordre technologique : la modernisation des années 1960 s'est faite sur une base technologique ancienne. Le manque de stimulants tels que la compétition de marché, l'autonomie de gestion des profits, etc., empêche le renouvellement technologique nécessaire pendant la première moitié des années 1980. La course à l'armement qui engage les ressources de l'Est et de l'Ouest explique également ce ralentissement économique.

Mais la raison la plus importante de l'échec des réformes est d'ordre politique. La logique de compétition économique se développe et donne ses fruits dans un milieu politique propice – la démocratie pluraliste et compétitive. Le système du parti-unique, le blocage de la mobilité sociale, enregistrée au début des années 1980 dans les pays de l'Europe de l'Est, le conflit grandissant entre les attentes sociales et un système de gouvernement jugé périmé sont autant de raisons qui contribuent à la crise du communisme étatique de l'Europe de l'Est pendant la seconde moitié des années 1980. La *perestroïka* soviétique est la manifestation de cette crise du modèle. Les gouvernements communistes de l'Est, n'ayant pas les capacités politiques et sociales de gérer la situation, cèdent la place aux changements et à la transition. Le communisme s'en est allé plus qu'il ne s'est effondré.

Notes

1. Cf. Joseph Rotschild, *Return to Diversity. A political History of East-Central Europe Since World War II.*- Oxford University Press, 1993.

2. Ivan Berend, *Central and Eastern Europe 1944-1993. Detour from the Periphery to the Periphery,* Cambridge University Press, 1996, p. 98.

3. Cf. Ivan Berend, *op. cit.,* p. 155.

4. *Ibid.,* p.160.

5. Richard J. Crampton,. *Eastern Europe in the 20th Century,* Routledge, 1995, p. 349.

6. Henri Heldman, *Les fils du peuple de Staline à Gorbatchev,* Paris, Henri Heldman, 1991, p. 303.

7. Henri Heldman, *Les fils du peuple...* op. cit., p. 165.

8. *Ibid.,* p. 166-167.

9. *Ibid.,* p. 185.

10. *Ibid.,* p. 191.

11. *Ibid.,* p. 186.

12. Richard J. Crampton, *op. cit.,* p. 410.

Chapitre XIV

En Chine : démaoïsation et réforme

par Roland Lew

La figure majeure émergeant dans les années qui suivent le décès de Mao est analogue à celle qu'a connue l'URSS après Staline : la déstalinisation progressive devient ici démaoïsation. Moins formulée, plus contrôlée, elle se révèle néanmoins plus radicale en Chine qu'en URSS. La consolidation de l'appareil du Parti et la persistance d'une gestion de la société et de l'économie, mises à mal mais non détruites par le maoïsme, sur le modèle soviétique sont visibles après 1976. Cette étape ne laisse pas deviner l'ampleur des changements qui se préparent. Après l'épreuve de la Révolution culturelle (RC), la prudence prédomine dans les sphères du pouvoir ; une exigence de stabilisation et de détente politique s'affirme.

Réformer pour survivre

Deng Xiaoping réhabilité, pour la troisième fois de sa longue carrière, regagne les cercles dirigeants à la suite du XIe Congrès du Parti communiste chinois (août 1977). Chef énergique, proche de Mao depuis le début des années 1930, épurateur impitoyable du mouvement intellectuel contestataire de 1957, Deng Xiaoping a pris ses distances à l'égard du Grand timonier à partir de l'échec du « Grand bond en avant » (GBA) ; il anime le courant du Parti favorable aux réformes. Le régime est soumis à une pression croissante de la population, notamment les 16 à 17 millions « de jeunes éduqués » (lycéens et étudiants), envoyés contre leur gré dans les campagnes de 1968 à 1975 ainsi que certains paysans qui viennent dans la capitale pour formuler leurs doléances. Au cours de l'hiver 1978-1979, ils arrivent à Pékin, en provenance de diverses régions du pays, pour exprimer leurs revendications et leurs souffrances. Souvent les « jeunes éduqués » venus de la campagne se placent à la pointe d'un mouvement qui bénéficie de la sympathie de la population, voire du soutien des courants les plus réformateurs du PCC. Deng n'hésite pas à les utiliser dans sa lutte pour le pouvoir, quitte à se retourner brutalement contre les contestataires, en mettant fin après quelques mois à un mouvement devenu potentiellement dangereux. De toute façon, il n'en a bientôt plus besoin car, fin 1978-début 1979, le courant Deng remporte la bataille.

Les réformateurs s'affirment en 1978 et font accepter leur projet au plénum du Comité central de décembre. Pour l'essentiel, l'objectif est d'assouplir le mode d'organisation économique ; de laisser plus d'initiative aux directeurs des entreprises industrielles, soumis jusque-là à des contraintes paralysantes fixées par leurs autorités de tutelle dans les ministères à Pékin ; et d'accorder une plus grande liberté d'action économique aux unités agricoles de base. Relancée, l'industrie légère doit fournir des biens de consommation à une population lassée de l'austérité maoïste, d'ailleurs de moins en moins pratiquée par les cadres. Après vingt ans d'interdiction, le projet vise enfin à réintroduire des éléments de logique du marché dans la vie économique, mais sans autoriser le capitalisme privé en tant que tel. En 1978-1979, la nouvelle équipe dirigeante propose donc une auto-réforme du système économique et une stabilisation politique : en somme elle veut retrouver « le droit chemin du socialisme », se perfectionner dans cette voie après s'être égarée dans les impasses du maoïsme. L'appel à la stabilité trouve un appui important dans l'appareil du Parti et dans une population fourbue par ces épreuves. Le projet réformateur veut aussi imposer aux ouvriers une nouvelle discipline du travail, réintroduire l'usage des stimulants matériels et favoriser une « technobureaucratie » plus compétente. On peut y voir un renversement de la perspective maoïste : l'expert doit reprendre sa prééminence contre le « rouge », le cadre politique, et la « méritocratie » doit remplacer la « vertu » (supposée) et l'allégeance politique (forcée). Il s'agit bien de recomposer le groupe social dominant. Mais la tâche est ardue ; la majorité des membres du Parti communiste chinois (PCC) ont été recrutés durant la Révolution culturelle à l'heure où l'expression de la ferveur maoïste, sincère ou intéressée, comptait davantage que les connaissances professionnelles et techniques ou les capacités à gérer une économie moderne. Comme dans l'Union soviétique poststalinienne, de nombreux cadres aspirent à la sécurité de l'emploi, l'amélioration des conditions de vie, à des formes « normalisées », codifiées et respectées de gestion de l'appareil et de la société ; donc à l'introduction d'une rationalisation bureaucratique. Cela n'en fait pas pour autant des partisans inconditionnels d'une réforme économique modernisatrice supposant un savoir et des capacités d'adaptation, voire d'initiative, peu compatibles avec les pratiques effectives de la période maoïste. L'option réformiste est plus forte dans le haut appareil, conscient des dangers courus par le régime et le pays, que chez les petits cadres. L'équipe réformatrice sape progressivement l'autorité de Hua Guofeng et de ses partisans considérés comme des néo-maoïstes ou des carriéristes qui doivent trop leur promotion à la Révolution culturelle pour risquer une orientation rompant inévitablement avec le maoïsme. En juin 1981, Hu Yaobang remplace Hua à la présidence du PCC.

La première phase de la réforme est surtout rurale. Initialement, le pouvoir devait simplement s'efforcer de remotiver les paysans, d'augmenter les ressources agricoles. Pour atteindre ce but, on ramène le centre de l'activité agricole au village, et à l'intérieur de celui-ci, à la famille, tout en restant dans le cadre des structures collectives. Le succès est immédiat et le mouvement va bien au-delà des buts initiaux : la famille récupère une large autonomie économique ; on assiste à une décollectivisation de fait des terres. Les communes populaires cessent de fonctionner et disparaissent légalement en 1984. L'activité familiale retrouvée conduit à la réouverture des marchés privés et à la commercialisation d'une partie des produits de l'activité paysanne, permise par la disparition du monopole étatique. Une nouvelle mobilité paysanne, économique et même géographique, se fait jour, avec un début d'exode rural vers les villes. Des entreprises non agricoles prolifèrent dans les campagnes. Le mouvement de décollectivisation surprend les dirigeants communistes qui ont pourtant amorcé le processus, ou encouragé des initiatives régionales en renouant avec les expériences de décollectivisation tentées au début des années 1960. L'importance et la rapidité des succès obtenus dans le secteur agricole incitent pourtant l'équipe réformatrice à laisser faire. Cette réapparition prodigieuse du petit propriétaire paysan révèle aussi une différence significative entre les cas soviétique et chinois : le maoïsme apparaît davantage comme le « conservatoire » des valeurs paysannes que comme l'idéologie chargée de les éradiquer. Sous la vie collective, acceptée dans la résignation, le monde paysan a perpétué ses modes de vie, ses attentes traditionnelles, et a gardé de fortes réserves d'énergie « entrepreneuriale » ; dès que cela est possible, toute l'ancienne structure de vie rurale rejaillit et manifeste avec force la capacité d'adaptation de nombreux paysans aux nouvelles possibilités.

La situation est bien plus incertaine et difficile dans les villes. La réforme, qui veut agir au cœur du « socialisme réel » est difficile à mettre en œuvre. Ici, l'objectif vise à décentraliser, à déconcentrer l'économie, donc à accorder une autonomie plus grande aux entreprises. Dans cette première phase, l'économie privée qui se réimplante sur une échelle modeste n'est pas un élément important de la réforme urbaine. Lorsque le pouvoir tente de concrétiser ses projets dans les grands bastions industriels étatiques, il le fait avec prudence et de façon expérimentale. Il ne veut pas relancer les vastes campagnes de l'époque maoïste ni perturber le secteur socialiste étatique, indispensable à l'économie, qui représente la source principale du budget de l'État. Les résistances n'en sont pas moins farouches. Les fonctionnaires chargés de superviser les entreprises à partir des ministères centraux sont peu compétents et opposés au nouveau cours économique. Les obstacles sont aussi redoutables dans les usines. Le projet d'alliance entre le secteur réformateur du Parti et une « technobureaucratie » plus décentralisée attire l'hostilité des appareils bureaucratiques qui se sentent menacés. Ils trouvent des appuis dans une classe ouvrière d'État, consciente qu'elle devient une cible majeure de la nouvelle politique économique. Le monde du travail – ouvriers et employés – s'accroche aux avantages obtenus dans les entreprises d'État, tout en s'efforçant d'améliorer ses conditions de vie qui ont stagné durant le maoïsme.

Pour l'ouvrier étroitement soumis à son entreprise et protégé à vie par elle, le socialisme est identifié à cette protection accordée par l'entreprise d'État.

Devant ces blocages, les autorités réformistes multiplient les expérimentations dans certaines entreprises, villes et régions, sans oser une généralisation de la réforme. Priorité est donnée à la paix sociale plutôt qu'à la réforme ou à la rationalisation du système économique ; l'évolution graduelle et prudente est préférée au brusque changement de cours : l'héritage traumatisant de la Révolution culturelle, les rapports de force dans le PCC, ne permettent pas d'agir autrement.

L'un des objectifs avoués de la réforme porte sur l'ouverture économique vers le monde ; ceci, moins par conviction que pour combler un retard croissant. Il faut passer par un apprentissage des règles économiques capitalistes. Ce choix marque une rupture décisive avec le modèle maoïste d'autarcie et de rejet du capitalisme privé. La crise des économies socialistes pousse en effet une partie de l'élite communiste à réimplanter un capitalisme privé en Chine en se tournant vers le marché mondial et les investisseurs étrangers. Afin d'attirer capitaux extérieurs et technologies nouvelles, les réformateurs créent des enclaves capitalistes, protégées en principe du reste du pays : les Zones économiques spéciales ; ils s'efforcent toutefois de limiter l'impact déstabilisateur de ce changement. Peu à peu, ce capitalisme sort des enclaves autorisées pour pénétrer plus largement la Chine dynamique de la bordure côtière puis s'étendre progressivement à l'ensemble du pays. Le communisme chinois définit une orientation opposée à celle tracée après 1949 et surtout après 1952. Cette réinsertion de la Chine dans l'économie mondiale capitaliste qui s'opère à l'heure où elle a impérativement besoin d'une longue période de paix, explique son profil bas sur la scène planétaire ; ce qui en fait un partenaire, voire un allié des États-Unis au sujet des grandes questions internationales, du moins après sa reconnaissance diplomatique officielle, en 1978-1979.

La démaoïsation sous contrôle

Au début des années 1980, tout bouge ; pourtant la prudence reste de mise dans les sommets du pouvoir. Il faut consolider l'équipe réformatrice et régler l'héritage maoïste. Le successeur de Mao, Hua Guofeng et ses proches sont progressivement affaiblis, puis éloignés du pouvoir, mais sans purge sanglante. Le plénum du PCC de juin 1981 adopte la *Résolution sur quelques questions de l'histoire du PC chinois*, bilan nuancé, fruit d'un compromis savant et d'une volonté de la direction de ne pas déstabiliser le pouvoir. Ce texte distingue deux périodes dans l'action de Mao après 1949. La première, positive, celle de la fondation du socialisme chinois, couvre les années 1949 à 1957 ; la seconde, celle « des erreurs graves » s'étend de 1958 à 1976 : la Révolution culturelle est considérée comme la faute la plus sérieuse. La critique s'applique à l'ensemble du projet maoïste. Toutefois, le rôle historique de Mao est caractérisé comme positif, façon claire d'indiquer à la population les limites de toute remise en question du régime et de son fondateur. Le XIIe Congrès du PCC, (septembre 1982), officialise les récents changements. Hu Yaobang devient secrétaire général ; Deng, le leader indiscuté du pays, n'occupera jamais officiellement les fonctions suprêmes exceptée celle, très importante, de président de la Commission militaire centrale ; il garde ainsi la haute main sur l'armée. Un relatif équilibre est maintenu dans les sommets du Parti entre les dirigeants les plus réformistes et ceux qui restent partisans d'une politique de transformation plus prudente devant une brusque ouverture au capitalisme.

Au-delà de la réforme

Avec la généralisation de la réforme appliquée aux villes et à l'industrie à l'automne 1984, ce n'est plus d'une simple réforme, ou d'une démaoïsation qu'il s'agit, mais d'un mouvement progressif de sortie du « socialisme réel ». Initialement toléré ou mal accueilli par les cadres, le capitalisme se développe partout. De son côté, la société chinoise, dans sa diversité, devient aussi un acteur essentiel. Quant au pouvoir, il cherche à survivre et, autant que possible, à contrôler les changements. Il s'estime garant de l'ordre ; il aspire à être le principal bénéficiaire des succès économiques et n'oublie pas de faire sentir qu'il est le maître de l'appareil de répression. Il affiche plus nettement son nationalisme et limite son discours idéologique marxiste-léniniste, maoïste, qui devient un rituel toujours obligatoire mais de façade.

En octobre 1984, la réforme urbaine généralisée est promulguée. Il s'agit maintenant d'impliquer l'ensemble du secteur industriel des villes et plus seulement quelques entreprises pilotes. La dérégulation partielle des prix, la décentralisation des autorités de décision préparent une déplanification qui doit laisser une marge d'initiative plus grande aux entreprises. Un droit de regard ou de supervision, est reconnu aux autorités locales, municipales et régionales, considérées comme plus sensibles au développement de leur zone que les planificateurs lointains du centre. Pour faire fonctionner cette structure décentralisée, il faut en passer par des arrangements souvent informels, peu légaux, par des avantages matériels partagés entre les gestionnaires industriels et la bureaucratie chargée de la supervision. Aussi, la corruption liée à ce contexte et à l'importance des nouveaux flux de circulation d'argent se répand-elle. De façon plus générale, un autre rapport de force s'instaure : un déplacement du pouvoir vers les régions et un affaiblissement de l'autorité du centre. D'emblée, la voie choisie est porteuse d'un effet de corruption et de corrosion de la réforme mise en place par Deng. L'écart entre les régions, significatif dès les origines de la République populaire chinoise, s'est amplifié dans les années 1980 ; il est admis comme une étape inévitable de la réforme qui polarise socialement le monde chinois. Si l'économie progresse, la cohérence du développement n'est guère assurée. La gestion de la réforme reste difficile. À la fin des années 1980, l'économie est en pleine évolution, le capitalisme prolifère sous des apparences variées, le plus souvent bureaucratico-étatiques, parfois aussi sous forme privative ou grâce à des investissements étrangers dans des *joint-ventures*. Le « socialisme réel » s'effrite, se désagrège lentement, tout en opposant une vigoureuse résistance. Le pouvoir est alors contraint de maintenir une politique sinueuse de louvoiement qui lui réussit assez bien. Cette transformation « évolutionnaire », ce refus de l'affrontement, finissent par être considérés à l'étranger, comme un modèle de transition par étapes vers une économie de marché ; on opposera en Occident comme en Chine ce modèle aux dérives d'autres expériences à l'Est, surtout celle, désastreuse, de la Russie postsoviétique durant les années 1990.

Dans la décennie 1980, le monde urbain fait sentir de façon croissante sa présence, en exerçant des poussées diffuses et multiples sur le pouvoir. Des tensions sociales, anciennes ou nouvelles s'expriment. De façon générale, le rapport entre le pouvoir et la société se fait moins inégal. L'autoritarisme est cependant toujours visible et la répression jamais très loin. La contestation est moins affichée que dans d'autres pays de l'Est ; les évolutions internes n'en sont pas moins considérables. Les comportements ont changé tout comme les attentes et les modes d'expression des rapports de force. La pression est d'abord celle exercée par une population qui bouge et n'hésite pas à prendre des initiatives sans pour autant acquérir une autonomie réelle et intervenir dans le champ politique. Il y a là le résultat d'une tradition séculaire d'autoritarisme qui n'a guère favorisé l'émergence de l'autonomie ; cette tradition a été reprise, accentuée et même durcie par le régime communiste dans sa volonté d'atomiser la population et de réprimer les initiatives venues de la société et non du Parti qu'il n'arrivait pas à contrôler. Ce que la ville accomplit comme transformation, elle le fait discrètement, en préservant ou en élargissant ses espaces de liberté, d'intimité, de protection familiale ou clanique. La rudesse du traitement imposé par le maoïsme à divers secteurs de la population et le cynisme que sa politique a engendré ont fait proliférer de nombreuses zones d'incivilité ; s'y expriment à la fois un refus de l'ordre brutal et une volonté d'échapper à toute forme de contrôle social. Le travail de transformation est souterrain. La fragilité d'un espace public, capable d'entraîner l'ensemble de la nation, laisse une société civile encore embryonnaire. L'individualisme se répand dans les milieux urbains alors qu'ailleurs des structures plus traditionnelles, familiales ou claniques, reprennent force, supplantant ou détournant le système de commandement du Parti.

De la crise du pouvoir à la crise sociale et politique

La réforme à l'œuvre s'éloigne de plus en plus d'une auto-réforme sous contrôle ; elle porte en elle une forte tendance à la déstabilisation du régime. Des conflits de plus en plus vifs affectent les sommets du Parti. Les réformateurs sont la plupart du temps à l'offensive ; même quand ils doivent momentanément reculer, ils parviennent à repartir de l'avant quitte à sacrifier l'un des leurs. Ils doivent ces succès à Deng Xiaoping, à son habileté, son pragmatisme et son absence de scrupules. Ces transformations deviennent irréversibles car elles se situent dans un contexte de remise en cause globale des fondements du « socialisme réel » qui atteint les pays de l'Est les uns après les autres. Ce n'est pas la réforme qui l'emporte, c'est le « socialisme réel » qui ne peut plus opposer de barrage efficace à ces problèmes. La reconversion, mentale et sociale, des élites s'effectue à des rythmes différents et dans des directions diverses. La dynamique de la réforme est source de crise politique. En 1986, le secrétaire général Hu Yaobang propose une réforme politique ; ce sujet est explosif car il touche à la légitimité du pouvoir. Il s'agit moins de démocratiser le pouvoir du Parti que de le désengager de la gestion directe de l'économie et de la société, de créer un système de droits codifiés et appliqués et également de réduire la part considérable de l'arbitraire. Le pouvoir cherche des relais, des corps intermédiaires dans la société, et ne veut plus, ne peut plus, tout contrôler. La forte réaction conservatrice devant ce projet vise tout particulièrement Hu Yaobang, figure de proue de cette réforme. Les hiérarques obtiennent la tête de Hu Yaobang en janvier 1987.

Pourtant, c'est l'autre figure importante du courant réformateur, le premier ministre Zhao Ziyang qui est nommé secrétaire général : le processus de réforme, y compris politique, se poursuit donc mais de façon plus prudente. Ses objectifs sont réaffirmés au XIIIᵉ Congrès du PC (octobre 1987). Zhao justifie les réformes en cours et l'ouverture sur le monde à travers le concept de « stade initial du socialisme » : la Chine doit en passer par les stades et les règles, présentées comme universelles, de la modernité, c'est-à-dire l'économie de marché.

Très engagé dans la réforme, Zhao Ziyang perd de son pouvoir au printemps 1989, au moment où les tensions sociales deviennent explosives dans les villes. Les étudiants mènent à nouveau l'offensive. Ils le font d'autant plus résolument qu'ils se considèrent comme l'élite du régime, les représentants naturels des intérêts globaux de la nation et du mécontentement du peuple. Ils entraînent assez rapidement une partie des citadins : monde ouvrier, petits entrepreneurs souvent malmenés par les pouvoirs locaux ainsi que la masse urbaine hostile à la vague de corruption et exaspérée par l'autoritarisme du régime. Malgré les vagues slogans en ce sens, c'est moins d'un appel à la démocratie dont il est question, que d'une remise en cause de la légitimité du régime, même si elle prend d'abord la forme d'un appel au dialogue. Le pouvoir indécis est partagé entre plusieurs courants contradictoires. Après des semaines d'hésitation des autorités qui permettent au mouvement de prendre un essor considérable, Deng Xiaoping arbitre en faveur d'une reprise en main énergique. La population des grandes villes se mobilise à une grande échelle ; la contestation du pouvoir se fait plus virulente. La répression s'abat brutalement dans la nuit du 3 au 4 juin 1989, conduisant au massacre de centaines de personnes autour de la place Tiananmen. Le divorce entre le régime et la population urbaine semble total.

Durant ces années, la Chine a consolidé sa présence sur la scène internationale. L'ouverture des relations diplomatiques officielles en 1979 avec les États-Unis a préparé la voie à une quasi-alliance entre les deux pays. La normalisation permet une relative coopération militaire avec les Américains qui cherchent à affaiblir l'Union soviétique, adversaire commun des nouveaux alliés. Pour la République populaire de Chine, il s'agit de créer un vaste « front uni international » contre l'expansionnisme soviétique. Au sujet de l'île de Taiwan, cette alliance ne va pas sans tensions. Avec les Soviétiques, les relations s'améliorent progressivement après l'arrivée au pouvoir de Gorbatchev (1985) et son discours de juillet 1986 à Vladivostok dans lequel, après des années de tensions, il propose explicitement un rapprochement entre les deux pays. Mais la politique chinoise garde pour l'essentiel un profil bas : reconnaissance internationale et tranquillité sont les deux impératifs d'un pays tourné vers sa propre transformation qui veut se réinsérer économiquement et politiquement dans le monde mais à ses conditions.

Un système en voie de reconversion : les années 1990

En 1989, le régime semble tenté par un certain retour au maoïsme et une résistance à la marée qui entraîne la disparition du « socialisme réel » : pour les élites communistes, il s'agit surtout de sauver leur régime ébranlé. Très conscient de son impopularité, le PCC est sur la défensive.

L'impossible retour en arrière

L'effondrement rapide du « socialisme réel » en Europe et les évolutions internes en Chine rendent tout retour en arrière impossible. Aussi, la réaction conservatrice est-elle limitée dans le temps et dans ses effets. Deng Xiaoping maintient le cours réformiste. Jiang Zemin (né en 1926), figure de compromis venue de Shanghai, accède à la tête du Parti en novembre 1989. Le IVe plénum du Comité central (juin 1989) réaffirme les objectifs de réforme et d'ouverture internationale. Les purges et les arrestations ne sont pas de la même ampleur que celles de la période maoïste. Dès 1991, le mouvement de réforme, incarné par la promotion du shanghaïen Zhu Rongji (né en 1928) à la direction de l'économie, progresse à nouveau. Les dernières années de Deng forment un étonnant contraste avec la fin du règne Mao. D'un côté, l'immobilisme du régime sous un pouvoir despotique mais lointain de Mao, de l'autre, un véritable bouleversement inspiré et assumé par Deng. En 1992, Deng fixe lui-même une orientation qui, tout en se cachant derrière le mot d'ordre de « socialisme de marché », a une tonalité indiscutablement capitaliste. L'implosion de l'URSS (décembre 1991), pousse le dirigeant chinois à intervenir avec célérité. Au XIVe Congrès du PCC (octobre 1992), Jiang Zemin officialise cette orientation. L'objectif est de réintégrer la Chine dans le concert mondial selon les règles économiques du capitalisme dominant adaptées, autant que possible, aux conditions chinoises, c'est-à-dire à la protection de la Nation et à la survie du régime. Le congrès entérine cette politique qui implique davantage une rupture avec le passé « communiste » qu'une simple réforme. Sous les traits d'un capitalisme sauvage et d'un affairisme sans retenue, le capitalisme se répand dans le pays, d'abord le long de la zone côtière. Mais s'il renforce sa présence dans l'ensemble de la Chine, il ne peut jamais complètement s'établir : les entreprises capitalistes sont en effet à la merci d'une intervention des autorités locales ou centrales qui les contrôle à distance ; de surcroît, les lois du marché sont rarement appliquées de façon systématique et cohérente. L'opacité domine ce capitalisme naissant et en pleine expansion dans les années 1990. Les réseaux informels multiples, l'intervention constante des pouvoirs locaux, les rapports de force, l'usage généralisé de la corruption s'avèrent plus décisifs pour la marche de l'économie que les règlements qui restent le plus souvent ignorés.

Menaces sur le monde ouvrier et paysan

Le statut d'ouvrier d'État est de plus en plus ouvertement critiqué. Si le secteur industriel d'État a perdu sa position dominante dans la production, il représente toujours le corps social le plus nombreux dans les villes. Malgré plusieurs tentatives de modifications, la condition de l'ouvrier d'État a peu évolué pendant longtemps. L'absence d'une Sécurité sociale nationale, voire régionale, empêche tout changement : la Sécurité sociale qui inclut le paiement des retraites est encore largement aux mains des entreprises. Un nombre croissant d'ouvriers sont contractualisés mais jusqu'au milieu des années 1990, l'intégration dans l'entreprise a représenté une garantie d'emploi à vie. Cette situation se modifie rapidement ensuite. Promulguée en 1986, la loi sur les faillites d'entreprises commence à être appliquée en 1994-1995. Dès lors, les fermetures d'établissements se multiplient. De façon générale, la vie ouvrière se fait beaucoup plus précaire ; les licenciements se généralisent dans le secteur d'État ou les ouvriers sont déplacés vers d'autres activités moins bien payées. Le chômage, réel ou déguisé, devient le lot d'une grande partie des travailleurs urbains. Dans le secteur non étatique, le capitalisme sauvage constitue souvent la seule règle ; il gagne même les entreprises d'État en cours de privatisation partielle. La résistance ouvrière reste active, les grèves et autres formes de protestation ouvrière sont fréquentes mais moins efficaces que dans la décennie précédente. La fiction d'un État ouvrier, ou du moins d'un État favorable aux ouvriers, est morte.

Depuis le milieu des années 1980, la condition paysanne est devenue moins bonne que celle du monde urbain bien que le niveau de vie des paysans se soit amélioré, parfois nettement, en comparaison avec ce qu'il était 20 ou 25 ans auparavant. Dans les périphéries rurales de la Chine persiste souvent une grande misère. Des dizaines de millions de pauvres y vivent et c'est là où se manifeste avec le plus de brutalité l'inégalité entre les cadres et la population. Dans le monde rural, de nombreuses plaintes se font entendre contre le comportement prédateur des cadres. Une « population flottante », constituée de dizaines de millions de paysans, cherche du travail ou des ressources supplémentaires loin de chez elle, le plus souvent dans les villes côtières. Comme par le passé pré-révolutionnaire, l'abus fiscal entretient un vif mécontentement chez les ruraux. La taxation, fixée à 5 % du revenu, atteint souvent plus du double de ce pourcentage. Les paysans sont exaspérés par la multiplication des taxes de toutes natures, souvent arbitraires et même extravagantes exigées par les autorités locales parfois à leur profit. Même s'il apprend peu à peu à se défendre, à mieux connaître les règles et les moyens d'influencer les décideurs urbains ou locaux, le monde paysan est toujours en position de faiblesse. L'agitation paysanne, endémique, ne constitue pas une véritable menace pour le régime, en raison de la grande fragmentation du monde rural. Le pouvoir se désengage encore plus du contrôle direct des villages que des villes. Dans les villages se forme une nouvelle élite reposant sur la richesse accumulée par certains, souvent les chefs de parti, ou les réseaux claniques traditionnels qui se reconstituent. Les élections de chef de village, réforme engagée en 1987, sont souvent des leurres ; elles sont loin d'être généralisées mais permettent parfois un changement de pouvoir.

L'objectif de la montée en puissance

Une présence plus active, plus sûre d'elle, de la Chine sur la scène internationale se fait jour dans les années 1990 ; elle affiche plus nettement ses intérêts nationaux, voire impériaux. La croissance du potentiel militaire depuis 1989-1990 confirme cette volonté d'étaler cette puissance nouvelle ; après des années de laisser-aller, ce renforcement découle aussi de l'importance de l'armée dans l'équilibre du pouvoir à la fin de l'ère Deng et pendant la période de la succession. Les événements sanglants de Tiananmen l'attestent une fois de plus, l'armée sert avant tout de bras armé au régime ; aussi peut-elle monnayer un rôle important. Les années 1990 voient la République populaire chinoise se focaliser moins qu'auparavant sur la vision géopolitique traditionnelle de son espace continental, et des profondeurs de l'Asie ; elle devient plus sensible à sa dimension maritime. En accentuant sa pression et ses ambitions sur la Mer du Sud, la République populaire chinoise s'arroge de façon unilatérale un large domaine maritime revendiqué par d'autres nations. Gérée avec habileté, la réintégration réussie de Hong-Kong à la Chine (30 juin 1997) atteste cette détermination du pouvoir à atteindre ses objectifs. L'effondrement de l'URSS, qui a eu un impact considérable sur les élites chinoises a fait *ipso facto*, de la Chine un candidat de substitution, au moins à terme, dans le rôle de superpuissance. La Chine se vit et se perçoit toujours comme un vaste empire opposé ou à l'écart du monde, d'abord face à ses voisins asiatiques ; toutefois, l'idée d'une intégration économique plus étroite fait son chemin parmi les élites chinoises. Pour l'heure, le nationalisme reste, et de très loin, la figure dominante qui mobilise les énergies du pouvoir et de la population.

En ce début du XXIe siècle, la République populaire de Chine est un des derniers États qui affiche sa continuité socialiste ; il demeure toujours sous la férule d'un parti communiste peu désireux de partager le pouvoir, moins encore de le quitter. Le PC chinois est bien décidé à survivre, à continuer son rôle autoproclamé de maître d'œuvre des mutations en cours, et à assurer ainsi sa pérennité en tant que dirigeant d'une Chine transformée. Il n'est pas facile de mesurer l'ampleur des réformes réalisées par Deng qui, très vite, ont été plus qu'une auto-réforme du « socialisme réel ». La Chine se dirige-t-elle vers un capitalisme, nourri de l'héritage de son passé et d'une gestion traditionnelle, bureaucratico-étatique du pouvoir ? Le capitalisme semble envahir le pays et toutes les sphères de la vie sociale et économique. Cette tendance est forte, mais l'évolution est inachevée, peu cohérente et sans garantie de succès. De plus, le capitalisme est lui-même en pleine évolution à l'échelle mondiale. Personne ne sait si la Chine rattrape le XXe siècle, ou si elle entre de plain-pied dans les formes actuelles de l'économie capitaliste, y compris dans sa criminalisation à grande échelle. Dans sa volonté affichée d'être différente, est-elle en train d'innover, peut-être de sauter une étape et de préparer la prochaine phase du capitalisme, voire une sorte de « managérialisme » de classe post-capitaliste s'accordant avec ses traditions bureaucratico-étatiques reconstruites et rationalisées ? Une seule certitude demeure : le « socialisme réel » est moribond en Chine. Plus que jamais, le nationalisme cimente le pays, et tient comme il le peut cet univers vaste et complexe.

Le communisme chinois s'est voulu une réponse concrète à deux défis majeurs : sauver la nation chinoise et la moderniser. Dans la première moitié du siècle, il a trouvé comme réponse le bolchevisme en l'adaptant à la Chine, à travers le maoïsme et en utilisant le modèle soviétique de développement. Aujourd'hui, par un renversement de perspective encore inavoué, c'est le capitalisme qui doit s'adapter à la Chine pour préserver sa continuité, et répondre aux attentes autoritaires de ses élites dirigeantes. Le risque existe que ce soit plutôt le capitalisme qui remodèle la Chine conformément à ses besoins et à son évolution récente. Il y a là une menace plus radicale pour la singularité chinoise et ses valeurs spécifiques que celle qu'avaient représentée tous les envahisseurs du passé... Dans les deux cas, il n'est guère question d'émancipation des opprimés par eux-mêmes, mais plutôt du passage douloureux d'une vieille civilisation au monde moderne, ce monde qui a été imposé à la Chine par la pénétration occidentale survenue brutalement au XIXe siècle.

Troisième partie

UNE INTERNATIONALE, DES PARTIS ET DES HOMMES

Dirigée par Claude Pennetier et Bernard Pudal

- L'invention de l'homme communiste
- Identités sociales et trajectoires militantes

Introduction

Une Internationale, des partis et des hommes

par Claude Pennetier et Bernard Pudal

Sheila Fitzpatrick, dans son dernier ouvrage, *Everyday Stalinism*[1] distingue trois grands types de récits (*stories*) spécifiques à l'imaginaire stalinien soviétique : le récit du « radiant future » (« l'avenir radieux »), l'expression est d'Alexandre Zinoviev, fondé sur la connaissance des lois de l'histoire et la croyance en l'inéluctable avènement d'une société nouvelle, le récit du « Out of Backwardness » (en finir avec le passé et le retard) et le récit du « si demain c'était la guerre ». Ces trois types d'intrigues ne sont évidemment pas exclusifs les uns des autres, ils peuvent se combiner et prendre des formes spécifiques suivant leurs différents domaines d'application (philosophie de l'histoire, économie politique, littérature réaliste socialiste, biographies et autobiographies édifiantes, questionnaires biographiques, etc.). À l'élite sociale et politique du système soviétique revient d'incarner le plus purement possible l'harmonieuse combinaison de ces trois grandes matrices narratives.

Le cadre communiste, d'origine prolétarienne et ayant été lui-même prolétaire, représente cet avenir radieux, non seulement parce qu'il est censé posséder un sens pratique le prédisposant à être communiste (l'instinct de classe) mais parce qu'il a acquis la culture marxiste (acquisition fréquemment vécue comme une « seconde naissance »), qu'il s'est débarrassé des empreintes du passé (il a « tué le vieil homme » au profit de l'homme nouveau) et qu'il pratique une vigilance sans défaillance à l'égard de l'« ennemi », lequel est animé du désir, par tous les moyens, y compris la violence, d'abattre le nouveau régime.

Le « Parti » est le cœur de cet imaginaire censé irradier la société toute entière mais il est aussi l'institution dont les membres sont chargés d'incarner cette représentation et choisis à cette fin. « Le » communisme, au XXe siècle, résulte en effet d'une immense entreprise d'homogénéisation, toujours imparfaite et inachevée, de l'ensemble des militants qui forment ces corps partisans. Cette homogénéisation fut le creuset de la « refonte bolchevique »[2] des hommes et des femmes appelés à devenir communistes. Inventer un « type d'homme » suppose non seulement un imaginaire biographique auquel s'identifier et se mesurer, mais aussi des organismes de sélection, de formation et de contrôle, et enfin des groupes sociaux susceptibles de constituer les viviers privilégiés des recrutements. D'où la nécessité d'étudier le modèle partisan qui va s'imposer progressivement à tous les partis communistes grâce au travail dirigeant de l'Internationale communiste. C'est ce processus que nous nous proposons de jalonner en en choisissant quelques aspects centraux : le modèle partisan bolchevique, l'Internationale communiste, le travail de définition, de sélection et de contrôle des cadres, le culte des dirigeants.

Tout en conservant continûment une perspective comparatiste, bien des développements s'appuieront sur le cas français. Durant l'entre-deux-guerres, le PCF est indubitablement « le » Parti communiste du Mouvement communiste international le plus en symbiose avec une mythologie militante stalinienne et par conséquent le plus à même d'offrir une représentation conforme des élites communistes. C'est avec l'invention du cadre thorézien et la mise en place d'une politique des cadres dans les années 1930 que le PCF va parvenir à se doter d'un groupe relativement soudé de cadres dirigeants et de cadres intermédiaires qui, au-delà des crises inéluctables, des défections, des purges et des affaires, s'installera durablement aux postes de commande du système d'action communiste (Parti, syndicats, associations, municipalités, Sénat et Chambre des députés). Cette promotion d'une élite est indissociable de discours légitimants, en particulier ceux qui s'incarnent dans des vies modèles[3], celles que sont censées saisir les questionnaires autobiographiques et magnifier les autobiographies modèles. Le « mythe biographique » (Jean Peneff[4]) ainsi proposé à ceux qui vont bénéficier dans et par le régime stalinien d'une forme spécifique de mobilité sociale ascendante, imprime sa marque à tous les récits sur soi que ces derniers seront amenés à tenir, soit par écrit (commission des cadres, récits autobiographiques édifiants, procès), soit oralement (séances collectives d'autocritiques, examen public des vies de candidats[5]). L'autobiographie édifiante de Maurice Thorez, *Fils du Peuple*, publiée en octobre 1937, viendra couronner cette entreprise en offrant le récit modèle par rapport auquel tous les récits autobiographiques écrits depuis devront se situer, soit en en offrant des variantes, soit en en mesurant les écarts, soit en lui substituant d'autres schèmes d'interprétation (l'histoire interne, l'histoire complot, etc.) soit, bien plus tard, en déconstruisant sur un mode auto-analytique l'illusion biographique à laquelle sa trajectoire biographique avait été, objectivement et subjectivement, inextricablement mêlée.

Mais s'il importe de ne pas sous-estimer la force de ce projet d'invention de l'homme communiste, qui concerne au premier chef les noyaux centraux des différents partis communistes, il faut aussi suivre les appropriations variées et différenciées dont il fait l'objet au fur et à mesure du processus de stalinisation. Les mondes sociaux et les acteurs sociaux ne se plient pas au projet communiste sans résistances, contournements, réinterprétations multiples.

Les quelques[6] parcours que nous proposons dans les différents espaces (URSS, Europe occidentale, Espagne, Amérique latine), les milieux professionnels, les genres, les catégories culturelles (les intellectuels) ou générationnelles, comme dans les groupes d'action (les syndicalistes), permettent de mettre l'accent sur la multiplicité des influences communistes et sur les rythmes divers de ses succès et de ses échecs, en suivant au plus près certaines familles de trajectoires (les brigadistes, les syndicalistes, les figures du communisme latino-américain), des groupes cibles (les paysans, les femmes, les intellectuels), des situations particulières (l'immigration politique).

Notes

1. Sheila Fitzpatrick, *Everyday Stalinism, Ordinary Life in extraordinary Times : Soviet Russia in the 1930s*, Oxford University Press, 1999.

2. On trouve, significativement, cette expression de « refonte bolchevique » dans les évaluations portées sur les élèves de l'École léniniste internationale (ELI). Dans les « caractéristiques » de Jean Minard, alors membre du CC du PCF, Yablonsky note qu'au cours de son séjour à l'ELI (1934), il « a fait de grand progrès dans la voie de sa refonte bolcheviste », CRCEDHC 4952701578 (Archives de l'ex-IC, Moscou).

3. Cf. Marie-Claire Lavabre, « Memory and partisan Identity : the case of French Communist Party », *European Journal of political Science*, n° 1, 1986, pp. 171-186. Elle note que « dès le début des années trente, la création de deux collections "mémoires révolutionnaires" et "Épisodes et vies révolutionnaires" » souligne l'importance que les éditions du PCF accordent à cette « forme anecdotique de l'histoire", "la plus populaire, la plus goûtée du grand public" ».

4. Jean Peneff, « Le mythe dans l'histoire de vie », *Sociétés*, mai 1988, n° 18. Mythe biographique : « Schéma pré-établi disponible pour l'explication, par les individus, de leur histoire personnelle » (p. 8).

5. Cf. Sheila Fitzpatrick, « Lives under fire, (Autobiographical Narratives and their Challenges in Stalin's Russia) » dans *De Russie et d'ailleurs*, Mélanges Marc Ferro, Paris, 1995, pp. 225-232. Dans cet article l'auteur étudie le compte rendu des séances d'un congrès syndical tenu en janvier 1938 où furent examinées les « biographies » des candidats. Une illustration romanesque, parmi d'autres, de ce questionnement biographique : Vassili Grossman, *Vie et Destin*, Éd. Julliard/L'âge d'homme, 1983 (Ire éd. 1980), pp. 542-548 (Éd. France Loisirs, 1984).

6. Bien d'autres aspects que ceux étudiés auraient mérité des recherches spécifiques, c'est le cas de la « jeunesse », des militants communistes juifs, des mouvements d'enfants, etc.

L'invention de l'homme communiste

Chapitre XV

Du parti bolchevik au parti stalinien

par Claude Pennetier et Bernard Pudal

Un parti politique n'existe durablement qu'autant qu'il est habité par des hommes qui croient en son utilité, en sa nécessité. L'histoire des partis communistes dans le monde occidental commence par un « choix » (les adhésions à l'Internationale communiste), se poursuit par la sélection d'hommes et de femmes qui vont se parer du titre de « militant » d'un parti qu'ils auront à charge de défendre « comme la prunelle de leurs yeux » (Maurice Thorez), s'achève par une déperdition progressive des croyances communistes et par la crise de ce modèle partisan, enveloppe peu à peu vidée de sa substance et le plus souvent inapte à se transformer pour se pérenniser. Tel est le cycle qu'il faut parcourir.

L'histoire sainte et l'histoire démonologique

Dans une lettre que reçoit le député de l'Allier, Pierre Brizon, en 1916, un militant socialiste supplie : « Fondez un nouveau parti, le parti prolétaire, mais abandonnez l'étiquette socialiste, car elle est sale et bien sale. » La Révolution d'octobre 1917, telle que l'interprètent les dirigeants bolcheviques, s'offre bientôt comme exemple à suivre, expérience à méditer, modèle à s'approprier qui vient à la rencontre de tous ceux qu'anime, dans la plus complète confusion et la méconnaissance des réalités russes, un désir de *rupture* dont l'outil serait un « parti d'un type nouveau ». Un quart de siècle plus tard, dans le monde entier[1], des militants communistes étudieront *Le précis d'histoire du PC(b)* (Parti communiste bolchevik) *de L'URSS*, convaincus d'y trouver le secret de fabrication de cet outil, le *parti* de la Révolution qu'ils appellent de leurs vœux. La force de ce modèle était telle à l'apogée du stalinisme qu'on disait fréquemment « le parti », sans autre prédicat, pour désigner les partis communistes. Militants dévoués jusqu'à la mort, disciplinés, au « service du parti », ayant « l'esprit de parti », telle fut la représentation dominante que donnèrent d'eux les militants du « parti ». Le « parti communiste » devint dès lors le réceptacle imaginaire de tous les fantasmes, aussi bien ceux de ses thuriféraires que ceux de ses détracteurs. Sans doute faut-il partir de là, car les perceptions des partis communistes ont épousé, peu ou prou, longtemps durant, les deux visions antagonistes et complémentaires de cette représentation, celles d'une histoire sainte et celle d'une histoire démonologique.

Si l'on prend l'histoire sainte du seul parti russe, sur le modèle de laquelle s'écriront les histoires officielles des autres partis communistes, deux principes fondamentaux structurent les récits successifs qui en ont été faits. D'une part, le « parti » s'est forgé contre les idées « fausses » et les « ennemis » de toutes sortes qui auraient pu ou voulu lui nuire. Ces ennemis représentent au sein du parti des points de vue de classe ou de fractions de classe qui ne seraient pas ceux du prolétariat révolutionnaire[2]. D'autre part, le point de vue qui commande le regard rétrospectif est ancré dans les rapports de force et l'instrumentalisation du récit historique au moment de la narration (le rôle de Trotski, de Zinoviev, de Kamenev, se dissipe dans les histoires de la Révolution d'octobre au fur et à mesure que grandit celui de Staline, par exemple). Il y a donc une réécriture permanente de l'histoire du « parti ».

L'histoire sainte, dans sa version stalinienne, est d'abord celle du combat que mène Lénine pour forger « l'outil de la victoire ». Il aurait donné avec *Que Faire ?* (1902) et *Un pas en avant, deux pas en arrière* (1904) les principes de la forme organisationnelle qui actualiserait le vœu encore informe du *Manifeste du Parti communiste* de Marx et Engels (1848). L'histoire téléologique du parti, celle du manuel de 1938 par exemple, retient du programme léniniste tout ce qui justifie le parti communiste stalinien : les « limites » de la conscience ouvrière « spontanée » (le *trade-unionisme*) ; le professionnalisme des révolutionnaires et des journalistes du parti (le journal est un enjeu clé en ces temps de fondation) ; la valeur des adhérents dont l'engagement doit être profond (c'est sur ce point – l'article premier des statuts du Parti ouvrier social-démocrate de Russie (POSDR) – que se structure l'opposition avec Martov au IIᵉ congrès en 1903) ; la nécessité des chefs ; la discipline ; la fusion avec la classe ouvrière et d'une manière générale le rôle directeur du parti, qui est « non seulement l'avant-garde, le détachement conscient de la classe ouvrière, mais aussi le détachement *organisé* de la classe ouvrière, avec sa propre discipline obligatoire »[3]. L'histoire sainte, constamment révisée, est contestée par des histoires saintes hérétiques (l'histoire trotskiste du parti russe comme dégénérescence bureaucratique) et par des recherches moins hagiographiques qui, au sein du monde communiste et bien avant la fin des États communistes, s'étaient progressivement imposées, suscitant souvent conflits et controverses entre « gardiens du temple » et « hérétiques »[4].

Dans ses versions, grand public, comme dans ses versions plus sophistiquées ou savantes, l'histoire démonologique est au contraire celle du « Parti » comme creuset du totalitarisme communiste. Cette histoire épouse plus qu'on ne le croit le finalisme caractéristique de l'histoire sainte. Elle est aussi écrite du point de vue du « présent », de la « démocratie ». Elle a aussi ses logiques d'évolution et ses dépassements scientifiques. Concernant le « Parti » on y met généralement l'accent sur les mêmes textes, les mêmes moments. Aux racines du mouvement ouvrier européen se substituent les racines russes, aux révolutionnaires professionnels, l'intelligentsia populiste russe et son penchant au millénarisme, à la volonté d'organisation, les méfaits de la clandestinité et le renfermement sur soi d'une élite auto-proclamée, à la discipline librement consentie, la discipline de caserne inspirée du modèle conspiratif ou du modèle de l'usine taylorienne, au génie de Lénine, ses prédispositions psychologiques, paranoïa et obsessionnalité ascétique. Dans telle étude, on souligne la prégnance des métaphores médicales[5] dont Lénine usait, donnant à entendre que son purisme obsidional rend compte de son penchant à l'épuration et sa haine des hystériques de son désir de réduire à la pathologie ses opposants ; dans telle autre, on suit le fil rouge de ses états dépressifs ; dans telle autre enfin on cherche en vain le « moi » de Lénine et, ne l'ayant pas trouvé, on s'interroge longuement sur la catastrophe intérieure qui mit en péril son identité, et on déplore que cette personnalité défaillante fût accordée à une situation historique exceptionnelle[6].

Ces représentations font irrésistiblement penser aux représentations antagonistes qu'on se faisait de la congrégation des jésuites, tour à tour ordre dévoué à l'Église catholique ou ordre secret accusé de manœuvrer les puissants et de manipuler les « simples ». S'il importe de les rappeler d'entrée de jeu, c'est qu'elles constituent autant d'obstacles à l'analyse, autant d'images fortes qui s'entremêlent aux études même les plus distanciées. La force de ces représentations tient au fait qu'elles désignent des « réalités » mais dans le langage et les catégories d'analyse d'une passion politique dont il est difficile, voire impossible, de s'exiler. Les mots de l'analyse, les concepts, sont constamment piégés par les connotations qu'ils ne cessent d'alimenter et qui font signe à ces représentations. La seule voie qui s'ouvre à l'analyste, c'est de rendre justice à chacun en restituant les logiques qui commandent le jeu des cécités croisées, tout en sachant qu'il ne peut néanmoins qu'en être partie prenante, plus ou moins consciemment. Le concept de totalitarisme est un bel exemple de la difficulté. Il signe le choix politique du locuteur : qui le récuse est accusé de complicité, qui le cautionne, d'amalgame honteux. On s'en tiendra ici à un récit fondé sur le double refus de ces histoires sainte et démonologique et sur la volonté de contrôler les catégories d'analyse utilisées.

Le modèle russe

Du *Manifeste du Parti communiste* de 1848 au Parti communiste stalinien des années 1930, on passe par étapes du sens ancien du mot parti au sens moderne[7]. En 1848, le mot « parti » ne véhicule encore qu'un projet et il suffit de lire le texte de Marx pour constater qu'il n'accorde qu'une attention vague aux *organisations* censées lui donner corps. À la fin du XIXe, le parti politique comme organisation s'est peu à peu imposé en Europe à l'ensemble des acteurs politiques et en particulier à ceux qui, démunis des principales ressources sociales (notoriété, finance, implication dans les rouages dominants de la société : haute administration, entreprises, champ intellectuel, champ politique) investissent la puissance du nombre et de l'organisation pour faire contrepoids. La Russie n'échappe pas à la règle mais elle en constitue, déjà, un cas particulier.

Par comparaison avec les principales démocraties européennes, l'espace politique russe est un espace de jeu sous surveillance, limité, articulé sur un espace public censuré et contrôlé. Au début du XXᵉ siècle, les débats relatifs au « parti » au sein de la social-démocratie russe renvoient à cette réalité dont il s'agit, pour ses dirigeants, de tirer les conséquences stratégiques et organisationnelles. Pour les uns, le travail patient s'impose, l'horizon étant celui de la Révolution démocratique ; pour les autres, il ne faut pas exclure une conjoncture critique permettant à la Russie de brûler les étapes. C'est la position léniniste, qui suppose une organisation de lutte adaptée à ce possible. « J'affirme – écrit Lénine – : 1) qu'il ne saurait y avoir de mouvement révolutionnaire solide sans une organisation de dirigeants stable et qui assure la continuité du travail ; 2) que plus nombreuse est la masse entraînée spontanément dans la lutte, formant la base du mouvement et y participant, et plus impérieuse est la nécessité d'avoir une telle organisation, plus cette organisation doit être solide (sinon il sera plus facile aux démagogues d'entraîner les couches incultes de la masse) ; 3) qu'une telle organisation doit se composer principalement d'hommes ayant pour profession l'activité révolutionnaire ; 4) que dans un pays autocratique, plus nous restreindrons l'effectif de cette organisation au point de n'y accepter que des révolutionnaires de profession ayant fait l'apprentissage dans l'art d'affronter la police politique, plus il sera difficile de "repérer" une telle organisation et 5) d'autant plus nombreux seront les ouvriers et les éléments des autres classes sociales qui pourront participer au mouvement et y militer de façon active »[8]. Justifiant cette conception de l'organisation par les contraintes de l'illégalité, Lénine la distingue de la social-démocratie allemande, parti dominant et modèle à l'époque, dont les conditions légales d'existence rendent possible le contrôle démocratique.

Sans entrer ici dans le détail de l'histoire mouvementée des révolutionnaires russes, force est de constater que le Parti bolchevique saura se saisir de la crise de 1917 pour accéder progressivement à l'ensemble des positions de pouvoir politique de ce qui allait devenir l'URSS. Le Parti ouvrier social-démocrate de Russie, dont les principes d'organisation faisaient l'objet de controverses entre les dirigeants de la IIᵉ Internationale (Kautsky, Rosa Luxemburg, etc.), va acquérir alors la force du modèle que l'histoire semble avoir validé. Il devient la matrice du parti « révolutionnaire », section de l'Internationale communiste (IC) fondée en 1919.

Le IIᵉ congrès de l'IC (juillet 1920) adopte les fameuses 21 conditions d'admission à l'Internationale communiste dans une conjoncture qualifiée de révolutionnaire. Elles mettent donc l'accent sur une idéologie de rupture avec les « réformistes » (6ᵉ, 7ᵉ, 9ᵉ, 10ᵉ, 15ᵉ), sur la nécessité de l'épuration périodique des éléments « intéressés et petits-bourgeois » (13ᵉ), en particulier dans la presse et parmi les élus, sur leur remplacement par « des travailleurs sortis du rang » (1ᵉʳ et 2ᵉ), sur le refus de se fier à la légalité bourgeoise et le devoir de créer « partout parallèlement à l'organisation légale, un organisme clandestin, capable de remplir au moment décisif, son devoir envers la révolution » (3ᵉ), sur la mise en place dans les syndicats et les coopératives, de « noyaux communistes » (9ᵉ), sur la reconnaissance du principe d'organisation appelé à devenir le symbole de la spécificité communiste, le centralisme démocratique, ainsi défini : « À l'époque actuelle de guerre civile acharnée, le Parti Communiste ne pourra remplir son rôle que s'il est organisé de la façon la plus centralisée, si une discipline de fer confinant à la discipline militaire y est admise et si son organisme central est muni de larges pouvoirs, exerce une autorité incontestée, bénéficie de la confiance unanime des militants » (12e). Enfin, de la 14e à la 21e condition, est affirmé le caractère mondial du dispositif partidaire, l'obligation de respecter les décisions des congrès de l'IC et de son Comité Exécutif, l'adoption du nom du parti, « Parti Communiste de... (section de la 3e Internationale Communiste) »[9]. Entre les principes définis par le IIe congrès de l'IC et les partis communistes réels en voie de constitution dans de nombreux pays, la distance est grande. Y compris au sein du Parti russe.

Durant les années 1920, dans tous les partis communistes, la tendance à la centralisation et l'idéalisation de la discipline s'accentuent. Cette évolution est jalonnée de dispositions qui étouffent le débat d'idées et légitiment les épurations et la répression. Au Xe congrès du PC russe en 1921, en pleine guerre civile, Lénine fait adopter une résolution sur l'unité du parti qui interdit « provisoirement » les fractions. Elle contient une clause secrète qui autorise le parti à exclure ceux qui continueraient à adopter un comportement de fraction et donne pouvoir au Comité central (CC) de déplacer les membres de cette instance qui seraient jugés coupables de fractionnisme. En 1927, prétextant une menace de coup d'État fomentée par l'Opposition de gauche (trotskiste), Staline fait adopter par le Bureau politique une résolution qui ne sera pas rendue publique, comparable à la loi des suspects de la Révolution française : « Ceux qui propageront des vues oppositionnelles seront considérés comme de dangereux complices des ennemis intérieurs et extérieurs de l'Union soviétique et condamnés comme espions sur décret administratif du GPU. [...] Quiconque éveillera la plus légère suspicion sera écarté ».[10] Dès l'annonce de l'assassinat de Kirov le 1er décembre 1934, Staline rédige un décret extraordinaire qui accélère les procédures d'instruction et légitime l'application immédiate des sentences de mort.

De 1920 au début des années 1930, de multiples conflits, d'incessantes évolutions des instances dirigeantes et des rapports de force entre groupes dirigeants, de profondes modifications des corps partisans, ne cessent d'animer la vie des différents partis communistes manifestant la prégnance de cultures politiques plus ou moins réfractaires à l'évolution stalinienne de la forme « parti ». Durant ces années, par étapes et dans des configurations nationales variables, les partis communistes évoluent, sous l'impulsion des directives de l'IC et du poids à la fois matériel et symbolique croissant de l'URSS, d'institutions dans lesquelles existent encore des espaces de concurrence, des oppositions explicites, des luttes de tendances, vers des institutions fonctionnant selon de tout autres modalités. Cette évolution, dont l'un des temps forts est celui de la « bolchevisation » des partis communistes à partir de 1924, s'accomplit par l'élimination d'un nombre considérable d'adhérents et de dirigeants, dans tous les partis communistes, et par la sélection progressive et la formation d'élites dirigeantes susceptibles d'épouser ce mouvement.

Le parti communiste comme institution « totale »

Comment rendre compte sociologiquement de cette histoire afin d'expliquer la déification progressive du « parti », bientôt de son leader, le dévouement *volontaire* de ceux qui vont donner corps à ce type de parti, son succès relatif à l'apogée du stalinisme ? Comment montrer dans le même temps que ce succès est également une victoire à la Pyrrhus dans la mesure où presque tous les partis communistes, même là où ils détiendront l'ensemble des positions de pouvoir politique, vont progressivement se vider de leur substance après 1956 ? Tel est le problème que la notion d'institution totale peut permettre d'appréhender.

Par institution totale, Erving Goffman entend « un lieu de résidence et de travail où un grand nombre d'individus, placés dans la même situation, coupés du monde extérieur pour une période relativement longue, mènent ensemble une vie recluse dont les modalités sont explicitement et minutieusement réglées »[11]. Les partis communistes s'apparentent à la famille des institutions totales[12] par bien des traits, du moins pour le noyau central de ses adhérents, les militants, cadres et dirigeants les plus actifs, en particulier l'ensemble des permanents. S'il représente un cas particulier, puisque c'est une institution totale *ouverte*, il se caractérise néanmoins par toute une série de procédures par lesquelles se réalise une conversion de tout l'être, plus ou moins complètement accomplie. En sacralisant l'acte d'adhésion (par le parrainage), la possession de la carte de membre du parti (qu'il ne fallait perdre sous aucun prétexte), en instaurant une fraternité de parti (la fraternité des « camarades »), en initiant tout nouveau membre à la doctrine et à l'histoire du Parti[13] et en sacralisant cette initiation, en exigeant un type de comportement (celui du « vrai communiste ») dans tous les domaines de la vie sociale (au travail, en famille, etc.), en érigeant la vigilance et la surveillance en devoir permanent dans un monde environnant perçu comme insidieusement ou ouvertement hostile, en se dotant d'un calendrier festif propre, de sa légende, en faisant évoluer les militants dans la hiérarchie des secrets de parti, le Parti communiste stalinien élève une barrière symbolique entre le dehors et le dedans, entre les camarades et les autres.

Cette clôture sur l'endogamie partisane est par ailleurs minutieusement auscultée pour tous les militants dotés de responsabilités dont les relations familiales, amicales, professionnelles, les lectures, les loisirs doivent être conformes au rôle attendu du « camarade dans lequel on peut avoir toute confiance ». Seuls ceux pour qui devenir communiste est une seconde naissance (l'expression est fréquente dans les autobiographies de communistes), autrement dit, idéalement, ceux dont tous les actes, mais aussi dans leur for intérieur, se définissent par cette *adhérence*, sont totalement communistes. Des épreuves (l'autocritique, les sanctions, etc.), tout au long de la carrière militante, viennent éprouver cette fidélité et c'est dans le degré d'accomplissement de cette conversion de tout l'être au service de l'institution que se mesure « l'esprit de parti ». C'est ainsi que, même victimes de la répression stalinienne, certains communistes doivent parcourir un coûteux itinéraire pour réévaluer leur engagement militant[14].

En instaurant une rupture radicale entre le passé et l'avenir du militant, marquant par des rites le passage de l'extérieur à l'intérieur, en contrôlant tous les aspects de la vie de ses membres, en instaurant un système de privilèges proportionné au degré d'assujettissement, en érigeant la confession et la dénonciation en norme, le parti tend à soumettre entièrement l'individu à l'institution et cherche à remodeler l'identité personnelle et sociale de ses membres. Un certain dédoublement de la personnalité du communiste a fréquemment découlé de ce don de soi au parti : les aptitudes à la critique, fréquentes chez des individus qui perçoivent et dénoncent les injustices sociales, généralement dotés d'esprit critique par la lecture d'ouvrages anti-conformistes, furent entièrement focalisées sur le monde extérieur, immunisant le parti, objet de tous leurs investissements libidinaux, les conduisant fréquemment à accepter sans barguigner des changements de ligne politique radicaux (au moment du Pacte germano-soviétique par exemple). On comprend que pour ceux qui furent conduits à déceler progressivement ou à l'occasion d'un événement pour eux « révélateur », l'*enfermement* symbolique dont ils étaient l'objet, la sortie du communisme ait été vécue comme un lent travail de deuil par lequel ne pouvait se reconquérir que pas à pas une nouvelle identité sociale personnelle[15].

De l'apogée à la crise du modèle partisan

Sans prétendre recenser l'ensemble des facteurs qui ont participé progressivement à miner les croyances communistes, sans doute peut-on en distinguer certains qui semblent avoir joué un rôle clef. Composés initialement de militants qui volontairement s'engageaient dans des luttes sociales et politiques, et qui trouvèrent dans l'engagement communiste une forme de promotion sociale et culturelle enthousiasmante puisqu'elle était vécue comme étant au service d'un combat pour mettre fin à l'exploitation de l'homme par l'homme, les partis communistes, au fur et à mesure qu'ils se muaient en institutions totales, se desséchèrent. Intellectuellement – une vulgate se substitua aux débats théoriques et scientifiques ; humainement – on en vint à privilégier des oblats à l'esprit bureaucratique sur les oblats militants ; socialement – à l'ouvriérisation des postes vécue comme conquête « démocratique » succédèrent des logiques d'affectation familiales et scolaires ; politiquement – à l'internationalisme et aux luttes anti-fascistes succédèrent des logiques nationales voire nationalistes[16].

C'est pourquoi, alors qu'à l'apogée du stalinisme purent coexister encore l'idéalisation du « parti » et les pratiques répressives les plus massives, celles d'une terreur sans nom, la période de coexistence pacifique, éloignant l'alibi d'une discipline *a priori*, fondé sur la menace de guerre, ouvrit la perspective de la réforme. Des *aggiornamento* initiés par les instances dirigeantes, à des rythmes variés suivant les partis communistes, (le XXe et le XXIIe Congrès du PCUS, le dégel soviétique, le Printemps de Prague, l'eurocommunisme, la *Perestroïka*, etc.), faits d'ouvertures et de replis, permirent d'aménager les principes d'organisation et se traduisirent par l'affaissement des pratiques répressives ou d'exclusion mais aussi par la lente dévaluation de la mythologie du « Parti ». Tant à l'Est qu'à l'Ouest, les croyances communistes refluent au rythme des difficultés économiques et de l'élévation continue des ressources culturelles de citoyens de moins en moins enclins à la remise de soi[17]. Le petit opuscule que publie le philosophe communiste Louis Althusser en

1978, *Ce qui ne peut plus durer dans le Parti Communiste* reste, de ce point de vue, une des critiques les plus incisives d'un modèle partisan désormais caduque. Défini par les réformateurs comme ne devant plus être une « fin en soi » mais un simple outil pour un projet, le « parti », fondé sur un modèle partisan bolchevique évolutif, qu'il perde son nom ou qu'il le réaffirme, a vécu.

Notes

1. *Le Précis d'histoire du PC (b) de l'URSS* connut, d'après Lilly Marcou, de 1938 à 1947, deux cents éditions en soixante-deux langues avec un tirage de trente-trois millions d'emplaires, dont près de vingt-sept en russe, plus de cinq millions dans les autres langues des peuples de l'URSS, plus d'un million dans les langues des pays étrangers. « Staline entre mythe et légende », *Politix*, n° 18, 1992, note p. 100.

2. C'est par exemple le registre de *l'Histoire du Parti communiste russe* de Zinoviev, Librairie de *l'Humanité*, 1926, 192 p. « La notion de classe est entrée dans notre chair et dans notre sang, dans notre vie quotidienne » (p. 14).

3. *Histoire du Parti Communiste / Bolchevik / de l'URSS*, Éditions en langues étrangères, Moscou, 1947, p. 57.

4. Cf. par exemple, *Le Stalinisme (origines, histoire, conséquences)* de Roy Medvedev, Seuil, 1972, 638 p.

5. Dominique Colas, *Le léninisme*, PUF, 1998.

6. On retrouve l'ensemble de ces thématiques dans le *Lénine* d'Hélène Carrère d'Encausse, Fayard, 1998 ; *Les origines intellectuelles du léninisme* d'Alain Besançon, Tel, Gallimard, 1996 (1re éd, Calmann-Lévy, 1976).

7. Michel Offerlé, *Les partis politiques*, PUF, 1986.

8. Lénine, *Que Faire ?*, Éditions Sociales/Éditions du Progrès, 1966, p. 170.

9. Cf. *Manifestes, Thèses et Résolutions des Quatre premiers congrès mondiaux de l'Internationale Communiste, 1919-1923*, Réimpression en fac similé de l'édition de la Bibliothèque communiste de la Librairie du travail, Maspero, 1972.

10. Cité par Sheila Fitzpatrick, *The Russian Revolution*, seconde édition, Oxford University Press, 1994, p. 122.

11. Erving Goffman, *Asiles*, Éditions de Minuit, 1968.

12. Cf. Jeanine Verdès-Leroux, *Au service du Parti*, Éditions de Minuit/Fayard, 1983.

13. La formation des militants et cadres est une des dimensions essentielles de ce fonctionnement, cf. Claude Pennetier, Bernard Pudal, « La certification scolaire communiste », *Politix*, n° 35, 1996, pp. 69-88.

14. Cf. l'étonnant témoignage d'Alexandre Weissberg-Cybulski, *L'Accusé*, Fasquelles Éditeurs, Paris, 1953.

15. Cf. Gérard Belloin, *Mémoires d'un fils de paysans entré en communisme*, Éditions de l'Atelier, 2000 et Jean Chaintron, *Le vent soufflait devant ma porte*, Paris, Seuil, 1993.

16. Cette tendance semble varier suivant que les partis communistes sont ou non au pouvoir et suivant leur degré de conformité au modèle stalinien. Il nous manque encore beaucoup d'études sur les évolutions réelles après 1956 des corps partisans. Dans certains cas, de profonds changements se manifesteront au grand jour à l'occasion de l'effondrement des régimes communistes. Cf. par exemple, pour le cas italien, Piero Ignazi, *Dal PCI al PDS*, Il Mulino, 1992, 176 p.

17. Moshe Lewin, *La grande mutation soviétique*, La Découverte, 1989.

Chapitre XVI

Internationalistes et internationalismes communistes

par Serge Wolikow

L'émergence de l'internationaliste comme figure nouvelle de militant et de dirigeant politique est étroitement lié à l'histoire du communisme. Sans doute bien avant 1919 de nombreux socialistes avaient en Europe l'idée de la dimension internationale de la révolution, d'autant que les avatars de la lutte politique, notamment lors de la Première Guerre mondiale, les avaient contraints à l'exil sinon à l'errance à travers divers pays. Ils avaient ainsi une connaissance réelle de la diversité des situations politiques nationales et se trouvaient capables de s'y insérer[1]. Cependant malgré les voyages et les multiples réunions internationales auxquels les socialistes de la IIᵉ Internationalistes prenaient part avant 1914, il y en avaient peu qui se considéraient avant tout comme des internationalistes. Chaque socialiste, fut-il un dirigeant de la Seconde Internationale, avait d'abord un ancrage explicitement national. Ceux-là même qui, par la force des choses étaient déracinés et contraints d'agir politiquement en dehors de leur pays d'origine, ne jouaient pas de rôle spécifique dans les organisations du socialisme international mais participaient à la vie politique des organisations socialistes dans les pays où ils résidaient. En fait, les structures internationales du socialisme étant faibles réclamaient peu de militants et s'appuyaient avant tout sur les structures nationales des partis socialistes.

L'internationaliste, militant ou dirigeant, est inséparable de la construction politique des organisations communistes. L'invention de l'internationaliste participe de la formation de l'Internationale communiste (IC) et de ses sections à partir de

1919. Ce serait verser dans l'illusion biographique que de mettre en avant les parcours singuliers des individus pour élucider la pratique, la culture et les idéaux de militants ou de cadres qui ont d'abord été le produit d'une organisation même si certains y ont joué un rôle fondateur. La formation d'un parti mondial de la révolution appelait le développement d'une idéologie accordant la primauté à l'horizon international de l'action politique. Dans le contexte des bouleversements géopolitiques associés à la guerre mondiale, les États nationaux apparaissaient périmés d'autant qu'un certain nombre disparaissaient tandis que d'autres tentaient de se construire. Les projets d'institutions internationales mis à l'ordre du jour par la politique américaine, en 1918 et 1919, confortaient l'idée que la scène de la lutte révolutionnaire était directement devenue celle du monde dans son ensemble[2]. L'émergence d'une doctrine politique faisant une place primordiale à l'internationalisme est inséparable de la mise en place d'une organisation internationale destinée à créer de nouveaux partis nationaux. En ce sens, les conditions mêmes de la naissance de l'Internationale communiste éclairent ce qu'est l'internationaliste généré par cette nouvelle organisation. La primauté de l'international sur le national s'exprime alors de manière concrète, emblématique mais aussi paradoxal par l'intermédiaire de la poignée de cadres internationaux qui légitiment l'Internationale communiste fondée par les dirigeants bolcheviks. En somme, dès le départ, l'internationaliste est celui qui associe l'international et la défense de la révolution russe.

La figure de l'internationaliste, ainsi historiquement datée par ses origines, connaît des évolutions qui suivent celles de l'organisation communiste internationale. De même que l'unicité de celle-ci est relative et dissimule des différences culturelles nationales et des évolutions sensibles, souvent niées ou refoulées, de même la figure proclamée de l'internationaliste n'épuise par sa réalité effective, plurielle et susceptible de modifications fortes.

Il reste que nous souhaitons mettre dans ce chapitre l'accent sur la manière dont ont été formé historiquement ces militants et ces dirigeants qui se sont pensés et ont été perçus comme des internationalistes. Une réflexion typologique est indispensable à condition qu'elle s'appuie sur un matériau historique suffisant. Dans ce domaine, la recherche connaît des développements inégaux qui rendent difficile des analyses comparées et synthétiques portant sur l'ensemble du XXe siècle même abrégé ! En effet si la connaissance des « kominterniens » est aujourd'hui assez avancée grâce à des enquêtes collectives fondées sur l'exploitation systématique des recherches, il n'en va pas de même des études rares et encore peu approfondies portant sur le personnel communiste international des années 1960 et 1970. La typologie proposée ne pourra donc qu'être provisoire, sous réserve notamment des recherches à venir sur la deuxième partie du XXe siècle. Dans le cadre d'une approche délibérément historique, nous devons préalablement mettre en place ce qu'a signifié l'internationalisme avant de voir comment les institutions communistes internationales l'ont diffusé et inculqué. Cette démarche ne signifie pas un désintérêt pour l'analyse de l'engagement internationaliste à partir des parcours biographiques singuliers, mais elle accorde une certaine primauté à l'organisation dans la formation de ce nouveau type de cadre politique. Il reste que l'efficacité de cette activité organisée, par la presse, l'éducation, les voyages ou les délégations, n'est pas séparable d'un contexte culturel et politique marqué par les ébranlements majeurs associés aux deux guerres mondiales et par la crise des systèmes coloniaux. Les transformations géopolitiques internationales sont ainsi en arrière-plan, constituant un terreau essentiel à l'activité communiste internationale. L'émergence de l'URSS comme grande puissance, la formation d'un système d'États communistes modifient progressivement la signification même de l'engagement internationaliste communiste et aboutit à son fractionnement dans les années 1960 et 1970. La figure de l'internationaliste communiste n'est donc pas restée inchangée au long des sept décennies du communisme international même si certains traits typiques de la manière dont le communisme a formulé l'internationalisme ont persisté bien au delà de la disparition d'un mouvement communiste international structuré.

L'internationalisme et ses dérives

Les trois dimensions de la doctrine internationaliste communiste, la révolution mondiale, la défense de la patrie du socialisme, des causes humanitaires universelles (contre la misère, la guerre, l'oppression...) sont parfois vues comme jalonnant une évolution au long de laquelle elles se seraient succédées. Elles sont présentes dès les premières années de l'Internationale communiste mais leur poids respectif varie. En fait, elles se superposent et ne disparaissent jamais des représentations internationalistes des communistes. Il reste qu'elles méritent d'être analysées séparément pour comprendre comment ont été construites les cadres de référence de l'internationalisme communiste.

Au départ la Révolution russe parût avoir partie liée avec les mouvements sociaux révolutionnaires dans différents pays et avec les mouvements qui revendiquaient l'indépendance nationale. À ce moment la contradiction entre les uns et les autres n'était pas perçue. Bien plus, ils semblaient complémentaires dans une représentation mondiale de la révolution. La dimension nationale des mouvements révolutionnaires était envisagée comme une forme transitoire, vite dépassée par l'extension géographique et la convergence des révolutions aboutissant à la constitution d'une république internationale des soviets.

Cette vision valait en particulier pour l'Europe avec l'attente de la prochaine révolution allemande et l'espérance que nourrissait cette perspective. La nouvelle carte géopolitique internationale, au lendemain de la révolution russe, apparaissait donc provisoire et fragile face à la vague révolutionnaire qui devrait la balayer.

Les quatre premiers congrès de l'IC eurent en commun de partager cette espérance même si, dès 1921, Lénine et Trotski, tempérèrent l'optimisme révolutionnaire des plus impatients. Il reste que tous partageaient encore l'idée d'une extension prochaine de la révolution mondiale. La conception même de l'IC, l'indication que son siège à Moscou n'était que provisoire, l'usage de l'allemand comme langue de référence concrétisaient l'attente d'une mondialisation proche de la révolution. Ce n'était donc pas en relation avec un problème national qui semblait concrètement en voie de dépassement que l'internationalisme s'affirma mais en liaison avec un projet révolutionnaire mondial. La structure de l'Internationale communiste comme parti mondial de la révolution, fut précisée lors du IIe congrès de l'IC, en juillet 1920, dans un contexte qui paraissait prometteur de ce point de vue[3].

Le « congrès des peuples de l'Orient » qui se tint à Bakou, en septembre 1920, compléta le projet internationaliste de l'IC, tout en acceptant la légitimité révolutionnaire des mouvements nationaux dans la mesure où ils ébranlaient la domination des puissances impérialistes. Là encore, l'acceptation d'un certain nationalisme pouvait sembler uniquement tactique et transitoire.

Cette articulation entre projet révolutionnaire mondial et internationalisme fut revendiquée durablement par Trotski et les organisations qu'il influença dans les années 1930 dans un moment où l'IC avait explicitement abandonné cette perspective. Après la Seconde Guerre mondiale, le Mouvement communiste international ne renouera jamais avec une approche de ce type. En revanche, de nouveaux courants révolutionnaires se réclamant du communisme, notamment en Amérique latine, dans la suite de la révolution castriste s'y essaieront. Les conceptions révolutionnaires portées par Che Guevara valorisèrent un internationalisme des révolutions fondé sur la combinaison de différents foyers de luttes révolutionnaires, en Amérique latine, en Afrique et en Asie. La Tricontinentale, qui formalisa cette démarche, se heurta aux partis communistes qui, pour des raisons diverses, affirmèrent leur rupture avec une démarche jugée gauchiste et aventuriste.

Cet internationalisme révolutionnaire fut donc très tôt affecté par les échecs et les reculs des mouvements révolutionnaires en Europe.

Les événements de Hongrie en 1919, l'échec du mouvement ouvrier en Italie en 1920 de même que la guerre de la Russie soviétique contre la Pologne et la désillusion après l'offensive éclair de 1920 illustrèrent les obstacles rencontrés par la marche révolutionnaire. L'aventure de mars, en 1921, fut une première déception puis l'échec de « l'octobre allemand » en 1923 après les événements de la Ruhr, de Saxe et de Hambourg marquèrent explicitement la fin de l'espérance en une révolution mondiale proche dont l'Allemagne serait le premier vecteur. Désormais la stabilisation du capitalisme reconnue, il fut établi que la révolution serait un long processus au sein duquel la Révolution russe tiendrait une place essentielle. Cette position fut réaffirmée à plusieurs reprises par l'État soviétique lorsque des communistes eurent la tentation de renouer avec un projet internationaliste révolutionnaire en Europe ou en Asie. Ainsi à la fin de la Seconde Guerre mondiale, Staline rappela aux différents partis communistes de l'Europe de l'Ouest, l'existence d'un *statu quo* à respecter. Quelques décennies plus tard, dans les années 1960, les mêmes réponses furent encore apportées aux partis d'Amérique latine ou d'Europe.

Un substitut : la défense de la patrie du socialisme

Le reflux révolutionnaire, l'isolement de l'URSS, les débats autour de l'héritage de Lénine affectèrent la manière d'aborder l'internationalisme du fait des débats stratégiques qui agitaient l'IC et le PCUS. Le débat le plus marquant fut certainement celui qui concernait la construction du socialisme en Russie. Ce débat, bien qu'essentiellement interne au groupe dirigeant de 1924 à 1927, connut différents épisodes dont le retentissement affecta progressivement toute la stratégie de l'Internationale. L'affirmation stalinienne introduisit une argumentation nouvelle en assimilant l'URSS, nouveau type d'État ayant dépassé le cadre national traditionnel, à « la patrie du socialisme ». L'assimilation des intérêts de l'État soviétique à ceux du mouvement ouvrier international constituait un glissement qui permettait de subordonner l'un à l'autre !

L'autre débat, lié au précédent, concernait la caractérisation de la situation internationale, en Europe notamment. Il avait bien fallu reconnaître, en 1924, qu'une certaine stabilisation s'était produite au plan international, de sorte que les dirigeants de l'IC admirent qu'on était entré dans une ère dite « démocratico-pacifiste » marquée par l'édification d'organisations internationales nouvelles telles que le Bureau international du travail (BIT) ou la Société des nations (SDN) et des projets diplomatiques telle que la Conférence du désarmement. Ces politiques furent globalement dénoncées comme autant de tentatives d'encerclement de l'URSS, génératrices d'illusions dangereuses car elles dissimulaient les contradictions d'intérêts entre les grandes puissances.

Ces prises de position traduisaient les difficultés d'adaptation du mouvement communiste face à une situation internationale marquée par l'échec de la révolution mondiale et l'apparition de formes inédites d'organisation internationale. Ils rebondirent de manière récurrente les décennies suivantes. L'opposition de deux mondes, celui du socialisme et du capitalisme, devint, au tournant des années 1930, la représentation de la scène internationale que l'IC diffusa auprès de ses sections. Cette vision bipolaire du monde, qui faisait de la défense de l'URSS la forme essentielle de l'internationalisme, était inscrite dans un cadre contraignant et limitatif. Selon les périodes, les institutions internationales furent violemment critiquées par le mouvement communiste comme des instruments de l'impérialisme ou acceptées comme des instances de négociations. Les variations de la diplomatie soviétique ont scandé les fluctuation de ses prises de position au moins jusque dans les années 1960.

Il fallut attendre 1934 pour que l'IC admette les principes de la sécurité collective en Europe et reconnaisse la possibilité aux partis communistes de se mobiliser pour influencer la SDN et ses différents organismes. Après la création de l'Organisation des nations unies (ONU) en 1945, acceptée à l'issue de discussions américano-soviétiques durant la guerre, les partis communistes adoptèrent des positions variées mais qui épousaient pour l'essentiel celles de l'URSS en faveur de la décolonisation, tout en reconnaissant les possibilités de construire un nouveau système international associant des pays au régime social différent. À partir de 1947, ils devinrent très critiques à l'égard d'une institution dominée par les États-Unis. À la fin des années 1950, ils en vantèrent, à nouveau, les avantages lorsque la voix des jeunes pays indépendants s'y fit entendre et y changea le rapport des forces.

La dénonciation du nationalisme, conçu comme l'envers de l'internationalisme, fut une constante de cette politique toujours à la recherche de substitut pour exalter un idéal en mal de concrétisation. Le nationalisme, en tant que sentiment d'appartenance accepté par les partis communistes, était dénoncé quand il concernait les grands pays capitalistes alors qu'il pouvait être accepté lorsqu'il exprimait la revendication de minorités nationales aspirant à l'indépendance.

Seuls les mouvements de revendications nationales étaient considérés comme justifiés, dans la mesure où ils remettaient en cause le Traité de Versailles, par exemple, en France, l'autonomie de l'Alsace-Lorraine ou, en Pologne, les revendications concernant l'Ukraine occidentale. De même les mouvements autonomistes ou fédératifs dans les Balkans, avec par exemple le projet de Fédération balkanique qui fut prôné par l'IC à la fin des années 1920.

Le nationalisme était ainsi considéré comme indice d'une déviation grave dans le mouvement communiste parce que toujours associée au précédent de 1914 lorsque les partis ouvriers avaient fait « faillite ». Tout responsable communiste en désaccord avec la politique de l'URSS était facilement taxé de nationalisme. En 1939, lors de la signature du pacte avec l'Allemagne, les partis communistes et les dirigeants qui avaient exprimé des réticences, quant à cet accord, furent accusés de céder aux sirènes du traditionalisme : ainsi, le secrétaire du Parti communiste britannique, Harry Pollitt, fut démis de ses responsabilités[4]. Ensuite, de 1948 à 1953, les communistes yougoslaves furent accusés de déviation nationaliste pour avoir refusé d'appliquer le modèle soviétique et surtout pour n'avoir pas accepté le contrôle de l'URSS sur leur État. En 1956, les interventions de l'URSS pour réprimer les mouvements de protestation contre les régimes staliniens en Hongrie ou en Pologne furent également justifiées par l'argument que les déviations nationalistes des dirigeants de ces pays risquaient de rompre l'internationalisme dont l'URSS était la garante. Cette thématique, qu'on retrouve encore en 1968, pour légitimer l'intervention des troupes du Pacte de Varsovie en Tchécoslovaquie était fondée sur la confusion absolue entre les intérêts de l'État soviétique et l'internationalisme. Celui-ci, devenu un instrument de propagande, servait à mobiliser autour de l'URSS les forces politiques et culturelles, au-delà des partis communistes, qui voyaient en elle un allié contre la toute puissance des États capitalistes les plus puissants et les plus dominateurs. C'est ainsi que l'URSS servit de point d'appui successivement aux luttes antifascistes, aux mouvements anticolonialistes ou aux actions contre la guerre. Pour autant, l'internationalisme que le pays berceau du communisme avait été censé représenter comme foyer d'une révolution mondiale et internationale s'estompa vite au nom d'un internationalisme qui désignait les intérêts d'un camp face à un autre.

L'internationalisation des grandes causes humanistes

Dès les lendemains de la révolution, la mobilisation autour de la Russie révolutionnaire avait été mise en œuvre par l'IC notamment pour organiser l'aide aux populations affamées. Le Secours ouvrier international, sous l'impulsion de Münzenberg, puis le Secours rouge international créés en 1922 et 1924 avaient pris durablement en charge les actions de solidarité internationale dont les communistes étaient les initiateurs sans être les participants exclusifs[5]. Il s'agissait d'élargir l'influence communiste autour d'objectifs partiels mais inscrits dans la stratégie générale du mouvement. Ainsi les campagnes contre la terreur blanche dans les Balkans, la répression fasciste en Italie, la répression colonialiste en Asie furent des thèmes qui suscitèrent l'activité internationaliste des communistes jusqu'au début des années 1930. La dénonciation de la fascisation des démocraties, la mise en cause du militarisme et de l'impérialisme des grandes puissances constituaient l'arrière-plan idéologique de cet internationalisme dont l'impact restait cependant limité. Il en alla différemment avec l'antifascisme démocratique au milieu des années 1930 dont les communistes furent les principaux initiateurs. Cette expérience eut un caractère fondateur en matière de solidarité internationale et inspira l'activité communiste durant plusieurs décennies.

Le schéma communiste, qui niait la pérennité des références nationales et l'importance de la démocratie politique, fut amendé dans le cadre de la lutte antifasciste à partir de 1935. Au VIIe congrès de l'IC, la lutte contre le fascisme fut associée à une modification des attitudes traditionnelles du mouvement communiste à l'égard du phénomène national dans son ensemble et de la démocratie politique[6]. Les différentes sections de l'Internationale furent invitées à suivre l'exemple de la section française qui avait décidé d'intervenir sur le terrain du sentiment d'appartenance nationale en réactivant des traditions nationales révolutionnaires et démocratiques. Cette attention aux traits nationaux, plus ou moins facilement transposés par les différents partis communistes, servit de ferment commun à un nouvel antifascisme impulsé par les communistes[7]. Durant la Seconde Guerre mondiale, cette thématique, affaiblie au temps du Pacte germano-soviétique, refit surface et prit une nouvelle ampleur. L'antifascisme impulsé par la résistance communiste dans la plupart des pays impliqués dans le conflit mondial s'inscrivait dans un cadre international réconcilié avec les combats pour l'indépendance nationale. La dimension patriotique de l'internationalisme communiste s'accommodait de l'exaltation du rôle de l'URSS qui apparaissait comme un recours international pour les peuples en lutte. Cette image positive de l'URSS, construite durant la guerre mondiale, constitua la principale ressource d'un internationalisme communiste durablement marqué par cette expérience de la guerre même si, après 1947, on en revint à la logique des deux mondes qui avait prévalu au début des années 1930. L'internationalisme communiste, dans le contexte de la Guerre froide, ne fit pas retour vers les idéaux initiaux de la révolution mondiale mais s'affirma dans des combats limités à une seule cause en cohérence avec la diplomatie soviétique mais également symbole de valeurs émancipatrices. Au cours des années 1950 et surtout 1960, il arriva que celles ci entrent en conflit avec la politique de l'URSS. Il en alla ainsi de la lutte contre l'arme atomique et pour la paix perturbée par l'immense effort militaire soviétique. La solidarité anticolonialiste, largement influencée par les communistes durant les années 1950, leur échappa progressivement ensuite, tant au plan des mouvements nationalistes que de leur coordination internationale. Le tiers-mondisme se substitua aux formes anciennes de l'internationalisme communiste. Celui-ci, stérilisé par la logique de la Guerre froide en Europe, s'engagea dans une impasse avec le Kominform qui prétendait coordonner à l'échelle européenne la politique des partis communistes les plus importants. L'influence omniprésente de l'URSS, la confusion entre le pouvoir d'État et la plupart des partis communistes discrédita un internationalisme réduit à justifier les objectifs de la politique soviétique. Quelle qu'ait été la sincérité des engagements internationalistes des militants, l'internationalisme communiste ne se releva pas de cet épisode que vinrent conclure les événements de Hongrie en 1956. L'absence de réelles perspectives stratégiques révolutionnaires internationales ne fut pas compensée par les tentatives de construction d'un nouveau mouvement communiste international. Les diverses conférences internationales des partis communistes, en 1957, 1962 ou 1969 eurent à gérer leurs divergences mais aussi le maintien de l'hégémonie soviétique qui finalement eut raison de l'internationalisme communiste qui s'abîma dans les aventures de l'armée soviétique en Europe ou en Asie et de ses alliés cubains en Afrique. La politique internationale de l'URSS au cours des années 1970 ainsi que celle de la Chine achevèrent de dilapider le capital d'espoir et d'imaginaire qui avait nourri les différentes formes de l'internationalisme communiste[8]. Sans même que l'inventaire de celui-ci ait été fait, il laissait le terrain à découvert, au moment même où la mondialisation économique et la globalisation technologique posaient, avec une nouvelle acuité, les questions que cet internationalisme était censé traiter.

Diffusion et inculcation de l'internationalisme

Très tôt les dirigeants de l'Internationale communiste s'attachèrent à mettre en place un système d'information et d'éducation qui permettrait la diffusion de la doctrine internationaliste. Il s'agissait ainsi de contribuer à former de nouveaux cadres susceptibles de prendre les rênes des partis en voie de constitution.

La presse fut dès la naissance de l'IC un outil essentiel de son action mais aussi de son organisation. La presse obéissait au moins à deux fonctions liées mais cependant distinctes : l'agitation idéologique et propagandiste, la formation des militants et des cadres internationalistes. La première revue, *L'Internationale communiste*, dont la création fut décidée au lendemain de la naissance de l'IC, le 26 mars 1919, et le numéro un publié à l'occasion du 1er mai, alliait ces deux aspects[9]. Pour autant cette publication mensuelle composée d'une rédaction associant les compétences de Nicolas Boukharine, Stepanov, Joseph Finberg ou encore Victor Serge se consacra autant à la publication d'études sur la situation internationale qu'à celle des documents de l'IC. À cet effet, une section de propagande se spécialisa dans la diffusion des textes de l'IC. À partir de l'été 1920, grâce à un service de traduction étoffé, la publication en diverses langues, russe, allemand, anglais et français put se développer. Il était entendu que les textes et les documents devaient être publiés dans les différentes langues sans modification. Les partis communistes en voie de création étaient sollicités pour fournir des articles et des informations. Après le IIe congrès de l'IC, une section de la presse, se spécialisa dans la publication de bulletin d'information destinés aux journaux communistes des différents pays et elle prit également en charge l'édition des travaux des congrès puis du comité exécutif. Après le IIIe congrès, Souvarine prit la direction de la section de la presse chargée de l'édition du bulletin d'information de l'IC. Cependant cette tâche fut bientôt confiée à la section dite d'information tandis que la section de la presse se consacra surtout à la traduction des articles qui alimentaient les publications de l'IC. La revue dont Grigori Zinoviev devint le rédacteur en chef, flanqué de Eugène Varga, Nicolas Boukharine, Bela Kun, Otto Kuusinen et Eugen Preobrajensky, n'eut pas une grande régularité de parution et de fonctionnement en raison notamment de la surcharge de ses rédacteurs. Au début de 1922, Kuusinen en devint le rédacteur en chef effectif au moment où la revue limita ses ambitions en raison de la création d'une nouvelle publication complémentaire qui prit en charge la diffusion des informations sur la situation et les documents de l'IC. À côté de l'édition russe créée en mars 1921, il fut décidée à l'issue du IIIᵉ congrès de l'IC, le 16 juillet 1921, que la *Correspondance internationale* devrait être également publié à Berlin en trois langues, l'allemand, l'anglais et le français. Après quelques mois de tâtonnement, la nouvelle publication parut réguliè-rement comme hebdomadaire pour les éditions allemandes et françaises, comme bi-mensuel pour l'édition anglaise. Désormais la *Correspondance internationale* allait alimenter les partis communistes en informations et documents. Même si sa diffusion restait limitée à quelques centaines d'exemplaires par pays, elle joua un rôle décisif dans l'homogénéisation idéologique de l'Internationale. Jusqu'en 1939, les chroni-ques économiques comme les comptes rendus des débats des organismes de l'IC contribuèrent à nourrir les articles repris par les journalistes communistes des différentes sections nationales. En ce sens, cette publication fonctionna comme une agence de presse qui diffusait les informations et les analyses de l'IC. La revue mensuelle se spécialisa progressivement dans des articles théoriques qui étaient souvent la reprise d'exposés ou de rapports élaborés par les dirigeants de l'IC qui les publiaient après les avoir présenté devant les organismes internes du mouvement. Les rédacteurs évoluèrent au rythme des changements politiques et des équilibres entre les différentes sections nationales. Les rédacteurs étaient souvent des cadres des différents partis et des sections spécialisées de l'IC. Avec la victoire du nazisme, les lieux d'édition se déplacèrent, passant d'Allemagne en Suisse et en France.

Au lendemain de la guerre, toute organisation communiste internationale ayant disparu, il n'y avait plus de revue de ce genre. Bientôt cependant les informations sur l'expérience des différents partis communistes, en Europe notamment, furent prises en compte par de nouvelles publications de deux types différents. Certaines revues nationales, comme *Démocratie Nouvelle* en France, exaltaient la politique des partis communistes au pouvoir en Europe de l'Est en insistant sur leur originalité. Le lancement par le Kominform d'une publication intitulée *Pour une paix et une démocratie véritable* correspondait aux préoccupations de la nouvelle organisation internationale en diffusant des textes doctrinaux destinés à assurer la cohérence idéologique des neuf partis communistes impliqués. Le journal, indigeste, s'adressait essentiellement aux cadres des partis qui devaient s'en inspirer dans l'exercice de leurs responsabilités. Après 1956, la *Nouvelle revue internationale* éditée à Prague jusqu'en 1990 allait s'efforcer d'entretenir la flamme internationaliste en s'ouvrant à tous les partis communistes moyennant cependant leur accord avec la politique de l'URSS. Cependant, cette revue hebdomadaire qui avait l'ambition d'accueillir et confronter toutes les expériences laissait à l'écart les critiques de l'URSS témoignant, jusque dans les années 1980, la continuité d'un système originellement fondé avec l'Internationale communiste.

Les écoles et le système de formation

Durant les premières années de l'IC l'effort éducatif fut essentiellement orienté vers les minorités nationales et les peuples colonisés. Il s'agissait de former des partis révolutionnaires dans des pays qui n'avaient pas connu jusqu'alors d'organisations ou de mouvements de ce type. Ces Universités des travailleurs de l'Orient et des minorités nationales ne concernaient donc pas les cadres des partis communistes des pays capitalistes industriels d'Europe et d'Amérique.

L'organisation d'une école destinée à former les cadres de ces partis communistes est inséparable de la bolchevisation et de la politique spécifique d'agitation et de propagande instituée à ce moment[10]. Le VIIe Congrès de l'IC adopta le principe d'une éducation théorique organisée à Moscou pour des militants destinés à devenir les nouveaux dirigeants des partis. La résolution prévoyait « afin de répondre aux besoins les plus pressants des principaux partis en théoriciens qualifiés, l'appel à Moscou, pour une assez longue durée, d'un certain nombre de militants allemands, anglais, américains, tchéco-slovaques, italiens, français et si possible orientaux pour les former à l'étude de la théorie et de la pratique marxiste-léniniste. »[11] Placée sous l'autorité de la section d'agit-prop dirigée par Bela Kun, l'École léniniste internationale fut mise en place seulement en 1926. Ce décalage entre la création de l'IC et celle de l'École léniniste internationale s'inscrit dans les paradoxes de l'histoire générale de l'IC : lorsque la perspective de la révolution mondiale s'estompa, la question de la pédagogie révolutionnaire fut posée par l'IC qui mit l'accent sur la formation des cadres révolutionnaires. Les déconvenues communistes en Allemagne et dans le reste de l'Europe furent imputées aux groupes dirigeant les différentes sections nationales. La bolchevisation qui impliquait notamment un renouvellement des cadres des partis communistes réclamait une formation doctrinale, dite théorique, fortement développée afin qu'ils rompent avec des habitudes social-démocrates jugées responsable des échecs subis jusqu'alors par les partis. Cette école internationale devait accueillir des cadres déjà expérimentés, suffisamment aguerris pour des postes de responsabilités. Parallèlement des écoles, mises en place dans les différents partis, devaient fournir une éducation initiale. L'organisation et le fonctionnement de l'école se fit progressivement, à travers de nombreux tâtonnements. La durée des cours primitivement prévue sur plus de deux années fut réduite afin d'accueillir plus d'étudiants. Leur sélection laissée à l'initiative des partis apparut insuffisante en regard des ambitions de l'école qui accordait une place très importante à l'enseignement théorique. Les responsables de cette formation considéraient qu'un grand nombre d'élèves ne possédaient pas un niveau de base suffisant. Ultérieurement la commission des cadres, s'appuyant sur un examen attentif des biographies remplies par les candidats procéda à un tri plus méthodique étant entendu que le principal critère de choix était l'accord politique avec la ligne de l'IC. Si les élèves avaient affiché des divergences durant les trois années antérieures c'était pour leur candidature un handicap rédhibitoire à partir de 1929. La participation à l'école léniniste devint ainsi un moyen de contrôler l'orthodoxie des équipes dirigeantes et de former des internationalistes pour lesquels l'approbation de la politique soviétique devenait le critère principal de leur engagement. Le séjour à Moscou était entouré de mystère :

l'anonymat et la rupture des relations directes avec leur pays d'origine impliquaient les élèves dans la vie soviétique et dans le fonctionnement du PC de l'URSS auxquels ils devaient adhérer.

Les programmes faisaient la part belle à l'enseignement théorique réparti en quelque grands modules : l'économie politique, l'histoire du mouvement ouvrier, le marxisme-léninisme et la construction du parti. Avec le temps, le contenu des programmes évolua au même titre que les professeurs en fonction des changements politiques de la fin des années 1920. Les intervenants étaient assez divers qu'ils viennent du PC de l'URSS, des institutions académiques soviétiques ou qu'ils soient des dirigeants étrangers résidant temporairement ou durablement à Moscou. La stalinisation dans ce domaine se traduisit notamment par une augmentation des programmes traitant de la situation soviétique et des résultats obtenus par la politique stalinienne. Si les élèves des premières promotions ne connurent pas tous un destin important dans leur section nationale, ceux des promotions des premières années 1930, en France notamment, occupèrent souvent des positions notables voire stratégiques dans le parti ou ses organisations annexes. Les séjours des cadres issus des différents partis communistes dans les écoles internationales soviétiques reprirent après la guerre selon un modèle quasiment inchangé et se prolongèrent jusque dans les années 1970. Les dirigeants communistes ainsi formés restèrent dans leur plus grand nombre les porte paroles durables et fidèles d'un attachement à l'URSS au sein de leurs partis communistes respectifs.

La matrice kominternienne

Quand on réfléchit à l'Internationale communiste, viennent à l'esprit de grandes figures historiques qui l'incarnèrent avant parfois de tomber dans les oubliettes de l'histoire officielle tandis que d'autres personnages qui tinrent pourtant le devant de la scène ne furent plus ensuite associés à l'histoire de l'Internationale. Aux côtés de Zinoviev ou de Boukharine figurent aussi bien Manouilski, Molotov que Kuusinen, Dimitrov ou Togliatti dont le parcours politique continua après la disparition de l'IC.

Le poids indéniable des structures dans un système aussi hiérarchisé que celui de l'IC ne doit pas conduire à ignorer la part prise par les hommes qui ont fait cette organisation, participé à son édification ou à son développement avant d'accompagner sa disparition. Mais l'analyse de leur rôle ne peut faire abstraction du système pyramidal dans lequel les individus occupaient des positions qui, à un moment donné, n'étaient pas interchangeables. Au-delà des structures de l'IC, finalement instables et très liées aux circonstances, quelques grandes fonctions sous-tendaient l'activité des militants kominterniens. Il y avait ceux qui appartenaient à l'appareil central, siégeant pour l'essentiel à Moscou, avec les instances dirigeantes, exécutives et délibératives, et l'administration qui leur était liée. Mais on ne saurait ignorer les autres dont le lien d'appartenance principal était la section nationale qu'ils représentaient au sein de l'organisation centrale, en permanence ou temporairement. Sans doute n'y avait-il pas de cloisonnement étanche entre les uns et les autres : les délégués des partis pouvaient intégrer l'appareil central de l'IC tandis que certains envoyés de l'IC pouvaient s'insérer durablement dans des sections nationales. Mais, dans l'ensemble, il y eut peu d'ascension de cadres en provenance des partis communistes d'Europe occidentale, à l'exception notable d'André Marty.

Les hommes de l'appareil central

Les grandes figures de l'IC formaient un petit noyau de dirigeants, quelques dizaines de cadres, qui plus ou moins durablement, contribuèrent à orienter et à peser sur les décisions de l'IC. Ce furent pendant longtemps ceux-là même qui appartenaient au secrétariat et au présidium du PCUS. Ensuite, il advint que les personnalités déterminantes pouvant rester à l'arrière plan jouèrent également un rôle décisif. Ce fut le cas de Staline, dès le début des années 1930, avant même que son omnipotence soit clairement reconnue publiquement. Il faut également distinguer ceux qui avaient en charge la politique générale de l'IC et ceux qui avaient des responsabilités spécifiques comme Losovski à l'Internationale syndicale rouge, Münzenberg, au Secours ouvrier international, ou encore Tchémodanov à la Jeunesse communiste. Enfin, on ne peut laisser de côté les émissaires dont certains furent, à un moment ou un autre, membres du groupe dirigeant, Manouilski, Humbert-Droz ou Dimitrov, tandis que d'autres tels Gouralski, Fried ou Berei n'en firent jamais partie. Il reste que leurs liens étaient étroits et directs avec la direction de l'IC à laquelle ils en référaient directement. La cheville ouvrière, organisateur attentif et infatigable de toute cette activité, fut certainement Piatnitsky qui, à travers ses différentes fonctions, avait la haute main sur la logistique financière et technique de l'ensemble du système de transmission. La différenciation des rôles et des compétences ne s'affirma que progressivement. Il fut un temps où les dirigeants du Parti bolchevik, de la diplomatie et de l'IC restaient très liés : des personnages comme Radek ou Rakovski, dont l'expérience de la social-démocratie d'avant-guerre était grande, symbolisèrent la génération de ceux qui avaient participé à la fondation de l'IC. Ils participaient de cette génération des aventuriers de la révolution qui continuèrent durant les premières années de l'Internationale communiste à parcourir les différents pays au service d'un projet révolutionnaire dont l'horizon semblait proche, en Allemagne ou en Chine.

Nombre des premiers dirigeants de l'IC n'étaient pas des bolcheviks de longue date : beaucoup d'entre eux avaient rejoint Lénine au cours de la révolution. Ils avaient en commun une connaissance du mouvement international acquise à travers leur expérience de l'exil. La plupart d'entre eux avaient une formation intellectuelle conséquente. Quant aux non-Russes ils étaient souvent issus de pays où la répression contre-révolutionnaire avait rapidement balayé la vague révolutionnaire : Kun, Varga, de Hongrie, Kuusinen, de Finlande ou encore Togliatti d'Italie, Kolarov de Bulgarie, avaient dû s'exiler et trouver refuge en URSS. Humbert-Droz, originaire de la Suisse romande, était dans une situation exceptionnelle puisqu'il pouvait de temps à autre, non sans tracas policier, retourner dans son pays[12].

Le centre décisionnel de l'IC fut toujours très proche de la direction du Parti bolchevik et certains dirigeants l'incarnèrent. Zinoviev et Trotski furent les premières années les figures dominantes d'une Internationale qui apparaissait comme le prolongement naturel de la Révolution russe et l'instrument de la révolution mondiale. Chacun, de manière différente, marqua les premières années de l'IC. Zinoviev fut certainement celui qui, à travers l'IC, s'employa à favoriser la création de partis communistes par la généralisation de scissions intransigeantes au sein des partis socialistes, de façon à constituer des phalanges révolutionnaires dans la perspective d'une expansion de la Révolution russe. Il contribua à mettre l'IC au diapason de la situation allemande et de la politique du Parti communiste allemand (PCA). Il fut aussi l'artisan des premiers tournants de l'IC, celui du front unique et celui de la bolchevisation. En ces occasions, il contribua à la concentration du pouvoir de décision au sein du secrétariat et du présidium et à la mise en place d'un réseau d'envoyés chargés de faire appliquer les inflexions politiques centrales. Trotski, bon connaisseur de la situation française et personnalité emblématique de la révolution victorieuse, fut certainement la figure la plus marquante sinon la plus influente de l'IC jusqu'en 1923. Sa connaissance de nombreux militants des jeunes partis communistes lui permettait d'asseoir son influence par des contacts directs tandis que son rayonnement intellectuel lui assurait une audience incontestée lors des assemblées plénières du Comité exécutif. Sa mise à l'écart, en 1924, puis celle de Zinoviev, moins de deux plus tard, coïncidèrent avec un affaiblissement relatif et temporaire des dirigeants russes en charge du Parti ou de l'État.

L'émergence de Boukharine coïncida avec une brève tentative pour élargir l'équipe de direction de l'IC. Sans doute, dès le début des militants non russes avaient été associés au groupe dirigeant, tels Souvarine, Humbert-Droz, Bela Kun ou Kuusinen, mais ils restaient chargés de tâches subalternes bien qu'importantes. Autour de lui, Boukharine tenta et réussit partiellement à regrouper des dirigeants non russes qui devaient en principe avoir des responsabilités égales au sein du secrétariat de l'IC[13]. C'est alors qu'émergea par exemple la figure de Togliatti et qu'Humbert-Droz affirma son influence. La réforme des structures de l'IC qui régionalisa son organisation centrale contribua à la formation de nouveaux cadres en donnant également une place notable aux responsables des organisations dites auxiliaires ou associées. Le rôle d'hommes comme Losovski au plan syndical, de Münzenberg pour l'action de solidarité matérielle et idéologique autour de l'URSS prit de l'ampleur.

Parallèlement à l'élimination de Zinoviev, l'influence du parti allemand recula tandis que les conflits qui agitaient le parti russe affaiblissaient provisoirement son intrusion dans l'activité de l'IC. Bien vite cependant, la situation se retourna : dès 1928, l'alliance entre la direction du parti allemand et le parti russe fut officialisée et concrétisée par l'intervention directe de Staline, qui passa par-dessus les instances de l'IC, pour rétablir Thaelmann dans son poste de secrétaire du parti dont il avait été démis par ses camarades du PCA ! Avec la mise à l'écart de Boukharine, en 1929, l'arrivée de Molotov, à la direction de l'IC, témoigna d'une emprise désormais complète du PC russe. La stalinisation du groupe dirigeant de l'IC commença indéniablement à ce moment même si le processus se poursuivit plusieurs années avant d'aboutir à l'élimination d'une partie notable du groupe dirigeant. De 1929 à 1934, le groupe dirigeant de l'IC dont les principales figures étaient Manouilski,

Piatnitski, Kuusinen sans oublier Togliatti[14], Kolarov ou Knorine, mit en œuvre une orientation désormais très ajustée à la défense politique et idéologique de l'URSS. Ils célèbrèrent avec plus ou moins de conviction, la socialisation de l'économie russe. Cette description idyllique de la construction du socialisme allait de pair avec une analyse catastrophiste de l'économie capitaliste et une critique radicale de la démocratie politique qui marginalisait les partis communistes dans les pays européens tous promis à une fascisation prochaine. De nouveau, l'activité de l'IC était réglée sur la situation allemande et la tactique du PCA là où la démocratie bourgeoise semblait avoir fait son temps, donnant ainsi tout son sens à l'alternative, fascisme ou communisme. Les dirigeants de l'IC défendaient cette orientation tout en essayant de limiter le net déclin communiste dans la plupart des pays européens. La politique de Front populaire, qui joua la carte du rassemblement antifasciste pour la défense de la démocratie, représenta un tournant majeur favorisé par l'échec allemand et la nouvelle diplomatie soviétique[15]. Elle prit à contre pied certains dirigeants de l'IC qui acceptaient difficilement un revirement contredisant largement leur investissement politique et idéologique de plus d'une décennie. Le renouvellement du groupe dirigeant après 1935 fut partiel mais important : si Kuusinen et Togliatti incarnaient une certaine continuité aux côtés de Manouilski, la figure emblématique de Dimitrov ne saurait dissimuler la liquidation criminelle de Bela Kun, Knorine, Piatnitsky, au profit de nouveaux venus qui à plusieurs titres ne pouvaient vraiment les remplacer, que ce soit Marty[16] d'un côté ou Trilisser, le représentant du NKVD (Commissariat pour les affaires intérieures anciennement appelé le Guépéou) au Présidium de l'IC, de l'autre.

Les émissaires de Moscou et les délégués à Moscou

Les envoyés de l'IC ne furent au départ que des émissaires chargés de missions précises ayant pour but de faire appliquer les décisions de l'exécutif. Manouilsky et Humbert-Droz se rendirent ainsi en France à plusieurs reprises de 1921 à 1923 puis à nouveau en 1927. Mais leur séjour ne pouvait qu'être limité et leur présence difficile à dissimuler. Très tôt, d'autres envoyés de l'IC vinrent apporter la bonne parole, à l'occasion des congrès, le Ier en 1921 à Marseille ce fut le polonais Waletski ou lors du VIe à Saint-Denis, en 1929, l'allemand Remmele. Mais d'autres envoyés, chargés d'une tâche plus complexe pouvaient rester plusieurs mois auprès de la direction d'un parti, ainsi Gouralski, alias Lepetit, surpervisa en France la bolchevisation durant l'année 1924 tandis que Stepanov était, durant l'été 1929, à Paris pour conforter l'activisme d'une direction inexpérimentée. Au début des années 1930, des émissaires continuèrent de venir auprès des directions nationales porteurs de consignes et parfois de moyens financiers mais ce furent désormais des représentants ou des instructeurs à demeure qui s'installèrent auprès des partis, belge ou français. Berei, ou Fried[17], mais aussi Pauker ou Kagan, venus de l'Europe centrale organisèrent *in situ* la tutelle de l'IC sur les partis d'Europe de l'Ouest. Une réflexion sociologique sur ces envoyés de l'IC permet de relever un certain nombre de traits communs : ils étaient pour la plupart issus des classes moyennes, dotés d'une instruction solide de type secondaire voire universitaire. Appartenant souvent à des groupes sociaux et culturels minoritaires, mal à l'aise dans le processus de construction national, membres de partis communistes souvent pourchassés ou réduits à de petites sectes, ils constituèrent l'essentiel des ressources humaines dans lesquelles puisa l'Internationale. Un parti de masse comme le PCF ne fournit pas de kominterniens de ce type : certains de ses dirigeants siègèrent dans les instances de l'Internationale communiste mais, à l'exception d'André Marty, aucun ne joua de rôle dirigeant spécifique dans l'IC ni n'assura de fonction durable de représentant. Pour autant, les autres formes d'intégration des dirigeants des sections nationales ne disparurent pas mais se trouvèrent subordonnées au fonctionnement de l'appareil central de l'IC.

Les délégués

Dès les premières années de l'IC, le voyage à Moscou était considéré comme une condition nécessaire pour accéder à des postes de responsabilité ou pour conforter la position des nouveaux dirigeants nationaux. Bien qu'ils furent préparés et organisés de manière à présenter l'URSS sous son meilleur jour, ces voyages pouvaient avoir un effet négatif contraire à ce qui était attendu. Mais en général les séjours, étroitement consacrés à des réunions et des entretiens politiques ou organisés dans le cadre d'une école, ne permettaient pas vraiment de découvrir la réalité soviétique.

Un voyage à Moscou ne suffisait pas à faire d'un militant communiste un membre actif de l'IC, mais il était rarement sans effet sur sa position ultérieure, ne serait-ce qu'en raison des comptes-rendus auxquels il était à son retour amené à participer. En fait, les délégations à Moscou avaient des significations très variables et leur forme évolua avec le temps même si elles constituèrent, jusqu'au milieu des années 1930, des moments essentiels dans construction du lien kominternien. Les délégations étaient multiples et très variées : elles pouvaient concerner une très grande variété d'organisations et de milieux professionnels ou politiques. En organisant des délégations de syndicalistes, d'artistes, d'élus locaux, de paysans ou d'ouvriers, l'IC, en relation étroite avec les services diplomatiques soviétiques et l'organisation Intourist, s'efforçait de construire une image non seulement positive mais exaltante de l'URSS sur laquelle reposait une part essentielle de l'activité communiste[18].

Les délégations normales étaient constituées en vue de participer aux réunions des organismes délibératifs, congrès ou assemblées élargies (Plenum) du comité exécutif de l'IC. La composition de la délégation faisait l'objet d'une négociation avec la section nationale concernée. Outre sa représentativité, qui supposait la présence des principaux dirigeants du parti, elle pouvait également inclure des délégués sans responsabilités importantes mais repérés par les dirigeants de l'IC en fonction des préoccupations tactiques du moment, (l'unité syndicale, l'antimilitarisme, les manifestations de masse). La formation des délégations participait d'un processus de recrutement qui prolongeait le repérage, devenu systématique grâce au système des autobiographies. La majorité des délégués assistait plus qu'elle ne participait aux travaux des assemblées. Mais les nombreuses rencontres et réunions organisées en marge du déroulement officiel, par exemple avec les élèves des écoles de l'IC ou avec les représentants d'instituts soviétiques, étaient l'occasion d'une imprégnation idéologique et politique réservée à ceux dont on envisageait qu'ils pourraient devenir les futurs cadres de leur parti ou qu'ils participeraient aux sections spécialisées de l'IC. Lors de ces délégations, un petit nombre de dirigeants participaient aux réunions restreintes des organismes décisionnels (présidium, secrétariat ou commission politiques) devant lesquels ils exposaient la situation de leur parti et écoutaient les avis des dirigeants de l'IC. Selon la nature de la question débattue, d'autres délégués français résidant à Moscou au titre de leur organisation ou de leur mouvement pouvaient être invités.

D'autres délégations, tout aussi importantes mais discrètes, se rendaient dans la capitale soviétique pour des entretiens en dehors des réunions officielles. Elles répondaient, généralement, à une demande explicite des organismes dirigeants de l'IC qui convoquaient les cadres d'une section nationale afin qu'ils rendent des comptes ou à tout moins s'expliquent sur leurs échecs ou les problèmes de leur organisation. Ces délégations, constituées de cadres expérimentés correspondaient aux groupes dirigeants que l'IC s'efforçait de promouvoir et de maintenir en place. Il arrivait que le séjour de la délégation prenne une forme inquisitoriale : les délégués devaient répondre point par point à des questions précises sur leur activité ou étaient invités à dévoiler leur opinion sur leurs camarades, sous couvert d'une réflexion collective concernant la direction de leur parti. Dans ce cas, la délégation était une épreuve risquée, ce que Frossard en 1922 ou Doriot en 1934 avaient mesuré avant de refuser l'invitation au voyage à Moscou. Certains couraient ce risque malgré la longueur et la dureté des interrogatoires ou des entretiens, tels les Français Treint, Jacob ou Barbé qui, avant d'être exclus, avaient accepté de s'expliquer et de reconnaître leurs erreurs. D'autres, qui avaient su accepter les critiques et assumer la responsabilité des erreurs de l'IC, revinrent en grâce et jouèrent un nouveau rôle au moins dans leur section nationale : ce fut le cas de Billoux, Guyot mais aussi de Cachin ou Semard en France, et Humbert-Droz pour la Suisse.

Les délégués à Moscou

Les délégués permanents des partis communistes dans les instances dirigeantes de l'IC constituaient une catégorie spécifique dont l'apogée se situa entre 1925 et 1935.

Ces délégués ou représentants furent nombreux en raison d'une forte rotation, car leur présence à Moscou dépassa rarement deux années. Leur diversité tenait également à la variété des organisations communistes ayant des délégués. Les Français, avec les délégués de la Confédération générale du travail unitaire (CGTU), de la Jeunesse communiste (JC), des Amis de l'URSS ou du Secours rouge en plus de celui du Parti, formaient un groupe qui pouvait être réuni dans le cadre du Secrétariat latin. Les variations du profil des délégués traduisaient l'ambivalence de leurs missions : ils devaient être à la fois les porte-parole de leur parti mais en même temps leur éloignement durable signifiait une certaine mise à l'écart. Il n'était pas rare que le choix d'un délégué soit une manière de le tenir à l'écart de la direction du parti lorsqu'il était impliqué dans des débats internes. Ce fut le cas de Treint en 1926, invité à retourner à Moscou après avoir été écarté du bureau politique du PCF. À l'inverse, les délégués à Moscou adoptaient fréquemment le point de vue de l'appareil central de l'IC, quitte à être en désaccord avec leur parti. Le Français, Souvarine, le premier[19], illustra cette situation dès 1921, tandis que Ferrat au début des années 1930 se retourna également contre ses camarades en appuyant la politique de l'IC contre le soi-disant groupe des jeunes qui aurait accaparé la direction du Parti.

Le séjour à Moscou, les attributions officielles dont ils bénéficiaient ainsi que les réunions auxquelles ils participaient, conféraient à ces délégués une autorité et une expérience qui les marqua tous durablement, que leur parcours politique postérieur s'inscrive ou non dans l'IC. De fait, ils étaient, dans le cadre de leur fonction, amenés à côtoyer de près les dirigeants de l'URSS et du PCUS et à se considérer comme les véritables dirigeants de leur parti. La correspondance abondante qu'ils entretenaient avec la section nationale qu'ils étaient censés représenter témoigne d'un renversement systématique et toujours renouvelé des relations d'autorité. À Moscou, ils étaient chargés de réclamer à leur parti des informations, notamment les procès verbaux des réunions, la presse et les tracts ce qui donnait lieu à des demandes appuyées. Leur participation aux réunions des instances dirigeantes de l'IC, surtout quand ils cumulaient d'autres responsabilités, leur offrait une connaissance de la politique de l'IC que même le secrétaire général de leur parti n'avait pas. Les limites de ce système de représentation sont perceptibles dès le début des années 1930 lorsque l'appareil de l'IC prit en charge le contrôle des sections nationales par des envoyés permanents sur place. Bientôt, le rôle de ces délégués se trouva amoindri par la présence d'envoyés permanents de l'IC auprès des partis français et belge, mais ils continuaient à jouer un rôle d'information et de réflexion.

Désormais le rôle des délégués diminua puisqu'une grande partie des informations ne passaient plus par eux. Après 1935, n'ayant plus de statut officiel, ils devinrent, avant tout, des intermédiaires qui transmettaient des informations et au mieux assuraient leur coordination. Les autres responsables des partis séjournant à Moscou à différents titres, notamment celui de la Commission des cadres, pouvaient certainement participer de plus près à ce qui restait du fonctionnement de l'IC.

L'itinéraire des militants du Komintern fut largement tracé par l'évolution générale de l'organisation. Le monolithisme, la bureaucratisation et l'épuration rétrécirent les visées initiales de l'organisation et « normalisèrent » les personnalités militantes mais, qu'ils en soient restés membres jusqu'au bout ou qu'ils l'aient quittée, tous ceux qui participèrent de près ou de loin à la vie de l'Internationale communiste en gardèrent l'empreinte bien au-delà de sa disparition.

Notes

1. Le personnage de Christian Rakowski dont l'itinéraire a été récemment retracé par Pierre Broué est exemplaire. Pierre Broué, *Rakowski ou la Révolution dans tous les pays*, Paris, Fayard, 1996.

2. Serge Wolikow, Michel Cordillot (dir), *Prolétaires de tous les pays unissez vous ? Les difficiles chemins de l'Internationalisme (1848-1956)*, Dijon, EUD, 1993.

3. Grant M. Adibekov, Eleonora N. Charnazarova, C.C. Chirinia, *Les structures organisationnelles du Komintern, 1919-1943*, Moscou, 1997, Rosspen (Encyclopédie politique russe). Voir également la synthèse de Pierre Broué, *Histoire de l'Internationale communiste (1919-1943)*, Paris, Fayard, 1997.

4. F. King, G. Matthews (dir.), *About Turn. The British Communist Party and the Second World War*, Londres, 1990. Morgan Kevin, *Harry Pollitt,* Manchester, 1993.

5. *Willy Münzenberg 1889-1940, Un homme contre*, Le Temps des cerises, 1993.

6. Annie Bleton-Ruget, Serge Wolikow (dir), *Antifascisme et nation. Les gauches européennes au temps du Front populaire*. Dijon, 1998.

7. Serge Wolikow, « La Troisième Internationale face à la montée du fascisme », *in Mauvais Temps*, n° 6-7, mars 2000.

8. Lily Marcou, *Les pieds d'argile. Le communisme mondial au présent 1970-1986,* Ramsay, Paris, 1986.

9. G. M. Adibekov, Charnazarova, *Les structures organisationnelles, op. cit.*

10. Jean Vigreux et Serge Wolikow, « L'École léniniste et la formation des cadres des partis communistes », *Cahiers d'Histoire*, revue d'histoire critique, n° 79, été 2000.

11. Ve *Congrès de l'Internationale communiste, compte rendu analytique*, Librairie de l'Humanité, 1924, p. 408.

12. Voir sur ce point ses *Mémoires*, en 3 vol, publiés de 1968 à 1971 et l'édition critique de ses archives sous la responsabilité de Siegfried Bahne, Bernhard Bayerlein et Brigitte Studer.

13 Stephen Cohen, *Nicolas Boukharine. La vie d'un bolchevik*, Paris, Maspero, 1979.

14. Agosti, Aldo, *Palmiro Togliatti,* Turin, 1996.

15. Pons Silvio, *Staline e la guerra inevitabile (1936-1941).* Einaudi.

16. Sur André Marty, cf. les travaux de Claude Pennetier, par exemple « Thorez-Marty : Paris-Moscou, Moscou-Paris », In *Centre and Periphery, The History of the Comintern in the Ligth of New Documents*, Mikhail Narinsky et Jürgen Rojahn (éd), Amsterdam, 1996.

17. Annie Kriegel, Stephane Courtois, *Eugen Fried. Le grand secret du PCF*, Paris, Le Seuil, 1997.

18. Rachèle Mazuy, Les voyageurs en URSS, Thèse IEP Paris, 1999.

19. Jean-Louis Panné, *Boris Souvarine. Le premier désenchanté du communisme*, Paris, Robert Laffont, 1993. Jean-Louis Chaigneau, *Boris Souvarine, militant internationaliste (1919-1924)*, Thèse, Université de Paris I, 1996.

Chapitre XVII

La politique d'encadrement : l'exemple français

par Claude Pennetier, Bernard Pudal

Dans sa phase stalinienne, le mouvement communiste international innove par la mise en place d'une politique systématique de sélection et de contrôle des cadres. Formation, contrôle biographique, épuration, promotion, indissolublement liés, sont au service d'un projet social – l'ouvriérisation des directions –, pédagogique – la divulgation de modèles militants, ainsi en France le modèle thorézien – et bureaucratique par la centralisation qu'elle engendre et le pouvoir qu'elle génère. L'erreur serait de ne retenir qu'une seule dimension de cette politique d'encadrement et de ne voir sa réussite et son déclin que dans sa nature coercitive, voire policière, en ignorant son adéquation aux objectifs politiques des partis et sa rencontre avec une volonté militante populaire de discipline, d'ascétisme, de « pureté ».

La politique d'encadrement est un mouvement historiquement daté dont la naissance peut être repérée par la mise en place, au début des années 1930, dans l'Internationale communiste (IC) puis au sein des partis nationaux, des commissions des cadres chargées de recueillir les données biographiques, d'évaluer les cadres, d'instruire des enquêtes le cas échéant, de suggérer formations et affectations. Elle s'inscrit dans le « Grand tournant » (1929-1933) de l'histoire soviétique marquée par la collectivisation forcée des campagnes, la liquidation physique et la déportation des koulaks, l'encadrement des techniciens de l'agriculture et de l'industrie avec la mise en place des grands procès publics (par exemple le procès dit du « Parti industriel[1] ») et l'exploitation du thème du sabotage. Avec la défaite de l'opposition dite de

« droite » en novembre 1929, Staline, déjà débarrassé des trotskistes, voit son rôle personnel s'affirmer. Son cinquantième anniversaire en 1929 est l'occasion d'esquisser le culte du secrétaire général. La politique des cadres nous place au cœur du système idéologique stalinien, au poste d'observation privilégié des « complots », des appels à la vigilance qui rythment la vie du mouvement communiste international.

L'invention de la politique des cadres

Le contrôle de l'encadrement prend ses racines dans l'expérience de l'Orgasped, organisme du Parti communiste de l'Union soviétique (PCUS), qui, sous la tutelle du secrétaire général, dirige depuis 1924, date de sa création, l'organisation du Parti, l'instruction des militants et l'affectation des responsables. L'Internationale dispose également, à partir de 1924, d'un département d'organisation dans lequel des Russes, dont Piatnitsky, ont la charge de nommer les instructeurs ou d'accueillir à partir de 1926 les élèves de l'École léniniste internationale. Pourquoi dès lors mettre en place une commission des cadres dans le PCUS en janvier 1930 puis au Komintern en juin 1932 ? Le caractère d'institution totale[2] du Parti, l'ampleur du travail de sélection, l'affinement des techniques de recueil d'informations biographiques, la discrétion nécessaire à la conservation et à l'exploitation de ces données nécessitaient un corps spécifique de responsables aux cadres totalement dévoués, détachés des sensibilités diverses qui avaient pu s'exprimer dans l'IC et les partis nationaux ; un corps qui accepterait de travailler avec la très secrète OMS (Service des liaisons internationales)[3], organisme créé en 1921, sous le contrôle des services de sécurité de l'État soviétique. La commission des cadres du Komintern et celle des diverses sections nationales se mettent simultanément en place avec d'autant plus de discrétion qu'elles viennent doubler des institutions officielles. Ainsi en France restera une Commission centrale de contrôle politique qui présente devant le Comité central, ou les congrès, les sanctions prises à l'encontre de militants.

Le cas français[4] mérite l'attention, non qu'il soit sensiblement différent des cas belge ou espagnol, mais il bénéficie d'une plus grande visibilité donnée par la fameuse « affaire Barbé-Celor ». La mise en scène de l'élimination d'un soi-disant groupe, agissant hors des instances régulières du Parti, introduit l'utilisation de la forme « affaire » dans la gestion du personnel d'encadrement et crée les conditions d'une « vérification » des cadres nationaux et régionaux. Au-delà du limogeage du « groupe des jeunes », la direction du Komintern comme celle de l'État soviétique œuvrent en vue d'une homogénéisation de l'encadrement et d'une adaptation aux divers tournants politiques. Dans les divers pays, il s'agit de faire porter à des fractions de direction, d'ailleurs mises en place par le « Centre », la responsabilité des effets négatifs du cours « classe contre classe » et de créer les conditions pour un retour en grâce d'éléments plus expérimentés. L'usage des instructeurs du Komintern se systématise et se renforce par une présence durable d'émissaires comme Ernö Gerö (France, Belgique, Italie, Espagne), Gouralski (Amérique latine), Anna Pauker et surtout Eugen Fried pour la France[5]. Même s'ils peuvent apparaître au travers de leurs rapports au Komintern comme des représentants disciplinés, à la vigilance sans faille, leur imprégnation de la vie sociale et politique locale enrichit et nuance leurs jugements.

En France, l'affaire Barbé-Celor est le banc d'essai des méthodes coercitives pour modifier la direction du Parti : découverte brusque d'une « fraction », scandale, accusations, convocation à Moscou. Les accusés sont sommés de rédiger des biographies précises incluant la reconnaissance de leur expérience de « groupe ». Dominés psychologiquement et intellectuellement, les intéressés ne tardent pas à s'accuser et parfois à s'entre-accuser. L'un d'entre-eux, Pierre Celor, n'a-t-il pas un membre de sa famille qui a été, il y a plusieurs décennies, policier ? L'accusation de trahison est avancée, elle participera durablement à la mémoire communiste. Nous savons aujourd'hui[6] qu'il n'y eut pas un « groupe » mais plutôt des groupes et que celui formé par les militants issus des Jeunesses communistes, a joué, certes, grâce aux encouragements de l'Internationale, un rôle actif dans l'application à partir de 1928 de la politique « classe contre classe ». La reprise en main de l'été 1931 vise moins à éliminer un groupe précis qu'à briser les regroupements par affinité, génération, profession (le groupe des syndicalistes), ou région. Le groupe de la jeunesse sert de bouc-émissaire ; sa mise à l'écart sert de banc d'essai à l'encadrement biographique.

Dans la lancée de l'enquête menée d'une main ferme par André Marty, l'Internationale demande à Albert Vassart d'organiser la collecte des autobiographies des responsables nationaux et régionaux en contact avec la direction Barbé-Celor, donc de tous les membres du Comité central, secrétaires régionaux et autres membres influents du Parti. Il est parallèlement chargé des liaisons clandestines avec le Komintern. L'ensemble est chapeauté politiquement par Jacques Duclos et contrôlé par Eugen Fried.

Le contrôle biographique est dans le mouvement ouvrier français une novation sans précédent. En fait, une première expérience datant de la période de « bolchevisation » du Parti, présente une parenté avec les initiatives de fin 1931-début 1932. Pendant l'École léniniste de Bobigny, Kurella a recueilli des autobiographies d'élèves qu'il a publié en russe, en 1925, sous le titre *La Génération léniniste du prolétariat français*. Parmi eux, un certain Jacques Duclos qui trouva un plaisir évident à cet exercice visant à faire resurgir les figures de la transition de l'anarcho-syndicalisme ou de la social-démocratie vers le bolchevisme. Or, Duclos sera l'un de ceux qui vont penser l'adaptation du premier questionnaire de trente-quatre questions venu directement du Komintern[7]. C'est lui qui va mettre en place le véritable dirigeant des cadres, Maurice Tréand. En 1931, ce dernier suit à Moscou les cours de l'École léniniste internationale (ELI) et fait également un stage à la section des cadres du Komintern. De retour en France, il est à la tête de l'appareil illégal, des rencontres clandestines et de la sécurité des dirigeants internationaux de passage. Début 1934, il succède à Albert Vassart à la tête de la Commission des cadres. Il l'organise avec méthode, en liaison notamment avec la Commission centrale de contrôle politique (CCCP), en structurant deux sections : recherche et « montée » des cadres (confiée à Arthur Dallidet à partir de 1936), vigilance et sécurité du Parti (confiée à Edmond Foeglin, dit Armand à partir de 1936)[8].

Vérifier, évaluer, promouvoir ou éliminer

La collecte de biographies est au cœur du projet de sélection et de contrôle des cadres tel qu'il se met en place au début des années 1930. Certes le PCUS comme le Komintern n'attendent pas cette date pour solliciter des présentations d'itinéraires personnels et politiques des dirigeants occupant des postes clés, particulièrement des émissaires à l'étranger.

Pour saisir la nouveauté de cette pratique au sein du mouvement communiste international et la différencier des biographies des dirigeants bolcheviques[9], on peut faire appel à trois constats :

Aucune opposition se réclamant du léninisme (trotskistes, bordiguistes[10]...) ne reprendra à son compte cette méthode de contrôle des militants. Les délégués des cinq premiers congrès de l'Internationale communiste n'ont rempli que des questionnaires très sommaires qui ne peuvent en aucun cas être apparentés aux « bios ». Enfin, dans les différents pays, et particulièrement en France où sera adoptée cette méthode avec le plus grand zèle, des questionnaires d'une page sont distribués aux délégués lors de divers congrès . Ces questionnaires qui n'appellent que des réponses télégraphiques sont distribués jusqu'en 1931.

L'exercice sollicité par les commissions des cadres est d'une tout autre nature. Les partis attendent des militants, au-delà d'informations précises et vérifiables, l'attestation d'une confiance dans l'institution communiste par la communication d'informations personnelles, familiales, politiques, parfois banales, parfois du registre de la confession. L'individu qui, sollicité directement par la Commission des cadres ou, plus souvent, par un responsable régional, rédige sur papier libre ce document, bénéficie d'une garantie de discrétion et sait que ces documents ne tomberont pas entre les mains de l'administration étatique. Il ignore cependant le travail de sélection opéré par la Commission des cadres dont les évaluateurs soulignent en différentes couleurs les éléments qui confortent son profil de cadre (en bleu dans les « bios françaises ») ou qui méritent d'être précisés, vérifiés (en rouge). Les autobiographies sont classées en quatre catégories : A, B, C et D. Dans le cas français, un A place un militant en position de promouvable (un 1 ou un S signale l'orientation vers une école), un B ne permet son maintien aux responsabilités qu'avec des réserves, un C correspond à un retour dans les rangs, accompagné d'une grande défiance, un D met en route le processus d'exclusion et même d'inscription sur les listes noires. Une grande partie des biographies est, après évaluation et prises en notes des informations utiles, envoyée au « Centre », à la commission des cadres du Komintern, par des porteurs spéciaux clandestins[11], ce qui nous permet de disposer aujourd'hui dans les archives du Centre russe de conservation et d'étude des documents en histoire contemporaine (CRCEDHC) de plusieurs dizaines de milliers de dossiers biographiques dont plus de dix mille pour la France.

Le questionnaire biographique français à partir duquel chaque militant doit rédiger son autobiographie est divisé en 5 parties (A : Origine et situation sociale = 23 questions ; B : situation de parti = 21 questions ; C : instruction et développement intellectuel = 8 questions ; D: participation à la vie sociale = 10 questions ; E :

répression et casier judiciaire = 12 questions). En tout 74 questions. Certaines questions se subdivisent. Par exemple, la question 45 : « Dans quel établissement scolaire avez-vous fait vos études ? ; combien d'années ; avez-vous terminé vos études, sinon pourquoi ? ». Cette question illustre assez bien le degré de précision requis. On ne se contente pas de demander un niveau scolaire mais on veut connaître l'établissement (privé/public, confessionnel ou non, réseau primaire-primaire/supérieur ou réseau secondaire-secondaire supérieur). On veut connaître le nombre d'années d'études, ce qui est important dans la mesure où nombre de cadres du PCF auront une scolarité primaire augmentée d'une scolarité post-élémentaire souvent inachevée. On veut connaître enfin les raisons de l'interruption des études, indicateur indirect soit de la situation sociale de la famille (interruption pour raisons matérielles) soit d'un rapport à la scolarité. L'une des convictions anciennes des dirigeants ouvriers, c'est que des « déclassés » peuvent vouloir faire carrière dans le mouvement ouvrier. Parmi ces « déclassés », la « basse intelligentsia »[12]. Cette question peut être recoupée avec d'autres questions : Question n° 6 : « date à laquelle vous avez commencé à travailler ». D'autre part cette question elle-même permet de préciser la durée de la vie professionnelle. Lénine considérait qu'un révolutionnaire professionnel pouvait être considéré comme ayant été ouvrier s'il avait effectivement exercé un emploi ouvrier durant au moins 10 ans. Ce qui est en jeu c'est la réalité du quartier de noblesse ouvrière du militant qui dépend du degré d'exposition, si l'on ose dire, à la condition ouvrière. Un questionnaire à remplir « par tous les membres du Parti ayant un poste rétribué » qui date vraisemblablement de 1930-1931 comprenait cette question : « Combien d'années a-t-on travaillé dans l'industrie ? »[13]

De même, on ne se contente pas de demander une auto-définition de son appartenance de classe sur la base d'une nomenclature de catégories professionnelles mais on veut connaître précisément la « profession », « les occupations successives », les « salaires » et les « autres sources de revenus ». C'est le trajet professionnel et le type de métier qu'on souhaite connaître : pour les cadres évaluateurs, les métiers ont des valeurs différentes, des histoires spécifiques, des traditions militantes et par conséquent il y a des « types » d'ouvriers dont on pense qu'ils prédisposent plus ou moins à l'intégration réussie au Parti. Mais il y a aussi les conditions d'exercice de la profession avec un intérêt particulier pour ceux qui savent militer dans les grandes entreprises, organiser les ouvriers de la métallurgie, des cuirs et peaux ou du bâtiment, sans crainte de la répression.

Ce qui caractérise ce questionnaire, c'est donc son extrême précision, précision qui n'a pas seulement un sens policier ou politique mais aussi une dimension sociologique très affinée, même si la théorie explicite de la sociologie du cadre communiste n'a évidemment jamais été systématiquement élaborée.

La pratique du questionnaire biographique, pour les cadres du parti communiste, est une des modalités de l'intériorisation de sa remise de soi au Parti. Elle signifie à l'impétrant que la totalité de son histoire individuelle est désormais sous le regard de l'institution. Ce don de soi qui commence par le don de sa vie « racontée », c'est-à-dire parfois de ses errements avoués, de ses pensées cachées, est un rite d'institution effectué par des militants qui se sont « réunis » et cherchent dans l'homogénéité du corps partisan et dans sa transparence à soi, l'alliage susceptible d'arracher aux forces du monde un monde différent.

Ces récits autobiographiques prennent une place spécifique dans l'ensemble des biographies édifiantes et des productions autobiographiques qui caractérisent l'univers partisan communiste. De la biographie édifiante aux autobiographies, le militant est convié à conduire et à modeler sa destinée. L'autobiographie rédigée à la demande des responsables aux cadres est un rite d'institution qui annule symboliquement la séparation vie privée/vie publique au profit de l'institution, annulation diversement acceptée par les militants suivant leur rapport à l'institution. Elle fait du secret privé un secret d'institution, participant ainsi à édifier la frontière entre un « eux » et un « nous » et affecte le militant autobiographié à sa place dans la hiérarchie du secret d'institution[14]. Les autobiographies déposées à Moscou révèlent d'ailleurs parfois d'authentiques secrets d'institution[15]. Comme acte d'institution, l'autobiographie communiste participe à l'endossement progressif d'une identité partisane complexe : elle est l'une des séquences de la « régénération » du militant, cette « seconde naissance » (Jeannette Thorez-Vermeersch[16]) à laquelle il est appelé. Elle s'inscrit par conséquent dans un travail psychologique, social et politique, de « soi » sur « soi », tout à fait spécifique, qui prédispose les militants les plus enclins à investir l'institution sur ce mode, à reprendre à leur compte une vision cryptique dont les « aveux » constitueront pour certains le point d'orgue.

Prise dans les jeux d'une institution totale, assujettie peu à peu à une vision secrète, l'autobiographie communiste est donc, suivant les usages qui en seront faits, tout à la fois un rite d'institution, le *curriculum vitae* d'un postulant au rôle de fonctionnaire de la révolution, une des pièces d'un dossier d'inquisition possible, un moment privilégié d'objectivation sociologique de soi, un acte d'écriture où se mêlent, selon des combinatoires multiples et chaque fois spécifiques, remise de soi à l'institution et distance à son égard.

Vigilance et inquisition

Les commissions de cadre disposaient d'une branche « vigilance et sécurité du Parti ». En France, elle se manifeste dès la fin de l'année 1931 avec la rédaction d'une brochure intitulée *Brochette d'agents-provocateurs* qui tout en présentant, photos à l'appui, des cas d'indicateurs de police[17], initie les militants aux techniques du signalement en s'inspirant des techniques policières. L'année suivante une liste n° 1, ronéotypée, livre près de 80 noms accompagnés d'une page de photographies. Il en va ainsi chaque année avec une modification de titre en avril 1938, les trotskistes venant prendre leur place entre les « provocateurs, voleurs, escrocs » et les « traîtres ». Celle d'août 1938 (n° 10)[18] atteint un sommet de précision dans le contexte de l'*Ejovschina* (grande terreur en URSS).

Après le premier procès de Moscou d'août 1936 qui voit seize accusés, dont Zinoviev et Kamenev, reconnaître les complots et crimes les plus invraisemblables, succèdent deux autres procès et deux années d'une répression sanglante qui décapite la direction du PCUS (98 des 139 membres sont arrêtés et presque tous exécutés), l'état major de l'Armée rouge (75 des 80 membres du Conseil militaire suprême) et les militants étrangers au service du Komintern, parmi lesquels les artisans de la mise en place du contrôle biographique, Krajewski, Chernomordik ou Alikhanov.

Le système n'en est pas sorti affaibli, bien au contraire. Face au progrès de l'implantation dans les pays ayant échappé aux dictatures fascistes et nazies, la collecte biographique s'amplifie. En France, ce ne sont pas moins de 6 100 biographies qui sont recueillies en 1937, pour moitié envoyées à Moscou et pour l'autre moitié brûlées après une prise en note des informations essentielles.

Sans que la nature de la biographie en soit totalement modifiée, une nouvelle question, particulièrement discriminante dans le classement, permet de saisir le degré d'imprégnation de la ligne officielle chez le militant et sa façon de se situer face au trotskisme. Cette question permet ainsi de récolter quelques informations sur des trotskistes réels ou supposés.

Pour l'essentiel la politique de vigilance est acceptée et relayée par les militants, mais Maurice Tréand ne s'en satisfait pas :

« Les trotskistes comme nous montre l'exemple de l'URSS ont pénétré parmi nous et essaient pour essayer de monter à appliquer nos mots d'ordre pour mieux faire et opérer leur travail de désagrégation. Il existe encore malheureusement dans le Parti une sous-estimation du danger trotskiste surtout parmi les intellectuels. [...]. Nous avons depuis deux mois ajouté au schéma d'autobiographie des questions précises en ce qui concerne les trotskistes et les oppositionnels. Les réponses des camarades montrent parfois une nette impression d'incompréhension ou peut-être plus. Par exemple une cadre femme répond à ce qu'elle pense des trotskistes "c'est des anciens camarades et c'est malheureux de les voir fusillés comme cela", un autre répond que le trotskisme est une fraction de la classe ouvrière, un autre encore c'est des marxistes qui ne savent pas lier la théorie à la pratique. Malgré ces faiblesses de compréhension qui montrent qu'il faut encore dans le Parti faire un travail d'éclaircissement, les trotskistes en France ont dans cette dernière période été repoussés du mouvement légal. »[19] Il se préoccupe surtout de préserver de toute « provocation » l'Union des filles de France dont la responsable, Danielle Casanova « travaille à l'OMS ».

L'extension de l'enquête biographique aux cadres locaux ne se fait pas sans accrocs. Les réponses sont parfois télégraphiques ; un des militants brise même le secret de la collecte en livrant à la presse le contenu du questionnaire. Mais, pour l'essentiel, les appels à la discipline et à la vigilance sont acceptés. Malgré les déperditions humaines et les prises de distance provoquées par le Pacte germano-soviétique, le capital d'information accumulé par la Commission des cadres, sa technicité, son réseau de transmission clandestin sont des atouts précieux pour les partis illégaux. Même pendant la guerre la récolte d'autobiographies se poursuit, comme en témoignent les lots d'autobiographies saisis par la police française au début de l'année 1943[20].

Après la Libération, le rôle des cadres est renforcé ; toutefois les questionnaires biographiques, désormais imprimés, n'appellent plus que des réponses télégraphiques à l'exception de celles concernant la Résistance, la déportation, les internements et les camps de prisonnier. Non seulement la Commission des cadres (qui en France prend le nom de Section de montée des cadres, SMC) règle après des enquêtes, longues et minutieuses, les séquelles de la guerre, mais elle intervient sur toutes les nominations soumises au Secrétariat. La Guerre froide, la crise yougoslave ne peuvent que renforcer les rôles des commissions des cadres des divers pays.

Dans ce contexte d'âge d'or du communisme ouvrier mais aussi d'extrême tension due à la Guerre froide et aux crises du système communiste, la gestion du personnel d'encadrement du PCF suit une ligne qui apparaît aujourd'hui plus clairement : tout se passe comme s'il s'agissait de substituer à des cadres marqués par l'esprit FTP (Francs tireurs partisans) et par le militantisme héroïque de la Résistance, des cadres ouvriers, prenant en compte la vie de l'entreprise, le combat quotidien, appartenant à une génération ayant adhéré à partir de la Libération et qui, comme le prouve la composition des comités fédéraux, va dominer très largement dans les instances départementales. Le XIIᵉ congrès du PCF réuni à Gennevilliers en avril 1950 est marqué par l'élimination du Comité central de vingt-six militants d'expérience, pour la plupart résistants marquants, et leur remplacement par des prisonniers de guerre et des résistants moins typés. L'entrée dans la Guerre froide se traduit par une vigilance accrue dans la politique des cadres, comme le prouve l'attention portée, avant le congrès, par les Soviétiques aux notices biographiques fournies par la Section de montée des cadres[21]. L'anticipation d'une période difficile, voire d'un passage dans la clandestinité – une des hypothèses envisagées et préparées par la direction du PCF – conduit cette dernière à ressouder le corps dirigeant sur les éléments dont l'esprit de discipline semble garanti et qui ne disposent pas d'autres ressources que celles que le Parti leur donne. Le conflit interne, permanent de la Libération à la fin des années 1950, sur la valorisation et l'interprétation de la résistance communiste se traduit par le pilonnage, fin 1949, de la collection « Mémorial exemples », ce qui est un signe des tensions que suscite la gestion de ce moment de l'histoire du PCF.

En ce sens, dans l'affaire Marty-Tillon (1952-1953), Marty le numéro trois du PCF cache Tillon le chef des FTP, ainsi qu'en témoigne la multitude des exclusions-sanctions locales de militants marqués par la Résistance. Si l'Affaire marque le point d'orgue d'un système basé sur l'autocritique et l'aveu, le refus des deux hommes d'entrer dans ce jeu pousse la commission d'enquête à aller jusqu'au bout de sa logique. Marty est accusé de liens avec la police, sans que cette « fausse révélation » n'ébranle profondément les consciences.

Au terme de nos analyses, les procès politiques (les « affaires ») apparaissent comme une façon, propre aux partis « stalinisés », de résoudre les contradictions nées des évolutions contrastées du corps militant et de l'organisation partidaire. Mode obligé d'une politique du personnel militant propre à une organisation sans espace de concurrences explicites, leur caractère spectaculaire et inique a contribué à rendre obscur le travail politique de gestion des habitus militants dont elles sont le vecteur, ouvrant la voie aux seules interprétations cryptiques.

Durant la période de mise en place du contrôle biographique, durant les années 1930, le caractère bureaucratique et la toute puissance de l'appareil ne sont pas encore totalement établis. Aussi, les responsables aux cadres sont astreints à rédiger eux-mêmes une fiche synthétique qui accompagne les autobiographies des militants qui manifestent encore, souvent indirectement, leur quête active et désintéressée d'un monde moins inique. Leur « parole » n'est pas encore régulée par la règle qui prévaudra après-guerre durant la période d'apogée du stalinisme partisan, énoncée par Staline, reprise par Dimitrov, que Maurice Thorez ne cessera de répéter : le militant ne doit pas être un bavard, un phraseur, un prétentieux, un pinailleur. Il doit exprimer sa pensée simplement, nettement, sans emphase. La fameuse « langue de bois » résulte d'un travail qui porte à la fois sur les énoncés, sur les formes et la tonalité de l'énonciation. Cette volonté d'emprise, progressivement accentuée et rationalisée par la politique d'encadrement, tend à privilégier l'esprit de discipline et le dévouement au détriment d'autres qualités militantes. Ceux qui ne parviennent pas à se fondre dans ce moule ou qui sont susceptibles, quelles qu'en soient les raisons, de devenir critiques, sont relégués dans des positions subalternes, parfois éliminés grâce aux procès ou aux affaires, ou s'auto-excluent d'eux mêmes, par lassitude et au prix de crises de conscience douloureuse.

Notes

1. Procès au cours duquel les principaux accusés dont des ingénieurs avaient été contraints de se livrer à des aveux non fondés de sabotage.

2. A propos de cette notion d'« institution totale », voir chapitre 15, p. 334-335.

3. Peter Huber, « The Cadre Department, the OMS and the « Dimitrov » and « Manuil'sky » secretariats during the phase of the Terror », *Centre and periphery. The history of the Comintern in the Light of New Documents*, edited by Mikhail Narinsky and Jürgen Rojahn, Amsterdam, International institute of social history, 1996. OMS = Otdel Mejdounarodnoï Sviazi.

4. Pour de plus amples développements, on se reportera à Claude Pennetier, Bernard Pudal, « Écrire son autobiographie (Les autobiographies communistes d'institution, 1931-1939) », *Genèses*, n° 23, 1996, pp. 53-75 ; « La "vérification" (l'encadrement biographique communiste dans l'entre-deux-guerres) », *Genèses*, n° 23, pp. 145-163 ; « Deux générations de militants communistes français (1931-1951) en proie à des procès d'épuration internes », à paraître dans *Militantisme et Militants*, José Gotovitch dir., Bruxelles, EVO, automne 2000. Ces articles reposent sur les premiers résultats d'une enquête prosographique et sociologique portant sur une sélection de 500 autobiographies communistes d'institution conservées dans les archives du Komintern (CRCEDHC, 595/270).

5. Annie Kriegel, Stéphane Courtois, *Eugen Fried, le grand secret du PCF*, Seuil, 1997.

6. Serge Wolikow, *Le PCF et l'Internationale de 1924 à 1934*, thèse de doctorat d'État, dactylographiée, Paris VIII, 1990.

7. Le 8 décembre 1931, Fried demande par télégramme au Komintern l'envoie d'un modèle de questionnaire. CRCEDHC 495 19 648. Cité par Annie Kriegel et Stéphane Courtois, *op. cit.*, p. 196.

8. Voir leur biographies dans le CD-Rom *Maitron* (Editions de l'Atelier) et dans le *Dictionnaire biographique des Kominterniens*, à paraître en 2001 aux Éditions de l'Atelier.

9. Georges Haupt, Jean-Jacques Marie, *Les bolcheviks par eux-mêmes*, trad. de l'édition *Granat* de l'*Encyclopédie soviétique* avec commentaires des auteurs, Paris, Maspero, 1968.

10. Sur cette tendance bordiguiste, voir chapitres III et XII.

11. Entretien avec l'un d'eux, Georges Beaufils, janvier 1997.

12. Cf. sur cette question, entre autres travaux, Christophe Prochasson, *Les Intellectuels, le socialisme et la guerre, 1900-1938,* Seuil, 1993.

13. Cf. dossier Cornavin, CRCEDHC 495 270 1012.

14. Cf. Marie-Claire Lavabre, *Le fil rouge, sociologie de la mémoire communiste*, PFNSP, 1994 : « La hiérarchie du secret, marque de la hiérarchie des fonctions et des pouvoirs, correspond du même coup à la structure sédimentaire qui caractérise les organes de direction à tous les niveaux », p. 255. L'autobiographie confirme cette analyse de Marie-Claire Lavabre : « Les militants, et particulièrement ceux qui pourraient venir s'agréger à quelque niveau que ce soit au noyau stable, doivent être

transparents, sans ombres et sans secrets, sinon sans taches. Car la transparence, elle, est une valeur revendiquée » (p. 257).

15. Citons par exemple la biographie de l'intellectuel et propagandiste communiste André Wurmser qui adhéra au PCF en 1929 et fut élève de l'École léniniste internationale de Moscou du 4janvier 1933 au 17 février 1934. Son adhésion fut tenue secrète. Il n'adhéra officiellement qu'en 1942, date toujours mentionnée dans ses écrits politiques et autobiographiques.

16. Bernard Pudal, *Prendre parti*, PFNSP, 1989, p. 170.

17. Du moins prétendus tels car, à côté de cas avérés, des accusations sont sans fondements.

18. Il y aura en tout onze listes ; d'autres circulent pendant la guerre avec des formes décentralisées (par exemple celles publiées en 1941 et 1942 par *Rouge Midi*) et repartent au numéro 1 en mai 1945.

19. CRCEDHC, 495 10a 16.

20. Affaire Brossard.

21. Comme l'attestent les notes en russe sur les notices conservées dans les dossiers personnels du CRCEDHC.

Chapitre XVIII

Stalinisme, culte ouvrier et culte des dirigeants

par Claude Pennetier et Bernard Pudal

On utilise fréquemment, pour désigner le culte des dirigeants communistes qu'ont connu à des degrés divers l'ensemble des pays et des partis communistes, l'expression, issue de la rhétorique communiste depuis 1956, de « culte de la personnalité ». La tendance alors est forte d'inscrire ce culte dans la famille des dominations charismatiques isolée par Max Weber. Par charisme, Max Weber entend la croyance dans les qualités extraordinaires d'un personnage, attribuée par un groupe de fidèles, personnage ainsi investi d'une mission de conducteur d'hommes. Chez Weber, le charisme au sens strict ne peut être étudié qu'à l'état naissant, c'est-à-dire avant d'avoir un support institutionnel et s'entretient des victoires du chef. Par opposition aux leaders charismatiques de l'idéal-type wébérien, les dirigeants communistes, et Staline lui-même en premier lieu, sont des créatures du « parti » plus que des créateurs de parti. En ce sens, comme le note Philippe Burrin, à la différence du charisme d'Hitler qui est de nature personnelle, « dans le cas de Staline, une analyse en terme de domination charismatique requiert probablement de partir du charisme du Parti, celui de Staline en étant un produit dérivé et usurpé »[1].

Il faut vraisemblablement partir en effet de la spécificité du système soviétique, du rôle que s'attribue le parti communiste et de la mainmise progressive du groupe Staline sur le Parti pour comprendre l'instauration de phénomènes cultuels qui tentent de légitimer le pouvoir politique ainsi « personnellement » approprié.

Le système soviétique se caractérise par l'éradication du capital économique et par la marginalisation du capital scolaire comme principes de différenciation et de hiérarchisation sociale. De ce fait, il dut inventer un ensemble de représentations destinées à justifier la nouvelle hiérarchie sociale et c'est en érigeant le capital politique en principe de différenciation et de classement social, et donc en fondement des identités sociales, qu'il y parvint[2]. D'où la nécessité d'élaborer un référentiel[3] identitaire fondé sur les trajectoires biographiques. Ce référentiel identitaire ne pouvait être que conforme à la « théorie » marxiste-léniniste, c'est-à-dire à la fois à la valorisation de la classe sociale à laquelle est dévolu le rôle d'acteur collectif révolutionnaire, la classe ouvrière, et à celle de son « avant-garde », le Parti. C'est donc tout un système cultuel valorisant la classe ouvrière, les militants ouvriers au service du « parti » et les dirigeants ouvriers du Parti qui se met progressivement en place dans les années 1920 et 1930, système que Staline va progressivement orienter à son profit.

Le mythe prolétarien et ses adeptes

L'héroïsation de « l'ouvrier » et de « l'ouvrier communiste » fut au cœur du travail de célébration. En URSS, « on citait souvent en exemple une certaine trajectoire : la version soviétique de l'histoire d'Horatio Alger dans laquelle un jeune homme sort de la classe ouvrière ou de la paysannerie à force de travail et se consacre à la révolution, aidé par le Parti, pour acquérir une éducation »[4]. Il existe de multiples variantes de ce mythe adapté aux différents types de héros soviétiques (les communistes, les ouvriers et ouvrières de choc, les héros de l'Armée rouge, etc.) et plus généralement aux différents héros communistes, soviétiques ou non. Récits de vie et autobiographies édifiants, récits de fiction, peuplent le mythe prolétarien.

Fondé sur une opposition structurante fondamentale – la classe/le Parti – qui renvoie elle-même aux deux dimensions constitutives du capital politique (identité « socio-généalogique », identité politique), le mythe prolétarien s'analyse comme le récit d'un parcours semé d'embûches qu'il faut apprendre à déjouer et de tentations auxquelles il faut apprendre à ne pas succomber. La classe (que symbolise l'héroïne de *La mère* de Gorki par exemple) est le terreau d'où sourd, de manière informe, le ferment révolutionnaire. Les qualités du futur révolutionnaire, à l'état embryonnaire, y sont toujours mêlées à des produits impurs. Soit elles ne peuvent produire tous leurs fruits parce qu'elles restent à l'état brut, soit elles sont dévoyées sous l'emprise de « l'idéologie dominante ». Si l'appartenance à la classe ouvrière procure la pulsion primordiale – l'instinct de classe – ce dernier reste aveugle et impuissant tant qu'il n'est pas éduqué par la conscience de classe et mis au service de l'esprit de parti. Le passage de l'instinct de classe à la conscience de classe est analogue à une re-naissance particulière par laquelle on se défait d'une gangue originelle nourricière, pour accéder à la lumière. Mais cette métamorphose du moi gonfle d'orgueil, elle distingue, fait connaître d'autres mondes sociaux. Elle *détache* par conséquent et c'est cette liberté enivrante qu'il faut désormais discipliner en en faisant don au Parti. Le risque est grand en effet de tomber sous le charme de l'ennemi, sous le coup de ses ruses. Le moi « ouvrier », libéré de ses liens, doit re-trouver les valeurs de la classe, la modestie et l'humilité des simples. Il lui faut donc faire retour, mais par d'autres voies, vers les siens, en *s'abandonnant* au Parti. Là seulement, il aura su réunir en lui, en une fusion harmonieuse, les forces de l'ombre et de la lumière. Ce mythe prolétarien, réduit ici à son épure, peut être au principe d'une multitude de récits romanesques[5]. On peut se demander jusqu'à quel point Staline maîtrisait consciemment la dimension mythique du référentiel identitaire. En mars 1937, dans *Pour une formation bolchevik*, il se réfère explicitement au mythe Grec d'Antée : « La liaison avec les masses, le renforcement de cette liaison, la volonté de prêter l'oreille à la voix des masses, voilà ce qui fait la force et l'invincibilité de la direction bolchevik. [...] La mythologie des Grecs de l'Antiquité comptait un héros fameux, Antée, qui était, selon la mythologie, le fils de Poséidon, dieu de la mer, et de Gê, déesse de la terre. Il était particulièrement attaché à sa mère qui lui avait donné le jour, qui l'avait nourri et élevé. Il n'y avait point de héros qu'Antée ne pût vaincre. Il passait pour un héros invincible. Qu'est-ce qui faisait sa force ? C'est que chaque fois qu'en combattant un adversaire il se sentait faiblir, il touchait la terre, sa mère, qui lui avait donné le jour et l'avait nourri, et reprenait des forces ».[6] Cette allégorie devint, en France au moins, l'une des références préférées des responsables aux cadres. Bienfait pour légitimer les cadres autodidactes du monde communiste, le mythe prolétarien ordonne maints récits[7], comme celui du roman français, réaliste socialiste, de Georgette Gueguen-Dreyfus, significativement intitulé *Tu seras ouvrier*, qui, traduit en russe, connut une large diffusion en URSS[8]. Le stakhanovisme, illustré d'autobiographies pédagogiques « très largement diffusées »[9], culmine dans le culte de Stakhanov, « symbole de la mobilité sociale et de l'acculturation des « petites gens » »[10]. Ces récits de vie participent ainsi de la légitimation généalogique des nouvelles élites dirigeantes communistes, en URSS en particulier[11], et constituent un enjeu homologue dans les pays capitalistes[12] et les pays en lutte pour leur libération nationale.

Les récits protéiformes du mythe prolétarien font l'objet de *lectures*, autrement dit d'appropriations diversifiées que les études des journaux intimes soviétiques ou les mémoires de militants communistes mettent en lumière[13]. Les promus du nouveau régime ont fréquemment le sentiment de vivre une expérience historique sans précédent, qui les confronte à un travail sur soi d'autant plus complexe qu'ils peuvent être habités par la crainte de ne pas être « à la hauteur de la situation ». L'analyse des promotions accélérées de nombre de militants ouvriers communistes, en URSS comme dans d'autres partis communistes, ne peut se limiter au seul registre légitimiste, misérabiliste ou ethnocentrique de la dénonciation de « l'inculture » de ses militants, sans manquer non seulement la complexité culturelle de trajectoires militantes frappées d'illégitimité, mais aussi l'un des principaux ressorts du travail de légitimation. Les journaux intimes que livrent les archives soviétiques, qui constituaient l'un des documents que recherchaient en priorité les hommes du NKVD (Commissariat pour les affaires intérieures, anciennement appelé Guépéou), se révèlent être pour nombre d'entre eux un moyen pour se parfaire comme *homo sovieticus* : « Au-delà de leur nature idéologique, un autre trait remarquable de nombre de journaux intimes des années 1930 est l'importance qu'accordent les auteurs à leur engagement personnel dans la construction du système soviétique, et leur reconnaissance pour l'épanouissement de leurs personnalités que génère leur participation à la construction du socialisme »[14]. D'une manière générale, les récits édifiants étaient autant d'*exempla*. Ils agissent alors à la manière de guides de vie, de manuels d'apprentissage au métier de communiste. *Fils du peuple* de Maurice Thorez deviendra le bréviaire de nombreux cadres communistes français qui y puiseront toutes sortes d'éléments pour se parfaire, des conseils de lecture que prodigue, chemin faisant, Maurice Thorez, aux attitudes qu'ils s'efforceront d'imiter. Les autobiographies édifiantes que rédigeront les dirigeants communistes et que publient pour l'essentiel les éditions communistes, restituent ce travail d'identification réussi, que l'ombre du modèle habite en toute bonne foi.

Biographies exemplaires des dirigeants communistes et culte de Staline

Si le référentiel biographique structure le biographique héroïsé, stylisé, romanesque du peuple communiste de l'époque stalinienne, il structure aussi le culte des dirigeants communistes. La biographie édifiante du dirigeant n'allait cependant pas de soi dans les premières années du jeune régime soviétique. Contre une conception de l'histoire considérée comme bourgeoise, les dirigeants bolcheviks, après Octobre 1917, répugnaient à toute mise en valeur du destin individuel, selon l'adage qu'Olminski aurait formulé ainsi : « En principe, chez nous, les bolcheviks, on ne fait la biographie d'un camarade qu'après sa mort »[15]. Très vite néanmoins, l'évocation du passé révolutionnaire et la glorification de la Révolution d'Octobre conduiront à la publication de « multiples dictionnaires biographiques collectifs »[16] contenant des autobiographies ou des biographies « autorisées » (c'est-à-dire souvent des autobiographies à la troisième personne). Cette période d'autobiographies ou de biographies autorisées s'inscrit dans le travail de légitimation, mais aussi de délimitation, des nouvelles élites dirigeantes appelées à occuper les multiples positions de pouvoir du régime soviétique. Sans doute devint-elle de plus en plus inadaptée au fur et à mesure que la vieille garde bolchevique, ou plus simplement les communistes d'avant 1917, qui ne représentaient déjà qu'un très faible contingent, étaient, soit éliminés dans les luttes internes, soit réduits à la portion congrue sous l'afflux des adhérents postérieurs à la Révolution. À partir des années 1930, ces biographies collectives édifiantes de dirigeants disparurent de la circulation au fur et à mesure que la vieille garde bolchevique était décimée par les purges staliniennes et que la réécriture de l'histoire « s'imposait », faisant place à de courtes notices, constamment révisées et épurées, dans l'*Encyclopédie soviétique*. En lieu et place, tendanciellement, une seule « biographie » individuelle tint alors le haut du pavé, celle de Staline, tandis que s'inventait une histoire officielle d'un individu « collectif », celle du Parti communiste bolchevik de Russie.

En un certain sens, le culte de Staline commence avec le culte de Lénine. La mort de Lénine (Vladimir Ilitch Oulianov) a inauguré en effet un culte du dirigeant révolutionnaire en URSS, non sans que ses metteurs en scène n'aient conscience d'introduire un type de rapport au pouvoir politique contradictoire avec celui que préconiserait le marxisme. La question du Mausolée de Lénine avait été au cœur du travail de canonisation de la commission pour perpétuer la mémoire de V.I. Oulianov. Vorochilov avait exprimé son désaccord avec l'idéologie sous-jacente à ce projet : « Je ne pense pas qu'il faut recourir à la canonisation [...] Qu'est-ce qu'il y a ? Nous ne sommes plus des marxistes-léninistes ». À quoi Dzerjinski, chef de la VTchK (sécurité), mais aussi président de la commission, répondit : « Avoir des principes sur cette question signifie avoir des principes entre guillemets. [...] En ce qui concerne le culte de la personnalité, cela n'est pas un culte de la personnalité, mais un culte, dans une certaine mesure, de Vladimir Ilitch »[17]. Cette modalité de l'admiration, dont Dzerjinski semble croire qu'elle sera circonscrite à Vladimir Ilitch, sera dans les années 1930 transférée à Staline, puis généralisée, dans le monde communiste, aux « chefs » de Parti. Le culte de Staline prit une place essentielle dans le dispositif du pouvoir soviétique. Tous les arts furent mis à contribution (sculpture, peinture, cinéma, littérature) et tous les vecteurs du culte furent de plus en plus méthodiquement employés (manuels scolaires, cérémonies). Le registre de la rumeur orchestrée fut de même pensé : elle diffusait l'espoir d'interventions personnelles de Staline remédiant aux injustices dont on avait été victime. Staline portait la plus grande attention à cet agencement cultuel. Moshe Lewin souligne que « bon nombre des discours et des textes glorifiant sa grandeur, son génie et, par-dessus tout sa "grande simplicité", étaient des "commandes" et que les termes utilisés étaient soigneusement choisis à l'avance par Staline en personne »[18].

La généralisation du modèle

Chaque parti communiste, au fur et à mesure qu'il s'autonomisait, et suivant sa composition et son histoire spécifique, adopta, en l'adaptant, le modèle biographique soviétique. Les dirigeants tentèrent de s'ériger leur propre mausolée biographique, de Mao Zedong à Kim il Sung, de Fidel Castro à Maurice Thorez, de Georges Dimitrov à Palmiro Togliatti. Ces biographies ou autobiographies de dirigeants communistes confèrent en effet à leurs héros, au sein de leur parti et dans le mouvement communiste international, un poids symbolique de toute première importance à une époque où le destin de nombreux dirigeants fluctue au gré des purges et des procès. Elles prennent place dans un espace de récits biographiques aux statuts multiples (autobiographies d'institution sollicitées par la Commission des cadres, autobiographies et biographies édifiantes, romans biographiques) tous fondés sur l'ouvriérisation des trajectoires militantes, mais aussi sur une hiérarchie des personnalités communistes qui s'inscrit elle-même dans la légitimation charismatique des dirigeants communistes (Lénine, Staline, Dimitrov, Thorez, etc.). Les biographies et autobiographies de dirigeants sont aussi l'occasion d'arrêter une version officielle de l'histoire du Parti communiste et du rôle joué par le principal protagoniste, rôle généralement surévalué, soit par omission, atténuation ou réécriture du rôle des concurrents.

Un récit archétypal : *Fils du Peuple* de Maurice Thorez

L'étude de *Fils du peuple*, récit archétypal de la biographie de dirigeant, peut introduire aux règles qui régissent l'élaboration de la biographie de dirigeant[19]. *Fils du peuple* est une autobiographie réaliste-socialiste, dont le récit est pris par conséquent dans les lois de cette littérature. Le récit est focalisé sur le héros positif : « Il s'agit de la mise en place singularisante (chaque héros ayant un nom propre, un passé, une spécificité quelconque) d'un principe de certitude (l'équivalent du matérialisme dialectique), d'une prophétie substitut d'une prédiction qui, semblable à l'esprit absolu de Hegel, doit pouvoir se déployer dans ses diverses incarnations »[20]. On comprend alors que le héros soit étrangement « dépersonnalisé ». L'autobiographie de Maurice Thorez réalise en effet « l'exploit » de ne céder au culte de la personnalité que sous les dehors d'un refus du culte de la personnalité : M. Thorez s'y présente comme le produit d'une histoire dans laquelle il est immergé – celle de la classe ouvrière, plus généralement, celle du peuple français (avec la figure du paysan très présente dans la socialisation du jeune Thorez) – dont il ne devient un représentant qu'au prix d'un *travail*, susceptible, somme toute, d'être effectué par tous les militants. L'éloge du représentant s'y confond totalement avec l'éloge des représentés et la promotion politique du premier y est habilement entrecroisée à la promotion politique des seconds. Rarement ouvrage autobiographique le fut aussi peu : toute complaisance par trop explicite du narrateur à son sujet en est bannie. M. Thorez semble se contenter de prêter sa figure à une trajectoire exemplaire, celle du dirigeant ouvrier communiste. Au-delà de cet honneur insigne qu'il doit à son rang de secrétaire général du PCF, au-delà de la consécration personnelle qui en résulte, M. Thorez, dans *Fils du Peuple*, confère ses lettres de noblesse à un tout autre acteur que le héros apparent : c'est l'histoire sociale personnelle commune à tous les responsables communistes dont la trajectoire est semblable à la sienne qui est érigée au rang de valeur supérieure. Comme le souligne Marie-Françoise Chanfrault-Duchet, « le *je* de l'enfant, dans *Fils du peuple*, n'est pas un *je* habité »[21], ni non plus le *je* adulte qui est très vite sublimé dans le « nous » partisan. Il en ressort une sorte de personnalité « impersonnelle » ou « bureaucratique », chargée d'incarner l'organisation partisane, dont les détenteurs ne seraient propriétaires que par procuration. En ce sens le « pacte autobiographique »[22] qui implique communément l'identité de l'auteur, du narrateur et du héros, est mis au service d'un pacte autobiographique au second degré qui commande l'idéologie de la narration autobiographique : c'est la classe, mais une classe « théorique », qui prédispose au *je* militant, lequel ne peut s'énoncer que dans le *nous* partidaire. Ce dispositif s'autorise d'un refus du culte, dominant, de la personnalité, qui cherche toujours l'origine de l'exceptionnalité d'un destin indivi- duel dans de mystérieuses qualités personnelles innées. Il tend au contraire à s'abîmer dans le culte du Parti, seul véritable héros de cette histoire. Fondé sur la réhabilitation populiste des origines, l'incipit livrait, d'entrée de jeu, la clef de *Fils du Peuple* : « Fils et petit-fils de mineurs, aussi loin que remontent mes souvenirs, je retrouve la rude vie du travailleur : beaucoup de peines et peu de joies ». Issu d'un groupe ouvrier spécifique – les « mineurs » –, cas particulier d'un destin collectif général – celui « du travailleur » –, ce destin est d'abord marqué par l'exploitation capitaliste – « beaucoup de peines et peu de joie ». De ce point de vue, *Fils du peuple* se conforme aux autobiographies ouvrières telles que les spécifie Michelle Perrot : « Tandis que les élites proclament leur droit à l'égotisme et s'enfoncent dans l'exploration des profondeurs du moi, les écrivains ouvriers affirment la primauté d'une identité collective déployée dans l'espace public. C'est le témoignage, l'exemple, qui justifient la prise de position de gens qui se veulent d'abord les porte-parole du groupe, voire de la classe, et construisent leur récit comme un testament, autour de ce qui fonde leur légitimité : la souffrance, le travail, l'expérience militante. »[23]

Si le culte de la personnalité ouvrière militante structure, avec plus ou moins de vraisemblance suivant les cas, le culte des dirigeants communistes, s'il a pu de ce fait conforter bien des militants communistes, et des citoyens des pays socialistes, dans la conviction qu'ils étaient guidés par des chefs aux qualités hors du commun, il ne faudrait pas en conclure pour autant à un acquiescement généralisé. Les aires sociales de participation au culte des dirigeants, au-delà des élites militantes, doivent être en chaque cas mesurées. Tout donne à penser que la dénonciation qu'opère Nikita Khrouchtchev au XXe congrès du PCUS en 1956 n'aurait pu être aussi brutale si la distance entre le culte institutionnellement orchestré et le culte pratiqué ne l'avait pas rendu possible.

Notes

1. Philippe Burrin dans *Stalinisme et nazisme*, sous la direction de Henry Rousso, Bruxelles, Complexe/IHTP, 1999. p. 93.

2. Cf. Sheila Fitzpatrick, « L'identité de classe dans la société de la NEP », *Annales* ESC, 2, mars-avril 1989, pp. 251-271.

3. Le référentiel d'une politique permet d'« opérer un décodage du réel grâce à l'intervention d'opérateurs intellectuels qui permettent de diminuer l'opacité du monde en définissant de nouveaux points d'appuis pour agir ; et d'opérer un recodage du réel à travers la définition de modes opératoires susceptibles de définir un programme d'action politique ». Pierre Muller, *Les politiques publiques*, Paris, PUF, 1990.

4. Sheila Fitzpatrick, *art. cité*, p. 78. Le mythe et le contenu qui le sous-tend sont analysés dans « Stalin and the making of a new Elite, 1928-1939 », *Slavic Review*, septembre 1979 et dans *Education and Social Mobility in the Soviet Union, 1921-1934*, Cambridge, 1979.

5. Dina Khapaeva et Nicolaï Kopossov, « Les demi-dieux de la mythologie soviétique. Étude sur les représentations collectives de l'histoire », *Annales ESC*, juillet-octobre 1992, n° 4-5.

6. Staline, *L'Homme le capital le plus précieux* et *Pour une Formation Bolchevik*, Éditions Sociales, 1945, p. 44.

7. Mais aussi des scénarios de films soviétiques, cf. Fabrice Montebello, *Spectacle cinématographique et classe ouvrière, Longwy : 1944-1960*, Thèse pour le Doctorat d'Histoire, Lyon II, 1997.

8. Georgette Gueguen-Dreyfus, *Tu seras ouvrier*, Éditions Sociales internationales, 1935. Roman de formation, réaliste-socialiste, dont le héros, Jean Tessier, de l'enfance à la maturité, franchit les différents obstacles qui feront de lui un communiste exemplaire.

9. Berthold Unfried, « Montée et déclin des héros » dans *La fabrique des héros*, sous la direction de Pierre Centlivres, Daniel Fabre et Françoise Zonabend, Éditions de la Maison des sciences de l'homme, Paris, 1998, p. 192.

10. *Ibid.*, p. 193.

11. Sheila Fitzpatrick, *The Russian Revolution*, Second edition, Oxford University Press, 1994 et Sheila Fitzpatrick, *Education and Social Mobility, op. cit.*

12. Marc Lazar, « Le mineur de fond : un exemple de l'identité du PCF », *Revue française de science politique*, Vol. XXXV, n° 2, avril 1985, pp. 190-205. L'héroïsation s'étend au roman historique. Ainsi *Spartacus* (1951) d'Howard Fast, écrivain américain alors membre du PC des USA. Cf. Howard Fast, *Mémoires d'un rouge*, Paris, Rivages/Écrits noirs, 2000, 452 p.

13. Véronique Garros, Natalia Korenevskiya and Thomas Lahusen, *Intimacy and Terror. Soviet Diaries of the 1930s*, New-York, The New Press, 1995.

14. Jochen Hellbeck, « Factories of the Soviet Self : Diaries from the Stalin Era », communication aux journées d'études *Discours de soi et pratiques identitaires dans la culture stalinienne des années trente*, 22-23 octobre 1999, Paris, MSH, sous la direction de Brigitte Studer et Berthold Unfried.

15. Georges Haupt, Jean-Jacques Marie, *Les bolcheviks par eux-mêmes*, Maspero, 1969, p. 8.

16. *Ibid.*, p. 8.

17. Claudio Sergio Ingerflom, « Les représentations religieuses du pouvoir dans la Russie soviétique et post-soviétique », *Sociétés contemporaines*, n° 36, 2000. Et avec Tamara Kondratiéva, « Pourquoi la Russie s'agite-t-elle autour de Lénine ? » dans *La mort du Roi*, sous la direction de Jacques Julliard, Paris, Le Seuil, 1999.

18. Moshe Lewin, « Staline dans le miroir de l'autre », in *Nazisme et communisme*, sous la diection de Marc Ferro, Pluriel, Hachette Littérature, 1999, p. 102.

19. Bernard Pudal, « Le "peuple" dans *Fils du peuple* », *Sociétés et représentations*, n° 8, décembre 1999-février 2000, pp. 265-279.

20. Régine Robin, *Le réalisme socialiste, une esthétique impossible*, Paris, Payot, 1986, p. 317.

21. Marie-Françoise Chanfrault-Duchet, « Père, parti et parti-pris narratif : Maurice et Paul Thorez », dans *Le récit en question, Cahiers de sémiotique textuelle*, n° 12, 1988, pp. 93-127.

22. Philippe Lejeune, *Le Pacte autobiographique*, Paris, Éditions du Seuil, 1975.

23. Michelle Perrot, « Les vies ouvrières », *Les lieux de mémoire*, sous la direction de Pierre Nora, Gallimard, 1997 (Éditions Quarto), p. 3958.

Chapitre XIX

« La femme nouvelle »

par Brigitte Studer

En 1937, l'écrivain allemand Lion Feuchtwanger témoigne, comme bien d'autres communistes occidentaux avant lui, de son voyage en URSS, la « patrie du socialisme ». C'est à l'évolution des possibilités professionnelles, intellectuelles et culturelles des femmes que se mesurent à ses yeux les progrès de la société soviétique. « Quelle joie », écrit-il, « de rencontrer ces gens jeunes qui peuvent cueillir les premiers fruits de l'éducation soviétique. [...] L'avenir est devant eux comme une route bien tracée dans un beau paysage. [...] Lorsqu'une jeune étudiante de l'école d'ingénieur, qui fut encore ouvrière il y a peu, me dit : "Voilà quelques années en arrière, je ne savais pas écrire correctement le russe, et voilà que, dans un allemand tout à fait passable, je peux discuter avec vous sur l'organisation d'une usine d'automobile aux États-Unis", ou, lorsqu'une jeune fille de la campagne vous raconte toute rayonnante : "Il y a quatre ans je ne savais ni lire ni écrire, et aujourd'hui je peux m'entretenir avec Feuchtwanger sur ses livres", la fierté est légitime. »[1]

En invoquant la progression sociale des femmes comme signe tangible de la réussite du projet soviétique, Feuchtwanger fait appel à un schème d'interprétation de la réalité sociale dans lequel la différence socialement construite entre féminin et masculin sert de signifiant : comme le développement des femmes est généralement moins avancé que celui des hommes, leur émancipation devient l'indicateur privilégié de la profondeur des changements sociétaux[2]. La nouvelle Constitution de 1936, cette représentation que l'État soviétique donne de lui-même, affirme précisément que les femmes soviétiques ont atteint l'égalité avec les hommes. Cette vision des choses est reprise par la presse communiste du monde entier. Intégrée aux discours des partis communistes, notamment des pays industrialisées de l'Europe de l'Ouest, elle structure la perception de l'Union soviétique et fonctionne en même temps comme projection d'un futur communiste dans les pays capitalistes. Est-ce à dire que l'Union soviétique des années 1930 a réalisé la transformation fondamentale qu'est le renoncement à l'arbitraire culturel de la division entre les sexes, profondément inscrite dans les sociétés tant traditionnelles que modernes ?

Il n'en est rien. En réalité, la société singulière, se définissant comme égalitaire, que constitue l'URSS n'a pas renoncé – selon la formule de Pierre Bourdieu – au « long travail collectif de socialisation du biologique et de biologisation du social », sur lequel repose la différenciation entre hommes et femmes, appuyée et justifiée en apparence par les différences anatomiques[3]. D'où la notion de « genre », qui s'est imposée depuis quelques années dans la recherche historique ; concept que le sociologue définit comme un « habitus sexué » ou une « matrice de perception »[4], et que Joan Scott conçoit même comme un élément constitutif des relations sociales, basé sur la perception de différences entre les sexes. De plus, selon elle, le genre fonctionne aussi comme l'un des principaux champs dans lequel s'articulent les relations de pouvoir[5]. Cet article se propose d'examiner le rôle du genre dans le communisme d'avant 1945. Il prend en compte aussi bien la société soviétique que les PC occidentaux. Dans ces partis communistes situés à l'intersection de deux cultures, l'influence soviétique se révèle rapidement prépondérante sur la culture ouvrière de leur pays. Dès lors, une série de questions se posent : quelles images le régime bolchevique, puis le système stalinien et les partis regroupés dans l'Internationale communiste, se font-ils de la masculinité et de la féminité ? Comment conceptualisent-ils la relation entre femmes et hommes dans l'ordre social communiste ? Quels moyens se donnent-ils pour abolir la division sexuelle du travail ? Comment se passent les négociations des relations de genre à un moment donné ? Enfin, quels sont les contradictions et les conflits apparaissant lors des allers-retour entre l'imaginaire politique et les pratiques sociales et symboliques ?

Un modèle unique : le masculin

La Révolution bolchevique instaure le principe d'égalité. Le Code civil de 1918 octroie les mêmes droits au mari et à la femme, le couple a le libre choix du nom de famille, plus aucune discrimination n'est faite entre enfants légitimes et illégitimes[6]. Le divorce, impossible sous le tsarisme, est rendu aisé. En 1920, l'avortement sous contrôle médical est légalisé. La représentation de « la femme » qui préside à cet ensemble de lois est la femme forte et autonome, à l'instar sans doute de celle qui, aux yeux des pays occidentaux, en est la personnification, Alexandra Kollontaï. Il n'empêche que la nouvelle codification édictée en 1926 reflète déjà en partie une image plus traditionnelle et plus conservatrice de la féminité, en associant la femme à la dépendance familiale. Si les termes de la loi ne vont pas encore clairement dans ce sens, les controverses qui l'accompagnent le font. Pour Sofia Smidovitch, qui en 1922 avait succédé à Kollontaï comme responsable du bureau féminin du Parti communiste unifié (bolchevique), le *jenotdel*, la femme est d'abord et toujours une victime, un état d'infériorité que favorise encore la liberté sexuelle. Elle associe la contraception et l'interruption de grossesse à un libertinage malvenu en société bolchevique, puisqu'il s'agit d'un comportement essentiellement bourgeois. Que cette corrélation avec un monde rejeté par le communisme ait été établie à partir du féminin et non du masculin ne tient probablement pas du hasard. En effet, la Révolution russe conçoit une grande partie de l'habitus de la bourgeoisie, son goût du luxe notamment, comme efféminé, rappelant ainsi le regard que la Révolution française avait jeté sur l'aristocratie.

Il n'empêche que la situation révolutionnaire, puis de guerre civile ouvre un espace d'action politique et sociale aux femmes. Les partis communistes occidentaux reflètent cette promesse d'émancipation et cette opportunité pratique puisqu'ils drainent un nombre important de militantes dans un premier temps. Or, rapidement, l'éthos combatif, voire paramilitaire de certains partis communistes, dont en particulier le Parti communiste allemand, induit une virilisation des formes d'exhibition et de stylisation de l'identité bolchevique. D'ambivalentes, voire de contradictoires, donc conflictuelles et négociables, les représentations deviennent ensuite plus homogènes. Dans l'iconographie communiste de la seconde moitié des années 1920, qu'elle soit soviétique, allemande, suisse ou encore française, le genre de la classe ouvrière est masculin. C'est l'homme au poing levé qui personnifie l'image que les partis communistes se font d'eux-mêmes, c'est lui qui représente l'ardeur dans la lutte, le courage dans les affrontements physiques, la dureté face à « l'ennemi de classe ». La « bolchevisation » des partis communistes – inaugurée en 1925 –, puis la politique dite de « classe contre classe », instaurée trois ans plus tard, font appel à un acteur masculin avec leur forte militarisation de l'activité politique. Les caractéristiques exigées des militants ne s'appliquent en effet guère aux femmes, ou en tant qu'auxiliaires seulement. Des images au langage, tout concourt à dessiner de la militance et des activistes une représentation masculine. « Le parti » devra entrer sur le terrain de l'histoire « comme un seul homme », proclame Zinoviev, le secrétaire général du Komintern, en 1925[7]. Dans l'Union soviétique de la Nouvelle politique économique (NEP), l'image de la commissaire, encore en vogue pendant la période de guerre civile, doit céder sa place à un modèle de femme plus traditionnelle ; alors que la propagande communiste occidentale se concentre toujours plus exclusivement sur le symbole de la prolétaire exploitée et/ou de la mère misérable que seul le communisme délivrera.

De fait, les organisations communistes montrent d'emblée un certain embarras face à la définition de l'identité féminine. Si la mise en scène classique de la féminité à travers l'élégance, les bijoux et le maquillage passe pour une attitude bourgeoise, les formes de stylisation masculines sont également rejetées. Enfin, l'androgynie constitue un modèle tout aussi inacceptable : non seulement parce que le communisme ne renonce pas à sexuer sa représentation du monde, mais aussi parce qu'une telle mise en scène de l'identité est associée au féminisme. Or, les partis communistes n'ont de cesse de se distancer de ce qu'ils qualifient de manière péjorative un « mouvement bourgeois ». Un intérêt féminin indépendant des intérêts ouvriers leur est suspect, le critère déterminant de la politique communiste étant l'appartenance de classe et non plus de genre. Ce qui, à son tour, provoque un véritable problème de classification. Dans quelle catégorie sociale ranger les ouvrières ? Femme ou prolétaire ? Et plus complexe encore : où placer les ménagères ? L'organisation des femmes pose - pour ainsi dire - un problème épistémologique aux partis communistes. En effet, leur conceptualisation repose sur la prémisse que les femmes ont soit une « fausse » conscience, soit pas de conscience de classe du tout. Elles sont « passives » ou « indifférentes », estime l'Internationale communiste (IC) dès son IIIe congrès, en 1921, consacré en grande partie à « la question femme ». Elle en conclut que « les masses inertes des ouvrières non entraînées dans le mouvement des ménagères, des employées, des paysannes non affranchies des conceptions bourgeoises, de l'Église et des préjugés, et non rattachées par un lien quelconque au grand mouvement de libération qu'est le communisme » présentent « un grand danger »[8].

Le jugement porté sur les femmes relève de la définition que donne l'Internationale de la conscience de classe et qui a tendance à doublement exclure les femmes. D'une part, la conscience de classe est associée prioritairement aux travailleurs de certains lieux de production de l'industrie lourde, tels que les grandes entreprises de la métallurgie, de la sidérurgie ou de la construction sur lesquels l'activité politique se recentre de plus en plus exclusivement. Or ces occupations sont peu compatibles avec les conceptions dominantes de la féminité et on n'y trouve que peu de femmes. D'autre part, la conscience de classe s'exprime au sein d'organisations « classiques » telles que le parti et le syndicat, axés tous deux sur l'attente de l'affrontement paroxystique et cathartique entre les classes. Il s'agit de lieux publics d'où le féminin est encore socialement et culturellement exclu. Une femme « honnête » ne s'attarde pas dans la rue, elle ne fréquente pas les bistrots et autres salles où se réunissent les organisations ouvrières. La recherche historique ne peut donc pas se contenter d'approches descriptives pour débusquer les traces du développement d'une conscience de classe chez les femmes ; même si l'assouplissement, voire la rupture des délimitations entre sexes sont, au lendemain, de la Révolution russe, des réalités incontestables. Pour comprendre pourquoi les femmes ne jouent qu'un rôle secondaire dans la politique bolchevique, il faut se souvenir que le communisme, dans sa structure de l'espace du pouvoir, dénie presque tout capital symbolique au genre, quand il n'est pas considéré comme antinomique à celui de classe. Cela ne pose certes pas problème pour les hommes puisque ce sont les formes produites par la socialisation masculine qui passent pour l'expression de la « conscience de classe ». En revanche, les modes d'action politique plus spécifiques de l'identité féminine ne sont pas interprétées comme tels[9].

Néanmoins, avant la « bolchevisation », les partis communistes laissent planer un certain flou et font preuve en pratique d'une certaine tolérance quant à la représentation de l'identité de classe. Sous l'influence de l'héritage du féminisme social-démocrate, les ménagères ont tout à fait leur place dans le parti. L'exploitation de la femme par son mari n'est-elle pas aussi une exploitation ? Les bolcheviks préconisent la « socialisation » du travail domestique grâce à son transfert vers des services salariés ou à son déplacement vers des infrastructures collectives. Mais il n'est pas question d'en charger les hommes. Les travaux seront toujours exécutés par les femmes. La « bolchevisation » mettra fin à cette ouverture des premières années. Dès lors le critère d'appartenance de classe sera interprété non plus comme une adhésion intellectuelle à un projet politique, mais comme une provenance sociologique. Dans cette optique, ces femmes des classes moyennes, ces médecins, institutrices et avocates – célibataires voire épouses d'un homme exerçant lui aussi une profession libérale – qui s'engagèrent assez nombreuses dans le Parti au début des années 1920, sont stigmatisées comme un corps potentiellement étranger. Seules les ouvrières et, selon le mode généralement appliqué de l'agrégation de l'épouse à son mari, les femmes d'ouvriers forment le bassin de recrutement et le centre d'intérêt du Parti.

Ainsi le dilemme initial se dissout *de facto* avec le tournant ouvrier du milieu des années 1920. C'est à « l'autre moitié du *prolétariat* » que s'adressent les organisations bolchevisées – et non d'abord à l'autre *sexe*. Le conflit autour des instances féminines du Parti – le *jenotdel* mis sur pied en 1917 dans le Parti bolchevik, le secrétariat féminin international créé en août 1920 dans le Komintern et les sections féminines des partis communistes – est ainsi réglé en faveur d'une nette subordination politique aux objectifs du Parti. Ces organismes deviennent, selon l'expression de Staline, une simple « courroie de transmission » entre le parti et « les masses »[10]. De même, leur relative autonomie organisationnelle est progressivement étouffée dans l'étau de plus en plus serré de la centralisation par une logique de pouvoir qui, à cet égard, les met constamment en concurrence avec les syndicats[11]. Les sections féminines des partis communistes sont transformées en simples commissions dans la deuxième moitié des années 1920, le secrétariat international dirigé par Clara Zetkin puis par une autre Allemande, Hertha Sturm, est mis en veilleuse en 1926 avant d'être soumis directement au Comité exécutif et repris par Varvara Mojrova, la dirigeante de la section féminine du Comité central du PC d'Union Soviétique. Le département féminin du Parti communiste soviétique est, quant à lui, aboli en 1930. La « question féminine » est déclarée résolue puisque les femmes sont, dès lors, sur un pied d'égalité avec les hommes dans le processus de production[12].

Dans l'élan de la « bolchevisation », la division sexuelle est par ailleurs instrumentalisée pour surveiller et discipliner les partis de l'Internationale communiste. Comme l'indique Zinoviev au début de 1925, dorénavant les partis communistes seront jugés d'après leurs succès dans l'organisation des ouvrières[13]. Pourtant, aucun critère concret d'évaluation n'est fixé, ce qui laisse le champ libre à l'arbitraire. Celui qui détient le pouvoir de définition dans le Komintern possède, par conséquent, un instrument de domination de première importance. En effet, selon les cas, les partis communistes risquent d'être rappelés à l'ordre pour « passivité », si leurs résultats ne sont pas considérées comme probants, ou à l'inverse de « déviations » s'ils prennent trop d'initiatives.

Les efforts déployés pour imposer un modèle de représentation culturellement homogène dans le Komintern et les partis affiliés sont couronnés de succès vers la fin des années 1920. Cela ne vaut pas seulement pour la stalinisation de la ligne politique, dont on connaît plutôt bien le processus aujourd'hui, mais aussi pour la normalisation sociologique, phénomène sur lequel des recherches restent certainement à faire. On se limitera donc à quelques remarques non systématiques en s'arrêtant sur le cas du Parti communiste suisse[14]. Les femmes voient leur nombre diminuer, leur activité se réduire au sein des instances de direction et leur diversité sociologique s'appauvrir[15]. En substance, il apparaît qu'au fil des années 1920 ce sont surtout les femmes célibataires qui disparaissent du Parti ou, du moins, glissent vers ses marges. Beaucoup d'entre elles occupaient des fonctions dirigeantes, notamment, mais pas uniquement, à la tête des organismes de femmes. L'ouvriérisme grandissant explique en partie ce phénomène d'érosion, puisque nombre d'entre elles provenaient de milieux bourgeois et exerçaient des professions libérales. Mais cette disparition, ou pour le moins cette marginalisation, est aussi due au rejet toujours plus radical du modèle culturel féministe, tel que l'a représenté, en France, Madeleine Pelletier[16]. Dans les années 1930, ce modèle unilatéral sera cependant remplacé.

Un modèle bipolaire, mais hiérarchique

Si à ses débuts le stalinisme n'opère encore que peu de distinctions entre féminité et masculinité, il fait tout de même aux femmes une offre d'identification spécifique dès la phase dite de la « révolution culturelle », entre 1929 et 1931, caractérisée par un volontarisme millénariste et la prolétarisation des élites et des rapports sociaux[17]. La collectivisation de l'agriculture conduit à la féminisation de la paysannerie, au sens propre comme au figuré. Elle détruit, en effet, la structure patriarcale de l'unité agricole et suscite un immense exode masculin vers la ville[18]. Grâce à ces nouvelles conditions, les femmes peuvent occuper des fonctions de responsabilité dans les *kolkhozes* et accomplir des tâches jusqu'alors réservées aux hommes. La photographie de la (riante) conductrice de tracteur, largement diffusée par la propagande, en est l'expression la plus classique[19]. Mais le phénomène ne s'arrête pas là. Il induit, en effet, un changement de sexe de la représentation visuelle de la paysannerie soviétique. Alors que dans la décennie antérieure, une figure masculine représentait l'agriculture, dans les années 1930 c'est une femme qui en devient l'emblème. Toutefois, comme le démontre la statue représentant un couple dans le pavillon soviétique de l'Exposition universelle de 1937 à Paris, allégorie du lien entre la classe ouvrière et la paysannerie, la hiérarchie sociale n'est pas abolie[20]. Dans ce couple, c'est même le genre qui en est l'expression, tout comme s'articulent par lui les relations de pouvoir de l'URSS : l'ouvrier est un peu plus grand que la paysanne et celle-ci est placée légèrement en retrait par rapport à la figure virile dominante. Un rapport analogue de subordination sexuée est établi dans les représentations picturales de la relation entre l'État et le peuple : l'État masculin est personnifié par le « petit père des peuples » Staline, alors que ce peuple, précisément, est constitué sur de nombreux tableaux du réalisme socialiste triomphant par des personnes de sexe féminin[21]. Le social est ainsi « naturalisé » grâce au recours à la construction sociale de la distinction entre genres.[22]

Le recours à la différenciation sexuelle n'est pas qu'un acte figuratif, il est tout autant discursif et performatif. Dès le milieu des années 1930, s'affiche et s'affirme une forme de féminité « classique », basée sur les artifices de la beauté, sur la famille et sur la maternité[23]. Parallèlement à la diffusion, en URSS, d'une norme comportementale prônant la rationalité, l'hygiène, la responsabilité, la discipline, la volonté de réussite professionnelle et d'éducation permanente, bref l'individu « cultivé » (*kulcturnyj celovek*), le stalinisme introduit un modèle identitaire différencié selon le milieu social et le genre[24]. Dans cette entreprise de « civilisation » de la société soviétique, la fonction principale revient à la « femme nouvelle ». C'est aux femmes « d'embellir » la vie, selon la formule de Staline, en soignant leur apparence et en aménageant le domicile. Les épouses des hauts fonctionnaires du régime sont invitées en 1936 à renoncer à une activité salariée pour adopter un rôle d'auxiliaire indispensable à la carrière de leur époux, et même celui de dame patronnesse distillant les nouvelles valeurs de respectabilité et de propreté dans les usines et à la campagne[25]. Les femmes des autres couches sociales, les ouvrières et les paysannes notamment, ne sont toutefois pas censées se limiter à la gestion du capital culturel de la famille et à la diffusion de normes de « civilisation ». Leur apport à la production est plus que jamais indispensable. Par conséquent, le modèle culturel que le stalinisme leur offre est celui de l'héroïne du travail : une héroïne qui, néanmoins, sait vivre, apprécier les belles choses, la mode, l'art et la culture, et qui, de plus, n'oublie pas qu'une femme est aussi ou même avant tout une mère.

Dans la seconde moitié des années 1930, l'intégration de la femme des classes ouvrière et paysanne dans la société stalinienne passe par un double vecteur. D'abord, le système valorise la maternité comme fonction sociale, soulignée par l'inscription de la protection des intérêts de la mère et de l'enfant comme un droit fondamental dans la Constitution soviétique de 1936 (art. 122). Ensuite, l'adhésion des femmes est obtenue par l'offre de nouvelles possibilités de carrière. La « travailleuse de choc », par exemple, reçoit une reconnaissance officielle et publique, et ses conditions de vie font un bond en avant grâce au salaire individuel lié au rendement.

Comment les partis communistes réagissent-ils à ce tournant idéologique ? La réponse doit tenir compte de deux facteurs au moins. Premièrement, les partis communistes sont, dès 1931-1932, « stalinisés ». Dans ce sens, ils adhèrent complètement au système stalinien. Cette soumission s'obtient grâce à des techniques de pouvoir et aux logiques d'organisation qui leurs sont inhérentes – certes, mais la contrainte institutionnelle n'explique pas tout. Pour reprendre la formule de Stephen Kotkin, les partis et les gens ont appris « à parler bolchevique ». Autrement dit, ils ont intériorisé l'ensemble des règles, des codes, des conventions et des normes en vigueur sous le stalinisme en des structures cognitives, des attitudes et des dispositions de caractère à travers lesquels ils perçoivent et interprètent le monde social. Deuxièmement, le retour à un certain conservatisme dans la différence de genre, surtout pendant la seconde moitié des années 1930, n'est pas limité à l'Union soviétique. La préoccupation nataliste et un renforcement conséquent des structures et valeurs familiales se retrouvent tout autant dans des pays démocratiques comme la France et la Suisse, que dans l'Italie fasciste et l'Allemagne national-socialiste. L'approbation et l'adoption de la nouvelle politique soviétique par les communistes d'Europe occidentale constitue donc autant une entreprise d'ajustement à l'évolution de l'URSS qu'une stratégie d'adaptation et d'intégration à leur environnement culturel immédiat[26]. La célébration du culte de la famille se constate de façon exemplaire dans la mise en scène de la vie du leader du Parti communiste français, Maurice Thorez. Le dirigeant français se rattache ainsi de manière performative à la valeur « famille », à l'instar du parti qui s'y réfère par son discours et son programme[27]. Les autres partis communistes ne sont pas en reste. Ainsi, le Parti suisse produit, dans la seconde moitié

des années 1930, une iconographie vantant les mérites de stabilité sociale et individuelle liée à la vie de famille. Le rattachement de l'individu à la famille vaut d'ailleurs
aussi bien pour les hommes que pour les femmes. Mais si la responsabilité du père
est rappelée et renforcée – « un vrai communiste s'occupe de sa famille » – , c'est sur
la base d'une attribution des rôles qui laisse principalement à la mère la responsabilité
d'éduquer et de soigner les enfants. Et, en dépit de la symétrie que pourrait faire
croire l'attention portée également au rôle paternel et marital des hommes, le rôle
maternel passe moins pour une fonction sociale que pour une caractéristique « naturelle » des femmes[28]. Pendant cette période, une militante est d'abord une mère. Lors
de la condamnation à mort d'une communiste allemande par les nazis, le journal
féminin du parti en Suisse romande présente la victime comme « une mère pleinement
consciente », qui « avec un soin touchant, après une journée de dur labeur », « not[ait] »
ce que son bébé avait fait ce jour-là, son état de santé. »[29] L'appel à la féminité ne
demeure pas sans écho auprès des membres du Parti. « Il ne faudrait jamais oublier
que la militante n'est pas seulement une camarade de lutte, mais aussi une femme »,
peut-on lire dans une autre revue communiste suisse en 1937. « C'est ainsi que le
veut la nature. Le socialisme ne change rien à cela. »[30]

L'ajustement cognitif au tournant soviétique ne se fait toutefois pas sans heurt,
démontrant en cela que tout pouvoir de définition de la réalité sociale repose sur un
processus de négociation entre divers groupes d'agents. En particulier, la campagne
soviétique lancée dans la seconde partie des années 1930 contre l'avortement et qui,
après un mois de discussions publiques, conduira à la loi de mai 1936 interdisant
cette pratique, rencontre souvent l'incompréhension des communistes occidentaux
établis dans le pays[31]. Lors des assemblées d'entreprise, certains critiquent même
ouvertement ce changement d'attitude. Pourquoi l'Union soviétique adopte-t-elle
une loi que les communistes ont combattu dans les pays capitalistes ? Dans certains
partis, des femmes s'élèvent contre la nouvelle législation, mais ces voix discordantes
se taisent rapidement. En URSS, la répression policière a tôt fait de les étouffer[32].
Dans les autres partis communistes, cette opposition surtout féminine demeure
minoritaire et sans réelle influence sur les instances de décision où les femmes sont
peu représentées. D'autant plus que la violence symbolique masculine leur dénie de
manière générale toute capacité d'universalisation[33].

Malgré les déclarations répétées en faveur du principe d'égalité entre hommes et
femmes[34], cette violence est, en effet, à l'œuvre dans le système communiste :
notamment à propos du travail salarié où, par une « opération de transformation »,
la pratique fait l'impasse sur la valeur sociale du labeur féminin en le transposant dans
le monde des loisirs et de la consommation. Nullement spécifique au monde
communiste, ce procédé y est cependant très significatif puisqu'en Union soviétique
les femmes peuvent accéder à des positions et des fonctions inhabituelles ailleurs,
dans l'industrie lourde ou en exerçant des métiers « masculins ». Or, comme l'a
constaté Susan Reid à propos de l'art figuratif, on ne trouve guère de tableau
représentant des femmes à ces besognes. La tendance va à la représentation des
ouvrières pendant la pause de midi, lors d'une assemblée syndicale ou dans un
environnement idéalisé d'où bruit et poussière semblent absents. L'action politique
des femmes est aussi sous-représentée. Dans son analyse de l'iconographie du PCF

dans les années 1930, Éric Weitz parvient à la conclusion que des femmes en grève sont rarement photographiées en pleine action. On les montre plutôt hors contexte, sans leur outil de travail et sans les attributs de la situation conflictuelle, comme le piquet de grève. On trouve bien sûr des exceptions, mais elles relèvent souvent de situations socialement instables comme aux débuts d'une révolution. L'exemple-type pour la seconde moitié des années 1930 est fourni par la guerre civile espagnole. Dans ce cas, comme dans d'autres, on peut voir en action le travail de transformation décrit précédemment. Lorsque les miliciennes sont encore tolérées dans les forces républicaines, les journaux communistes les représentent jeunes, jolies et en général gaies, les privant ainsi du statut de vrai militaire. Mais même « dévirilisée », la fonction de milicienne n'est jamais un comportement considéré comme féminin. Le journal communiste *Femmes en Suisse romande* se sent obligé de « l'expliquer », ce qui lui donne immédiatement un caractère exceptionnel. « Pourquoi », demandent les rédactrices en janvier 1937, « tant de jolies Espagnoles », le « type féminin par excellence, tant par son extérieur que par ses sentiments », ont-elles pris les armes ? Pourquoi se sont-elles « coiffées du képi et armées du fusil des miliciens » ? Formulation qui précise en passant que l'arme est d'abord un objet masculin. On apprend en outre, dans l'article, que ce comportement s'explique du fait qu'elles n'avaient pas le choix. À situation exceptionnelle, comportement exceptionnel : elles se sont « dressées dans toute l'admirable beauté de leur immortelle haine du fascisme et [elles] ont endossé le fusil »[35].

Le communisme, dans ses versions bolchevique et stalinienne, n'échappe donc pas, en ce qui concerne la différence de genre, à ce que Roland Barthes a appelé « l'effet de réel ». Il établit comme un phénomène naturel ce qu'il contribue précisément à construire. Dans ce procédé d'élaboration de la différence, les images et les fonctions sociales féminines sont plus flexibles, plus malléables et plus diverses, et leurs usages plus variés que du côté masculin. Néanmoins, les constructions de la féminité et de la masculinité sont toujours relationnelles, ne serait-ce que par la référence indirecte, mais permanente, à la représentation plus stable dans le temps et l'espace de l'identité masculine. Le modèle martial du début des années 1920 est valable pour les deux genres, quoique son effet ait été différent pour l'un et pour l'autre. De même, l'appel à la responsabilisation dans le cadre de la famille après 1935 s'adresse aussi bien aux hommes qu'aux femmes. Seulement, les priorités sont posées différemment. Si les hommes sont appelés à l'ordre, c'est d'abord pour qu'ils se disciplinent au travail, le *turnover* étant l'un des grands problèmes sociaux de l'URSS. La stabilisation professionnelle et familiale est cependant un objectif que partagent également à ce moment-là les pays occidentaux. Mais à la différence de ces derniers, en Union soviétique on ne demande pas aux femmes de quitter leur emploi – sauf à celles appartenant aux élites. On leur demande au contraire de cumuler maternité et travail salarié, un modèle que les partis communistes reprennent en partie. En ce sens, le schème culturel basé sur la famille que défendent les communistes dans la seconde moitié des années 1930 n'est pas qu'un simple retour à des valeurs conservatrices. Il est aussi l'embryon du rôle moderne qui s'imposera peu à peu dans l'après-guerre. Cette nouvelle représentation de l'identité féminine maintient toutefois la hiérarchie entre les diverses fonctions des femmes : la mère vient toujours avant la travailleuse, la militante agit d'abord pour défendre les enfants et les faibles[36].

Notes

1. Lion Feuchtwanger, *Moskau 1937. Ein Reisebericht für meine Freunde*, Berlin, Aufbau Taschenbuch Verlag, 1993, 20. (Publié originellement en 1937 au Querido Verlag, Amsterdam.) L'ouvrage en question est un travail de commande devant corriger l'effet désastreux produit par la publication du *Retour de l'URSS* d'André Gide.

2. Roger Chartier utilise une définition très large de la notion de représentation qui englobe autant les perceptions et interprétations que les pratiques sociales et leur institutionalisation : *Au bord de la falaise. L'histoire entre certitudes et inquiétude*, Paris, Albin Michel, 1998, p. 12.

3. Pierre Bourdieu, *La domination masculine*, Paris, Seuil, Collection Liber, 1998, p. 9.

4. *Ibid.*, p. 39.

5. Joan Wallach Scott, « Gender : A Useful Category for Historical Analysis », in *Gender and the Politics of History*, New York, Columbia University Press, 1988, pp. 28-50.

6. Pour une présentation plus détaillée de l'évolution de la situation légale et sociale des femmes en Union soviétique, cf. Wendy Goldman dans ce volume.

7. Discours sur « Die Aufgaben der Arbeiterinnen und Bäuerinnen der Sowjetunion in der gegenwärtigen Periode der Revolution », *Inprekorr* (Berlin) n° 29, 1925, p. 434.

8. « Thèses pour la propagande parmi les femmes, adoptées lors du IIIᵉ Congrès de l'Internationale communiste en 1921 », citées in : *Thèses, manifestes et résolutions adoptés par les Iᵉʳ, IIᵉ, IIIᵉ et IVᵉ Congrès de l'Internationale communiste (1919-1923)*, Paris, François Maspero, 1970 (réimpression en fac-similé de l'édition de 1934), pp. 144-145.

9. Joan Wallach Scott, « On Language, Gender, and Working-Class History », in *Gender and the Politics of History*, op. cit., pp. 53-67.

10. Edward Hallett Carr, *The Bolshevik Revolution, 1917-1923*, vol. I, Harmondsworth, Penguin Books, 1977, p. 237.

11. Elizabeth A. Wood, « Class and Gender at Loggerheads in the Early Soviet State : who Should Organize the Female Proletariat and How ? », in : Laura L. Frader et Sonya O. Rose (dir.), *Gender and Class in Modern Europe*, Ithaca/London, Cornell University Press, 1996, pp. 294-310.

12. Sur l'histoire des structures d'organisation féminines dans le Komintern, cf. Elizabeth Waters, « In the Shadow of the Comintern : The Communist Women's Movement, 1920-43 », in Sonia Kruks et al. (dir.), *Promissory Notes : Women in the Transition to Socialism*, New York, Monthly Review Press, 1989, 29-56, et Jean-Jacques Marie, « De Lénine à Staline, la section féminine du Komintern », in Christine Fauré (dir.), *Encyclopédie politique et historique des femmes. Europe, Amérique du Nord*, Paris, PUF, 1997, pp. 483-501.

13. « Die Bolschewisierung und die Arbeit unter den Frauen », *Die Kommunistische Fraueninternationale*, 2, 1925, n° 1207.

14. Brigitte Studer, *Un parti sous influence. Le Parti communiste suisse, une section du Komintern, 1931 à 1939*, Lausanne, L'Age d'homme, 1994, en particulier, pp. 293-338, 421-423.

15. De 15,4 % en 1921, la part des femmes parmi les membres du Parti descend à 12,5 % en 1927. Elle atteint 7 % en 1935 (*ibid.*, p. 324).

16. Claude Maignien et Charles Sowerwine, *Madeleine Pelletier, une féministe dans l'arène politique*, Paris, Éditions Ouvrières (Editions de l'Atelier), 1992.

17. Sur la « révolution culturelle », cf. Sheila Fitzpatrick (dir.), *Cultural Revolution in Russia, 1928-1931*, Bloomington, London, Indiana University Press, 1978 (en particulier « Cultural Revolution as Class War », 8-40) ; idem, *The Cultural Front. Power and Culture in Revolutionary Russia*, Ithaca, London, Cornell University Press, 1992. À propos des différents modèles culturels dans les années 1930, cf. Katerina Clark, « Engineers of Human Souls in an Age of Industrialization. Changing Cultural Models, 1929-41 », in W. G. Rosenberg et Lewis H. Siegelbaum (dir.), *Social Dimensions of Soviet Industrialization*, Bloomington, Indiana University Press, 1993, pp. 248-264.

18. Roberta Manning, « Women in th Soviet Countryside on the Eve of World War II, 1935-1940 », in Beatrice Farnsworth et Lynne Viola (dir.), *Russian Peasant Women*, New York, Oxford University Press, 1992, pp. 211-214.

19. Andrée Lévesque et Brigitte Studer, « The Soviet Woman Model in Canada and Switzerland, 1929-1939 », communication non publiée à la *Second European Social Science History Conference*, Amsterdam, mars 1998.

20. L'artiste est d'ailleurs une femme, Vera Moukhina.

21. Susan E. Reid, « All Stalin's Women : Gender and Power in Soviet Art of the 1930s », in *Slavic Review*, 1998, n° 1, 133-173.

22. Pierre Bourdieu appelle ce processus la légitimation « d'une relation de domination en l'inscrivant dans une nature biologique qui est elle-même une construction sociale naturalisée. » (*La domination masculine, op. cit.,* p. 29)

23. Robert W. Thurston, « The Soviet Family during the Great Terror, 1935-1941 », in : *Soviet Studies* n° 43, 1991/3, pp. 553-574. Pour le rôle nouvellement accordé à la famille dans les représentations littéraires cf. Katerina Clark, *The Soviet Novel. History as Ritual*, Chicago, London, The University of Chicago Press, 1981, en particulier 114-135.

24. Cf. à ce propos Sheila Fitzpatrick, *Cultural Revolution, op. cit.,* 232-235, et Nicholas S. Timasheff, *The Great Retreat. The Growth and Decline of Communism in Russia*, New York, E. P. Dutton, 1946.

25. Pour un exemple, cf. le journal de Galina Vladimirova Shtange, in *Intimacy and Terror. Soviet Diaries of the 1930s*, sous la direction de Véronique Garros, Natalia Korenevskaya et Thomas Lahusen, New York, The New Press, 1995, pp. 167-217.

26. En 1936 par exemple, la revue communiste à grand tirage *Arbeiter Illustrierte Zeitung* présente un reportage intitulé « La naissance d'un citoyen soviétique », plein de bébés en bonne santé avec leur mère radieuse. (27 mai 1936).

27. Annie Kriegel, « Bureaucratie, culte de la personnalité et charisma. Le cas français : Maurice Thorez, secrétaire général du PCF (1900-1964) », in *Communismes au miroir français. Temps, cultures et sociétés en France devant le communisme*, Paris, Gallimard, 1974, pp. 131-160. Sur la construction de la biographie modèle de Thorez, cf. Bernard Pudal, *Prendre parti. Pour une sociologie historique du PCF*, Paris, Presses de la FNSP, 1989, pp. 215-227.

28. Pour le PCF, François Delpla, « Les communistes français et la sexualité (1932-1938) », in *Le Mouvement Social* n° 91, 1975, pp. 121-152.

29. *Femmes en Suisse romande* n° 14, août-septembre 1938.

30. *Frauenwelt* n° 7, juillet 1937. Traduction de l'allemand.

31. En juin 1935, le communiste hongrois Ervin Sinkó note son étonnement dans son journal intime lorsqu'il lit un article dans la *Pravda* demandant l'abolition du droit à l'interruption de grossesse et qui ouvre la campagne pour la future loi (*Roman eines Romans. Moskauer Tagebuch*, Cologne, Verlag Wissenschaft und Politik, 1969, p. 108).

32. Dans le cas des travailleurs de l'automobile à Gorki, le responsable de la réunion est accusé du « délit » de ne pas avoir empêché la prise de position contre la nouvelle législation (Puhm, *Eine Trennung*, p. 75).

33. Cf. à ce propos, Pierre Bourdieu, *La domination masculine, op. cit.,* pp. 41-42.

34. La Constitution soviétique de 1936 réitère ce principe, notamment dans l'article 137.

35. *Femmes en Suisse romande* n° 3, janvier 1937.

36. Sur le PCF et sa représentation particulièrement traditionnelle des femmes après 1945, cf. Renée Rousseau, *Les femmes rouges. Chronique des années Vermeersch*, Paris, Albin Michel, 1983.

Identités sociales
et trajectoires militantes

Chapitre XX

Les paysans communistes

par Jean Vigreux

Le terme paysan, comme l'a souligné Pierre Barral[1] contient un aspect affectif. Au XIXᵉ siècle il reste péjoratif, celui de quelqu'un de grossier et rustre à l'image des propos de Karl Marx qui invite le mouvement ouvrier communiste à se méfier des paysans ; la vision « des sacs de pomme de terre » a la vie longue. *Le Manifeste du Parti communiste* déclarait également : « Les classes moyennes, petits fabricants, détaillants artisans, paysans, ne sont donc pas révolutionnaires mais conservatrices, qui plus est, elles sont réactionnaires : elles demandent que l'histoire fasse machine arrière[2]. »

Toutefois, le mot prend une connotation positive au tournant du siècle avec la naissance d'un nouveau syndicalisme, émancipé de la tutelle des notables ; ce mot marque une certaine appartenance de classe contre l'agriculteur ou le hobereau. Dans la même optique, depuis 1903 les thèses bolcheviques, reconnaissent au monde paysan, essentiellement les ouvriers agricoles et petits paysans, une vocation révolutionnaire – certes encadrée par les militants bolcheviks. Cette analyse prend en compte la sociologie des pays arriérés, en particulier celle de la Russie, dont la population est composée, au début du siècle, de 90 % de paysans. Ainsi, dans sa première phase, grâce à la paysannerie la Révolution russe a pu se développer et prendre racine.

Si Lénine affirme toujours une vision doctrinaire dans ses *Thèses* d'avril 1917 – celle de la nationalisation de la terre – les paysans, proches des socialistes révolutionnaires, souhaitent simplement l'appropriation des terres des grands propriétaires et oisifs. Face à la réalité sociale et politique des événements de l'année 1917, les bolcheviks prennent en considération le poids des paysans dans le processus révolutionnaire et le 26 octobre 1917, le Décret sur la terre entérine un « fait accompli[3] » ; de nombreux comités agraires s'étaient emparés des terres du Tsar, des nobles, etc. Ce décret reprend intégralement la motion des socialistes révolutionnaires[4], montrant le pragmatisme de Lénine et surtout il permet aux bolcheviks de mieux s'implanter dans les campagnes grâce à la création de nombreuses cellules du Parti.

Dès lors s'entrecroisent plusieurs représentations de la paysannerie liées à l'évolution conjoncturelle. La mémoire des jacqueries, des émeutes agraires – ou plutôt des *pugatchevschina* – sert à orienter la violence révolutionnaire des campagnes européennes et mondiales vers le nouveau parti international. C'est à la fois la recherche de nouveaux foyers révolutionnaires, mais aussi le projet émancipateur proposé, qui expliquent cet intérêt pour le paysan et l'attirance de certains paysans pour le communisme.

Valorisation ou mépris conduisent à créer un éventail large des images du paysan : tantôt allié du prolétariat urbain – un élément révolutionnaire qu'il faut canaliser – tantôt un agent contre-révolutionnaire, profiteur à l'image du koulak. Ce regard méprisant peut également caractériser la haine des villes pour les campagnes.

Dans cette gamme variée, il ne faut pas négliger, comme l'a souligné, en son temps, Robert Linhart, le poids de la famine, devenue « l'obsession des bolcheviks » et de Lénine[5]. La stalinisation des années 1930, qui met en place un modèle collectiviste, caractérise pour de longues décennies les structures agraires et sociales des campagnes. Toutefois la place du paysan varie au sein du monde communiste international, aussi bien au sein des démocraties populaires – de l'URSS à la Chine en passant par l'Europe de l'Est – qu'au sein des pays capitalistes ou du tiers-monde.

Mobiliser les paysans

Le rôle des paysans dans la Révolution russe conduit Lénine à regarder avec intérêt le paysan, mais cette alliance est de courte durée : le communisme de guerre et les réquisitions forcées annulent les avancées bolcheviques de 1917-1918 au sein de la paysannerie.

« L'alliance ouvrière et paysanne »

Pour sauver la révolution, Lénine définit trois points essentiels de sa politique agraire : la guerre pour le blé ; la lutte politique et culturelle contre la mentalité bourgeoise du paysan-propriétaire ; l'organisation politique des paysans pauvres, alliés naturels du prolétariat des villes[6]. Si le bilan catastrophique du communisme de guerre est bien connu – même s'il sauve la révolution – l'instauration de la NEP (Nouvelle politique économique) en mars 1921 participe au rapprochement avec la paysannerie : « Nous savons que seule une entente avec les paysans peut préserver la révolution socialiste en Russie aussi longtemps que ne survient pas la révolution dans les autres pays. »[7].

Au sein du Komintern, l'intérêt pour le paysan est également bien compris ; lors de son deuxième Congrès, l'Internationale définit ses thèses sur la question agraire. C'est le communiste allemand Ernst Meyer qui présente le rapport où le rôle moteur est confié au « prolétariat industriel des villes, dirigé par le Parti communiste, [qui] peut seul libérer les masses laborieuses des campagnes du joug des capitalistes et des propriétaires fonciers [...][8] ». On est toujours dans une vision du paysan comme « force d'appoint », qui reste subordonné à l'action des militants révolutionnaires.

Ces thèses prévoient également la socialisation des moyens de production, même si les grandes exploitations ne doivent pas être partagées, mais seulement gérées collectivement par les communes[9].

« Là où subsistent encore les vestiges du système féodal, où les privilèges des propriétaires fonciers engendrent des formes spéciales d'exploitation, où l'on voit encore le servage et le métayage, il est nécessaire de remettre aux paysans une partie du sol des grands domaines ». La réforme agraire est à l'ordre du jour. Mais là encore, on évoque la léthargie des campagnes, qui ne peuvent agir que sous l'impulsion de l'avant-garde du prolétariat urbain[10].

Après une période d'euphorie, le parti mondial de la révolution connaît des difficultés, et le Front unique mis en place lors du IIIe Congrès valorise encore l'alliance ouvrière et paysanne. Ce discours volontariste traduit-il seulement les souhaits politiques de l'Internationale communiste (IC) et des communistes ou correspond-il aussi aux attentes de la paysannerie ? Le poids du discours ne doit ni masquer les attentes de l'IC, ni être surévalué au regard de la « peur du rouge » dans les campagnes[11], mais seulement confronté aux réalités sociales du mouvement communiste à la campagne.

Il est vrai que le thème des « partageux » reprend alors une nouvelle jeunesse, grâce aux efforts des agrariens, mais cela n'empêche pas une partie de la paysannerie d'adhérer au communisme. Le poids de la Première Guerre mondiale, le lourd tribut payé par les paysans dans ce conflit, mais aussi les traditions politiques participent également à cette implantation. Ce mouvement rejoint l'universalisme de la nouvelle révolution : est-ce pour autant la seule fascination venue de l'Est ?

Afin d'organiser réellement cette alliance des ouvriers et paysans, dans le cadre d'un projet mondial d'émancipation des prolétaires, l'Internationale communiste fonde le Krestintern (du russe paysan), l'Internationale rouge paysanne ou Centre paysan international.

Deux organisations originales : le Krestintern et l'Institut agraire international

Ce choix de créer une structure paysanne répond à la fois aux exigences de l'IC, mais aussi au poids de l'économie paysanne en Europe centrale et orientale[12]. Comme le rappelait Annie Kriegel, c'est l'échec du Parti paysan de Bulgarie de Stamboulisky, en 1922, ainsi que celui de la création d'une Internationale verte qui donnent l'occasion au Polonais Dombal de proposer au Comité exécutif de l'Internationale communiste (CEIC) la « convocation d'une conférence paysanne internationale[13] ». En octobre 1923, a lieu le premier congrès du Krestintern[14] : réunissant plus de quarante-huit nationalités, il définit les thèses et rapports concernant la paysannerie[15]. Zinoviev, rappelle au cours du congrès, que « l'Internationale paysanne se fonde 60 ans plus tard que l'Internationale ouvrière » et d'ajouter « ce n'est pas un hasard : les paysans sont plus disséminés, moins lettrés, moins capables d'effort organisé[16] ».

Composé de 52 membres, le CPI a un Présidium de onze membres : Smirnov (Russie), Dombal (Pologne), Burghii (Allemagne), Vazeilles (France), Rydlo (Tchécoslovaquie), Gorov (Bulgarie), Hero (Scandinavie), Green (États-Unis), Galván (Mexique), Khaiacko (Japon) et Ai Quak (Indochine). Dirigé, dans un premier temps par Marius Vazeilles, le Krestintern, filiale du Komintern, participe à l'union des ouvriers des champs et de ceux des villes, afin de propager la révolution mondiale.

De 1925 à 1927, sous l'égide de Boukharine, le Krestintern change de perspective pour rechercher d'autres alliances à la révolution : le front unique est plus large et le parti mondial a besoin d'alliés nouveaux. Lors du CEIC d'avril 1925, Boukharine souligne que les paysans ne sont pas réactionnaires, mais que leurs organisations sont tenues par les capitalistes et les grands propriétaires. La tâche des communistes est de gagner la lutte qui se développe entre « la bourgeoisie et le prolétariat pour la conquête de la paysannerie[17] ». Il rappelle également qu'il faut se méfier du sectarisme de l'ouvrier contre le paysan[18], lié à une vision mécanique de la bolchevisation et surtout d'une vision trotskiste. C'est pourquoi il propose de « soutenir l'aile gauche des organisations paysannes ou de faire bloc avec elle[19] ». Dès lors, on assiste un peu partout en Europe à des réunions larges de paysans, allant des chrétiens démocrates aux communistes. Dans ce cadre, Guido Miglioli, démocrate chrétien italien, joue un rôle considérable. Réfugié en France après l'arrivée des fascistes au pouvoir, il anime de nombreux débats et publie un ouvrage important sur la réforme agraire en Russie, *Le village soviétique*[20].

Toutefois la place des paysans au sein du Krestintern reste difficile à mesurer, d'autant plus que la plupart des représentants communistes paysans sont devenus des permanents du Parti, selon le modèle de la bolchevisation des organisations politiques. Dès lors sont présents les responsables des sections agraires des partis communistes ou des syndicats proches des communistes. Un noyau de militants professionnels veut alors incarner tous les paysans opprimés.

En 1928-1929, le Krestintern subit les contrecoups de la ligne sectaire de l'IC et de la mainmise de Staline sur l'organisation. Il remplace Alexandre Smirnov, secrétaire général du Krestintern et ancien commissaire à l'Agriculture en URSS, par Ivan Teodorovich. Enfin en 1930, la crise économique internationale provoque le déclin du Krestintern et même sa disparition en 1932[21] au profit de l'Institut agraire international[22], dont l'histoire moins éphémère couvre les années 1925 à 1940.

Cet Institut est un laboratoire d'études sur la question paysanne, où l'on retrouve les différents spécialistes internationaux, les différentes publications sur la question agraire. C'est véritablement un centre de recherche et de documentation sur tout ce qui concerne le monde paysan.

Par exemple en France, on prend contact avec les professeurs Michel Augé Laribé[23], Charles Gide[24], Bernard Lavergne, en plus des responsables communistes paysans Charles Martel, Jacques Castel, Renaud Jean et Marius Vazeilles. Charles Gide et Renaud Jean sont retenus pour faire partie des soixante-treize membres de l'Institut agraire international (IAI). Cet Institut est en même temps un centre de formation qui prépare des étudiants à une thèse en trois ans sur les questions agraires[25].

L'Institut agraire international entreprend parallèlement des enquêtes précises sur la crise des années 1930 dans les campagnes. Ainsi, cet organisme se substitue au Krestintern, et de nombreux rapports d'instructeurs parviennent directement à l'IAI *via* l'Internationale communiste.

Cet organisme participe activement à la lutte antifasciste ; dans la ligne du Front populaire définie par l'IC, il participe à la Conférence agraire internationale de Bruxelles en 1936 (du 3 au 6 septembre) et aux assises internationales à Prague le 10 juillet 1938, où se côtoient communistes, socialistes et radicaux comme par exemple Mioch, Vazeilles, Dumont, Tanguy-Prigent. Le 18 novembre 1940, après une décision de la Commission du Comité central du PCUS, l'Institut agraire international disparaît définitivement. C'est bel et bien la limite intrinsèque de cet organisme international qui dépend uniquement du bon vouloir du régime stalinien : comme l'IC, c'est un élément de la politique étrangère du Parti-État, qui participe à la valorisation d'un modèle. La propagande vante les bienfaits de la socialisation des moyens de production et de la collectivisation forcée.

Du décret sur la terre à la collectivisation

« La grande propriété foncière est abolie immédiatement sans aucune indemnité » stipule le Décret sur la terre. Cette réforme agraire permet à plus de trois millions de familles paysannes de posséder enfin leur outil de travail, la terre. La socialisation des moyens de production se poursuit au cours des années 1920 avec la création d'un secteur soviétisé. Mais il reste marginal puisqu'il couvre seulement 0,7 % de la surface agricole en 1928. La plupart des terres sont aux mains de petits paysans et de koulaks et les problèmes de ravitaillement demeurent. C'est la période de transition entre la NEP et la collectivisation qui suscite de nombreux débats[26].

Le débat Boukharine-Staline

Les points de vue opposés de Boukharine et de Staline s'inscrivent dans la lutte acharnée pour la succession de Lénine. Le premier déclare dès 1925 : « Il nous faut répéter à toutes les couches de la paysannerie : « enrichissez-vous, accumulez, développez votre économie »[27] [vos fermes] et d'ajouter : « Nous ne ferons pas obstacle à l'accumulation des koulaks et nous n'organiserons pas les paysans pauvres pour les exproprier une seconde fois. »[28] Boukharine prolonge la NEP et définit son programme à plusieurs reprises, comme le rappelle Robert Conquest : « Aussi paradoxale que cela paraisse, nous devons développer la ferme aisée pour aider les paysans pauvres et moyens[29] ». Boukharine, qui reste fidèle à cette ligne, défend avec Rykov, au sein de « l'opposition de droite » selon la stigmatisation stalinienne, l'idée selon laquelle « la collectivisation ne pourrait déboucher que sur l'exploitation militaro-féodale de la paysannerie, la guerre civile, le déchaînement de la terreur, le chaos et la famine[30] ». Quelle perspicacité !

En contradiction avec Staline et les farouches partisans du développement communiste à la campagne, ils sont écartés, dès le printemps 1929, des instances dirigeantes du Parti. Si Boukharine s'inscrit dans une vision proche de Lénine, Staline et ses appuis font le double constat (amer) d'un poids de plus en plus grand du koulak et des résultats faibles du Parti à la campagne : « À la fin des années 1920, il ne compte que 20 878 cellules rurales, regroupant 264 000 communistes sur un total de 546 747 localités rurales, soit moins de 0,5 % de la population rurale adulte »[31].

Le système mis en place

En 1929, la collectivisation forcée lancée par Staline consacre la terreur contre les paysans : c'est la mise en pratique de l'élimination physique des koulaks. Était-ce le moyen d'accéder à une société sans classe ? Cette pratique totalitaire fondée sur la violence, la brutalité, élimine plusieurs millions de paysans[32].

Pourtant, le problème alimentaire n'est pas résolu. En témoigne la grande famine de 1932-1933. Le regroupement forcé dans les kolkhozes conduit de nombreux paysans à abattre leurs cheptels. En 1935, afin de freiner cet échec, le régime reconnaît le droit au kolkhozien de cultiver son lopin de terre en dehors de l'exploitation collective et la Constitution soviétique de 1936 reconnaît la propriété personnelle. Toutefois la terre appartient à l'État et le kolkhoze en a la jouissance perpétuelle. Se constitue également un prolétariat important de paysans fonctionnaires salariés des sovkhozes. La planification très rigide, mise en place dès 1928 impose aux paysans leurs productions et le système de livraisons obligatoires. Il faut attendre 1956 pour que les paysans aient théoriquement le choix de leurs cultures.

C'est ainsi que se régularise, avec difficultés, la production agricole. L'augmentation des rendements provient également de la mécanisation. Tout ce processus résulte d'une conception rationalisée et urbaine du travail : on calque sur la paysannerie les progrès industriels. M. Iline peut alors écrire au début des années 1930 : « Il faut organiser autrement le travail des hommes qui produisent le blé. Est-ce que nous souffririons qu'on extraie le fer non dans de grandes usines, mais dans des millions de petites forges paysannes. Nous résignerions-nous à cela ? Consentirions-nous à ne jamais savoir si nous aurons du fer ou si nous n'en aurons pas, s'il y en aura assez ou si l'on en manquera. Mais comment convertir tous ces petits paysans en de grandes fabriques paysannes ? Comment organiser le travail de manière à ne pas redouter une mauvaise récolte, à ne craindre ni la sécheresse, ni la pluie ? »[33]

La solution que propose l'auteur correspond au modèle mis en place par Staline : c'est la collectivisation, la mécanisation et la planification. Ce meilleur des mondes qui offre le bonheur à tous participe à l'émergence « des hommes nouveaux[34] ». Cette foi inébranlable dans le progrès caractérise pour longtemps ce monde nouveau. Jean-Paul Depretto n'est pas loin de la vérité quand il décrit celui-ci comme une dictature de certaines élites urbaines sur la campagne[35]. Force d'appoint, voire masse inculte à former et à diriger, tels sont les principes staliniens concernant le monde paysan.

Collectivisation, modernisation ou défense des paysans

Au lendemain de la Seconde Guerre mondiale, l'Europe de l'Est pour qui le Krestintern avait été en partie créé, tombe sous l'influence soviétique. Sans retracer la mise en place des démocraties populaires, il est utile de rappeler les réalisations en faveur des paysans. Les communistes entament une habile propagande auprès des populations rurales en leur promettant la réforme agraire tant attendue. La soif de terres des paysans, s'explique à la fois par la survivance d'un système féodal, comme en Albanie où la grande propriété reste importante, mais aussi à cause de l'accroissement démographique qui est toujours important dans ces campagnes.

L'exportation du modèle soviétique

La réforme agraire est entreprise par les gouvernements antifascistes issus de la Libération où sont associés communistes, socialistes, démocrates-chrétiens et paysans[36]. « En Pologne, un décret de septembre 1944 proclame que le régime agraire "sera fondé sur des exploitations agricoles saines et solides, susceptibles d'un rendement productif et qui constitueront la propriété privée de leurs possesseurs" et on enlève sans indemnité aux propriétaires nationaux toutes les superficies dépassant 50 ha à l'Est, 100 ha à l'Ouest[37] ».

En 1945, en Hongrie on adopte une mesure du même type avec une limite de 57 ha. Pour les autres pays du bloc de l'Est les limitations sont du même ordre : 50 ha en Roumanie, de 20 à 30 ha en Bulgarie, en Yougoslavie et en Albanie. Pour la Tchécoslovaquie le plafond est fixé à 50 ha en 1948. Cette réforme agraire dans les pays de l'Est équivaut à 23 millions d'hectares qui sont répartis pour un tiers dans les nouvelles fermes d'État et pour les deux tiers entre les paysans ; ce qui en moyenne correspond à des mini-exploitations de 3 à 5 ha, peu productives... Toutefois, la réforme agraire est là et les partis agrariens ou partis paysans restent de solides alliés des communistes – même si leurs dirigeants sont parfois assassinés (comme le Bulgare Petkov)[38].

L'amélioration du sort des paysans et la modernisation des campagnes deviennent les deux piliers de la politique communiste au sein des démocraties populaires. Dans un premier temps, il s'agit d'aménager des terres encore délaissées, comme la région des Puszta en Hongrie. En Bulgarie, on construit de nombreux barrages afin de régler les problèmes d'irrigation. Mais surtout cette politique s'applique à reprendre le modèle des kolkhozes.

Cette réforme agraire inspirée par le modèle soviétique influence également l'expérience chinoise. Mais très vite le gouvernement chinois propose un autre modèle. On assiste à une redistribution des terres, village par village. Peu de temps après, le pouvoir s'emploie à lancer la deuxième phase de la collectivisation : en 1956, on compte deux millions de coopératives. Un virage volontariste est opéré en 1958 avec la mise en place des communes populaires qui forment la base de l'édifice socialiste : tout est mis en commun. C'est au cours de cette révolution culturelle, qui veut parachever l'œuvre lancée depuis la « Longue marche », que Mao inverse totalement la représentation du paysan, dans un processus de ruralisation de l'industrie, mais aussi de rééducation. Cet exemple chinois est repris en 1967 par Enver Hoxha qui impose, en Albanie, le travail forcé aux champs et au Cambodge dans une expression encore plus radicale.

Ainsi après la Seconde Guerre mondiale, on assiste à une généralisation du modèle prôné par « la patrie du socialisme », avec quelques variantes. Toutefois, il n'existe plus d'organisation paysanne communiste comme le fut le Krestintern. La paysannerie serait-elle alors totalement dominée ?

L'après-guerre : la paysannerie oubliée ?

Effectivement il n'y a pas d'organisations spécifiques au cours de cette période. Le paysan est bel et bien soumis à l'ouvrier. D'autant plus que la modernisation économique dans les pays capitalistes tend à conduire à la « fin des paysans » (H. Mendras). La seule mention qui peut apparaître c'est une branche particulière du Mouvement de la paix : le Mouvement de la paix des paysans. Cet exemple reste marginal et sans doute spécifique à la France[39], et s'inscrit plus dans le cadre de la Guerre froide, donc de la politique générale du Parti-État.

Cela correspond également au modèle de socialisme mis en place, à savoir le Parti-État et le socialisme dans un seul pays. C'est le repli sur soi, même s'il existe des rapports entre les partis-frères, essentiellement pour ceux du bloc de l'Est et du MCI (Mouvement communiste international). Il faut noter cependant le souci permanent d'associer les paysans à cette construction du socialisme ; si cela tient au discours, c'est aussi lié au poids des paysans dans ces sociétés. Les différentes démocraties populaires présentent des traits communs concernant les alliances électorales. Si le PC joue le rôle moteur, il a très souvent un parti paysan satellite : ainsi en RDA, le SED peut s'appuyer sur le Parti des paysans démocrates (NBD) ; en Bulgarie, il s'est créé un Parti agrarien ; en Pologne, le POUP est la réunion du PC et du Parti paysan unifié[40].

La propagande communiste véhicule les progrès et la modernisation de l'agriculture dans le monde socialiste. La science prolétarienne n'échappe pas à la règle : l'expérience mitchourienne – qui prétend modifier le caractère héréditaire des espèces hybrides grâce à l'influence du milieu – devient le phare des nouveaux paysans. Dès lors, sous l'égide du Kominform, de nombreux articles valorisent les travaux de Lyssenko et des agronomes soviétiques[41], même si certains biologistes communistes comme Marcel Prenant ou Paul Dommergues restent perplexes.

En ce sens, les paysans ne sont pas oubliés, mais ils ne sont qu'un point d'appui pour valoriser le modèle et défendre la citadelle assiégée lors de la Guerre froide.

Cela s'explique également par les mutations sociologiques, en particulier dans le monde capitaliste. L'exode rural se poursuit et la concentration des terres « élimine » les petits paysans. La politique agricole commune de la Communauté européenne a pu être combattue par les communistes de l'Europe de l'Ouest, comme la chronique d'une mort annoncée des petits exploitants : cette contestation a pu donner naissance en France au MODEF (Mouvement pour la défense de l'exploitation familiale). La modernisation est acceptée au cours des années 1960 : on ne peut pas revenir en arrière.

L'exemple français

En France, où le paysan est fortement attaché à sa terre, le PCF sous l'égide de son dirigeant agraire depuis 1934, Waldeck Rochet, popularise davantage le droit à la propriété privée[42] que la collectivisation, qui est présentée comme une redistribution aux exploitants de la propriété devenue nationale. C'est l'interprétation souple du programme agraire du Parti, défini à Marseille, lors de son deuxième congrès par Renaud Jean.

Dans cette optique de défense de la petite propriété, le PCF insiste après la Seconde Guerre mondiale, sur la reconstruction et le modèle polonais[43] qui garantit la propriété paysanne privée. Toutefois le modèle soviétique est bien présent et *La Terre*, journal fondé en 1937, consacre de nombreux reportages et articles à l'agriculture socialiste. Elle reprend le sillon tracé au début des années 1920, par *L'Humanité* qui avait consacré quelques billets sur le *moujik* russe et la modernisation. Cette valorisation de l'image de l'URSS et des démocraties populaires présente parfois ce modèle agricole comme la solution aux problèmes français ; c'est surtout dans ce cadre des revendications ou lacunes françaises (lois sociales, par exemple) que le PCF insiste, en montrant ce qui existe dans la « patrie du socialisme[44] ».

La présentation des Kolkhozes s'inscrit dans une conception de solidarité paysanne que l'on retrouve dans les coopératives françaises[45], en particulier pour la mise en commun des machines et tracteurs, ce qui n'est pas sans rappeler les CUMA (Coopérative d'utilisation de matériel agricole), nées au sortir de la guerre sous l'impulsion de la Confédération générale de l'agriculture (CGA) et du ministre de l'Agriculture Tanguy-Prigent.

Ainsi, il faut bien mesurer que l'écart qui peut exister entre la défense de la petite propriété en France et la présentation du modèle collectiviste soviétique n'est pas contradictoire et ne relève pas nécessairement d'un exercice d'équilibriste. Dans cette perspective, le PCF souligne à plusieurs reprises les attraits du modèle chinois[46], même si avec la crise PCUS-PCC, il abandonne très vite cette référence.

Le PCF s'appuie également sur toute la tradition républicaine, la tradition agrarienne de gauche. Il prend en compte le poids des mentalités rurales, l'attachement du paysan à sa terre.

Dès lors la présentation du modèle soviétique apparaît comme une référence obligée du discours communiste. Certes, il s'agit du programme maximum, en cas de victoire de la révolution, mais sur le long terme, le PCF s'est contenté d'un programme minimum, de défense des salariés agricoles et des petits exploitants. On retrouve là, la lutte des petits contre les gros. C'est pourquoi en France les campagnes rouges sont bien présentes ; de nombreux paysans votent communiste – on retrouve à la fois les traditions politiques de gauche, ainsi que le pacifisme induit par la boucherie de la Grande Guerre et le poids des maquis durant la Seconde Guerre mondiale. Un vivier militant paysan existe bel et bien, même s'il reste très faible au regard des militants ouvriers, tant valorisés par le parti issu de la bolchevisation.

Cette géographie du communisme rural – de l'implantation militante aux suffrages électoraux – est bien connue : des bastions du Centre (Allier, Cher, Nièvre) au sud-ouest du Massif Central (Corrèze et Lot-et-Garonne)[47], avec des zones bretonnes[48] ou dans le Midi et dans les Pyrénées[49].

Dans ces départements, on constate une tradition de gauche remontant à la période jacobine, puis démocrate-socialiste (Seconde République, 1849) qui peut servir de matrice à la carte du vote communiste au XXe siècle[50]. Ici, la tradition politique, est bien une culture transmise qui joue sur les prises de position, les votes. Les élections ne résultent pas simplement d'une structure sociale sur laquelle se décalquerait le vote, même si le poids des structures sociales, terre de métayers, de petits propriétaires exploitants ou des ouvriers bûcherons doit être pris en considération[51]. Il faut croiser ces facteurs. Les héritiers peuvent garder le vote des ancêtres. Un tel phénomène est mis en évidence pour d'autres régions en particulier par Jean-Paul Molinari[52] ou Maurice Nicault pour le Berry[53]. L'apport des travaux de Philippe Gratton sur le modèle corrézien, au cours des années 1970, est très important[54] à ce sujet. L'activité communiste ne se lit pas seulement à l'aulne des élections, mais ces traditions ou héritages politiques amènent aussi à s'interroger sur le poids de notables rouges comme l'invitait Marcel Faure[55]. Cette liste des communistes ruraux est longue : Renaud Jean dans le Lot-et-Garonne, Marius Vazeilles et François Aussoleil en Corrèze, Célestin Philbois dans l'Aube, Waldeck Rochet en Saône-et-Loire, les leaders du Midi viticole rouge comme Michel Rius pour le Languedoc et plus récemment André Lajoinie pour l'Allier. S'ils ne sont pas tous paysans, ils forment une section particulière au sein du PCF, qui jouit de 1934 à 1964 d'une certaine autonomie. Cela reflète bien l'embarras du parti ouvrier à traiter le problème paysan, voire un certain dédain comme l'éprouvait Marty ; mais ces responsables ont su construire une identité forte que l'on retrouve encore de nos jours par la diffusion du journal *La Terre*.

Toutefois cette géographie doit être revisitée à l'échelle du canton, de la commune, voire du hameau, car les pratiques culturelles et politiques empruntent beaucoup aux mentalités.

Pour autant peut-on compter les paysans communistes français ? Cela reste une gageure, même si des chiffres sur les cellules rurales sont disponibles. Un sondage effectué à partir du cédérom issu du *Dictionnaire biographique du mouvement ouvrier français (DBMOF)* permet d'avoir un ordre de grandeur pour l'entre-deux-guerres, le corpus atteindrait 1 400 militants paysans communistes sur environ 20 000 militants communistes. Laird Boswell faisant la synthèse des travaux sur le sujet montre que le nombre de paysans au sein du PCF décline – suivant ainsi une courbe moins forte que celle de leur chute dans la société – de 15 % en 1925 à 3,5 % en 1979[56].

Cette approche française peut être également mise en relation avec l'Espagne ou l'Italie. Lors du Front populaire espagnol le PC n'accepte pas la collectivisation entreprise par les anarchistes et soutient la défense de la petite propriété. Le PCI reprend ce thème dans l'immédiat après-guerre.

« Paysans et communistes », cela reste pour beaucoup un couple antagoniste, d'autant plus que le paysan est soumis à la culture ouvriériste du modèle soviétique et de la culture des partis communistes. Il est vrai que les paysans ont payé un lourd tribut à la collectivisation forcée de la période stalinienne. Toutefois, l'étude ne se limitant pas à l'URSS, il faut savoir prendre en considération les spécificités nationales, tant au niveau social que culturel, sinon on peut rester à côté d'une compréhension du phénomène : les études comparatistes permettront à l'avenir de combler cette lacune historiographique.

Notes

1. Pierre Barral, « Note historique sur l'emploi du terme paysan », *Études rurales*, n° 21, 1966, p. 72-80.

2. Karl Marx, Friedrich Engels, *Le Manifeste du Parti communiste*, Paris, Éditions Sociales, 1948, p. 18.

3. Marc Ferro, « 1917 : la révolution au village », *Cahiers du monde russe et soviétique*, 1973, p. 50

4. À ce propos, voir les développements de Nicolas Werth, *Histoire de l'Union soviétique*, Paris, PUF, 1990, p. 124-125.

5. Robert Linhart, *Lénine, les paysans, Taylor*, Paris, Le Seuil, 1976, p. 37.

6. *Ibid.*, p. 39 et suivantes.

7. Lénine, « La révolution bolcheviste », discours du 15 mars 1921, cité par Branko Lazitch, *Lénine et la IIIe Internationale*, Neuchâtel, Éditions de la Baconnière, 1951, p. 173.

8. Premier point de la *Thèse sur la question agraire*, IIe Congrès de l'IC cité dans *Thèses, manifestes et résolutions adoptés par les Ier, IIe, IIIe et IVe Congrès de l'Internationale Communiste (1919-1923)*, Paris, La Brèche-Celio, 1984, p. 61.

9. *Ibid.*, p. 63 (point 6).

10. *Ibid.*, p. 64 (point 8).

11. Pour une période antérieure, cf. Leen Van Molle, « La peur du rouge dans le monde paysan, 1880-1914 », dans Pascal Delwit et José Gotovitch [dir.], *La Peur du Rouge*, Bruxelles, Éditions de l'Université de Bruxelles, 1996, p. 27-38.

12. George D. Jackson JR, *Comintern and Peasant in East Europe (1919-1930)*, Columbia UP, 1966, p. 7. (publication de la thèse *The Green International and the Red Peasant International ; a study of Comintern Policy towards the Peasant Political Movement in Eastern Europe, 1919-1930*, PhD. dissertation, Columbia, 1961).

13. Annie Kriegel, « Note sur le Krestintern », *Le Mouvement social*, n° 67, avril-juin 1969, p. 164.

14. Jean Vigreux, « Les archives du Krestintern » dans Serge Wolikow [dir.], *Une histoire en révolution ? Du bon usage des archives, de Moscou et d'ailleurs...*, Dijon, EUD, 1996, p. 151-158.

15. Voir CPI, *1ère Conférence internationale paysanne. Thèses, messages et adresses*, Paris, Bibliothèque paysanne, 1923 [120 p.].

16. *Ibid.*, p. 68-69.

17. Nicolas Boukharine, *La question paysanne*, Paris, Librairie de l'Humanité, 1925, p. 11.

18. *Ibid.*, p. 15.

19. *Ibid.*, p. 25.

20. Guido Miglioli, *Le village soviétique*, Paris, Librairie du travail, 1927.

21. Selon le témoignage de Michele Donati, communiste italien délégué à l'automne 1930 auprès du Krestintern. Nous tenons à remercier Claude Pennetier de nous avoir fourni ces renseignements.

22. Sur cet institut voir Pierre Barral, « Note sur le Centre agraire international », *Le Mouvement social*, n° 67, avril-juin 1969, p. 169-171.

23. CRCEDHC 536-1-35, 1926, p. 151.

24. Dont les travaux sur la coopérative sont publiés en Russie. On cherche à insérer le kolkhoze dans un processus plus large. Voir à ce propos CRCEDHC 535-2-156 à 158, où les courriers avec Charles Gide sont nombreux.

25. CRCEDHC 536-1-128, 23 VII 1930 : il y a treize étudiants boursiers (dont un Français).

26. Voir en particulier *La question paysanne en URSS de 1924 à 1929*, textes rassemblés par M. Fichelson et A. Derischebourg, Paris, Maspero, 1973 (textes de Kamenev, Preobrajansky, Boukharine et Trotski).

27. Stephen Cohen, *Nicolas Boukharine. La vie d'un bolchevik*, Paris, Maspero, 1979, p. 212.

28. *Ibid.*

29. Robert Conquest, *Sanglantes moissons. La collectivisation des terres en URSS*, dans *La grande terreur. Les purges staliniennes des années 30*, Paris, Robert Laffont, 1995, p. 69.

30. Nicolas Werth, « Un État contre son peuple. Violences, répressions terreurs en Union soviétique », dans Stéphane Courtois et alii, *Le Livre noir du communisme*, Paris, Laffont, 1997, p. 162.

31. Stéphane Courtois et Marc Lazar, « Paysannerie », dans *Le Communisme*, Paris, MA Éditions, 1987, p. 198.

32. Voir en particulier les travaux cités de Robert Conquest et ceux de Nicolas Werth, *op. cit.*, p. 164-177.

33. M. Iline, *L'épopée du travail moderne. La merveilleuse transformation de l'URSS*, Paris, ESI, 1932, p. 108.

34. *Ibid.*, p. 153.

35. Jean-Paul Depretto, *Les ouvriers en URSS, 1928-1941*, Paris, Publications de la Sorbonne, 1997.

36. En Hongrie, aux élections après la Libération, trois partis sont majoritaires : le Parti des petits propriétaires, le Parti social démocrate et le Parti communiste.

37. Pierre Barral, *Les sociétés rurales du XXᵉ siècle*, Paris, A. Colin, 1978, p. 247.

38. *Ibid.*

39. Waldeck Rochet confie à Serge Ravanel la tâche d'organiser le Mouvement paysan ; Jean Vigreux, *Waldeck Rochet, du militant paysan au dirigeant ouvrier*, Thèse d'Histoire, sous la direction de Serge Berstein, IEP, Paris 1997, tome 1, f. 390.

40. Voir François Fetjö, *Dictionnaire des partis communistes et des mouvements révolutionnaires*, Paris, Castermann, 1971, p. 201.

41. Lyssenko et les agronomes soviétiques s'opposent à la théorie du gène, support invariant de l'hérédité pour attribuer l'évolution des espèces au milieu et à l'hérédité des caractères acquis.

42. Waldeck Rochet, *Vers l'émancipation paysanne*, Paris, Éditions Sociales, 1952, p. 223.

43. Voir l'analyse de ce modèle par Jerzy Tepicht, *Marxisme et agriculture : le paysan polonais*, Paris, A. Colin, 1973.

44. D'après un dépouillement de *La Terre* de 1946 à 1964.

45. Dont les statuts de 1943 sont repris par l'ordonnance du 12 octobre 1945 « aspects corporatifs mis à part », selon l'expression de Philippe Nicolas, « Émergence, développement et rôle des coopératives agricoles en France », *Économie rurale* n° 184-185-186, mars-août 1988, p. 119. [Numéro spécial consacré à « Un siècle d'histoire agricole française, 1880-1980 »]

46. Notons par exemple la publication de Sia Ts'ien, *Leur terre, ils l'ont gagnée*, Paris, EFR, 1954. Là encore les paysans sont guidés par le prolétariat urbain : « Les premières personnes qui parlèrent directement aux villageois de réforme agraire furent des ouvriers du téléphone de la ville », p. 17.

47. Georges Dupeux, *Le Front populaire et les élections de 1936*, Paris, A. Colin. 1959, p. 147-150, et carte intitulée *Les suffrages communistes* ; Annie Kriegel, *Le pain et les roses, jalons pour une histoire des socialismes*, Paris, PUF, 1968. Cartes p. 220 et 223 ; Pierre Barral, *Les Agrariens français de Méline à Pisani*, Paris, PFNSP, A. Colin, 1968 ; Jean Dupeux, *Atlas de la France Rurale*, PFNSP, 1968 ; François Goguel, *Géographie des élections françaises sous la IIIᵉ République. Sur l'implantation du PCF entre les deux guerres*, Paris, Éditions Sociales, 1977, 345 p. ; L'implantation du PCF entre les deux guerres dans *Le PCF, étapes et problèmes 1920-1972*, Paris, Messidor/Éditions Sociales, 1981, p. 78-98 ; J.P. Vaudon, « Le PC dans le Puy-de-Dôme », *Le Mouvement social*, n° 74, 1971, p. 75-98 ; Laird Boswell, *Rural Communism in France, 1920-1939*, Ithaca and London, Cornell University Press, 1998.

48. Suzanne Berger, *Les paysans contre la politique*, Paris, Seuil, 1975 ; Patrick Le Guirriec, « Communisme local, Résistance et PCF. Les trois éléments du pouvoir dans une commune bretonne », *Études rurales*, n° 101-102, 1986, p. 219-230.

49. Jean Sagnes, *Le Midi rouge. Mythe et réalité. Étude d'une histoire occitane*, Paris, 1982 et Michel Cadé, *Le parti des campagnes rouges. Histoire du Parti communiste dans les Pyrénées-Orientales (1920-1949)*, Paris, Éditions du Chiendent, 1988.

50. Voir Jean-Paul Molinari, *Les ouvriers communistes. Sociologie de l'adhésion ouvrière au PCF*, Paris, Éditions de l'Albaron, 1990 et rééditée chez l'Harmattan, 1996.

51. Voir par exemple, Ronald Hubscher, Jean-Claude Farcy [dir.], *La Moisson des autres. Les salariés agricoles aux XIXᵉ et XXᵉ siècles*, Paris, Creaphis, 1996.

52. Jean Paul Molinari, « Les paysans et le PCF », *Politix*, n° 14, 1991, p. 87-94.

53. Maurice Nicault, « Le communisme en milieu rural avant et pendant la guerre. Militants et Résistants en Berry », *Gavroche*, n° 24, novembre-décembre 1985, p. 16-22.

54. Philippe Gratton, *Les luttes de classe dans les campagnes*, Paris, Anthropos, 1971 et *Les paysans contre l'agrarisme*, Paris, Maspero, 1972.

55. Marcel Faure, *Les paysans dans la société française*, Paris, A. Colin, 1966, p. 203.

56. Laird Boswell, *op. cit.*, p. 25.

Chapitre XXI

Les intellectuels et le Parti :
le cas français

par Frédérique Matonti

Il n'est pas possible de retracer ici la multiplicité des rapports entre le parti communiste, les intellectuels et la culture[1]. D'abord parce que les relations entre un parti communiste dans un régime pluraliste et les intellectuels diffèrent très profondément de celles instaurées dans un régime de parti unique, comme l'Union soviétique ou les pays du Bloc de l'Est. Leur variation tient encore à la place et au statut des intellectuels au sein de chaque société, comme plus largement à la position des partis communistes dans la vie politique de chaque État. Mais, outre la difficulté matérielle à embrasser cette multiplicité, l'analyse est encore contrainte par la manière dont l'historiographie a puissamment façonné notre regard. Ainsi, contrairement à ce qu'il en est pour d'autres pays, les intellectuels français ont-ils fait l'objet de nombreux travaux. Mais, même dans ce cas, certaines périodes – les années 1920 et 1930, les années 1970 et au-delà – ont été faiblement étudiées, certaines professions intellectuelles – les instituteurs et les enseignants – ont été délaissées, enfin, la presse et les revues n'ont été pour l'essentiel analysées que lorsque, comme *Les Lettres Françaises*, dirigées par Aragon, elles étaient liées aux « grands intellectuels ».

Variétés des figures de l'intellectuel communiste et spécificité du cas français

Sans doute, le foisonnement des analyses consacrées aux intellectuels communistes français – chez les chercheurs français, mais aussi anglo-saxons[2] – tient à ce que, au regard de l'essentiel des démocraties occidentales, leur engagement a été quantitativement visible, mais aussi, à ce que contrairement aux pays du Bloc de l'Est, et *a fortiori* de l'Union soviétique[3], il a reposé sur le « choix », et non sur la contrainte ou sur l'enrôlement dans des organisations corporatistes obligatoires, telles que les Unions des écrivains ou des artistes, ou encore les Académies scientifiques. Cette dimension « choisie » et la diligence des intellectuels et artistes français permettent également de comprendre pourquoi les travaux se sont essentiellement centrés sur les années 1950. En effet, sur un certain nombre de points, et notamment lors du débat sur « science bourgeoise-science prolétarienne », les intellectuels communistes français, comme ils l'ont reconnu eux-mêmes, ont effectivement produit des discours plus radicaux que ceux des scientifiques soviétiques[4]. De même ont-ils volontiers produit un art de parti – peinture, roman, poésie réalistes-socialistes... – mais aussi une théorisation de cette production dans les revues communistes.

Cette focalisation sur la France et notamment sur les années 1950 doit, pour être comprise, être d'abord replacée dans l'historiographie des intellectuels[5]. On peut opposer schématiquement deux types de travaux, eux-mêmes étroitement liés à l'histoire et à la sociologie des intellectuels au sens large. Ainsi, un premier courant tend traditionnellement à saisir les intellectuels à partir de leurs seules interventions – leurs « engagements » – dans l'univers politique, jugés héroïques ou au contraire déshonorantes. Le chapitre réservé aux intellectuels communistes, et plus particulièrement aux années 1950, est ainsi souvent traité comme une page noire de l'histoire des clercs, au même titre que la collaboration. La proximité avec le pamphlet est alors parfois troublante. À l'inverse, un second courant privilégie le groupe : loin de sacraliser et d'isoler l'intellectuel ou l'artiste en le définissant à partir de son propre projet créateur, il vise au contraire à articuler les représentations et les productions du groupe avec sa place dans l'espace et le temps social. Ce modèle se révèle incontestablement plus fécond que le précédent[6]. Néanmoins, appliqué au PCF, il n'a pas totalement porté ses fruits. Ainsi, peu sensibles aux différences entre les membres du groupe comme à son évolution, les analyses s'en tiennent souvent à la description de l'« intellectuel organique » et de l'« artiste de parti » qui, dépourvus de ressources légitimes et de reconnaissance dans leur univers professionnel, accepteraient de se soumettre à l'autorité partisane, en échange d'un ersatz de carrière mené en son sein. Les productions intellectuelles et artistiques sont rarement étudiées mais pour l'essentiel évaluées selon les valeurs dominantes du champ intellectuel ou artistique, et ainsi jugées « ennuyeuses », « provinciales », « pleines de contradiction »[7]. Ces deux types de production ont néanmoins quelque chose de commun : leur propension à porter une évaluation politique, voire morale. Si celle-ci est si prompte n'est-ce pas que ces « égarements » des clercs se sont produits dans un pays qui a inventé, lors de l'Affaire Dreyfus, le groupe intellectuel en tant que tel et les valeurs[8] spécifiques – autonomie, universalisme, résistance aux corps constitués – de son mode d'intervention en politique, valeurs précisément que les fractions du monde intellectuel qui se sont ralliées au communisme semblent avoir sacrifiées ? Dans cette hypothèse, la focalisation sur les intellectuels communistes français des années 1950 doit être en partie interprétée comme la mesure du scandale.

Même si l'on ne peut espérer se déprendre de cette trame d'analyse – pas plus que contourner l'écueil de l'absence de travaux –, essayer d'y voir plus clair implique de décrire l'évolution de la composition sociale des groupes intellectuels qui se sont ralliés aux différents partis communistes, les règles explicites et implicites qui définissent leur rôle, ainsi que les croyances et les stratégies de ces différents acteurs. Mais on ne pourra esquisser ici que quelques hypothèses à propos des intellectuels et de la culture communiste en général. La France servira de pierre de touche. Un peu, parce que son cas en ces matières est mieux connu, aux réserves que l'on vient de mentionner près. Mais surtout parce que l'invention du groupe intellectuel y est précoce et que le parti communiste y a pris une forme spécifique, expressément tournée vers la production de cadres politiques ouvriers. Dès lors, la rencontre entre ces deux phénomènes politiques et sociaux devient particulièrement éclairante. Enfin, elle l'est d'autant plus que les rapports entre intellectuels, culture et communisme sont plus complexes que ne le suggère une bonne partie de l'historiographie.

Premier retour d'URSS

À leur premier retour d'URSS, en août 1920, Marcel Cachin et Ludovic-Oscar Frossard font une tournée de meetings et surtout rédigent pour *L'Humanité*, alors encore journal de la SFIO, une série d'articles – « Ce que nous avons vu en Russie » – consacrée aux réalisations de la Révolution des soviets. Dans le contexte de préparation du congrès de Tours, et donc du débat sur le ralliement de la SFIO à la IIIᵉ Internationale, ils décrivent et exaltent – mais plus modérément que ne le feront souvent les voyageurs des décennies suivantes – tous les aspects du nouveau régime. Politique culturelle et politique scolaire y sont ainsi abondamment commentées[9]. Et le ton comme la focalisation de ces récits, à la veille même de la création du PCF, sont révélateurs des rapports que ce parti ne cessera d'entretenir avec les intellectuels, grands et petits, et plus largement avec la culture, qu'elle soit légitime, populaire ou d'avant-garde. « Dans aucun pays du monde, à l'heure présente, les pouvoirs publics n'ont pour l'enfance ouvrière, pour les fils et les filles des travailleurs des soins plus touchants et plus intelligents qu'en Russie. [...] Ils ont formé et ils réalisent le dessein grandiose de donner *à tous les enfants du peuple russe* le moyen d'avoir accès aux bénéfices et aux joies de la science, de l'art, de l'intelligence, scandaleusement réservés, jusqu'à présent, aux privilégiés de l'argent. »[10]

Le système scolaire français se caractérise alors par ses deux filières – le lycée d'une part, menant à l'enseignement supérieur, et le primaire, d'autre part, prolongé par les cours complémentaires et les écoles normales d'instituteurs – destinées à deux publics distincts, triés par le coût des études, mais surtout selon les fonctions sociales et professionnelles qu'ils sont appelés à tenir. Au moment où le certificat d'études est encore bien loin de constituer une norme[11], le baccalauréat est *a fortiori* une

« barrière » sociale, quasi infranchissable pour de rares boursiers qui sont à la fois des miraculés et les mythes constitutifs de l'École républicaine. À première vue, le plaidoyer de Marcel Cachin semble fidèle à une tradition d'extrême-gauche[12] qui entend promouvoir l'éducation de tous. Si on le considère d'un peu plus près, son insistance sur le public visé par la réforme des révolutionnaires – « tous les enfants du peuple russe » – tranche avec les débats sur l'École unique tels qu'ils sont formulés dans les années 1920[13] au sein des partis politiques du futur Cartel des Gauches, mais il se démarque aussi de l'idée plus ancienne qui les sous-tend, à savoir que la démocratisation par la gratuité doit avant tout viser à sélectionner les élites, indépendamment de leur fortune, et non à scolariser tous les enfants.

Étonnamment, cette aspiration à une école pour tous, voire à une école prolétarienne, précocement présente n'a guère eu de matérialisation au sein du PCF. Pendant une brève période qui connut son apogée lors des journées de Leipzig de l'Internationale des travailleurs de l'enseignement (ITE) en 1928, s'ébaucha une réflexion sur l'« adéquation, profonde, souvent subtile et déguisée, entre la pédagogie bourgeoise traditionnelle et le système capitaliste »[14], analyse qui a connu ses premières formulations dans l'anarcho-syndicalisme de l'avant-guerre[15]. Les *Cahiers de contre-enseignement prolétarien*, certains articles des *Cahiers du bolchevisme* développent alors cette théorie en France, tandis que l'ouvrage du communiste allemand Edwin Hoernle, *L'éducation bourgeoise et l'éducation prolétarienne*, publié aux ESI (Editions sociales internationales) en 1932, en présente une version plus radicale encore, puisque selon son auteur, la famille, y compris ouvrière, participerait également de la mutilation de l'enfant. Seules quelques rares pratiques expérimentales, comme à Villejuif où l'architecte Lurçat édifie l'école Karl-Marx, pour la mairie de Paul Vaillant-Couturier[16], et bien sûr le « Mouvement Freinet » ont mis brièvement en forme cette aspiration. Dès l'année 1931, « parallèlement à la révolution de la politique scolaire soviétique », le PCF revient à une « ligne politique plus réaliste »[17], qui a trouvé particulièrement à s'épanouir sous le Front populaire et bien sûr après-guerre avec le plan Langevin-Wallon. L'École dorénavant, lit-on dans *Les Cahiers du bolchevisme*, « facilite l'organisation du prolétariat, son éducation de classe, l'élévation de sa capacité de lutte »[18].

L'instituteur Célestin Freinet notamment fit progressivement les frais de ce revirement, dont Georges Cogniot, ancien élève de l'École normale supérieure, fut sans doute l'un des artisans, en tout cas l'un des « conseillers du Prince » chargés de le mettre en forme. Aussi, même si le projet Langevin-Wallon mentionne encore la nécessité d'une pédagogie nouvelle, c'est avant tout la construction d'un système unifié et gratuit qui constitue dorénavant de l'après-guerre jusqu'aux lendemains de Mai 68, le remède par excellence du PCF, en matière d'inégalité scolaire.

De ce qui est en partie, mais en partie seulement[19], une représentation politique soigneusement montée à leur intention – il en va de l'adhésion à la IIIe Internationale – Cachin et Frossard retiennent encore l'effervescence culturelle du nouveau régime. Frossard décrit longuement les trains d'agit-prop qui sillonnent le pays tandis que Cachin s'attache à une certaine forme de ce que nous appellerions aujourd'hui « démocratisation culturelle » : « Jamais il n'y eut plus de théâtres en Russie qu'en ce moment de guerre civile et étrangère. Jamais, malgré la détresse, on n'y a assisté à plus de représentations artistiques. Mais c'est devant la classe ouvrière que paraissent désormais les spectacles jadis réservés à ce qu'on appelait l'élite de la société. [...] Songez-vous quelles sont à cette heure les pièces les plus jouées par les artistes sur les nombreuses scènes des quartiers de Moscou ? Ce sont les comédies de Molière et les drames de Shakespeare ; ce sont les œuvres des plus grands auteurs russes eux-mêmes »[20]. Cachin anticipe ici sur la future politique culturelle et notamment théâtrale du PCF qui s'épanouira notamment après-guerre avec le soutien au Théâtre national populaire (TNP) de Jean Vilar, et plus largement avec la « décentralisation théâtrale en banlieue », autour des années 1960[21]. En même temps, il s'inscrit dans la fidélité aux précurseurs du théâtre populaire[22] dont certains, bientôt, comme Romain Rolland, seront des compagnons de route du Parti communiste. De même, anticipe-t-il plus largement sur les objectifs de démocratisation culturelle qui passeront par les réseaux de bibliothèques, les batailles du livre, ou la mise en place d'un secteur éditorial. Mais son émerveillement devant les œuvres représentées – Shakespeare, Molière, et « les plus grands auteurs russes »–, dévoile aussi l'un des ressorts cachés de la conception de la culture communiste, sa dimension nationale et patrimoniale. Comment s'étonner alors, qu'au moment où la Russie connaît l'une des plus radicales expériences culturelles où s'opère l'éphémère liaison entre les avant-gardes russes et le pouvoir politique, Frossard ne perçoive des trains d'agit-prop que leurs prodiges techniques et réduisent leurs innovations à un « art rudimentaire » ? « Imaginez des trains complets, d'une douzaine de wagons chacun, aménagés dans un but exclusif d'agitation. Ils comportent un magasin de librairies, une imprimerie complète avec machine à tirer, une station électrique et radio-télégraphique, un service télégraphique, un cinéma accompagné d'un orchestre. Sur les parois extérieures, des figures allégoriques sont peintes en couleur, d'un art rudimentaire, mais expressif d'une idée »[23].

Le complexe rapport entre les partis communistes et les avant-gardes qui put souvent se clore, comme dans les Pays de l'Est, de manière tragique, par la marginalisation artistique et professionnelle, voire la déportation ou l'élimination physique des producteurs artistiques qui n'obéissaient pas aux règles édictées par le jdanovisme, et dans les pays de l'Ouest par des relations éphémères et tumultueuses, trouve ici un peu de ses principes organisateurs.

Évolution générale des groupes intellectuels, membres du PCF

Ces récits de voyage sont donc commandés par quelques-unes des schèmes de pensée, voire par quelques-uns des contradictions, qui n'ont jamais cessé d'organiser les rapports du PCF à la culture et aux professions intellectuelles, ralliées au communisme, même si la composition de celles-ci n'a jamais cessé d'évoluer. En effet, au fil du temps et au moins jusqu'à la fin des années 1970 où le déclin électoral et militant du PCF s'accélère, les membres des professions intellectuelles qui se rallient au PCF sont de plus en plus nombreux et appartiennent à des groupes dont le statut est plus en plus élevé. L'élévation constante du niveau social des professions intellectuelles, membres du PCF, après-guerre, et plus particulièrement dans les années 1960, est inséparable de celle du recrutement communiste dans son ensemble, du militant de base aux instances dirigeantes. À partir du congrès de 1964, cette élévation devient en effet visible au sein du Comité central, puisqu'à cette date, le renouvellement générationnel se double d'une modification de la composition sociologique de ses membres, dorénavant beaucoup plus dotés en ressources universitaires. Ainsi à partir des années 1970, les agrégés représentent environ un quart des membres du Bureau politique, même si au secrétariat, la seule profession intellectuelle représentée est celle des instituteurs[24]. Cette transformation est encore flagrante dans certaines fédérations, comme celle de Paris, ou encore dans les institutions culturelles du PCF, comme les revues. Insuffisante pour décrire les intellectuels communistes jusqu'aux années 1950, l'assimilation de ceux-ci à des intellectuels de parti, ou à des « intellectuels prolétaroïdes », devient dorénavant inexacte.

Deux explications de ce mouvement peuvent être avancées. On pourrait d'abord imaginer qu'il tient aux particularités de la vie politique française. En effet, l'implantation électorale du PCF qui a été, dans les années 1950, le premier parti de France, et qui est resté jusqu'aux années 1970, le premier parti de gauche, mais aussi sa participation récurrente dès 1935 à des alliances électorales, voire son entrée au gouvernement en 1944, pourraient constituer les premières explications de son succès auprès des professions intellectuelles qui ne se distingueraient pas alors des autres catégories sociales qui ont apporté leurs suffrages ou leur adhésion au PCF. Le rôle des intellectuels au Parti communiste italien (PCI) – dont nous verrons néanmoins qu'il est de nature différente – pourrait s'expliquer de la même manière. C'est bien, en effet, cette double intégration dans le jeu électoral et gouvernemental – l'expérience du Parti communiste espagnol (PCE) pendant la République espagnole étant et trop brève et trop déterminée par la guerre civile – qui distingue ces deux partis communistes occidentaux. Et c'est elle, à son tour, qui expliquerait le poids des intellectuels en leur sein. Même si cette explication peut paraître insuffisante, elle n'est toutefois pas entièrement à négliger. Si chaque groupe social – et chaque génération – élabore ses croyances politiques à partir des valeurs et de la culture qui lui sont propres, il n'en est pas moins pris également dans des conjonctures politiques nationales et internationales. Ainsi les professions intellectuelles traversent-elles comme les autres groupes sociaux, l'épreuve des tranchées – et peut-être même lui paient-elles proportionnellement une dîme supérieure –, les mobilisations antifascistes, la Libération, ou l'Union de la gauche. Une deuxième explication peut néanmoins être avancée qui rend notamment compte de la forte croissance des professions intellectuelles dans les rangs du Parti communiste dès les années 1960. Celle-ci pourrait bien être à la fois le résultat de leur croissance numérique et le produit du déclin relatif de leur position dans la société française.

Promesses et désillusions des premières conquêtes

Jusqu'aux années 1930, les artistes et les universitaires proches du PCF sont donc rares et appartiennent de plus à des fractions bien particulières de ces univers. Chez les enseignants, les communistes se recrutent principalement chez les instituteurs, sans doute parce que les écoles normales ont constitué un lieu de promotion sociale privilégiée pour les catégories populaires. Comme le montre le cas de Frossard, venu à la politique lors de son passage par l'École normale, il est vraisemblable que le basculement vers le parti communiste passe pour les instituteurs, par une fidélité revendiquée, voire construite comme un principe identitaire, à ces origines sociales populaires. Même si les instituteurs (et les institutrices) demeurent quantitativement plus proches du socialisme et du radicalisme, ils se montrent particulièrement actifs lors du ralliement à la IIIe Internationale. Comme le révèle ce texte de Maurice Dommanget, futur secrétaire de la Fédération communiste de l'Oise, « la IIIe Internationale, c'est le droit chemin, socialiste et syndicaliste, celui qu'on n'aurait jamais dû quitter et qui mène aux persécutions plutôt qu'aux honneurs »[25], c'est en continuité avec l'action syndicale[26] – illégale bien que tolérée, sauf précisément en 1920 – que se construit cette adhésion. Elle passe également par le pacifisme, sorti encore renforcé de la guerre de 1914-1918, engagement qui a accru le poids symbolique des instituteurs au sein du débat sur le ralliement à la IIIe Internationale : en effet, leurs manifestations d'hostilité à la guerre ont été sévèrement réprimées pendant le conflit. Aussi, jusqu'à la bolchevisation, et surtout la stalinisation du Parti, la Fédération unitaire de l'enseignement constitue l'un des viviers de recrutement privilégié du PCF.

À l'Université au contraire, la présence des communistes est, à cette même époque, pour le moins réduite. De même, les communistes sont très peu nombreux dans les classes préparatoires des années 1920, et encore plus à l'École normale supérieure de la Rue d'Ulm[27]. Si l'appartenance au PCF est rare dans le monde universitaire, les membres de la CGTU, dont certains adhéreront au PCF par la suite, et notamment pendant la Guerre, sont un peu plus nombreux. De même, dès les années 1920, un certain nombre de « compagnons de route » – qui, eux aussi, deviendront parfois membres du PCF dans les décennies suivantes – gravitent dans des associations, comme les « Amis de la Russie nouvelle » puis le « Cercle de la Russie neuve », destinées à faire connaître les bienfaits des réalisations soviétiques[28].

Au sein des mondes de l'art, là aussi très marginalement conquis jusqu'aux années 1930, on peut déjà distinguer deux types de trajectoires qui anticipent sur les modes d'affiliation au PCF : les uns, faiblement consacrés au sein de leur univers trouvent dans le parti communiste une reconnaissance, les autres, membres de groupes d'avant-garde, usent, non sans difficultés, de leur affiliation partisane pour assurer leur position au sein du monde artistique. Un homme comme Romain Rolland est emblématique du premier type de trajectoires. En effet, son engagement, alors qu'il est issu d'une famille déclassée de la bourgeoisie, normalien et auteur de théâtre qui a connu de nombreux échecs à la fin du XIXe siècle[29], pourrait aisément être interprété comme le produit d'une consécration manquée au sein du champ artistique. Mais si l'on compare sa trajectoire à celle d'Henri Barbusse, qui est incontestablement l'intellectuel le plus visible au sein du PCF avant le Front populaire, il faut alors mesurer ce que leurs itinéraires – et leur forme de communisme – doivent aussi à leur commune appartenance générationnelle[30]. Ainsi, le « compagnonnage de route » de Romain Rolland s'inscrit-il dans une trajectoire politique spécifique, puisqu'il appartient au Comité antiboulangiste, avant de prendre position pour

Dreyfus. Barbusse, passé par le symbolisme avant de s'orienter vers le réalisme, écrit bien dans quelques journaux pacificistes avant-guerre, mais c'est l'expérience des tranchées, trame du *Feu*, prix Goncourt en 1916, et fondement de l'Association républicaine des Anciens combattants (ARAC) qu'il crée en 1917, qui oriente définitivement sa trajectoire politique, vers le pacifisme wilsonien d'abord, vers l'adhésion au communisme en 1923, ensuite.

Cette forme de rapport au parti communiste, nourrie par la tradition rationaliste, voire républicaine, française, demeure au fil du temps, un des modes d'affiliation privilégié au PCF. C'est, par exemple, autour des années 1930 et de la Seconde Guerre mondiale, celui des scientifiques comme Frédéric Joliot-Curie[31] ou Paul Langevin pour la physique, Paul Labérenne pour les mathématiques, mais aussi de certains philosophes, comme René Maublanc, professeur de classes supérieures à Henri IV. Cette tradition irrigue un certain nombre de publications comme *La Pensée*, sous-titrée « revue du rationalisme moderne », qui commence à paraître en 1944 et rassemblera d'ailleurs tous ces hommes[32]. Elle préside encore au lancement de collections comme « Les classiques du peuple » qui édite les « grands auteurs », étiquetés rationalistes et matérialistes, que sont Rousseau, Beaumarchais, Molière, d'Holbach ou La Mettrie.

Bien qu'ils aient connu eux aussi l'expérience des tranchées, les surréalistes représentent l'autre type de trajectoire possible, sans doute plus marginale. Leur adhésion au PCF, aux antipodes bien sûr d'une inscription dans une tradition de pensée rationnelle, loin d'être l'aboutissement d'une consécration littéraire ratée, peut, au contraire, être interprétée comme le produit d'une stratégie de positionnement au sein du champ littéraire afin d'y conserver une position d'avant-garde que d'autres groupes entendent lui disputer dès le milieu des années 1920[33]. Et, en effet, si leurs croyances politiques sont incontestablement iconoclastes, leur ralliement au PCF tient plus, initialement, à la position radicale de celui-ci dans l'espace politique, qu'à une véritable conversion à son corps de doctrines, et notamment au marxisme, comme le souligne ici André Breton : « Dans l'état actuel de la société en Europe, [les surréalistes demeurent] acquis au principe de toute action révolutionnaire, quand bien même elle prendrait pour point de départ une lutte de classes, et pourvu seulement qu'elle mène assez loin »[34].

Quelques trajectoires homologues sont repérables dans l'univers intellectuel. *Clarté* est d'abord un mouvement, puis un journal lancé par Barbusse pour rassembler les intellectuels internationalistes et pacifistes. Dès 1921, animé notamment par Paul Vaillant-Couturier, *Clarté* devient une revue, volontiers « blasphématrice »[35] à l'égard de l'idéologie et de la société bourgeoises comme de ses représentants. Ainsi la revue dans ses « cahiers de l'Anti-France », conspue-t-elle le « compagnon de route » Anatole France qui vient de mourir, comme le font au même moment les surréalistes. De même, le groupe *Philosophies*, fondé en 1924 par des étudiants de la Sorbonne, poussé par Paul Nizan, adhère au PCF avant de fonder *La Revue Marxiste*.

Les rapports entre le PCF et ces avant-gardes furent tumultueux et souvent éphémères. Ainsi *Clarté* rompt dans les années 1925. Les surréalistes connaissent une évolution parallèle. Si certains – Naville, Rosenthal – optent rapidement pour le trotskisme, le gros du groupe, dont Breton, est finalement exclu, à l'exception d'Aragon et de Sadoul, entre 1933 et 1935. Une sombre histoire d'argent joué à la roulette, mais surtout les prétentions théoriques de *Philosophies*, valent à une partie de ses membres de se faire exclure, tandis que Politzer et Nizan demeurent au PCF.

Paradoxalement, ces positions originelles ne préjugent pas de l'évolution future de ces membres de l'avant-garde. Ainsi Politzer et Aragon, chacun à leur manière et d'une façon qu'il faudrait analyser en détail, ont occupé la posture de l'intellectuel de parti. Réciproquement, le monde des instituteurs et des institutrices, pourtant précocement conquis par le ralliement à la IIIe Internationale, s'est souvent caractérisé par des désillusions précoces et par son refus du stalinisme, puisqu'il s'est montré, à l'image de Dommanget qui a été exclu du PCF en 1930, très actif lors de la campagne pour la libération de Victor Serge ou de la dénonciation des procès de Moscou. Quant aux instituteurs qui n'ont pas quitté le PCF et aux enseignants en général, on pourrait à la lecture de leur autobiographie de parti ou de leurs mémoires s'apercevoir que, souvent, ils ont conservé – en vertu de leur formation, mais aussi vraisemblablement de ce qu'ils ne dépendent pas matériellement du Parti, en continuant à exercer leurs fonctions – un certain « quant à soi »[36].

Les rapports conflictuels avec les avant-gardes ne sont pas réservés aux années 1930, ni à la France. Après-guerre, la « bande de la Rue Saint-Benoît » autour de Marguerite Duras, Robert Antelme, Dyonis Mascolo, mais aussi en Italie, les proches d'Elio Vittorini et de sa revue *Il Politechnico* connaissent des péripéties identiques. Autour de mai 68, *Tel Quel* tente à son tour l'aventure, là aussi efficace à singulariser un groupe dans le monde littéraire, avant de basculer dans le maoïsme. Mais du point de vue des rapports entre avant-gardes et parti communiste, c'est vraisemblablement le cas soviétique qui est le plus éclairant, et peut-être le plus déterminant. En effet, en URSS, les premiers temps de la Révolution ont vu Lounatcharski, Commissaire du peuple à l'éducation et à la culture, permettre aux futuristes comme le poète Maïakovski et le metteur en scène Meyerhold[37] de déployer leurs activités. Sans doute, les choses ne se sont pas faites sans difficultés ni contrôle, et encore moins sans arrière-pensées, puisque la défense du futurisme est aussi une manière de tenir en marge les tenants du *proletkult*[38]. Progressivement néanmoins, l'Association des écrivains prolétariens soviétiques (la RAPP), peu à peu instrumentalisée par Staline qui, alors, forge les notions de « littérature soviétique » et de « littérature antisoviétique »[39], parvient à dominer tous les groupes. Elle impose un « Magnitogorsk de l'art », c'est-à-dire, par référence à l'édification des complexes industriels du premier plan quinquennal, demande à tous les artistes de « refléter dans leurs œuvres le gigantesque travail de construction qui est en cours et plus particulièrement, la construction de l'Oural »[40]. Elle mène de très violentes attaques contre ses rivaux, contrôle l'édition, censure Babel, Ivanov ou Maïakovski (qui se suicide en 1930), et promeut l'expérience des *udarniks* littéraires, où les élites des correspondants ouvriers des journaux d'entreprise (les *rabcors*), baptisés « travailleurs de chocs de la plume », reçoivent pour tâche de raconter leur expérience quotidienne. L'élimination de la RAPP, devenue « une sorte d'État dans l'État »[41] par une résolution du Comité central du PCUS en avril 1932, et la réorganisation de l'Union des écrivains soviétiques clôturent le chapitre des avant-gardes formalistes ou prolétariennes et préparent le triomphe du réalisme socialiste et de sa dimension nationaliste et moralisatrice portée à son extrême par Jdanov.

L'apogée

Pendant ce temps, en France, les mots d'ordre et les rassemblements antifascistes, et plus largement le Front populaire, multiplient les adhésions en général, et celles des artistes et des intellectuels en particulier. Des compagnons de route aussi prestigieux qu'André Gide, auteur phare de *La NRF*, elle-même pôle central de l'avant-garde consacrée de l'époque[42], ou André Malraux, prix Goncourt pour *La Condition Humaine*, en 1933, partagent un temps les grands rassemblements antifascistes. C'est bien évidemment à la Libération que l'afflux des intellectuels et des artistes apparaît comme le plus massif. Préparé pendant l'Occupation, où Aragon a réussi à fédérer un Comité national des écrivains, instance centrale de la résistance intellectuelle[43], il est aussi porté plus généralement par les succès électoraux et militants du PCF. Par exemple, si, au début des années 1930, on dénombrait environ trois élèves communistes à l'École normale supérieure (ENS), puis une petite dizaine à la veille de la guerre, la cellule communiste de l'après-guerre compte en revanche une trentaine d'élèves[44], et ce, jusqu'à la fin de la Guerre d'Algérie, période à partir de laquelle les normaliens participent aux diverses dissidences qui secouent le communisme étudiant, voire l'initient comme lors de la création de l'Union des jeunesses communistes-marxistes léninistes (UJCML) en 1966. En dépit des départs de 1956, consécutifs à la répression de la Révolution hongroise et aux révélations du XXe Congrès du PCUS sur Staline, ce mouvement de conquête du monde universitaire se poursuit. Il se traduit fin 1968 à l'Université par la prise de contrôle par les communistes du Syndicat national de l'enseignement supérieur (SNESUP), par le pilotage de l'Université de Vincennes, mais plus généralement par la reprise systématique du maillage du monde de l'enseignement, avec la mise sur pied de cellules inter-établissements d'instituteurs, la relance des cellules de lycée, voire la création de sections d'Université (notamment à Orsay, Bordeaux, Grenoble et Lyon).

Si la conquête progressive du monde universitaire est particulièrement visible, elle ne doit cependant pas masquer que l'implantation communiste s'est également poursuivie dans le primaire et dans le secondaire. Préparés par l'adoption du « cours national » que prend le Parti au milieu des années 1930 (par l'acception de la défense nationale, de la symbolique nationale, etc.), les instituteurs et les enseignants du secondaire sont particulièrement actifs dans la Résistance. À la Libération – comme en Italie, à la même époque – les communistes sont dès lors extrêmement présents dans le syndicalisme, les mouvements laïques ou les mouvements d'éducation populaire. Au fur et à mesure de la démocratisation scolaire, cette présence est telle qu'elle leur permet au sein de la FEN de venir menacer l'hégémonie du courant favorable aux socialistes.

La place des intellectuels dans un parti prolétarien

Pour comprendre la place de ces professions intellectuelles et le rôle de la culture au sein du PCF, il faut rappeler quelques spécificités de cette organisation politique et quelques grandes lignes de son évolution. La place subordonnée des intellectuels et les conflits qui s'en suivent tiennent à la fonction même du PCF : être un parti ouvrier. Lutter contre les tendances à l'oligarchie des organisations partisanes[45] – c'est-à-dire contre la règle qui veut que les représentants mais aussi les cadres d'un parti soit d'un recrutement social plus élevé que les électeurs d'une part, et que les militants d'autre part – se traduit entre autres par un contrôle strict de la montée au sein de la hiérarchie et par l'invention du « cadre thorézien »[46]. Ainsi passe-t-on de 18,75 % d'ouvriers au Comité directeur de 1920 à 52,17 % au Comité central de 1936, tandis que les professions intermédiaires diminuent (de 43,72 % à 28,26 %), sachant qu'en leur sein, ce sont les employés aux écritures qui augmentent alors que les instituteurs tendent à décroître. Enfin, les catégories supérieures tombent de 37,49 % à 17,38 %, mais, en leur sein, les professions libérales chutent de 12 % à 0 % tandis que les professions littéraires passent de 18,75 % à 4,24 %[47].

Ces spécificités du PCF ont des conséquences particulièrement visibles sur la place des instituteurs au sein de l'organisation partisane à cette période. Ceux-ci, en effet, concurrents les plus directs du personnel politique ouvrier, sont de fait ceux que le Parti communiste français se doit, s'il veut promouvoir un « cadre thorézien », de contrôler le plus étroitement. Cet objectif particulier permet peut-être de comprendre quelques paradoxes : il est ainsi vraisemblable qu'une partie de l'Internationale communiste ait souhaité continuer à puiser, au contraire, dans le monde enseignant. C'est pourquoi, par exemple, l'ISR (Internationale syndicale rouge) en 1929, avait invité à Moscou, Dommanget et ses proches, déjà en délicatesse avec le PCF. Mais le voyage fut sans doute saboté par l'OMS[48] : à Berlin, personne ne vint accueillir le petit groupe pour lui faire passer la frontière[49].

Conformément à une analyse générale de la position de classe des professions intellectuelles, les instituteurs sont ainsi caractérisés à la période « classe contre classe » : « origine petite bourgeoise, éducation anti-prolétarienne, situation privilégiée d'une catégorie importante des instituteurs laïques, les vieux et les directeurs, par rapport à la classe ouvrière, telles sont donc les trois raisons qui font que la masse de ceux-ci est et restera contre-révolutionnaire »[50].

Aussi, même si cette première analyse, conforme aux velléités d'éducation prolétarienne, est appelée à évoluer, il n'en reste pas moins comme le suggère en 1938 cet extrait de rapport à l'Internationale communiste de Maurice Tréand, responsable de la Commission des cadres, que l'on continue au sein du PCF, à contrôler étroitement leur montée dans la hiérarchie des cadres. « Nous réagissons aussi contre la poussée des intellectuels dans le Parti. Nous sommes assez vigilants contre ce comité de vigilance des intellectuels. Nous réagissons contre la montée des instituteurs dans nos cadres de direction des régions de province. Ce n'est pas par hasard que les deux régions dont nous avons liquidé les directions dans cette dernière période avaient à leur tête deux instituteurs Geoffroy dans les Charentes et Copin dans le Jura qui sont tous deux trotskistes »[51].

Si cette fonction de production et de reproduction du groupe ouvrier demeure prédominant, elle est néanmoins concurrencée dès les années 1960 par un second objectif, l'accession aux activités gouvernementales. Celle-ci impose que les théories liées à la prise du pouvoir soient progressivement révisées, et cet *aggiornamento* se traduit successivement par la reconnaissance de l'accession possible au pouvoir par les urnes, d'une voie française au socialisme, et de l'abandon de la dictature du prolétariat. Or ces révisions doivent être théorisées, et pour cette première raison, le statut des clercs auxquels cette tâche est dévolue a besoin d'être libéralisé. Cet assouplissement de leur statut tient encore aux impératifs électoraux. En effet, dans une période de recherche de l'accession au pouvoir qui est inséparablement un temps de relations concurrentielles avec le partenaire socialiste, les professions intellectuelles salariées, partie-prenante des classes moyennes, deviennent une cible électorale : la libéralisation de leur statut en procède directement.

Néanmoins, cette évolution ne peut être que relative, tant elle entre en contradiction avec la fonction centrale et première du PCF. Aussi, les années 1960 et surtout 1970 voient se dérouler un certain nombre de « crises » – longue crise de l'Union des étudiants communistes, critiques de la « Direction » en 1968, « contestation » des intellectuels et « crise » de la Fédération de Paris entre 1978 et 1980 – qui, toutes, touchent les professions intellectuelles. Se traduisant par des départs massifs ou par des exclusions, ces « crises » peuvent être aisément interprétées comme la matérialisation de cette tension impossible à tenir à long terme entre les impératifs de l'*aggiornamento* et les réquisits de représentation ouvrière du groupe ouvrier.

Les lieux et les statuts des intellectuels

C'est à partir de cette assignation générale à une place subordonnée – absolument ou relativement – que l'on peut décrire les statuts et les lieux dévolus aux intellectuels. C'est au moment du revirement de la stratégie stalinienne qui consiste à renoncer à la ligne « classe contre classe » pour mettre en avant l'objectif de la « lutte antifasciste » que la place des intellectuels et des artistes devient plus importante au PCF. Des lieux spécifiques comme l'Association des écrivains et des artistes révolutionnaires (l'AEAR), créée en 1932 et éditrice de la revue *Commune*, ou comme la Maison de la culture fédèrent les sections de l'AEAR sous la direction d'Aragon, leur sont explicitement dévolus.

Mais il faut attendre l'après-guerre pour que se mettent en place des instances politiques dont les intellectuels dépendent désormais. Pour cette période et donc pour la Guerre froide, le cadre général qui définit le statut des intellectuels est le IXe congrès de Strasbourg qui, en juin 1947, réorganise le travail intellectuel. Dorénavant, une Section idéologique auprès du Comité central, dirigée par François Billoux, se voit conférer une triple fonction de « laboratoire d'idées », de « centre de formation » chargé de mettre au point les cours du Parti, et enfin de « contrôle et d'intervention »[52]. Elle comprend en son sein une Commission des intellectuels, dirigée par Laurent Casanova, destinée à leur encadrement. Les revues culturelles – *Les Lettres françaises*, *Action* – un temps pluralistes sont reprises en main. Une revue de combat, chargée de constituer le cœur du dispositif de « la bataille idéologique incessante contre la réaction »[53], *La Nouvelle Critique*, est créée en décembre 1948. Aux côtés de ces publications généralistes, de nombreux secteurs de la production intellectuelle et artistique – par ailleurs organisés en cercles – se voient dotés d'une publication spécifique, souvent éphémère (*Arts de France*, *La Raison*, *L'Écran français*, *La Revue progressiste du droit français*, *La Revue de la nouvelle médecine*...). C'est donc, dans ce cadre et dans cette période que se déroule la bataille des deux sciences, qu'est promue – non sans débats internes – une peinture réaliste socialiste, que s'écrivent des romans et des poèmes de parti, et que sont condamnées l'histoire des *Annales*, ou encore la sociologie et la psychanalyse, stigmatisées comme sciences réactionnaires.

C'est en 1966 que, du point de vue des textes officiels, le statut des intellectuels change. En pratique, après les départs et les exclusions consécutifs à la répression en Hongrie et aux révélations du XXᵉ congrès en 1956, de nouvelles institutions destinées aux intellectuels apparaissent (comme le Centre d'études et de recherches marxistes, créé en 1960 et confié à Roger Garaudy, organisateur dès 1961 de « semaines de la pensée marxistes »), tandis que le contenu des productions intellectuelles et artistiques est infléchi dans le sens du « dégel ». Mais il faut attendre le Comité central d'Argenteuil pour que soit tournée « juridiquement » la page du lyssenkisme et du jdanovisme, dans le triple contexte de l'*aggiornamento*, des négociations avec les socialistes, et des débats internes des philosophes du Parti autour de l'humanisme socialiste.

Désormais, seules les sciences humaines et économiques continuent à faire l'objet d'un contrôle *a posteriori*, puisqu'il est prévu que « les thèses controversées seront examinées au sein des organismes compétents »[54]. Cette distinction entre sciences « dures » et œuvres artistiques d'une part, et sciences humaines d'autre part, est évidemment centrale. Elle permet de maintenir un contrôle du groupe politique sur la production intellectuelle, contrôle d'autant plus indispensable que le PCF, on l'a vu, entame à ce moment sa phase de révision théorique. Cette distinction a également des conséquences pratiques puisqu'elle est, en effet, l'assise juridique d'un certain nombre de marginalisations des philosophes – celle, tout au long de la période, de Louis Althusser – voire d'exclusions – celle de Roger Garaudy en 1970. Le texte d'Argenteuil définit enfin la nouvelle place des intellectuels[55]. Ceux-ci conquièrent une position plus favorable : ils sont dorénavant chargés de produire les soubassements théoriques des inflexions stratégiques, mais cette position demeure strictement seconde : les productions intellectuelles ne peuvent être qu'*ad hoc*, c'est-à-dire ajustées *a posteriori* à des décisions politiques prises ailleurs et antérieurement. Les relations entre les intellectuels et le groupe partisan sont dès lors à la fois plus souples et plus complexes. Alors que dans les années 1950, ils n'étaient guère placés que face à une seule alternative : se soumettre ou se démettre, la gamme des rapports à l'autorité des intellectuels devient plus étendue. Surtout, la tâche de production théorique *a posteriori* qui leur est confiée permet, pour la première fois aux intellectuels de côtoyer la « grande politique », sans pour autant devoir se transformer en « professionnels de la politique », c'est-à-dire sans renoncer à la carrière universitaire pour mener exclusivement une carrière politique. Cette possibilité leur permet de continuer à agir dans les deux univers, universitaire et politique, sans pour autant compromettre définitivement leur possibilité de retour exclusif au monde professionnel, s'ils venaient à rompre avec leur engagement politique. Ce « double jeu » repose sur la conjoncture d'*aggiornamento*, mais aussi sur les caractéristiques des intellectuels des années 1960 et 1970. Une partie d'entre-eux, plus dotés en ressources universitaires que leurs prédécesseurs, n'ont effectivement pas besoin du réseau parallèle communiste (maisons d'éditions, revues, centres de recherche) pour faire carrière.

C'est dans ce cadre que *La Nouvelle critique* dès 1967 et l'hebdomadaire *France-Nouvelle* mettent en scène un certain nombre d'innovations (alliance avec *Tel Quel* et avec *Les Cahiers du Cinéma*, débats sur la psychanalyse ou sur les femmes...), mais aussi produisent dans les sciences humaines des théories toujours marxistes mais plus accordées à l'évolution de ces disciplines dans le monde universitaire.

Néanmoins, cette accommodation est difficile, comme en font état les débats sur l'École. Alors que dès le milieu des années 1960, les travaux de l'Institut national des études démographiques (INED), mais surtout les sociologues comme Pierre Bourdieu et André Passeron, ont montré le poids du capital culturel dans la réussite scolaire, puis ont insisté sur la fonction de reproduction sociale du système scolaire, ces thèses ne sont pas assimilées au sein du PCF. Non pas tant parce qu'elles viennent remettre en cause le vieux dogme de la démocratisation scolaire, que parce qu'elles entrent notamment en contradiction avec les objectifs électoraux et militants du PCF qui, on l'a vu, accueille à cette époque de très nombreux enseignants. Cette ouverture est également limitée dans le temps. Dès le milieu des années 1970, la fraction du groupe dirigeant la plus favorable à l'*aggiornamento* et au Programme commun est en position de plus en plus difficile, face à ceux qui estiment au contraire que « L'union est un combat », évolution qui se solde par la rupture de l'accord entre les partis de gauche en 1977, et par la défaite aux législatives du printemps 1978. La crise qui s'ouvre alors émane en partie des intellectuels et plus largement des nouvelles classes moyennes qui, comme à la Fédération de Paris, sont de plus en nombreuses au sein du Parti. Elle se traduit par la liquidation des publications (*La Nouvelle critique* et *France nouvelle* sont refondus dans un hebdomadaire : *Révolution,* qui connaîtra plusieurs crises internes avant d'être, lui aussi, supprimé) et de lieux comme le Centre d'études et de recherches marxistes (CERM) qui, en 1979, fusionne avec l'Institut Maurice Thorez, pour devenir l'Institut de recherches marxistes (IRM) qui, à son tour, devient Espaces Marx en 1995.

La construction d'un parti ouvrier et les conséquences qu'elle induit sur les intellectuels, distingue le PCF des autres partis occidentaux. C'est avec le PCI que la comparaison est vraisemblablement la plus fructueuse. En effet, par leur implantation électorale et leur participation aux affaires gouvernementales, ces deux partis se ressemblent, alors que les autres PC européens ont, soit été longuement plongés dans la clandestinité et par conséquent tendus par des stratégies différentes, soit réduits, comme au Nord de l'Europe[56], à n'être que des groupes politiques marginaux.

Comme le PCF de la Libération, le PCI de l'après-fascisme connaît un bond en avant militant et électoral considérable[57]. Même si son implantation dans le monde enseignant et intellectuel est plus réduit, il bénéficie, lui aussi, de soutiens de « grands noms ». Comme les communistes français, les communistes italiens après-guerre encadrent désormais les intellectuels, conformément aux directives soviétiques. Ainsi en janvier 1948, le VIe congrès du PCI dote le Comité central d'une nouvelle commission de travail, chargée de la culture. Mais, dès 1951, avec un responsable plus libéral à sa tête, et surtout, dès 1954, avec les déclarations de Togliatti sur la « culture socialiste nationale », l'encouragement à un art de parti se fait plus discret. Enfin, dès 1956, contrairement au PCF qui dénie publiquement l'authenticité du rapport Khrouchtchev, le PCI tout en éliminant ses opposants, entame le travail de définition d'une « voie italienne au socialisme ».

À quoi tiennent ces différences ? En Italie, la bolchevisation fut interrompue par l'avènement du fascisme, et surtout, Gramsci, membre du premier groupe dirigeant du Parti, a élaboré immédiatement, conformément à l'éclatement territorial et à la fragmentation sociale italiens, une théorie des alliances nécessaires à la conquête de l'hégémonie culturelle et politique[58]. La sociologie partisane du PCI, de ses militants à ses cadres, offre quelques pistes supplémentaires. Encore composé à la fin des années 1970 de manière plus écrasante à sa base que le parti français, d'ouvriers et de paysans, le PCI se caractérise au contraire par une surreprésentation des étudiants, des cadres supérieurs, des professions libérales et des enseignants, parmi les délégués des congrès. De même, au sein de sa direction, le capital scolaire et universitaire est beaucoup plus élevé qu'au PCF. On peut alors faire l'hypothèse que ces deux modes distincts de contrôle du groupe dirigeant alimentent deux rapports distincts aux intellectuels, et que la moindre instrumentalisation des intellectuels italiens tient certes au poids du père fondateur, mais aussi à ce refus de faire du parti communiste, un parti prolétarien, créateur dans le même temps du groupe ouvrier.

Parti ouvrier et culture communiste

La production continue d'un parti ouvrier, inséparable de la production du groupe ouvrier lui-même, définit la place des intellectuels mais travaille aussi le rapport à la culture du Parti communiste français. L'invention du « cadre thorézien » et plus généralement du cadre ouvrier implique, en effet, que celui-ci soit formé, et que le parti communiste offre donc à des catégories qui ont été socialement exclues de la culture scolaire, un substitut à celle-ci[59]. Cette perspective sous-tend la création d'un système de formation parallèle destinée à ces cadres. Et c'est à ce deuxième niveau que l'on retrouve de manière plus subtile le rôle des instituteurs. Dans les biographies des communistes français, comme dans les autobiographies d'institution, suscitées par le contrôle sur le recrutement des cadres, le rôle des instituteurs laïques et républicains, dans la venue au Parti est souvent mentionné. En dépit de la méfiance affichée à la période « classe contre classe » à l'égard de ceux-ci et du contrôle de leur montée dans la hiérarchie partisane bien au-delà, ce sont bien pourtant leurs schèmes de pensée, voire directement leurs compétences et leur personne, et surtout l'imaginaire scolaire français qui président à la formation des militants et des cadres. Ainsi les écoles de parti, à la manière du système scolaire, sont hiérarchisées depuis les écoles élémentaires jusqu'à l'École centrale et les élèves, sélectionnés pour suivre leurs cours. Enfin, lorsque le système se généralise dans les années 1930, c'est un ancien instituteur, Étienne Fajon, qui en est responsable. Leur pédagogie elle-même s'inspire du modèle de scolarité français[60]. Ainsi, au niveau des écoles élémentaires, l'apprentissage de la lecture et surtout la maîtrise de l'expression écrite, requisits éloignés de la « culture ouvrière »[61], font partie des objectifs. Les méthodes – cours « magistral », prises de notes, « tableau d'honneur », voire « corrections » pour les cours par correspondance – sont également empruntées au « modèle républicain d'enseignement »[62]. Au niveau supérieur, c'est un « modèle de relation pédagogique proche de celui des Écoles normales d'instituteurs »[63] qui est déployé avec l'organisation d'un internat, d'un examen terminal, d'un classement... Ici, comme dans d'autres domaines de l'encadrement de la vie partisane, c'est l'autodidaxie, apanage de la tradition anarcho-syndicaliste, qui est bannie. Reste qu'il s'agit, selon les propos de Lénine, de former des « révolutionnaires professionnels ». Comme le souligne, en effet, Étienne Fajon en 1935, dans Les Cahiers du bolchevisme : « Le Parti a besoin de dirigeants pour la lutte et non de rats de bibliothèque. »

Ce réseau scolaire parallèle, étoffé par des initiatives particulières, comme les « batailles du Livre » de l'après-guerre ou plus généralement par l'investissement dans les politiques culturelles municipales, mais aussi par l'encouragement à la production d'œuvres spécifiques, comme les œuvres de parti, a une seconde visée. Il s'agit, en effet, de contribuer à une acculturation plus générale des électorats communistes. Cette acculturation, et telle est bien son ambiguïté, peut être, selon les périodes, plus encline à se caler sur la tradition culturelle républicaine et laïque, ou sur une tradition plus « populiste » et ouvriériste. Cette tension peut être référée à la double appartenance du PCF, membre de l'Internationale communiste, puis après-guerre, partie-prenante du Mouvement communiste international, mais aussi inséparablement acteur de la vie politique française. Il serait néanmoins trop simple d'imaginer que l'investissement dans la culture républicaine est simplement déterminé par les périodes d'alliances électorales à gauche, ou de participations gouvernementales, et que le repli sur la culture ouvriériste est la conséquence des périodes d'isolement. Si les années du Front populaire ou l'immédiate après-guerre sont effectivement autant d'occasions de célébrer les grandes heures de l'histoire de France ainsi que le patrimoine culturel – les représentations des pièces de Romain Rolland consacrées à la Révolution française en sont le symbole le plus achevé –, cette dynamique ne s'épuise pas complètement pendant la Guerre froide.

Réciproquement, l'alignement sur les positions soviétiques n'est pas pour autant automatiquement synonyme de « populisme ». C'est bien dans les années 1950 que, conformément aux directives du PCUS, est encouragée en France la production d'une peinture et d'une littérature réalistes-socialistes, et plus largement d'un art de parti. Et c'est au même moment qu'est exigée, contre la décadence voire la pornographie des productions bourgeoises, une moralisation des productions artistiques et culturelles. Dans le même temps pourtant, l'anti-américanisme impose une exaltation de la dimension patrimoniale de la culture. C'est notamment à cette époque que la

Comédie-Française – en dépit de son public bourgeois – est considérée comme le seul véritable théâtre français, que Brecht – en dépit de son didactisme – est jugé comme trop allemand, et que Victor Hugo est consacré par Louis Aragon. Enfin, la désynchronisation est possible[64] : ainsi, le PCF encourage – relativement – la production d'une littérature prolétarienne mais sa définition par Barbusse – « la forme actuelle et vivante, précisée et intensifiée et imposée par l'évolution historique de ce que l'on appelait la littérature populaire »[65] – se révèle distincte de sa théorisation soviétique, de même que l'écrivain français se montre réservé à l'égard de l'expérience des *rabcors*. Ces écarts à l'orthodoxie lui valent d'ailleurs d'être réprimandé lors de la Conférence des écrivains révolutionnaires à Kharkov, en 1930. En 1937, en revanche, alors que le PCUS au contraire, entend désormais avant tout se préoccuper de réalisme socialiste, une brève expérience *rabcor* » est menée en France, autour du prix littéraire « Ciment » dont le premier titulaire fut l'ouvrier forgeron André Philippe pour *L'Acier*.

Il faut donc imaginer que si le double positionnement politique – national et international – du PCF et par conséquent la conjoncture fournissent la trame générale des inflexions culturelles, celles-ci prennent encore leurs sources dans des traditions propres au mouvement ouvrier français qui s'inscrit dans la continuité du guesdisme enclin au « populisme », et du jaurrésisme plus ouvert à la culture humaniste. On peut encore avancer quelques explications plus complexes. L'exhaltation patrimoniale des années 1950 est aussi une manière d'adapter le jdanovisme à la France. Les conflits des années 1950 autour du réalisme socialiste – Lecœur impose la peinture de Fougeron tandis qu'Aragon met à la une des *Lettres Françaises* un iconoclaste portrait de Staline par Picasso – tiennent assurément à une bataille autour de la définition de la culture au sein du PCF. Mais elles sont aussi, voire bien davantage, le produit des luttes de fractions qui, au sein du groupe dirigeant, se déroulent à cette époque où Maurice Thorez, malade, se trouve en Union soviétique.

Le PCF, compte-tenu de ses spécificités politiques d'une part, et des particularités du statut des intellectuels au sein de la société française d'autre part, constitue donc une clé pour la compréhension des rapports entre les professions intellectuelles, le communisme et la culture. La position des intellectuels au sein du Parti communiste est soigneusement définie, encadrée par des textes et contingentée en des lieux réservés. Même si, au fil du temps, conformément à l'élévation de leur position sociale, à la progression de leur nombre, et aux inflexions stratégiques du PCF, les intellectuels voient leur statut se libéraliser, la possibilité d'infléchir la ligne politique à partir de leurs productions théoriques leur est toujours déniée. Au plus, comme dès les années 1960, peuvent-ils occuper la position de « conseiller du Prince », chargé *a posteriori* d'adapter la théorie aux inflexions stratégiques. Paradoxalement, un certain nombre de bénéfices – bénéfices qui n'excluent pas les croyances – peuvent être tirés de cette position plus ou moins subordonnée. Un certain nombre de petits et grands intellectuels, faiblement dotés en ressources légitimes, ont ainsi pu faire des carrières dans les réseaux parallèles de la culture communiste. D'autres usages ont pu être expérimentés par les avant-gardes qui ont utilisé les ressources politiques pour assurer leur position au sein de leurs univers professionnels. Enfin, dans les années 1970, certains intellectuels ont pu, sans compromettre définitivement leur carrière professionnelle, frôler les arcanes de la « grande politique ». Les liens entre culture et communisme ne sont pas moins complexes. Tout d'abord parce que la construction d'un parti ouvrier est allée de pair avec l'élaboration d'une culture spécifique. Cette culture spécifique emprunte une bonne part de ses références, voire de ses méthodes pour ce qui concerne l'enseignement, à la tradition républicaine française qui, selon les périodes, peut avoir de multiples usages. La construction du parti ouvrier – et par conséquent du groupe ouvrier – passe ainsi par l'abandon d'un certain nombre de voies possibles qui ont certes parties liées avec les avant-gardes, mais surtout avec les cultures populaires. Au bout du compte, et paradoxalement, ce n'est peut-être guère une contre-culture que le Parti communiste français a construit, mais une culture propre à intégrer, avec toutes les ambiguïtés du terme, les catégories populaires[66].

Notes

1. Ce chapitre doit beaucoup aux réflexions de Claude Pennetier et de Bernard Pudal qui ont fait plus que me guider en ce qui concerne les instituteurs et les conceptions de l'école au sein du PCF. Qu'ils soient ici remerciés et surtout exemptés des inexactitudes et des manques qui pourraient subsister.

2. Voir entre autres, les travaux de Tony Judt, David Caute et de manière plus récente de Stephen Koch, *La fin de l'innocence. Les intellectuels d'Occident et la tentation stalinienne. Trente ans de guerre secrète*, Paris, Grasset, 1995.

3. Le cas de la Chine où le PCC est largement composé d'intellectuels et des partis communistes du Tiers-Monde où les instituteurs sont très nombreux mériteraient des développements spécifiques. Sur la Chine, cf. Roland Lew, *L'intellectuel, l'État et la Révolution, essais sur le communisme chinois*, Paris, L'Harmattan, 1997.

4. Conférence organisée par le mensuel communiste *Regards*, au printemps 1998, et plus généralement, Dominique Lecourt, *Lyssenko. Histoire réelle d'une « science prolétarienne »*, Paris, Éditions Maspéro, coll. « Théorie », 1976, réédition, PUF, coll. « Quadrige », 1995.

5. Sans doute faudrait-il pour pouvoir vraiment rendre compte de ces absences analyser la rentabilité universitaire différentielle des sujets de recherche...

6. Il suffit pour s'en convaincre de lire l'ouvrage de Gisèle Sapiro, *La Guerre des Écrivains*, Paris, Fayard, 1999, consacré au champ littéraire sous l'Occupation.

7. Jeannine Verdès-Leroux, *Au service du Parti. Le Parti communiste, les intellectuels et la culture (1956-1985)*, Paris, Fayard-Minuit, 1983, *passim*.

8. Sur ce point, cf. Christophe Charles, *Naissance des « intellectuels ». 1880-1900*, Paris, Éd. de Minuit, 1990 et Pierre Bourdieu, *Les Règles de l'Art. Genèse et structure du champ littéraire*, Paris, Seuil, 1992.

9. Marcel Cachin, « Les œuvres extra-scolaires de l'enseignement russe », *L'Humanité*, 27 août 1920 ; « La culture prolétarienne », *L'Humanité*, 28 août 1920 ; « L'art et le peuple », 14 septembre 1920 ; Ludovic-Oscar Frossard, « Les trains rouges », *L'Humanité*, 29 août 1920.

10. Marcel Cachin, « L'art et le peuple », *art. cit.*

11. Christian Baudelot et Roger Establet, *Le Niveau monte*, Paris, Seuil, 1989.

12. Sur l'archéologie de ces débats, cf. Bertrand Geay, *Profession : Instituteurs. Mémoire politique et action syndicale*. Paris, Seuil, coll. « Liber », 1999.

13. Cf. la synthèse qu'en présente par exemple Jean-François Sirinelli, *Génération intellectuelle. Khâgneux et normaliens pendant l'entre-deux guerres*, Paris, Fayard, 1988.

14. Bernard Pudal, « Le Parti communiste français et la question scolaire (1928-1939) », communication au colloque « Classes populaires et pédagogie », Rouen 1985, 13 p. dactyl. Sur ces questions, cf. également Daniel Lindenberg, *L'Internationale communiste et l'école de classe*, Paris, Maspéro, 1972 et Marc Riglet, « L'École et la Révolution. Aspects du discours révolutionnaire sur l'école dans l'entre-deux-guerres », *Revue française de science politique*, n° 3, 1978, pp. 488-507.

15. Sur ce point, cf. Marc Riglet, « L'École et la Révolution... », *art. cit.*

16. Jean-Louis Cohen, « L'École Karl-Marx à Villejuif (1930-1933) », in *Banlieue rouge 1920-1960*, sous la direction d'Annie Fourcaut, Paris, Autrement, 1992.

17. Bernard Pudal, « Le Parti communiste et la question scolaire... », *art. cit.*

18. G. Masson [vraisemblablement Victor Fay], « Notre attitude envers l'école laïque », *Cahiers du bolchévisme*, août 1931, cité in Bernard Pudal, « Le Parti communiste et la question scolaire... », *art. cit.*

19. Sophie Cœuré, *La grande lueur à l'Est. Les Français et l'Union soviétique, 1917-1939*, Paris, Seuil, 1999.

20. Marcel Cachin, « L'art et le peuple », *art. cit.*

21. Cf. Benoît Lambert et Frédérique Matonti, « "Les forains légitimes" ». Élus communistes et metteurs en scène, histoire d'une affinité élective », in Vincent Dubois (dir.) *Politiques locales et enjeux culturels. Les clochers d'une querelle. XIXᵉ-XXᵉ siècles*, Paris, Documentation française, série « Travaux et Documents » du Comité d'histoire du Ministère de la Culture, pp. 333-360, 1999.

22. Vincent Dubois, *La politique culturelle. Genèse d'une catégorie d'intervention publique*, Paris, Belin, 1999.

23. L.-O. Frossard, « Les trains rouges », *art. cit.*

24. Marc Lazar, *Maisons rouges. Les Partis communistes français et italien de la Libération à nos jours*, Paris, Aubier, coll. « Histoires », 1992.

25. Maurice Dommanget, *Le Franc-Parleur de l'Oise*, 7 août 1920, cit. in Claude Pennetier : « Maurice Dommanget, la Révolution russe et l'Union soviétique », *Actes du colloque international tenu à Beauvais les 6 et 7 mai 1994*, Beauvais, Archives départementales de l'Oise, 1996, pp. 101-110.

26. Cf. Jacques Girault, *Instituteurs, professeurs. Une culture syndicale dans la société française (fin XIXᵉ-XXᵉ siècle)*, Paris, Publications de la Sorbonne, 1996.

27. Jean-François Sirinelli, *Génération intellectuelle*, *op. cit.*

28. Sophie Cœuré, *La grande lueur à l'Est*, *op. cit.*

29. Vincent Dubois, *La politique culturelle. op. cit.*

30. Voir sur ce point, et plus généralement sur l'engagement des intellectuels dans l'entre-deux guerres, les travaux de Nicole Racine, et notamment Nicole Racine, Louis Bodin, *Le Parti communiste français pendant l'entre-deux-guerres*, Paris, Armand Colin, 1972.

31. Cf. Michel Pinault, *Frédéric Joliot-Curie*, Paris, Éditions Odile Jacob, 2000.

32. En réalité, trois numéros de *La Pensée* sont parus en 1939 et deux numéros clandestins de *La Pensée libre* entre 1941 et 1942.

33. Norbert Bandier, *Sociologie du surréalisme*, Paris, La Dispute, 1999.

34. Cité in Norbert Bandier, *Sociologie du surréalisme, op. cit.*, p. 246.

35. Nicole Racine et Louis Bodin, *Le Parti communiste français pendant l'entre-deux guerres, op. cit.*, p. 27.

36. Selon la formule de Claude Pennetier.

37. Sur Meyerhold, voir notamment, Gérard Abensour, *Vsévolod Meyerhold ou l'invention de la mise en scène*, Paris, Fayard, 1998.

38. Sur tous ces points, voir Jean-Pierre Bernard, *Le Parti communiste français et la question littéraire, 1921-1939*, Presses universitaires de Grenoble, 1972, auquel j'emprunte l'essentiel des éléments qui suivent. Sur ces questions, voir aussi Jean-Pierre Morel, *Le Roman insupportable. L'Internationale littéraire et la France (1920-1932)*, Paris, Gallimard, 1985.

39. Gérard Abensour, *Vsévolod Meyerhold... op. cit.*, notamment chapitre XI.

40. « L'Oural et la Sibérie dans l'art soviétique, 1932 », in Jean-Pierre Bernard, *Le Parti communiste et la question littéraire... op. cit.*, p. 42.

41. *Ibid.*, p. 48.

42. Gisèle Sapiro, *La Guerre des Écrivains, op. cit.*

43. Gisèle Sapiro, *La Guerre des Écrivains, op. cit.*

44. Jean-François Sirinelli, *Génération intellectuelle, op. cit.* ; Alain Baudant, *L'École normale supérieure. Données sur la participation de l'Université de Paris à la vie politique française*, Mémoire de maîtrise, Paris I. 1972.

45. Il s'agit de la règle formulée par Roberto Michels, vérifiée à de nombreuses prises, pour une analyse récente, cf. Daniel Gaxie, « Les logiques du recrutement politique », *Revue française de sciences politiques (RFSP)*, février 1980, p. 5-45

46. Sur ces questions et sur toute la problématique qui suit, cf. Bernard Pudal, *Prendre parti. Pour une sociologie historique du PCF*, Paris, PFNSP, 1989.

47. Données extraites de Bernard Pudal, *Prendre parti...op. cit.*

48. OMS, *Otdel Mejdounarodnoï Sviazi* (Département des liaisons internationales du Komintern).

49. Claude Pennetier, « Maurice Dommanget... », *art. cit.*

50. Joseph Boyer, *Bulletin de l'Internationale des travailleurs de l'enseignement* (ITE), mars 1930, cité par Bernard Pudal in « Le Parti communiste français... », *art. cit.*

51. CRCEDHC 495 10a 16. Document communiqué par Claude Pennetier.

52. Victor Leduc, *Les tribulations d'un idéologue*, Paris, Syros, 1985, p. 108.

53. Étienne Fajon : « La lutte idéologique, tâche permanente du Parti », in *Cahiers du Communisme*, n° 10, octobre 1947.

54. Waldeck Rochet, « Le Marxisme et les chemins de l'avenir », *Débats sur les problèmes idéologiques et culturels*. « Conclusions », *Cahiers du Communisme*, n° 5-6, mai-juin 1966, p. 321-322.

55. Sur tous ces points, cf. Frédérique Matonti, *La Double Illusion. La Nouvelle critique, une revue du PCF (1967-1980)*, Thèse de science politique, sous la direction d'Évelyne Pisier, Paris-I, 1996.

56. À l'exception notable mais bien particulière de la Finlande.

57. Sur tous ces points, cf. Marc Lazar, *Maisons Rouges*, *op. cit.*

58. Selon les hypothèses de Marc Lazar, *Maisons Rouges*, *op. cit.*

59. Daniel Gaxie, « Économie des partis et rétributions du militantisme », *RFSP*, février 1977, p. 123-154, et plus largement, *Le Cens caché*, Paris, Seuil, 1978.

60. Claude Pennetier et Bernard Pudal, « La certification scolaire communiste », *Politix*, n° 35, 1996, p. 69-88. Voir aussi pour les écoles élementaires, Yasmine Siblot, *La formation politique des militants ouvriers. Les écoles élémentaires du Parti communiste français de leur constitution au Front Populaire*. Mémoire de maîtrise, Université Paris X-Nanterre, Éditions FEN-UNSA, 1998, notamment Quatrième partie, chapitre IV. « Le poids du modèle républicain d'enseignement ».

61. Michel Verret, *La culture ouvrière*, Thonon-les-Bains, L'Alabaron-Présence du livre, 1988.

62. Selon la formule de Yasmine Siblot.

63. Claude Pennetier et Bernard Pudal, *La certification scolaire communiste*, art. cit., p. 87.

64. Sur tout ce qui suit, cf. Jean-Pierre Bernard, *Le Parti communiste français et la question littéraire... op. cit.*

65. *Monde*, 20 octobre 1928, cit. in Jean-Pierre Bernard, *Le Parti communiste français et la question littéraire... op. cit.*, p. 59.

66. Bernard Pudal, « Le grand absent » in Vincent Dubois (dir.) *Politiques locales et enjeux culturels ... op. cit.*, p. 325-332.

Chapitre XXII

La figure de l'émigré politique

par Bruno Groppo

L'émigration, et plus particulièrement l'émigration politique, a joué un rôle important dans l'histoire du communisme. De nombreux partis communistes ont été, pendant des périodes plus ou moins longues, des partis d'émigrés et d'exilés. C'est le cas du Parti communiste italien (PCI), dont beaucoup de militants et la plupart des dirigeants ont été obligés, dans les années 1920 et 1930, de s'exiler, le plus souvent en France, pour échapper aux violences et aux persécutions fascistes : de l'instauration définitive de la dictature fasciste en 1926 jusqu'à la chute du régime en 1943, le PCI est très largement un parti d'émigrés politiques. Il en alla de même pour le plus important des partis communistes de l'entre-deux-guerres, le Parti communiste allemand (PCA), après l'arrivée au pouvoir d'Hitler en 1933, ainsi que pour le Parti communiste espagnol (PCE) pendant la longue dictature franquiste[1], pour le Parti communiste portugais (PCP) pendant l'interminable régime de Salazar et puis de Caetano, du Parti communiste grec après sa défaite dans la guerre civile, et pour beaucoup d'autres encore. De nombreux cadres communistes se sont formés à travers l'expérience de l'émigration et de l'exil. Leurs témoignages, en particulier les écrits autobiographiques qu'ils ont publiés, montrent clairement que leur culture politique a été profondément marquée par cette expérience[2]. Dans l'exil, certains partis communistes ont pu prendre appui et s'enraciner parmi les émigrés « économiques »[3], comme le fit le PCI en France et en Belgique ; ceux, en revanche, qui n'ont pas bénéficié de cette ressource se sont trouvés beaucoup plus isolés. Pour tous, l'appui politique et matériel qu'ils ont reçu du Komintern, des partis communistes des pays d'accueil, de l'URSS (et aussi, après la Seconde Guerre mondiale, d'autres pays du bloc communiste) a été souvent la condition même de leur survie.

Dans le cas du mouvement communiste d'avant 1945, d'autres éléments mettent également en évidence l'importance de l'émigration politique. En premier lieu, de nombreux exilés communistes ont exercé des fonctions dirigeantes dans l'appareil du Komintern et de ses organisations collatérales comme l'Internationale syndicale rouge (ou Profintern), l'Internationale paysanne (ou Krestintern), le Secours rouge international, l'Internationale communiste des Jeunes (KIM). Palmiro Togliatti, George Dimitrov, Bela Kun, Wilhelm Pieck, ne sont que les plus connus parmi les nombreux émigrés politiques qui siégèrent à Moscou dans les instances ou dans l'appareil du Komintern[4] ou qui remplirent des fonctions importantes à l'étranger pour le compte de cette organisation. On notera d'ailleurs que des fonctions de responsabilité au sein du Komintern furent confiées davantage à des représentants de partis en exil plutôt qu'à des communistes issus de partis légaux, agissant dans le cadre de démocraties parlementaires. Ce choix n'était sans doute pas dû au hasard, mais à la volonté du PCUS d'exercer un contrôle plus étroit sur ces communistes étrangers, qui dépendaient entièrement de lui. Nombreux furent également les émigrés politiques communistes qui fréquentèrent les écoles de formation politique (et parfois militaire) en URSS, comme l'École léniniste[5], la Zapada (école des cadres venant d'Occident) ou d'autres. Parmi les hôtes de l'hôtel Lux de Moscou, qui accueillait les communistes étrangers, se trouvait également un grand nombre d'émigrés politiques[6].

Dans l'Europe de l'entre-deux-guerres, les pays où les exilés communistes pouvaient trouver refuge n'étaient pas nombreux. Le plus important fut la France, qui accueillit à cette époque non seulement les antifascistes italiens, mais aussi un grand nombre de réfugiés politiques d'autres pays (sans oublier qu'elle fut aussi, dans les années 1920, le principal pays d'immigration au niveau mondial). La Belgique, la Tchécoslovaquie, la Suisse, les pays scandinaves, furent aussi des lieux d'accueil pour les exilés politiques, mais à une échelle plus réduite. Les émigrés communistes ont joué parfois un rôle important dans les organisations ouvrières des pays d'accueil, surtout quand ces derniers étaient des pays d'immigration. En France, les communistes italiens contribuèrent à l'implantation du PCF dans plusieurs localités et régions[7], par exemple la Lorraine[8]. Les communistes étrangers organisés dans la MOI (Main-d'œuvre immigrée)[9] jouèrent aussi un rôle important dans la Résistance[10]. L'immigration, qui formait une partie considérable de la classe ouvrière dans plusieurs secteurs productifs (bâtiment et travaux publics, métallurgie, mines, etc.), fut une réserve de militants pour le PCF comme pour certains partis communistes en exil, notamment pour le PCI. Le minuscule Parti communiste du Grand Duché de Luxembourg représente en 1928 un cas extrême et paradoxal : il comptait parmi ses 200 (deux cents) membres à peine dix Luxembourgeois, les autres étant des Italiens (149), des Juifs étrangers, des Polonais et des Hongrois[11].

Le cas des nombreux juifs communistes originaires de Pologne qui émigrèrent en France (et en Belgique) après la Première Guerre mondiale pour des raisons à la fois politiques et économiques mériterait une mention particulière. Beaucoup d'entre eux jouèrent un rôle particulièrement actif, en France, au sein de la MOI, notamment dans la Résistance[12]. Après la Libération, certains rentrèrent en Pologne pour participer à la construction du nouveau régime communiste, mais les déceptions ne manquèrent pas, en particulier face à la résurgence de l'antisémitisme au sein même du PC polonais, et pour quelques-uns cette expérience s'acheva par un retour en France. Tel fut, par exemple, l'itinéraire politique de Louis Gronowski-Brunot, l'un des dirigeants de la MOI sous l'Occupation[13].

Analogies et différences avec d'autres émigrations politiques

L'importance de l'émigration et de l'exil dans la transmission d'idées, d'expériences et de modèles politiques et culturels n'est pas une nouveauté du XXe siècle et ne concerne pas seulement le mouvement communiste. Au XIXe siècle les émigrés, et plus particulièrement les émigrés politiques, ont été le vecteur privilégié des idées socialistes et révolutionnaires[14], et ont joué souvent un rôle déterminant dans la formation du mouvement ouvrier de nombreux pays d'immigration (États-Unis, Brésil, Argentine, etc.). Avant la chute du tsarisme en mars 1917, la plupart des dirigeants bolcheviks vivaient en exil, comme d'ailleurs les principaux représentants de l'autre courant de la social-démocratie russe, le menchevisme[15]. L'émigration politique bolchevique est un parfait exemple de l'influence parfois déterminante qu'ont pu exercer les anciens exilés une fois rentrés dans leurs pays d'origine. Dans l'entre-deux-guerres, période de formation et de consolidation du mouvement communiste, le phénomène de l'émigration politique concerne non seulement les communistes, mais aussi d'autres familles politiques, à commencer par les socialistes. L'une des nouveautés du XXe siècle, inimaginable avant 1914, fut en effet que des socialistes (les mencheviks et autres socialistes russes, géorgiens et ukrainiens) furent contraints à l'exil par d'autres socialistes les bolcheviks, après l'instauration de leur dictature[16]. L'Internationale ouvrière socialiste (IOS), qui prit la succession de la IIe Internationale et qui regroupait la plupart des partis socialistes européens de l'époque, fut aussi dans une certaine mesure une organisation d'exilés : aux mencheviks et autres socialistes de l'ancien empire tsariste, reconstitué sous le pouvoir des bolcheviks, s'ajoutèrent, au fur et à mesure de l'instauration de régimes autoritaires et fascistes en Europe, les socialistes italiens à partir de 1926, allemands à partir de 1933, autrichiens à partir de 1934, et d'autres encore. Ces réfugiés socialistes exercèrent parfois une influence politique non négligeable sur le mouvement socialiste des pays d'accueil. Les mencheviks en exil, par exemple, bien qu'étant peu nombreux, contribuèrent en large mesure à façonner l'image que les social-démocratie allemande et autrichienne se faisait de la Russie bolchevique et de ses problèmes : certains d'entre eux militèrent directement dans le Parti social-démocrate allemand[17]. Un autre exemple significatif est celui des militants du Bund, émigrés de l'empire tsariste vers les États-Unis après 1905, et qui parvinrent à des positions dirigeantes au sein du mouvement syndical américain, en particulier dans les secteurs, comme la confection, où les travailleurs juifs étaient nombreux[18] : le plus connu est certainement David Dubinsky, qui devint vice-président de l'*American Federation of Labor*[19].

L'émigration politique communiste de l'entre-deux-guerres s'inscrit donc dans le cadre d'un phénomène, celui des émigrations politiques du XXe siècle, beaucoup plus vaste[20]. Elle présente toutefois certaines caractéristiques distinctives. En premier lieu, elle concerne généralement des militants et des cadres plus jeunes que ceux appartenant à d'autres courants politiques. Dans le cas des antifascistes italiens exilés en France, la comparaison entre l'âge moyen des dirigeants et cadres intermédiaires socialistes, d'une part, et communistes, de l'autre, le montre clairement. Les socialistes sont pour la plupart des personnes d'un certain âge ; les plus jeunes sont nés dans la dernière décennie du XIXe siècle. La moyenne d'âge est nettement plus basse, par contre, chez les communistes. Parmi ces derniers, les plus âgés ont vu le jour au début des années 1890[21], mais la plupart sont nés après 1900[22] et appartiennent donc à une autre génération politique, moins représentée chez les socialistes. Plus jeunes signifie aussi plus disponibles, avec moins d'attaches familiales ou professionnelles. La jeunesse était une caractéristique que la plupart des communistes italiens exilés avaient en commun avec la majorité des immigrés, dont ils partageaient aussi le travail et les conditions de vie. Dans le cas de l'exil communiste italien – mais aussi pour d'autres exils communistes – la distinction entre, d'un côté, les militants de base, qui formaient la grande majorité, et, de l'autre, la petite minorité des cadres du parti, est importante. Les premiers étaient, dans leur immense majorité, des prolétaires jeunes, le plus souvent célibataires, qui gagnaient leur vie par des travaux manuels. Les cadres, qui faisaient partie de l'appareil du parti, étaient, par contre, des « révolutionnaires professionnels », c'est-à-dire des professionnels de la politique révolutionnaire, à laquelle ils étaient censés se consacrer à temps plein. Ces « fonctionnaires de la révolution »[23] étaient au service du parti (le leur et le parti mondial représenté par le Komintern) et lui sacrifiaient entièrement leur vie, y compris la vie privée. Le parti, de son côté, leur assurait de quoi vivre, dans une mesure suffisante pour qu'ils se consacrent exclusivement aux tâches politiques. De ce point de vue, le rôle du Komintern – et, derrière lui, de l'État soviétique –, a été fondamental, parce que c'est de son budget (c'est-à-dire, du budget soviétique) que provenaient les moyens financiers nécessaires pour entretenir un appareil, des publications, etc., dans l'exil[24]. La dépendance financière, et donc aussi politique, des partis communistes contraints à la clandestinité et à l'exil était pratiquement totale vis-à-vis du Komintern et de l'URSS : le lien qui les unissait au centre mondial du communisme n'était pas seulement politique, mais aussi matériel et financier. Cette circonstance a certainement joué un rôle très important dans l'histoire du mouvement communiste. Aucun autre courant de l'exil politique au XXe siècle n'a bénéficié d'un tel appui de la part d'un État. L'existence d'un lien politique et financier étroit avec un État représentait d'ailleurs une nouveauté dans l'histoire des internationales ouvrières.

Une autre caractéristique importante des émigrations politiques communistes tient au fait qu'elles concernent un type particulier de militants. Le communisme produit en effet un nouveau type de militant[25] et de cadre, dont les principaux traits distinctifs sont le sens très fort de la discipline[26] et la fidélité inconditionnelle à la « patrie du socialisme » et au parti. Les cadres, véritables officiers et sous-officiers de l'armée prolétarienne, forment un corps, celui des « révolutionnaires profession-nels », éduqué et habitué à raisonner selon des schémas militaires, conformément à l'exemple bolchevik. Au temps de la loi de Bismarck contre les sociaux-démocrates allemands, ces derniers étaient accusés d'être des « gens sans patrie » (« *vaterlandslose Gesellen* »). Dans le cas des militants communistes en exil la patrie était, plus encore que leur pays d'origine, l'organisation communiste mondiale à laquelle ils appartenaient ; cette patrie, ils la portaient toujours avec eux, quel que fût le pays où ils allaient[27]. Certains d'entre eux devinrent même, du fait de l'interpénétration entre le Komintern et l'État soviétique, des agents de renseignement[28] au service de l'URSS. Quant à l'appartenance nationale d'un certain nombre d'exilés communistes, elle était parfois incertaine, du fait du redécoupage des frontières en Europe centrale et orientale après la Première Guerre mondiale[29].

Un pourcentage important de cadres communistes en exil était d'origine ouvrière. Conformément au mythe prolétaire cultivé dans l'URSS stalinienne[30], le Komintern s'efforça de forger un type particulier de cadres d'origine ouvrière, dont Maurice Thorez en France et Ernst Thälmann en Allemagne peuvent être considérés comme le prototype. Dans l'exil communiste italien, toutefois, peut-être parce qu'il se constitua avant la mise en œuvre de cette politique des cadres, on rencontre un nombre considérable d'intellectuels[31].

Le cas de l'exil communiste italien en France dans l'entre deux-guerres, que nous allons examiner ci-dessous, est particulièrement intéressant parce qu'il pose à la fois le problème des rapports avec l'émigration – l'immigration, perçue du point de vue français – dite « économique » et avec le parti communiste du pays d'accueil. Ce cas ne doit pas, toutefois, être généralisé. Il est présenté ici non pas comme un paradigme général, mais simplement comme un point de comparaison possible pour l'étude d'autres cas, par exemple ceux de l'émigration communiste espagnole et portugaise.

L'émigration communiste italienne en France

Pendant l'entre-deux-guerres, la France fut le principal pays d'accueil, en Europe, pour les réfugiés politiques en provenance de nombreux pays européens et tout particulièrement pour les antifascistes italiens et allemands, ainsi que pour les républicains espagnols en 1939. Dans les années 1920, elle fut aussi le principal pays d'immigration en Europe : dans le cas des Italiens, les réfugiés politiques, arrivés par vagues successives en même temps que les immigrés dits économiques, se confondirent avec ces derniers. À la différence d'autres groupes de réfugiés, comme les Russes ou les Arméniens, les exilés politiques italiens ne bénéficiaient d'aucun statut particulier : aux yeux de l'administration française ils étaient simplement des immigrés. Parmi eux, les communistes étaient nombreux.

Né en janvier 1921 d'une scission du Parti socialiste italien, le PCI n'avait pas réussi à entraîner derrière lui la majorité des socialistes, qui, bien qu'étant favorable au Komintern, refusa d'accepter en bloc les 21 conditions d'admission ; par ailleurs, la scission s'était produite à l'heure où le mouvement ouvrier était désormais sur la défensive face aux attaques fascistes. Le nouveau parti se trouva donc immédiatement dans une situation difficile et vit chuter rapidement le nombre de ses militants, qui, de 40 022 en 1921, passèrent à 24 568 en 1922 pour se réduire à 8 696 l'année suivante[32]. Parallèlement, le nombre des communistes italiens réfugiés à l'étranger, surtout en France, augmenta considérablement : par un phénomène de vases communicants, le parti se vidait de ses forces en Italie tandis qu'elles s'accroissaient à l'étranger.

Dans une première phase (1921-1923) l'émigration communiste fut spontanée, résultat de décisions individuelles de militants particulièrement menacés. Obligés de quitter leur lieu de résidence et de travail habituel, ils cherchaient souvent refuge, d'abord, dans l'anonymat des grandes villes italiennes, où ils pouvaient espérer passer inaperçus, mais ce refuge ne fut en général qu'une étape sur le chemin de l'exil en France. L'exil était considéré comme une solution provisoire, dictée par la nécessité de se mettre temporairement à l'abri. Ces militants étaient convaincus, en effet, que le régime fasciste ne durerait pas longtemps et que la révolution était proche[33]. Ils étaient, dans leur quasi totalité, des ouvriers jeunes[34], célibataires, très mobiles (des « nomades politiques »), résolus à poursuivre dans l'exil la lutte contre le fascisme. Ils s'inscrivaient dans une tradition militante qui avait vu déjà au XIXe siècle de nombreux anarchistes, socialistes et républicains italiens s'expatrier pour continuer la lutte dans d'autres pays, en Europe et aux Amériques. Les Statuts de 1921 du PCI en tenaient compte en faisant obligation aux communistes émigrés de militer dans les sections du parti constituées à l'étranger. Les textes statutaires approuvés au deuxième congrès national, en mars 1922, contenaient une nouveauté importante, puisqu'ils prévoyaient l'obligation, pour le militant émigré, d'adhérer au parti communiste du pays d'accueil[35].

Le PCI ne pouvait évidemment voir d'un œil favorable cette hémorragie de militants, et s'efforça donc de la freiner, en la limitant à ceux qui étaient menacés par de lourdes peines de prison en raison de leur activité politique. Le militant communiste devait officiellement demander (et obtenir) l'autorisation de son parti pour émigrer ; dans la pratique cette procédure était souvent impossible à respecter, parce que les militants menacés devaient s'enfuir de toute urgence ou bien parce que, la structure communiste de telle ou telle localité ayant été désorganisée par la terreur fasciste, il n'y avait plus personne à qui demander l'autorisation d'émigrer. À partir de 1923, le PCI chercha à mieux contrôler ce processus et à regrouper ses forces, en orientant vers la France les militants qui s'étaient réfugiés dans d'autres pays, comme l'Autriche[36] ou l'Allemagne. La France devint ainsi entre les deux guerres le principal centre de regroupement de l'émigration communiste italienne, comme d'ailleurs des autres courants de l'émigration antifasciste. Pendant toute cette période l'histoire du PCI fut donc étroitement liée à celle de la France et du communisme français. Le PCI s'efforça de maintenir un certain degré d'organisation parmi ses militants en France, tout en respectant les directives du Komintern. Dès 1921, une fédération des sections communistes italiennes en France avait été créée. Indépendante du PCF, elle regroupait initialement les socialistes italiens vivant en France qui avaient choisi les positions communistes à l'occasion ou à la suite de la scission de Livourne, et ensuite les militants communistes italiens qui s'étaient réfugiés en France. En septembre 1921, elle devint une fédération du PCF, ses sections locales fonctionnant toutefois indépendamment de celles du parti français[37]. En novembre 1922, le IVe congrès du Komintern décida la suppression des fédérations communistes de langue étrangère organisées dans les pays d'immigration: leurs membres devaient désormais adhérer directement aux partis communistes des pays d'accueil, au sein desquels ils seraient organisés en groupes de langue. Conformément à ces dispositions, la Fédération communiste italienne fut dissoute par le PCF le 23 mai 1923[38]. Au sein du parti français il y eut des Groupes de langue italienne, polonaise, hongroise, yougoslave, juive. Les plus importants étaient ceux de langue italienne, ce qui correspondait à la place prépondérante des Italiens au sein de l'immigration en France[39].

La dissolution de la Fédération communiste italienne et son remplacement par les Groupes de langue rencontrèrent de fortes résistances chez les militants italiens, qui considéraient généralement comme provisoire leur présence en France et étaient davantage intéressés par les problèmes de l'Italie que par une intégration au sein du PCF. Dans la perspective de ce dernier, au contraire, les Groupes de langue constituaient un instrument pour intégrer les militants étrangers dans le mouvement communiste français. Cette perspective ne pouvait être partagée par le PCI, qui considérait ces militants avant tout comme une réserve stratégique pour l'action politique à mener en Italie. Sur ce point, les intérêts des deux partis divergeaient. Malgré les efforts entrepris des deux côtés, afin de les concilier grâce à des aménagements en matière d'organisation[40], des tensions étaient inévitables.

Les Groupes de langue connurent une crise grave en 1925, lorsque la direction du Komintern prit la décision de les « bolcheviser », dans le but d'éliminer toute opposition à sa ligne politique[41]. La bolchevisation visait à réduire de manière drastique l'autonomie des Groupes de langue : ses conséquences immédiates furent très négatives. Dans les années 1930, le nombre des Italiens inscrits dans les Groupes de langue ou directement au PCF augmenta. Fin 1936 les Groupes de langue italienne du PCF auraient compté 5 400 militants, auxquels s'ajoutaient 1 500 femmes, les membres des jeunesses communistes et encore 5 000 Italiens inscrits au PCF mais non contrôlés par la Commission centrale de langue[42]. Selon Giorgio Caredda, qui cite un document de la « Commission centrale de langue italienne » du 31 décembre 1936, les communistes italiens organisés au sein du PCF étaient, à cette date, 5 241, dont 1 960 dans la seule région parisienne[43]. Beaucoup de communistes italiens militaient directement dans le PCF sans passer par les Groupes et sans participer à leur activité.

Le dilemme de fond auquel se trouvaient confrontés les militants communistes italiens en France était celui entre l'intégration à la société française, à travers la participation au mouvement ouvrier local, ou le refus de cette intégration. Leur insertion dans le marché du travail pendant les années 1920 avait été relativement facile, du fait qu'ils étaient généralement des ouvriers et que la France avait alors besoin de main-d'œuvre. Quant à une intégration durable, il faut distinguer encore une fois entre les cadres et la masse des militants. L'intérêt des premiers était et restait orienté essentiellement vers l'Italie. Il n'était pas question, pour eux, de s'intégrer en France : leur vie était entièrement consacrée au PCI, qui avait établi en France, en 1928, son « Centro Estero » (Centre étranger, alors que l'action en Italie relevait officiellement du « Centro Interno »). La vie clandestine, que beaucoup d'entre eux menaient, ne favorisait d'ailleurs pas l'intégration en France. Quand l'occasion se présenta, après la chute de Mussolini en 1943, ils rentrèrent en Italie pour y poursuivre leur action politique. Beaucoup plus nombreux, les militants de base vivaient au contact direct et immédiat avec la société française et gagnaient leur vie, dans la plupart des cas, comme travailleurs manuels. Une partie d'entre eux, très mobile, se déplaçait fréquemment entre la France, la Belgique et le Luxembourg, au rythme de la recherche de travail et des expulsions encourues à cause de leur activisme syndical ou politique. D'autres étaient installés plus durablement, même si la menace de l'expulsion restait toujours présente. Au fur et à mesure que l'exil se prolongeait et que le régime fasciste se consolidait en Italie, beaucoup de ces militants finirent par s'enraciner de plus en plus dans la société française. L. Castellani note qu'« en 1927 déjà, près d'un Italien sur deux parmi les adhérents au PCF ne participait pas à l'activité des groupes de langue italienne »[44].

La désaffection à l'égard des groupes de langue semblerait donc indiquer aussi une progression de l'intégration. Le PCF et le syndicalisme communiste ont offert aux émigrés communistes italiens – et aux immigrés plus en général – une structure d'accueil grâce à laquelle ces derniers ont pu s'insérer dans la vie du pays[45]. De son côté, le PCI essayait de s'opposer à la « francisation » de ses militants et de faire en sorte qu'ils maintiennent une identité politique italienne : puisque son objectif prioritaire restait en effet l'action en direction de l'Italie, pour l'atteindre, il avait un besoin vital de conserver une base militante clairement identifiée. Mais il ne pouvait, dans la meilleure des hypothèses, que ralentir le phénomène, certainement pas l'arrêter.

À l'époque du Front populaire, les immigrés italiens, et les communistes en particulier, contribuèrent de façon considérable à la croissance des syndicats, ainsi que du PCF. D'après Giorgio Caredda, dans les derniers mois de 1936 la CGT aurait compté dans ses rangs presque 120 000 Italiens[46]. Les militants communistes italiens ont joué aussi un rôle important en tant que représentants et vecteurs – au côté des autres secteurs de l'émigration politique italienne – de l'antifascisme en France. C'est par leur intermédiaire que de larges secteurs du mouvement ouvrier français se sont fait une idée plus précise du fascisme italien et de ce qu'il représentait. La simple présence de ces exilés représentait une critique vivante du régime qu'ils avaient dû fuir. La présence d'une importante émigration antifasciste italienne a influé sur l'opinion publique française en faisant connaître ce qui se passait dans l'Italie mussolinienne et le danger que le fascisme représentait pour les autres pays. Son action en direction de l'immigration économique a contribué à limiter l'influence du fascisme dans ce milieu. Enfin, l'antifascisme a été un terrain privilégié de rencontre entre les émigrés politiques italiens et la gauche (politique et syndicale) française: dans ce sens, il a été certainement un important facteur d'intégration[47].

La France fut pour le PCI une base de repli et un lieu de regroupement, où il pouvait tenter de reconstituer ses réserves de militants. L'existence d'une émigration communiste eut pour ce parti une importance fondamentale. Tout d'abord, « le fait que les émigrés communistes italiens aient pu trouver en France un cadre organisationnel et politique pour les accueillir et leur permettre de continuer à militer, fut inestimable pour le PCI. Il est en effet infiniment plus difficile de reconstruire quelque chose à partir de rien, surtout dans un pays étranger, que de s'intégrer, même peu ou mal, à un travail déjà existant »[48]. Dans le PCF, les militants communistes italiens trouvaient « un appui, un encouragement à ne pas baisser les bras et à continuer l'activité politique, c'est-à-dire la lutte contre le fascisme y compris à partir de l'étranger »[49]. En second lieu, le PCI trouva en France, au sein de l'immigration économique italienne, la possibilité d'établir et de maintenir un contact direct, qui devenait de plus en plus difficile dans l'Italie fasciste, avec les ouvriers italiens. Il put aussi recruter, parmi les immigrés, de nouveaux militants et de nouveaux cadres, ce qui était essentiel pour un parti qui subissait une hémorragie continue en Italie à cause de la répression fasciste.

L'importance, pour le PCI, de l'émigration comme réserve de cadres est incontestable. L'organigramme du PCI au lendemain de la Seconde Guerre mondiale montre clairement que beaucoup de responsables communistes se sont formés politiquement dans l'émigration, en France et aussi en Belgique[50]. Paolo Robotti, un dirigeant du PCI qui avait connu lui-aussi une longue période d'émigration politique, écrit :

« L'émigration italienne dans les pays européens ne donna pas seulement une aide matérielle de valeur à la lutte antifasciste en Italie, mais elle donna – à travers les groupes communistes – une riche contribution de cadres au PCI. Les conditions de la lutte en Italie après les lois d'exception de 1926 causaient sans cesse des pertes de cadres communistes, qu'il fallait remplacer. Le remplacement fut toujours assuré par le recrutement de nouveaux cadres au sein de l'émigration. De cette manière, l'activité des communistes émigrés contribua valablement à créer dans nos rangs de l'émigration une puissante réserve de bons cadres, surtout jeunes »[51].

Un autre dirigeant communiste, Giorgio Amendola, a lui aussi insisté à plusieurs occasions sur l'importance de l'émigration en France, qui avait été, à son avis, essentielle pour la survie du PCI[52].

Ce qui, au lendemain de la Seconde Guerre mondiale, permit au PCI de s'implanter solidement en Italie fut précisément le fait de disposer d'un nombre considérable de cadres formés politiquement à travers l'expérience de l'émigration et de l'exil. Cela lui donna un avantage comparatif important par rapport à son allié et rival, le Parti socialiste italien, qui disposait d'un nombre beaucoup plus limité de cadres de ce type.

Dès la chute de Mussolini (25 juillet 1943), lorsqu'on pouvait penser que le fascisme approchait de sa fin, de nombreux antifascistes italiens, parmi lesquels beaucoup de communistes, s'étaient hâtés de rentrer en Italie. D'autres étaient rentrés auparavant, mais involontairement, livrés aux autorités fascistes par la police de Vichy alors qu'ils se trouvaient dans des camps d'internement français, ou par la Gestapo. Ces militants, dont beaucoup avaient combattu et acquis une expérience militaire dans les Brigades internationales pendant la guerre d'Espagne, se trouvaient donc en détention en Italie au moment de la chute du fascisme. Mis en liberté après de longues hésitations par le gouvernement Badoglio avant l'occupation de la péninsule par les troupes allemandes (à la suite de la proclamation de l'armistice le 8 septembre 1943), ils furent parmi les premiers organisateurs et les cadres militaires de la Résistance en Italie. C'est en large mesure grâce à ces cadres que le PCI put jouer un rôle essentiel dans la Résistance armée, ce qui lui permit d'acquérir une légitimité forte et une large assise nationale.

Les émigrés politiques communistes en URSS

Avant 1945, l'URSS occupa une place privilégiée dans la géographie de l'exil communiste. Elle accueillit en effet beaucoup de communistes étrangers, certains comme réfugiés politiques proprement dits, d'autres comme « résidents temporaires », que ce soit comme représentants de leur parti, comme membres de l'appareil du Komintern ou d'organisations liées à ce dernier ou comme élèves de différentes écoles de formation politique ou militaire. Il n'était pas facile d'être accepté en URSS comme réfugié : il fallait une longue procédure, et l'asile n'était accordé qu'à la demande du parti communiste d'appartenance et par l'intermédiaire d'organisations comme le Secours rouge, contrôlées par le PCUS[53]. D'autre part, contrairement à toute attente, l'URSS s'avéra, dans les années 1930, un lieu peu sûr pour les exilés. Les communistes étrangers qui s'y réfugièrent coururent des risques beaucoup plus graves que ceux qui s'étaient repliés en France ou dans d'autres pays démocratiques, où, avant la guerre, ils risquaient surtout l'expulsion et la prison. Les vagues de répression dans l'URSS des années 1930, qui culminèrent avec la « Grande Terreur » de 1937-1938, firent un nombre élevé de victimes même parmi les communistes étrangers. Des groupes dirigeants entiers, tel que celui du Parti communiste polonais, furent exterminés. De nombreux communistes allemands et autrichiens furent fusillés, internés dans le Goulag et même livrés directement à l'Allemagne nazie dans la période de l'« amitié » germano-soviétique inaugurée par le Pacte Ribbentrop-Molotov[54]. Le nombre des communistes italiens qui périrent dans les répressions staliniennes fut plus limité, de l'ordre de 200 personnes, des militants de base pour la plupart[55] : le groupe dirigeant du PCI réfugié en Russie resta, par contre, miraculeusement intact[56].

La vie dans l'URSS stalinienne était dangereuse aussi pour les exilés communistes, mais beaucoup de ceux qui échappèrent à la répression furent ensuite récompensés : c'est parmi eux, en effet, que furent recrutés en priorité les groupes dirigeants des nouvelles « démocraties populaires » après 1945, alors que les communistes ayant été en exil en Occident étaient, aux yeux de Staline, *a priori* suspects. L'exemple de l'Allemagne communiste, où le pouvoir fut confié aux communistes qui avaient été en exil en URSS, est représentatif d'une tendance plus générale. Dans les pays du bloc soviétique, les communistes qui avaient participé à la guerre d'Espagne ou à la Résistance en France furent généralement écartés des responsabilités politiques, parfois emprisonnés, et purent se considérer heureux s'ils réussirent à sauver leur vie. Les grands procès politiques qui eurent lieu en Hongrie, Bulgarie et Tchécoslovaquie dans les dernières années de vie de Staline contre des ex-dirigeants communistes témoignent de la suspicion liée au seul fait d'avoir été en exil dans un pays autre que l'URSS[57].

Après la Seconde Guerre mondiale non seulement l'URSS, mais aussi d'autres pays devenus communistes fournirent un lieu d'accueil aux dirigeants et aux cadres des partis communistes en exil, comme le PC espagnol, le PC portugais, le PC grec, et d'autres encore. Cet aspect de l'histoire du communisme est encore assez mal connu. La contrepartie de l'aide apportée par les pays du bloc socialiste aux dirigeants communistes en exil fut toujours un contrôle politique étroit sur leurs orientations politiques. Il n'y a pas lieu de s'étonner, par conséquent, si une stricte orthodoxie et une grande fidélité au modèle stalinien caractérisèrent ces directions communistes en exil : le cas du PC portugais et celui du PC grec « de l'extérieur » sont parmi les plus significatifs. Le PC espagnol en exil essaya de se donner un peu d'autonomie en s'appuyant sur la Roumanie de Ceaucescu plutôt que sur l'URSS, mais son espace de manoeuvre resta toujours des plus étroits.

L'émigration politique représente une dimension importante du mouvement communiste et de son histoire. Cette expérience a joué un rôle considérable dans la circulation des idées et dans la formation d'une élite politique qui a exercé une grande influence dans la vie politique de nombreux pays. Elle a aussi marqué profondément la culture politique de nombreux cadres communistes. Le lieu de l'exil a beaucoup compté et a eu souvent des conséquences importantes pour la carrière des anciens exilés après leur retour au pays.

Pour certains partis, le fait d'avoir pu conserver, dans l'exil, un réseau de cadres expérimentés et dévoués s'avéra parfois un atout décisif, qui donnait aux communistes un avantage comparatif sur leurs concurrents politiques, comme le montre l'exemple italien. D'autre part, l'appui qu'ils reçurent de la part du Komintern et des partis communistes des pays d'accueil fut souvent déterminant pour la survie des groupes communistes exilés.

Une historiographie du communisme qui négligerait le problème de l'émigration politique passerait à côté d'un aspect essentiel. Il est impossible, par exemple, d'écrire l'histoire du communisme italien sans prendre en compte l'émigration en France, qui a joué un rôle si important. Mais il est également impossible d'écrire l'histoire du communisme français sans faire référence à l'apport des communistes d'autres pays qui se sont réfugiés en France. L'exemple français montre aussi la nécessité, pour la recherche historique sur le communisme, de s'interroger sur les rapports entre émigrations politiques et émigrations de travail, sur le rôle des intellectuels dans l'émigration, sur le rôle particulièrement important joué par les immigrés juifs d'Europe orientale. Il faut souhaiter que l'histoire des émigrations politiques communistes ne reste pas un sujet perdu[58] ou oublié.

Notes

1. Pendant la période de la clandestinité, ce parti comptait plus de membres dans l'émigration qu'en Espagne même. Cf. José Gotovitch, Pascal Delwit, Jean-Michel De Waele, *L'Europe des communistes*, Bruxelles, Éditions Complexe, 1992, p. 205.

2. Cf. pour le cas italien, Bruno Groppo, « Entre autobiographie et histoire. Les récits autobiographiques de communistes italiens publiés après 1945 ». Communication présentée à la journée d'études « Autobiographies, autocritiques, aveux » (CRHMSS/Université de Paris I, 29 mai 1999), à paraître.

3. La distinction entre émigration politique et émigration économique est problématique et souvent difficile à établir avec précision, parce que souvent les deux types de recoupent. Cf. à ce propos les remarques d'Émile Temime, « Emigration "politique" et émigration "économique" », in Collectif, *L'émigration politique en Europe aux XIXᵉ et XXᵉ siècles*, Rome, École Française de Rome, 1991, pp. 57-71.

4. Dans le cas des Italiens, par exemple, « la grande majorité des cadres dirigeants du PCI dans la période de l'entre-deux-guerres et même un noyau consistant de sa *leadership* après la Libération passa une période plus ou moins longue à Moscou auprès de celle qui était appelée "la maison" ». Aldo Agosti, « I communisti italiani nell'URSS 1919-1943 », Lorenzo Brunelli, in *Il Partito communista italiano. Stuttura e storia*

dell'organizzazione 1921-1979, sous la direction de Massimo Ilardi et Aris Accornero, Milan, Feltrinelli, 1982, p. 1020.

5. En 1931-1932 l'École léniniste comptait, par exemple, environ 70 élèves italiens Cf. Aldo Agosti et Lorenzo Brunelli, *art. cit.*, p. 1015. Sur les écoles du Komintern cf. aussi *ibid.*, pp. 1015-1020, et Branko Lazitch, « Les écoles de cadres du Comintern », in *Contributions à l'histoire du Comintern*, sous la dir. de Jacques Freymond, Genève, Librairie Droz, 1965, pp. 231-255.

6. Cf. Arkady Vaksberg, *Hotel Lux*, Paris, Fayard, 1993.

7. On trouvera de nombreuses références dans Loris Castellani, *L'émigration communiste italienne en France 1921-1928. Organisation et politique*, Thèse de doctorat de l'Institut d'études politiques de Paris, 1988, dact., passim. Voir aussi Giuliano Pajetta, « L'emigrazione italiana e il PCF tra le due guerre », *Critica marxista*, n° 6, 1970, pp. 143-159 ; F. Valenti, *Le Parti communiste français et les immigrés italiens de 1923 à 1932*, Mémoire de maîtrise, Université de Paris I, 1983.

8. Gérard Noiriel, *Longwy, immigrés et prolétaires*, Paris, PUF, 1984.

9. La MOI, qui s'appelait originairement MOE (Main-d'œuvre étrangère), avait été créée par le PCF afin d'encadrer les communistes étrangers qui militaient dans ses rangs.

10. Cf. Stéphane Courtois, Denis Peschanski, Adam Raysky, *Le sang de l'étranger. Les immigrés de la MOI dans la Résistance*, Paris, 1989. Cf. aussi Maurice Rajfus, *L'an prochain la révolution*, Paris, 1985.

11. José Gotovitch et al., *op. cit.*, p. 95.

12. Cf. Stéphane Courtois., Denis Peschanski, Adam Raisky, *op. cit.* ; M. Rajfus, *op. cit.*. Voir aussi Alain Brossat et Sylvia Klingberg, *Le yiddishland révolutionnaire*, Paris, Balland, 1983.

13. Cf. Louis Gronowski-Brunot, *Le dernier grand soir. Un Juif de Pologne*, Paris, Seuil, 1980.

14. Cf. *L'émigration politique en Europe...*, cit. ; Maurizio Degl'Innocenti (sous la dir. de), *L'esilio nella storia del movimento operaio e l'emigrazione economica*, Bari-Rome, Lacaita, 1992 ; Jacques Grandjonc, *Marx et les communistes allemands à Paris. Vorwärts, 1844*, Paris, Maspero, 1974 ; Georges Haupt, « Il ruolo degli emigrati e dei rifugiati nella diffusione delle idee socialiste all'epoca della Seconda Internazionale », in *Anna Kuliscioff e l'età del riformismo*, pp. 59-68. Du même auteur cf. « Emigration et diffusion des idées socialistes : l'exemple d'Anna Kuliscioff », *Pluriel*, 1978, n° 14, pp. 2-12.

15. Cf. André Liebich, *From the Other Shore. Russian Social Democracy after 1921*, Cambridge (Mass.), Harvard University Press, 1997. Genève, en particulier, fut, avant 1914, l'une des capitales de l'exil socialiste russe. Cf. Marc Vuilleumier, *Immigrés et réfugiés en Suisse. Aperçu historique*, Zurich, Pro Helvetia, 1987. Quant à cette « Genève communiste » que fut Prague à partir de 1948 pour de nombreux communistes d'autres pays, cf. Karel Bartosek, *Les aveux des archives. Prague-Paris-Prague, 1948-1968*, Paris, Seuil, 1996, chap. 2.

16. Ce n'est qu'en 1918 que le Parti bolchevik abandonna la vieille appellation de « Parti ouvrier social-démocrate russe » pour adopter celle de « Parti communiste », qui exprimait symboliquement la rupture avec la tradition politique social-démocrate.

17. Cf. les notes biographiques sur les mencheviks en exil dans André Liebich, *op. cit.*, pp. 333-341.

18. Cf. Catherine Collomp, « Influences bundistes sur le mouvement ouvrier des États-Unis : de l'action syndicale au soutien des victimes du fascisme », à paraître dans *Le Bund a cent ans*, sous la dir. de Henri Minczeles.

19. Cf. Max Danish, *The World of David Dubinsly*, Cleveland and New York, The World Publishing Company, 1957.

20. Cf. à cet égard *L'émigration politique en Europe aux XIXe et XXe siècles*, *op. cit.*

21. Palmiro Togliatti en 1893, Giuseppe Di Vittorio en 1892, Athos Lisa en 1890, Ruggero Grieco en 1893, Aladino Bibolotti en 1891, Luigi Bagnolati en 1892.

22. Giorgio Amendola était né en 1907, Luigi Longo en 1900, Giuseppe Berti en 1901, Amerigo Clocchiatti en 1911, Ambrogio Donini en 1903, Giuseppe Dozza en 1901, Edoardo D'Onofrio en 1901, Giuseppe Gaddi en 1909, Mario Montagnana en 1907, Celeste Negarville en 1905, Teresa Noce en 1900, Agostino Novella en 1905, Antonio Roasio en 1902, Emilio Sereni en 1907, Velio Spano en 1905, Leo Valiani en 1909, Ignazio Silone en 1900. Cf., en plus de *Il movimento operaio italiano. Dizionario biografico 1853-1943*, cit., Renzo Martinelli, « Il gruppo dirigente nazionale : composizione, meccanismi di formazione e di evoluzione. 1921/1943 », in *Il Partito comunista italiano. Struttura e storia dell'organizzazione 1921/1979*, pp. 363-385, en particulier pp. 378-379.

23. Je reprends cette expression de l'article de Claude Pennetier et Bernard Pudal « La politique d'encadrement », dans le présent ouvrage.

24. Avant même la création du Komintern, un décret du 13 décembre 1917 du nouveau pouvoir bolchevik avait mis « à la disposition des représentants à l'étranger du Commissariat aux affaires étrangères une

somme de deux millions de roubles pour les besoins du mouvement révolutionnaire » (cit. in Pierre Frank, *Histoire de l'Internationale communiste*, Paris, Éditions La Brèche, tome 1, 1979, p. 39. Cf. aussi José Gotovitch et al., *op. cit.*, pp. 20-21).

25. Sur la naissance d'un nouveau type de militant ouvrier en France, voir Gérard Noiriel, *Les ouvriers dans la société française XIXe-XXe siècle*, Paris, Seuil, pp. 165-170. Pour le cas italien, Giorgio Amendola note que dans les année 1920 « *une avant-garde s'est formée qui a donné lieu à un type de militant tout à fait nouveau dans la vie du mouvement ouvrier italien. Un militant révolutionnaire, prêt à abandonner sa maison, son travail, son domicile, sa famille, et à aller en prison. Tout cela découlait d'une prémisse : nous ne sommes pas des socialistes. C'est-à-dire que nous ne subordonnons pas le militantisme à nos intérêts personnels, même respectables comme la famille. Non : nous sommes des communistes, nous ne sommes pas des confusionnaires.* » (Giorgio Amendola, *Intervista sull'antifascismo*, Rome-Bari, Laterza, 1994, p. 52).

26. « *La discipline est une chose essentielle. Malheur à celui qui la rompt. [...] La discipline fut considérée immédiatement comme quelque chose qui différenciait le nouveau parti communiste par rapport au vieux cirque Barnum socialiste* » (Giorgio Amendola, *op. cit.*, pp. 52-53).

27. Cette réflexion se trouve dans Angelo Tasca, « Per una storia politica del fuoruscitismo », *Itinerari*, n° 9-10/1954, pp. 230-250, et n° 11-12/1954, pp. 355-367.

28. Sur cet aspect, et sur les différences entre l'univers mental des premiers cadres kominterniens et de ceux qui les remplaceront dans les années 1930 cf. Alain Brossat, *Agents de Staline. Le stalinisme et son ombre*, Paris, Gallimard, 1988. Cf. aussi le témoignage d'Élisabeth Poretsky, la veuve d'Ignace Reiss : Élisabeth Poretsky, *Les nôtres*, Paris, Denoël, 1969.

29. Ainsi, par exemple, Ante Ciliga, né en Istrie en 1898, fut d'abord un sujet de l'empire austro-hongrois, ensuite un citoyen autrichien jusqu'à 1919 et un citoyen italien jusqu'à 1945. Il devint membre du Comité central du Parti communiste yougoslave, avant d'être arrêté en Russie, emprisonné, déporté en Sibérie et expulsé d'URSS en 1936. Beaucoup de communistes originaires des Balkans et d'Europe centrale eurent des itinéraires biographiques et politiques à cheval sur plusieurs pays.

30. Cf. Sheila Fitzpatrick, « Stalin and the Making of a New Elite », *Slavic Review*, n° 38, septembre 1979, pp. 377-402 ; aussi Dina Khapaeva et Nicolaï Kopossov, « Les demi-dieux de la mythologie soviétique. Etude sur les représentations collectives de l'histoire », *Annales ESC*, juillet-octobre 1992, n° 4-5.

31. Togliatti, Tasca, Silone, Grieco, Sereni, Donini, Amendola, etc.

32. Cf. Loris Castellani, *op. cit.*, p. 113.

33. Cette illusion est typique de presque tous les exils, pendant leur phase initiale.

34. Dans le cas français, Gérard Noiriel souligne que les premiers cadres ouvriers du PCF étaient essentiellement de jeunes travailleurs (Gérard Noiriel, *Les ouvriers dans la société française*, cit., p. 168). Il y avait donc des ressemblances importantes entre les émigrés communistes italiens et ces cadres ouvriers français.

35. Cf. Loris Castellani, « Un aspect de l'émigration communiste italienne en France: les Groupes de langue italienne au sein du PCF », in *Les Italiens en France de 1914 à 1940*, sous la dir. de Pierre Milza, Rome, École française de Rome, 1986, p. 202, note 14.

36. Cf. Renato Monteleone, « Vienna 1923 : una tappa del fuoruscitismo comunista italiano », *Movimento operaio e socialista*, XXI, n° 1-2, janvier-juin 1975, pp. 3-55.

37. Cf. Loris Castellani, *art. cit.*, p. 202. L'appellation de la Fédération connut plusieurs changement: Fédération communiste des sections italiennes en France, Fédération des sections communistes italiennes en France adhérent à la SFIC, Fédération communiste italienne, Fédération italienne du PCF.

38. Le document précisait : « *Les camarades italiens continuerons à se grouper au sein de notre Parti en "groupements de langue italienne", ayant pour but le travail spécifique de propagande communiste, politique et syndical parmi les ouvriers italiens. Ces groupements se tiendront en rapport avec le Comité central de Paris [...], qui est nommé par le Comité directeur de notre Parti.* » (Cité in Loris Castellani, *op. cit.*, p. 176).

39. En Belgique, autre pays d'immigration, on retrouve la même structure des Groupes de langue. Sur les Groupes de langue italienne en Belgique voir Anne Morelli, « Le mouvement ouvrier belge et l'émigration italienne, du début du XXe siècle à 1940 », in Bruno Bezza (sous la dir. de), *Gli italiani fuori d'Italia*, Milan, F.Angeli/Fondazione Brodolini, 1983, pp. 679-731. Cf. aussi Anne Morelli, *Fascismo e antifascismo nell'emigrazione italiana in Belgio (1922-1940)*, Rome, Bonacci Editore, 1987.

40. Ainsi, les groupes communistes de langue italienne étaient dirigés par un Comité central nommé par le PCF, mais sur sur indications du PCI.

41. Sur la bolchevisation des Groupes de langue italienne cf. Loris Castellani, *art. cit.*, pp. 207-212; Pierre Milza, *Voyage en Ritalie*, Paris, Plon, 1993, pp. 232-233.

42. Cf. Giulieno Pajetta, *art. cit.*, pp. 152.

43. Giorgio Caredda, « I comunisti italiani in Francia », in *Gli italiani in Francia 1938-1946*, sous la dir. de Gianni Perona, Milan, Angeli, s.d. (1993), p. 123.

44. Louis Castellani, *op. cit.*, p. 593.

45. Pierre Milza, *Voyage...*, *op. cit.*, p. 350. Pierre Milza insiste aussi sur les limites du processus d'intégration de l'immigration italienne jusqu'à 1940 : « [...] *il y a une chose qu'il faut dire et redire: la fraction de la population immigrée qui s'est trouvée, en fin de parcours, absorbée par le pays d'accueil ne représente qu'une minorité. On peut en effet estimer à trois millions et demi l'effectif des migrants transalpins qui ont pris, entre 1870 et 1940, le chemin de la France. Sur ce total, le nombre de ceux qui ont fait souche ne dépasse guère 1 200 000 ou 1 300 000 personnes: chiffre considérable si on le compare à celui des autres nationalités, inférieur cependant à celui qui englobe les retours et l'émigration de transit. Autrement dit, le melting pot français a, s'agissant des Italiens, exercé très fortement son pouvoir assimilateur, mais il l'a fait de manière sélective, laissant de côté des centaines de milliers de migrants temporaires, dont il n'est pas certain que tous auraient pu s'intégrer aussi facilement à la société française que ceux qui, pour une raison ou une autre, ont choisi de rester* » (*Ibid.*, p. 323). Sur le problème de l'intégration des Italiens dans l'entre-deux-guerres voir aussi Pierre Guillen, « L'intégration et ses limites: le facteur politique et syndical », in CEDEI, *L'immigration italienne en France dans les années 20*, Paris, Cedei, 1988, pp. 301-309. Cf. également *L'intégration italienne en France*, sous la direction d'Antonio Bechelloni, Michel Dreyfus, Pierre Milza, Bruxelles, Éditions Complexe, 1995, 424 p., ainsi que les travaux d'Éric Vial sur l'Union populaire italienne.

46. Cf. Giorgio Caredda, *art. cit.*, p. 123. A titre de comparaison, on peut rappeler qu'en 1930 le nombre des adhérents italiens à la CGTU communiste était évalué par la police à 12 000 personnes, un nombre modeste en soi mais bien supérieur à celui des adhérents appartenant à d'autres nationalités : 2 500 Polonais, 680 Hongrois, 500 Espagnols, 300 Tchécoslovaques, etc. (*Ibid.*, p. 352). Cf. également Michel Dreyfus, « Émigrés italiens et syndicalisme en France, 1936-1940 », in *Exil et migration, Italiens et Espagnols en France 1938-1946*, Paris, L'Harmattan, 1994, pp. 233-243.

47. Cf. Pierre Milza, *Voyage...*, *op. cit.*, pp. 347-348 ; Pierre Guillen, *art. cit.*

48. *Ibid.*, pp. 645.

49. *Ibid.*, p. 646.

50. Pour la Belgique voir Anne Morelli, *op. cit.* Elle écrit notamment : « *Si les communistes italiens firent en exil l'expérience de la solidarité internationale, ils firent surtout l'apprentissage de la combativité, de l'anonymat, de la lutte clandestine. Et ce dernier aspect fut sans doute le plus important. À travers les persécutions, la dure école de l'émigration forme les cadres du PCI de l'après-guerre. Cette "sélection" initiale si sévère, faite de luttes contre la police et les informateurs, de difficultés pour trouver ou pour conserver un travail, d'expulsions, de misère matérielle, a donné au Parti communiste italien des militants d'une combativité exceptionnelle qui réussirent à gagner à leur cause une grande partie des émigrés. Ceux qui réussirent à résister à ces conditions dramatiques restèrent "trempés" pour la vie. Même politiquement, les militants du PCI en exil acquirent la maturité au contact d'expériences diverses* » (*Ibid.*, p. 213).

51. Paolo Robotti, « Il contributo dell'emigrazione alla lotta del PCI », *Quaderno dell'attivista*, 16 février 1951, pp. 114-115.

52. Cf. Giorgio Amendola, *Storia del Partito comunista italiano, 1921-1943*, Rome, Editori Riuniti, 1978; Id., *Un'isola*, Milan, Rizzoli, 1980 (tr. fr. *L'île. Mémoires d'un exil*, Paris, Liana Levi, 1983). Cf. aussi sa préface à Stefano Schiapparelli, *Ricordi di un fuoruscito*, Milan, Edizioni del Calendario, 1971, pp. 14-15).

53. Des cas comme celui du jeune communiste italien Emilio Guarnaschelli, qui se rendit en URSS comme touriste et réussit ensuite, pour son malheur, à y rester, étaient apparemment extrêmement rares.Cf. Emilio Guarnaschelli, *Une petite pierre. L'exil, la déportation et la mort d'un ouvrier communiste italien en URSS 1933-1939*, Paris, Maspero, 1979 (Préface de Jean Maitron).

54. Cf. Hans Schafranek, *Zwischen NKDW und Gestapo. Die Auslieferung deutscher und österreichischer Antifaschisten aus der Sowjetunion an Nazideutschland 1937-1941*, Francfort/M., ISP-Verlag, 1990 ; Id., *Die Betrogenen. Österreicher als Opfer stalinistischen Terrors in der Sowjetunion*, Vienne, Picus, 1991 ; Barry McLoughlin, Walter Szevera, *Posthum rehabilitiert. Daten zu 150 österreichischen Stalin-Opfern*, Wien, Globus Verlag, 1991 ; Hermann Weber, « *Weisse Flecken* » *in der Geschichte. Die KPD-Opfer der stalinschen Säuberungen und ihre Rehabilitierung*, Frankfurt/M., ISP-Verlag, 1990 ; Id., « Die deutschen Opfer Stalins », *Deutschland-Archiv* 1989, pp. 407-418 ; Carola Tischler, *Flucht in die Verfolgung. Deutsche Emigranten im sowjetischen Exil – 1933 bis 1945*, Münster, LIT, 1996, 277 p. Voir aussi les témoignages de Margarete Buber-Neumann, *Prisonnière de Staline et d'Hitler. 1. Déportée en Sibérie*, Paris, Seuil, 1986. 2. *Déportée à Ravensbrück*, Paris, Seuil, 1988 (1re éd. Stuttgart, 1949) ; Alexandre Weissberg, *L'accusé*, Paris, Fasquelle Éditeur, 1953.

55. Cf. Guelfo Zaccaria, *200 comunisti italiani tra le vittime dello stalinismo*, Milan, Edizioni Azione Comune, 1964. Voir aussi A. Agosti et L. Brunelli, *art. cit.*, pp. 1024-1026 ; E. Dundovich, *Tra esilio e castigo. Il Komintern, il PCI e la repressione degli antifascisti italiani in URSS (1936-1938)*, Rome, 1998.

56. Seule exception : Paolo Robotti fut arrêté par le NKVD, mais ensuite libéré.

57. George Hodos, *Show Trials. Stalinist Purges in Eastern Europe 1948-1954*, New York, Praeger, 1987 ; Hermann Weber, Dietrich Staritz (Hg.), *Kommunisten verfolgen Kommunisten. Stalinistischer Terror und « Säuberungen » in den kommunistischen Parteien Europas seit den dreissigen Jahren*, Berlin, Akademie Verlag, 1993 ; Marcello Flores, *L'età del sospetto. I processi politici della guerra fredda*, Bologne, 1995.

58. Cf. Robert Williams, « European Political Emigrations : a Lost Subject », *Comparative Studies in Society and History*, n° 12, 1970, pp. 140-148.

Chapitre XXIII

Brigadistes internationaux et résistants

par Rémi Skoutelsky

L'historiographie des Brigades internationales présente comme une évidence la continuité entre l'engagement aux côtés des Républicains espagnols et la participation à la Résistance, peu de temps après. Il s'agit de deux combats antifascistes, en fait du même combat, puisque la guerre d'Espagne n'est que le premier acte de la Seconde Guerre mondiale. Cette simplification – qui n'a rien d'outrancière – ne peut s'opérer qu'au prix d'une omission et d'une exagération. L'omission, c'est évidemment la « période » du pacte germano-soviétique et de la dénonciation de la « guerre impérialiste » ; l'exagération, les chiffres avancés quant aux ex-Brigadistes tombés dans la lutte contre l'Occupant. Mais simplification ne signifie pas contrevérité : on ne saurait rejeter *a priori* le lien entre les deux engagements. En revanche, l'historien doit tenter d'en restituer sa véritable nature. L'examen des trajectoires individuelles – dans le cadre d'un rappel historique sur les Brigades internationales, remises en perspective du « temps long » du Komintern – trouve ici toute sa pertinence.

La formation des Brigades internationales

Les premiers étrangers qui luttent aux côtés des Républicains se trouvent déjà en Espagne le 18 juillet 1936, lorsqu'éclate le putsch militaire qui dégénère en guerre. Il s'agit essentiellement de réfugiés politiques des pays fascistes, notamment des anarchistes italiens et allemands. Après avoir fait le coup de feu dans les rues, ils intègrent les différentes milices que partis et syndicats mettent sur pied pour tenter de reconquérir le territoire passé sous le contrôle des factieux. Quelques-uns des sportifs venus participer aux « Olympiades des travailleurs », les Spartakiades (riposte aux Jeux Olympiques qui se déroulent à Berlin), dont l'ouverture était prévue pour le 19 juillet à Barcelone, se joignent à eux. Enfin, dans les derniers jours du mois, des militants passent les Pyrénées pour participer à la révolution déclenchée par le fiasco des rebelles et prennent éventuellement les armes pour la défendre. En tout quelques centaines d'hommes, et de femmes : on est encore loin des Brigades internationales. C'est une conjonction d'éléments qui va aboutir à la création de ces dernières, formations sans précédent dans l'histoire.

Les répercutions au niveau de l'opinion publique mondiale des événements d'Espagne sont énormes. Notamment en France où l'on sort des grèves victorieuses de mai-juin, consécutives à l'arrivée au pouvoir du Front populaire. On a pu écrire que le pays se mettait à vivre à l'heure espagnole. Une intervention des gouvernements démocratiques, de la France en premier lieu, liée par un contrat d'armement avec l'Espagne, pourrait tout changer. Mais pour dépasser les contradictions dans lesquelles son gouvernement est enfermé, Léon Blum opte pour la non-intervention. Même si celle-ci s'avère relative, elle n'en apparaît pas moins pour les partisans de la République comme une véritable trahison. Une intervention, officielle ou officieuse, de la France permettant d'enrayer le conflit dans les premiers jours, aurait rendu superflu l'engagement de volontaires.

L'Espagne aussi est gouvernée, depuis six mois, par une coalition de Front populaire. Qu'un coup d'État le renverse suffit à « estampiller » ses auteurs comme fascistes. L'intervention de Mussolini, celle de moindre ampleur mais de plus grande efficacité de Hitler à leurs côtés inscrit le conflit dans sa dimension internationale. L'idéologie des factieux reste à la limite secondaire : c'est bien à une nouvelle offensive du fascisme et du nazisme – après l'invasion de l'Éthiopie et la réoccupation de la Rhénanie – à laquelle on assiste. Or, dans la périphérie de l'Espagne, en France, à une moindre échelle en Suisse et en Belgique, des milliers de réfugiés politiques ont un compte personnel à régler, qui avec les séides d'Hitler, qui avec ceux de Mussolini : l'occasion s'en présente enfin. La somme d'initiatives personnelles se transforme alors en un véritable mouvement collectif ; dans l'immigration politique, des centaines de militants s'apprêtent à passer les Pyrénées.

La MOI, section immigrée du Parti communiste français, exerce en août des pressions pour que ce dernier organise les départs. Maurice Thorez relaye la demande à Moscou et obtient l'aval du Komintern. Les militants sont autorisés à franchir les Pyrénées. La première étape de l'action du Parti communiste dans le domaine du volontariat consiste à canaliser et à faciliter les départs de militants étrangers, auxquels sont mêlés quelques Français. Mais il n'y a pas que du côté du PCF que les choses bougent : les Transalpins envisagent de monter en Espagne une Légion italienne pluraliste. Quant au Parti communiste allemand, ou plutôt ce qu'il en reste, il demande dès le 7 août à ses militants de rejoindre les milices. Le PCF envoie quant à lui en mission d'observation militaire Vital Gayman, lieutenant de réserve et décoré de la Croix de guerre et André Marty. C'est en définitive dans ce bouillonnement que réside l'origine des Brigades internationales.

La dernière étape nécessaire pour que les Brigades internationales – telles qu'on les a connues – existent est la prise en considération de leur utilité par l'Union soviétique. Staline s'en tient dans les premières semaines de la guerre à une prudente neutralité, et fait adhérer l'URSS au comité de non-intervention. Le changement intervient quand la dimension internationale du conflit, de par l'attitude des puissances fascistes, devient flagrante : la victoire de Franco apparaîtrait comme celle de Hitler alors que l'URSS cherche à se protéger de ce dernier. La « patrie du socialisme » ne peut pas non plus se tenir à l'écart du mouvement grandissant d'aide à l'Espagne républicaine, sous peine de mettre gravement en porte à faux les partis communistes avec leur base. Or, en 1936, Staline a encore besoin de PC forts pour appliquer sa stratégie de « fronts populaire » (trois ans plus tard, il ne craindra pas de les marginaliser, voire de les sacrifier). Enfin, il commence à liquider définitivement la « vieille garde » bolchevique. Les procès en sorcellerie de Moscou, qui ont commencé en août 1936, heurtent bien des consciences de gauche. Combien passent outre du seul fait que l'URSS fournit seule massivement en armes l'Espagne républicaine, et que là réside la priorité ?

Fin août-début septembre 1936, l'URSS décide donc d'aider l'Espagne républicaine. Il est clair que l'envoi d'armes et de conseillers techniques ne peut suffire. L'engagement massif de militaires dans la péninsule ibérique demeure incompatible avec la politique extérieure de l'URSS de rapprochement avec la France et la Grande-Bretagne : en aucun cas, elle ne veut apparaître comme *officiellement* partie prenante du conflit. L'organisation par le Komintern d'une armée recrutée dans tous les pays, puisque le potentiel humain existe, paraît probablement à Staline une solution idéale.

Le 18 septembre 1936, se tient à Moscou un présidium de l'Internationale communiste. Le secrétariat de son Comité exécutif consacre une réunion à la « question espagnole ». La septième mesure consignée dans son procès-verbal est dénuée d'ambiguïté : « Procéder au recrutement, parmi les ouvriers de tous les pays, de volontaires ayant une expérience militaire, en vue de leur envoi en Espagne. » *L'acte fondateur* des Brigades internationales est donc cette réunion du 18 septembre 1936. Le Comité exécutif de l'IC n'étant déjà plus à cette date qu'une chambre d'enregistrement, la décision a naturellement été prise en amont. Après un mois de négociations avec le gouvernement espagnol, la base des Brigades internationales ouvre à Albacete, le 14 octobre 1936.

Intervention de l'Italie et de l'Allemagne aux côtés de Franco ; non-intervention des démocraties ; forte immigration politique en Europe occidentale pressée d'en découdre avec le fascisme ; existence d'une Internationale communiste devenue simple instrument de la politique étrangère d'une Union soviétique qui refuse d'intervenir ouvertement dans le conflit mais encore capable d'organiser l'enrôlement et l'acheminement de dizaines de milliers d'hommes : tels sont les « ingrédients » nécessaires à la création des Brigades internationales. 35 000 volontaires, venus d'une cinquantaine de pays, combattront dans leurs rangs de 1936 à 1939 ; parmi eux, bien sûr, une majorité de communistes.

Quels communistes dans les Brigades ?

À Paris, par où passent la plupart des volontaires d'Europe et des États-Unis, on ne s'inquiète pas de l'orthodoxie politique des candidats, mais surtout de leurs capacités physiques et militaires. Et encore, dans ce domaine aussi, l'empirisme règne parfois. Arrêtons-nous un instant sur la « plaque tournante » du réseau, située précisément au 8, rue Mathurin-Moreau, baraquements de l'ex-CGTU. Des hommes que nous retrouverons pendant la Seconde Guerre mondiale l'ont mis en place et le font fonctionner, à commencer par Giulio Cerreti dit Pierre Allard, dirigeant italien de la MOI, qui gère les premiers engagements de volontaires étrangers, et apporte sa pierre à l'édification du projet de Brigades internationales.

Le dispositif de « Mathurin-Moreau » devient pleinement opérationnel lors de la création des Brigades, sous la direction de Maurice Tréand, dit « le Gros ». Permanent du Parti depuis 1930, stagiaire l'année suivante à la section des cadres du Komintern, à Moscou, il s'est vu chargé, à partir de 1934, d'organiser la Commission des cadres du PCF récemment crée. Deux jeunes députés, Jean Catelas et Prosper Môquet, l'assistent dans son travail « espagnol », dont on ne connaît pas précisément toute l'étendue. Dans l'ombre, toujours, Michel Feintuch, plus connu sous le pseudonyme de Jean Jérôme, aide à l'équipement des Brigades internationales, implante des usines de guerre en Espagne. Citons enfin, parmi tant d'autres, Joseph Broz, le futur maréchal Tito. S'il ne combat pas en Espagne (où pourtant quelques historiens pensent l'avoir rencontré...), il s'occupe de tous les volontaires venus des Balkans.

Quels communistes partent en Espagne ? Mis à part les Français – nous y reviendrons – avant tout des réfugiés politiques : Italiens, Polonais, Allemands ne viennent pas dans leur majorité de leurs pays d'origine. D'ailleurs, l'URSS se débarrasse à bon compte des militants, essentiellement communistes, mais aussi des *Schutzbündlers*[1] autrichiens réfugiés chez elle. C'est le cas par exemple d'Artur London, poursuivi en Tchécoslovaquie, cadre du KIM (Internationale communiste des jeunes) à Moscou. En janvier 1937, Tsikhovski, alias Winckler, devient responsable de la Commission des cadres d'Albacete, base des Brigades. Issu d'une famille noble, membre de la direction du Parti communiste polonais, il a collaboré avec Manouilski au secrétariat latin de l'Internationale.« Moreno », yougoslave dont la femme croupit au Goulag sera un temps responsable un temps du SIM (Service d'investigation militaire) de la base ; lui-même sera fusillé dès son retour en URSS.

L'encadrement militaire également est formé en bonne partie de ces émigrés, parfois de nationalité soviétique. Le plus célèbre est Manfred Stern, dit Kleber, arrivé Espagne dans les fourgons de l'ambassadeur soviétique Rosenberg, qui assure le commandement des Brigades internationales sur le front de Madrid, en novembre 1936. D'origine autrichienne, officier de l'Armée rouge, il a été un temps expert militaire du Parti communiste chinois. Profil similaire que celui de Wilhelm Zaisser, commandant de la 13e Brigade puis de la base d'Albacete, sous le pseudonyme de « Gomez ». Instituteur, commandant de l'appareil armé clandestin du Parti communiste (l'« Armée rouge » de la Ruhr) en 1921, Manfred Stern suit à Moscou les cours de l'Académie militaire parallèlement à l'École Lénine et participe à l'insurrection de

Canton en 1927. On le retrouvera, quinze ans après son arrivée en Espagne, ministre de la Sûreté de la RDA. Arthur Illner *alias* Richard Stahlmann *alias* Kalle *alias* Richard, dirigeant du M-Apparat, l'appareil militaire du Parti a également participé à l'insurrection de Canton. Il dirige dans le sud de l'Espagne un groupe de guérilleros, après avoir collaboré, sur le front d'Aragon, avec des anarchistes et des poumistes[2]. Il exercera quelques années plus tard la même fonction que Zaisser en RDA. L'écrivain hongrois Malté Zalka résidant à Moscou, dirige la 12e Brigade, à la tête de laquelle il sera fauché, en 1937. Soulignons que les cadres militaires n'appartiennent pas tous au parti communiste. Chez les Français par exemple, on peut rencontrer des anciens de la Légion étrangère dans l'infanterie, ou des officiers proches ou membres de la SFIO (Section française de l'Internationale ouvrière) dans l'artillerie, comme le commandant Jean Agard. Le seul commandant de Brigade français arrivé avec du galon en Espagne est Jules Dumont, capitaine pendant la Première Guerre mondiale, expulsé pour propagande communiste du Maroc où il bénéficiait d'une concession, que le Komintern a déjà délégué auprès du Négus comme conseiller militaire, pendant la guerre d'Éthiopie. Marcel Sagnier, maçon de Villeneuve-Saint-Georges qui lui succède en Espagne à la tête de la 14e Brigade, a gravi sur place tous les échelons du commandement.

Une partie de la direction du Parti communiste allemand (KPD) gagne l'Espagne, déplaçant ainsi le centre de gravité de ce qui reste de l'organisation. On rencontre ainsi à Albacete Walter Ulbricht ; homme d'appareil doué pour les problèmes d'organisation, il a pris de l'importance au sein du Parti après la décimation de ses cadres par Hitler, puis Staline. Vivant à Paris, depuis 1933, il gagne l'Espagne en 1937, et fonde au sein des Brigades internationales une véritable section allemande de « contre-espionnage », indépendante des services de sécurité d'Albacete, travaillant probablement directement avec les Soviétiques. Devenu l'homme de confiance de Staline pendant la Seconde Guerre mondiale, passée à Moscou, il deviendra après celle-ci l'homme fort de la RDA dans sa période la plus noire. Franz Dahlem, membre du triangle de direction du KPD en France, part en Espagne en 1936 pour organiser avec André Marty et Luigi Longo la base des Brigades internationales. Il sera après la Seconde Guerre mondiale – qu'il passera à partir de 1941 dans le camp de concentration de Mathausen – un haut dignitaire de la RDA avant de tomber en disgrâce.

Chez les Italiens, c'est la direction de l'ensemble de l'émigration politique qui part se battre en Espagne. Luigi Longo, futur secrétaire général du PCI, devient inspecteur général des Brigades ; l'ancien député Giuseppe Di Vittorio assure, sous le pseudonyme de Mario Nicoletti, le commissariat politique de la 11e Brigade internationale ; Palmiro Togliatti, délégué par le Komintern en juillet 1937 pour chapeauter le PC espagnol garde un œil sur les Brigades ; le Ve Régiment espagnol est également commandé par un italien, Vittorio Vidali. Le socialiste indépendant Carlo Rosseli joue un rôle pionnier dans l'organisation des Italiens combattants en Espagne ; Pietro Nenni, leader socialiste, devient commissaire dans les Brigades ; le républicain Randolfo Pacciardi en commande le bataillon *Garibaldi*.

Après ce premier groupe de cadres émigrés du Komintern, le plus important est celui des Français. André Marty, ancien mutin de la mer Noire, un des sept secrétaires l'Internationale communiste (IC), objet d'un véritable culte de la personnalité, dirige les Brigades internationales. Dans l'ombre, François Billoux, député de Marseille, membre suppléant du Bureau politique du PCF, tantôt le surveillant, tantôt le suppléant de Marty, est le véritable responsable des cadres français, civils et militaires. Mais la cheville ouvrière d'Albacete, son commandant jusqu'à l'été 1937, Vital Gayman, dit Vidal, n'a pas, loin de là, un parcours d'une parfaite orthodoxie. Membre de la direction du PCF, il en est par deux fois exclu, la première, en 1925, car soupçonné de trotskisme, la seconde, définitive, en 1928, pour avoir voté contre la tactique « classe contre classe ». Cela ne l'empêche pas d'assurer le secrétariat de rédaction de *l'Humanité*... jusqu'à son départ, en 1931, pour nouveau désaccord avec la ligne du Parti. Et c'est à lui que l'on confie alors le secrétariat du groupe communiste à l'assemblée, puis celui des deux fractions communistes du Conseil municipal et du Conseil général de Paris, fonction qu'il réintègre à son retour d'Espagne, en juillet 1937.

Les cadres du PCF servent aussi au front et à l'arrière comme commissaires politiques. On les retrouve à tous les niveaux : brigade, bataillon ou groupe d'artillerie, batterie ou compagnie. Six Français sont commissaires politiques de Brigade : André Heussler, Marcel Renaud, Henri Tanguy et Jean Hemmen, Jean Chaintron, François Vittori. Tous sont à leur départ des militants expérimentés. Les deux derniers ont gagné leurs galons de militants internationalistes : Vittori Vittori a fait de la prison pour son soutien au mouvement malgache, Jean Chaintron a présidé à la formation du Parti communiste algérien. Un seul des 45 commissaires politiques de bataillon français recensés ne milite pas au PCF. Si les cadres politiques en émigration en URSS sont pour la plupart arrivés en Espagne lors de la formation des Brigades, les Français ne sont dans leur ensemble dépêchés outre-Pyrénées qu'à partir de février 1937, quand la véritable structuration des Brigades commence. Ainsi, le seul commissaire politique de Brigade présent dès 1936 est André Heussler, cadre de niveau régional du Parti, qui vient de suivre à Moscou les cours de l'École Lénine et une formation militaire.

Le sacrifice consenti par le PCF en laissant partir des dirigeants pour les Brigades apparaît mesuré dans le temps. Il est rare qu'un cadre politique d'envergure nationale soit maintenu longtemps en Espagne. Jean Chaintron et Auguste Lecœur sont tous deux rappelés en France au bout de quelques mois. Henri Neveu, conseiller général de la Seine, Henri Janin, secrétaire administratif du Parti qui a toujours milité dans le sillage de Tréand, ne font tous deux qu'un passage à Albacete, le premier pour organiser les services sanitaires, le second le service postal. Quant à François Vittori, resté le plus longtemps, exposé sur tous les fronts à partir du Jarama, il sera relevé avant l'offensive de l'Ebre.

L'engagement physique d'écrivains prestigieux aux côtés des Républicains espagnols, tels l'Anglais Georges Orwell ou le Français André Malraux (au demeurant ni l'un ni l'autre membres des Brigades internationales), le poids des intellectuels dans le travail de solidarité avec l'Espagne et plus généralement dans la lutte antifasciste des années 1930, ont accrédité l'idée d'un enrôlement massif de ces derniers dans unités internationales. En réalité, les Brigades internationales furent, par leur recrutement, bien plus ouvrières que le mouvement ouvrier lui-même ! Toutes les analyses de contingents nationaux concordent, y compris pour les Américains ou les Canadiens. 80 % des volontaires pour les Français, 85 sur 88 pour les Luxembourgeois, partout les ouvriers sont en majorité écrasante, partout proportionnellement plus nombreux que dans les partis communistes. Ces hommes ont en moyenne entre 28 et 30 ans. Le caractère ouvert du recrutement dans les Brigades internationales n'empêche pas qu'on y trouve avant tout des militants. Aux USA, Peter Carroll les évalue à 80 %. Majorité écrasante en Suisse aussi, ou seul un volontaire sur cinq n'est pas issu d'un milieu familial de gauche. Le contingent belge est probablement le moins politisé. En France, entre 50 et 60 % des volontaires sont membres du Parti communiste. Plus de 80 % appartiennent à un réseau de sociabilité militante, comme adhérant ou sympathisant.

Si l'on s'intéresse aux militants communistes français, on constate que la majorité ont adhéré au Parti pendant la période de dynamique du Front populaire (1934-1937). Mais les effectifs du PCF ayant – au sens propre du terme – décuplé pendant ces quatre années, on devrait retrouver 90 % d'adhérents récents dans les rangs du contingent français en Espagne : on reste loin du compte. La première impression s'avère donc trompeuse : les militants de la génération de la tactique « classe contre classe » sont en réalité sur-représentés. Deux hypothèses, l'une d'ordre politique, l'autre plus sociologique, ont été avancées pour l'expliquer. Les générations – dans le sens de génération politique – antérieures au Front populaire, ont fait leurs armes dans la lutte antimilitariste et pacifiste, notamment contre la guerre du Rif. Lutte qui était tout sauf pacifique ! Ce sont ces « bagarreurs » que l'on retrouve en Espagne. La vague d'adhésion du Front populaire correspond à des ouvriers dotés d'emplois, ceux-là mêmes qui ont fait grève en mai-juin 1936, alors que le recrutement des périodes « sectaires » antérieures visait de façon privilégiée les exclus, voire, compte tenu de la répression, les aurait « créés » Ne réussissant pas à se réinsérer dans le marché de l'emploi, ils partent plus volontiers en Espagne.

Création par le Komintern, encadrement, à tous les niveaux, par des Kominterniens : doit-on considérer les Brigades internationales comme l'armée du Komintern ? Non, et pour deux raisons. La première tient à sa composition : aux communistes qui dominent numériquement, on doit ajouter les milliers de Français non membres du PCF, les centaines d'Italiens socialistes ou républicains, les Espagnols anarchistes de Malaga, etc. La seconde repose sur leur utilisation : cantonnées à des opérations strictement militaires, elles ne prennent part à aucune des luttes intestines à la République espagnole.

D'un front à l'autre

Les étrangers des Brigades internationales sont retirés du front le 25 septembre 1938, puis rapatriés dans leurs pays respectifs. Le bilan humain a été lourd : environ le quart des Brigadistes ont été tués. Si on s'en tient aux Français, les rapatriés sont plus d'une fois sur deux blessés : leur premier souci, une fois rentrés chez eux, sera moins de retrouver du travail que de se refaire une santé, physique et morale. Aux moins ils ont pu regagner leur foyer : environ 5 000 volontaires, qui ne peuvent regagner leur pays pour des raisons politiques, restent en Espagne et reprennent du service. Ils combattent jusqu'au bout, passent la frontière française avec l'armée républicaine et les civils espagnols en 1939, et subissent le même sort que ces derniers : l'internement dans les camps du sud de la France. Ils seront au bout de quelques mois concentrés à Gurs. Le sort réservé aux Russes – et à des non Russes – partis en Espagne à leur retour à Moscou est connu : exécutés par fournées de cent ou déportés au Goulag, comme Kléber. Leur sort était probablement scellé avant leur départ : pour eux, l'Espagne n'avait représenté qu'un sursis.

Les Brigades internationales représentent une formidable école de formation militaire. Le secrétariat du PCF, décide, le 6 décembre 1938, « d'effectuer le recensement des Volontaires et vérifier leur utilisation comme cadres du Parti ». Déjà, en Espagne, lors du rapatriement des Brigadistes, des fiches de notations individuelles avaient été établies sur chacun d'entre eux, communistes ou non, destinées aux comités centraux de leurs pays respectifs. Leur présence dans le fonds d'archives des Brigades, et le fait qu'une opération analogue ait été refaite après coup, dans différents pays et à Moscou, laisse penser que les fiches ne sont pas transmises. Naturellement André Marty, qui tire maintenant sa légitimité de son rôle en Espagne estime que les anciens volontaires restent sous-employés. Peut-on parler d'une promotion « Brigades internationales » dans le renouvellement des cadres ? On ne peut à ce niveau que décrire des situations concrètes. Marcel Sagnier, dernier commandant de la 14e Brigade *La Marseillaise*, est affecté, par décision du bureau politique, à la direction du Service d'ordre du PCF et devient membre de sa section d'organisation. Lors du congrès d'Arles de décembre 1937, onze nouveaux suppléants font leur entrée au Comité central, qui ne comporte alors qu'une quarantaine de membres. Parmi eux, trois ont été commissaires politiques en Espagne : Jean Chaintron, André Heussler et Pierre Rebière. Auraient-ils connu la même ascension en restant en France ? Les deux premiers, peut-être. En revanche Pierre Rebière n'a adhéré au PCF qu'en avril 1934 et consacrait l'essentiel de ses activités militantes, avant de partir en Espagne, à sa tâche de permanent juridique de la Fédération des locataires ; sa promotion, une note de Maurice Thorez nous le confirme, apparaît directement liée à son passage dans les Brigades internationales. En définitive, la situation précaire dans laquelle se trouve le PCF en 1939 nous empêche de mesurer l'investissement ou le réinvestissement de cadres éventuellement révélés dans les Brigades internationales. D'autant plus qu'il ne s'écoule qu'un court laps de temps entre leur retour en France et la dissolution du Parti communiste, en septembre 1939.

Des communistes ont aussi quitté le Parti à la suite de leur séjour en Espagne. Plusieurs cas de figure se présentent. L'écrivain allemand Gustave Regler, qui s'est violemment heurté à André Marty, était déjà plus ou moins en rupture de ban lors de son départ, de Moscou, pour la péninsule ibérique. François Mazou, dirigeant des Jeunesses communistes d'Oloron quitte le Parti sur la base d'un désaccord avec le sectarisme de la politique du PC espagnol et de l'attitude des « conseillers » soviétique qu'en qualité de commandant de la forteresse de Figueras il a cotoyé dans les Pyrénées. Mais dans l'ensemble, on ne peut dire que les Brigades internationales aient généré un phénomène de dissidence.

Comment les anciens d'Espagne réagissent-ils à la signature du Pacte germano-soviétique à l'invasion de la Pologne par l'URSS, à la dénonciation de la « guerre impérialiste » ? Rien ne permet d'affirmer qu'ils se différencient sur ce point des autres militants du Parti communiste. Notons cependant le cas de Vital Gayman, pas le moindre des cadres donc, qui lie sa rupture à son rôle dans les Brigades internationales, en écrivant publiquement : « Je trahirais la mémoire de mes camarades de combat, tombés sur la terre d'Espagne dans la lutte contre le fascisme franquiste, mussolinien et hitlérien, si je n'affirmais pas aujourd'hui de la façon la plus catégorique mon désaccord total avec une politique qui concourt à un but diamétralement opposé à celui pour lequel ils ont généreusement et héroïquement donné leur vie. »

À Gurs, la signature du Pacte a entraîné la rupture entre socialistes et communistes du « sous-camp » austro-allemand, mais aucun de ces hommes ne peut s'engager aux côtés de l'armée française, car ils se trouvent désormais « réputés ennemis » en raison de leur nationalité. Sur l'ensemble des volontaires internés, pour la plupart des Polonais et des Italiens, on estime à 50 % le nombre de ceux qui s'engagent dans les différentes formations militaires et paramilitaires, où ils seront durement éprouvés dans les combats. Lorsque, le 2 octobre, se monte une armée tchèque à Agde, le Parti communiste tchécoslovaque se prononce pour l'engagement, ses dirigeants donnant l'exemple : 400 volontaires sont acceptés. Aussi lorsque l'ordre arrive de Moscou, en application de la ligne de dénonciation de la « guerre impérialiste » de refuser tout enrôlement, il est en partie trop tard. La 9e compagnie, un groupe de 170 hommes comprenant pour l'essentiel des communistes dissidents partisans de Willy Münzenberg rejoindront encore les groupes de travailleurs étrangers. Les anciens d'Espagne qui ne quittent pas Gurs, en s'engageant ou en s'évadant, sont par la suite transférés au camp du Vernet.

La Résistance

Les études manquent pour dresser un tableau d'ensemble sur le rôle des anciens d'Espagne dans les différents pays occupés pendant la Seconde guerre mondiale. On s'en tiendra ici à la situation en France, qui a la particularité de ne pas concerner que les Brigadistes français : y vivant avant la guerre d'Espagne ou internés à Gurs, nombreux sont les étrangers à passer d'un combat à un autre.

Pendant la période qui court de la capitulation à l'invasion de l'Union soviétique, au printemps 1941, la Résistance commence à émerger en France : des vétérans non communistes des Brigades y participent, tels le colonel Jean Vincent, ancien chef d'État major de Kléber pendant la bataille de Madrid, qui monte les groupes « Veny » dans le sud de la France, le socialiste Michel Catonné, fils du grand militant révolutionnaire Amédée Dunois ou François Mazou, désormais sans parti, qui effectue des missions pour le Bureau central de renseignement et d'action (BCRA) gaulliste. Mais on retrouve dans le réseau du musée de l'Homme, un ancien d'Espagne, Pierre Hirtz, entré au PC au sein des Brigades. Auguste Lecœur, Nestor

Calonne, Julien Hapiot, organisateurs de la grève de mai 1941 dans les mines du Pas-de-Calais sont passé par les Brigades.

Lorsqu'à l'été 1941 les *panzerdivisions* de Hitler se ruent sur l'Union soviétique, l'Organisation spéciale (OS), groupe de protection des diffuseurs de tract du PCF, se transforme en structure paramilitaire, sous l'égide de Charles Tillon. Celui-ci, avec l'aide de Danielle Casanova relayée par Henri Tanguy et Gaston Carré, ancien artilleur en Espagne, recherche systématiquement les ex-Brigadistes. Le jeune Pierre Georges, ancien garde du corps d'André Marty à Albacete, revenu grièvement blessé en France, s'occupe également de la formation des instructeurs sous le pseudonyme de colonel Fabien. Jean-Marie Fossier, ancien commissaire politique à Barcelone, responsable de la résistance armée dans la « zone rouge » du Nord, privilégie aussi les anciens d'Espagne : ils ont déjà fait leurs preuves et accepteront plus facilement la vie clandestine parce que déjà, ils ont accepté la séparation avec leur milieu familial et social. Quelques groupes de l'OS se montent également en province, notamment à l'initiative d'anciens d'Espagne. Jules Brugot, chauffeur automobile de profession, membre du Conseil national des Jeunesses communistes, sportif accompli qui s'était inscrit aux spartakiades de Barcelone de juillet 1936 et s'était engagé dans les milices basques avant de devenir officier dans les Brigades internationales, organise un noyau de l'OS dans l'Yonne.

En octobre 1941, les Bataillons de la Jeunesse, la MOI et l'OS, dont la branche immigrée constituée d'anciens d'Espagne, se voient coiffés d'un Comité national militaire dirigé par Charles Tillon. Le colonel Jules Dumont, ancien commandant de la 14ᵉ Brigade *la Marseillaise*, en devient le commissaire national, responsable des opérations militaires, avec pour adjoint Pierre Rebière. La nouvelle structure prendra le nom de Comité national des Francs tireurs et partisans (FTP). Irénée Appérée, ex-brigadiste qui avait été fait prisonnier par les troupes franquistes, se voit confier le groupe Valmy, la « police » du Parti chargée de liquider les « traîtres » : il deviendra par la suite commandant FTP de la région Nord de Paris. Jules Dumont, Julien Hapiot, Irénée Appérée, Pierre Rebière, Jules Brugot, Gaston Carré, comme tant d'autres, seront arrêtés et exécutés. La première génération de cadres de la résistance armée issus des Brigades internationales est décimée.

L'action des anciens d'Espagne est encore plus déterminante dans la résistance immigrée. Pendant l'été 1942, les FTP-MOI, issus essentiellement de l'OS-MOI, sont organisés en quatre détachements : un roumain, un juif polonais, un italien et une section de dérailleurs. Le premier et le quatrième sont composés surtout d'anciens d'Espagne, tous sont commandés par d'ex-Brigadistes : Adam Hirsch, Sevek Kirschenbaum, Marino Mazzetti et Fransisc Wolf, dit Boczov. En février 1944, 23 combattants des FTP-MOI, qui sont désormais dirigés par Missak Manouchian, sont fusillés par les Allemands. Parmi eux, cinq sont des anciens d'Espagne : les Polonais Shloime Grzywacz, évadé d'Argelès, organisateur de la résistance chez les ouvriers juifs de la fourrure ; Stanislas Kubacki, qui avait déjà réussi à s'évader d'un camp de concentration allemand, Gedulfic ; Boczov et l'Espagnol Celestino Alfonso. Seul Abraham Lissner, également ancien des Brigades, échappe à l'arrestation du groupe. Mais les FTP-MOI n'opèrent pas seulement dans la capitale. Partout ils regroupent anciens d'Espagne et combattants trop jeunes pour avoir participé à l'épopée des

Brigades. Ainsi, à Toulouse, Marcel Langer, ancien officier du bataillon *Dimitrov* fonde une unité qu'il baptise, en rappel de la 35ᵉ Division internationale de l'armée républicaine, la 35ᵉ Brigade.

Le parcours de Joseph Epstein reflète le destin de ces combattants de la MOI. Issu d'une famille juive de Pologne aisée, il s'exile en France en 1931. Il gagne l'Espagne dès le 28 août 1936 et participe aux combats d'Irun. Puis il intègre la direction de la compagnie maritime montée par le Komintern, France-Navigation, avant de repasser en Espagne où il commande une batterie d'artillerie dans les Brigades internationales. Epstein souffrait d'une carrière militaire rentrée : en Pologne, après son bac, il entame des études à l'école de sous-officiers d'où il se fait renvoyer pour raisons politiques, il en gardera une grande amertume. Interné au camp de Gurs à son deuxième retour d'Espagne, il s'engage dans la Légion étrangère ; fait prisonnier, cette fois-ci par les Allemands, il s'évade de son Stalag. En janvier 1943, une série d'arrestations décapite, pour la seconde fois, les FTP de la région Parisienne : Joseph Epstein prend leur direction sous le nom de « colonel Gilles ». Il organise une série d'actions spectaculaires, notamment le mitraillage par une vingtaine de résistants d'un régiment de la Wehrmacht qui remontait les Champs-Elysées. Les policiers français des Brigades spéciales l'arrêtent le 16 novembre 1943 à Évry-Petit-Bourg alors qu'il attendait Missak Manouchian. Torturé pendant des semaines, il est fusillé le 11 avril 1944.

On retrouve également des anciens des Brigades dans les premiers maquis, en 1942. Certains, comme les frères Panchot, de Canohès, près de Perpignan combattent avec des guérilleros espagnols. Notons d'ailleurs que si ces derniers, sont pour la plupart des Républicains espagnols réfugiés après les victoires de Franco, on retrouve fréquemment parmi eux des militants ayant vécu auparavant en France et passés par les Brigades internationales, comme Dieudonné Albert, chef des FTP de l'Hérault. Les anciens commissaires politiques français de Brigades occupent des fonctions clefs dans les combats de la Libération. Henri Tanguy, qui prend à l'occasion le pseudonyme de Rol, donne l'ordre de l'insurrection parisienne d'août 1944 en qualité de chef régional des FFI ; Jean Chaintron, évadé de prison en 1944, devient chef d'état-major du colonel Guingouin et participe à ce titre à la Libération de Limoges, dont il deviendra préfet ; François Vittori est à la tête de l'insurrection corse de 1943. Les femmes qui avaient servi dans les Brigades dans des Fonctions administratives ou sanitaires jouent également un grand rôle dans la Résistance française, comme Lise London, ancienne secrétaire d'André Marty à Albacete, Yvonne Robert, responsable du centre de convalescence de Benicassim, Maïa Guimpel, médecin, etc.

Si l'on s'en tient à l'exemple français, les anciens d'Espagne ne se singularisent pas dans les premiers mois de l'Occupation, période où malgré la « ligne » du Parti communiste, certains cadres, comme Tillon ou Guingouin dans le Limousin donnent l'impulsion à ce que l'on peut déjà clairement considérer comme des actes de résistance. Puis vient la période de la lutte armée au cours de laquelle un PC isolé, seul à adopter cette stratégie, décimé par la répression, doit accomplir des actions sanglantes. À ce moment-là, il est indéniable que les anciens d'Espagne jouent un rôle déterminant. Les militants étrangers, immigrés et/ou évadés de Gurs ou du Vernet constituent même l'armature, et parfois plus, des FTP-MOI. Mais ne nous y trompons pas : ni l'assassinat, ni le sabotage, le « terrorisme individuel », ne font partie, du moins en France, des traditions léninistes. Et les combats des Brigades internationales étaient fort éloignés de ces pratiques ; il y a plus qu'une nuance entre charger avec son bataillon et abattre de sang froid, et parfois à bout portant, un homme. Si le lien entre guerre d'Espagne et Résistance, vu sous l'angle des premiers engagements, reste indéniable, il n'avait rien, *a priori* d'inéluctable, même s'il semble d'évidence pour ceux qui ont participé aux deux combats.

Reste une question fondamentale : celle du nombre. L'historiographie communiste laisse accroire que la quasi-totalité des volontaires français retour d'Espagne, et donc *a fortiori* ceux qui appartenaient au PC, sont morts pendant la « drôle de guerre » ou se sont engagés dans la Résistance. On ne peut évidemment reprendre cette assertion. Il faudrait d'abord pour cela faire abstraction des centaines, voire des milliers d'ex-Brigadistes qui passent la guerre dans des Stalags. Au Luxembourg, les anciens volontaires sont arrêtés par la police allemande avant d'avoir pu agir. Une étude sur les volontaires gantois, en Belgique, pour la plupart non membres du PC, montre que seul une poignée d'entre eux rejoint la Résistance, un chiffre équivalent s'engage dans la collaboration, la grande majorité se fondant dans la nature. Les sources actuellement disponibles et dépouillées donnent cependant, pour les Français, une vision plus nette de l'investissement de l'encadrement des Brigades internationales dans la Résistance. Sur les quarante-cinq commissaires de bataillons ou de groupes d'artillerie français, tous communistes, vingt-trois au moins luttent en son sein. Six sont fusillés. Parmi les trente officiers supérieurs survivants, dans leur majorité communistes, un tiers sont identifiés comme résistants. Sur les seize membres du Comité national des Jeunesses communistes ayant combattu dans les Brigades internationales, deux ont été tués en Espagne, un est fait prisonnier de guerre en 1940 et déporté après des tentatives d'évasion, neuf participent à la résistance (et parmi eux six sont fusillés), un est tué avec Pierre Georges dans la campagne Rhin-Danube. Ces quelques éléments résument l'approche quantitative à laquelle on peut procéder aujourd'hui : dès que l'on passe aux niveaux d'encadrement inférieurs le manque d'information empêche tout dénombrement.

Après la Libération, beaucoup de cadres confirmés de la MOI, anciens d'Espagne, repartent dans leurs pays respectifs pour y exercer d'importantes responsabilités, surtout quand le Parti communiste y a pris le pouvoir. Ainsi le Yougoslave Ljubomir Illitch, montreuillois d'adoption, ex-commandant guérilleros dans les Brigades, ex-interné du Vernet, ex-chef national des FTP-MOI, accrédité par Tito pour le représenter auprès d'Eisenhower en 1944, regagne son pays qu'il avait quitté en 1926. Artur London devient ministre en Tchécoslovaquie, Kutin en Pologne. Marino Mazzetti, ex-dirigeant des JC clandestines de Bologne, évadé de l'île d'Elbe, combattant pendant plus de deux ans en Espagne, interné à Gurs puis chef de détachement des FTP-MOI retourne en Italie. En France, des plus hauts responsables des Brigades internationales survivants de la Seconde Guerre et restés au Parti, seul Marcel Sagnier n'occupe pas une position de premier plan : il paye officiellement le fait de ne pas avoir réussi à s'évader de son stalag (d'autres, dans la même situation, n'en ont pas pour autant été sanctionnés). Tous, à un titre ou à un autre, seront à leur corps défendant, plongés au cœur de la Guerre froide.

Notes

1. En février 1934, des groupes paramilitaires sociaux-démocrates se donnant le nom de *SchutzBund* s'opposèrent les armes à la main au coup d'État du chancelier autrichien Dollfuss.
2. C'est-à-dire des militants du Parti ouvrier d'unification marxiste (POUM). Fondé en 1935, le POUM regroupa diverses oppositions communistes anti-staliniennes et était essentiellement implanté en Catalogne.

Sources

Rémi Skoutelsky, *L'Espoir guidait leurs pas. Les volontaires français dans les Brigades internationales, 1936-1939*, Grasset, 1998.

Peter N. Caroll, *The Odyssey of the Abraham Lincoln Brigade. Americans in the Spanish Civil War*, Stanford (Californie), Stanford University Press, 1994.

Rudi Van Doorslaer, « Les volontaires gantois pour les Brigades internationales en Espagne. Motivations du volontariat pour un conflit politico-militaire », *Cahiers d'histoire de la Seconde Guerre mondiale*, 1980, X, (n° 6), Bruxelles, pp. 145-188.

Henri Wehenkel, *D'Spueniekämpfer. Volontaires de la guerre d'Espagne partis du Luxembourg*, Dudelange, Centre de documentation sur les migrations humaines, 1997.

Chapitre XXIV

Figures du communisme latino-américain

par Michael Löwy

On peut distinguer quatre grandes périodes dans l'histoire du communisme en Amérique latine :
– Les années « épiques » de la fondation, de 1920 à 1932.
– Les années de plomb du stalinisme, des années 1930 jusqu'à 1959.
– Les années du guévarisme, de la révolution cubaine à 1989.
– La période de crise et d'indéfinition, ouverte par la chute du mur de Berlin.

Comme en Europe, on trouve parmi les premiers cadres communistes à la fois des dirigeants ouvriers et des jeunes intellectuels. Un exemple caractéristique du premier type est le fondateur du Parti socialiste ouvrier du Chili (1912) devenu Parti communiste, section chilienne de la IIIᵉ Internationale en 1922 : Luis Emilio Recabarrén (1876-1924). Typographe, syndicaliste, véritable tribun populaire de sensibilité « ouvriériste », il insiste dans ses discours et écrits sur la lutte de classes irréconciliable entre les ouvriers des mines et des usines et les capitalistes, lutte dont l'issue ne peut être que la révolution prolétarienne. Son suicide en 1924 reste encore un mystère non élucidé.

Quant aux intellectuels, ils sont nombreux parmi les fondateurs du communisme latino-américain. Il s'agit souvent d'étudiants comme le Cubain Julio Antonio Mella (1903-1929) qui a servi de modèle pour l'« Étudiant », le héros du roman *La question de la méthode* (1974) de l'écrivain cubain Alejo Carpentier : un jeune révolutionnaire qui mène un combat désespéré contre la dictature dans son pays. Fondateur de la Fédération des étudiants universitaires (1923), de la section cubaine de la Ligue anti-impérialiste des Amériques (1925), Mella participe à la fondation du Parti communiste cubain en 1925, étant élu à son Comité central. À cause de son activité contre le dictateur Machado – « l'âne avec des griffes », selon le mot célèbre du poète communiste cubain Ruben Martínez Villena – il est arrêté puis obligé de s'exiler au Mexique. Ses relations avec le PC mexicain sont difficiles, la direction de celui-ci l'accusant de déviation « trotskiste »[1]. Mella organise les émigrés cubains au Mexique et prépare une expédition armée pour débarquer dans l'île, mais le 10 janvier 1929 il est assassiné, à l'âge de vingt-six ans, par des agents de Machado.

De tous les intellectuels qui ont fondé le mouvement communiste latino-américain le plus important a été sans doute le péruvien José Carlos Mariategui (1895-1930), peut-être le penseur le plus original dans l'histoire du marxisme dans le continent. Écrivain et journaliste, il devient socialiste en 1918 et découvre le marxisme et le communisme pendant un long séjour en Europe au début des années 1920. De retour au Pérou, il s'intègre au mouvement ouvrier et participe activement à la constitution de syndicats du prolétariat agricole et industriel. Il fonde en 1926 la revue *Amauta*, autour de laquelle se regroupe l'avant-garde culturelle et politique péruvienne et latino-américaine, et qui publie aussi des textes d'André Breton, Rosa Luxemburg, Léon Trotski ou Maxime Gorki.

Après avoir participé quelque temps aux activités de l'APRA (Alianza popular revolucionaria) à partir de 1927, Mariategui rompt avec Haya de la Torre, qui avait fondé l'APRA en 1924 et fonde à son tour, en 1928, le Parti socialiste, qui se réclame de la IIIe Internationale, et dont il rédige le programme. C'est à ce moment qu'il publie son œuvre la plus connue : *Sept essais d'interprétation de la réalité péruvienne*, la première tentative d'analyse marxiste d'une formation sociale concrète en Amérique latine. Empêché par sa maladie de participer à la Ire Conférence communiste latino-américaine (à Buenos Áires, en 1929), Mariategui Mariategui envoie avec la délégation péruvienne deux thèses, sur la question indigène et sur la lutte anti-impérialiste, qui vont provoquer des débats et polémiques intenses.

La proposition la plus hardie et hérétique de Mariategui est celle qui fait des communautés indigènes le point de départ d'une voie socialiste propre aux pays indo-américains. Pour rendre son hétérodoxie plus acceptable, Mariategui se réfère d'abord aux documents officiels du Komintern : « Le VIe congrès de l'Internationale communiste a reconnu encore une fois la possibilité, pour les peuples d'économie rudimentaire, de commencer directement l'organisation d'une économie collective, sans souffrir la large évolution par laquelle sont passés d'autres peuples. » Ensuite, il avance sa stratégie révolutionnaire fondée sur le rôle des traditions communautaires indigènes : « Nous croyons qu'entre les populations'arriérées', aucune autant que la population indigène d'origine inca ne présente des conditions aussi favorables pour que le communisme agraire primitif, subsistant dans des structures concrètes et avec un profond esprit collectiviste, se transforme, sous l'hégémonie de la classe prolétarienne, dans une des bases les plus solides de la société collectiviste préconisée par le communisme marxiste. »[2]

Comme l'observe Alberto Flores Galindo, le trait essentiel du marxisme de Mariategui – en contraste avec celui des orthodoxes du Komintern – est le refus de l'idéologie du progrès et de l'image linéaire et euro-centrique de l'histoire universelle[3]. Dans un texte-clé, « Anniversaire et Bilan », publié dans sa revue *Amauta* en 1928, il résume en quelques paragraphes sa philosophie politique. Tout en insistant sur l'universalité du mouvement socialiste, il prend en considération la spécificité du socialisme en Amérique latine, et son enracinement dans le passé pré-colombien : « Le socialisme est dans la tradition américaine. L'organisation communiste primitive la plus avancée que connaît l'histoire, est celle des Incas ». « Nous ne voulons certainement pas que le socialisme soit, en Amérique, calqué et copié. Il doit être création héroïque. Nous devons donner vie, avec notre propre réalité, dans notre propre language, au socialisme indo-américain. Voici une tâche digne d'une nouvelle génération »[4].

Comme nous le verrons, l'histoire du communisme latino-américain sera, dans les décennies suivantes, beaucoup plus proche du « calque et copie » que de la « création héroïque »...

Les partis communistes, même là où ils avaient une certaine base sociale – Chili, Argentine, Uruguay – étaient essentiellement, pendant cette première période, des mouvements urbains, composés d'ouvriers, artisans, syndicalistes, étudiants et intellectuels. De ce point de vue, le mouvement communiste à El Salvador, constitue une exception : fondé par un ex-étudiant, Augustín Farabundo Martí (1893-1932) en 1930, ce mouvement avait réussi, en peu de temps, à gagner le soutien de secteurs significatifs de la paysannerie, et organisa en 1932 la seule insurrection de masse dirigée par un parti communiste dans toute l'histoire de l'Amérique latine.

Farabundo Martí et ses camarades préparaient un soulèvement contre la dictature militaire du général Martínez, mais celui-ci déclencha une répression préventive, en arrêtant les principaux dirigeants du PC salvadorien et en fusillant les soldats suspects de sympathies communistes. En riposte, éclata en janvier 1932 une insurrection paysanne, animée et encadrée par les communistes. Cette insurrection toucha principalement les régions des grandes plantations de café. Les détachements rouges de paysans et indigènes, armés avec quelques fusils et surtout des *machetes,* occupèrent pendant quelques jours un certain nombre de villages, où ils instaurèrent d'éphémères « soviets locaux ». Il semble que plus de quarante mille combattants ont pris part au soulèvement. Le manque de coordination politique et militaire centrale de l'insurrection a permis à l'armée d'écraser les soulèvements locaux. Ce qui est arrivé par la suite est passé à l'histoire d'El Salvador avec le nom de *La Matanza* (« le massacre ») : pendant des semaines l'armée tue, fusille et brûle les villages paysans, exécutant environ vingt mille hommes, femmes et enfants dans les régions « rouges ». Après un simulacre de procès, Farabundo Martí, Alfonso Luna et Mario Zapata, les principaux dirigeants communistes sont fusillés eux-aussi. Il faut souligner que le soulèvement avait été décidé par les communistes salvadoriens sans consulter la direction du Komintern : des dirigeants communistes plus proches des orientations de Moscou, comme le peintre mexicain David Álfaro Siqueiros, condamnent le soulèvement comme une erreur, puisque de toute façon l'impérialisme américain serait intervenu pour empêcher une victoire « rouge ».[5]

Au cours de la deuxième moitié des années 1920 et le début des années 1930 un processus de « stalinisation » du communisme latino-américain se développe de façon inégale dans les différents pays. Tandis que certains cadres et dirigeants, comme

Mella, Mariategui ou Farabundo Martí, font preuve d'indépendance d'esprit et d'autonomie de décision, d'autres deviennent beaucoup plus étroitement rattachés, du point de vue intellectuel et politique, à l'appareil du Komintern et au Parti communiste d'Union soviétique (PCUS) dont ils reproduisent avec une fidélité exemplaire les divers tournants. Le premier représentant et un des plus talentueux de cette catégorie est Vittorio Codovilla (1894-1970), secrétaire général du PC Argentin. Né en Italie, Codovilla arrive en Argentine en 1912, adhérant peu après au Parti socialiste. Il est en 1918 un des fondateurs du PS internationaliste, devenu peu après le PC argentin. Dès 1926, après avoir été rapidement intégré à l'appareil du Komintern, il fait voter au Comité central du Parti communiste argentin une résolution condamnant le trotskisme et se solidarisant avec la direction du PCUS. En 1929 il est un des organisateurs de la Première Conférence communiste latino-américaine, à Buenos Áires, où il explique aux délégués la doctrine stalinienne de la révolution par étapes : contrairement à Mariategui, qui parle du socialisme comme seule alternative à la domination impérialiste sur le continent, Codovilla proclame que « le caractère de la révolution en Amérique latine est celui d'une révolution démocratico-bourgeoise ». Ce dogme va orienter la politique des partis communistes latino-américains pendant une trentaine d'années, indépendamment des tournants tactiques de droite ou de gauche[6].

Au cours des années 1930 on verra d'autres secteurs sociaux être attirés par le mouvement communiste. C'est le cas, notamment au Brésil, de militaires progressistes, officiers et sous-officiers, autour d'un personnage charismatique, le capitaine Luis Carlos Prestes (1898-1984). À la tête d'un groupe d'officiers démocrates, nationalistes et « jacobins », Prestes dirige un soulèvement militaire en 1924 contre le gouvernement de l'oligarchie des planteurs de café qui domine le Brésil depuis la fin du XIXe siècle. Il forme une colonne de plusieurs milliers de soldats – la « Colonne Prestes » – qui parcourt le pays du nord au sud jusqu'en 1926, quand les derniers insurgés sont obligés de s'exiler en Argentine. Ce mouvement de jeunes lieutenants – *tententismo* en portugais – se divise en 1930 : tandis que les plus modérés se joignent au politicien bourgeois Getulio Vargas pour prendre le pouvoir par un coup d'Etat (la « Révolution de 1930 »), Prestes – devenu un personnage légendaire, « le Chevalier de l'Espoir » – et quelques autres officiers se rallient au mouvement communiste. Après un long séjour en URSS, Prestes revient clandestinement au Brésil et prend la tête d'un mouvement antifasciste encadré par les communistes, l'Alliance nationale libératrice, pour organiser en novembre 1935 – avec l'assentiment du Komintern – un soulèvement militaire contre le régime de Vargas. Si dans une ville du nord-est brésilien, Natal, les jeunes officiers réussissent, avec le soutien populaire, à prendre le pouvoir pour quelques jours, à Rio le soulèvement, dirigé par le capitaine communiste Agildo Barata, est brisé dans l'œuf. Des milliers de communistes ou personnes soupçonnées de sympathies de gauche seront emprisonnées, parfois torturées ou assassinées, et Prestes lui-même sera incarcéré pendant une dizaine d'années, tandis que sa femme Olga Benario, une juive d'origine allemande, sera livrée à la Gestapo.

Au cours des décennies suivantes, tous les tournants du Mouvement communiste international vont être appliqués en Amérique latine : Front populaire (années 1930), soutien au Pacte Molotov-Ribbentrop (1939-1941), alliance avec les USA et la bourgeoisie « anti-fasciste » en Amérique latine (1941-1947), Guerre froide (1947-1956), coexistence pacifique (1956-1960). La seule originalité de cet alignement sur la stratégie du Mouvement communiste international consistera à tenter de traduire, dans le contexte spécifique de chaque pays, la « ligne générale » du mouvement : on verra ainsi le PC brésilien soutenir Vargas à partir de 1943, dans la mesure où il s'est engagé dans la guerre du côté des Alliés, tandis que le PC argentin s'allie, à la même époque (1945-46) avec l'oligarchie conservatrice contre Péron, considéré comme « fasciste » en raison de sa position « neutre » lors de la Seconde Guerre mondiale. Ce qui reste constant à travers tous ces virages, c'est la doctrine de la révolution par étapes – les conditions socio-économiques en Amérique latine ne sont mûres que pour une révolution démocratique, en alliance avec la bourgeoisie progressiste – et la fidélité inébranlable à l'URSS, au PCUS et son grand dirigeant, le camarade Staline.

Dans plusieurs pays, les partis communistes parviennent à se doter d'une base sociale ouvrière et populaire significative, ce qui leur confère une influence syndicale et électorale considérable : c'est le cas notamment du Chili, de Cuba, du Brésil, de l'Uruguay, du Venezuela et du Guatemala. Au Chili et à Cuba, à l'époque du Front populaire ou au cours de la guerre, les communistes vont participer au gouvernement. Pendant les années staliniennes, malgré les aspects autoritaires et bureaucratiques de la politique des PC, beaucoup d'intellectuels sont attirés par le mouvement communiste. Certains préservent une certaine autonomie dans leur travail, comme le philosophe argentin Anibal Ponce, l'historien brésilien Caio Prado Junior ou le poète chilien Pablo Neruda. D'autres ont mis leur talent au service de l'appareil, n'hésitant pas, comme dans le cas du peintre David Álfaro Siqueiros, à prendre en charge les basses œuvres du stalinisme : l'artiste participera à la première tentative d'assassinat de Trotski au Mexique en 1940.

Si le courant stalinien a sans doute été hégémonique, des résistances se manifestent très tôt, avec la formation des groupes de l'opposition communiste de gauche (trotskiste). Le premier apparaît au Brésil, à la fin des années 1920, autour du brillant historien et critique d'art Mario Pedrosa et du dirigeant syndical typographe João da Costa Pimenta. L'opposition et la critique n'empêchent pas la recherche de l'unité d'action ; en 1934, une coalition anti-fasciste entre communistes, socialistes, trotskistes, syndicalistes et anarchistes formée à l'initiative de Mario Pedrosa va s'opposer, les armes à la main, à une manifestation « intégraliste » (la version brésilienne du fascisme) à Sao Paulo, en la dispersant. Mais c'est surtout en Bolivie que le trotskisme disposera d'une base ouvrière de masse : en 1946, le congrès de la Fédération syndicale des travailleurs des mines de Bolivie réuni dans la ville de Pulacayo approuve un ensemble de thèses d'inspiration nettement trotskiste – rédigées par Guillermo Lora, dirigeant du POR (Parti ouvrier révolutionnaire) – dont l'axe central est la stratégie de transformation de la révolution démocratique-nationale en révolution socialiste dans un processus ininterrompu. Le POR va aussi jouer un rôle important dans la révolution bolivienne de 1952-1953, notamment dans la fondation de la COB, Centrale ouvrière bolivienne, dont le premier programme (1952) est rédigé par le dirigeant trotskiste Hugo González Moscoso. Des groupes trotskistes significatifs, avec une certaine base syndicale, apparaissent aussi au Chili, à partir d'une rupture en 1933 dans le parti communiste, en Argentine et au Pérou.

Beaucoup d'intellectuels et d'artistes latino-américains manifesteront de la sympathie pour le communisme trotskiste : le plus connu est le peintre muraliste mexicain Diego Rivera, qui va se rallier à l'opposition de gauche au courant des années 1930. C'est lui qui signera avec André Breton le document « Pour un art révolutionnaire indépendant » rédigé par ce dernier en collaboration avec Léon Trotski en 1938. On peut aussi mentionner, à la même époque, l'écrivain brésilien Raquel de Queiroz, et après la guerre, les historiens argentins Luis Vitale, Milciades Peña et Adolfo Gilly.

Si le XXᵉ congrès du PCUS (1956) ébranle les partis communistes pro-soviétiques, en provoquant des discussions et des ruptures, c'est surtout avec la révolution cubaine que s'ouvre une période nouvelle du communisme en Amérique latine.

Le parti stalinien à Cuba, le PSP (Parti socialiste populaire) n'a pas vu venir la révolution dans son pays. Quelques mois après le débarquement de Fidel Castro et ses camarades du bateau *Granma*, la revue du PSP, *Fundamentos,* affirme, dans son numéro de juin 1957, qu'« aujourd'hui comme hier, nous rejetons et condamnons et continuerons à rejeter et à condamner les méthodes terroristes et putschistes, comme inefficaces, nuisibles et contraires à l'intérêt du peuple »[7]. Finalement, au cours de l'année 1958, certains militants et dirigeants du PSP – dont Carlos Rafael Rodríguez – vont se joindre à la guérilla castriste. Mais après la prise du pouvoir, lorsque la révolution cubaine amorce son tournant vers le socialisme en 1960, le dirigeant stalinien Blas Roca s'oppose à cette radicalisation, au nom de la doctrine kominternienne : la révolution cubaine doit rester simplement « démocratique et patriotique », elle doit « à l'intérieur des limites qui seront établies... garantir les profits de l'entreprise privée, son fonctionnement et son développement normal. Il faut stimuler parmi les travailleurs de ces entreprises le zèle et l'augmentation de la productivité. »[8]

Le triomphe de la révolution cubaine dirigée par Fidel Castro contre la dictature du général Batista (1959), son développement « ininterrompu » vers le socialisme (1960) et son affrontement victorieux contre une invasion parrainée par les USA (1961) signifient une rupture avec quelques-uns des dogmes fondamentaux du communisme stalinien : rôle dirigeant du Parti, caractère national-démocratique de la révolution, impossibilité d'une voie armée. Ces événements vont inaugurer un nouveau chapitre de l'histoire du communisme latino-américain, avec l'apparition du courant castriste, ou mieux, guévariste.

C'est en effet le médecin argentin Ernesto « Che » Guevara (1928-1967), devenu au cours des années 1957-1958 un des principaux commandants de la guérilla castriste, qui incarne, dans sa forme la plus radicale, cette nouveauté de l'expérience cubaine et la tentative de l'étendre au reste du continent. Par sa recherche hétérodoxe d'une voie cubaine de transition au socialisme différente du modèle soviétique, par ses réflexions utopiques sur « l'homme nouveau », et surtout par sa dramatique décision de quitter ses fonctions de ministre de l'Industrie dans le gouvernement révolutionnaire cubain pour relancer la lutte armée ailleurs dans le monde, enfin, par sa mort tragique dans les montagnes boliviennes le 8 octobre 1967, Guevara a frappé l'imagination de toute une génération de latino-américains.

Le guévarisme se donne pour objectif de renverser la domination impérialiste américaine sur l'Amérique latine et d'ouvrir la voie au socialisme. « Il n'y a pas d'autre révolution à faire, révolution socialiste ou caricature de révolution », écrira Che Guevara dans sa *Lettre à la Tricontinentale* de 1966. Ce mouvement se caractérise par le volontarisme, par une forte charge éthique et utopique, le choix des campagnes comme lieu stratégique – et de la paysannerie pauvre comme base sociale principale – et par l'accent mis sur la guerre de guérillas initiée par un petit noyau de militants (le *foco*).

Les militants du courant guévariste sont d'origine très diverse : souvent des étudiants, parfois des jeunes ouvriers ou paysans, des militaires dissidents, des anciens cadres communistes ou socialistes – comme par exemple Raul Sendic, jeune syndicaliste et militant du PS uruguayen, fondateur du mouvement Tupamaros. Certains, comme Miguel Enríquez, le fondateur du MIR (Mouvement de la gauche révolutionnaire) du Chili, ou Carlos Fonseca Amador, fondateur du FSLN (Front sandiniste de libération nationale) du Nicaragua, ressemblent beaucoup au type-idéal de l'« Étudiant » révolutionnaire inventé par Alejo Carpentier. D'autres, comme les Brésiliens Carlos Marighella, Mario Alves, Joaquim Câmara Ferreira sont des vieux cadres du Parti communiste brésilien qui vont rompre avec le communisme pro-soviétique à la fin des années 1960, pour prendre le chemin de la guérilla. Sous l'influence du guévarisme, des trotskistes comme Miguel Santucho, dirigeant du PRT argentin, vont eux-aussi s'engager dans la lutte armée, tandis que Hugo Blanco, un ingénieur agronome lié à la IVe Internationale va prendre la tête d'un vaste mouvement paysan semi-insurrectionnel au Pérou au début des années 1960.

D'une façon générale les guérillas urbaines ou rurales d'inspiration guévariste dans les pays semi-industriels du cône sud de l'Amérique latine ont échoué et leurs militants ont été décimés. Par contre, elles connaissent beaucoup plus de succès en Amérique centrale : le Sandinisme a réussi à renverser la dictature du général Somoza et prendre le pouvoir (de 1979 à 1990) au Nicaragua, tandis qu'à El Salvador, au bout d'une décennie de guerre civile, les militaires et l'oligarchie n'ont pas réussi à venir à bout de la guérilla du FMLN (Front Farabundo Martí de libération nationale) et ont dû négocier avec elle. Quelque chose de semblable se passe actuellement en Colombie, où deux mouvements de guérilla, l'un, proche du Parti communiste, et l'autre d'orientation guévariste, ont réussi à occuper une partie importante du territoire.

Le guévarisme n'a pas été la seule dissidence communiste surgie au cours des années 1960 : sous l'influence du conflit sino-soviétique, un courant maoïste important va se manifester, tout d'abord au Brésil, où des vieux cadres d'orientation stalinienne – João Amazonas, Mauricio Grabois – vont quitter le Parti communiste brésilien pour fonder, en 1961, le Parti communiste du Brésil (PC do B). Rejoint au cours des années 1960 par un courant de jeunes chrétiens de gauche fascinés par le maoïsme, ce parti essayera lui aussi, au cours des années 1970, de lancer une guérilla rurale contre le régime militaire. Malgré l'échec de cette tentative, le PC do B, converti au « socialisme albanais », restera une force significative, notamment dans le mouvement étudiant brésilien.

L'autre grand mouvement maoïste latino-américain est le Sentier lumineux péruvien, un type très particulier de guérilla, de style « pol-potiste », c'est-à-dire pratiquant l'extermination de ses adversaires politiques. Dirigé d'une main de fer par un ancien professeur de philosophie, Abimael Guzman (« le Président Gonzalo »), il réussira, pendant les années 1980, à obtenir le soutien de certaines couches paysannes et indigènes appauvries.

La chute du mur de Berlin va provoquer une profonde crise dans le mouvement communiste latino-américain, et en particulier dans sa composante pro-soviétique. Les réactions seront très différentes selon les pays : certains partis communistes vont se rallier à la social-démocratie (Brésil) ou au nationalisme de gauche (Mexique), d'autres vont, au contraire, découvrir le guévarisme (Argentine) ou opérer un tournant à gauche (Chili). Dans ces deux derniers cas, c'est une nouvelle génération, souvent représentée par des femmes – Claudia Korol en Argentine, Gladys Marin au Chili – qui va prendre la direction du Parti. Jamais auparavant des femmes n'avaient joué un rôle aussi important dans le mouvement communiste d'un continent tellement marqué par la culture machiste. Mais ces partis sont très affaiblis, aussi bien par les longues années de dictature militaire que par le désarroi provoqué par l'écroulement peu glorieux du « socialisme réel ».

Le courant maoïste a pratiquement disparu, à l'exception du Brésil, où le PC du Brésil, ex-stalinien, ex-maoïste, ex-albanais, désarçonné par la chute de l'Albanie d'Enver Hodxa – « Phare du Socialisme en Europe » – cherche à se donner une nouvelle identité communiste.

Le courant trotskiste ne profitera pas de cette crise de ses rivaux, et se trouve lui aussi assez affaibli au cours des années 1990, à l'exception du Brésil, où existent différents groupes, aussi bien à l'extérieur qu'à l'intérieur du Parti des travailleurs (PT) fondé par des syndicalistes en 1980. La tendance « Démocratie socialiste » du PT brésilien –liée à la IVe Internationale – exerce une réelle influence, avec plusieurs députés, sénateurs et maires. On observe dans certains documents du PT – comme celui sur le socialisme, approuvé en 1990 – une certaine influence des idées du courant trotskiste.

Les organisations d'inspiration guévariste qui ont réussi à survivre à la brutale répression des dictatures latino-américaines ont pris elles aussi des orientations très diverses : maintien de la guérilla (Colombie, Pérou), ralliement à des partis ouvriers ou des coalitions de gauche (Brésil, Uruguay), rapprochement à la social-démocratie (Amérique centrale). Mais on assiste aussi à quelques spectaculaires innovations, comme l'Armée zapatiste de libération nationale, résultat de la fusion d'un noyau guévariste – dirigé par le célèbre « sous-commandant Marcos » – avec des communautés indigènes influencées par la théologie de la libération dans le Chiapas (sud du Mexique). Mais l'EZLN ne se réclame pas du communisme et n'aspire pas à « prendre le pouvoir » : après une courte période insurrectionnelle en 1994, il se donne comme objectif d'aider la société civile mexicaine, et en particulier les classes subalternes, à imposer la démocratisation du pays et mettre fin aux politiques économiques néo-libérales.

La question de savoir si un communisme rénové a encore un avenir en Amérique latine ne peut que rester ouverte pour le moment...

Notes

1. Cf. Claridad, *Boletín de la Oposición de Izquierda*, Mexico, DF, n° 5, mars 1931.

2. José Carlos Mariategui, « El problema de las razas en América Latina », 1929, *Ideología y Política*, Lima, Ed. Amauta, 1971, p. 68.

3. A.Flores Galindo, *La agonía de Mariategui. La polémica con la Komintern*, Lima, Desco, 1982.

4. José Carlos Mariategui, « Aniversario y Balance », 1928, *Ideologia y Politica*, pp. 248-249.

5. Cité par Miguel Marmol – le seul survivant de la direction communiste de 1932 – dans son témoignage à Roque Dalton, « Miguel Marmol : El Salvador, 1930-32 », *Pensamiento Crítico*, n° 48, La Havane, janvier 1971, p. 70. Selon un historien universitaire de la révolte de 1932, Farabundo Martí avait des tendances trotskistes et était en mauvais termes avec Moscou. Cf. Thomas P. Anderson, *Matanza. El Salvador's Communist Revolt of 1932*, Lincoln, University of Nebraska Press, 1971, p. 83.

6. Cf. *El movimiento revolucionario latino-americano, versiones de la Primera Conferencia comunista latino-americana*, juin 1929, Buenos Áires, Editado por la Correspondencia sud-americana, pp. 19-27.

7. *Fundamentos*, n° 149, decembre 1956-juin 1957, p. 9.

8. Blas Roca, *Balance de la labor del partido desde la última asamblea nacional y el desarrollo de la revolución*, La Habana, 1960, p. 42, 80 , 87.

La question de savoir si un communisme [illegible] a encore un avenir en Amérique latine ne peut [illegible] ouverte pour le moment. [illegible]

Note

1. Cf. [illegible] de la [illegible], Annexe, Dijon, [illegible] 1984.
2. José Carlos Mariátegui, « El problema de la [illegible] en América Latina », 1929, Ideología y Política, Lima, [illegible], 1971, p. [illegible]
3. [illegible] de Mariátegui, La polémica con la [illegible], Lima, [illegible], 1982.
4. José Carlos Mariátegui, « Antiimperialismo y [illegible] », 1929, Ideología y Política, op. cit.
5. Sur le [illegible] Marmol [illegible] la direction communiste de 1932 [illegible] Roque Dalton, Miguel Mármol, El Salvador, 1930-1932, [illegible] Crítica, [illegible] 1972, p. [illegible] [illegible] Thomas Anderson, Matanza: El Salvador's Communist Revolt of 1932, Lincoln, University of Nebraska Press, 1971, p. [illegible]
6. Cf. El movimiento revolucionario latinoamericano, versiones de la Primera Conferencia Comunista latinoamericana, junio 1929, Buenos Aires, Ediciones La Correspondencia Sudamericana, pp. [illegible]
7. Fundamentos, n° 14, décembre 19[illegible], p. [illegible]
8. [illegible], La Habana, 1980, p. [illegible]

Chapitre XXV

Syndicalistes communistes

par Michel Dreyfus

Le mouvement communiste a voulu créer des organisations ouvrières d'un type nouveau ; toutefois, sur plusieurs points, il a revendiqué l'héritage du socialisme antérieur à 1914. La question syndicale est particulièrement importante. En ce domaine, le communisme a été fortement influencé par la tradition du socialisme allemand, le modèle principal de l'Internationale : tout comme les sociaux-démocrates allemands de la IIe Internationale, l'Internationale communiste, le Kominform puis le Mouvement communiste international ont défendu une conception selon laquelle, le syndicat est subordonné au parti : le syndicat est « l'antichambre » ou l'école qui peut mener à la lutte pour le socialisme, mais cette dernière, considérée comme supérieure, relève du Parti. Théorisée en 1906 par Karl Kautsky, le « pape » de la social-démocratie allemande, cette conception rejette toute notion de neutralité syndicale et, au contraire, défend le bien-fondé d'une coopération étroite entre syndicat et parti, sous la direction de ce dernier. La hiérarchie entre les deux organisations est donc clairement affirmée ; toutefois, conséquence des progrès très rapides du syndicalisme allemand, elle est est remise au cause dès cette date au profit d'un renforcement de la spécificité syndicale. À partir de 1906, cette conception est également admise au sein du Parti social-démocrate russe ; sans que ses origines soient forcément explicitées ou revendiquées, la filiation avec le modèle social-démocrate est ici indiscutable. Au sein du monde communiste, cette conception va régir les rapports existant entre responsables politiques et syndicaux, et ce pratiquement jusqu'à nos jours : ce n'est qu'avec l'effondrement du « socialisme réel » qu'a été remis en cause ce dogme essentiel qui a eu force de loi durant près de sept décennies.

De cette conception découle une donnée fondamentale : dans l'univers communiste, le politique l'a toujours emporté sur le syndical. Sur ce point, la différence est complète avec la plupart des conceptions défendues par les syndicalistes britanniques et français avant 1914. Ni le trade-unionisme britannique, foncièrement pragmatique, ni le syndicalisme-révolutionnaire français, si imbu de lui-même et méfiant envers tout parti politique ne peuvent se reconnaître dans cette division du travail. Tout au contraire, à travers cette réappropriation communiste de notions antérieures, le modèle allemand va avoir une longue postérité. Mais si, au sein du monde communiste, cette subordination est érigée en principe, si le responsable politique a toujours la primauté sur son homologue syndical, on ne doit pas pour autant en conclure à une absence de spécificité du syndicalisme communiste. Ce dernier a également existé, et ce pour plusieurs raisons. Tout d'abord, la prééminence du parti sur le syndicat met du temps, près d'une décennie, avant de l'emporter dans les faits. En 1921 se constitue à Moscou, dans le sillage de l'Internationale communiste, le Profintern ou Internationale syndicale rouge (ISR) qui veut regrouper les syndicalistes communistes et opposés au réformisme dans le monde. Jusqu'en 1930, l'histoire de l'ISR et de ses quelques sections est celle d'un alignement progressif mais lent sur les positions de l'Internationale communiste : durant ces années, elle manifeste certaines formes d'autonomie, nullement négligeables qui en font tout autre chose qu'un simple « appendice » de l'Internationale communiste.

À la fin des années 1920, l'histoire du syndicalisme communiste devient étroitement tributaire des grandes orientations du centre politique situé à Moscou. L'Internationale syndicale rouge perd alors de son influence pour disparaître, sans bruit de la scène politique, en 1937. Toutefois, subsistent encore des traces de cette spécificité syndicale : à plusieurs reprises, on relève, notamment en France après la Seconde Guerre mondiale, des prises de distance, voire des tensions, plus ou moins exprimées entre la Confédération générale du travail (CGT) et le Parti communiste français (PCF) ; il arrive également que certains responsables communistes, entièrement d'accord avec la « ligne » du Parti mais plus à l'aise dans l'action syndicale, se fassent les défenseurs de certaines orientations qui ne coïncident pas exactement avec celle du PC. Difficiles à déceler, ces nuances que l'on connaît mal, ont pu, au-delà des débats menés dans les instances dirigeantes, avoir leur importance. Ainsi, les deux dirigeants communistes que sont Marcel Paul et Auguste Lecœur semblent avoir eu en 1945-1946 des positions assez différentes sur les nationalisations ; par ailleurs, même si la fidélité de Marcel Paul au Parti communiste est totale, ce responsable est syndicaliste plus que communiste. Sans donner une importance exagérée à ces comportements, on doit cependant les prendre en compte ; et ce d'autant plus que au sein de la CGT, ils réapparaissent de façon récurrente jusqu'à nos jours.

C'est dire que si le PC s'est efforcé de contrôler le mouvement syndical de la façon la plus stricte qui soit, l'histoire du syndicalisme communiste ne se résume pas à son simple alignement sur le politique. Bien au contraire, durant ces sept décennies, il a exprimé sa spécificité à maintes reprises. Cela est fort compréhensible : les fonctions et les pratiques d'un syndicat diffèrent de celles d'un parti. Quelles qu'aient été, en ce domaine, les conceptions des responsables communistes, la réalité a été plus forte que les idées et que les appareils. L'« encadrement » du syndicalisme par les communistes est une donnée majeure de son histoire ; cette orientation a été mise en pratique avec efficacité pour l'essentiel. Mais le syndicalisme communiste a su aussi parfois faire entendre sa petite musique, comme on le verra à travers l'histoire de son organisation internationale, l'Internationale syndicale rouge puis de sa section française.

L'Internationale syndicale rouge (ISR)

Jusqu'à la révolte de Kronstadt (février 1921), l'impact de la Révolution russe est très grand chez les libertaires : bien qu'en désaccord avec les bolcheviks sur la question de l'État, anarchistes et libertaires pensent que, en réaction à la « faillite » social-démocrate, Octobre 1917 pourra contribuer à la régénération du mouvement ouvrier. En France, plusieurs tenants du syndicalisme-révolutionnaire d'avant 1914 se rallient, sous des formes diverses, à la Révolution russe : parmi les plus connus, Alfred Rosmer, un des fondateurs en 1909 de *La Vie ouvrière,* siège dans les instances dirigeantes de l'Internationale communiste à sa constitution en 1919. Citons aussi Pierre Monatte, autre fondateur de *La Vie ouvrière,* qui, à partir de 1920 assure la direction de la page syndicale de *L'Humanité* avant de rallier, deux ans plus tard, le Parti communiste pour une brève période. En Espagne, une partie importante de la Confédération nationale du travail influencée par l'anarchisme, en Italie l'Union syndicale italienne (USI) d'Armando Borghi, en Grande-Bretagne, en Allemagne, plusieurs groupes syndicalistes se prononcent également en faveur de la Révolution russe.

La création de l'ISR et ses contradictions

C'est dire combien en cette période initiale, les problèmes politiques et syndicaux se posent en des termes différents. En constituant l'IC, les communistes n'ont pas hésité à susciter des scissions dans la plupart des partis socialistes afin de créer de nouvelles organisations ; mais ils ne peuvent agir de la sorte sur le plan syndical, au risque de se couper de la majorité des militants du mouvement ouvrier. Pour développer un syndicalisme opposé au réformisme, faut-il travailler à l'intérieur des syndicats existants ? Sur ce point des désaccords existent au sein même des dirigeants communistes, bien conscients du fait qu'on ne peut répéter mécaniquement dans le champ syndical ce qui a été fait sur le plan politique. En 1920, dans *La maladie infantile du communisme* Lénine s'est élevé contre de telles « erreurs » en critiquant de façon acerbe les communistes « de gauche » qui, refusent de travailler dans les syndicats réformistes : préférant construire des syndicats révolutionnaires, ils abandonnent, selon le dirigeant bolchévik, la majorité de la classe ouvrière au réformisme.

Toutefois, rapidement se fait jour au sein de l'IC l'idée, qu'en face de la Fédération syndicale internationale (FSI)[1], l'« Internationale d'Amsterdam », d'inspiration réformiste, définitivement constituée lors de l'été 1919, il est nécessaire de mettre sur pied un centre syndical concurrent, susceptible d'accueillir les organisations syndicales et décidé de rompre avec le réformisme. Discutée fin 1919 par le premier congrès panrusse des syndicats, cette orientation, prend corps lors du IIe Congrès de l'IC (1920) : de nombreux syndicalistes attirés par l'expérience bolchévique, croient, comme les communistes russes, que la révolution va se développer rapidement dans plusieurs pays d'Europe : citons parmi eux les Anglais Williams et Purcell, membres du Conseil général des Trade-Unions ; les italiens d'Aragona et Bianchi, dirigeants de la Confédération générale italienne du travail (CGIL), l'Espagnol Pestana qui représente la CNT (Confederacion nacional del Trabajo) et les Français Lepetit et Vergeat mandatés par les Comités syndicalistes révolutionnaires (CSR), de la minorité de la CGT.

Dès le IIIe congrès de l'IC tenu l'année suivante en 1921, le problème ne se pose plus dans les mêmes termes : les échéances de la révolution mondiale semblent renvoyées à des délais beaucoup plus longs. Par ailleurs, depuis Kronstadt, les motifs de désaccord se multiplient avec les libertaires : irrités par le contrôle croissant que l'Internationale communiste prétend exercer sur le mouvement syndical en Russie comme ailleurs, ces derniers, notamment l'Union syndicale italienne et la CNT espagnole, s'en méfient de plus en plus. Enfin, un nombre croissant de syndicalistes européens, plus ou moins influencés par le courant libertaire, s'aperçoivent assez vite de la méconnaissance profonde des questions syndicales par les dirigeants russes : chez ces derniers, les traditions « nationales », spécifiquement russes, sont plus que faibles et, à l'exception de Alexandre Lozovsky qui a exercé quelques responsabilités au sein du mouvement syndical français de 1911 à 1914, les dirigeants russes ont une approche bien sommaire en ce domaine. Toutefois, l'orientation en faveur d'une nouvelle internationale syndicale est maintenue.

Prévu pour le Ier mai 1921, le congrès de fondation de l'Internationale syndicale rouge (ISR) est reporté en juillet, à la suite du IIIe congrès de l'IC. Rassemblant officiellement 380 délégués venus de 41 pays et représentant soi-disant 17 millions de syndiqués – ces chiffres semblent très exagérés –, il discute deux points essentiels. Faut-il rompre avec les syndicats réformistes existants ? Sur ce point, Alexandre Lozovsky et Zinoviev s'opposent à l'américain William Haywood et font adopter le principe d'un travail, sur des bases révolutionnaires, au sein des syndicats réformistes. Sur la question de l'indépendance des syndicats par rapport au politique, on aboutit à un texte prônant « l'unité organique » entre sections de l'IC et de l'ISR. Toutefois, cette formulation ne peut convenir à des organisations telles que la CNT espagnole, l'Union syndicale italienne ou les Industrial Workers of the World (IWW), présentes à ce congrès : si elles restent hostiles au réformisme de la Fédération syndicale internationale (FSI), elles sont de plus en plus méfiantes à l'égard des bolcheviks. Par ailleurs ce premier congrès est assez peu représentatif de l'état des forces réelles du syndicalisme en Europe occidentale et aux États-Unis. Assez vite, la question de « l'unité organique » contribue à approfondir les clivages entre les différents courants du syndicalisme favorables à la Révolution russe. En interdisant par avance toute possibilité de développement d'un syndicalisme débarrassé de la tutelle politique, ce choix va fortement contribuer à limiter l'influence du Profintern au sein du syndicalisme existant. En se servant de cette résolution, les adversaires du communisme accusent ce dernier de scissionnisme sur le plan syndical alors qu'à cette date, le

Komintern n'a pas encore tranché sur ce point : faut-il créer de nouvelles organisations syndicales ou travailler à l'intérieur des syndicats réformistes ?

Les grandes phases de l'histoire de l'ISR et du syndicalisme communiste (1921-1939)

On connaît peu l'histoire du Profintern, qui, en dépit de quelques travaux pionniers – ceux de Jean Charles[2], Bruno Groppo[3] et de Rainer Tosstorff[4] – reste à écrire dans ses grandes lignes. Toutefois, on peut en définir ses principaux traits à travers trois grandes périodes et une conclusion[5]. De juillet 1921 à 1923, l'ISR connaît une phase de consolidation, durant laquelle les questions posées auparavant sont clarifiées et les relations avec les syndicalistes éclaircies. Jusqu'en 1923, les responsables du Komintern, comme les autres dirigeants de l'IC, accordent une attention particulière à l'Allemagne : ils espèrent que la victoire de la révolution dans ce pays mettra fin à l'isolement de l'Union soviétique. Le IIe congrès de l'ISR est tenu parallèlement au IVe congrès de l'IC (décembre 1922) : l'ISR semble alors marquer le pas derrière cette organisation, en dépit de l'adhésion, décisive, de la CGTU française. Dans l'Hexagone, la création de la CGTU (fin 1921) a suivi, un an plus tard, celle du PC. Désormais deux CGT existent jusqu'en 1936 : la première, la CGTU (unitaire) est de plus en plus dirigée par les syndicalistes communistes ; la seconde, la CGT « confédérée » dont le secrétaire est Léon Jouhaux est proche de la SFIO (Section française de l'Internationale ouvrière) même si un grand nombre de ses responsables n'appartiennent pas à ce parti politique.

La Tchécoslovaquie connaît une scission syndicale analogue mais plus tardive, en octobre 1922. L'adhésion de la CGTU est « la condition *sine qua non* de la représentativité minimale de l'ISR en Occident[6] ». Toutefois survenu tardivement, ce ralliement n'a pas l'impact qu'en attendent les bolcheviks : bien que des minorités syndicales révolutionnaires existent, notamment en Allemagne et en Grande-Bretagne, la CGTU reste durant ces années de formation la seule base importante de l'ISR. Selon cette dernière, des liaisons « particulièrement solides » existeraient également avec « l'Autriche, la Hollande, les Pays balkaniques, la Suisse et l'Alsace-Lorraine » (sic)[7], ce qui reste à vérifier. Quoiqu'il en soit durant ces premières années, des minorités révolutionnaires continuent d'agir au sein des syndicats réformistes, tout en appartenant au Profintern : c'est particulièrement le cas en Allemagne. Mais, comme le montre l'existence de la CGTU française, l'IC ne refuse pas la possibilité d'une organisation indépendante.

La seconde phase (1924-début 1928) coïncide, *grosso modo,* avec celle du nouveau cours de l'IC mais sur une durée plus longue. De 1925 à 1928, il semble bien que l'IC envisage un rapprochement avec le mouvement socialiste comme le montre la politique suivie par ses sections notamment en Grande-Bretagne, en France et en Pologne. Mais cette ouverture timide est rejetée sans ménagements par l'Internationale ouvrière socialiste. Deux questions principales se posent alors. Sur la question de l'unité ouvrière, l'ISR semble défendre des positions plus ouvertes que celles de l'IC. On connaît mal encore ces années : cette ouverture a-t-elle été tolérée par l'IC qui aurait laissé l'ISR jouer un rôle de « tête chercheuse » ou bien a-t-elle fait preuve durant ces années d'une réelle marge d'autonomie ? Dirigée par Alexandre Lozovsky ainsi que jusqu'en 1927 par l'espagnol oppositionnel qu'est Andrès Nin, l'ISR semble défendre alors une ligne ouverte et originale. Cette orientation unitaire culmine en 1925-1926 à travers l'alliance, lors de la grève générale des mineurs britanniques, réalisée avec les syndicats de ce pays. En avril 1925 est constitué à Londres avec la bénédiction de certains dirigeants de la « droite » de l'IC (Alexis Rykov, Mikhail Tomsky) et l'accord de Staline, un Comité syndical anglo-russe ; syndicalistes russes et dirigeants des Trades Unions envisagent alors de faire un bout de chemin ensemble. Mais ce Comité ne survit pas à l'échec de la grève générale en Grande-Bretagne : la rupture entre l'ISR et les TUC est effective en septembre 1926. Toutefois, l'orientation générale de l'ISR en faveur de l'unité ouvrière et d'un syndicalisme de masse se poursuit jusqu'à la fin 1927, début 1928. Les archives le montrent : la question de l'unité syndicale, nationale et internationale reste au premier plan de ses préoccupations de l'ISR. Curieusement, les discussions relatives aux grèves et aux luttes sociales sont alors beaucoup moins nombreuses au sein des instances dirigeantes de l'ISR[8]. En mars 1926, Andrès Nin intervient sur la question de l'unité syndicale. Depuis le IIIᵉ Congrès de l'ISR (juillet 1924) on observe une « certaine stabilisation du capitalisme » d'où résultent trois conséquences : intensification de l'offensive capitaliste (attaque contre la journée de huit heures, contre les salaires, montée du chômage) ; naissance d'un « mouvement de gauche » au sein de la FSI dont il faut tenir compte ; apparition d'un mouvement syndical puissant dans les pays coloniaux et semi-coloniaux. Ces trois raisons justifient la lutte menée depuis 1924 par l'ISR en faveur de l'unité syndicale qui doit être poursuivie et renforcée, sans arrière-pensée. Jusqu'en 1928, certains dirigeants de l'ISR, en particulier Andrès Nin, conservent encore une relative liberté de ton : on le voit encore lors du IVe congrès de l'ISR (mars-avril 1928) où Andrès Nin continue de défendre l'unité syndicale alors que l'IC s'est orientée dans la stratégie « classe contre classe.

Depuis 1923, l'ISR est devenue une véritable organisation : le nombre de ses collaborateurs, de ses services et de ses publications n'a cessé d'augmenter selon d'importantes proportions. En 1926 l'ISR, forte d'une centaine de personnes, est réorganisée. Cette mesure ne signifie pas que son poids politique progresse. Au sein même de l'univers communiste, l'existence même de l'ISR ne va pas de soi : il semble bien que certains syndicalistes russes aient envisagé sa liquidation en 1924, dans la perspective d'une adhésion pure et simple à la Fédération syndicale internationale. Mais en fin de compte, cette option n'a pas été retenue.

La troisième phase de l'histoire de l'ISR qui couvre les années 1928-1934 correpond *grosso modo* aux années où l'IC défend la politique « classe contre classe ». L'ISR renonce alors à toute perspective d'unité syndicale et se rallie au contraire à la dénonciation du social-fascisme. Mais ce, au prix d'une perte sensible de l'influence des groupes qui lui sont encore rattachés. Affirmant que la révolution est proche, l'IC cherche à constituer un pôle opposé à la FSI, susceptible de rallier des syndicats indépendants. Dans ce contexte, des organisations autonomes sont créées dans plusieurs pays, en particulier l'Allemagne où sont constitués des « syndicats rouges », l'Opposition syndicale révolutionnaire (RGO) : on trouve également trace de cette orientation en Espagne où elle aboutit à des résultats en 1934, en Belgique et aux Pays-Bas. Alors que Lénine a insisté sur la nécessité pour les communistes de travailler à l'intérieur des syndicats réformistes, c'est l'exact contre-pied de cette politique qui est maintenant suivi.

Dans les pays jusqu'alors dénués de structures syndicales, comme en Chine ou en Indonésie, les communistes prennent l'initiative de créer des « syndicats rouges » qui connaissent un certain succès. Dans les pays où existent des syndicats plus anciens, les communistes en sont souvent exclus : à la veille du IVe congrès de l'ISR (1928), Alexandre Lozovsky a expliqué que l'unité, toujours indispensable au mouvement syndical, doit se faire « sans et contre les chefs de l'Internationale d'Amsterdam ». Si le nombre d'organisations formellement affiliées à l'ISR augmente, cette période se caractérise cependant par une perte de son influence, en particulier dans les pays les plus industrialisés d'Europe et d'Amérique : en raison de cette politique « gauchiste », coupée des réalités, la CGTU connaît une véritable hémorragie militante jusqu'en 1931-1932. Le Ve et dernier congrès de l'ISR (août 1930) a marqué un recul sensible de l'organisation sur tous les plans

Les trois dernières années de l'ISR sont celles de son agonie avant sa disparition définitive. L'adoption par l'IC de la ligne de Front populaire, l'unité ouvrière qu'elle entraîne en Belgique, en Espagne, en France et en Tchécoslovaquie permet un net regain dans ces pays de l'influence communiste sur le plan syndical. Toutefois, l'influence générale de l'ISR ne cesse de diminuer. Sur les deux plans, politique et syndical, les expériences françaises et dans une moindre mesure espagnole sont alors au centre des préoccupations du Komintern. La réunification de la CGT avec la CGTU comporte un enjeu international de taille – l'organisation réunifiée rejoindra-t-elle ou non les rangs de la FSI ? – et fait l'objet d'importantes concessions communistes. Toutefois, les négociations sur ce point se font directement avec les Soviétiques et, durant ces années, l'ISR en tant que telle ne joue plus aucun rôle. Les quelques organisations syndicales autonomes créées vers 1930 qui lui sont formelle-ment rattachées négocient alors avec les diverses sections nationales de la FSI – c'est le cas en Espagne – ou se dissolvent en appelant leurs adhérents à rejoindre individuellement les syndicats réformistes – c'est le cas aux États-Unis. Les « organi-sations satellites » de l'ISR existant dans les pays coloniaux disparaissent également en 1936 même s'il faut attendre décembre 1937 pour apprendre, par une déclaration, la fin de l'ISR, dans la plus grande discrétion.

Syndicalisme communiste en France

Après cet examen global de la stratégie de l'ISR, il convient d'examiner quels en ont été les effets locaux. En fait, en dépit de sa volonté internationale, l'action de l'ISR n'a eu qu'une portée limitée comme le démontre le cas français.

Pourquoi la France ?

Pour des raisons liées à l'histoire des principaux pays européens, la France constitue le seul pays du Vieux continent où a existé, sans discontinuité de 1920 à nos jours, un syndicalisme communiste. En effet les autres pays, au nombre limité, où l'ISR et ses sections ont eu de l'influence ont chacun été bousculés par l'histoire : sous diverses formes, elle a interdit toute forme de continuité analogue. En Grande-Bretagne, le communisme britannique ne s'est jamais remis du coup fatal que lui a porté en 1926 l'échec de la grève générale des mineurs. En Allemagne, l'arrivée de Hitler au pouvoir en 1933 a été la catastrophe suprême pour le mouvement ouvrier : le communisme ne s'en est jamais relevé après 1945 en RFA et a connu un développement tout autre en RDA où s'est développée une forme brutale de « socialisme réel ». Jusqu'en 1935-1936, le communisme a joué en Espagne un rôle marginal : après la victoire de Franco en 1939, il va à nouveau disparaître de la scène politique pour trois décennies. En Tchécoslovaquie, si le Parti communiste a exercé une influence réelle durant l'entre-deux guerre, la Seconde Guerre mondiale puis l'avènement du « socialisme réel » en 1948 mettent fin à cette phase de son histoire. À l'inverse enfin, le Parti communiste a été une des composantes essentielle de la vie politique en Italie depuis la fin de la Seconde Guerre mondiale ; mais en raison de l'existence du régime de Mussolini, il n'y avait joué auparavant qu'un rôle secondaire. Enfin en Europe du Nord, le communisme est resté assez marginal. Ainsi, la France semble être le seul grand pays d'Europe où le syndicalisme communiste s'est caractérisé par ces deux données : la durée – même les années 1940-1944, pourtant si difficiles, n'ont pas été une période de complète rupture – et le poids. En effet, que ce soit au sein de la CGTU, de la CGT réunifiée de 1936 à 1939 et ensuite, le syndicalisme communiste a joué un rôle croissant jusqu'à la Libération. Pour l'ensemble de ces raisons, il convient de s'arrêter sur le cas français.

Les débuts du syndicalisme communiste

Marquées par des luttes de tendance, les premières années de la CGTU voient peu à peu la victoire des tenants de la ligne communiste sur ceux de l'indépendance syndicale. La question de « l'unité organique » est rapidement tranchée. Lors du Ie congrès de la CGTU (Saint-Etienne, 1922), 743 voix se regroupent sur une motion de Gaston Monmousseau proposant l'adhésion à l'ISR « avec réserves » : l'ensemble des tenants de l'indépendance syndicale, toutes tendances confondues, ne regroupe que 406 voix. Les mois suivants, la présence de plus en plus insistante du PC au sein de la CGTU inquiète ces derniers. Lors de son IIe congrès (Bourges, juin 1923), la direction confédérale l'emporte sur les opposants en regroupant les trois quart des voix sur son orientation. Toutefois, elle continue de défendre le principe de l'autonomie syndicale. Mais, quelques jours plus tard, à la suite du IIe congrès du Profintern, ses statuts sont modifiés dans le sens d'un renforcement de ses liens avec l'IC et ses sections, ce qui constitue une nouvelle défaite pour les partisans de l'indépendance syndicale. Il s'agit également d'un épisode capital dans toute l'histoire de la CGT : en effet même si la Charte d'Amiens, cette affirmation de l'indépendance du syndicalisme, est toujours formellement revendiquée, dans les faits elle est dépassée[9]. Toute une phase de l'histoire du syndicalisme français s'achève alors. Elle se traduit par le départ de la CGTU de nombreux syndicalistes plus ou moins influencés par le syndicalisme révolutionnaire.

Véritable « révolution copernicienne » pour le mouvement syndical, cette décision sonne le glas définitif du syndicalisme-révolutionnaire dont s'était si fortement réclamée la CGT avant 1914. Le syndicalisme-révolutionnaire qui espérait pouvoir se revivifier au contact de la Révolution russe s'est résigné à l'adhésion « avec réserves » à une unité organique discutable. Peu à peu, ces militants sont exclus, ou s'intègrent au PC : en juillet 1925, trois secrétaires de la CGTU, Edouard Dudillieux, Gaston Monmousseau et Julien Racamond entrent au Parti communiste et accèdent directement au Bureau politique. Leur destinée sera différente. Jugeant excessive la présence au Bureau politique de trois secrétaires de la CGTU, la direction du PC en écartera ensuite Edouard Dudillieux ; dès 1929, il semble être en disgrâce et disparaît de la vie syndicale deux ans plus tard. Symbole de la grande grève des cheminots de 1920, Gaston Monmousseau qui a défendu en 1922 l'adhésion à l'ISR avec réserves, soutient la ligne « classe contre classe » jusqu'en 1933 ; toutefois, jusqu'à cette date, il ne cesse de perdre de l'influence devant Benoît Frachon. S'il continue d'exercer des responsabilités syndicales nationales jusqu'à sa mort (1960), son rôle devient alors plus honorifique que réel. Tout comme Julien Racamond : manifestement hostile à la ligne « classe contre classe », à partir de 1932, il ne joue plus qu'un rôle secondaire à la CGTU. Ainsi, cette première génération de syndicalistes communistes est-elle assez vite marginalisée.

Communisme et syndicalisme : deux histoires liées mais distinctes

L'emprise de l'IC ne cessant de croître sur la CGTU, les quelques traces d'autonomie que cette dernière conserve à l'égard du PC disparaissent à peu près complètement en 1930. Bolchévisation et montée du stalinisme vont désormais de pair et leur conséquences sur la CGTU seront décisives. Dès lors, l'histoire du PC et celle de la CGT deviennent inséparables. C'est alors qu'apparaît celui qui va incarner la CGT et le syndicalisme communiste, jusqu'à la veille de 1968[10]. Jeune syndicaliste opposé à l'Union sacrée, adhérent du PCF à sa création, secrétaire régional du PCF en 1925, d'une Union départementale l'année suivante, Benoît Frachon entre en juillet 1926 au Comité central du PC et accède en 1929 à la direction du PCF et de la CGTU. Il a participé à plusieurs réunions internationales à Moscou. Son ascension coïncide avec celle de Maurice Thorez. En 1932, Benoît Frachon succède à Gaston Monmousseau au secrétariat de la CGTU. Dès lors et tout en continuant à participer à la direction du PC, sa vie se confond avec celle de la CGTU puis de la CGT dont il sera le principal dirigeant durant plus de trois décennies. Sa personne symbolise l'emprise immense exercée par le communisme sur le mouvement syndical.

Pourtant, les histoires du PC et de la CGT ne se confondent pas. Dirigeant communiste fidèle entre les fidèles, Benoît Frachon fait entendre à plusieurs reprises sa « petite musique » à l'égard du PC ainsi que des orientations décidées à Moscou. En 1931, Benoît Frachon cherche à impulser un syndicalisme correspondant davantage aux revendications quotidiennes des travailleurs, orientation qui remet *de facto* en cause le sectarisme de la ligne « classe contre classe ». Après Munich, il insiste fortement sur la nécessité de l'unité syndicale. En mai-juin 1940, lors de l'invasion allemande, il est de ceux qui cherchent à infléchir la ligne de l'IC dans le sens de la résistance au nazisme. On ne reviendra pas sur son rôle fondamental durant la Résistance : avec Jacques Duclos et Charles Tillon[11], il constitue alors le triumvirat qui dirige l'ensemble de la résistance communiste. C'est dire si sa fidélité au PCF est absolue. Toutefois durant la Guerre froide, à plusieurs reprises, il émet des réserves devant l'orientation particulièrement sectaire défendue par le PCF : il semble être hostile à la grève générale voulue en juin 1952 par le PCF pour obtenir la libération de Jacques Duclos arrêté au lendemain de la manifestation contre le général américain Rigdway. Jacques Girault évoque également mais sans donner plus de détails « quelques inflexions ». Bien qu'elle ait été limitée, la marge de manœuvre a toutefois existé. Au sein de la CGT se produiront ultérieurement d'autres expressions de réserves analogues. En septembre 1977, Georges Séguy, opposé à la rupture du Programme commun et à l'orientation du PCF, aurait alors « voulu protéger le mouvement syndical » ; en décembre 1990, Henri Krasucki se fait le chantre de l'indépendance syndicale en dénonçant « toute idée de subordination à un parti politique ». Les histoires du PCF et de la CGT sont indissociables, ce qui ne doit pas occulter la persistance d'une certaine spécificité syndicale.

Le Front populaire, moment d'enracinement du syndicalisme communiste

Dans cette histoire, le Front populaire constitue une étape décisive. La conquête définitive de la CGT par les communistes en 1946 a commencé dix ans plus tôt : pour brutal qu'il ait été, l'épisode de la guerre n'a pas remis fondamentalement en cause cette progression. À partir de la fin 1934, les unitaires commencent à récolter les fruits de leur politique : la CGTU qui ne cessait de perdre des effectifs depuis 1927-1928 en regagne à nouveau. La perspective de la réunification syndicale puis sa mise en œuvre confortent cette tendance. À partir des grèves de juin 36, les unitaires connaissent l'envolée foudroyante de la « ruée syndicale » : en un an les effectifs de la CGT quintuplent en passant à près de 4 millions d'adhérents. Comme l'a montré Antoine Prost[12], la progression se fait alors bien plus au profit des unitaires que des confédérés. En mars 1936, au congrès de Toulouse, les confédérés ont été majoritaires : leur victoire représente celle des syndicats de personnel disposant d'un statut ou d'une ébauche de statut. Mais les grèves de mai-juin inversent cette tendance : le personnel sans statut qui constitue un tiers des adhérents de la CGT et de la CGTU début 1936 représente à la fin de la même année la moitié des effectifs syndicaux.

Cette progression se fait au profit des unitaires qui conquièrent plusieurs fédérations : si en 1938, ils n'en contrôlent encore qu'une minorité (10 sur 28), ils sont devenus majoritaires sur le plan des adhérents. En effet la Fédération de la

Métallurgie dirigée par le communiste Ambroise Croizat regroupe à elle seule avec ses 750 000 adhérents, 20 % de l'ensemble des effectifs de la CGT. Les progrès sont tout aussi remarquables dans les Unions départementales : à Toulouse, en mars 1936, les unitaires en dirigeaient 7, fin 1938, ils sont à la tête de 30 fédérations, dont certaines très importantes, telles que la Seine et les Bouches-du-Rhône. De 1936 à 1938, les unitaires progressent d'environ un tiers des voix au sein de la CGT. Cette poussée est due en premier lieu à leur rôle durant les grèves de 1936. La croissance se poursuit et s'accélère à la Libération. En 1945, les unitaires contrôlent désormais 23 fédérations et sur les 19 qui restent aux confédérés, certaines sont partagées entre les deux tendances. Le nombre des Unions départementales dirigées par les unitaires s'élève à 66 en juin 1945. Enfin, à partir de mars 1945, les unitaires sont également majoritaires à la Commission administrative de la CGT avec 20 sièges contre 18 aux confédérés.

Ainsi, le syndicalisme communiste est-il devenu, en trois phases, majoritaire au sein du mouvement syndical. Il a conquis la CGTU dans le courant des années 1920 ; puis, il s'est enraciné dans le monde du travail sous le Front populaire. Enfin, il y est devenu majoritaire à la Libération. Ce qu'il a ainsi obtenu lui pemettra d'avoir une large audience et explique l'existence, en France, d'un courant syndicaliste communiste puissant jusqu'au début des années 1980.

Notes

1. Geert van Goethem « Conflicting Interests : The International Federation of Trade Unions (1919-1945) », in Anton Carew, Michel Dreyfus, Geert van Goethem, Rebecca Gumbrell-Mac Cormick, *The International Confederation of Free Trade Unions*, Berne, Lang, 2000, pp. 73-163.

2. Jean Charles, « À propos de la scission syndicale de 1921 », *Mélanges d'histoire sociale offerts à Jean Maitron*, Paris, Éditions Ouvrières, 1976, ainsi que « Syndicalisme révolutionnaire et communisme international », in *Prolétaires de tous les pays unissez-vous ? Les difficiles chemins de l'internationalisme, 1848-1956*, Dijon, Publ. de l'Université de Bourgogne, EUD, 1993.

3. Bruno Groppo, « La création du Conseil international des syndicats, (Moscou, juillet 1920 », *Communisme*, n° 1, 1982, pp. 5-45 ; Id., *La formation de la politique syndicale de la IIIe Internationale*, Thèse d'État, IEP de Paris, 1980. Id., *Sindacati e comunismo*, Padoue, Liviana, 1985.

4. Rainer Tosstorff, « The Red International of Labour Unions », *The Communist International and its National Sections, 1919-1943*, sous la dir. de Jurgen Rojahn, Berne, Peter Lang, 1995.

5. Je suis ici Rainer Tosstorff, « The Red International... », *op. cit.*

6. Jean Charles, « Syndicalisme révolutionnaire... », *op. cit.*, p. 132

7. *Rapport du Bureau exécutif de l'ISR pour l'Europe centrale présenté à la IIIe session du Conseil central*, Moscou, CRCEDHC, 534/2/18, II. 71-115.

8. Michel Dreyfus, « Un moment privilégié de l'histoire de l'ISR », *Centre and Periphery. The History of the Comintern in the Light of New Documents*, ed. by Mikhaïl Narinsky and Jurgen Rojahn, Amsterdam, IISG, 1996, pp. 89-101.

9. Les travaux portant sur le syndicalisme français, influencé par le communisme ou non, sont nombreux. Pour ce qui concerne la CGT, cf. « Les repères bibliographiques », in Guy Groux, René Mouriaux, *La CGT. Crises et alternatives*, Paris, Economica, 1992, pp. 267-303. Je me permets également de renvoyer à la bibliographie existant in Michel Dreyfus, *Histoire de la CGT. Cent ans de syndicalisme (1895-1995)*, Bruxelles, Éditions Complexe, 1995, 408 p, pp. 387-393. Cf. enfin Dominique Andolfatto, Dominique Labbé, *La CGT. Organisation et audience depuis 1945*, Paris, La Découverte, 1997, 302 p.

10. Jacques Girault, *Benoît Frachon, communiste et syndicaliste*, Paris, Presses de la FNSP, 1989, 364 p.

11. Sur les syndicalistes français, cf. *Dictionnaire biographique du mouvement ouvrier français*, sous la dir. de Jean Maitron et Claude Pennetier, Paris, Éditions Ouvrières, notamment la 4e série, *1914-1919*.

12. Antoine Prost, *La CGT à l'époque du Front populaire*, Paris, A. Colin, 1963.

Quatrième partie

TROIS ENJEUX EN DÉBAT

Dirigée par Serge Wolikow

Introduction

Le communisme dans l'histoire politique du XXe siècle

par Serge Wolikow

Tous les historiens et les politistes estiment que le communisme a été un phénomène majeur du XXe siècle mais ils s'affrontent sur sa caractérisation et son évaluation. Cependant, aujourd'hui, entre un passé encore proche et un avenir politique incertain, les débats autour du communisme sont en pleine évolution. La crise de la fin des années 1980 a modifié les termes de confrontations qui se déroulaient depuis plusieurs décennies. Sans doute, depuis 1917, la dénonciation et la mise en cause en tant que tel du communisme n'a jamais disparu du champ des affrontements idéologiques et a toujours marqué les analyses savantes. L'anticommunisme – qui n'inclut pas toutes les formes d'antibolchevisme, d'antistalinisme ou d'antisoviétisme, parfois affirmées au nom même de la défense d'une conception du communisme – a connu des formes historiques variées, unies fréquemment par la préoccupation principale de discréditer l'idée à travers l'exemple du communisme au pouvoir : sans doute cette formulation était-elle plus politique qu'académique mais elle correspond à l'ambivalence même d'un débat dont les aspects scientifiques ont toujours été liés à la confrontation politique. Certains travaux historiques ont d'ailleurs bien montré comment cet anticommunisme s'inscrivait dans le fonctionnement politique d'un pays tel que la France durant l'entre-deux guerres[1]. Ancré plus ou moins à droite selon les pays, l'anticommunisme a connu des transformations inséparables des changements qui ont modifié le contexte politique international. Au temps où les régimes autoritaires et fascistes avaient le vent en poupe, durant les deux décennies d'avant-guerre et pendant la guerre elle-même, le communmisme a surtout servi d'épouvantail social et politique destiné à justifier des programmes conservateurs et antidémocratiques. Dans les pays où les organisations ouvrières social-démocrates étaient influentes et puissantes jusqu'au niveau gouvernemental, l'anticommunisme a davantage été centré sur la critique démocratique et sociale s'appuyant souvent sur les combats des socialistes russes, victimes de la répression soviétique. En retour, la défense du communisme mettait l'accent sur les implications conservatrices de critiques toutes taxées d'anticommunisme pour mieux les discréditer.

Après la guerre, la disparition du nazisme et des régimes fascistes, l'arrivée des partis communistes au pouvoir dans de nombreux pays puis le développement de la Guerre froide, la focalisation sur les phénomènes concentrationnaires, ont généré de nouvelles confrontations. L'anticommunisme prit un tour résolument démocratique et moins conservateur mais profondément polémique[2]. Les défenseurs et les pourfendeurs du communisme se disputaient sur sa nature comme sur sa capacité ou non à se réformer. Si sur ce dernier point le débat n'a plus lieu d'être, il n'en va pas de même de celui portant sur le communisme actuel travaillé par des processus convergeants de transformation, débat qui a connu un indéniable renouveau[3]. Est-il possible, dans ce contexte, d'ouvrir des espaces nouveaux aux confrontations et aux recherches ? C'est ce à quoi les trois chapitres de cette dernière partie répondent chacun à leur manière.

Au lieu d'envisager le communisme isolément pour s'interroger sur sa nature, les trois chapitres proposent au lecteur des réflexions et des analyses qui resituent le communisme dans l'histoire politique du siècle : ils créent ainsi les conditions d'une analyse historique du communisme L'inventaire critique du stalinisme puis des différentes dérives des organisations communistes au pouvoir ont nourri, après l'effondrement du système communiste, une pensée profondément essentialiste. L'invention d'une nature du communisme, générale et criminelle par essence, deviendrait le modèle explicatif unique des drames du siècle, notamment parce que le fascisme et le nazisme ne seraient finalement que des ripostes dérivées. Cette thèse, défendue de longue date par un historien comme Ernst Nolte est aujourd'hui diffusée sinon reprise par Stéphane Courtois[4]. Outre le fait qu'elle inspire, chez Nolte explicitement, le dédouanement du nazisme, cette démarche ne permet pas d'analyser la diversité et la complexité du phénomène communiste. Loin de stimuler le débat et l'analyse comparative, cette interprétation mono-causale les interdit. La caractérisation univoque du communisme comme un phénomène intrinsèquement criminel passe à côté d'une réalité bien plus complexe.

La formalisation théorique, distinguant enracinement sociétal et projet téléologique, avancée par des historiens[5] au début des années 1980, avait le mérite de souligner les tensions qui travaillaient l'entreprise politique communiste. Cependant, cette séparation entre ce qui serait produit par la société et sur ce qui proviendrait de l'idéologie porte le risque d'une conception statique et mécanique des processus de politisation. La conscience politique serait apportée de l'extérieur et se trouverait du côté de la doctrine élaborée par des intellectuels et l'appareil partisan.

Cette distinction entre sociétal et téléologique qui permettait de prendre en compte les travaux universitaires n'a pas suscité de réelles controverses scientifiques ni fait l'objet des débats qu'elle méritait. Même si cette formalisation apparaît insuffisante, elle désigne des problèmes qui peuvent délimiter un espace de discussion. Les clivages entre les pratiques et les représentations, entre les ancrages socio-culturels nationaux ou locaux et le modèle russe internationalisé, entre les aspirations démocratiques et la culture de l'affrontement social, dessinent une combinatoire dont l'étude comparée serait utile pour éclairer les différents communismes, notamment leur influence inégale. Évidemment, ce type d'analyse ne peut se développer qu'à la condition de ne pas la simplifier à l'extrême en ramenant tout au dilemme qui fait du communisme le résultat d'une conspiration étrangère ou le fruit d'une l'implantation locale. Au-delà de cette approche dualiste et interactionniste d'autres démarches sont plus fructueuses pour rendre compte du phénomène communiste dans ses différentes dimensions sociales et culturelles. Ainsi en va-t-il des processus de politisation des grandes masses et notamment de la classe ouvrière qui mettent en cause des transformations sociales et culturelles dont l'ampleur et la portée doivent être pleinement mesurées comme le suggère Bernard Pudal.

Cette quatrième partie envisage des questions essentielles trop souvent dissociées et qui sont ici mises en regard: la politisation de la classe ouvrière fait l'objet d'une analyse fouillée au même titre que l'usage de la violence par les partis communistes au pouvoir, étudié par Michel Dreyfus et Roland Lew. La signification de l'antifascisme dans l'activité politique et idéologique des partis communistes est abordée par Bruno Groppo. Il souligne l'importance de distinguer l'antifascisme communiste à l'intérieur du mouvement antifasciste. Ainsi sont balisés des débats contemporains, légitimement relancés et élargis durant la dernière décennie du XXᵉ siècle. L'ambition de cette partie de l'ouvrage est de les présenter de manière originale, en offrant au lecteur des éléments de connaissance et des pistes de réflexion.

Pour de nouveaux termes du débat

Même si les conditions semblent favorables au renouvellement du débat, encore faut-il identifier les obstacles qu'il rencontre et les voies qu'il peut emprunter.

Longtemps, la problématique sous-jacente des questions posées sur le communisme fut celle de la mise en accusation impliquant une condamnation sans appel. Elle n'a pas complètement disparu dans certains travaux qui se parent de l'audace et de la novation. Faire comparaître le communisme devant le tribunal de l'histoire, fut-elle très récente, semble de peu d'intérêt sauf à vouloir prolonger, comme au temps de la Guerre froide, des combats aujourd'hui dépassés. L'un de ceux-ci s'était traduit par le dénigrement de tout projet de transformation sociale, volontaire et global et par la disqualification des catégories populaires. Étudier les différentes dimensions du phénomène communisme en l'inscrivant dans l'évolution du monde contemporain ne conduit pas à esquiver l'échec global du commumisme, politique et social et humain sous la forme dominante qu'il a pris au cours du siècle.

Quelle analyse comparée ?

Les débats les plus stimulants sur le communisme se trouvent aujourd'hui du côté des recherches qui s'efforcent d'appréhender le phénomène dans sa complexité et ses contradictions. Cette formulation n'a rien de rhétorique puisqu'elle renvoie à la réalité historique du communisme qui a connu des formes politique tellement diverses qu'on ne peut les réduire à une seule pratique sous peine de ne plus rien y comprendre. La prise en compte des situations politiques et des périodes diverses permet l'analyse comparée et la réflexion historique. La comparaison concerne les partis communistes selon qu'ils aient été ou pas au pouvoir, faibles ou puissants. Elle intéresse aussi les pays que les partis communistes ont dirigé la plupart du temps sans partage pendant plusieurs décennies. Elle peut également porter sur les formes autoritaires et répressives, communes à différents types de régimes politiques, autres que ceux dont les communistes ont eu la responsabilité. De ce point de vue, la comparaison entre fascisme et communisme est légitime à condition de ne pas l'entendre comme une procédure qui sert à les assimiler.

La notion de totalitarisme aidant, l'accent mis uniquement sur la violence et la répression a fait oublier bien des aspects du phénomène communiste: l'engagement et le projet militant, les pratiques effectives, les contradictions entre les promesses et les réalisations, etc. L'élargissement du champ de l'analyse comme des débats ne sont donc pas une manière de diluer la réflexion mais au contraire l'indice d'une ambition intellectuelle fondée sur la certitude que la connaissance critique de ce qu'a été le phénomène communiste concerne l'histoire politique du XXe siècle toute entière.

Notes

1. Serge Berstein, Jean-Jacques Becker, *Histoire de l'anticommunisme en France*, Paris, Olivier Orban, 1987.

2. Pierre Grémion, *Intelligence de l'anticommunisme. Le congrès pour la liberté de la culture à Paris :1950-1955*, Paris, Fayard, 1995.

3. Roger Martelli, *Le Communisme autrement*, Syllepse, Paris, 1998. Denis Berger, Henri Maler, *Une certaine idée du communisme : Répliques à François Furet*, Paris, Éditions du Félin, 1996. Daniel Bensaïd, *Communisme : Héritage sans mode d'emploi*, Michalon, Paris, 2000.

4. Stéphane Courtois, « Le *Livre noir* et le travail historien sur le communisme », in *Communisme*, n° 59-60, 2000. François Furet, Ernst Nolte, *Fascisme et communisme*, Hachette, Paris, 2000. Ernst Nolte, *La guerre civile européenne 1917-1945*, préface de Stéphane Courtois, Éditions des Syrtes, 2000.

5. Stéphane Courtois, Denis Peschanski, « La dominante de l'Internationale et les tournants du PCF », in *Le Parti communiste français des années sombres 1938-1941*, Paris, Le Seuil,1986, p. 270.

Chapitre XXVI

Communisme et violence

par Michel Dreyfus et Roland Lew

De 1917 à 1989, la violence a pris à plusieurs reprises des formes extrêmes au sein des régimes se réclamant du communisme : il y a là un problème de fond qui doit être débattu. Si la violence a constitué un élément important de l'histoire du communisme, elle ne suffit pas à caractériser les systèmes qui s'en réclament dans leur durée et leur diversité : plus significative est la persistance de l'autoritarisme[1], d'un système dictatorial sous des formes variées, en particulier en URSS durant sept décennies avec le Parti-État, y compris dans ses périodes les moins répressives. Toutefois, État autoritaire et dictature ne sont pas l'apanage du « socialisme réel » mais plus fondamentalement une caractéristique de nombre de sociétés au XXe siècle. Il convient donc de s'interroger sur la nature de cette violence omniprésente, si différente dans ses formes, les moments où elle explose, les classes, les catégories de population, les institutions contre lesquelles elle est dirigée ainsi que sur les raisons ayant permis la persistance des systèmes autoritaires : la violence de masse a commencé avant 1917, avant l'instauration du « socialisme réel » ; elle s'est poursuivie après sa chute. À l'aube du XXIe siècle, l'actualité le montre, elle fait toujours partie de notre environnement. Le problème est double : celui du rôle de la violence dans le siècle, et les formes spécifiques de la violence, liées au « communisme réel ». Peut-on dire, sous une autre forme, qu'il existe une violence spécifique à des régimes du XXe siècle ? Cette question se rattache au débat sur le totalitarisme.

Le débat sur le totalitarisme

La théorie du totalitarisme est souvent associée aux idées exprimées par Hannah Arendt en 1951, et aux discussions menées par la science politique anglo-saxonne dans les années 1950 ; ce débat, repris peu après en France par Raymond Aron[2], y a surtout été popularisé vers 1980 et repris dans les années 1990[3]. En fait cette notion de totalitarisme n'était pas nouvelle. Forgé en Italie dès le mois de mai 1923, ce terme est d'abord utilisé pour dénoncer le fascisme avant d'être repris en juin 1925 par Mussolini exaltant la « farouche volonté totalitaire ». Dans la seconde moitié des années 1920, l'ancien premier ministre italien F. Nitti aurait le premier établi des rapprochements entre la structure du fascisme italien et le bolchevisme ; la première utilisation du terme de tolitarisme pour désigner simultanément les États fasciste et communiste semble avoir été faite en Grande-Bretagne en 1929[4]. Il est utilisé ensuite par les fascistes italiens, les nazis allemands, divers théoriciens de gauche (Franz Borkenau, Rudolf Hilferding, Richard Lowenthäl, Franz Neumann) « pour caractériser tout ce qui leur paraît nouveau et spécifique dans le fascisme (ou le nazisme), en dehors de toute comparaison avec le communisme soviétique[5] » ainsi que par des courants de pensée situés à l'extrême gauche antistalinienne. Au centre de la thématique du totalitarisme, il y avait une réflexion sur la tyrannie moderne, et, plus spécifiquement, sur ce qui était commun au nazisme et au communisme, le fait que la violence exercée contre autrui semblait inséparable du fonctionnement de ces régimes. Hannah Arendt a poussé le plus loin l'élaboration théorique en s'efforçant d'élucider l'extrême violence de ces régimes : l'extermination raciale menée par les nazis et ce qui lui paraissait le noyau du totalitarisme, le système concentrationnaire comme mode d'anéantissement de l'adversaire désigné.

La théorie du totalitarisme fut longtemps le modèle dominant d'interprétation des régimes « extrémistes » du siècle, une tentative d'explication de ce qu'ils avaient en commun et de ce qui les distinguait de tous les régimes antérieurs de l'histoire[6]. Depuis ses débuts lointains jusqu'à nos jours, cette théorie a connu de nombreuses interprétations, oppositions et contradictions, notamment sur la question des expériences historiques qui composent le totalitarisme : faut-il y inclure tous les fascismes et dictatures de droite – dont le fascisme italien qui se revendique explicitement de l'État totalitaire – ou seulement le nazisme, en raison de sa logique raciale exterminatrice[7] ? Le nazisme s'explique-t-il fondamentalement comme une réaction au communisme[8] ? Faut-il rattacher au totalitarisme le stalinisme ou toute l'expérience soviétique, léninisme et après-Staline ? L'URSS ou l'ensemble des pays du « socialisme réel » ? Hannah Arendt en excluait Lénine ainsi que la plupart de l'expérience de l'Italie fasciste et considérait le nazisme comme authentiquement totalitaire à partir de 1938 seulement ; elle évoqua le « despotisme éclairé » de Khrouchtchev et en 1956, elle écarta la Chine maoïste, considérée par d'autres auteurs comme le totalitarisme incarné[9]. Raymond Aron limitait le totalitarisme de l'Allemagne et de l'URSS à certains moments de leur histoire, tout en établissant une « différence... essentielle » entre ces deux régimes « quelle que soit leurs similitudes : dans un cas, l'aboutissement est le camp de travail, dans l'autre, la chambre à gaz[10] » ; il semble s'être interrogé ensuite sur cette distinction. La terrible cruauté que « le communisme réel » a manifesté à plusieurs moments de son histoire ne peut être identifiée à l'extermination raciale[11]. Le camp de concentration, le Goulag, cette atrocité qui disqualifie le pouvoir qui en fait un instrument de son fonctionnement, ne peuvent être mis sur le même plan que le camp d'extermination nazi. Auschwitz et la Kolyma, les deux symboles les plus effroyables des régimes nazi et soviétique, ne sont pas de même nature[12].

Puis, à partir de la Guerre froide, la théorie du totalitarisme s'est peu à peu concentrée sur les régimes « communistes », délaissant le nazisme vaincu et devenant une arme idéologique de cette guerre froide. Utilisé alors essentiellement par des courants de droite, ce concept devait être réinvesti plus tardivement, par une pensée de gauche ; dans les années 1950, il avait été cependant défendu par une frange de l'extrême gauche antistalinienne issue du trotskisme, notamment en France par le groupe Socialisme ou barbarie de Claude Lefort et Cornélius Castoriadis. De son côté, sans utiliser le concept de totalitarisme, David Rousset publie en 1951, *Pour la vérité sur les camps concentrationnaires* (Éd. du Pavois), qui dénonce, parmi les premiers, les camps de travail soviétiques.

Avant qu'elle ne devienne une sorte de monopole, voire de porte-drapeau de la pensée de droite, la force de cette théorie a été de réfléchir et de s'efforcer de lutter, dans les années 1930, contre des types de régimes politiques jusqu'alors inconnus, utilisant des formes de tyrannie originales et particulièrement terrifiantes : ces régimes reposaient sur une violence sans pareille dans l'histoire et sur des moyens entièrement nouveaux pour l'imposer. Et de fait, stalinisme et nazisme présentent un certain nombre de similitudes : parti unique cherchant à contrôler l'ensemble des aspects de la vie sociale et privée des individus ; idéologie officielle imposée à tous à travers le culte du chef ; refus de la démocratie parlementaire ; absence de légalité au bénéfice d'un régime d'exception ; terreur à grande échelle ; volonté de supprimer tout conflit interne ; centralisation de la vie politique et économique. Par ces moyens, l'État réussit même à faire intérioriser par les individus son ordre, atteignant de la sorte une forme de violence ultime et raffinée[13].

Le point culminant de cette théorie, exprimée par Hannah Arendt, repose d'abord sur une réflexion philosophique originale ; il doit beaucoup à l'intensité de son engagement personnel et intellectuel, à l'insistance qu'elle met à saisir le caractère sans précédent[14] de la rupture historique introduite par le totalitarisme. Cette œuvre riche, séduisante, mais utilisée – malgré elle ? – par la Guerre froide, révèle pourtant une faiblesse que reproduisent toutes les variantes de l'école totalitaire : elle se limite à une vision d'en haut, idéologique selon laquelle la société est anéantie, pulvérisée ; les masses seraient atomisées devant le pouvoir totalitaire. Cette vision de la surpuissance du politique, de l'idéologique, de l'idée – certains[15] emploieront le terme d'idéocratie – ignore complètement la réalité des sociétés en question, en particulier tout ce qui concerne leur vie sociale ; elle est muette sur les conditions économiques, sociales, culturelles et religieuses dans lesquelles évoluent ces sociétés. Elle s'en tient aux discours de leurs dirigeants et aux analyses des théoriciens. Au-delà de l'idée et du discours[16], elle ne s'interroge jamais sur les conditions concrètes d'existence de ces sociétés. Pour François Furet, le plus récent défenseur de la théorie du totalitarisme en France, l'histoire du communisme se réduit à l'histoire d'une illusion en dehors de toute histoire sociale[17] : cela est d'autant plus surprenant que, depuis deux décennies, l'histoire sociale, en particulier de l'URSS, s'est profondément renouvelée.

Aussi, la notion de totalitarisme a été réfutée par par de nombreux historiens, d'abord les historiens du social, qu'ils travaillent sur l'Allemagne nazie[18] où sur les pays du « socialisme réel »[19] : la négation, l'oubli de la réalité de ces sociétés relevait d'abord des prétentions des pouvoirs « totalitaires », ou de l'ignorance des penseurs hantés par ce danger, réel. Les recherches ont contribué à mettre en évidence des formes banales, parfois surprenantes, de fonctionnement de la société à travers de multiples résistances du social[20] ; elles ont surtout restitué le mouvement complexe de l'histoire là ou l'école totalitariste se limitait au hors-monde, au hors-histoire. Face à la « poussière sociale », le totalitarisme d'en haut semblait si puissant que ces régimes ne pouvaient évoluer et rencontrer l'histoire réelle, faute d'une possible contestation intérieure. Pour les tenants de l'école totalitaire, s'ils pouvaient être détruits de l'extérieur – ce fut le cas du nazisme – ils étaient incapables de changer d'eux-mêmes. D'où deux surprises, après 1953 puis après 1989/1991. Après la mort de Staline, les changements furent d'abord niés[21]. Devant l'évidence d'un « totalitarisme » toujours brutal mais devenant moins extrémiste et se décomposant de lui-même, situation incompatible avec les explications originelles, les approches totalitariennes se sont progressivement modifiées et considérablement affaiblies ; elles se sont adaptées au coup par coup et *a posteriori* aux étapes de l'évolution des pays de l'Est. Elle ont ainsi perdu leur pouvoir explicatif et la puissance suggestive de leurs hypothèses initiales ; elle sont devenues l'équivalent de ce qu'avait été, en d'autres temps, l'expression « fasciste » : un terme vague et largement répandu, une sorte d'injure employée communément, identifiée à un régime ou à un comportement autoritaire et intolérant. Après 1991, l'effondrement de l'URSS et des régimes se réclamant du « socialisme réel », le problème se posa avec plus d'acuité encore : ce dénouement n'avait été prévu par personne et en particulier par ceux qui défendaient la fiction d'un système de domination sans failles, incapable d'évoluer[22].

D'un point de vue scientifique, la notion de totalitarisme n'est plus rigoureuse, en particulier en ce qui concerne la violence. Le nazisme s'identifie au maintien et au renforcement d'un extrémisme jusqu'à sa destruction ; en revanche, on ne peut établir un lien indissoluble entre violence extrême – le Goulag exterminateur – et l'ensemble des « régimes communistes ». Il faut chercher ailleurs, du côté de l'histoire sociale, et ce d'autant plus que l'implosion de l'URSS a permis, entre autres conséquences, l'ouverture de nombreuses archives de l'Union soviétique, de l'Internationale communiste et de ses sections. Ce changement modifie dans des proportions que l'on ne peut encore mesurer la recherche historique sur l'Union soviétique : quoiqu'il en soit, l'exploitation de ces archives entraînera certainement un approfondissement de l'histoire sociale de l'ex « patrie du socialisme », au détriment de l'approche « totalitariste » essentiellement idéologique[23].

Mais la question ouverte dans les débats de l'entre-deux-guerres reste posée : comment expliquer la violence propre au siècle, l'extrémisme de la cruauté, l'extermination de l'autre, le génocide, les massacres en masse, qui font du XXe siècle l'un des plus terrifiants de l'histoire ? La violence systématique à l'égard de populations et d'ethnies n'est pas le seul fait du communisme, du nazisme ou des variantes du fascisme : le génocide des peuples n'a cessé ni en 1945 ni en 1991. Du génocide des Arméniens en 1915[24] à la Tchétchénie aujourd'hui, la violence extrême est omniprésente ; dans un autre registre, Hiroshima symbolise aussi la capacité d'anéantissement de ce siècle. Plus généralement, l'histoire du communisme est indissociable de l'existence d'une violence qui a débuté en 1914 et se poursuit de nos jours. S'agit-il d'une violence dans le siècle ou d'une violence spécifique au siècle ?

La Première Guerre, matrice du « court XXe siècle »

En mettant fin à un monde, la Première Guerre mondiale inaugure une violence de masse moderne entièrement différente dans ses moyens, son expansion à toute la planète et ses conséquences à long terme ; en particulier elle plonge des pans entiers de la population de plusieurs nations (Allemagne, Grande-Bretagne, Italie) – quand ce n'est pas une nation toute entière comme la France – dans un deuil prolongé[25]. Sur ce plan, la Première Guerre introduit une rupture radicale. Depuis la fin de l'épopée napoléonienne en 1815, l'Europe, sinon le monde, a connu une paix relative : les guerres d'indépendance contre l'Autriche puis la guerre franco-allemande en 1870-1871 ont été brèves. La Révolution de 1848, plus encore la Commune, se sont achevées par une répression qui a durablement et symboliquement marqué les esprits : les fusillades de la « Semaine sanglante » ne sont-elles pas annonciatrices des violences de masse du XXe siècle ? Toutefois, toute comparaison chiffrée montre, au-delà de leur sécheresse, combien les ordres de grandeur sont différents : 30 000 morts – fusillés, condamnés, morts aux combats – au terme de la Commune ; 1 300 000 morts pour la Grande guerre, auxquels il faut ajouter 3 millions de blessés pour la seule France et 9 à 10 millions pour l'ensemble des belligérants ; 45 millions voire plus dont 20 au moins pour la seule URSS durant la Seconde Guerre.

À partir de 1914, la violence de masse envahit presque tout le Vieux continent. La « guerre totale » n'épargne plus personne et en particulier les populations civiles. De nouveaux moyens de destruction – gaz, chars, bombardements – sont expérimentés, la guerre est industrialisée sur la base des technologies les plus perfectionnées. Les rapports sociaux sont « brutalisés[26] » à une échelle inconnue jusqu'alors à travers une culture de la haine[27] dont les effets se feront sentir bien après 1918. La guerre provoque la haine populaire contre ces massacres, le rejet du monde bourgeois et des valeurs libérales qui exaltent cette tuerie généralisée : l'explosion révolutionnaire que connaît l'Europe de 1918 à 1923 s'explique d'abord en réaction à cette situation ; elle a également pesé très fortement en Russie même si des causes plus spécifiquement internes expliquent aussi la Révolution russe à partir de février 1917. Pour la première fois peut-être dans l'histoire, toute une génération est durablement traumatisée par un conflit. La Seconde Guerre repousse la violence à une plus grande échelle encore, tant par le nombre de combattants que par les moyens mis en œuvre ; elle se conclut sous le signe de la violence absolue, la possibilité d'une destruction de l'espèce humaine par la bombe atomique. Si cette dernière reste une menace, d'autres guerres de masse se poursuivent, notamment celle menée de 1965 à 1975 au Vietnam par les États-Unis.

Cette violence n'existe pas seulement en temps de guerre. Le génocide des Juifs par Hitler, l'extermination des Tsiganes, la répression contre les communistes en Indonésie en 1965 (500 000 morts), le Cambodge, le Rwanda[28], la Yougoslavie – cette liste n'est pas exhaustive – constituent également des phénomènes nouveaux par leur horreur et leur l'ampleur. Après Auschwitz, Hiroshima et le Goulag, le monde n'est plus le même et ne peut plus être analysé dans la continuité des catégories traditionnelles. Penser ce phénomène reste l'apport majeur du débat sur le totalitarisme. La violence qui éclate en 1914 ne se situe pas à un degré plus grand que dans le passé ; liée à la modernité, elle a une nature différente de celle qui l'a précédée. Concernant pour l'essentiel l'Europe jusqu'en 1945, développée ensuite sur toute la planète, cette violence touche des catégories de population beaucoup plus massives. Les cruautés qui ont accompagné la colonisation, en particulier en Afrique, ont banalisé davantage cette violence qui représente une terrible régression des principes du monde bourgeois.

Le surgissement de cette violence généralisée au plus grand nombre, coïncide avec l'apparition de « l'ère des masses », au fait qu'à la fin du XIXe siècle, ces dernières font leur entrée sur la scène politique, « officielle », institutionnalisée ; elles se donnent les moyens de le faire en construisant peu à peu partis, syndicats et coopératives, etc. C'est alors que le mouvement ouvrier prend son essor. Jusqu'alors, l'action politique était restée l'apanage des élites. Certes, la Révolution française puis 1848 avaient frappé les trois coups de cette évolution. Ceux d'en bas avaient affirmé l'exigence d'une reconnaissance de leurs droits, d'un mieux être, aspirations indissociables de la notion de progrès qui se développe tout au long du XIXe siècle. Auparavant masse indifférenciée, plèbe inorganisée, le peuple était intervenu sur la scène politique mais brièvement, sans réussir à s'imposer ni même à se faire reconnaître. Puis, avec la révolution industrielle et l'essor du capitalisme, s'était développé un monde du travail qui, à travers des luttes très dures, avait pu faire admettre son existence sociale et politique, avait contribué à modifier peu à peu la société bourgeoise et commencé à s'y intégrer. Mais cette intégration dont le mouvement ouvrier n'avait pas mesuré toute la portée restait incomplète en 1914 : dans la majorité des pays européens, la pacification sociale demeurait incertaine. Non résolue, la question sociale était encore grosse de combats futurs.

Dans les deux décennies précédant la Première Guerre mondiale, le nationalisme avait conquis une audience de masse, ce que le mouvement ouvrier n'avait pas non plus perçu clairement ou qu'il avait nié : ce devait être une des raisons de son impuissance en 1914. En Russie, le capitalisme industriel était apparu tardivement, dans la dernière décennie du XIXe siècle : il avait créé une classe ouvrière concentrée dans de grandes entreprises et quelques villes (dont Saint-Pétersbourg) mais encore très minoritaire par rapport à la paysannerie. Enfin, hors d'Europe, l'expansion impérialiste et coloniale avait imposé une oppression accrue aux masses populaires, pour l'essentiel paysannes. La cruauté d'un passé oppressif très ancien, notamment en Russie, a exercé ses effets sur les bouleversements modernes : elle a nourri la haine des classes dominées et la crainte des classes dominantes ; elle a introduit une peur généralisée devant les secousses du XXᵉ siècle. Puis les temps modernes ont apporté leur dimension inédite de cruauté, l'administration et la technicisation de la « banalité du mal » exercées par un petit nombre de responsables à l'égard de secteurs entiers de la population.

Toutes ces raisons ont lourdement pesé sur l'histoire du communisme dès sa naissance. Les défenseurs de la théorie du totalitarisme ne prennent jamais la peine de relever les différences considérables existant entre les sociétés allemandes et russes avant 1914, notamment en ce qui concerne leurs mouvements ouvriers : puissant et en voie d'intégration en Allemagne, il reste faible et confiné à une situation d'opposant systématique en Russie. Toutes ces données doivent être pris en compte pour établir une comparaison pertinente sur la violence existant en Russie avant et après le tsarisme. Se limiter à comparer, dans ce pays, le nombre des victimes et des prisonniers politiques avant et après 1917 pour constater que leur nombre est infiniment supérieur après 1917[29] et en conclure que le communisme est intrinsèquement mauvais n'a aucun sens : cette comparaison ne tient compte ni du poids de la haine sociale accumulée en Russie depuis des longues décennies ni du rôle fondamentalement différent de la violence aux XIXᵉ et XXᵉ siècles. De plus, elle oublie la répression contre les paysans, les famines dans lesquelles le tsarisme a une part importante de responsabilité, les déportations de population, les pogroms[30]. S'il est légitime de s'interroger sur les continuités de la société russe avant et après 1917, en revanche, il est impossible de faire abstraction de l'exacerbation de cette violence généralisée à laquelle ont été confrontés les pays du « socialisme réel », à l'intérieur comme à l'extérieur de leurs frontières, avant même 1914.

L'absence de traditions démocratiques avant 1917 en Russie

Quelle que soit la forme – monarchique, impériale ou républicaine – prise par le pouvoir dans la majorité des pays européens, tout au long du XIXᵉ siècle s'étaient produits des changements essentiels et convergents : conséquence de la révolution industrielle qui toucha l'ensemble de l'Europe, quoique selon des chronologies différentes, on assista au recul, voire au déclin du monde agricole et à une croissance de l'industrialisation et de l'urbanisation. On ne peut entrer ici dans le détail de cette évolution. Des progrès furent également faits dans le sens de la démocratisation de la société : conséquence de ces transformations, parmi lesquelles l'extension du suffrage universel, les masses intervinrent de plus en plus dans la vie politique. De façon directe ou indirecte, les pouvoirs durent en tenir compte. Ce mouvement commencé au XVIIᵉ siècle en Grande-Bretagne avec Cromwell connut une étape décisive en France avec la Grande Révolution de 1789. En Allemagne où l'industrialisation fut plus tardive – vers 1850-1870 –, se développèrent à partir du tournant du siècle des syndicats puissants qui contribuèrent à l'apprentissage de la démocratie et à l'intégration du monde du travail. Partout, même lorsque le pouvoir était particulièrement réactionnaire, il dut composer de plus en plus avec partis, syndicats, coopératives et mutuelles, bref des associations de toutes sortes qui diffusaient certaines formes de démocratie. On n'entrera pas non plus dans le détail de cette évolution qui caractérise le développement du mouvement ouvrier international depuis la fin du XIXe siècle : conscient de ce changement, ce dernier eut l'illusion que le progrès qu'il voyait se répandre, sur la base d'une industrialisation continue, et qu'il contribuait à consolider serait indéfini. Cet optimisme devait voler en éclat en 1914 et la IIe Internationale sombrer corps et bien.

À ce tableau, une exception et de taille, la Russie[31]. Tout d'abord parce que l'industrialisation ne commence guère avant les années 1880. En revanche, l'oppression paysanne y est omni-présente. La Russie s'inscrit dans une longue tradition de despotisme tsariste : le passif du servage, aggravé au XVIIIe siècle et maintenu jusqu'en 1861, signifie l'exploitation d'une paysannerie représentant plus de 80 % de la population. Après 1861, la paysannerie est libérée du servage mais dans des conditions peu favorables : en dépit de quelques tentatives de réforme qui échouent ou arrivent trop tard, les formes politiques restent inchangées. Demi-mesure, l'abolition du servage ne favorise guère les progrès de la vie démocratique, ce dont témoigne la violence utilisée par les révolutionnaires populistes ralliés dans les années 1870 au terrorisme après l'échec et la répression de leur tentative pacifique « d'aller vers le peuple » paysan : cette violence n'a guère d'équivalent en Europe, si ce n'est peut-être, mais avec moins de force, en Italie et en Espagne où le développement industriel est également tardif. Ensuite, et là encore, il s'agit d'une situation particulière, jusqu'à la Première Guerre, la Russie est confrontée à plusieurs graves crises, internes et externes, où la violence trouve à s'exprimer : la guerre avec le Japon en 1904 contribue au développement de la révolution l'année suivante. S'achevant sur une répression sévère, elle est suivie d'une tentative avortée de démocratisation ; d'où un nouveau cycle répressif de 1908 à 1912, suivi d'une situation quasi-insurrectionnelle dans des secteurs ouvriers de plusieurs villes. L'incapacité de la Russie impériale à promouvoir une vie démocratique s'explique par la permanence de ses anciennes structures : la rigidité du pouvoir tsariste attaché à ses prérogatives de droit divin, le poids des valeurs religieuses du monde populaire et la faiblesse de ses partis, syndicats, associations de toute sortes. Au même moment, ces derniers se développent dans toute l'Europe.

Cette situation particulière contribue à donner à la majorité du mouvement ouvrier russe une physionomie originale. L'accent y est mis sur l'opposition violente. Elle nourrit dans le bolchevisme une certaine « culture » de la violence qui n'est pas étrangère à la tradition socialiste et à l'héritage jacobin de la Révolution française revendiqué par Lénine mais qui prend une tonalité plus affirmée dans le contexte du despotisme russe. Certes, il ne faut pas sous-estimer l'apprentissage que fait le mouvement ouvrier, dans les conditions difficiles de la clandestinité et de l'exil, du pluralisme politique. Les débats y sont rudes – et Lénine est certainement l'un des polémistes les plus violents – mais réels, notamment entre bolcheviks et mencheviks. Toutefois, ce pluralisme reste confiné à une élite baignant dans un univers social très largement imprégné de despotisme, d'archaïsme et de religiosité[32] ; ce contexte influe d'autant plus fortement sur les révolutionnaires qu'ils se croient immunisés contre le passé, lourd de supersition et de fatalisme. En ce domaine, le Parti ouvrier social-démocrate de Russie (POSDR) est bien différent des autres sections de la IIe Internationale. À cette tradition pesante s'ajoute au début des années 1920, l'effet des quatre ans de guerre puis de la guerre civile – invasion étrangère relayée par la contre-révolution blanche – qui provoque une réaction défensive du nouveau pouvoir, par ailleurs extrêmement minoritaire. Elle entraîne aussi la militarisation du Parti bolchevik et un changement de sa mentalité : il se considère dans une citadelle assiégée qu'il faut défendre coûte que coûte sans trop s'attarder sur des considérations humanitaires, les principes fondateurs et les attentes populaires. Tous ces éléments se conjuguent pour entraîner un cycle ininterrompu de violence qui va en s'approfondissant.

À la fin de la guerre civile, le jeune système soviétique vit une crise profonde : la dichotomie est totale entre une paysannerie plus repliée que jamais sur la communauté villageoise, ses valeurs traditionnelles et l'État, celui du Parti-État bolchevik, à volonté modernisatrice mais décimé et implanté dans seulement quelques villes en grande partie ruinées. Militarisé, hiérarchisé, ce Parti-État vit dans un monde dépourvu de toute pratique démocratique, refusée par le pouvoir impérial. La tradition démocratique du bolchevisme, commune aux opposants au tsarisme, réelle mais relative, s'est en grande partie effacée durant la guerre civile, au profit d'une logique autoritaire de commandement social, ce « substitutisme » que Trotski reprochait si violemment à Lénine dès 1903-1904[33]. Dans ce contexte, la continuité avec le socialisme classique dont se réclame le bolchevisme s'interrompt : émerge alors une figure originale, fruit de tâtonnements, d'expérimentations brutales et bientôt d'un volontarisme industrialisateur mal géré ou ingérable. Le stalinisme se construit dans ce contexte. Rien dans ces conditions qui bouleversent la relation du bolchevisme au socialisme européen démocratique d'avant guerre n'était automatiquement en germe dans le léninisme depuis 1902-1903. Toutefois dans sa lutte contre le tsarisme, il durcit sa conception du commandement sur les masses. Faute du contrepoids d'une tradition démocratique, après 1917 cette conception prend la forme de l'autoritarisme puis d'une dictature violente qui touche aux adversaires du régime et à l'ensemble de la population. Dans un tout autre contexte, ce problème fondamental du substitutisme se posera également au Parti communiste chinois.

Violence contre-révolutionnaire durant l'entre-deux-guerres

Si beaucoup a été dit sur la « Très Grande guerre », on mesure encore mal aujourd'hui les conséquences qu'a eue à long terme la violence de masse qu'elle a générée. Cette guerre qui inaugure le « court XXe siècle[34] » atteint un degré de violence inouï qui ne peut être mis ni sur le compte de Marx ni celui de Lénine. Dès 1914-1915, Lénine et Trotski, tout en réfléchissant à une nouvelle stratégie révolutionnaire[35] cherchent à mesurer les conséquences régressives que la guerre aura sur la société et le mouvement ouvrier[36]. Le conflit y introduit de façon durable une division et une violence inconnues jusqu'alors : sa majorité se rallie à l'Union sacrée et choisit l'intégration à ses sociétés nationales respectives. Après l'assassinat de Karl Liebknecht et de Rosa Luxemburg, des tendances du mouvement ouvrier sont, pour la première fois de son histoire, séparées par le sang ; ce fait ainsi que la « faillite[37] » de la social-démocratie en 1914, expliquent la haine que manifesteront longtemps les communistes à l'égard des socialistes.

La fin de la guerre ne met pas fin à la violence. À la différence des années d'avant-guerre, l'Europe de l'entre-deux guerres est parcourue par un cycle de guerres civiles d'un genre nouveau. Les premiers pas de la Révolution russe se font dans une violence qui lui est imposée, d'abord lorsqu'elle participe encore à la guerre puis quand elle tente d'y échapper : à Brest-Litowsk, les bolcheviks doivent se résigner à céder du terrain pour gagner du temps. Ils sont ensuite confrontés à la guerre civile que mène contre eux la « croisade des 14 nations ». Ces deux éléments, le fait que la Révolution russe reste isolée sur la scène internationale après 1919-1920, pèsent très lourdement sur elle. La guerre civile qui s'achève en 1922 laisse la Russie exsangue : pour elle, cette forme de violence suprême qu'est la guerre – guerre civile ou contre un pays étranger – n'a pas duré quatre ans et demi mais près du double. Plutôt que de voir dans le parti bolchevik un *deus ex machina* organisant délibérément la violence, il convient de mesurer l'état dans lequel il trouve la société russe en 1917 puis au lendemain de la guerre civile.

Les conséquences de la Première Guerre mondiale sur cette société sans tradition démocratique et essentiellement paysanne qu'est la Russie restent mal connues : comme le remarquent Stéphane Audouin-Rouzeau et Annette Becker, « l'historiographie a trop souvent relié 1905 à 1917 en oubliant (le) legs des années de guerre[38] ». Rappelons que la France, victorieuse en 1918, ne s'est jamais remise du conflit, ce qui, avec d'autres causes, explique ses difficultés dans les années 1930 puis la débâcle de 1940. Que l'on songe au souvenir laissé après la guerre en Allemagne par le Traité de Versailles : une nation démoralisée par le « coup de poignard dans le dos ». On sait l'usage que le nazisme a fait de cette démoralisation. On doit se poser des questions analogues à l'égard de la Russie, confrontée à un cycle de violence de huit ans, survenant après la défaite de 1904 contre le Japon puis la Révolution de 1905 : comment ces événements ont-ils été vécus, quelles traces ont-ils laissé dans la société, quelle en fut la mémoire collective ?

Après 1918, de nombreux pays européens connaissent des formes de guerre civile : la Hongrie, avec la répression de la Commune de Budapest ; l'Allemagne jusqu'à l'échec de la tentative révolutionnaire d'octobre 1923 ; l'Italie où l'opposition à Mussolini est définitivement muselée en 1926. Citons également l'Espagne (1923), la Pologne (1925), le Portugal et la Yougoslavie (1926), les Pays Baltes (1929). Avec l'arrivée de Hitler au pouvoir en 1933, un formidable coup d'accélérateur est donné aux régimes autoritaires, fascistes ou proches du fascisme. La chronologie qui suit est connue : l'Autriche en 1934, la Grèce et l'Espagne en 1936, etc. De façon générale, à la brève exception des Fronts populaires espagnol et français en 1936, l'histoire de l'Europe se caractérise durant l'entre-deux guerres par la progression des régimes fascistes ou qui en sont proches, dans un contexte de guerre civile. Cette violence contre-révolutionnaire existe également hors d'Europe comme le montre l'écrasement de la révolution chinoise en 1927 ou la répression dans plusieurs pays d'Amérique latine. Cette violence omniprésente qui se veut une riposte au communisme se traduit le plus souvent par un recul des formes de vie démocratiques.

Comprendre les sommets de violence en URSS

Que le « socialisme réel » participe, voire incarne la violence du siècle, en particulier dans ses moments les plus extrêmes – l'URSS stalinienne des années 1930 et la phase maoïste du communisme chinois au pouvoir après 1949 – est un fait établi. Cette violence imposée au corps social a très largement discrédité l'idée socialiste, rendu difficilement envisageable l'avènement d'une autre société. Outre la destruction d'innombrables vies humaines, cette violence d'État et d'un mouvement qui l'a relayé aux quatre coins de la planète a brisé les espoirs de myriades de défenseurs du socialisme : non seulement parmi les adversaires déclarés du stalinisme mais aussi parmi les partisans – zélés ou critiques – de l'Union soviétique. La violence du stalinisme et du maoïsme ne se mesure pas seulement à l'aune des souffrances et du nombre de morts – si tant est que toute mesure ait ici un sens. Contre-révolution dans la révolution, elle a défiguré le socialisme et fondé un système opposé à celui que défendaient ses partisans. Ce système s'est maintenu par la violence et s'est parfois transformé en une véritable guerre contre le peuple.

Ces périodes de déferlement de violence ne sont pas faciles à délimiter : intrinsèques à plusieurs étapes du « socialisme réel », elles apparaissent à certains moments puis s'effacent après la mort des tyrans. Elles sont alors remplacées par des régimes autoritaires et répressifs, qui n'ont plus cependant les moyens ni la volonté d'exercer une violence généralisée.

Dans le cas soviétique, le volontarisme du Parti-État et d'abord de Staline, Parti-État très minoritaire, voire opposé à la vaste majorité paysanne, enclenche un processus d'industrialisation désordonné, peu planifié et mal maîtrisé ; ce processus entraîne la collectivisation forcée de la paysannerie perçue comme un monde régressif devant être intégré de force dans ce développement. 25 millions de foyers paysans sont expropriés de façon violente. Cet épisode se conjugue avec une gigantesque famine en 1932-1933 où périssent 6 millions de personnes : elle représente « de loin la plus lourde place dans la répression stalinienne... une forme de violence extrême et inédite[39] », aboutissant à l'écrasement du paysan, sa surexploitation économique et sa subordination au pouvoir « soviétique ». Dans la situation de pauvreté où se trouve l'Union soviétique dans les années 1930, elle est bouleversée par une crise sociale et de ses valeurs sans précédent. Une hiérarchie, de nouvelles élites sociales se reconstituent. Cette situation qui découle de la politique du régime – même si au sein de l'appareil du Parti communiste de nombreuses résistances s'opposent aux excès et au despotisme croissant de Staline – devient ingérable. La réponse du pouvoir, et de Staline en particulier, consiste à surenchérir dans la violence face aux désordres que le régime engendre ou amplifie par sa politique. Le régime essaie de « rationnaliser » le désordre irrationnel dont il est responsable tout en généralisant la recherche et la répression de « l'ennemi intérieur ». Cette figure du réprouvé se construit à partir de catégories arbitraires, changeantes selon les humeurs, les craintes, réelles et imaginaires, des dirigeants communistes et plus particulièrement de Staline. La montée du despotisme, de plus en plus incontrôlé, de Staline coïncide avec le moment où la violence d'État atteint son paroxysme.

De la fin des années 1920 à la mort de Staline (1953), 15 millions de Soviétiques sont condamnés au travail forcé, au Goulag ; plus d'1,5 million y périt. 6 millions de personnes sont déportées collectivement, en familles ou par ethnies entières. 3 600 000 personnes sont condamnées par une juridiction spéciale dépendant de la police politique, dont 770 000 à la peine capitale. Sur ces 770 000, plus de 680 000, soit 88 %, sont exécutées durant les deux années 1937-1938 de la Grande terreur[40]. Le système concentrationnaire explose ; la dureté des conditions de vie dans les camps atteint des sommets de cruauté. Toutefois, contrairement à ce qu'on a cru longtemps, le Goulag n'a jamais enfermé 10 à 15 millions de *zeks*, tel qu'on dénommait ces prisonniers en Union Soviétique. Si on meurt dans les camps, on en sort également à condition de pouvoir échapper aux situations les plus meurtrières que sont les grands chantiers et la Kolyma, cette région minière d'Extrême-Orient où étaient organisés des camps de concentration aux conditions particulièrement inhumaines. À la fin des années 1930 et dans la décennie 1940, la population concentrationnaire s'élève à 3 millions de personnes, victimes de l'arbitraire du pouvoir. Le maximum est atteint en 1952-1953.

Cette violence condamne ce régime : avec 2 à 3 millions de *zeks*, la nature du stalinisme n'est pas moins moins meurtrière qu'avec les 12, 15 ou 18 millions estimés par les milieux de droite comme ceux de la gauche et de l'extrême gauche anti-sta-linienne ; cette dernière, comme certains socialistes notamment les mencheviks, n'avait d'ailleurs pas attendu l'après 1991 pour découvrir ces massacres : elle les a pressenti, parfois dénoncés au moment où ils se faisaient. Au-delà de la différence des chiffres, nazisme et communisme ont été de nature différente. Si moins de Soviétiques que ce que l'on a prétendu ont été déportés au Goulag, en revanche le pays a été soumis à une répression considérable mais de gravité très variable : durant l'ère stalinienne, plusieurs dizaines de millions de personnes ont été confrontées au système judiciaire, sans forcément se retrouver au Goulag. En conclusion, la violence extrême s'est poursuivie après la Seconde Guerre mondiale ; ce n'est qu'après la mort de Staline qu'elle s'est peu à peu atténuée, sans toutefois disparaître complètement comme en témoigne la persistance des internements d'opposants dans les asiles psychiatriques jusqu'au début des années 1980[41].

La Chine maoïste

Au-delà de certaines similitudes avec l'URSS, la Chine communiste présente des particularités dans son usage de la violence.

De la contre-révolution de 1927 à son arrivée au pouvoir après deux décennies de lutte armée et trois ans (1946-1949) de guerre civile, le communisme chinois a vécu et survécu dans et par la violence. Son caractère inéluctable, sa valorisation sont une donnée générale d'un pays qui s'enfonce dans l'abîme ; la cruauté des conditions de vie y est omniprésente, surtout parmi la paysannerie, souvent misérable. Ce contexte rejaillit sur le Parti communiste, sur le courant maoïste et Mao en particulier. La violence s'exerce contre les ennemis, qu'ils soient de l'extérieur ou de l'intérieur du Parti, opposants, exclus ou non, voire même ses contestataires prudents. Ici aussi, l'absence de tradition démocratique et la fragilité de la culture pluraliste se font sentir. La violence qui fait partie de l'arsenal quotidien du communisme chinois bien avant 1949 est utilisée et même exaltée selon les besoins. Si la violence a ses racines dans l'histoire chinoise – le XIXe est particulièrement cruel – elle est également liée au contexte du XXe siècle et à la militarisation du communisme chinois ; ce dernier apparaît aussi comme une réponse à cette situation ainsi qu'à tout défi, toute contestation.

De 1947 à 1953, si la violence révolutionnaire frappe les classes de l'ancien régime, en premier lieu ses partisans et les propriétaires fonciers, il existe aussi une violence plus générale dans la mise en place du nouveau pouvoir face à l'ensemble de la population[42]. On assiste à la domination d'une petite minorité qui bénéficie cependant d'appuis populaires incontestables. Dans l'héritage direct du stalinisme, existe un volontarisme maoïste visant à changer rapidement et radicalement la vie économique et sociale du pays. Ce qui provoque échecs et traumatismes profonds : le Grand bond en avant de 1958-1960, puis la très grave famine qui le suit. La crise sociale qui en résulte provoque, au sein du Parti communiste chinois (PCC), crises internes et tensions et conduit Mao à lancer, en réaction, une offensive au sein du Parti contre ses opposants ou pseudo-opposants. Accompagnée d'un déferlement de violence, la Révolution culturelle, qui provoque l'anarchie dans le monde urbain, laisse la Chine traumatisée.

De ce point de vue, l'après-Mao ressemble à l'après-Staline : il se caractérise par la remise en cause du rôle et de l'œuvre d'un despote ainsi que l'abandon de la violence au profit d'un autoritarisme et d'une répression toujours présente, mieux contrôlée mais de moindre ampleur. Dans les deux cas, les camps sont vidés des « ennemis du peuple » – après 1953 en URSS ; en 1978-1979 en Chine – mais sont partiellement repeuplés par des laissés pour compte et marginaux sociaux du développement « socialiste » ainsi qu'un nombre beaucoup plus limité de dissidents. Dans les deux dernières décennies, la répression frappe de façon particulièrement dure tous ceux qui s'efforcent de reconquérir une autonomie face au Parti-État, notamment ceux qui veulent reconstruire un syndicalisme indépendant ou qui cherchent à établir un pluralisme politique voire même des formes de démocratie.

La continuité répressive

Comment comprendre cette persistance de l'autoritarisme, y compris sous ses formes atténuées ? La société s'est développée et a mûri mais la faiblesse des traditions démocratiques et surtout la volonté d'atomisation du monde social par le Parti-État ont limité ou considérablement freiné son évolution, sans la bloquer complètement. Par ailleurs, les régimes soviétiques et chinois ont peu à peu perdu les éléments de légitimité qu'ils avaient pu conquérir, que ce soit en URSS après 1945, avec la victoire sur le nazisme ou en Chine où il était apparu à ses débuts comme un libérateur national. Mais dans un premier temps, la légitimité plus ou moins acquise par ces nouveaux régimes ainsi que les limites de l'expression populaire ont favorisé l'autoritarisme et la violence. L'autoritarisme a été une constante de l'histoire du communisme et s'est prolongé bien au-delà de ses phases de violence extrême. Il a caractérisé davantage ces régimes que les phases de violence extrême. Sur ce plan, l'histoire du « socialisme réel » rejoint une tendance générale de ce siècle : la dictature sur le peuple, sa mise sous tutelle au motif que ce peuple n'est pas mûr pour se diriger lui-même. On retrouve là une hantise, fort ancienne des dominants, y compris ceux issus des milieux populaires sur le potentiel subversif, voire dévastateur de la révolte de masses.

Or, on sait aujourd'hui que c'est la démocratie avec sa fragilité, ses limites mais aussi sa capacité de résistance qui porte l'espoir du futur. Cette conquête reste à défendre contre ses ennemis ainsi que contre tout affaiblissement. Sans offrir de garanties certaines, la démocratie permet d'éviter la violence extrême, notamment lors des conflits sociaux. C'est moins la violence qu'il faut expliquer que les sommets qu'elle a pu atteindre ; plus encore, c'est la pacification, le « procès de civilisation » dont il faut saisir la réalité, l'évolution, parfois les reculs. La violence dans ses formes extrêmes de cruauté, de banalisation, de bureaucratisation, de technicisation a caractérisé le « court XXe siècle » et l'une de ses composantes, le socialisme réel. Le constater, en décrire les formes, en rechercher les causes, ne signifie pas pour autant en élucider la signification profonde. Pour celà, il faut davantage de recul sur le monde dit moderne et plus d'humilité, sinon d'effroi, face à la cruauté et à la souffrance imposée par des êtres humains à d'autres êtres humains.

Notes

1. Philippe Burrin, « Politique et société : les structures de pouvoir dans l'Italie fasciste et l'Allemagne nazie », *Annales ESC*, 43, n° 3, mai-juin 1988, pp. 615-637. Krzysztof Pomian, « Qu'est-ce que le totalitarisme », *Vingtième siècle*, n° 47, juillet-septembre 1995, pp. 4-23.

2. Raymond Aron, *Démocratie et totalitarisme*, Paris, Idées-Gallimard, 1965, notamment les pp. 265-319.

3. François Furet, *Le passé d'une illusion. Essai sur l'idée communiste au XXe siècle*, Paris, R. Laffont-Calmann-Lévy, 1995. Sur les débats entraînés par cet ouvrage, cf. notamment, la correspondance échangée entre François Furet et l'historien allemand Ernest Nolte publiée dans la revue *Commentaire*, (n° s 79 et 80, automne 1997 et hiver 1997-1998), puis sous le titre *Fascisme et communisme*, Paris, Hachette-Littératures, 2 000, 144 p. ; *Nazisme et communisme. Deux régimes dans le siècle*, présenté par Marc Ferro, Paris, Hachette-Littératures, 1 999, 280 p. ; *Stalinisme et nazisme. Histoire et mémoires comparées*, sous la dir. de Henry Rousso, Bruxelles, Éditions Complexe-IHTP-CNRS, 1999, 388 p ; Claude Lefort, *La complication. Retour sur le communisme*, Paris, Fayard, 1999, 260 p.

4. Ian Kershaw, *Qu'est-ce que le nazisme ? Problèmes et perspectives d'interprétation*, Paris, Gallimard, Folio-Histoire, 1997, 536 p., p. 60.

5. Ian Kershaw, *Qu'est-ce que le nazisme ? op. cit.*, pp. 59-60.

6. Cf. les textes sur l'historiographie soviétique, chapitres 1 à 4 de ce présent ouvrage.

7. Voir à ce propos, les deux ouvrages de Renzo Felice, *Le fascisme, un totalitarisme à l'italienne ?* Paris, PFNSP, 1988 et *Les interprétations du fascisme*, Paris, Éditions des Syrtes, 2000.

8. Ernst Nolte, *La guerre civile européenne 1917-1945. National-socialisme et bolchevisme*, Paris, Éditions des Syrtes, 2 000, 666 p.

9. Pierre Bouretz, « Penser au XXe siècle la place de l'énigme totalitaire », *Esprit*, n° 218, janvier-février 1996, pp. 124-139.

10. Raymond Aron, *Démocratie... op. cit.*, p. 302.

11. Contrairement à ce que dit Stéphane Courtois, « Les crimes du communisme », in Stéphane Courtois, Nicolas Werth, Jean-Louis Panné *et alii*, *Le livre noir du communisme. Crimes, terreurs et répression*, Paris, Robert Laffont, 1997, 846 p., notamment pp. 18-19 et 25. Sur les débats suscités par cet ouvrage, cf. *Communisme*, n° spécial, *Le livre noir du communisme en débat*, n° 59-60, 2 000, 320 p.

12. Annette Wieviorka, « Stéphane Courtois en un combat douteux », *Le Monde*, 27 novembre 1997.

13. Que l'on songe ici au livre de Georges Orwell, *1984.*

14. Mais non sans racines : selon Hannah Arendt, ces racines doivent être recherchées dans l'antisémitisme et le colonialisme du XIXe siècle.

15. Martin Malia, *La tragédie soviétique. Histoire du socialisme en Russie, 1917-1991,* Paris, Seuil, 1995 ; Alain Besançon, *Le malheur du siècle. Sur le communisme, le nazisme et l'unicité de la Shoah,* Paris, Fayard, 1998, 166 p.

16. Sur les problèmes posés par l'emploi de ce mot, cf. Pierre Milza, « Des difficultés de la taxinomie au risque du nominalisme », in *Qu'est-ce qu'on ne sait pas en histoire,* sous la dir. de Yves Beauvois et Cecile Blondel, Lille, Presses universitaires du Septentrion, 1998, notamment pp. 82-84.

17. Comme le note Marc Ferro, "Nazisme et communisme : les limites d'une comparaison », in *Nazisme et communisme... op. cit.,* p. 36. Cf. également la recension du *Passé d'une illusion* par Michel Dreyfus, *Le Mouvement social,* n° 183, avril-juin 1998, pp. 174-179.

18. Pierre Ayçoberry, *La société allemande sous le IIIe Reich,* Paris, Seuil, 1998, 434 p., p. 77 notamment.

19. Cf. notamment les articles de Brigitte Studer et Sabine Dullin, dans ce présent ouvrage.

20. *Soviet Diaries of the 1930's. Intimacy and Terror,* edited by Veronique Garros, Natalia Korenevskaya and Thomas Lahusen, New-York, New Press, 1995, 394 p.

21. Cf. à ce sujet, Claude Lefort, *La complication... op. cit.,* pp. 36-40.

22. Comme le remarque Claude Lefort dans son interview à *l'Express,* 4 février 1999.

23. Cf. sur les problèmes posés par cette nouvelle situation, Nicolas Werth, « De la soviétologie », *Le Débat,* n° 77, novembre-décembre 1993, pp. 126-144 ainsi que « Soviétologie et archives soviétiques : confrontation et confirmation », in *Qu'est-ce qu'on ne sait pas... op. cit.,* pp. 37-45.

24. Yves Ternon, *Les Arméniens. Histoire d'un génocide,* Paris, Seuil, 1996, (éd. revue), 438 p.

25. Stéphane Audouin-Rouzeau, Annette Becker, *14-18. Retrouver la guerre,* Paris, Gallimard, 2 000, 272 p. notamment pp. 197-258 sur le deuil.

26. Sur cette notion de « brutalisation », cf. Georges L. Mossé, *De la Grande Guerre au totalitarisme. La brutalisation des sociétés européennes,* Paris, Hachette-Littératures, 1999, 290 p.

27. *Guerres et cultures, 1914-1918,* sous la dir. de Jean-Jacques Becker, Jay M. Winter, Gerd Krumeich, *et alii,* Paris, A. Colin, 1994, 446 p.

28. Jean-Pierre Chrétien, « Un "nazisme tropical au Rwanda" ? Image ou logique d'un génocide », *Vingtième siècle,* n° 48, octobre-décembre 1995, pp. 131-142.

29. Stéphane Courtois,« Les crimes du communisme », *op. cit.,* pp. 19-20 et 23-24.

30. Cf. la contribution de Peter Holquist, chapitre 7.

31. Cf. l'introduction du chapitre 6 de Claudio Ingerflom.

32. Outre Claudio Ingerflom, *op. cit.,* cf. également ses travaux.

33. Léon Trotski, *Nos tâches politiques,* Paris, Belfond, 1970.

34. Eric J. Hobsbawm, *L'âge des extrêmes. Histoire du court XXe siècle,* Bruxelles, Éditions Complexe/*Le Monde diplomatique,* 1999, 810 p.

35. Georges Haupt, « Guerre et révolution chez Lénine », *L'historien et le mouvement social,* Paris, Maspero, 1980, 342 p., pp. 237-266. Léon Trotski, *La guerre et la révolution,* Éditions La Tête de feuilles, 1974.

36. Léon Trotski, « La catastrophe actuelle émettra dans les années, les décennies et les siècles à venir une radiation sanglante à la lumière de laquelle les générations futures contempleront leur propre destin, tout comme l'Europe a senti jusqu'à maintenant le rayonnement de la grande Révolution française et des guerres napoléoniennes », septembre 1915. Œuves, vol. 9, pp. 244-248. Cité par Isaac Deutscher, *Trotski .1. Le prophète armé,* Paris, Julliard, 1962, p. 311.

37. Comme ne cessent de la dénoncer ensuite les communistes.

38. Stéphane Audouin-Rouzeau, Annette Becker, *14-18... op. cit.,* p. 269.

39. Nicolas Werth, « Logiques de violence dans l'URSS stalinienne », in *Stalinisme et nazisme... op. cit,* p. 101.

40. Cf. la contribution de Gábor T. Rittersporn, ainsi que John Arch Getty, Gábor Rittersporn, V.N Zemskov, « Victims of the Soviet Penal System in the Pre-War Years. A first Approach on the Bases of archival Evidence », *The American Historical Review,* vol. 98, n° 4, octobre 1993, pp. 1033-1084. Cf. aussi, Nicolas Werth, « Logiques... », *op. cit.,* pp. 100-101.

41. Jean-Jacques Marie, *Les peuples déportés d'Union soviétique,* Bruxelles, Éditions Complexe, 1995.

42. Jean-Luc Domenach, *L'archipel oublié,* Paris, Fayard, 1992.

Chapitre XXVII

Fascismes, antifascismes et communismes

par Bruno Groppo

L'effondrement des régimes communistes d'Europe centrale et orientale, symbolisé par la chute du Mur de Berlin, et la disparition de l'URSS ont eu entre autre pour effet de raviver le débat sur l'antifascisme, en particulier en Italie[1], en Allemagne[2] et en France[3]. Plus politique, à vrai dire, que strictement historiographique, ce débat est indissociable de celui, plus général, autour du communisme.

La fin du communisme et le débat sur l'antifascisme

La « fin du communisme » marque la fin d'une époque, celle de la Guerre froide, et aussi du « siècle bref[4] » commencé en 1917 et dont le communisme a été, avec le fascisme et la démocratie, l'un des protagonistes. Au moment où l'un de ces protagonistes quitte la scène[5], il est naturel qu'on s'interroge sur son histoire et sur celle du XXᵉ siècle, qui apparaît désormais sous une lumière différente. L'antifascisme est redevenu objet de discussion et de polémique tout d'abord parce qu'il a été un élément important dans l'histoire du Komintern et des partis communistes avant 1945, et qu'il a été utilisé ensuite pour légitimer l'instauration de régimes communistes en Europe centrale et orientale. Ce qui est en cause, en effet, c'est surtout l'antifascisme communiste et le rapport ambigu ou d'hostilité qu'il a entretenu avec la démocratie. Une autre raison importante tient au rôle joué par l'antifascisme dans la construction des identités politiques dans plusieurs pays (en particulier en Italie), et à la crise que traversent actuellement certaines d'entre elles. Il faut tenir compte, enfin, de l'influence considérable que l'antifascisme a exercé, en tant qu'idéologie et sensibilité politique, dans plusieurs domaines de la vie intellectuelle et scientifique, notamment dans le discours historiographique. Le débat ne s'est pas limité à l'antifascisme communiste, mais a investi également l'antifascisme dans son ensemble. Ce dernier, par une série de glissements successifs et de généralisations plus ou moins arbitraires, a été souvent assimilé au premier et a fini par se retrouver sur le banc des accusés dans le grand procès qu'une partie de l'historiographie fait aujourd'hui au communisme. Sa nature démocratique a été mise en doute et il a été souvent présenté comme une invention du communisme et un instrument de propagande au service d'une stratégie totalitaire de conquête et de monopole du pouvoir par les communistes. Non seulement il n'aurait eu aucune autonomie politique réelle, mais, étant issu d'une culture politique non démocratique, il aurait été dès le début, par sa nature même, incompatible avec la démocratie. L'antifascisme a été présenté, par exemple, comme un mythe totalitaire et une stratégie orientée principalement contre la démocratie[6], ou encore comme un élément central de l'« illusion communiste »[7]. L'interprétation de l'antifascisme communiste comme une entreprise de manipulation va souvent de pair avec l'assimilation entre fascisme et communisme (ou du moins entre nazisme et communisme), le premier étant considéré surtout comme une réponse à la terreur et à la violence du second[8]. Dans le meilleur des cas, la proximité avec le communisme aurait pour ainsi dire contaminé irrémédiablement l'antifascisme tout entier.

Fascisme et antifascisme avant 1945

On assiste donc à une révision radicale de l'histoire de l'antifascisme de la part de certains courants historiographiques d'orientation conservatrice ou libérale[9]. Pour essayer de déterminer si et dans quelle mesure la thèse défendue par ces courants a un fondement solide sur le plan scientifique, il faut se pencher sur la réalité historique de l'antifascisme. Une première difficulté à laquelle on se heurte est la rareté des études d'ensemble sur ce sujet. Alors que les ouvrages sur le fascisme remplissent des bibliothèques entières, ceux sur l'antifascisme sont peu nombreux[10]. Le plus souvent le thème n'est traité qu'indirectement, dans le cadre d'analyses concernant d'autres sujets, par exemple certains courants politiques, certaines personnalités ou certains événements (la guerre d'Espagne, la Résistance, etc.). Il est difficile, d'autre part, de définir avec précision ce qu'a été l'antifascisme parce que, depuis que ce terme est apparu au début des années 1920 en Italie, il a toujours eu des significations multiples et souvent contradictoires. Il peut désigner à la fois un mouvement historique réel, organisé ou spontané, d'opposition et de résistance au fascisme (c'est le sens le plus courant, et celui auquel nous nous tiendrons), une idéologie, une stratégie politique, une référence identitaire, une source de légitimité politique, une sensibilité politique, une attitude morale (« antifascisme éthique »), une forme de religion civile, un certain type de militantisme, une formule de gouvernement (« coalition antifasciste »), une tradition, un mythe. Il faut également tenir compte du fait que les concepts de fascisme et d'antifascisme ont été utilisés dès le début non seulement pour décrire ou analyser des réalités historiques, mais aussi comme des instruments de lutte politique. Toute tentative de définir l'antifascisme[11] renvoie, par ailleurs, au problème de la définition du fascisme, sur lequel il n'y a pas non plus d'unanimité parmi les spécialistes[12]. Certains historiens, comme Renzo De Felice ou Karl D. Bracher, vont même jusqu'à nier l'utilité et la pertinence d'un concept général de fascisme, et pensent qu'il faut réserver ce terme au seul fascisme italien.

Le fascisme fut, à l'origine, un phénomène italien, même si des mouvements similaires, s'inspirant souvent du modèle italien, apparurent également dans d'autres pays européens dès les années 1920. Dans le contexte de la crise économique mondiale des années 1930, ces mouvements se renforcèrent, et l'un d'entre eux, le national-socialisme allemand, réussit à conquérir le pouvoir en 1933. Le fascisme – puisque c'est sous cette catégorie générale qu'on classait le nazisme – devint ainsi un phénomène européen[13] et fut, tout au long de la décennie et jusqu'en 1945, l'un des principaux acteurs de la scène politique internationale, dominée par l'affrontement triangulaire entre démocratie, communisme et fascisme. L'antifascisme connut à son tour une évolution analogue. Né en Italie, en opposition au régime de Mussolini, il acquit une dimension internationale dans les années 1930, avec la montée des fascismes contre laquelle il s'efforça de faire barrage. La période qui va de 1933 à la Seconde Guerre mondiale est marquée par l'affrontement entre fascisme et antifascisme, qui trouva son expression la plus significative dans la guerre d'Espagne. Celle-ci, en effet, fut immédiatement perçue comme un conflit dont l'enjeu dépassait le cadre de la politique intérieure espagnole : c'était, en quelque sorte, une guerre civile internationale[14]. La Seconde Guerre mondiale se situa elle aussi, à bien des égards, dans le cadre de cet affrontement, le front antifasciste étant représenté, à partir de 1941, par l'alliance entre les démocraties occidentales et l'URSS stalinienne. Fascisme et antifascisme furent avant tout des réalités européennes, mais eurent aussi un retentissement considérable dans d'autres parties du monde. Le fascisme se présentait comme une alternative aussi bien à la démocratie libérale qu'au communisme, et l'affrontement entre ces trois forces suscitait tout naturellement des échos même dans des pays qui n'étaient pas directement menacés par le fascisme : sans compter que les vagues d'émigration politique provoquées par l'instauration des dictatures fascistes, et la présence de nombreuses communautés italiennes et allemandes dans le monde, contribuaient à faire du clivage fascisme/antifascisme un problème réellement international. Le fait qu'une sensibilité et une mobilisation antifascistes se soient manifestées même dans des pays où le fascisme n'existait pas montre que des secteurs de plus en plus larges de l'opinion publique internationale avaient pris conscience de la nécessité de résister à Hitler et du danger que le fascisme représentait à l'échelle internationale. La diffusion d'une sensibilité antifasciste était due avant tout à cette prise de conscience d'une menace bien réelle, et seulement en partie aux efforts de la propagande communiste. Les persécutions antisémites mises en œuvre par le régime hitlérien dès 1933 et par celui de Mussolini à partir de 1938 contribuèrent également à la diffusion de cette sensibilité antifasciste, notamment dans des pays, comme les États-Unis, où étaient installées d'importantes communautés juives. L'antifascisme devint ainsi un facteur politique non négligeable même dans des pays très éloignés des réalités politiques européennes.

Avec la défaite de l'Allemagne nazie et de ses alliés en 1945, le fascisme cessa d'être une force politique de premier plan, même si des régimes fascisants (mais plus autoritaires/traditionalistes que proprement fascistes) survécurent pendant longtemps dans la péninsule ibérique et si l'on continua à coller l'étiquette fasciste à des régimes de type populiste (comme celui de Perón en Argentine) ou à des dictatures militaires. L'antifascisme perdit aussi sa principale raison d'être, qui avait consisté à résister et à s'opposer aux fascismes. Les coalitions gouvernementales issues de la Résistance, dont il était le ciment idéologique, ne survécurent pas à l'irruption de la Guerre froide[15]. En tant que réalités historiques, fascisme et antifascisme appartiennent donc tous les deux à la première moitié du XXe siècle, et plus précisément à la période qui va de 1919-1920 à 1945. Après 1945, l'antifascisme continua à exister surtout comme sensibilité politique, référence identitaire ou instrument de légitimation politique. C'était donc une autre histoire qui commençait. Les observations présentées ci-dessus concernent essentiellement l'antifascisme « historique » d'avant 1945.

La diversité des antifascismes

Antifascisme ou antifascismes ? L'antifascisme s'est caractérisé dès le début par une grande diversité. À aucun moment de son histoire il n'a été l'expression d'un seul courant politique ou d'une seule classe sociale. « Comme et plus encore que le fascisme, il [l'antifascisme] pass(ait) à travers tous les courants politiques et toutes les couches sociales[16] ». Dans la réalité historique on rencontre donc des antifascismes, au pluriel, ayant chacun sa physionomie propre, plutôt que l'antifascisme au singulier. L'utilisation du terme au singulier vise à souligner ce qu'ils ont en commun, le refus du fascisme, fondement d'une identité commune qui n'efface pas les identités politiques d'origine. Dans ce sens, elle est légitime, comme il est légitime de parler de fascisme au singulier lorsqu'il s'agit de mettre en évidence le caractère international de ce phénomène et les traits communs aux différents fascismes historiques. L'opposition au fascisme s'est faite au nom d'idées, de valeurs, de projets de société profondément différents, parfois même opposés. Politiquement, l'antifascisme présente donc une multiplicité de composantes : socialiste, communiste, catholique, anarchiste, libérale, etc. L'antifascisme communiste, dont l'influence a été plus ou moins grande selon les périodes et les pays, n'a été que l'une d'entre elles, et pas toujours la plus importante. Vouloir réduire tous les antifascismes au seul antifascisme communiste n'a aucun sens du point de vue historique. Dans l'Espagne de 1936, par exemple, l'antifascisme anarchiste était beaucoup plus important, politiquement et comme réalité sociale, que celui du Parti communiste espagnol, qui était alors une minorité peu influente ; il en allait de même dans l'Autriche d'avant 1934, où la principale force antifasciste était la social-démocratie. D'une manière générale, le noyau fondamental de l'antifascisme a été le mouvement ouvrier organisé, ce qui s'explique par le fait que les partis et les syndicats ouvriers étaient partout la cible principale et les premières victimes du fascisme : s'opposer à ce dernier était pour eux une question de survie. Socialement, l'antifascisme a trouvé dans le milieu ouvrier une base importante et un écho plus large qu'auprès d'autres groupes sociaux. Politiquement, il se situait surtout à gauche, et le clivage fascisme/antifascisme correspond en partie, mais en partie seulement, au clivage droite/gauche. Le fascisme, en effet, entendait éliminer non seulement la gauche politique et syndicale, qu'il considérait comme son ennemi principal, mais aussi la démocratie en tant que telle : c'est pourquoi la mouvance antifasciste incluait aussi des personnalités et des forces politiques de centre et même de droite, bien qu'elles aient été dans l'ensemble moins présentes et moins influentes que celles de gauche.

Dans les pays où s'étaient instaurées des dictatures de type fasciste, l'antifascisme ne représenta pas seulement l'aspiration au rétablissement de la démocratie, mais exprima également l'exigence de profondes transformations sociales. Dans les années 1930, l'aspiration à un changement radical du système économique était largement répandue. Le capitalisme apparaissait, en effet, comme un système en crise et incapable de la surmonter par les seules forces de l'économie de marché : des mesures exceptionnelles, allant toutes dans le sens d'une intervention accrue de l'État dans le fonctionnement de l'économie et d'une planification plus ou moins étendue de l'activité économique, étaient considérées nécessaires même par des secteurs de l'opinion publique qui n'étaient pas hostiles au capitalisme en tant que tel. Aux yeux de nombreux contemporains c'était le marasme du capitalisme qui était responsable de l'arrivée au pouvoir d'Hitler. Mais critiquer le capitalisme ne signifiait pas, et en tout cas pas nécessairement, abandonner le terrain de la démocratie. Capitalisme et démocratie n'apparaissaient pas comme synonymes ou indissociables : le fascisme n'était-il pas, au fond, un capitalisme sans démocratie ? L'antifascisme se nourrissait aussi de cette volonté, largement répandue, de changer un système en crise.

Il faut souligner, enfin, que l'antifascisme, comme d'ailleurs la Résistance, a été un phénomène de minorités, mais qu'il s'agissait de minorités actives et agissantes qui ont été un facteur de mobilisation d'une opinion publique beaucoup plus large.

Les antifascismes communistes

Même pour l'antifascisme communiste il convient de distinguer la période d'avant 1945 de celle postérieure à la Seconde Guerre mondiale. Au cours de la première période il fut un phénomène à la fois politique, social et identitaire. En tant que phénomène politique, il fut avant tout et essentiellement une stratégie, fondée sur une certaine analyse du capitalisme et du fascisme ; en tant que phénomène social, il fut surtout l'expression de certains secteurs radicalisés du monde ouvrier ; comme phénomène identitaire, il fut un élément fondamental dans la construction de l'identité collective de certaines générations de militants.

En tant que stratégie, l'antifascisme communiste a varié considérablement au fil du temps. Ces variations, étroitement liées aux oscillations et aux retournements de la ligne politique générale du mouvement communiste, ont fait l'objet de nombreux travaux et sont bien connues : nous nous contenterons ici de les évoquer rapidement. Par souci de simplification nous n'examinerons que la stratégie officielle du mouvement communiste, c'est-à-dire celle élaborée à Moscou par le Komintern. Il convient toutefois de rappeler qu'il y eut aussi d'autres antifascismes communistes, expression de courants minoritaires (trotskistes, communistes « de gauche » ou « de droite »), considérés comme hérétiques par l'orthodoxie staliniste et qui mériteraient un examen plus détaillé[17]. Structure fortement centralisée et quasi militaire, le Komintern produisait, sur tout sujet intéressant sa politique, un discours et une doctrine officiels qui s'imposaient ensuite à chacun des partis communistes, dont l'autonomie politique était très limitée. De ce point de vue la différence était grande par rapport aux autres courants politiques antifascistes, qui n'avaient pas une structure aussi centralisée. Les partis socialistes, par exemple, bien que membres d'une Internationale, l'IOS (Internationale ouvrière socialiste), conservaient une autonomie pratiquement illimitée dans la définition de leur politique. Sur l'antifascisme, comme sur d'autres sujets, l'IOS se limitait à exprimer ce qui faisait l'objet d'un consensus parmi les différents partis affiliés, mais elle n'avait pas une « doctrine » officielle, comparable à celle du Komintern, pouvant être imposée aux partis socialistes. Dans le monde de la social-démocratie européenne, aucun parti ne disposait d'une autorité suffisante pour imposer ses vues à tous les autres, comme c'était le cas, au contraire, pour le Parti communiste d'Union Soviétique (PCUS) vis-à-vis des autres partis communistes.

La ligne du Komintern a beaucoup varié dans le temps. On peut ainsi distinguer, comme le suggère François Furet, deux antifascismes communistes, qui correspondent à deux analyses différentes du phénomène fasciste. Le premier était basé sur l'idée qu'il n'y avait aucune différence fondamentale entre le fascisme et la démocratie parlementaire ou libérale (que les communistes appelaient « démocratie bourgeoise »), les deux n'étant que des formes différentes d'une même dictature, celle de la bourgeoisie. L'alternative n'était donc pas entre fascisme et démocratie, mais entre fascisme et communisme. Le combat antifasciste coïncidait avec celui contre le capitalisme, et il était entendu que seuls les communistes pouvaient le mener de manière cohérente[18]. Le but de ce combat n'était pas la défense ou le rétablissement de la démocratie « bourgeoise », mais l'élimination du capitalisme et du fascisme et l'instauration de la dictature du prolétariat. C'était donc un antifascisme orienté à la fois contre le fascisme proprement dit (celui de Mussolini et d'Hitler) et contre la démocratie « bourgeoise ». Dans l'analyse communiste de cette période, le concept de fascisme subissait une dilatation extrême et finissait par s'appliquer à l'ensemble des forces politiques non communistes, en commençant par la social-démocratie : de 1928 à 1934, le Komintern qualifia cette dernière de « social-fasciste » et la dénonça comme l'ennemi principal du mouvement révolutionnaire. L'antifascisme communiste était orienté à la fois contre un fascisme réel, celui de Mussolini et de ses imitateurs européens, et contre un fascisme purement imaginaire, celui de la social-démocratie et d'autres forces politiques démocratiques. Dans le cadre de ce discours il pouvait y avoir des variations, qui modifiaient tel ou tel élément sans toutefois toucher à l'essentiel. Ainsi, par exemple, le fascisme pouvait être interprété comme l'une des formes politiques possibles du capitalisme ou bien comme *la* forme politique du capitalisme mourant et donc comme une étape inéluctable dans le processus qui conduisait à la crise finale du capitalisme et à l'instauration du socialisme. Dans un cas comme dans l'autre, toutefois, il était considéré comme un instrument au service du capitalisme[19] et qui ne pouvait être éliminé qu'en éliminant ce dernier. Dans ses formulations les plus extrêmes, cet antifascisme communiste pouvait même arriver à considérer que l'arrivée au pouvoir du fascisme, en détruisant la démocratie « bourgeoise », rapprochait la victoire finale du communisme. Ce discours, peu réaliste, contribua à isoler ultérieurement un mouvement communiste de plus en plus replié sur lui-même.

Un second type d'antifascisme communiste prit la relève du premier à partir de 1934-1935, à la suite du tournant politique qui déboucha sur les fronts populaires. Tirant les leçons de la victoire nazie en Allemagne et des dangers qu'elle impliquait pour l'URSS (qui au début avait tenté sans succès de maintenir un *modus vivendi* avec le nouveau régime allemand), il faisait désormais la distinction entre la démocratie libérale et le fascisme et appelait à défendre la première contre le second. Le fascisme n'était plus considéré comme l'expression du capitalisme en tant que tel, mais, selon la célèbre formule de Dimitrov au VIIᵉ congrès du Komintern en 1935, comme l'émanation des « éléments les plus réactionnaires, les plus chauvins, les plus impérialistes du capital financier ». Cette analyse légitimait et rendait possible une stratégie d'alliances défensives, pour barrer la route au fascisme, non seulement avec la social-démocratie, qui n'était plus désignée comme social-fasciste, mais aussi avec les forces politiques « bourgeoises » hostiles au fascisme, comme le Parti radical en France. Les Fronts populaires, en Espagne et en France, furent rendus possibles par cette nouvelle orientation de la politique du Komintern. Toutefois ce second type d'antifascisme communiste ne supplanta pas définitivement le premier, puisque le mouvement communiste, tout en adoptant une stratégie de défense de la démocratie contre le fascisme, ne renonçait pas pour autant à son objectif final, la révolution prolétarienne, c'est-à-dire l'instauration d'un système de type soviétique. La défense de la démocratie, élément central de la nouvelle stratégie, ne signifiait donc pas une conversion des partis communistes aux principes de la démocratie libérale ; c'était un choix conjoncturel rendu nécessaire par la gravité extrême de la menace nazie. L'adoption de la nouvelle ligne n'entraîna d'ailleurs aucune démocratisation du système communiste en URSS, qui, au contraire, connut dans la seconde moitié des année 1930 la plus grande vague de terreur de son histoire : pour Staline, il n'était évidemment pas question d'envisager un quelconque front populaire avec les mencheviks et autres socialistes en URSS. Nous sommes là au cœur même de la contradiction fondamentale de l'antifascisme communiste : l'ambiguïté de son rapport à la démocratie. Les limites de cette conversion tactique à la défense de la démocratie devinrent évidentes en 1939, lorsque le Pacte germano-soviétique et le brusque tournant de la politique extérieure soviétique poussèrent les partis communistes, profondément désorientés, à mettre entre parenthèses la thématique antifasciste et à dénoncer en priorité l'impérialisme des démocraties engagées dans la guerre contre l'Allemagne nazie. L'invasion allemande de l'URSS en 1941 permit aux partis communistes de reprendre la stratégie antifasciste de larges alliances esquissée en 1934-35 et abandonnée en 1939. C'est précisément cette stratégie qui, en intégrant dans le discours communiste la défense de la démocratie contre la menace bien réelle des fascismes, avait permis aux partis communistes d'élargir leur influence, alors que l'antifascisme sectaire du premier type avait contribué, le plus souvent, à les isoler. Politiquement, ces différentes manières de concevoir l'antifascisme correspondaient aux mouvements de balancier du Komintern entre une vision strictement classiste et sectaire, « seul contre tous », et une vision plus large, qui reconnaissait la nécessité de s'allier à d'autres forces politiques et donc de faire des concessions. Dans un cas comme dans l'autre, les analyses communistes prétendaient se fonder sur le marxisme, lui-aussi adapté, chaque fois, aux nécessités politiques de l'heure. On notera à ce propos que le marxisme fut le cadre de référence utilisé aussi par la plupart des socialistes pour tenter de comprendre le fascisme : comme pour les communistes, il leur permit d'expliquer certains aspects du nouveau phénomène mais il leur rendit impossible, en même temps, la compréhension d'autres aspects, par exemple le consensus d'une partie considérable de la population à l'égard des régimes fascistes en Italie et plus encore en Allemagne.

Socialement, l'antifascisme communiste fut avant tout un antifascisme ouvrier. Il ne s'agissait pas d'une caractéristique exclusive du mouvement communiste, puisque, comme nous l'avons déjà indiqué, l'antifascisme avait trouvé une base solide dans le mouvement ouvrier organisé. La spécificité communiste réside plutôt dans le type de militant produit par les partis communistes : un militant, généralement d'origine ouvrière, caractérisé avant tout par sa fidelité inconditionnelle au parti et à l'URSS et disposé à sacrifier entièrement sa vie personnelle pour devenir un « révolutionnaire professionnel ». La guerre d'Espagne permit de vérifier la capacité du mouvement communiste de mobiliser un nombre considérable de militants de ce type dans de nombreux pays et de les transformer en combattants dans le cadre des Brigades internationales[20]. Les autres courants antifascistes avaient aussi des militants dévoués, mais pas en nombre aussi grand, et pas du même genre.

Vu dans la perspective des militants, l'antifascisme communiste fut, plus qu'une ligne et une stratégie politiques, une expérience vécue. L'exemple italien est, de ce point de vue, l'un des plus significatifs. Pour les militants communistes italiens des années 1920 et 1930, par exemple, l'opposition au fascisme fut une expérience fondamentale dans la formation de leur identité politique : « un choix de vie »[21] qui impliquait la perspective de la prison, de la relégation ou de l'exil, et qui exigeait donc un esprit de sacrifice considérable.

Dans les années 1930, l'antifascisme fut l'expérience politique à travers laquelle se forma, dans différents pays, une génération entière de militants communistes. Les Fronts populaires et surtout la guerre d'Espagne contribuèrent à former une identité communiste spécifique, dont le noyau central était l'antifascisme : ce dernier ne signifiait plus un combat abstrait et général contre le système capitaliste, mais une lutte concrète contre le régime hitlérien et son expansionnisme, contre le soulèvement militaire en Espagne, la guerre d'Ethiopie, l'annexion de l'Autriche. Cet antifascisme, en tant qu'expérience vécue personnellement, a marqué profondément et durablement la manière de penser et d'agir des militants communistes qui se sont formés politiquement entre 1933 et 1939. Plus tard, pendant la Seconde Guerre mondiale, l'engagement dans la Résistance joua un rôle analogue dans la formation d'une autre génération communiste et de son identité politique. Ces militants ont été les principaux vecteurs de la transmission d'une mémoire historique antifasciste aux nouvelles générations.

L'antifascisme après 1945 en Italie et en Allemagne

La fin de la Seconde Guerre mondiale marqua aussi la fin de ce que nous avons proposé d'appeler l'antifascisme historique. Une phase nouvelle commença, au cours de laquelle l'antifascisme, ou plus précisément la référence à l'antifascisme, fonctionna surtout comme facteur d'identité et comme instrument de légitimation et d'intégration. Les deux principaux pays ex-fascistes, l'Italie et l'Allemagne, offrent à cet égard deux exemples différents mais également significatifs.

Au lendemain de la Seconde Guerre mondiale le fascisme et le nazisme, profondément et durablement discrédités, symbolisaient un passé tragique et criminel dont on voulait à tout prix éviter la répétition. Le rejet du fascisme et du nazisme, transformés en repoussoirs, devint ainsi le fondement du nouveau pacte constitutionnel en Italie comme en Allemagne. La manière dans laquelle les deux dictatures avaient pris fin influa considérablement sur la suite des événements. En Italie, le régime de Mussolini, après s'être effondré de lui-même en juillet 1943 et avoir été rétabli par l'invasion allemande, avait été éliminé définitivement en 1945 par les armées anglo-américaines avec la participation de la Résistance italienne : son épilogue symbolique avait été la capture et l'exécution du dictateur par la Résistance. Dans une certaine mesure, donc, les Italiens avaient réglé eux-mêmes les comptes avec le fascisme à l'issue d'une sanglante guerre civile. La disparition définitive du fascisme fut vécue par la grande majorité des Italiens comme une libération, et elle est célébrée symboliquement chaque année le 25 avril, anniversaire de l'insurrection. L'antifascisme, qui avait été le fondement de l'unité politique de la Résistance, devint la base, pour ainsi dire naturelle, de la nouvelle légitimité politique, avec une force particulière dans le Centre et le Nord du pays, où s'était déroulée la lutte armée.

Rien de comparable, en revanche, n'avait eu lieu en Allemagne, qui n'avait connu ni guerre civile ni un mouvement de Résistance armée et où le régime nazi avait été éliminé par des armées étrangères sans aucune insurrection populaire. Loin de s'être libérée elle-même, la population allemande, dans sa grande majorité, avait appuyé le régime jusqu'au bout, ne serait-ce que par sa passivité. Dans quelle mesure pouvait-elle se reconnaître dans ces antifascistes qui avaient survécu aux camps de concentration et aux prisons ou qui revenaient d'exil à la suite d'armées étrangères ? Leur présence était sans doute ressentie par beaucoup d'Allemands comme une gêne, parce qu'elle leur rappelait inévitablement leur propre responsabilité pour avoir soutenu un régime criminel alors que d'autres avaient essayé de résister[22]. Pour toutes ces raisons, il était plus difficile en Allemagne qu'en Italie de faire de l'antifascisme la base d'un nouveau consensus constitutionnel.

En Italie, l'antifascisme avait été le dénominateur commun des forces politiques engagées dans la Résistance, une coalition politiquement très variée qui allait des communistes à la droite libérale ; après la Libération, il servit de fondement à la nouvelle Constitution, la démocratie italienne se définissant par rapport au paramètre négatif représenté par le fascisme. Dans la situation de vide institutionnel créé par la disparition du fascisme et par le discrédit qui pesait sur la monarchie, « il fallait trouver quelque chose qui, objectivement, pût être considérée comme l'élément commun d'une possible identité de toutes les forces politiques et, par conséquent, comme la base pour la construction d'une unité nationale effective qui dépasserait (ou même, qui mettrait entre parenthèses) les profondes divisions qui opposaient les différents partis politiques[23] ». Ce « quelque chose » destiné à remplir la fonction de ciment de l'unité nationale fut l'antifascisme. Après l'expérience de la dictature fasciste, la démocratie, en Italie, ne pouvait donc être qu'antifasciste. La référence commune à l'antifascisme servit aussi de base à une reconnaissance réciproque entre les deux principales forces politiques italiennes, la Démocratie chrétienne et le Parti communiste, en leur permettant de surmonter la méfiance profonde que chacune éprouvait à l'égard de l'autre[24]. En définissant l'espace et les limites de la légitimité politique, le « paradigme antifasciste », en tant que « modèle de règles, de comportements et de valeurs[25] », influença pendant des décennies toute la vie politique et sociale italienne. Ainsi, par exemple, le parti néo-fasciste (MSI), reconstitué après la guerre, était exclu de l'espace politique légitime, et toute tentative de l'y intégrer en l'associant au gouvernement, comme celle entreprise en 1960 par la Démocratie chrétienne, était destinée à se heurter à une très vive résistance. La référence au passé antifasciste commun permit aussi de maintenir l'affrontement politique à l'intérieur de certaines limites même dans la période plus dramatique de la Guerre froide, et permit par ailleurs au Parti communiste de se légitimer à l'intérieur du système politique italien, facilitant ainsi son intégration dans la démocratie parlementaire.

En Allemagne, le rejet du nazisme fut commun aux deux systèmes politiques instaurés après 1945 dans les deux parties du pays. En RFA, il s'accompagna d'un rejet parallèle du communisme, assimilé au nazisme en tant que système totalitaire : c'est donc le refus du totalitarisme dans son ensemble, nazisme et communisme confondus, qui devint le fondement de l'ordre constitutionnel. En revanche, la légitimité du système politique instauré dans l'autre partie de l'Allemagne était fondée essentiellement sur l'antifascisme (dans sa version communiste). Le cas est-allemand est, à cet égard, assez typique pour l'ensemble des « démocraties populaires » d'Europe centrale et orientale : partout un antifascisme de propagande servit à légitimer la soviétisation de ces pays et le monopole communiste du pouvoir derrière un multipartisme de façade. Cet antifascisme, qui jouait le rôle d'un mythe fondateur, était basé sur une vision très sélective et déformée de l'histoire, dans laquelle le parti communiste occupait naturellement la place d'honneur. Ainsi en RDA, d'après la version officielle de l'histoire, la seule résistance au nazisme qui semblait avoir existé était celle des communistes, tandis que celle des autres courants politiques ou spirituels était ignorée, niée ou minimisée. La période 1933-1945 était présentée comme celle d'une lutte entre fascisme et antifascisme constamment dirigée par les communistes et enfin victorieuse. L'écrasante défaite subie en 1933 par le mouvement ouvrier allemand se transformait rétrospectivement en victoire, par Armée rouge interposée, et l'histoire officielle était écrite dans la perspective des « vainqueurs ». À la place de l'antifascisme tel qu'il avait réellement existé figurait désormais un antifascisme largement mythique, qui devint une sorte de religion d'État, avec ses cérémonies, ses rites, ses lieux de culte, ses symboles. Toute la mémoire officielle, en RDA, était marquée du sceau de cet antifascisme mythique[26]. Même le mur de Berlin avait sa place dans la symbolique antifasciste du régime : considéré, à l'Ouest, comme le « mur de la honte », il était présenté, en RDA, comme un « rempart antifasciste »[27].

L'antifascisme de propagande en RDA avait aussi la fonction d'intégrer dans le nouveau système politique une population qui, dans le passé, avait accordé un large soutien au régime nazi. Ignorant délibérément le consensus dont Hitler avait bénéficié auprès de la population allemande, l'histoire officielle – la seule autorisée – présentait le nazisme comme un régime imposé au peuple allemand, contre son gré, par le grand capital avec l'aide d'un groupe d'aventuriers et de criminels. La responsabilité pour les crimes du nazisme était attribuée exclusivement au capitalisme et à la grande bourgeoisie, tandis que les millions d'Allemands qui avaient soutenu Hitler étaient déchargés rétrospectivement de toute responsabilité et invités à se ranger du côté des vainqueurs de l'histoire. Les citoyens de la RDA, dans la mesure où ils acceptaient de se soumettre au régime communiste, recevaient ainsi, rétrospectivement, un label antifasciste qui, tel un baptême, effaçait les péchés politiques et les responsabilités du passé. Ainsi, l'antifascisme officiel offrit à des millions de personnes la possibilité de s'intégrer dans le nouvel État communiste et contribua effectivement à créer un certain consensus, du moins passif, autour du régime. Magnanime et paternel, l'État est-allemand ne leur demandait, en fin de compte, que de pratiquer, cette fois-ci au nom de l'antifascisme, les mêmes vertus d'obéissance et de conformisme dont elles avaient fait preuve à l'égard du régime nazi.

Omniprésente en RDA, la référence à l'antifascisme se fit rare en RFA, où le pacte constitutionnel était basé sur l'anti-totalitarisme, c'est-à-dire sur le double refus du nazisme et du communisme. L'antifascisme en tant que tel, du fait aussi de son instrumentalisation par le régime est-allemand, fut bientôt perçu comme un attribut de l'autre Allemagne et en tout cas comme un élément lié plutôt au discours et au patrimoine idéologique communistes, et donc considéré, à ce titre, comme suspect. Dans le climat politique de la Guerre froide, l'anticommunisme, plus encore que l'antinazisme, fut le principal ciment idéologique de l'État ouest-allemand. Marginalisé et tombé progressivement en désuétude, le concept d'antifascisme retrouva une nouvelle jeunesse auprès des mouvements contestataires étudiants de 1967-1968, mais il resta marqué du sceau de l'instrumentalisation qu'on en faisait de l'autre côté du Mur.

Le cas de l'Italie et celui de la RDA illustrent deux usages très différents de l'antifascisme pour des fonctions d'intégration et de légitimation, l'un dans le cadre d'une démocratie parlementaire, l'autre dans celui d'une dictature. Ils illustrent également la difficulté, déjà évoquée, de le définir de manière satisfaisante. L'antifascisme a été un phénomène tellement diversifié et complexe qu'il se soustrait à toute tentative de catégorisation trop rigide. Il est évident, par contre, qu'une série de distinctions sont indispensables. Une distinction chronologique, tout d'abord, entre l'antifascisme d'avant 1945 et celui d'après. Une distinction politique, ensuite, entre les différentes composantes de la nébuleuse antifasciste : comme nous l'avons souligné, l'antifascisme communiste a été l'un des antifascismes, pas le seul. Une troisième distinction doit être faite à l'intérieur même de l'antifascisme communiste selon les époques, le type d'analyse du fascisme, la situation des partis communistes, sans oublier la présence, à côté du communisme officiel, de courants communistes minoritaires, dissidents ou hérétiques, eux aussi antifascistes. Nous avons rappelé aussi que l'antifascisme a été non seulement une stratégie et une idéologie politique, mais aussi un puissant facteur d'identité dans la formation de générations entières de militants communistes. Son instrumentalisation par les régimes communistes est-européens après la Seconde Guerre mondiale représente encore une autre facette du problème, qu'il faut distinguer par rapport à la réalité historique de l'antifascisme d'avant 1945. Considérer l'antifascisme simplement comme le produit d'une manipulation communiste visant à étendre l'influence de Moscou signifie ignorer délibérément la complexité et la diversité du phénomène[28].

Notes

1. Cf., par ex., Giovanni De Luna, Marco Revelli, *Fascismo/antifascismo. Le identità, le idee*, Florence, La Nuova Italia, 1995 ; Renzo De Felice, *Rosso e nero*, Milan, Baldini & Castoldi, 1995 ; Edgardo Sogno, *Il falso storico dell'antifascismo comunista*, Bologne, 1994 ; Furio Colombo Furio, Vittorio Feltri, *Fascismo/Antifascismo*, Milan, 1994 ; Gian Enrico Rusconi, *Resistenza e postfascismo*, Bologne, Il Mulino, 1995 ; *Antifascismi e Resistenze*, a cura di Franco De Felice, Florence, La Nuova Italia Scientifica, 1997.

2. Antonia Grunenberg, *Antifaschismus – ein deutscher Mythos*, Reinbeck, Rowohlt, 1993 ; *Die Nacht hat zwölf Stunden, dann kommt schon der Tag. Antifaschismus : Geschichte und Neubewertung*, hrsg. von Claudia Keller, Berlin, Aufbau, 1996. Pour un panomara général je me permet de renvoyer à mon article « Le débat autour du concept d'antifascise dans l'Allemagne unifiée », *Matériaux pour l'histoire de notre temps*, n. 37-38, janvier-juin 1995, pp. 8-12.

3. Cf. surtout François Furet, *Le passé d'une illusion. Essai sur l'idée communiste au XXᵉ siècle*, Paris, R. Laffont / Calmann-Lévy, 1995.

4. Éric Hobsbawm, *L'Âge des extrêmes. Histoire du court XXᵉ siècle*, Bruxelles, Complexe/Le Monde Diplomatique, 1999.

5. Des régimes communistes continuent d'exister en Asie et à Cuba, mais ils ne prétendent plus incarner un modèle universel, comme l'avait fait l'URSS. Dans ce sens, la page d'histoire commencée en 1917 en Russie semble définitivement tournée.

6. Cf. Antonia Grunenberg, *op. cit.*

7. François Furet *op. cit.*

8. C'est notamment la thèse développée par l'historien allemand Ernst Nolte, *La guerre civile européenne 1917-1945. National-socialisme et bolchevisme*, Éditions des Syrtes, 2000.

9. Cf. Maurice Agulhon, « Faut-il réviser l'histoire de l'antifascisme ? », *Le Monde diplomatique*, juin 1994, p. 17. En France et en Italie la révision de l'histoire de l'antifascisme s'accompagne souvent d'une révision, tout aussi radicale, de l'histoire de la Résistance. Pour l'Italie, voir par exemple, le livre-interview de Renzo De Felice, *Rosso e nero*, déjà cité, et Ernesto Galli Della Loggia, *La morte della patria*, Rome-Bari, Laterza, 1996. Pour la France, voir par exemple les insinuations à propos de Jean Moulin « agent soviétique » et la polémique sur le cas Aubrac.

10. Il faut signaler surtout deux travaux : Jacques Droz, *Histoire de l'antifascisme en Europe 1923-1939*, Paris, La Découverte, 1985 ; Enzo Collotti, *L'antifascismo in Italia e in Europa*, Turin, Loescher, 1975 (nouvelle édition 1997).

11. Voir par ex. l'article « Antifascisme », rédigé par Silvano Belligni, dans le *Dizionario di politica*, sous la direction de Norberto Bobbio, Nicola Matteucci et Gianfranco Pasquino, Turin, TEA, pp. 23-27 ; cf. aussi l'article « Anti-fascism », rédigé par Charles F. Delzell et Hans Mommsen, dans *Marxism, Communism and Western Society. A Comparative Encyclopedia*, ed. by C.D. Kernig, New York, Herder and Herder, vol. 1, 1972, pp. 133-141.

12. « *Certes, l'antifascisme a fait son apparition avec le fascisme lui-même. Mais celui-ci se présente sous de formes multiples : apparaissant dans des pays différents, à des dates différentes, il porte la marque des traditions politiques et idéologiques qui ont présidé à sa naissance* » (Jacques Droz, *op. cit.*, p. 8).

13. L'antifasciste italien Carlo Rosselli écrivait en 1933 : « *Avec la victoire du national-socialisme en Allemagne le fascisme, qui fut considéré par la plupart comme un phénomène strictement italien, devient un fait européen. Ce qui sembla pendant beaucoup d'années une obsession des antifascistes italiens, c'est-à-dire la fascisation de l'Europe ou de ses éléments plus faibles, comme conséquence des intrigues*

mussoliniennes et de la crise des différentes démocraties de gouvernement, s'est malheureusement avérée une dure réalité » (Carlo Rosselli, « L'azione antifascista internazionale », in : Carlo Rosselli, *Scritti dell'esilio*. I « *Giustizia e Libertà* » *e la Concentrazione antifascista (1929-1934)*, Turin, Einaudi, 1988, p. 244).

14. Ainsi, par exemple, la bataille de Guadalajara, en mars 1937, vit s'affronter les volontaires antifascistes italiens des Brigades internationales et les troupes régulières italiennes envoyées par Mussolini pour appuyer Franco.

15. On peut toutefois supposer que, même indépendamment des tensions provoquées par la Guerre froide naissante, ces coalitions gouvernementales, qui étaient le fruit d'une situation exceptionnelle, n'auraient pas duré.

16. Enzo Collotti, *op. cit.*, p. 12.

17. Ces courants ont parfois produit des analyses originales du phénomène fasciste, comme, par exemple, celles de Léon Trotski ou d'Auguste Thalheimer.

18. « *Les seuls vrais combats antifascistes sont ceux que livrent les communistes, puisque eux-seuls sont résolus à déraciner capitalisme et bourgeoisie. Tout le reste n'est fait que d'apparences, destinées à détourner les masses populaires de la révolution prolétarienne* » (François Furet, *op. cit.*, p. 250).

19. Cette conception du fascisme comme instrument au service du capitalisme était partagée par la plupart des socialistes et des anarchistes.

20. Cf. Rémi Skoutelsky, *L'espoir guidait leurs pas. Les volontaires français dans les Brigades internationales 1936-1939*, Paris, Grasset, 1998.

21. L'expression est de Giorgio Amendola. Cf. Giorgio Amendola, *Una scelta di vita*, Milan, Rizzoli, 1977.

22. Sur cette problématique voir Ralf Giordano, *Die zweite Schuld oder von der Last, ein Deutscher zu sein*, Hambourg, Rasch und Röhring, 1987.

23. Antonio Baldassarre, « La costruzione del paradigma antifascista e la Costituzione repubblicana », *Problemi del socialismo*, n° 7, 1986, p. 17.

24. « *En Italie l'antifascisme a été [...] le fondement même de la Charte constitutionnelle et l'instrument idéologique de légitimation réciproque entre les forces politiques qui se reconnaissaient en cette Charte* » (Nicola Gallerano, « La memoria pubblica del fascismo e dell'antifascismo in Francia, Germania e Italia », *Il presente et la storia*, n° 49, juin 1996, p. 177). Il est intéressant de rappeler que le Parti communiste et le Parti socialiste continuèrent, en 1947, à participer à l'élaboration de la Constitution même après leur éviction du gouvernement.

25. Peter Kammerer, « Die Bedeutung des Antifaschismus in der politischen Kultur Italiens nach 1945 », in *Die Nacht...*, *cit.*, p. 39.

26. Cf. *Mythos Antifaschismus*, hg. Vom Kulturamt Prenzlauer Berg, Berlin, Links Verlag, 1992.

27. Cf. Antonia Grunenberg, *op. cit.*, p. 119. En RDA la thématique antifasciste fut relancée avec une intensité particulière chaque fois que le régime se trouva confronté à des situations de crise, comme en 1953 ou en 1961. L'épouvantail fasciste servit aussi à justifier la participation des troupes est-allemandes à l'invasion de la Tchécoslovaquie en 1968.

28. Comme le note Maurice Agulhon, « *que des agents soviétiques aient déployé des efforts particuliers en direction de la gauche européenne pour étendre l'influence de Moscou et même recruter des agents ne suffit pas à prouver que ces services en aient inventé les idées. Ces idées étaient bonnes. [...] force reste d'admettre que nos aînés n'avaient pas tort de faire du mal hitlérien leur cible principale* » (Maurice Agulhon, *art. cit.*, p. 17).

Chapitre XXVIII

Politisations ouvrières et communisme

par Bernard Pudal

« Classe ouvrière » et « communisme », tel est le *couple* que nous souhaiterions ici interroger, non seulement parce qu'il n'est pas de bonne méthode de supposer une relation *nécessaire* entre ces deux « réalités », mais plus encore parce qu'il n'est pas impossible que nous ayons à faire, partiellement au moins, à une « tradition inventée »[1]. Que le communisme ait revendiqué, conformément à la vulgate marxiste-léniniste, sa relation privilégiée avec le monde ouvrier, sans doute. Que le monde ouvrier ait été fréquemment l'un des groupes supports des implantations communistes, c'est indéniable. Mais il est tout aussi vrai que de nombreux pays, où existait une classe ouvrière importante et organisée, n'ont guère subi l'influence du communisme alors que, *a contrario*, les pays où le communisme s'est durablement implanté de manière autonome[2] (Russie, Chine, Vietnam, Cuba) se caractérisent précisément par la relative marginalisation du groupe ouvrier et par l'importance des questions paysanne et nationale[3]. À l'Ouest, à l'exception de quelques cas remarquables – la France surtout, et l'Italie – les différentes classes ouvrières des grandes nations occidentales ont opposé un scepticisme tenace au communisme. L'interprétation d'un tel divorce ne peut être que prudente.

Véritable imposition de problématique que le mouvement communiste international n'a cessé de marteler et qui s'est, peu ou prou, imposé à de nombreux analystes, la relation *nécessaire* entre communisme et classe ouvrière est un préjugé. Qu'un tel présupposé – qui ne fait qu'entériner la représentation dominante que le communisme donnait de lui-même – ait été, certes, entamé par de nombreuses études, mais n'ait pas encore été interrogé dans ses fondements, indique peut être qu'il est lié à un autre impensé, plus tenace, celui de la relation *nécessaire* entre « ouvriers » et « mouvement ouvrier ». Or, de multiples recherches, depuis une vingtaine d'années, qui ont en commun de scruter le groupe ouvrier lui-même, nous invitent à une inversion du regard : non plus partir des organisations, ni même des militants ou des électorats, mais des groupes ouvriers et de leurs pratiques spécifiques en s'interrogeant sur leurs rapports au politique, *partiellement* exprimés et retraduits par les organisation et les mouvements qui les « représentaient ».

Cette inversion du regard, qu'on la doive à la perspective constructionniste initiée par E.P. Thompson (Angleterre), à l'histoire du quotidien (Allemagne), à l'histoire sociale et à l'anthropologie politique (France) ou à la micro-histoire italienne, résulte de la prise en considération des « cultures populaires » et conduit à redéfinir les formes de politisation ouvrière. Pour prendre la mesure de ces obstacles épistémologiques, sans doute faut-il donc commencer par rappeler où en est la réflexion méthodologique sur les problèmes que pose l'analyse des classes populaires. Nous essaierons ensuite d'en tirer quelques enseignements quant à l'histoire et la sociologie du communisme[4].

Question de méthode : ouvriers, cultures ouvrières et politisation démocratique

Les analyses des classes populaires au sens large, au-delà de leur diversité disciplinaire, et plus spécifiquement quant à leurs cultures, peuvent être ramenées, si l'on suit Claude Grignon et Jean-Claude Passeron, à trois grandes familles sous-tendues par trois postures idéales-typiques. La première posture, à la fois la plus ancienne et la plus récurrente, n'est autre que l'ethnocentrisme de classe. Forme de racisme de classe, « entendu comme certitude propre à une classe de monopoliser la définition culturelle de l'être humain, c'est-à-dire des êtres qui méritent d'être pleinement reconnus comme tels »[5], l'ethnocentrisme de classe se manifeste dans toutes les analyses des classes populaires qui, peu ou prou, tendent à les réduire à leur animalité (les foules, les masses, le nombre), une nature violente (classes dangereuses, barbares), un type de comportement (l'autoritarisme ouvrier, l'imitation, la consommation aliénée). Le Peuple, « bête chose » écrivait Flaubert dans son dictionnaire des idées reçues. Explicite, assumé et théorisé au XIXe siècle (le racisme anti-populaire était alors allié aux théories de la dégénérescence des Darwinismes sociaux), il est aujourd'hui le plus souvent euphémisé, sophistiqué, refoulé, donc plus difficile à déceler, mais tout aussi prégnant. La disqualification des élites militantes ouvrières en constitue l'une des plus fréquentes retraductions. Elle accompagne toutes les tentatives faites par des militants ouvriers pour accéder aux positions de pouvoir politique[6].

Analogue à la rupture qui s'est opérée en ethnologie, c'est d'une rupture avec le racisme anti-ouvrier que procède la seconde posture, le relativisme culturel. Son principe : tout groupe social possède son symbolisme irréductible, ou, si l'on veut, son arbitraire culturel. Dès lors, les cultures doivent être décrites et non hiérarchisées. La re-connaissance d'un univers symbolique ouvrier, relativement autonome, doit être dissociée de tous les populismes, savants ou politiques, qui tendent à dignifier une *nature* ouvrière, dont la source est le plus souvent un anti-intellectualisme d'intellectuels en situation critique mais qui n'est à maints égards qu'une forme paradoxale du mépris de classe à l'égard des dominés. Etant entendu que parmi ces intellectuels en situation critique, portés à la critique, on ne doive pas, *a priori*, exclure les intellectuel organiques (tels que Gramsci les définit) de la classe ouvrière, autrement dit les « militants ». L'ouvriérisme communiste du XXᵉ siècle est ainsi parfaitement compatible avec le mépris, manifesté par les apparatchiks par exemple sous le stalinisme, à l'égard des ouvriers réels, fréquemment peu disposés à jouer le rôle qu'on tend à leur imposer.

La troisième posture, issue de la théorie wébérienne de la légitimité, contraint à penser le caractère « secondaire » ou « relatif » des cultures ouvrières, dans la mesure où elle met l'accent sur la contribution spécifique que les représentations de la légitimité apportent à l'exercice et à la perpétuation du pouvoir. Dans une société stratifiée en classes, objectivement et symboliquement hiérarchisées, la culture légitime n'est autre que la culture dominante et l'analyse des différentes cultures propres aux différentes classes ne peut escamoter les rapports sociaux qui les relient dans l'inégalité de force et la hiérarchie des positions puisque les effets de ces rapports sont inscrits dans la signification de l'objet à décrire. On peut identifier empiriquement chez les ouvriers ces effets de reconnaissance de valeurs qui les excluent dans tous les comportements d'auto-exclusion, de validation de son infériorité, d'aveu d'incompétence, d'impuissance et de résignation. La théorie de la légitimité, lorsqu'elle n'est pas associée au relativisme culturel, dérive fréquemment vers de multiples formes de misérabilisme qui tendent à privilégier les distances à la culture légitime, les incompétences statutaires, les handicaps et les phénomènes de dépossession.

Ces trois postures sous-tendent les études de la politisation ouvrière, chacune conduisant à privilégier un type de définition de la notion de « politisation ». On peut alors distinguer les études qui mettent l'accent sur les effets de légitimité de celles qui tentent de reconstituer les univers de sens politique spécifiquement ouvriers.

Ouvriers et politique légitime

Les analyses légitimistes de la démocratie, celles de Pierre Bourdieu ou de Daniel Gaxie[7], en plaçant en leur centre l'émergence puis la consolidation d'un champ politique différencié, directement en prise avec la culture dominante, ont mis l'accent sur la distance à la politique légitime qui en résultait pour les ouvriers. C'est dans *La Distinction* que Pierre Bourdieu affirmait : « l'abstentionnisme est peut-être moins un raté du système qu'une des conditions de son fonctionnement comme système censitaire méconnu, donc reconnu. »[8] Dominés et dominants diffèrent dans leur rapport au monde social et politique sous un aspect capital : les dominés, dépossédés des instruments conceptuels légitimes susceptibles de leur permettre de penser leur expérience sociale sont le plus souvent à la merci des producteurs professionnels de discours qui interviennent précisément au point de passage entre l'expérience et l'expression. Les dominants ont non seulement pour eux le système de valeur attaché au système de classement social qu'intériorisent les dominés mais aussi sont de plein pied avec les instruments conceptuels des matrices symboliques politiquement légitimes. Quand un problème n'est pas constitué « politiquement », l'éthos de classe supplée aux insuffisances de l'axiomatique. Dans tous les cas, les jugements politiques, y compris ceux qui se veulent le plus éclairés, comportent une part inévitable de *fides implicita* (de remise de soi). L'essentiel de la lutte des classes se joue par conséquent dans l'ordre des catégories de construction et de perception du monde social. Le champ politique légitime ne peut, dans ces conditions, fonctionner qu'à l'exclusion ou à l'auto-exclusion des agents sociaux appartenant aux classes populaires. La tendance à la fermeture du champ politique rencontre néanmoins différentes limites. D'une part, le fonctionnement officiel du champ exige un minimum de participation des profanes. Pour que le cens reste *caché* cette démocratie doit prendre le risque de former les citoyens, ce qui n'est pas sans effets multiples. La socialisation civique dans l'enseignement, la participation électorale, la lecture des quotidiens participent à la politisation démocratique légitime. D'autre part, les profanes eux-mêmes perçoivent la fermeture du champ : « Ils ont une suspicion à l'égard de la délégation politique qui repose sur ce sentiment que les gens qui jouent à ce jeu qu'on appelle la politique ont entre eux une sorte de complicité fondamentale, préalable à leur désaccord. [...] Autrement dit, il y a un soupçon qui est immédiatement dénoncé comme poujadiste ou populiste selon les époques, un soupçon originaire à l'égard des politiques qui n'est pas sans fondement »[9]. Enfin, le champ politique, comme le champ religieux, dépend des profanes, « il reste soumis, malgré sa tendance à la fermeture, au verdict des laïcs »[10].

Relativisme, culture ouvrière et politisation

La principale critique que l'on peut adresser au point de vue légitimiste, c'est qu'il « oublie » de prendre en considération les cultures ouvrières dans leur relative autonomie et de s'interroger sur leurs effets dans le fonctionnement politique ouvrier. De multiples recherches, empruntant d'autres voies (autobiographie ethnographique, enquêtes ethnographiques, histoire orale, etc.), permettent de compléter et de complexifier le tableau de la politisation ouvrière. Ces travaux sur les cultures ouvrières (cultures professionnelles, sociabilités, relations familiales, monde privé, attitudes face à l'école, relations festives, virilisme, « travail à côté », rapports aux temps, lectures et rapports à la lecture, cinéma, etc.)[11] ont ainsi mis en évidence toute une série d'attitudes et de modes de pensée qui ne se réduisent pas au schéma légitimiste.

Pour Richard Hoggart[12], le groupe ouvrier possède une conscience certaine de sa différence, et par conséquent de la spécificité de ses intérêts, qui s'exprime dans l'opposition récurrente entre « Eux » et « Nous ». La formulation hogartienne reste au plus près du langage ouvrier car il ne s'agit pas de transformer cette conscience de soi du groupe en idéologie politique même si elle explique la relation *possible* entre le groupe ouvrier et le mouvement ouvrier. Partant de l'idée que « la plupart des groupes sociaux doivent l'essentiel de leur cohésion à leur pouvoir d'exclusion, c'est-à-dire au sentiment de sa différence attaché à ceux qui ne sont pas nous », il tente de reconstruire *le point de vue* ouvrier. Le monde des autres, celui des patrons, des employeurs, des fonctionnaires, des politiciens, des assistantes sociales, c'est à dire « ceux qui s'y croient », « ceux de la haute », « ceux qui s'en sortent toujours », « ceux qui finissent toujours par vous avoir », est inconnu et hostile. Cet antagonisme prend des formes plus ou moins aigües suivant les individus, les moments historiques, mais il est au principe d'un quant-à-soi assez complexe fait de revendication d'une dignité, « on les vaut bien », d'un certain cynisme admiratif, « ils s'en sortent bien », et surtout d'un ensemble de pratiques et de discours visant à se prémunir contre « eux » en les évitant et en se « débrouillant » sans « eux ». En politique, les classes populaires seraient selon Richard Hoggart portées à un « réalisme à courte vue », une indifférence méfiante, puisque les « politiciens » appartiennent au monde des « autres ». Les ouvriers « transposent et retraduisent dans leur logique les notions qui sont susceptibles de transposition et de traduction ; le reste est ignoré et le vide sémantique est oblitéré par une maxime populaire idoine », par exemple, « tout ça, c'est des mots ». L'indifférence politique, la non-participation, ou la participation à éclipses, ne sont donc pas définissables dans le seul registre de la dépossession. Il y a une certaine forme de conscience des mécanismes d'exclusion et de leurs modalités langagières et culturelles. D'où le sentiment qu'à « jouer ce jeu là on est perdant à tous les coups » puisque « de toute façon, quand vous discutez avec eux, ils ont toujours raison ».

L'indifférence à la politique peut être une distance critique, une façon positive d'affirmer sa différence, de ne « pas s'en laisser compter » : « Moi, on ne me la fait pas ». C'est donc une indifférence armée susceptible d'être mobilisée, rattachée à des croyances politiques. « On peut avancer l'hypothèse, écrit Olivier Schwartz, qu'il s'agit moins d'un apolitisme pur et simple que d'une relation extrêmement oblique, intermittente et distanciée à la politique, fondée non sur l'incompétence mais sur une sorte de scepticisme "tous azimuths" : soit quant à la possibilité, soit quant à l'intérêt d'une participation politique ouvrière. »[13]

Le travail des ouvriers implique une incessante activité herméneutique fondée sur des indices : « indices des états de la matière, des états de l'outillage, des états du système opératoire, des états de l'opérateur corporel. Le monde des signes de choses, voilà le royaume des signes ouvriers »[14]. Autant qu'un rapport à la matière, le travail ouvrier suppose un rapport collectif, une science de la coopération et du groupe efficace. D'où ce culte de la solidarité, de l'entraide, de la camaraderie, soubassement commun de tous les militantismes ouvriers et de nombreuses autres pratiques de la classe. Jeu, fête, activités à côté, langue : la langue ouvrière se caractérise par la richesse des lexiques de métier et aussi par un usage extensif des figures et des métaphores se rapportant au corps, alors qu'elle ne recourt guère à l'euphémisation, qui introduit une forme de distance. Elle s'exprime avec prédilection dans un certain nombre de genres, comme la blague ou la plaisanterie, également dans les répertoires anecdotiques, qui disent la vie de la classe et en tirent les leçons, de façon moins figée que les corps de dictons et de proverbes. L'écrit en revanche reste largement fermé aux ouvriers. Confier les signes à l'espace mort du papier, c'est leur ôter une bonne part de leur force, en les isolant de leurs référents (choses, actes, groupe). La pensée ouvrière reste en-deçà de la « raison graphique »[15]. Le métier est un des vecteurs de l'estime de soi.

Ces analyses nous confrontent à un univers symbolique caractéristique des cultures ouvrières mais difficile à saisir dans toute son étendue, et dans son éventuelle cohérence. Non exempt de contradictions, comme si l'univers symbolique ouvrier était toujours en chantier, il est aussi susceptible de se rattacher à des croyances politiques contradictoires suivant les conjonctures. Au total, l'une des dimensions des cultures ouvrières/populaires semble être sa dimension indiciaire, caractérisée par la défiance à l'égard de la culture légitime, un travail d'interprétation fondé sur l'expérience quotidienne en tant qu'elle véhicule autant d'*indices* porteurs de sens (d'où l'attention aux « détails » signifiants, l'analyse parfois minutieuse de certaines situations familiales, professionnelles, de voisinage, etc.), une lutte permanente structurée par l'estime de soi mais constamment menacée par l'insécurité, sociale et psychologique, les blessures de l'humiliation. Une culture travaillée par conséquent par les effets de légitimité, le sentiment de camper sur terrain ennemi, d'être contraint à la ruse et à l'aménagement de niches dans lesquelles s'exerce son pouvoir, niches « privées », mais immédiatement politiques, parce qu'elles doivent être conquises contre les volontés disciplinaires socialement dominantes. La pensée « indiciaire » n'a pas la systématicité de la culture écrite ; elle s'apparente à un travail d'interprétation qui, se défiant au contraire de la rationalisation (au double sens du terme), se fie aux « leçons » de l'expérience, leçons, on s'en doute infiniment variables mais structurées néanmoins : « les efforts pour "gagner sa vie", les espoirs et les rêves d'un avenir "meilleur" allaient de pair avec l'expérience de la peur, de l'incertitude et de l'insécurité quotidienne »[16]. Refusant de se laisser enfermer dans une « définition réductrice et mutilante de la "politique" qui interdise de penser les ambiguïtés, les médiations, les contradictions et les coexistences entre défense d'intérêt et *Eigensinn* (quant à soi ou estime de soi) », Alf Lüdtke affirme qu'à « sa manière, l'*Eigensinn* ouvrier remet en cause la conception classique de la politique ». Cette politisation pratique tiendrait à une des spécificités de la position et de l'autonomie ouvrière, le gommage de toute distinction entre « privé » et « politique », ce qui ne signifie pas qu'il n'y ait pas d'usage du « privé », bien au contraire, mais qu'il y ait une conscience du fait que le « privé » est un enjeu « politique » au sens large. Le « privé » du monde ouvrier est politiquement construit comme sécession interne puisqu'il est un des lieux privilégiés des tactiques de toutes sortes qui permettent d'éviter les affrontements directs. Si le monde des pratiques quotidiennes est plus politique que ne le laisse à penser l'attention aux formes institutionnalisées de la politique, le rapport à la politique institutionnalisée, y compris avec les organisations ouvrières, serait au contraire beaucoup plus désinvesti : « ne peut-on avancer l'hypothèse d'une loyauté très restreinte et d'un désintérêt massif pour le champ politique centré sur l'État et relevant d'organisations institutionnelles ? »[17] Aussi puissant qu'il ait été, rappelle Lüdtke, le mouvement ouvrier allemand aux alentours de 1910 n'organisait qu'un ouvrier d'industrie sur dix. Ce « quant à soi » ouvrier, désormais exploré dans toutes ses dimensions dans les travaux d'histoire, d'ethnologie et de sociologie ouvrière, conduit à une redéfinition nécessaire des rapports au politique dont le groupe ouvrier serait porteur, de fait, bien qu'il n'ait guère d'expression, de droit. Il est au principe d'une lutte permanente, tout terrain, pour améliorer le sort quotidien tout en affirmant sa propre dignité individuelle.

La culture syndicale et politique s'arrime à cet univers symbolique plus ou moins harmonieusement. À certains égards, elle en est le prolongement, à d'autres égards elle en constitue une transgression. Avec la culture syndicale et politique on sort des logiques *tactiques* pour entrer dans des logiques *stratégiques*, frontales. La culture syndicale et politique donne un sens plus systématique à la culture ouvrière en l'orientant vers la sphère publique. Les politisations ouvrières sont donc des assemblages instables faits de symbolisme culturel spécifiquement ouvrier, de pensée indiciaire, de culture professionnelle, associative, syndicale et politique et des effets de légitimité inhérents à leur caractère subalterne dans le monde social environnant. Mais les cultures ouvrières elles-mêmes, en tant qu'elles expriment une pluralité de comportements et de jugements liés à une *condition*, ne constituent qu'un aspect des identités ouvrières. Leur étude tend à sous-estimer encore trop systématiquement les « influences réciproques entre culture des classes subalternes et culture dominante »[18].

Comment ces assemblages s'articulent-ils au fonctionnement politique des démocraties ? Comment se sont-ils perpétués dans le communisme ? Avec *le mouvement ouvrier*, nous sommes dans le registre de la politique légitime, avec *les ouvriers* dans un registre de politisation qui procède de l'exclusion méconnue donc reconnue (violence symbolique), re-connue donc assumée et contournée (cultures ouvrières) mais produisant des effets politiques en fissurant les logiques idéologiques de la domination : « Les fissures qui lézardent la domination [...] ne s'expriment pas toujours par l'irruption d'un discours de refus et de rebellions. Elles naissent souvent à l'intérieur du consentement lui-même, réemployant le langage de la domination pour fortifier l'insoumission. »[19]

Le communisme et les ouvriers

L'« absence » des ouvriers du jeu politique légitime ne cesse de hanter la question de la participation politique ouvrière depuis le XIXe siècle[20]. Tout au long du XIXe siècle, la question des capacités politiques de la classe ouvrière (Proudhon) – étant entendu qu'au XIXe le mot capacité fait signe à la culture scolaire – hante le fonctionnement démocratique : défi pour les élites ouvrières qui veulent se représenter elles-mêmes, menace pour tous ceux que cette représentation des ouvriers par des ouvriers risque d'exclure à leur tour. Marx en premier lieu, qui s'inquiète d'une proposition de Tolain au sein de la Première Internationale visant à exclure les intellectuels des rôles de délégué. Il écrit à Engels (1865) : « Les ouvriers semblent s'être mis en tête d'exclure tout *literary man*, ce qui est absurde, parce qu'ils en ont besoin pour la presse, mais qui est aussi pardonnable vu les trahisons permanentes de ces *literary men* »[21]. Or, cette association entre deux types d'élites, les *literary men* et les élites ouvrières, infiniment variable suivant les pays, les moments et les organisations ouvrières, est un trait structurel de toute l'histoire du mouvement ouvrier, au XIXe comme au XXe. Rien d'étonnant si elle est un point de friction à la fin du XIXe comme en témoignent les débats internes au mouvement ouvrier sur les « prolétaires intellectuels », si elle est au cœur de la théorie léniniste du parti politique par le biais de la question du révolutionnaire professionnel, si elle confère une audience certaine à la thèse de Roberto Michels sur la loi d'airain des oligarchies, si elle légitime les pratiques autonomistes des syndicalistes-révolutionnaires français, si Gramsci lui consacre en prison son esquisse d'une histoire sociale des intellectuels, si elle explique la volonté des Trade-Unions de contrôler le *Labour Party*, si on la retrouve en Chine et ailleurs.

L'acculturation syndicale et politique fait franchir aux militants la frontière qui sépare les deux mondes, « Eux » et « Nous », car ils deviennent en un certain sens le « eux » du « nous ». L'histoire du mouvement ouvrier est donc l'histoire d'une transgression, du passage d'un univers tactique à un univers stratégique, passage auquel ne s'essaie qu'une minorité, non sans entretenir avec la majorité ouvrière des rapports ambivalents. Les partis communistes comme « avant-garde de la classe ouvrière » sont, comme toutes les avant-gardes, bâties sur le mépris des « arrières-gardes » : « l'enjeu principal de mon étude, note Marc Angenot, me paraît être le suivant : faire apparaître d'abord un certain syncrétisme diffus du discours militant "révolutionnaire" d'où peu à peu vont se dégager des lignes doctrinaires. Dans le cas présent : d'une part la doctrine des minorités agissantes dans le syndicalisme révolutionnaire du début du siècle, d'autre part la théorie du parti, chargé de la "mission historique" et porteur de la conscience du prolétariat en dépit de la masse apathique (et contre elle s'il le faut), théorie qui trouvera sa forme la plus nette dans le bolchevisme-léninisme, mais dont on peut suivre l'émergence comme une des lignes d'évolution de la réflexion socialiste dès les années 1880 »[22]. Rien d'étonnant si la thématique de la trahison hante l'histoire du mouvement ouvrier. La « trahison » n'est-elle pas, dans une certaine mesure, structurellement inscrite dans les mécanismes de la délégation politique ouvrière ? Partout et toujours, l'*absence politique* du peuple se joue par deux fois : dans le fonctionnement de la politique légitime elle-même et dans le fonctionnement de la représentation politique ouvrière. Le mouvement ouvrier, de ce point de vue, semble reproduire sur son mode propre, avec plus ou moins d'intensité, l'effet pervers d'une démocratie sans peuple. Cette distance, ces écarts transgressifs, ont une histoire que les histoires du mouvement ouvrier, toutes à la reconstitution de filiations, n'ont généralement pas suffisamment pris en compte. En privilégiant l'opposition classe ouvrière-classe bourgeoise et en passant sous silence l'opposition récurrente « masses aveulies-militants virils » dont Marc Angenot a montré qu'elle travaille toute la propagande socialiste en France à la fin du XIXe et au début du XXe, les histoires du « mouvement » ouvrier ont gommé ou sous-estimé ces lignes de partage qui séparent les ouvriers de leurs représentants et les représentants ouvriers des représentants non ouvriers du monde ouvrier.

Le communisme comme « solution » illusoire

Le communisme au XXᵉ siècle a pu apparaître comme une tentative réussie de résolution des dilemmes de la représentation politique ouvrière. L'Union sacrée d'août 1914 fut interprétée comme la « preuve » de la trahison des élites socialistes et le léninisme puis la bolchevisation des partis communistes, associés à un ouvriérisme revendiqué, comme l'annonce qu'une « clef » avait enfin été trouvée au mystère mystifiant d'une représentation démocratique tronquée puisque sans « démos ». L'ouvriérisation des partis communistes parvint à sélectionner des élites militantes, avec des degrés très inégaux de réussite, qui pouvaient incarner, au prix parfois de manipulations plus ou moins grossières du référentiel identitaire ouvrier, la réalité du recouvrement de la classe et du parti. Mais, cette promotion collective d'oblats se fit au bénéfice d'un communisme bureaucratique, centralisé, où la discipline et l'esprit de parti devinrent les maîtres-mots de l'éthique militante et où par conséquent, au cœur même de l'accès à la politique, continuait de se manifester la dépossession ouvrière. Les analyses légitimistes du communisme permettent de prendre la mesure de la persistance des logiques de domination culturelle au sein des mécanismes mêmes de transgression de l'ordre social, au cœur de l'entreprise de lutte contre la domination.

Les conditions de félicité d'une rencontre : l'exception française

Le communisme, dans le monde occidental, ne s'est implanté qu'inégalement dans les différentes classes ouvrières nationales d'une part, au sein des organisations syndicales et politiques ouvrières d'autre part. De ce point de vue, les cas français et italiens ne sont-ils pas les « arbres qui cachent la forêt » et ne doivent-ils pas être étudiés plutôt comme des exceptions remarquables que comme des cas représentatifs. Seule l'histoire comparée devrait permettre de comprendre à la fois la relative imperméabilité au projet communiste de certains groupes ouvriers et les raisons du succès relatif dans d'autres contextes nationaux.

Le « moment » communiste en France correspond, si l'on se place du point de vue de l'histoire sociale des ouvriers, à une phase particulière : par rapport à l'Angleterre et à l'Allemagne où les groupes ouvriers sont soudés par une ancienneté de constitution, des traditions de négociation, une culture du travail et une culture ouvrière nettement marquée[23], « la France est un modèle quasiment inverse, à tel point qu'il n'est guère possible d'assigner un véritable moment de "formation" de la classe ouvrière, celle-ci étant caractérisée par un constant renouvellement et par une forte hétérogénéité.[...] Jamais, comme aux États-Unis ou en Grande-Bretagne, les syndicats de métier ne sont parvenus à imposer leur hégémonie sur l'ensemble de la classe ouvrière. [...] Le Front populaire marque la fin définitive de cette histoire du mouvement ouvrier (la tradition "d'action directe" des ouvriers de métier), et l'émergence de la classe ouvrière industrielle (jusque-là marginalisée) sur la scène politique. Celle-ci, sans traditions, accepte d'emblée les nouvelles règles du jeu et trouve dans le PCF et la CGT les instruments adéquats pour la défense de ses intérêts »[24]. La thèse de Gérard Noiriel est forte et n'exclut pas d'autres hypothèses complémentaires : le caractère généraliste de l'enseignement français, l'habilitation républicaine du mode révolutionnaire de changement, le très haut niveau intellectuel d'une fraction « littéraire » des ouvriers d'élite parisiens, etc. D'où un mouvement ouvrier français dont l'histoire de la CGT est une des dimensions essentielles, tissée, selon l'expression de Michel Dreyfus autour de cinq fils rouges : « faible taux d'adhésion au regard du syndicalisme de nombreux autres pays européens ; intérêt tardif pour le syndicalisme de service qui ne sera véritablement pris en compte au sein de la Confédération qu'à partir de la Libération ; culture privilégiant l'affronte-ment à la négociation et la revendication à la prise en charge ; rapports complexes, presque honteux, au politique » ; enfin, une histoire scandée par « cinq – ou six ? – grandes vagues de grèves qui ont fait de l'existence de la CGT presque une succession de séismes. À l'issue de ces mouvements sociaux, l'organisation a pu remporter ses plus belles victoires mais également subir ses plus graves défaites »[25]. Du point de vue de la culture ouvrière entendue comme culture relativement autonome, le cas français se caractériserait par une double hétéronomie : en bas, par l'absence de traditions culturelles que seule l'ancienneté du groupe aurait pu forger, en haut par le contact et l'imbrication des ouvriers d'élite – l'aristocratie ouvrière – avec certaines fractions du champ intellectuel et du champ politique. La France offrait, de ce point de vue, un terrain propice à l'implantation communiste où une minorité d'ouvriers put s'engouffrer dans l'ouverture « promotionnelle » que représentait la bolchevisa-tion. Là où des classes ouvrières ont pu se doter d'une suffisante autonomie symbolique, qui va généralement de pair avec un ensemble d'associations et de sociabilités, le communisme ne s'est implanté que marginalement ou auprès de générations ouvrières désorientées (c'est aussi le cas du Parti communiste allemand, le KPD, en 1930 dont les effectifs se sont largement renouvelés et qui trouve dans la jeunesse ouvrière et les chômeurs une audience). Par contre, là où les classes ouvrières en voie de stabilisation, mais sans tradition culturelle autonome rencontrent le phénomène communiste, celui-ci peut trouver une audience et lier les différentes fractions ouvrières en un bloc plus ou moins homogène et puissant, à condition néanmoins qu'il ne se contente pas de camper sur des positions « révolutionnaires », que, peu ou prou, il participe à l'amélioration immédiate des conditions de vie et qu'il offre aux militants les plus cultivés un ensemble de positions de pouvoir. Ce fut le cas du Parti communiste français (PCF) dès l'entre-deux-guerres mais aussi du Parti communiste italien (PCI).

Même lorsque les logiques d'emboîtement entre les différentes strates culturelles du monde ouvrier confèrent au communisme une implantation dans le monde ouvrier, celle-ci est beaucoup plus fragile qu'on ne le croit dans la mesure où ces emboîtements ne signifient nullement un accord partagé mais plutôt un partage des rôles, provisoirement et mutuellement accepté. Les études sur l'implantation localisée du communisme[26] tendent à montrer que sous « l'identité communiste », identité d'appareil, identité cérémonielle officielle, bien d'autres intérêts sont en question : identités de réseaux familiaux, de voisinage, survie d'identités locales, défense professionnelle, etc... Dans l'étude qu'ils ont consacré aux ouvriers des usines Peugeot à Montbelliard, Stéphane Beaud et Michel Pialloux[27] ont bien mis en évidence la rapide désagrégation des ensembles « ouvriers-délégués-organisations syndicales et politiques ouvrières » qui avaient assuré au mouvement ouvrier sa force jusqu'aux années 1970, dans un contexte d'intense répression patronale. Le délégué syndical était alors une émanation des ouvriers de l'atelier (il résistait dans une certaine mesure aux logiques détachantes induites par la délégation). Régulant les échanges et services, négociant des arrangements et des compromis avec la maîtrise, s'impliquant dans les rites de sociabilité de l'atelier, il offrait aux ouvriers une forme possible de dignité individuelle et collective où les activités ouvrières (travail à côté, bricolage, loisirs, etc.) avaient droit de cité à côté du travail militant : « on est tenté de dire que c'est précisément dans ces moments où les plaisanteries fusaient, où tout l'univers domestique redevenait présent, que prenait place l'essentiel du travail militant »[28]. Ce fragile système d'échanges assurait au militant son pouvoir charismatique que venaient prolonger un espoir politique « vague », l'idée d'émancipation et de promotion de la classe. La subculture militante à laquelle participait le délégué (le monde de l'organisation syndicale et politique), aux logiques hétéronomisantes, n'était pas vécue comme une coupure avec le monde des ouvriers. C'est tout ce système fragile d'échanges qui se déstructure sous de nombreux facteurs : l'enfermement dans la condition d'ouvriers spécialisés (OS), la disparition des ouvriers professionnels (OP), la crise économique, l'effondrement des régimes socialistes. De même qu'il peut se déstructurer dans les soi-disant « bastions rouges » : Halluin-La-Rouge devint socialiste après la Seconde Guerre mondiale...

L'exception française – le PCF comme fille aînée de l'Eglise communiste – s'éclaire au regard du destin des ouvriers en URSS. L'ouvrage que Jean-Paul Depretto a consacré aux ouvriers en URSS de 1928 à 1941, s'achève sur une conclusion nette :

« Dans la société soviétique, la classe ouvrière occupait une position ambiguë, à la fois subalterne et "privilégiée". Elle a été victime des exigences de l'accumulation du capital : en 1937, les salaires réels étaient tombés nettement au-dessous du niveau de 1928, et même de 1913 »... Les femmes et les hommes qui ont connu l'usine dans la période 1928-1953 peuvent être qualifiés de « génération sacrifiée » (p. 362). Donc, dans « la longue durée de l'histoire soviétique, la classe ouvrière apparaît comme une classe dominée et exploitée. Mais cette vue doit être sérieusement nuancée, du moins pour les années 1928-1935 :

1) Il existait en son sein d'importants clivages internes : udarniki et stakhanovistes échappaient dans une certaine mesure au lot commun, en raison de salaires élevés et des divers avantages en nature dont ils bénéficiaient ;

2) Comme Ante Ciliga l'avait bien vu, la force du système ne résidait pas seulement dans la police secrète, mais aussi dans le fait qu'il réussissait "à faire entrer dans ses cadres dirigeants la partie la plus énergique de la jeunesse". Ces possibilités de promotion expliquent l'adhésion d'une partie des travailleurs à la politique de Staline : pour eux, la "construction du socialisme" était synonyme d'ascension sociale ;

3) Les ouvriers étaient officiellement considérés comme le principal soutien du régime : à la différence des "koulaks" ou des ingénieurs, par exemple, ils n'ont jamais été traités comme des ennemis. Certes, ce parti pris n'empêchait nullement des

pratiques répressives, mais il comportait une conséquence bien réelle : à aucun moment, la classe ouvrière n'a occupé le dernier rang de la hiérarchie soviétique. »[29]

Il y a donc une forte homologie entre le cas russe et le cas français : ici et là, un groupe de militants issus des classes populaires a bénéficié des formes de promotion sociale et culturelle rendue possible par une politique des cadres volontariste, fondée sur des discriminations positives, légitimées par le référentiel biographique communiste.

Le communisme au XXe siècle s'est implanté aux marges du mouvement ouvrier européen qui, au XIXe, avait incarné la montée en puissance ouvrière suscitant l'espoir des uns, l'effroi des autres, contraignant les pouvoirs politiques, dans tous les cas, à tenir compte de cet acteur collectif. En Angleterre, en Belgique, en Allemagne, par exemple, avec l'avènement d'un syndicalisme de masse et de partis politiques, le mouvement ouvrier européen, jusqu'en 1914, toujours en quête d'une unité tant nationale qu'internationale susceptible d'en accroître la force, s'était érigé symboliquement et organisationnellement en chef de file des luttes contre la domination capitaliste d'abord, puis, non sans atermoiements et contradictions, en agrégeant à ses combats d'autres luttes, celles des colonisés en particulier. Les réussites historiques du communisme (Octobre 1917, la création d'une Internationale communiste et la naissance de partis communistes, les Fronts populaires, la révolution en Chine, etc.) s'accompagnèrent d'un travail symbolique d'*invention d'une tradition*[30], fondée sur la filiation avec ce mouvement ouvrier européen, qui a masqué le trait le plus constant des relations entre groupes ouvriers et communisme, à savoir le caractère *très partiel* du recouvrement de ces deux ensembles. Cette tradition inventée fut à la fois fondée sur une histoire canonique du « marxisme », la relation *nécessaire* entre communisme et classe ouvrière), à la fois théorique (le marxisme comme théorie de l'avènement de la classe ouvrière), sociologique (les partis communistes comme partis ouvriers) et historique (la Révolution d'Octobre 1917 comme Révolution prolétarienne), une histoire du mouvement ouvrier européen réécrite comme *annonciatrice* de son dépassement « léniniste ». Cette tradition inventée s'appuya également sur une symbolique mémorielle : « le » marxisme, la Commune de Paris, l'*Internationale* comme hymne, le 1er Mai, l'Internationale communiste, etc. En faisant « prendre pour l'histoire des classes populaires ce qui n'était après tout que l'histoire des luttes d'une minorité active »[31], Richard Hoggart affirmait que les études du mouvement ouvrier conduisaient à une « illusion de perspective ». Illusion de perspective qui fut à la fois au cœur du discours des origines du léninisme et du mythe populiste de la plupart des spécialistes français de l'histoire du mouvement ouvrier qui ont privilégié « une vision épique, héroïque de l'histoire du mouvement ouvrier »[32]. On comprend que tout ce qui dérangeait par trop cet attachement fondateur ait été exclu des études ou tenu en marge : les dimensions réformatrices (appelées réformistes) du mouvement ouvrier français, l'implantation paysanne qui mettait à mal le couple ouvrier/communisme[33], le rôle de syndicalistes sous Vichy, et toutes les formes de distance des ouvriers à la politique légitime.

Cette tradition inventée elle-même repose sur le caractère partiellement mythique de la relation *nécessaire* entre les ouvriers et le mouvement ouvrier, comme si la politisation ouvrière s'exprimait « naturellement » dans et par les organisations de toutes sortes qui revendiquaient le titre de légitime représentant des intérêts ouvriers. Or, la prise en compte scientifique des processus interactifs par lesquels se fabrique un groupe social, objectivement et subjectivement, a progressivement conduit à interroger cette relation. C'est donc l'ensemble des relations entre les ouvriers, différenciés selon de multiples lignes de partage (professionnelles, régionales ou nationales, religieuses, sexuelles, générationelles, idéologiques, etc.) et le mouvement ouvrier européen, lui-même résultante d'une agrégation sémantique à interroger, puis la filiation entre ce dernier et le communisme au XXe siècle, qui doivent faire aujourd'hui l'objet d'analyses. Celles-ci, sans renouer avec une tradition analytique réactionnaire et conservatrice – séparant les bons ouvriers des mauvais, les leaders de la classe, les minorités actives des majorités silencieuses – se donneront pour objet les formes de politisation ouvrières, et, partant, les logiques spécifiques de la représentation politique ouvrière. C'est à partir de ce point de vue et des formes de politisation propres au monde ouvrier dans les démocraties représentatives que l'on pourra alors re-constituer les emboîtements réels – discontinus, fragmentaires, fragiles et *inventés* – qui « associent » les groupes ouvriers, le mouvement ouvrier et le communisme.

Notes

1. Éric J. Hobsbawm, introduction à l'ouvrage collectif co-dirigé avec T. Ranger, *The Invention of Tradition*, Cambridge, Cambridge University Press, 1983, pp. 1-14, traduite en français dans *Enquête*, n° 2, 1995, pp. 171-189. « Les « traditions inventées » désignent un ensemble de pratiques de nature rituelle et symbolique qui sont normalement gouvernées par des règles ouvertement ou tacitement acceptées et qui cherchent à inculquer certaines valeurs et normes de comportement par la répétition, ce qui implique automatiquement une continuité avec le passé. [...] La particularité des traditions "inventées" tient au fait que leur continuité avec ce passé est largement fictive » (p. 174).

2. Il faut sans doute mettre à part les démocraties populaires issues de la Seconde Guerre mondiale qui résultent pour l'essentiel du partage des zones d'influence entre les Grandes Puissances.

3. Annie Kriegel, *Communismes au miroir français*, Gallimard, 1974. S' interrogeant sur les facteurs susceptibles de rendre compte de « la réceptivité différentielle au communisme » au début des années 1920, elle concluait : « Faut-il considérer que les révolutions communistes, comme on l'a dit, furent d'abord des révolutions paysannes ? » (p. 28).

4. On ne formulera ici, bien évidemment, que quelques éléments pour la (re) formulation de cette question.

5. Claude Grignon, Jean-Claude Passeron, *Le savant et le populaire*, Hautes Études/Gallimard/Le Seuil, 1989.

6. Cf. Michel Offerlé, « Illégitimité et légitimation du personnel politique ouvrier en France avant 1914 », *Annales*, 4, 1984.

7. Daniel Gaxie, *Le cens caché*, Paris, Le Seuil, 1978 (réédité).

8. Pierre Bourdieu, *La Distinction*, Paris, Éditions de Minuit, 1979, p. 464.

9. Pierre Bourdieu, *Propos sur le champ politique*, Presses universitaires de Lyon, 2000, pp. 56-57.

10. *Ibid.*, p. 61.

11. La bibliographie serait immense, nous nous contenterons de renvoyer le lecteur aux deux numéros de la revue *Politix*, 13 et 14, *Le populaire et le politique*, 1991.

12. Richard Hoggart, *La culture du pauvre*, Éditions de Minuit, 1970.

13. Olivier Schwartz, « Sur le rapport des ouvriers du Nord à la politique », *Politix*, n° 13, 1991. Cf. aussi Jean Peneff, « Abstention ouvrière et participation bourgeosie », *Le Mouvement social*, avril-juin 1981, n° 115 et Michel Verret, *La culture ouvrière*, Saint-Sebastien-sur-Loire, ACL Éditions, 1988. En particulier le chapitre 15.

14. Michel Verret, *La culture ouvrière, op. cit.*, p. 23. Du même auteur *L'espace ouvrier*, Paris, Armand Colin, 1979 et *Le travail ouvrier*, Paris, Armand Colin, 1982.

15. Michel Verret, *op. cit.* Cf. aussi Paul Willis, « L'école des ouvriers », *Actes de la recherche en sciences sociales*, n° 24, 1978.

16. Cf. la problématique exposée par Alf Lüdtke dans *Le Mouvement social* : « Le domaine réservé : affirmation de l'autonomie ouvrière et politique chez les ouvriers d'usine en Allemagne à la fin du XIXᵉ siècle », p. 47. Cf. aussi Carola Lipp, « Histoire sociale et Altagsgeschichte », *Actes de la recherche en sciences sociales*, n° 106-107, 1995.

17. *Ibid.*, p. 51

18. Carlo Ginzburg, *Le fromage et les vers (l'univers d'un meunier du XVIᵉ siècle)*, Flammarion, 1979, p. 16.

19. Roger Chartier, *Au bord de la falaise. L'histoire entre certitudes et inquiétude*, Paris, Albin Michel, 1998, p. 101.

20. Pierre Rosanvallon, *Le peuple introuvable*, Gallimard, 1998.

21. Marx et Engels, *Correspondance*, t. VIII, Éditions Sociales, 1981, p. 75, cité par Pierre Rosanvallon, *op. cit.*, p. 86.

22. Marc Angenot, « Masses aveulies et militants virils », *Politix*, n° 14, 1991, p. 79.

23. Cf. *L'Invention des syndicalismes. Le syndicalisme en Europe occidentale à la fin du XIXᵉ siècle*, sous la direction de Jean-Louis Robert, Friedhelm Boll, Antoine Prost, Publications de la Sorbonne, 1997.

24. Gérard Noiriel, *Les ouvriers dans la société française, XIXᵉ-XXᵉ siècle*, pp. 264-266, Seuil, 1986.

25. Michel Dreyfus, *Mouvement ouvrier et mutualité : l'exception française ? (1852-1967)*, Mémoire pour l'Habilitation à diriger les recherches (HDR), 1997, 148 p, p. 49 et Michel Dreyfus, *Histoire de la CGT*, Complexe, 1995, chapitre « Cinq fils rouges » , pp. 317-352. Les cinq vagues de grèves sont : 1906, 1917-1920, 1936, 1947-1948, 1968 et peut-être aussi les grèves d'août 1953.

26. Par exemple, *Ouvriers en banlieue (XIXᵉ-XXᵉ siècle)*, sous la direction de Jacques Girault, Les Éditions de l'Atelier, 1998 ; Olivier Schwartz, *Le monde privé des ouvriers*, PUF, Paris, 1990 ; « Sociétés ouvrières et communisme français », *Communisme*, n° 15-16, 1987.

27. Stéphane Beaud, Michel Pialloux, *Retour sur la condition ouvrière*, Éditions Fayard, 1999.

28. *Ibid.*, p. 338.

29. Jean-Paul Depretto, *Les ouvriers en URSS, 1928-1941*, Publications de la Sorbonne, 1997.

30. Éric J. Hobsbawm, introduction à *The Invention of Tradition*, *op. cit.*

31. Richard Hoggart, *La culture du pauvre*, Éditions de Minuit, p. 40.

32. Michel Dreyfus, *Mouvement ouvrier... op. cit.*, p. 8.

33. Laird Boswell, *Rural Communisme in France*, 1920-1939, Itahca/Londres, Cornell University Press, 1998.

Index des noms

La plupart des noms figurant dans cet index ont une notice dans le *Dictionnaire biographique du mouvement ouvrier français* (*Le Maitron*) (version papier en 44 volumes ou version CD-Rom complétée et mise à jour), dans les *Dictionnaires biographiques du mouvement ouvrier international* (Allemagne, Autriche, Grande-Bretagne, Maroc, Japon, Chine) et dans le *Dictionnaire biographique du Komintern* à paraître. L'ensemble de ces ouvrages est publié aux Éditions de l'Atelier.

Les noms apparaissant dans les notes n'ont pas été pris en compte.

Table des matières

Seconde partie
LES GRANDES PHASES DE L'HISTOIRE DES COMMUNISMES
dirigée par Michel Dreyfus et Roland Lew

Les communismes d'une guerre à l'autre
1914-1944

Le communisme comme système
1944-1956-1968

Les communismes en crise
1956-1968-1989

Troisième partie
UNE INTERNATIONALE, DES PARTIS
ET DES HOMMES
dirigée par Claude Pennetier et Bernard Pudal

L'invention de l'homme communiste

Quatrième partie
TROIS ENJEUX EN DÉBAT
dirigée par Serge Wolikow

Mise en page par Édimicro
29, rue Descartes - 75005 Paris
Tél. : 01 43 25 35 77 & 36 77 - Télécopie : 01 43 25 37 65
e-mail : edimicro.dafal@wanadoo.fr

Achevé d'imprimer dans les Ateliers de Normandie Roto Impression s.a.
61250 Lonrai
N° d'éditeur : 5352 - N° fab. : 5424 - N° d'imprimeur : 002168
Dépôt légal : septembre 2000
Imprimé en France